Kurt J. Ohlhoff
Ole Helmhausen

Kanada
Der Osten

DUMONT
REISE-HANDBUCH

Inhalt

Wildnis, Weite, Weltstädte 10
Reisen im Osten von Kanada 12
Planungshilfe für Ihre Reise 14
Vorschläge für Rundreisen 19

Wissenswertes über Ostkanada

Steckbrief Ostkanada 26
Natur und Umwelt 28
Politik und Wirtschaft 35
Geschichte 40
Zeittafel 50
Gesellschaft und Alltagskultur 52
Kunst und Kultur 60

Wissenswertes für die Reise

Anreise und Verkehr 70
Übernachten 74
Essen und Trinken 76
Outdoor 79
Feste und Veranstaltungen 86
Reiseinfos von A bis Z 88

Unterwegs in Ostkanada

Kapitel 1 – Toronto

Auf einen Blick: Toronto 106
Downtown Toronto 108
Am Seeufer 108
Entertainment District 113
Aktiv: Inselhüpfen im Stadtgebiet – Toronto Islands 114
Entlang der Queen Street 116
Financial District 117
Old Town 118
St.-Lawrence-Viertel 119

Auf der Yonge Street stadtauswärts.................................119
Chinatown und Kensington Market..............................122
Queen's Park und Universitätsviertel 125

Stadtviertel rund um die Downtown **126**
Midtown..126
West End 128
East End 129
Ausflüge von Toronto 129

Kapitel 2 – Ontario

Auf einen Blick: Ontario..................................... **140**
Niagara Peninsula.. **142**
Niagara-on-the-Lake...142
Niagara Parkway 147
Niagara Falls 148
Aktiv: Hornblower Niagara Falls Boat Tour......................152

Südontario **154**
Fort Erie 154
Von Fort Erie zum Point Pelee National Park 154
Von Leamington nach Windsor 156
Windsor 157
African-Canadian Heritage Tour 158
Nach Oil Springs und zum Lake Huron 161
Stratford..162
Mennonite Country 164

Rund um die Georgian Bay.................................. **168**
Bruce Peninsula...168
Manitoulin Island 171
Von Manitoulin Island zu den Muskokas 177
In den Muskokas..178
Algonquin Provincial Park 180
Aktiv: Paddeln im Algonquin Provincial Park 182
Rund um den Severn Sound.....................................184

Vom Lake Ontario zur Landeshauptstadt **188**
Von Toronto nach Quinte's Isle..................................188
Quinte's Isle..189
Kingston 191
Thousand Islands 193

Aktiv: Kayaking im Thousand Islands National Park................196
Morrisburg und Upper Canada Village 197
Entlang des Rideau Canal nach Ottawa 198

Ottawa..**200**
Confederation Square...201
Parliament Hill 201
Sparks Street Mall...203
Am Rideau Canal...204
Lower Town 205
Sussex Drive 207
Rockcliffe Park 208
Le Breton Flats 208
Centretown..208
Gatineau 209

Von Ottawa zum Lake Superior **212**
Ottawa Valley..212
Aktiv: Rafting auf dem Ottawa River 213
Von Mattawa nach Sault Ste. Marie 215
Sault Ste. Marie 218
Richtung Thunder Bay...219
Thunder Bay 222
Weiter nach Westen 224
Auf der Nordroute zurück nach Ottawa 224

Kapitel 3 – Montréal und Umgebung

Auf einen Blick: Montréal und Umgebung **232**
Vieux-Montréal: Altstadt....................................**234**
Stadtgeschichte..234
Rund um die Place Royale 235
Place d'Armes...235
Place Jacques-Cartier und Umgebung 238
Parc des Îles 239
Aktiv: Fahrradtour von Vieux-Montréal auf die Inseln 242

Centre-Ville...**244**
Place Ville-Marie..244
Ville Souterraine 244
Rund um den Square Dorchester 244
Rue Ste-Cathérine...246
Rue Sherbrooke...246
Boulevard St-Laurent..250
Outremont und Westmount 251
Rue St-Denis..253

Östlich des Zentrums..253
Mont-Royal 254
Aktiv: Mont-Royal – Besteigung von Montréals Hausberg 261

Ausflüge in die Umgebung **262**
Laurentides..263
Montérégie und Cantons de l'Est 267

Kapitel 4 – Québec

Auf einen Blick: Québec.....................................272
Ville de Québec...274
Geschichte der ›alten‹ Hauptstadt 274
Vieux-Québec: Haute-Ville..275
Basse-Ville...283
Ausflüge in die Umgebung..288

Am St.-Lorenz-Strom Richtung Atlantik 292
Auf dem Chemin du Roy nach Québec.............................292
Charlevoix...296
Côte-Nord 301

Gaspé-Halbinsel..306
Chaudière-Appalaches...306
Bas-Saint-Laurent 309
Aktiv: Kayaking im Parc national du Bic 311
Nordküste 313
Aktiv: Stairmaster Mont-Albert, Parc national de la Gaspésie........317
Südküste 321
Îles-de-la-Madeleine 323

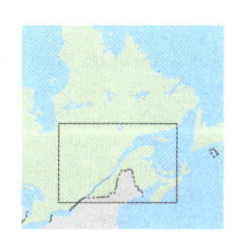

Kapitel 5 – New Brunswick und Prince Edward Island

Auf einen Blick: New Brunswick und Prince Edward Island 328
New Brunswick..330
Entlang des Saint John River......................................330
Fredericton 331
Von Fredericton nach Saint John 334
Saint John 334
New Brunswicks Süden..339
Bay of Fundy...343
Aktiv: Auf dem Coastal Trail von Herring Cove bis Point Wolfe......345
Akadier-Küste..348
Aktiv: Claire Fontaine Trail im Kouchibouguac National Park 351

Prince Edward Island 354
Anreise 354
Inselrundfahrten 355
Charlottetown 355
Central Coastal Drive 358
North Cape Coastal Drive 363
Points East Coastal Drive 365
Aktiv: Greenwich Dunes Trail 369

Kapitel 6 – Nova Scotia

Auf einen Blick: Nova Scotia 372
Halifax 374
Geschichte 374
Downtown 374
Waterfront 379
Nach Dartmouth 381
Eastern Passage 382
Aktiv: Ausflug nach McNab's Island 384

Rundreisen in Nova Scotia 388
Auf der Lighthouse Route nach Lunenburg 388
Lunenburg 392
Auf der Lighthouse Route bis Yarmouth 396
Aktiv: Kanutour im Kejimkujik National Park 398
Evangeline Trail nach Annapolis Royal 403
Annapolis Royal 406
Auf dem Evangeline Trail nach Halifax 409
Auf dem Glooscap Trail ums Minas Basin 410
Aktiv: Ritt auf der Gezeitenwelle 411
Fundy Shore Scenic Route 413
Auf dem Sunrise Trail nach Cape Breton 415
Auf dem Marine Drive nach Cape Breton 418

Cape Breton Island 422
Vom Canso Causeway nach Whycocomagh 422
Ceilidh Trail 423
Auf dem Cabot Trail nach Chéticamp 425
Aktiv: Kap-Wanderung auf dem Cape Smokey Trail 428
Bras d'Or 434
Sydney und die Glace-Bay-Region 435
Louisbourg National Historic Site 437
Auf dem Fleur-de-lis Trail nach St. Peter's 438
Isle Madame 439

Kapitel 7 – Newfoundland und Labrador, Nunavut

Auf einen Blick: Newfoundland, Labrador und Nunavut ... 442
St. John's und Avalon Peninsula 444
St. John's 444
Umgebung von St. John's 451
Östliche Avalon Peninsula 453
Aktiv: Stiles Cove Path von Pouch Cove nach Flatrock 456
Cape St. Mary's 459
Placentia und Trinity Bay 459
Aktiv: Wanderung zur Cape St. Mary's Ecological Reserve 460
Conception Bay 462

Auf dem Trans-Canada durch Neufundland 464
Bull Arm 464
Burin Peninsula 464
Bonavista Peninsula 468
Terra Nova National Park 474
Gander Loop und Twillingate 475
Nach Corner Brook 477
Nach Channel-Port aux Basques 480
Aktiv: Mit der Fähre entlang der Südküste Neufundlands 482

Gros Morne National Park und Viking Trail 484
Gros Morne National Park 484
Aktiv: Wanderung und Bootstour auf dem Western Brook Pond 486
Viking Trail nach L'Anse aux Meadows 489
L'Anse aux Meadows 490
Abstecher nach Labrador 494

Nunavut 498
Kanadas neues Territorium 498
Mittlere Arktis-Küste 499
Baffin Island und der äußerste Norden 501

Register 506
Abbildungsnachweis/Impressum 512

Themen

Umweltschutz in Kanada 31
»The French Fact, mais oui!« 36
Torontos Chinatown: Fernost unterm CN-Tower 124
Die Fallsüchtigen von Niagara 149
Die Underground Railroad 160
Leben wie vor 100 Jahren – die Alt-Mennoniten 166
Pow Wow auf Manitous Insel 174
Der Polar Bear Express: im Zug zur Frontier 226
Montréals Souterrain – die Stadt unter der Stadt 247
Einsteigen und genießen – die Métro von Montréal 252
»Der Saft läuft!« 266
Winterkarneval in Québec City 280
Port Royal – Frankreichs Neue Welt 407
Der Schatz von Louisbourg 436
Die Nordwestpassage 502

Alle Karten auf einen Blick

Toronto: Überblick 107
Toronto 110
Inselhüpfen im Stadtgebiet – Toronto Islands 114

Ontario: Überblick 141
Niagara Peninsula 143
Niagara-on-the-Lake 144
Niagara Falls 150
Südontario 158
Rund um die Georgian Bay 172
Algonquin Provincial Park 180
Paddeln im Algonquin Provincial Park 182
Vom Lake Ontario nach Ottawa 190
Kingston 192
Kayaking im Thousand Islands National Park 196
Ottawa 202
Von Ottawa zum Lake Superior 214

Montréal und Umgebung: Überblick 233
Vieux-Montréal 236
Fahrradtour von Vieux-Montréal auf die Inseln 242
Montréal Centre-Ville 248
Mont-Royal – Besteigung von Montréals Hausberg 261
Umgebung von Montréal 264

Québec: Überblick 273
Ville de Québec 276
Am St.-Lorenz-Strom Richtung Atlantik 294
Gaspé-Halbinsel 308
Stairmaster Mont-Albert, Parc national de la Gaspésie 317

New Brunswick und Prince Edward Island: Überblick 329
Fredericton 333
Saint John 335
New Brunswick 338
Auf dem Coastal Trail von Herring Cove bis Point Wolfe 345
Claire Fontaine Trail im Kouchibouguac National Park 351
Charlottetown 357
Prince Edward Island 362
Greenwich Dunes Trail 369

Nova Scotia: Überblick 373
Halifax 376
Ausflug nach McNab's Island 384
Rundreisen in Nova Scotia 400
Cape Breton Island 424
Kap-Wanderung auf dem Cape Smokey Trail 428

Newfoundland, Labrador und Nunavut: Überblick 443
St. John's 446
Stiles Cove Path von Pouch Cove nach Flatrock 456
Avalon Peninsula 458
Auf dem Trans-Canada durch Neufundland 466
Wanderung und Bootstour auf dem Western Brook Pond 486
Gros Morne National Park und Viking Trail 491
Nunavut 499

Wildnis, Weite, Weltstädte

Eine Landeshälfte so groß wie Westeuropa. Mit riesigen Seen, reißenden Flüssen und endlosen Wäldern, Küsten, Tundren. Der Osten Kanadas bietet Naturlandschaften in Dimensionen, wie man sie diesseits des Atlantiks nicht kennt. Hier liegen die größten und ältesten Städte – Schlüssel zur zweisprachigen Seele des Riesenlandes.

Ostkanada, das ist die Blockhütte am See, Paddeln auf naturbelassenen Flüssen, Angeln an glasklaren Gewässern, Zelten in Nationalparks und die bärensichere Verwahrung des Proviants. Ostkanada, das sind Elche, Biber, Wolfsrudel und Fischadler und am Atlantik Wale, Robben und Seevogelkolonien. Und zwischen den Großen Seen mit den Niagarafällen im Westen und den Steilküsten am Atlantik erheben sich die größten und ältesten Städte Kanadas aus der Ebene. Lebensprühende, vielsprachige Metropolen, eloquente Zeugen einer wechselvollen Vergangenheit, Reflexionen einer nicht immer einfachen, aber stets friedliebenden Gegenwart.

So typisch kanadisch die Landschaften, so groß sind auch die klimatischen Gegensätze: Während die Cree-Dörfer an der James Bay noch im Schnee liegen, genießen die Montréaler bereits den Frühsommer in ihren heißgeliebten Straßencafés. Auf der Iceberg Alley vor Neufundland treiben Eisberge vorbei, zur gleichen Zeit laden Winzer auf der Niagara-Halbinsel zur Weinprobe. Und während man noch im klaren Wasser der Muskoka-Seen im Süden Ontarios badet, ist auf Cape Breton Island im Norden Nova Scotias längst der Herbst eingezogen.

Dabei ist Kanada, wie man in Europa oft noch immer irrtümlich glaubt, durchaus kein ›kaltes‹ Urlaubsziel. Die Sommer sind überraschend warm, in Ontario sogar schwül, in Québec dagegen eher trocken und am Atlantik zwar durchaus frisch, dennoch herrschen mancherorts badefreundliche Temperaturen, etwa an den weiten Sandstränden der Nordküste von Prince Edward Island oder an Nova Scotias Sonnenküste entlang der Northumberland Strait. Schwimmzeug gehört also unbedingt mit in den Koffer. Die Winter sind erwartungsgemäß kalt und in Québec am schneereichsten und kältesten, während sie in Toronto und Südontario mehr wie die schneearmen mitteleuropäischen ausfallen.

Im Osten stehen auch die Wiegen des Riesenlandes – im Falle Kanadas ist der Plural durchaus angebracht. Wer in Toronto aus dem Flugzeug steigt, wird auf Englisch empfangen. Montréal hingegen begrüßt Besucher mit »Bienvenue« – unüberhörbare Hinweise auf die wechselvolle Geschichte des Landes. 400 Jahre lang bauten zwei *founding nations*, erst die Franzosen, dann die Engländer, am Haus Kanada. Doch während sich die damaligen Supermächte überall sonst auf der Welt bekriegten oder zumindest misstrauisch beäugten, brachten ihre Nachkommen in Kanada einen Staat zustande, der zwar einige Male kurz vor dem Aus stand, heute jedoch dank seiner Toleranz und seiner stets auf Ausgleich bedachten Politik im Inneren wie nach außen ein hoch geachtetes Mitglied der internationalen Staatenfamilie ist.

Alle Kanada-Klischees sind wahr. Man könnte Ostkanada bereisen, nur um sie zu bestätigen. Davon sei an dieser Stelle jedoch abgeraten, denn Vorsicht: Wo Einheimische

Entfernungen in Stunden und Tagen angeben und man angesichts dreier Zeitzonen die Uhr gleich dreimal verstellen kann, muss man sich auf ausgedehntes Verweilen am Steuer gefasst machen. Natürlich ist es ein grandioses Gefühl, einmal bis ans Ende einer Straße zu fahren, die man fast ganz für sich allein hat. Man braucht jedoch nicht Tausende von Kilometern zu fahren, um den Osten Kanadas in allen Facetten zu genießen. Jede Region bietet hier ihren eigenen, charakteristischen Mix typisch kanadischer Vielfalt. Die Großstädte sind als Hauptstädte ihrer Provinz kulturelle Zentren mit modernen Downtowns, gepflegten Altstädten und hervorragenden Museen, die zu den besten Nordamerikas zählen. Einwanderer aus aller Welt haben sie in multikulturelle Metropolen verwandelt, in denen wie in Toronto über 100 Sprachen gesprochen werden und wie in Montréal die Menschen mühelos zwischen Englisch und Französisch wechseln.

Doch natürlich kommt man nicht der Städte wegen. Kanada ist und bleibt ein Synonym für Weite und Wildnis, und die beginnt auch im – für kanadische Verhältnisse – dicht besiedelten Osten gleich vor der Haustür. In St. John's, der Hauptstadt Neufundlands, reicht bereits ein Spaziergang auf den Signal Hill, um zu grandiosen Aussichten über eine Steilküste von bestürzender Schönheit zu gelangen. Nur 20 Autominuten nördlich von Québec sagen sich Elche und Wölfe Gute Nacht. Zwei Autostunden nördlich von Toronto müssen Camper und Wanderer mit Schwarzbären rechnen, und nur anderthalb Autostunden nördlich von Montréal warten herrliche Kanureviere. Je weiter man die Zentren hinter sich lässt, desto stärker dünnt der Verkehr aus. Nach drei, vier Autostunden sind Gegenden erreicht, die man mit niemandem zu teilen braucht – oder höchstens mit einem Biber, der, einen Ast vor sich herschiebend, zu seinem Bau schwimmt …

Die Autoren

Kurt J. Ohlhoff
Ole Helmhausen
www.kurtohlhoff.de
www.out-of-canada.olehelmhausen.de
www.dumontreise.de/magazin/autoren

Kurt J. Ohlhoffs Begeisterung für Kanada nahm ihren Anfang in den Jahren, als er für deutsche und kanadische Zeitungen in Ontario tätig war. Auch als Kulturreferent des Amerika-Hauses in Hannover führten ihn immer wieder Studienreisen in verschiedene Gegenden Nordamerikas. Heute arbeitet Kurt J. Ohlhoff als freiberuflicher Reisejournalist und Fotograf. Im DuMont Reiseverlag erschien von ihm auch das Reise-Handbuch »Kanada – Der Westen, Alaska«.
Ole Helmhausen begann als Ethnologe, verfasste aber schon während seiner Reisen in Afrika den ersten Reiseführer. Seit 1993 lebt und arbeitet er in Montréal. Von dort berichtet Helmhausen, der sich selbst als reisender Journalist versteht, für alle relevanten Reisemagazine und -portale über Menschen und Ziele zwischen Neufundland und British Columbia.

Reisen im Osten von Kanada

Die Blockhütte am See. Wasserflugzeuge, Kanus, Schneeschuhe. Adler und Bären, Lachse, Wale, Biber: Stichworte, die jeder Europäer kennt und die ihn, den ewig gestressten Großstädter, sehnsüchtig seufzen lassen. Kein anderes Land lässt bei der bloßen Nennung seines Namens tiefer durchatmen, kein anderes Land wird spontaner mit Idealbildern von unberührter Natur, kristallklarem Wasser und menschenleerer Wildnis in Verbindung gebracht. Und das Schönste ist: Die Klischees, so überladen sie klingen mögen, sind wahr! In Kanada, wo Entfernungen in Stunden und Tagen angegeben werden und wo, will man nicht mitten in der Nacht anrufen, vor Ferngesprächen an die Zeitzone gedacht werden muss, ist immer noch viel Platz. In diesem Land zu reisen heißt Straßen zu befahren, die viele tausend Kilometer lang sind und erst weit hinter dem Horizont enden. Was wiederum bedeutet, unterwegs Autofahrern zu begegnen, die im Vorbeifahren die Hand zum Gruß heben, und Einheimischen, denen Gastfreundschaft noch heilig ist und Hilfsbereitschaft keine leere Phrase.

Unverfälschte Natur genießen

Selbst der verwöhnteste Europäer, der Lebensqualität vielleicht ein wenig anders definiert, wird sich dem Zauber der zeitlos schönen Naturlandschaften Kanadas nicht entziehen können. Noch immer gibt es Wildnisgebiete, in denen man tagelang wandern oder Kanu fahren kann, ohne einer einzigen Menschenseele zu begegnen. Man kann in fischreichen Flüssen angeln, durch tiefe Canyons raften oder Tiere beobachten.

Im fruchtbaren St. Lorenz-Tiefland und im Gebiet der Großen Seen liegen nicht nur die größte Metropolen, hier schäumen auch die Niagarafälle, Ostkanadas berühmtestes Naturspektakel. Nördlich der Städte erstreckt sich der Kanadische Schild: eine riesige, sanft gewellte Ebene mit ausgedehnten Wäldern und Tausenden Seen, in der nackte Granitkuppen die einzigen Akzente setzen. In ihrer schönsten Ausprägung findet man diese Landschaft im **Algonquin Provincial Park.**

Atlantik-Kanada wird von dramatischen Küstenlandschaften und dicht bewaldeten Bergkuppen im Hinterland geprägt. Sie gehören zu den Appalachen, die im **Gros Morne National Park** ihr grandioses Finale finden. **Prince Edward Island** besitzt Kanadas schönste Meeresstrände.

Kunst und Kultur(en) tanken

Kanada ist aber nicht nur Wildnis und Weite. Die Großstädte des zweitgrößten Landes der Erde sind in der Endlosigkeit schwimmende Inseln der Zivilisation und bevölkert von Menschen aus aller Welt, die kreativ am Stoff ihrer Wahlheimat mitweben.

Die internationalste Stadt des Landes und nordamerikanische Kulturmetropole ist **Toronto,** 200 Jahre jung, dynamisch, polyglott und mit Restaurants, Museen und Kunstgalerien so reich gesegnet, dass selbst die verwöhnten New Yorker neidisch sind. Die vielleicht ungewöhnlichste Stadt Nordamerikas ist **Montréal.** Kanadas Gründervölker, historisch einander nie sonderlich grün, schufen hier eine urbane Gesellschaft, deren einzige *raison d'être* die Lust am guten Leben zu sein scheint. So viel Historie auf so engem Raum und so viele exquisite Restaurants wie in **Québec City** gibt es sonst nirgends in Nordamerika. **Halifax,** sicher keine Weltstadt, dafür die Hauptstadt Nova Scotias, ist kultureller Mittelpunkt der Atlantikprovinzen und mit seinen Pubs und Musikkneipen anerkanntermaßen die *Hip City* im Osten Ostkanadas. Doch das Allerschönste: Hier wie dort ist man stets nur einen Lidschlag von der Wildnis entfernt.

Individualreisen

Dank einer hervorragenden Infrastruktur ist Ostkanada ein ideales Ziel für Individualreisende. Straßen führen, auf Asphalt oder Schotter, in die entlegensten Gebiete des Riesenlandes. Tankstellen gibt es überall, Restaurants und Übernachtungsmöglichkeiten für jeden Geldbeutel ebenso. Relativ ›planloses‹ Reisen ist also möglich, vor allem außerhalb der Hochsaison (Juli/August). In größeren Städten, in und um Nationalparks sowie an Feiertagen und Wochenenden sollte man die Übernachtung vorab reservieren.

Mit ein, zwei Tagen Vorlauf auch noch vor Ort organisieren lassen sich Kanu-, Kajak- und Raftingexpeditionen. Erfahrene Outfitter bieten geführte Touren und verleihen Equipment; wer sich auf eigene Faust auf Entdeckungstour begibt, sollte allerdings wildniserfahren und körperlich fit sein.

Am besten lernt man Kanada im eigenen Fahrzeug kennen. Mit öffentlichen Verkehrsmitteln ist die Bewegungsfreiheit eingeschränkt, auch kommt man mit Bus und Bahn nicht in die Nationalparks. Ob man sich für einen Mietwagen oder ein Wohnmobil entscheidet, hängt letztlich vom persönlichen Geschmack ab. Wer im Wohnmobil reist, erspart sich die Unterbringungsfrage, muss jedoch höhere Benzin- und Stellkosten auf den Campingplätzen und die regelmäßige Entsorgung von verbrauchtem Wasser etc. einkalkulieren. In jedem Fall empfiehlt sich eine Buchung schon im Heimatland, wo man von günstigeren Preisen und einer größeren Rechtssicherheit profitiert.

Pauschalarrangements

Wenn man nur begrenzte Zeit zur Verfügung hat oder lieber in der Gruppe reist, bietet sich die Buchung einer Pauschalreise an. Alle großen Reiseveranstalter haben Kanada im Programm. Hinzu kommen Spezialveranstalter mit jahrzehntelanger Erfahrung. Die Palette reicht von der geführten Gruppenreise unter deutscher Leitung über organisierte Kanu-Expeditionen und Sprachreisen bis hin zum Fly & Drive-Angebot, bei dem der Veranstalter lediglich den Transport organisiert und den Rest dem Kunden überlässt.

WICHTIGE FRAGEN VOR DER REISE

Welche **Dokumente** braucht man für die Einreise und beim Reisen? s. S. 70

Welches **Budget** muss ich für einen Urlaub im Osten von Kanada einplanen? s. S. 99

Sollte man schon zu Hause **Geld** tauschen oder erst im Land? s. S. 91

Welche Impfungen werden empfohlen, welche **Medikamente** sollte man unbedingt dabeihaben? s. S. 92

Welche **Kleidung** muss in den Koffer? s. S. 93

Wie organisiert man die Reise vor Ort? Wo bucht man vorab **Rundreisen**? s. S. 13

Welche **Rundreisen** kann man mit dem Bus bzw. mit öffentlichen Verkehrsmitteln machen, und für welche Exkursionen ist ein **Mietwagen** zu empfehlen? s. S. 71

Wie informiert man sich über aktuelle **Wetterprognosen**? s. S. 94

Wie steht es um die **Sicherheit** im Land? Welche Vorkehrungen sollte man treffen? s. S. 100

Planungshilfe für Ihre Reise

Kulturerlebnis *Naturerlebnis*

Angaben zur Zeitplanung
Bei den folgenden Zeitangaben handelt es sich um Empfehlungswerte für Reisende, die ihr Zeitbudget eher knapp kalkulieren.

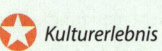

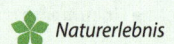

Die Kapitel in diesem Buch

1. **Toronto:** S. 105
2. **Ontario:** S. 139
3. **Montréal und Umgebung:** S. 231
4. **Québec:** S. 271
5. **New Brunswick und Prince Edward Island:** S. 327
6. **Nova Scotia:** S. 371
7. **Newfoundland und Labrador, Nunavut:** S. 441

1. Toronto

Ein bisschen wie New York und überhaupt recht amerikanisch: Viele Besucher fühlen sich an den Big Apple erinnert. Tatsächlich ist Toronto die viertgrößte Stadt Nordamerikas und besitzt eine Skyline, die sich mit jeder anderen in den USA messen kann. Menschen aller Sprachen, Hautfarben und Religionen bevölkern die Straßen. Das schlägt sich auch in der Gastroszene nieder: Alle Küchen der Welt sind vertreten. Doch damit hören die Gemeinsamkeiten auch schon auf. Toronto fühlt sich an wie ein Dorf oder besser: wie viele Dörfer. Die urbane Atmosphäre ist bei aller Großstadthektik erstaunlich (mit-)menschlich und speist sich vor allem aus dem kleinstädtischen Miteinander in den vielen Vierteln der Stadt, den sog. Neighbourhoods. Großstädtisch und auf internationalem Niveau ist dann wieder das Kulturleben und Entertainmentangebot: Toronto hat nach New York die produktivste Theater- und Musicalszene in Nordamerika.

⭐ *Downtown Toronto*

Gut zu wissen: Das Auto kann man in Toronto getrost stehen lassen. Die meisten Sehenswürdigkeiten sind zu Fuß bzw. mit der hufeisenförmig durch Down- und Midtown Toronto verlegten Subway erreichbar. Verloren geht man nicht: Downtown Toronto ist ein senkrecht auf dem Lake Ontario stehendes Rechteck mit Schachbrettmuster. Hauptverkehrsachse ist die Yonge Street. Sie ordnet Torontos Straßennetz in East und West. Orientierung und einen ersten Überblick bietet der CN Tower; die Skyline zeigt sich von den Toronto Islands aus von ihrer besten Seite. Neben dem üblichen Besichtigungsprogramm sollten ein Musicalabend im Royal Alexandra oder Princess of Wales Theatre und/oder der Besuch eines Eishockeyspiels im Air Canada Centre auf dem Programm stehen: Das Team der Stadt sind die Toronto Maple Leafs.

Zeitplanung
Toronto: 2–3 Tage

2. Ontario

Mit über 1 Mio. km² ist die Provinz größer als Frankreich und Spanien zusammen. 1700 km hoch und breit, reicht sie im Norden bis an den Lebensraum der Eisbären der James Bay und im Süden bis Point Pelee, das bereits auf der Höhe von Nordkalifonien liegt. Ontario hat (fast) alles: riesige Binnenmeere mit herrlichen Sandstränden, kosmopolitische Weltstädte und die ›donnernden Wasser‹ der Niagarafälle im ländlich geprägten Süden, endlose Weite mit Wäldern, Seen und wilden Tieren im Norden. Jenseits der Linie Ottawa-Toronto geht die Landschaft in das Kanada der Reiseprospekte über, hat die Bevölkerungsdichte meist eine Null vor dem Komma. Wälder und nochmals Wälder, mit einsamen Seen und Wasserflugzeug darauf und der nackte Fels des Kanadischen Schildes: Wer das ultimative Outdoor-Erlebnis sucht, ist hier richtig! Zum Symbol kanadischer Wildnis stieg der Algonquin Park auf.

⭐ • *Ottawa*
• *Fort William Historical Park*

✣ • *Niagara Falls*
• *Algonquin Provincial Park*

Gut zu wissen: Publikumsmagnet im Süden Ontarios und entsprechend umlagert sind die Niagarafälle: Wer das Naturspektakel ganz entspannt genießen möchte, sollte eine Übernachtung in Niagara-on-the Lake einplanen. Vom etwas südlich gelegenen Queenston Heights Parks – das Auto kann hier stehen bleiben – pendeln Busse zu den Horseshoe Falls und weiteren interessanten Punkten. Wer über die Hornblower Niagara Falls Boat Tour den Besuch weiterer Attraktionen plant, kann mit dem Niagara Falls Wonder Pass (auch online bestellbar) viel Geld sparen.

Unternehmungen im Algonquin Provincial Park sind besonders lohnend im Herbst, wenn der Indian Summer das Laub leuchtend bunt färbt. Mai und Juni sind die beste Zeit, um Elche zu beobachten. Wegen der großen Beliebtheit des Parks müssen Campingplätze, geführte Kanutouren und andere Unternehmungen weit im Voraus gebucht werden.

Zeitplanung
Ottawa:	1 Tag
Kleine Ontario-Rundreise:	10 Tage
Große Ontario-Rundreise:	21 Tage

3. Montréal und Umgebung

Amerikaner fühlen sich in der 4-Mio.-Metropole am St.-Lorenz-Strom nach Paris versetzt, weil alle hier französisch zu sprechen scheinen. Und Besucher aus Europa erinnert die Altstadt von Montréal an Kleinstädte in der Bretagne oder Normandie. Allerdings nur so lange, bis sie die ersten an sie gerichteten Sätze vernehmen. Denn das Québécois hat mit dem daheim gelernten Schulfranzösisch so viel zu tun wie Poutine mit Haute Cuisine. Montréals Hauptattraktion ist die Altstadt rund um die Place Jacques-Cartier mit ihren vielen Kirchen und kopfsteingepflasterten Gassen. Auf dem Besichtigungsprogramm sollten auch der Aufstieg zum Hausberg Mont-Royal und ein Einkaufsbummel in der Rue Cathérine stehen. Bei schlechtem Wetter kann man in die Ville Souterraine ausweichen, die größte unterirdische Stadt der Welt, oder eines der hochkarätigen Museen besuchen.

Ein lohnender Ausflug führt von Montréal in die Berge der Laurentides, die einen schönen Eindruck von der Wildheit des Kanadischen Schildes vermitteln.

⭐ *Vieux-Montréal*

Gut zu wissen: Montréal ist – für nordamerikanische Verhältnisse – ein Radfahrerparadies. Immer mehr Montréaler radeln zur Arbeit, das öffentliche Leihradsystem Bixi ist ein voller Erfolg, und inzwischen gibt es mehrere hundert Kilometer Radwege. Viele Sehenswürdigkeiten liegen an schönen *Pistes cyclables*.

Wenn man den Besuch mehrerer Museen plant, lohnt die Anschaffung der Carte Musées (auch online bestellbar).

Montréal gilt als eine der schwulenfreundlichsten Städte der Welt – es gibt eine aktive LGBT-Szene und sogar ein eigenes Gay Village.

Zeitplanung

Montréal:	2–3 Tage
Laurentides:	1 Tag
Cantons de l'Est:	1 Tag

4. Québec

Der St.-Lorenz-Strom, die Wildnis des Kanadischen Schilds, die Appalachen. Zigtausend Seen, mehrere hundert Flüsse und Wälder so endlos, dass man tagelang in ihnen fahren kann, ohne an ein Ende zu gelangen. Dazu Metropolen wie Québec-Ville, Künstlerkolonien wie im Charlevoix und raue Fischernester wie an der Côte-Nord: Québec ist die vielleicht abwechslungsreichste Provinz Kanadas! Die größte ist sie auf jeden Fall: Sie erstreckt sich über 1,5 Mio km² und wird zu zwei Dritteln von der Granitplatte des dünn oder gar nicht besiedelten Kanadischen Schildes bedeckt. Hier liegen die Outdoorspielplätze der Provinz mit ihrem enormen Angebot an Kanutouren und Wanderungen aller Längen und Schwierigkeitsgrade.

Südlich davon fließt, am Schild vorbei, der St.-Lorenz-Strom. Das Tiefland beiderseits des Stroms ist landwirtschaftlich geprägt, hier leben auch über 80 % der Bevölkerung. Die Südküste des Stroms prägen die Appalachen. Sie erreichen auf der wilden Gaspé-Halbinsel ihre spektakulären Höhepunkte.

⭐ *Ville de Québec*   🍀 *Gaspé-Halbinsel*

Gut zu wissen: Québec ist natürlich Kanada mit all dem, was das Land traditionell für Mitteleuropäer ausmacht. Doch dann ist da auch ein Französisch, das in 260 Jahren Trennung vom Mutterland eine eigene Färbung angenommen hat, und die typisch gallische Vitalität und Leidenschaft für alles, was mit Essen, Trinken und dem guten Leben generell zu tun hat. Die Mehrheit der Québécois versteht und spricht Englisch, dennoch gilt: ein paar Worte auf Französisch öffnen die Türen und zeigen, dass man sich mit den besonderen kulturellen Gegebenheiten befasst hat.

Zeitplanung

Québec:	1 Tag
Kleine Québec-Rundreise:	10 Tage
Große Québec-Rundreise:	20 Tage

5. New Brunswick und Prince Edward Island

Etwas abseits der Tourismuszentren Kanadas gelegen, hat New Brunswick dem Besucher doch viel zu bieten. Das Bild der auf drei Seiten vom Meer umspülten Provinz prägen neben Steilküsten mit bizarren Felsformationen auch weite Strände, Marschen und Wattlandschaften sowie dichte Mischwälder und idyllische Flusspanoramen im Inneren des Landes. Auch kulturell ist New Brunswick vielseitig: Der Süden mit Saint John und der Provinzhauptstadt Fredericton hält britische Traditionen hoch, während im Norden in der Region um Moncton das quirlige Herz der frankophonen Acadie schlägt. Ein Besuch der Museumsdörfer Kings Landing am Ufer des Saint John River und Village Historique an der Baie des Chaleurs ist eine faszinierende Reise in die Zeit der britischen und französischen Pioniere.

Prince Edward Island ist touristisch gut erschlossen und wird entsprechend vermarktet. Dennoch lohnt Charlottetown mit seinen hübschen Anlagen einen ausgedehnten Bummel. Die schönen Sandstrände an der Nordküste (vor allem im Nationalparkgebiet) laden zum Baden ein und der malerische North Cape Coastal Drive bezaubert mit seinen leuchtend roten Felsformationen.

🍀 Bay of Fundy

Gut zu wissen: Bei Ebbe sind auf einer Strandwanderung entlang der Fundy-Küste mit ihren Riesengezeiten spektakuläre Felsformationen zu bewundern. Im Interesse der eigenen Sicherheit sind dabei unbedingt die Gezeiten zu berücksichtigen, denn die Flut kommt schnell und mächtig.

Unterkünfte in und um den Fundy Nationalpark sollte man im Sommer rechtzeitig buchen. Während Baden wegen der eher kalten Wassertemperaturen an der Fundy-Küste wenig empfehlenswert ist, bieten die weiten, fast unberührten Strände der nördlichen Küstenregion von New Brunswick mit Wassertemperaturen um die 20° dazu gute Gelegenheit – das gilt auch für die schönen Strände an der Nordküste von Prince Edward Island.

Zeitplanung

Saint John:	1 Tag
Fredericton und Kings Landing:	1 Tag
Bay of Fundy National Park:	1 Tag
Kouchibouguac National Park, Village Historique Acadien:	1–2 Tage
Charlottetown:	1 Tag
North Cape Coastal Drive, Central Coastal Drive und Points East Coastal Drive:	je 1 Tag

6. Nova Scotia

Die Landmasse der Provinz, die auf der Karte einem Riesenhummer gleicht, teilt sich in eine über 600 km lange Halbinsel im Südwesten und die östlich vorgelagerte, mit einem künstlichen Damm verbundene Insel Cape Breton. Bewaldete Hügelketten, buchtenreiche Küsten und breite, fruchtbare Täler bestimmen die Topografie der Halbinsel, während auf Cape Breton Steilküsten und karges gebirgiges, ›schottisches‹ Hochland vorherrschen. Sehenswert sind immer noch die zahlreichen pittoresken Fischerorte, obwohl der Fischfang stark zurückgegangen ist. Reiche Hummerernten sind jedoch geblieben. Schöne Beispiele für die reiche Schiffbau- und Seefahrertradition findet man in den hübschen Küstenstädtchen Lunenburg, Shelburne und Yarmouth.

Schon seit dem frühen 18. Jh. wurde Nova Scotia von Europäern besiedelt. Die Franzosen kamen zuerst, sie gründeten 1605 die Siedlung Port Royal und nannten das Land ›Acadie‹, dann folgten die Schotten, die der Provinz den heutigen Namen gaben. Das historische Fort Louisbourg auf Cape Breton vermittelt einen lebendigen Eindruck von der wechselhaften Geschichte.

⭐ Lunenburg   🍀 Cape Breton Island

Gut zu wissen: In Nova Scotia herrscht maritimes Klima mit entsprechend wechselhaftem Wetter, obwohl generell die Sommer warm und überwiegend trocken sind. Die beste Reisezeit erstreckt sich vom Frühsommer bis zum Herbst mit seinen leuchtenden Farben. Besonders schön ist es dann am Isthmus von Chignecto, der Landenge, die Nova Scotia mit dem Festland verbindet, und auf Cape Breton mit seinen bunten Mischwäldern. Ab Oktober sind jedoch viele Sehenswürdigkeiten nicht mehr geöffnet.

Zeitplanung

Halifax und Umgebung:	1–2 Tage
Peggy's Cove, Lunenburg:	1 Tag
Lighthouse Route, Shelburne, Digby:	2 Tage
Evangeline Trail, Annapolis Royal:	1 Tag
Parrsboro, Glooscap und Sunrise Trail:	1 Tag
Cabot Trail, Baddeck, Cheticamp:	1–2 Tage
Marine Drive, Cape Breton nach Halifax:	1 Tag

---

7. Newfoundland und Labrador, Nunavut

Wilde Felsenküsten mit tief eingeschnittenen Fjorden und zerstreuten Inseln, endlose Wälder und weite windverwehte Hochmoore sind Lebensraum für Elche, Karibus und Schwarzbären. Stille Seen und Lachsflüsse laden zum Kanufahren und Angeln ein. Einsame Leuchttürme und malerische Fischerdörfer wie Perlen auf der Schnur, das maritime Ambiente ist allgegenwärtig und bietet Fotomotive in Hülle und Fülle. Man fährt hinaus mit kleinen Kuttern, um Wale zu beobachten, entdeckt einige der größten Seevogelkolonien Nordamerikas, staunt über die schimmernden Eisberge, die im Frühsommer an der Küste vorbeitreiben und wandelt auf den Spuren der Wikinger. Infolge der Überfischung der einst reichen Fanggründe hat die Regierung die Fangquoten drastisch reduziert und für die Neufundländer sind schwierige Zeiten angebrochen – ihre sprichwörtliche Gastfreundschaft hat das jedoch nicht beeinträchtigt.

Nunavut ist seit 1999 ein eigenständiges Territorium, das sich über fast 2 Mio. km² erstreckt. Nur 39 000 Menschen leben hier, rund 85 % zählen zur Urbevölkerung der Inuit und Dene. Den Besucher erwarten großartige Landschaften und abenteuerliche Aktivitäten wie Motorschlittentouren und Eisfischen sowie Touren zu Eisbären und Narwalen.

- *Bonavista Peninsula*
- *L'Anse aux Meadows*

- *St. John's und Avalon Peninsula*
- *Gros Morne National Park*

Gut zu wissen: Beste Reisezeit ist vom Frühsommer bis September, ab Oktober sind die meisten Sehenswürdigkeiten und Unterkünfte nicht mehr geöffnet. Lange war der Labrador Coastal Drive (Route 510) von L'Anse au Clair die Südküste entlang nach Red Bay die einzige asphaltierte Fernstraße des knapp 300 000 km² großen Gebiets. 2015 wurde die Route 510 nach Happy Valley-Goose Bay, eine Allwetterstraße mit Schotterbelag, fertiggestellt. Von Happy Valley-Goose Bay aus lässt sich die Fahrt auf der meist asphaltierten Route 500 nach Labrador City und weiter bis nach dem gut 600 km entfernten Baie-Comeau am St.-Lorenz-Strom fortsetzen.

Nach Nunavut gelangt man per Linienflug von Montréal, Ottawa und Toronto aus, früher war es eine etwas komplizierte Angelegenheit. Inzwischen gibt es jedoch eine Reihe kanadischer Anbieter, die mehrtägige Pakete mit Flügen, Übernachtungen und geführten Aktivitäten geschnürt haben. Profilierte Anbieter sind Arctic Kingdom (www.arcticking dom.com) und The Great Canadian Travel Group (www.greatcanadiantravel.com).

Zeitplanung

St. John's und Avalon Peninsula:	2 Tage
Trinity und die Bonavista Peninsula:	1 Tag
Gros Morne National Park:	1–2 Tage
Viking Trail nach L'Anse aux Meadows:	2 Tage
Abstecher nach Labrador:	2 Tage
Nunavut:	4–8 Tage

Vorschläge für Rundreisen

▬▬ Große Ontario-Rundreise (19 Tage)

1.–3. Tag: Ankunft in Toronto, Stadtbesichtigung, Tagesausflug zu den Niagarafällen.
4. Tag: Nach Quinte's Isle, dort Wine Tasting.
5. Tag: Vormittags auf dem Loyalist Parkway nach Kingston, dort Stadtbesichtigung.
6. Tag: Am späten Vormittag weiter nach Gananoque. Nachmittags Bootsfahrt im Thousand Islands National Park.
7. Tag: Vormittags nach Ottawa, nachmittags Stadtbesichtigung.
8. Tag: Über Arnprior und Eganville in den Algonquin Provincial Park, erste Paddeltour bei Sonnenuntergang.
9. Tag: Unternehmungen im Algonquin Provincial Park.
10. Tag: Über Huntsville nach Port Carling in den Muskokas.
11. Tag: Bootsfart mit der »R. M. S. Segwun« ab Gravenhurst. Übernachtung in Port Carling.
12. Tag: Von Port Carling auf dem Highway 400 über Sudbury in den Killarney Provincial Park. Abends in Killarney Sonnenuntergang über der Georgian Bay.
13. Tag: Unternehmungen im Killarney Provincial Park.
14. Tag: Nach Little Current auf Manitoulin Island, Sonnenuntergang am Ten Mile Point.
15. Tag: Inselrundfahrt auf Manitoulin Island. Übernachtung in Little Current.
16. Tag: Mit der Fähre nach Tobermory. Besuch des Fathom Five National Marine Park. Übernachtung in Tobermory.
17. Tag: Wanderung im Bruce Peninsula National Park. Übernachtung in Tobermory.
18. Tag: Nach Midland. Besuch des Museumsdorfes Sainte-Marie-among-the-Hurons.
19. Tag: Vormittags Besichtigung des Discovery Harbour in Penetanguishene. Nachmittags Rückfahrt nach Toronto.

▬▬ Kleine Ontario-Rundreise (10 Tage)

1.–3. Tag: Ankunft in Toronto, Stadtbesichtigung. Tagesausflug zu den Niagarafällen.
4. Tag: Nach Gravenhurst in den Muskokas, Dinner Cruise mit dem historischen Dampfschiff »RM. S. Segwun«.

te's Isle, Wine Tasting mit Abendessen in Picton, z. B. bei der Waupoos Estates Winery.
10. Tag: Am späten Vormittag Rückfahrt nach Toronto.

Große Québec-Rundreise (19 Tage)

1.–3. Tag: Ankunft in Montréal, Stadtbesichtigung.
4. Tag: Über Trois-Rivières auf dem gemütlichen Chemin du Roy nach Québec-Stadt. Abends Bummel durch die Haute-Ville.
5. Tag: Museumsbesuche und Bummel durch die Ober- und Unterstadt.
6. Tag: Am Nordufer des St.-Lorenz-Stroms entlang nach Baie-Saint-Paul. Unterwegs Stopp bei den Chûtes Montmorency und am Grand Canyon des Chûtes Sainte-Anne. Abends Bummel durch die Galerien der Künstlerkolonie Baie-Saint-Paul.
7. Tag: Vormittags kurze Wanderung zu den Aussichtspunkten im Parc national des Grands-Jardins. Nachmittags über St-Joseph-de-la Rive nach La Malbaie.
8. Tag: Abstecher in den spektakulären Parc national des Hautes-Gorges. Nachmittags nach Tadoussac, Stadtbummel.
9. Tag: Vormittags Walbeobachtungstour von Tadoussac aus. Gegen Abend nach Gran-

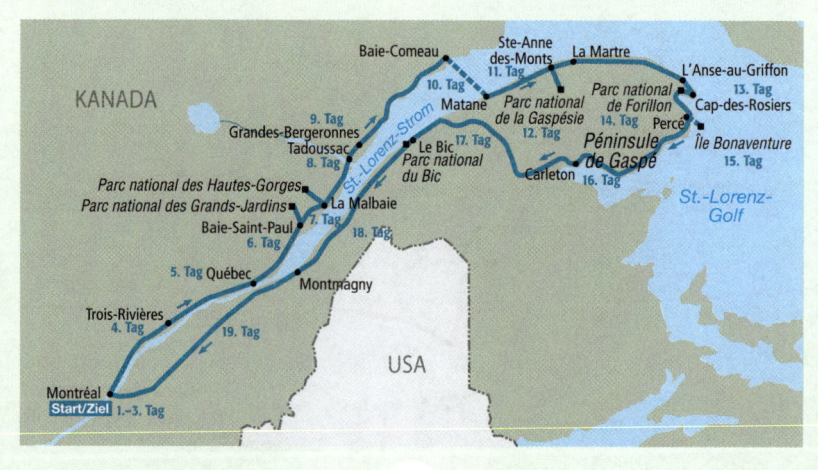

5. Tag: Von Gravenhurst über Bracebridge und Huntsville in den Algonquin Provincial Park.
6. Tag: Unternehmungen im Algonquin Provincial Park.
7. Tag: Auf dem Highway 60 in östlicher Richtung aus dem Algonquin Park heraus und über Eganville und Renfrew nach Ottawa. Nachmittags Stadtbesichtigung.
8. Tag: Vormittags Besuch der National Gallery of Canada, mittags weiter nach Gananoque, Bootsexkursion im Thousand Islands National Park.
9. Tag: Von Gananoque nach Kingston, Stadtbesichtigung. Nachmittags weiter nach Quin-

des-Bergeronnes, um von den Klippen aus vorbeiziehende Wale und den Sonnenuntergang zu beobachten.

10. Tag: Weiter nach Baie-Comeau, nachmittags mit der Autofähre nach Matane am Südufer des St.-Lorenz-Stroms, Stadtbesichtigung (Abstecher zum Wasserkraftwerk Manic-2 1 Extratag).

11. Tag: Von Matane nach Ste-Anne-des-Monts, dem Tor zum wilden Inneren der Gaspé-Halbinsel.

12. Tag: Wandern im Parc national de la Gaspésie. Übernachtung in Ste-Anne-des-Monts.

13. Tag: Nach Cap-des-Rosiers, dem Tor zum Parc national de Forillon. Unterwegs Fotostopps in La Martre und L'Anse-au-Griffon.

14. Tag: Wandern im Parc national de Forillon. Übernachtung in Cap-des-Rosiers.

15. Tag: Vormittags weiter nach Percé. Stadtbesichtigung und Abstecher zur Tölpelkolonie auf der Île Bonaventure.

16. Tag: Von Percé an der Baie des Chaleurs entlang nach Carleton, mit Zwischenstopps in Paspébiac und Bonaventure.

17. Tag: Von Carleton quer durch die Gaspé-Halbinsel zurück an den St.-Lorenz-Strom und Übernachtung in Le Bic.

18. Tag: Vormittags Kajaktour oder Wanderung im Parc national du Bic, nachmittags weiter nach Montmagny.

19. Tag: Vormittags Bootsfahrt auf die historische Quarantäneinsel Grosse-Île, nachmittags Rückfahrt nach Montréal.

▬ Kleine Québec-Rundreise (10 Tage)

1 und 2. Tag: Ankunft in Montréal, Stadtbesichtigung.

3. Tag: Über Trois-Rivières auf dem gemütlichen Chemin du Roy nach Québec-Stadt. Abends Bummel durch die Haute-Ville.

4. Tag: Stadtbesichtigung in Québec.

5. Tag: Am Nordufer des St.-Lorenz-Stroms entlang nach Baie-Saint-Paul. Unterwegs Besichtigung der Chûtes Montmorency und Besuch des Grand Canyon des Chûtes Sainte-Anne. Abends Bummel durch die Galerien der Künstlerkolonie Baie-Saint-Paul.

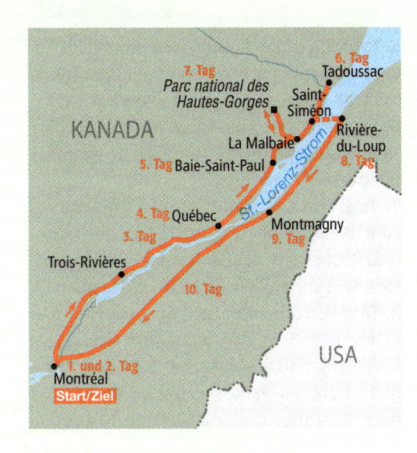

6. Tag: Vormittags Besuch des Musée d'art contemporain. Nachmittags über La Malbaie nach Tadoussac.

7. Tag: Tagesausflug in den Parc national des Hautes-Gorges, Wanderung.

8. Tag: Vormittags Walbeobachtungstour von Tadoussac aus. Nachmittags mit der Fähre von Saint-Siméon nach Rivière-du-Loup. Stadtbesichtigung.

9. Tag: Am Südufer des St.-Lorenz-Stroms entlang nach Montmagny, Abstecher zur historischen Quarantäneinsel Grosse-Île.

10. Tag: Auf der Autoroute 20 zurück nach Montréal.

▬ Große Atlantik-Kanada-Rundreise (14–21 Tage)

1. und 2. Tag: Halifax, Stadtbesichtigung, Ausflüge in die Umgebung (Dartmouth, Fisherman's Cove, McNab's Island).

3. Tag: Auf der Lighthouse Route nach Peggy's Cove, bei Chester Abstecher zum Ross Farm Living Heritage Museum, weiter entlang der Mahone Bay nach Lunenburg.

4. Tag: Von Lunenburg über Liverpool (Abstecher zum Kejimkujik National Park, Wandern, Kajakfahren) nach Shelburne, über Yarmouth weiter nach Digby.

5. Tag: Von Digby Ausflug nach Annapolis Royal (Abstecher nach Westport auf Brier Island mit Walbeobachtungstour 1 Extratag).
6. Tag: Von Digby per Fähre nach Saint John, New Brunswick (Abstecher nach St. Andrews By-the-Sea 1 Extratag).
7. Tag: Von Saint John zum Fundy National Park (Wandern, Riesengezeiten bei den Hopewell Rocks), anschließend weiter nach Moncton, dem kulturellen Zentrum der Acadie.
8. Tag: Von Moncton nach Shediac, Hummer essen, Baden in den wärmsten Gewässern Atlantik-Kanadas (Abstecher zum Koucibouguac National Park 1 Extratag, Weiterfahrt nach Caraquet und zum Village Historique Acadien weiterer Extratag).
9. Tag: Von Shediac über die Confederation Bridge nach Charlottetown auf Prince Edward Island, Stadtbesichtigung.
10. Tag: Ausflug von Charlottetown nach Cavendish und Dalvay-by-the-Sea im Prince Edward Island National Park (weitere Rundfahrten auf der Insel 1–2 Extratage).
11. Tag: Von Charlottetown mit der Fähre nach Pictou, weiter nach Antigonish, von dort über den Canso Causeway und Mabou auf dem Highway 252 nach Baddeck.
12. Tag: Von Baddeck auf dem Cabot Trail nach Ingonish Beach zum Cape Breton Highlands National Park, weiter über Cape North nach Chéticamp.
13. Tag: Von Chéticamp (Walbeobachtung) nach Baddeck, dann über Sydney und Glace Bay (Miner's Museum und Village) nach Louisbourg. Besuch der Louisbourg National Historic Site, weiter über Grand Anse (Abstecher auf die Isle Madame nach Arichat ½ Extratag) nach Antigonish.
14. Tag: Von Antigonish zum Museumsdorf Sherbrooke, anschließend über Tangier zurück nach Halifax.

━━ Nova Scotia-Rundreise (10–12 Tage)

1. und 2. Tag: Halifax, Stadtbesichtigung, Ausflüge in die Umgebung (Dartmouth, Fisherman's Cove, McNab's Island).
3. Tag: Auf der Lighthouse Route nach Peggy's Cove, weiter über Chester entlang der Mahone Bay nach Lunenburg.
4. Tag: Nach Liverpool, von dort entweder durch den Kejimkujik National Park (Wandern, Kajakfahren) oder an der Küste entlang über Shelburne und Yarmouth nach Digby.
5. Tag: Von Digby aus evtl. Walbeobachtungstour (1 Extratag), ansonsten weiter nach Annapolis Royal und Wolfville.
6. Tag: Von Wolfville über Dartmouth und Shubenacadie (Floßfahrt auf der Gezeitenwelle) nach Truro, von dort weiter nach Anti-

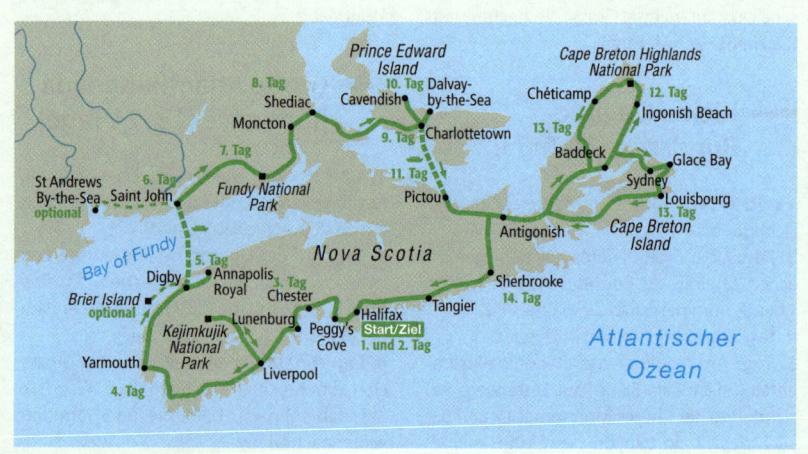

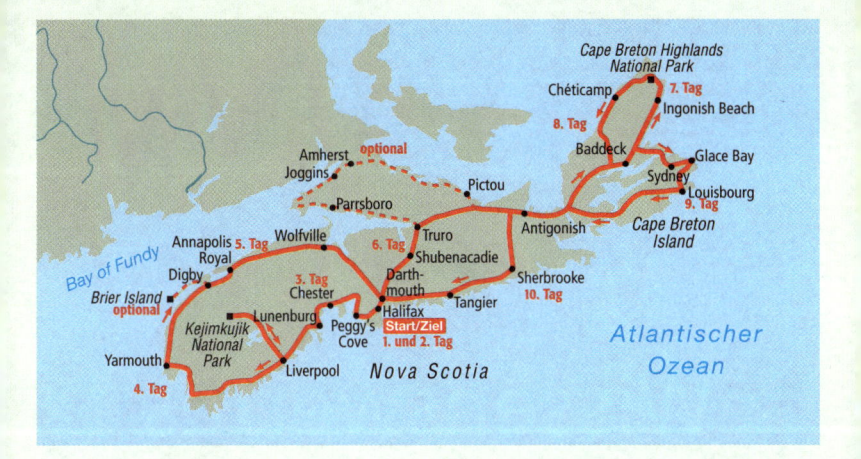

gonish (alternativ Rundfahrt über Parrsboro, Joggins und Pictou, 1 Extratag).

7. Tag: Von Antigonish nach Baddeck, von dort über St. Ann's und Ingonish Beach zum Cape Breton Highlands National Park und nach Chéticamp (alternativ über Mabou, Inverness und Margaree Harbour, ½ Extratag).

8. Tag: Von Chéticamp (Walbeobachtung) durchs Margaree Valley nach Baddeck, weiter über Iona, Sidney und Glace Bay (Miner's Museum und Village) nach Louisbourg.

9. Tag: Besichtigung der Louisbourg National Historic Site, über Grand Anse (Abstecher zur Isle Madame ½ Extratag) nach Antigonish.

10. Tag: Von Antigonish zum Museumsdorf Sherbrooke, anschließend über Tangier zurück nach Halifax.

▬▬ Durch Newfoundland (8–12 Tage)

1. Tag: St. John's, Stadtbesichtigung.

2.–3. Tag: Rundfahrt um die Avalon Peninsula, Leuchtturm bei Cape Spear, Fischerdorf Petty Harbour, Witless Bay Ecological Reserve (Bootstour zu den Seevogelkolonien), Cape St. Mary's Ecological Reserve (Wanderung).

4. Tag: Trinity und die Bonavista Peninsula, New Bonaventure und Random Passage, Cape Bonavista.

5. Tag: Von Trinity zum Terra Nova National Park; Gander, Twillingate (im Frühsommer Eisberge beobachten), Grand Falls-Windsor.

6. Tag: Über Deer Lake zum Gros Morne National Park.

7. Tag: Unternehmungen im Gros Morne National Park (Abstecher auf dem Viking Trail über Port au Choix nach St. Anthony und zur L'Anse aux Meadows National Historic Site und zurück 2–3 Extratage).

8. Tag: Über Corner Brook nach Channel-Port aux Basques (Fähre nach Sydney, Nova Scotia), bei Stephenville Abstecher zur Port au Port Peninsula (von Rose Blanche Ausflug mit der Küstenfähre nach Burgeo 1–2 Extratage).

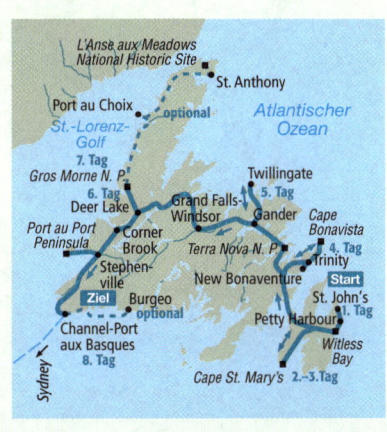

Wissenswertes über Ostkanada

»Canadian niceness is pure … It's also abundant. Canada is to niceness as Saudi Arabia is to oil. It's awash in the stuff, and it's about time, I say, the rest of the world imported some.«
Eric Weiner, Can Canada teach the rest of us to be nicer?

In Kensington Market schlägt Torontos alternatives Herz: Ein Hauch von Flower Power weht durch die Straßen mit ihren bunten Fassaden, charmanten Vintage-Läden und Öko-Cafés

Steckbrief Ostkanada

Daten und Fakten

Fläche: Kanada gesamt 9 984 670 km², Ostkanada 3 149 580 km²
Hauptstadt: Ottawa
Amtssprachen: Englisch und Französisch, im hohen Norden auch Inuktitut
Einwohner: Kanada 38,1 Mio., Ostkanada 25,6 Mio., Ontario 14,6 Mio., Québec 8,5 Mio., New Brunswick 778 000, Nova Scotia 971 000, Prince Edward Island 157 000, Newfoundland and Labrador 521 000, Nunavut 39 000
Bruttosozialprodukt: etwa 70 000 $ pro Familie und Jahr
Währung: Kanadischer Dollar (CAD)
Landesvorwahl: 001
Zeitzonen: Central Time Zone (MEZ –7 Std.) in West-Ontario, Eastern Time Zone (MEZ –6 Std.) in Ost-Ontario, Québec und Nunavut, Atlantic Time Zone (MEZ –5 Std.) in Atlantik-Kanada und Labrador, Newfoundland Time Zone (MEZ –4,5 Std.) in Neufundland.

Landesflagge: Die *maple leaf flag* (Ahornblatt-Flagge) wurde 1965 eingeführt. Die beiden vertikalen roten Streifen symbolisieren Atlantik und Pazifik. Der breite weiße Streifen in der Mitte steht für den Schnee der polaren Gebiete. Das darauf gesetzte, elfzackige Ahornblatt stellt den Waldreichtum des Landes dar. Seine rote Farbe erinnert an die im Ersten Weltkrieg gefallenen kanadischen Soldaten.

Geografie

Ostkanada umfasst die Provinzen Ontario, Québec, New Brunswick, Prince Edward Island, Nova Scotia und Newfoundland and Labrador. Ontario und Québec werden häufig als Central Canada, die vier am Atlantik liegenden Provinzen als Atlantic Canada zusammengefasst. Ostkanada weist drei große geografische Regionen auf. Im Süden liegt das St.-Lorenz-Tiefland, ein nur wenige hundert Kilometer schmaler, von Québec bis zu den Großen Seen reichender fruchtbarer Landstreifen. Hier leben über 60 % der Bevölkerung – auf 5 % des kanadischen Territoriums. Östlich davon verlaufen in Nord-Süd-Richtung die Appalachen, die vor allem New Brunswick und Québec prägen und sich in Newfoundland fortsetzen. Nördlich vom St.-Lorenz-Tiefland schließt der Kanadische Schild an, mit unzähligen Seen, Wäldern und Flüssen das klassische Kanada, das den größten Teil von Ontario und Québec sowie fast ganz Labrador umfasst. In Nunavut geht der Kanadische Schild in die Arktis über.

Geschichte

Bereits um 10 000 v. Chr. ist Kanada von indigenen Völkern dünn besiedelt. Um 1000 n. Chr. gründen Grönland-Wikinger in L'Anse-aux-Meadows auf Newfoundland eine kurzlebige Siedlung. 1497 wird Newfoundland von John Cabot wiederentdeckt. 1537 reklamiert der Franzose Jacques Cartier Kanada für Frankreich, 1608 gründet Samuel de Champlain die Kolonie Neufrankreich. 1610 entdeckt Henry Hudson die später nach ihm benannte Hudson Bay. Schon bald werden Engländer und Franzosen zu erbitterten Konkurrenten im Pelzhandel. Nach mehreren Kriegen verliert Frankreich

1763 all seine nordamerikanischen Besitzungen an England. 1867 wird die britische Kolonie als *Dominion of Canada* selbstständig. Die Provinz Québec bewahrt sich ihre frankophone Kultur bis heute. 1999 erhalten die Inuit ein eigenständiges Territorium, Nunavut.

Staat und Politik

Staatsoberhaupt der bundesstaatlich strukturierten, parlamentarischen Monarchie ist der englische König. Die ausführende Regierungsgewalt teilen sich der Premierminister und das Kabinett, das dem House of Commons verantwortlich ist. Die Abgeordneten des Unterhauses werden nach dem Mehrheitsprinzip gewählt. Die Legislative ist dreigeteilt: Governor General (Vertreter des englischen Monarchen), Senat und House of Commons, wobei Letzteres die eigentliche Entscheidungsgewalt besitzt. Das Land besteht aus zehn Provinzen mit jeweils eigener Verfassung und weitreichender Eigenständigkeit in inneren Angelegenheiten. Hinzu kommen die drei Territorien Yukon, Northwest Territories und Nunavut. Alle Provinzen und Territorien besitzen ein Einkammerparlament und einen Premierminister als Regierungschef.

Wirtschaft

Mit über 50 % der Papier- und Zelluloseproduktion Kanadas sind Ontario und Québec führend in der Holzindustrie. Beide nutzen die reichen Bodenschätze (Nickel, Kupfer, Gold, Silber, Uran, Eisenerz) des Kanadischen Schilds. Auch Nunavut ist im Besitz bedeutender Rohstoffvorkommen. Ontario und Québec sind für die Hälfte der industriellen Produktion Kanadas verantwortlich (Stahl, Flugzeuge, Hightech-Produkte, Nahrungsmittelverarbeitung). Québec ist durch seine großen Wasserkraftwerke im Norden einer der größten Stromerzeuger Amerikas. Landwirtschaft wird in größerem Umfang im Süden der beiden Provinzen betrieben, Tourismus ist in beiden ein bedeutender Wirtschaftsfaktor.

Die Zukunft des Fischfangs in den atlantischen Provinzen, insbesondere in Newfoundland, ist nach dem 1992 verhängten Fangverbot für Kabeljau noch immer fraglich. Eine Diversifizierung und mehr Tourismus sollen die Wirtschaft ankurbeln. In jüngerer Zeit verspricht die Offshore-Ölindustrie eine Verbesserung der Situation. New Brunswick lebt überwiegend von Forstwirtschaft und Handel. Prince Edward Island verdient an Landwirtschaft (Kartoffeln, Viehzucht) und Tourismus. Nova Scotia setzt auf Land- und Forstwirtschaft, Fischfang (Hummer, Dorsch, Muscheln) und zunehmend auf Tourismus.

Bevölkerung, Religion und Sprache

Kanada ist ein klassisches Einwanderungsland. Weniger als 40 % der Bevölkerung sind englischsprachiger Herkunft und knapp 30 % französischer Abstammung. Der Rest stammt aus anderen europäischen Ländern. Seit dem Zweiten Weltkrieg kommen die meisten Einwanderer aus asiatischen Ländern. Heute leben etwa 1,6 Mio. Ureinwohner, die als »First Nations« bezeichnet werden, in Kanada. Davon sind 70 000 Inuit. Seiner traditionell liberalen Einwanderungspolitik bleibt Kanada trotz wachsender Fremdenfeindlichkeit in Europa und den USA weiterhin treu. Neubürger werden nach einem Punktesystem ausgewählt, bei dem Ausbildung, Sprachkenntnisse und Alter eine Rolle spielen, ethnische Herkunft und Religion stehen hingegen nicht zur Debatte.

Etwa 73 % der Bevölkerung sind kirchlich orientiert, von diesen gehören 65 % der römisch-katholischen Kirche an, ca. 24 % protestantischen Glaubensrichtungen (United Church, Anglikaner, Presbyterianer, Lutheraner, Baptisten). Im französischsprachigen Québec sind 82 % katholisch.

Offizielle Landessprachen sind Englisch und Französisch, in Nunavut kommt Inuktitut hinzu. Etwa 60 % der Bevölkerung sprechen Englisch als Muttersprache.

Natur und Umwelt

Allein in Québec hätte Deutschland fast fünf Mal Platz: So ausladend die kanadische Geografie ist, so extrem sind die landschaftlichen und klimatischen Unterschiede. So fahren die Inuitkinder noch per Motorschlitten zur Schule, während die Montréaler ihren Café schon längst im Freien schlürfen. Und dass Kanadas Landschaften schön und wild bleiben, dafür sorgt ein dichtes System aus National- und Provinzparks.

Die größte Granitplatte der Welt

Der **Kanadische Schild**, eine geologische Formation aus archaischen und proterozoischen Gesteinsschichten, liegt wie ein gewaltiges Hufeisen um die Hudson Bay, umfasst ganz Labrador, den größten Teil von Québec und Ontario sowie weite Teile von Manitoba, Saskatchewan, den Northwest Territories und Nunavut. Geologisch ist der *Canadian Shield* bzw. *Bouclier Canadien* mit bis zu 4,5 Mrd. Jahren der älteste Teil des nordamerikanischen Kontinents. Bei seinem Rückzug hat das Inlandeis hier eine riesige, sanft gewellte Ebene mit wenigen Erhebungen hinterlassen und dabei Hunderttausende Seen aus dem Granit gehobelt. Zuletzt hob sich das Gebiet an, wobei die Ränder – besonders schön zu sehen am Nordufer des St.-Lorenz-Stroms in Québec und in den Laurentides – sich aufwölbten und neue Erosionsformen, darunter unzählige reißende Flüsse und Wasserfälle, entstanden.

In all seinen Vegetationszonen, von der arktischen Tundra über die artenarmen borealen Nadelwälder bis zu den von Mischwäldern bestandenen Rändern im Süden, zeigt der nur von einer dünnen Erdschicht bedeckte Schild sein typisch kanadisches Antlitz: nackte, graue Kuppen, meist aus Granit, Gneis oder Diorit, von den Gletschern der letzten Eiszeit glattgeschliffen und oft die einzigen Akzente in der konturlosen Weite. Der Schild, landwirtschaftlich nutzlos und extrem dünn besiedelt, ist verkehrsmäßig kaum erschlossen: Viele Siedlungen sind nur per Flugzeug erreichbar.

Am Südrand des Kanadischen Schilds wurden im Bereich der Großen Seen weite Teile des ursprünglichen Mischwaldes gerodet und in Acker- und Weideland umgewandelt.

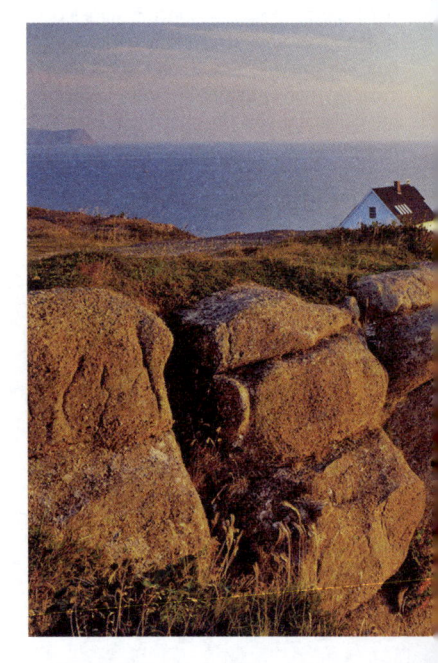

Binnenmeere, wilde Küsten

St.-Lorenz-Tiefland und Great Lakes

Im Süden läuft der Kanadische Schild in fruchtbare, dicht besiedelte Niederungen aus. In Québec und Ostontario ist dies das **St.-Lorenz-Tiefland,** weiter westlich das Gebiet der Großen Seen. Hier liegen die landwirtschaftlich produktivsten Regionen Ostkanadas. Landschaftsprägend in Québec ist der dem Atlantik zufließende, über 3000 km lange **St.-Lorenz-Strom,** der Seeweg ins Herz des Kontinents. Südontarios Klima wird von den riesigen Binnenmeeren der **Großen Seen** geprägt. Zusammen bedecken die durch den St. Lawrence Seaway miteinander verbundenen Seen Ontario, Erie, Huron, Michigan und Superior rund 245 000 km^2 Fläche, wobei sie ein Drittel der gesamten Süßwasservorräte der Welt speichern. Der größte (82 100 km^2) und am höchsten gelegene (183 m) ist der Lake Superior, der kleinste (18 900 km^2) und am tiefsten liegende (75 m) der Lake Ontario. Schleusen zwischen Lake Superior und Lake Huron sowie die vom 43,4 km langen Welland Canal umgangenen Niagarafälle gleichen das Gefälle des diese beiden Gewässer verbindenden Niagara River aus.

Atlantik-Kanada

Die mittelgebirgsähnlichen, mit Laub- und Mischwald bedeckten Höhenzüge der **Appalachen** sowie Fluss- und Küstenebenen, in denen mit Fredericton, Saint John und Halifax die größten Städte liegen, charakterisieren die Atlantikprovinzen New Brunswick und Nova Scotia. Newfoundland, unfruchtbar, von ausgedehnten Nadelwäldern bedeckt und seiner abweisenden Steilküsten wegen von den Einheimischen schlicht »The Rock« genannt,

Nach Irland ist es näher als nach Vancouver: Cape Spear in Neufundland

bildet mit den Fjorden und Bergen im Gros Morne National Park das grandiose Finale der Appalachen, die hier im Westen der Insel ihren Abschluss finden.

Besondere Erwähnung verdient auch die zwischen New Brunswick und Nova Scotia tief ins Land reichende **Bay of Fundy.** Ihre trichterförmige Gestalt bewirkt einen extrem hohen Tidenhub, der mit über 16 m zu den höchsten der Welt gehört. Zwischen all diesen Superlativen überrascht Atlantik-Kanada jedoch auch mit schönen, sonst viel weiter südlich zu vermutenden Sandstränden und Dünenlandschaften, wie etwa auf Prince Edward Island.

Die äußersten Küstenränder Ostkanadas hingegen, vor allem die Küste Labradors, zerklüftet, entlegen und wirtschaftlich kaum nutzbar, sind unerschlossen geblieben und werden heute nur von den hier seit Jahrtausenden lebenden Ureinwohnern bewohnt. Am dramatischsten präsentiert sich die Nordostkante des Kontinents in den auf der Grenze zwischen Labrador und Québec verlaufenden **Torngat Mountains.** Über 1600 m hoch und aufgrund der Lage nördlich der Baumgrenze fast gänzlich vegetationslos, zählt die höchste, 300 km lange und von rund 70 Gletschern bedeckte Ausstülpung des Kanadischen Schilds zu den unwirtlichsten Gegenden Nordamerikas.

Klima

Warme, mitunter heiße Sommer, lange, kalte Winter mit mehrwöchigen Frostperioden und ein für seine Farbenexplosion weltberühmter Herbst: Ostkanada ist bekannt für seine ausgeprägten Jahreszeiten. Vor allem im Süden Québecs und Ontarios, aber auch im Bereich der Großen Seen und in Atlantik-Kanada sind sommerliche Spitzentemperaturen von über 30 °C normal, ebenso winterliche Kälteperioden, die vor allem in Québec bis zu −30 °C erreichen können. Mehr Niederschläge und eine höhere Luftfeuchtigkeit verhindern in Ontario vor allem im Bereich der Großen Seen sowie am Atlantik sibirische Kälte wie in Québec, dafür muss hier jedoch mit viel Schnee und Eisregen gerechnet werden. Frühjahr und Herbst fallen in Ostkanada kürzer aus als in Europa, dafür jedoch umso dramatischer. Im Frühjahr, der *mud season,* kann die Schneeschmelze ganze Landstriche in Schlammlandschaften verwandeln. Der zwei- bis dreiwöchige Altweibersommer, hier **Indian Summer** bzw. **Été Indien** genannt, sorgt Ende September bei kühlen Nächten tagsüber noch einmal für Wärme, oft kristallklare Luft und eine orgiastische, zwischen Gelb und Purpur changierende Laubfärbung.

Vegetation

Mischwaldzone

Ostkanada lässt sich grob in drei Vegetationszonen einteilen. Ein 30 bis 150 km breiter Gürtel entlang der Grenze zu den USA sowie die Provinzen New Brunswick, Prince Edward Island und Nova Scotia gehören zur **artenreichen Mischwaldzone.** Hier kommen selbst – wie in Point Pelée am Südzipfel Ontarios – sonst erst viel weiter südlich gedeihende Arten wie Sykomoren, eine nordamerikanische Feigenart, und Walnussbäume vor. Zwar hat vor allem in Südontario und im St.-Lorenz-Tiefland von Québec eine intensive Landwirtschaft das Aussehen dieses Waldgürtels grundlegend verändert, doch sind die typischen Vertreter, allen voran verschiedene Ahornarten, Eschen, Ulmen, Buchen sowie Rot- und Weißeichen, noch immer in Hülle und Fülle zu finden. Auch der für die Siruppproduktion unentbehrliche Zucker-Ahorn, der *sugar maple,* gedeiht hier. Im Herbst trägt vor allem dessen Laub mit leuchtend roten Farbtupfern zum prachtvollen Naturschauspiel des Indian Summer bei.

Borealer Nadelwald

Der nährstoffarme Boden des Kanadischen Schilds und eine kurze, maximal vier Monate dauernde Wachstumsperiode kennzeichnen den nördlich anschließenden Gürtel des **bo-**

Umweltschutz in Kanada

Europäer greifen sich in Kanada gelegentlich an den Kopf. Hier ein mit laufendem Motor geparkter Wagen, dort weder Mülleimer noch getrennte Abfallentsorgung: Warum sich kümmern, scheint die Devise, das Land ist doch groß genug. Inzwischen haben die Politiker jedoch auch hier Handlungsbedarf entdeckt.

Aktive Umweltpolitik wird in Kanada erst seit Anfang der 1990er-Jahre betrieben. 1990 steckte man die bis weit ins dritte Jahrtausend reichenden Pläne für Wasser, Land und Luft zwischen Bundesregierung und Provinzen im sogenannten Green Plan ab. Ganz oben auf der Prioritätenliste stehen Arten- und Naturschutz, Schutz des Wassers, Reduzierung von Abfall und toxischen Substanzen, verantwortliches Management erneuerbarer Ressourcen in Forst-, Land- und Fischwirtschaft, Smogreduzierung, Verhinderung des sauren Regens und Umwelterziehung.

In Ontario und Québec bereitet vor allem der saure Regen Sorge. Die von Autos, der verarbeitenden Industrie und den Industrierevieren südlich der Grenze ausgestoßenen Schadstoffe belasten die Wälder. Die im Canadian Acid Rain Control Program erzielten Erfolge – u. a. Reduzierung des SO_2-Ausstoßes in neun Jahren um 2,3 Mio. t – reichen nicht aus. Wissenschaftler rechnen vor, dass nur eine weitere Schadstoffreduzierung um 75 % den Erhalt der empfindlichen Ökosysteme Kanadas garantieren kann. Zwar kann der Green Plan durchaus Erfolge vorweisen, u. a. die Erholung der durch die Eisenhütten in Sudbury verschmutzten Wälder und Seen der nördlichen Georgian Bay. Andererseits ist die Verschmutzung der Great Lakes während der letzten Jahre gestiegen. Obgleich die Regierungen beider Anlieger die Industrie rund um die Seen zu umweltfreundlichen Investitionen in Milliardenhöhe zwangen, stieg die Entsorgung von Nickel, Chrom, Mangan, Nitraten und Glykol in das 24 Mio. Menschen versorgende Trinkwasserreservoir weiter an. Nach ersten Erfolgen seien die Regierungen nachlässig geworden, kritisieren kanadische Umweltschützer. Auch die Bemühungen zur Luftverbesserung seien nicht zufriedenstellend. Kanadische Umweltschutzorganisationen wie Pollution Watch (www.pollutionwatch.org) fordern daher die Einhaltung der einst feierlich unterzeichneten Umweltgesetze.

Auch beim Thema Erderwärmung lässt der Beitrag Kanadas zu wünschen übrig. 1997 unterzeichnete die Regierung zwar als eine der Ersten das Kyoto-Protokoll. Die von 2006 bis 2010 regierenden Konservativen haben Kyoto aber wieder aus ihrem Budget gestrichen und schlagen stattdessen eine neue Strategie zur Säuberung der Luft vor: Ausstoß-Richtlinien für Industrien, basierend auf ihrer wirtschaftlichen Leistungsfähigkeit. Anfang 2009 bescheinigten kanadische Umweltschützer ihrem Land den Aufstieg zu einem der größten Umweltverschmutzer des Kontinents. Seit 2010 ist Fracking in aller Munde: Ein 2012 im erdgasreichen Québec nach Bürgerprotesten verhängtes Moratorium gegen diese umstrittene Technologie, bei der unter hohem Druck ein gesundheitsschädliches Gemisch aus Chemikalien, Sand und Wasser in den Boden gepresst wird, um Erdgas aus dem Gestein zu lösen, hat inzwischen zu einem kompletten Fracking-Verbot geführt. In der Provinz Québec wurde dies schon umgesetzt.

Natur und Umwelt

realen Nadelwaldes. An seinem Südrand noch von Espen und Birken aufgelockert, gedeihen in dem mehrere hundert Kilometer breiten, artenarmen Vegetationsstreifen fast nur noch kälteresistente Baumarten wie Lärchen, Tannen, Fichten und Kiefern. Ab dem 52. Breitengrad bestimmen zusehends Heide, subarktische Polsterpflanzen, Zwergsträucher und verkrüppelte Kiefern, die Jahrzehnte benötigen, um Kopfhöhe zu erreichen, das Bild. Während der kurzen Sommer kommt es zu Staunässe in der aufgetauten obersten Bodenschicht – 60 cm darunter beginnt bereits der Permafrostboden. Weit über die Hälfte dieser Region, die sich als Crown Land in Staatsbesitz befindet, wird forstwirtschaftlich genutzt, wobei sich die weitverbreitete Schwarzfichte besonders gut für die Papierherstellung eignet.

Tundra

Auf der Höhe der südlichen Hudson Bay verläuft die Baumgrenze, eine Übergangszone, in der der boreale Nadelwald ausdünnt und schließlich ganz vor den immer härter werdenden klimatischen Bedingungen kapituliert. Die Vegetationsperiode in dieser Nordquébec und Labrador umfassenden Zone dauert wenig mehr als zwei Monate. Nur abgehärtete Flechten bedecken ganzjährig den steinigen Boden. Und nur während des kurzen Sommers entfalten Moose, Gräser, Seggen, Kräuter und Zwergsträucher, hoch spezialisierte Überlebenskünstler, eine erstaunliche Farbenpracht.

Neben der Rentierflechte, einem Grundnahrungsmittel der durchziehenden Karibuherden, dem silbrig glänzenden Reit-Gras (auch: Süßgras) und dem schneeweißen Wollgras gibt es eine Fülle von Beeren- und Blütensträuchern, darunter Preiselbeere, Arnika, Steinbrech, Weidenröschen, Arktischer Mohn, Silber- und Rosenwurz, die alle große, leuchtende Blüten hervorbringen, damit sie von der relativ geringen Anzahl bestäubender Insekten gefunden werden. Nach Norden wird die Pflanzendecke immer dünner, bis sie schließlich dem arktischen Eis Platz macht.

Tierwelt

Die extremen Bedingungen haben auch im Tierreich wahre Anpassungskünstler hervorgebracht. Die kleinen **Nager** der Tundra, darunter Hörnchen, Murmeltiere und Mäuse, fressen sich eine Fettschicht an und legen Vorräte in ihren Erdhöhlen an. Dabei müssen sie vor einer ganzen Schar von Feinden auf der Hut sein: Schnee-Eulen, Falken und Raben kreisen in der Luft, während **Hermeline,** die sich im Winter ein weißes Fell als Tarnung zulegen, **Marder, Nerze** und **Füchse** am Boden lauern oder sie im Winter gar in ihrem Bau aufstöbern.

Karibus und Elche

Die Tundra ist auch Lebensraum für größere Spezies. Weitaus die Mehrzahl der landesweit über 100 000 zählenden **Karibus** zieht durch die baumlosen Weiten Nordquébecs und Labradors. Die kanadischen Rentiere leben in kleinen Verbänden, schließen sich jedoch zweimal jährlich zu riesigen, Hunderttausende Tiere zählenden Herden zusammen, um von ihren

Tierwelt

Der Karibubulle trägt seine Bürde mit Würde: Im Verhältnis zur Körpermasse hat diese Hirschart das schwerste Geweih – auch weibliche Tiere tragen eines, aber ein kleineres

Sommer- zu den Winterrevieren und zurück zu ziehen. Sie ernähren sich von Rentierflechten, Moosen und Gräsern, aber auch von Vogeleiern und legen pro Jahr bis zu 4500 km zurück. Diese beeindruckende Leistung ermöglichen ihnen vor allem perfekt angepasste Hufe, die sowohl im Sommer als auch im Winter Trittsicherheit garantieren. Ihre Wanderungen werden im Übrigen von einer Reihe von Fressfeinden begleitet, darunter vor allem Wolfsrudel und Schwarzbären, die auf kranke oder schwache Tiere hoffen, sowie Greifvögel, die sich über verendete Karibus hermachen.

Borealer Nadelwald und Mischwald sind der Lebensraum des kanadischen ›Königs der Wälder‹. Hier haust der **Elch,** mit über 2 m Schulterhöhe der größte Vertreter der Hirschfamilie. Der außerhalb der Brunftzeit einzelgängerisch lebende Wiederkäuer ist mit bis zu 800 kg Gewicht und einem bei Bullen bis zu 30 kg schweren und über 1,5 m breiten, schaufelförmigen Geweih eine wahrhaft imposante Erscheinung. Als Vegetarier ernähren sich Elche (engl. *moose,* frz. *orignal*) von Blättern, Zweigen, Sträuchern und Wasserpflanzen. Ihre unverhältnismäßig langen Beine, die ihnen ein etwas unbeholfenes Aussehen verleihen, ermöglichen ihnen das Fortkommen in den Sumpfrändern der Seen, wo sie auf der Suche nach Nahrung Wasserlilien vom Grund heraufziehen. Die landesweit höchste Konzentration dieser friedlichen Waldbewohner ist auf der Northern Peninsula Newfoundlands zu finden. Insgesamt gibt es in Kanada rund 1 Mio. Elche.

Bären und Biber

Ein anderer beeindruckender Waldbewohner ist der **Schwarzbär.** Auch er ernährt sich hauptsächlich vegetarisch, wenngleich er hin und wieder auch Kleintiere nicht verschmäht und an Flüssen sogar Forellen nachstellt. Sein phänomenaler Geruchssinn reicht über 100 km weit und lockt ihn häufig auf Campingplätze und in die Nähe menschlicher Behausungen. Vor allem in Zeiten einer verspäteten Beerenblüte, was bei dem soeben aus dem Winterschlaf erwachten, extrem hungrigen Tier zu erhöhtem Nahrungsbeschaffungsstress führt, kommt es immer

Natur und Umwelt

wieder zu potenziell gefährlichen Konfrontationen zwischen Bär und Mensch. Zwar enden die meisten für beide glimpflich. Doch immer wieder müssen Schwarzbären, die an achtlos liegen gelassenen Nahrungsmitteln Gefallen gefunden haben, getötet werden, da sie als ›Problembären‹ ihre natürliche Scheu vor dem Menschen verloren haben und unberechenbar geworden sind.

Zu den bemerkenswertesten Tieren des kanadischen Waldes gehören die **Biber**. Auf dem Höhepunkt des Pelzhandels zu Beginn des 19. Jh. wegen ihres dichten seidigen Fells beinahe ausgerottet, hat sich ihr Bestand heute wieder so weit erholt, dass sie mancherorts geradezu ein Ärgernis sind: So machen sie sich in städtischen Parks durch ›Anknabbern‹ hölzerner Brücken und das Umleiten von Bächen und Flüsschen unbeliebt. Biber (engl. *beaver*, frz. *castor*) erreichen ihre endgültige Größe erst am Ende ihres etwa zwölfjährigen Lebens und können bei einer Länge von 90 bis 120 cm zwischen 20 und 25 kg schwer werden. Die kräftigen, stets nachwachsenden, mit hartem Schmelz versehenen Schneidezähne sind ein ideales Werkzeug zum Fällen schlanker Bäume. In fließenden Gewässern bauen sie auf kunstvolle Weise breite Dämme, damit sie in dem dahinter entstehenden kleinen See in Ruhe die Rinde und Zweige der gefällten Bäume verzehren können. Für die Biberburg wird am Rande des Sees ein Hügel aus Zweigen und Schlamm errichtet und darüber ein unregelmäßig aussehender Haufen von Ästen aufgeschichtet, der gegen die winterliche Kälte schützt und eine ausreichende Frischluftzufuhr gewährt.

Wale

Im Atlantik und im St.-Lorenz-Strom bieten **Wale** ein eindrucksvolles Schauspiel, weshalb von vielen Küstenorten aus Exkursionen zur Beobachtung der mächtigen Meeressäuger angeboten werden. Vor Nova Scotia, in der Bay of Fundy und vor den Küsten Newfoundlands finden die sanften Riesen dank des kühlen Labrador-Stromes mit Krill, Sardellen, Heringen und anderen kleinen Fischarten ein reiches Nahrungsangebot. Der **Finnwal** z. B. bleibt während des ganzen Jahres in subpolaren Gewässern, hält sich aber selten in der Nähe der Küste auf. Andere Walarten, darunter **Buckel-, Pott-** und sogar die seltenen **Blau- und Spermwale,** ziehen im Sommer an Newfoundland und Nova Scotia vorbei in südliche Gewässer. Im St.-Lorenz-Strom gesellen sich zu diesen die kleineren **Mink-** und **Schweinswale.** Im Mündungsgebiet des Saguenay-Fjords in Québec lebt zudem eine sesshafte Herde **Belugawale**.

Nationalparks

Die schönsten Wildnisgebiete des Landes werden von der Regierung als Nationalparks geschützt. Die Geschichte der kanadischen **Nationalparks** begann 1885 in Banff (Alberta), als dort ein 26 km^2 großes Gelände »for the benefit, advantage and enjoyment of the people of Canada« (»zum Nutzen und zum Wohle aller Kanadier«) reserviert und wenig später, um 379 km^2 erweitert, zum Banff National Park erklärt wurde. Heute gibt es in Kanada 48 Nationalparks, davon 24 in Ostkanada und Nunavut – Tendenz steigend. Auf der Suche nach schützenswerten Wildnisgebieten folgt die Aufsichtsbehörde Parks Canada einem Plan, der vorsieht, solche Naturregionen und Wildnisgebiete zu schützen, die die Vielfalt des Riesenlandes repräsentieren. Derzeit stehen bereits 60 % dieser Regionen unter Schutz.

1911 als weltweit erste Behörde ihrer Art zum Schutz und zur Bewahrung des repräsentativen Natur- und Kulturguts gegründet, gehört **Parks Canada** (frz.: Parcs Canada) seit 2003 zur kanadischen Umweltbehörde Environment Canada. 19 der von Parks Canada verwalteten Parks und historischen Stätten gehören zum UNESCO-Welterbe. In Ostkanada sind dies der Rideau Canal in Ontario, Vieux-Québec und Miguasha National Park in Québec, die Altstadt von Lunenburg, Grand Pré National Historic Site und die Joggins Fossil Cliffs in Nova Scotia, L'Anse aux Meadows National Historic Site, Red Bay Basque Whaling Station, Mistaken Point und Gros Morne National Park in Newfoundland and Labrador.

Politik und Wirtschaft

Als moderner Industriestaat ist Kanada Mitglied im exklusiven Klub der G-7-Staaten. Innenpolitisch dominiert das stets gespannte Verhältnis zwischen Bund und Provinzen: Die nach wie vor offene Québec-Frage sowie die gerechte Verteilung der Sozialpakete zwischen den ›reichen‹ und den ›armen‹ Provinzen sind Standardthemen der Tagespolitik.

Kanada – eine Pflichtehe

Misstrauische Partner

Das Verhältnis zwischen den Provinzen und der Bundesregierung in Ottawa war stets von Widersprüchen geprägt. Schon bei der Gründung konnten einige der Kolonien nur mit der Aussicht auf handfeste wirtschaftliche Vorteile in die Konföderation gelockt werden. Zu groß ist das Land, zu verschieden sind auch die Interessen der einzelnen Regionen. **Separatistische Bestrebungen** im Westen, vor allem aber in Québec, sind bis heute nicht erloschen. In British Columbia und Alberta überwiegen ökonomische Gründe für die Abspaltungstendenzen. Der eigene finanzielle Beitrag zur kanadischen Einheit, meint man dort, sei zu hoch. Besonders in Alberta, wo der bei weitem größte Teil des kanadischen Öls und Erdgases gefördert wird, sieht man sich durch die nationale Energiepolitik und durch Sondersteuern bevormundet und in seiner Entwicklung gehemmt.

Armenhaus am Atlantik

Noch verbitterter, vor allem über die **nationale Fischereipolitik,** ist man in den Atlantikprovinzen. Hier liegt das Einkommen ein Drittel unter dem nationalen Durchschnitt, die Arbeitslosigkeit ist vielerorts mehr als dreimal so hoch. Angesichts jahrelanger Überfischung sah sich die kanadische Regierung Anfang der 1990er-Jahre zu einer drastischen **Reduzierung der Fangquoten** gezwungen. Dies trieb jedoch die Fischerei am Atlantik in den Ruin. Als 1992 ein vollständiges **Fangverbot für Kabeljau** verhängt wurde, verloren allein in Newfoundland 35 000 Fischer über Nacht ihre Existenzgrundlage. Zugleich mussten sie mit ansehen, wie Spanier und Portugiesen mit ihrer riesigen Fangflotte vor Newfoundland die letzten Fischbestände abräumten, zum Teil mit illegalen Methoden und unter Missachtung der mit der EU vereinbarten Fangquoten. Erst die Entdeckung großer **Öl- und Erdgasvorkommen** vor der Küste und in Labrador brachte die Wende. Heute hat v. a. Newfoundland sein Armenhaus-Image abgelegt und mischt selbstbewusst im Klub der reichen Provinzen mit.

Die Québec-Frage …

Die größte Gefahr für die nationale Einheit geht jedoch vom Streit zwischen dem anglophonen Kanada und dem Französisch sprechenden Québec aus. Er hat zwar auch ökonomische Gründe, ist jedoch überwiegend historisch und kulturell bedingt. In einer Gesellschaft, in der Englisch die Sprache der Industrie und der Hochfinanz war und die Fäden der Macht bei Englisch sprechenden Gruppierungen zusammenliefen, fühlten sich die Frankophonen zwangsläufig benachteiligt. Zwar reagierte die Bundesregierung Mitte der 1960er-Jahre auf die **separatistischen Tendenzen** mit einem Gesetz, das Französisch und Englisch als gleichrangige, offizielle Sprachen in allen Institutionen vorschrieb, aber damit waren die Pro-

»The French Fact, mais oui!«

Sir Bob Geldof dachte, »that French-Canadian thing« sei ein Witz und beschränke sich auf ein »bonjour« und »merci« hier und da. Als er in Montréal landete, musste er jedoch irritiert das Gegenteil feststellen. In Québec parliert Kanada französisch. Und denkt auch hin und wieder anders als der Rest des Landes.

Dies veranlasste den britischen Popmusiker und Aktivisten zu der Bemerkung, es sei doch verwirrend, in Nordamerika anzukommen und kein Wort zu verstehen … Der pikierte Geldof steht mit dieser Einschätzung nicht allein da. Auch deutschsprachige Besucher reagieren mitunter verstört auf »The French Fact«. Nach ein paar Tagen vergeblichen Fahndens nach revolutionärem Potenzial sind sie noch ratloser. Warum nur will Québec raus aus Kanada? Denn äußerlich geht es der Provinz doch gut im Staatenbund. Die Subventionen aus Ottawa – Teil der Appeasement-Politik Kanadas – fließen üppiger als bei anderen Provinzen, Alltag und Arbeitswelt werden auf Französisch bestritten. Zugleich verfügt die anglophone Minderheit über eigene Zeitungen, Krankenhäuser, Radio- und Fernsehstationen, und in Montréal sind Französisch und Englisch gleichermaßen zu hören.

Die Ursachen für die Trennungstendenzen liegen tiefer. Da ist vor allem die Sorge um die Sprache und die französisch geprägte Kultur. Ohne Schutz von oben wären beide längst im viel zitierten anglophonen Ozean untergegangen. 1974 bestimmte die Provinzregierung daher Französisch zur offiziellen Sprache Québecs, 1977 machte Gesetz Nr. 101 Französisch hier in allen Bereichen des öffentlichen Lebens bindend. Da sind viele alte Wunden aus der noch gar nicht so alten Vergangenheit zu spüren, als die Wirtschaft noch fest in anglophoner Hand war, Französisch sprechende Kunden in Kaufhäusern nicht bedient wurden und Québecer Französisch als Idiom der ungebildeten Unterschicht galt. Da existiert ein kollektives Bewusstsein, das sich an zahlreiche direkte oder indirekte Assimilierungsversuche, erst aus London, dann aus Ottawa, erinnert. Und schließlich gibt es da auch das aus der Sprachbarriere resultierende Gefühl, dass man schlicht zu verschieden ist, um miteinander leben zu können.

Die kulturellen Unterschiede zwischen den ›zwei Einsamkeiten‹ erlebt man in Montréal noch immer auf Spaziergängen durch englisch- und französischsprachige Viertel – selbst wenn sich ›Anglos‹ und ›Frankos‹ heute mit erheblich mehr Respekt begegnen und eine neue, oft sogar dreisprachige Generation die Unterschiede mehr und mehr zu verwischen scheint. Viele Frankophone, vor allem außerhalb Montréals, sehen in der Unabhängigkeit den einzigen Ausweg aus dem Dilemma. Doch so leicht ist es nun auch wieder nicht! Längst nicht jeder Wähler der separatistischen Parti Québécois (PQ) befürwortet auch die Spaltung. Viele wählen die PQ nur, um sicher zu sein, vom Rest des Landes auch tatsächlich gehört zu werden. Zugleich sitzen unter den Liberalen Québecs viele, denen beispielsweise der fließend zweisprachige frühere Liberalenboss Jean Charest nicht Québécois genug ist. Und auch längst nicht jeder Anglo kehrt Québec den Rücken, im Gegenteil: Statistiken belegen eine verstärkte Zuwanderung englischsprachiger Kanadier in die Metropole am St.-Lorenz-Strom …

bleme nicht gelöst. Den Separatisten war nicht nur das Tempo der Verfassungsreform zu langsam: Québec, stellten sie fest, sei keine Provinz wie die anderen, sondern im kulturellen Sinne eine Nation mit eigenem Volk und eigener Geschichte. Nicht Zweisprachigkeit, sondern Sicherung und Intensivierung des Französischen als alleinige Sprache galt als einzige Überlebenschance der französisch geprägten Kultur. Als die separatistische **Parti Québécois (PQ)** unter René Lévesque 1976 die Wahlen gewann, wurden diese Ziele ein Jahr später mit dem Gesetz 101, der **Charta der französischen Sprache,** verwirklicht. Jede Art von Werbung durfte nur noch einsprachig in Französisch abgefasst werden. Mittlere und größere Firmen, von denen die meisten ein englischsprachiges Management hatten, mussten nun den Nachweis der Französischsprachigkeit erbringen. Jedwede Erziehung vom Kindergarten bis zur Sekundarstufe hatte nun auch für die Kinder englischsprachiger Immigranten auf Französisch zu erfolgen. Verbitterung unter den anglophonen Kanadiern war die Folge. In zwei Volksabstimmungen ließ die Parti Québécois seither – vergeblich – über die Unabhängigkeit abstimmen, doch das Thema ist bis heute nicht endgültig vom Tisch.

... aktuell bis heute

Anfang der 1990er-Jahre wurde ein Versuch unternommen, die Kluft zwischen den beiden Volksgruppen zu beseitigen. In der **Konferenz von Lake Meech** wollten Vertreter der verschiedenen Provinzen eine neue Verfassung erarbeiten. Hierbei sollte die besondere kulturelle Identität Québecs entsprechend verankert werden. Ausgerechnet das Nein eines Abgeordneten der First Nations blockierte die Ratifizierung. Das Scheitern der Konferenz stürzte Kanada in eine schwere Staatskrise. Auch die zwei Jahre später von Politikern aller Parteien im **Übereinkommen von Charlottetown** ausgearbeitete Neufassung wurde in einer Volksabstimmung abgelehnt. Sowohl Québec wie auch die Bevölkerung der anglokanadischen Provinzen stimmten mit Nein. Eine tiefgreifende Veränderung in der Parteienlandschaft Kanadas war die Folge. Sowohl in Westkanada wie auch in der Provinz Québec legten populistische Protestbewegungen gewaltig zu. Bei den Bundeswahlen 1993 erhielt der die PQ in Ottawa repräsentierende **Bloc Québécois** mehr als zwei Drittel der Sitze in der Provinz und kündigte einen Volksentscheid über ein unabhängiges Québec an. Nach einer auf beiden Seiten stark emotional geprägten Kampagne brachte das Referendum im Oktober 1995 die Nation an den Rand des Zerbrechens. Weniger als 1 % der Stimmen fehlten zum Sieg der Separatisten. Auch der Sieg der **Parti Liberal (PLQ),** die 2003 unter Premier Jean Charest die neunjährige Regierungszeit der Separatisten beendete, bedeutet keine Lösung der Québec-Frage: Bei den Bundeswahlen im Juni 2004 gewann der Bloc Québécois fast drei Viertel der 75 Mandate in der Provinz. Wie einflussreich die Separatisten und Nationalisten sind, zeigte sich erneut 2009, als nach heftigen Protesten die mit über 1000 Komparsen geplante Nachstellung der historischen Schlacht auf den Abrahamsfeldern abgesagt werden musste. Dort hatten die Engländer 1759 die Franzosen besiegt und endgültig aus Nordamerika verabschiedet. Im Herbst 2012 übernahmen die Separatisten wieder die Regierung von den korruptionsgeplagten Liberalen.

Die Oktober-Wahlen 2018 brachten einen klaren Sieg der vormals dritten Kraft, der Coalition Avenir Québec (CAQ), unter Francois Legault mit 74 Sitzen. Die Liberalen lagen mit 31 Sitzen weit zurück. Laut Legault sind die Separatistischen Bestrebungen damit nun »gestorben«. Mit weniger als 12 Sitzen verlor die Parti Québécois den anerkannten Parteistatus.

Außenpolitik

Friedensstifter Kanada

Die gemeinsame **Grenze mit den USA** ist die längste unbewachte Grenze der Welt und wird jährlich von über 100 Mio. Menschen überschritten. Erst nach den Terroranriffen des 11. September 2001 wurden die Kontrollen verschärft. Der **Handel** zwischen

Kanada und den USA übertrifft an Intensität alle Handelsbeziehungen zwischen zwei Nationen irgendwo sonst auf der Welt: 75 % seines Außenhandels wickelt Kanada mit dem südlichen Nachbarn ab. Allerdings kommt auch ein Großteil der **Umweltverschmutzung** aus dem Süden. Kein Wunder, dass kanadische und US-amerikanische Beamte ständig über unzählige Probleme verhandeln, oft in einer mehr als gereizten Atmosphäre.

Multilateraler Politik verpflichtet

Kanada leistet sich zwar ein gemeinsames nordamerikanisches Luftverteidigungskommando (NORAD) und ist **Mitglied der NATO,** bemüht sich aber um eine eigenständige, multilateral geprägte Außen- und Verteidigungspolitik – oft sehr zum Missfallen der Amerikaner. So nahm Kanada erheblich früher als die USA diplomatische Beziehungen zur früheren Sowjetunion, zu Kuba und der Volksrepublik China auf. Die US-Politik in Indochina und Lateinamerika kritisierte Ottawa heftig, und während des Vietnamkriegs nahm man Tausende amerikanischer Kriegsdienstverweigerer auf. Kanada hat stets **Initiativen zur Abrüstungs- und Entspannungspolitik** unterstützt: Seit seiner erfolgreichen Vermittlerrolle während der Suez-Krise 1956 entsendet es bewaffnete *peacekeeper* auf UN-Friedensmissionen in aller Welt. Als Bündnispartner nahm Ottawa jedoch auch aktiv an Auseinandersetzungen teil, die von der UN sanktioniert wurden, so etwa am ersten Golfkrieg (1990–1991), am Kosovo-Konflikt (1996–1999) und am Krieg in Afghanistan (2001–2011).

Kanada ist **Gründungsmitglied der UNO** und pflegt neben seiner multilateralen Tradition auch besondere, historisch bedingte **bilaterale Kontakte.** So sind die Beziehungen zu Großbritannien nach wie vor sehr eng, und auch das Verhältnis mit Frankreich ist, wenngleich dank der Québec-Frage häufig turbulent, doch von großer Herzlichkeit geprägt. Auch die Provinzen pflegen, wenn nicht politische, so doch kulturelle Beziehungen mit dem Ausland. So sind Québec und New Brunswick **Mitglied der Francophonie,** der Organisation französischsprachiger Länder. Auch bei der Seerechtskonferenz hat man mit beträchtlichem Idealismus die Überzeugung vertreten, dass die Reichtümer des Meeres unter allen Nationen geteilt werden sollten.

Wirtschaft

Kanada erlebte nach 1945 eine explosive wirtschaftliche Entwicklung, die es zu einem der wichtigsten Industrieländer der Welt werden ließ, zu einer jener sieben bzw. acht Nationen, die sich jährlich zum Weltwirtschaftsgipfel treffen. Gemessen am Bruttosozialprodukt steht Kanada an neunter, beim Pro-Kopf-Einkommen an 20. Stelle. Wichtigster Handelspartner sind die USA mit einem Anteil von 75 % des Gesamthandelsvolumens, gefolgt von Japan, Großbritannien und der Bundesrepublik. 1976 trat zwischen Kanada und der EG ein Kooperationsabkommen in Kraft, das die wirtschaftliche, industrielle und technologische Zusammenarbeit intensivieren sollte. Hierdurch erhoffte man sich vor allem eine größere Unabhängigkeit von den USA, was jedoch nicht eintrat. Seit 1994 ist Kanada Mitglied der nordamerikanischen Freihandelszone NAFTA (North American Free Trade Agreement).

High-Tech und neue Märkte

In den letzten Jahren ist eine deutliche **Orientierung zum pazifischen Raum** hin zu spüren; vier der zehn wichtigsten Handelspartner Kanadas sind asiatische Länder, und wesentlich mehr Einwanderer kommen aus jener Region als von diesseits des Atlantiks. Mit seinen reichen Naturschätzen hängt das Land immer noch stark vom **Export von Rohstoffen und Halbfertigfabrikaten** ab (fast ein Fünftel des Exports sind Holzprodukte). Ein bedeutender Wirtschaftsfaktor ist auch die **Landwirtschaft** – Kanada liegt im Weizenexport hinter China, Indien, Russland und den USA an fünfter Stelle. In den letzten Jahrzehnten hat sich das Land jedoch immer mehr zu einem **hochtech-**

Wirtschaft

nisierten Staat entwickelt, der Nachrichtensatelliten, Flugzeuge und Autos sowie komplette Kraftwerksanlagen produziert und dessen **verarbeitende Industrien** ein Drittel des Bruttosozialprodukts erwirtschaften. Ontario und Québec sind am stärksten industrialisiert. Hauptenergielieferant ist die **Wasserkraft,** die 60 % der Elektrizität in Kanada erzeugt. Das größte Wasserkraftwerk wurde 1979 an der James Bay in Québec fertiggestellt. Das Milliardenprojekt versorgt ein Gebiet, das dreimal so groß ist wie die Bundesrepublik, und mit dem 2011 veröffentlichten **Plan du Nord** treibt Québec die Erschließung des Nordens in ungeahntem, 20 000 Arbeitsplätze und Einnahmen über 80 Mrd. Dollar (Energie, Bergbau, Holzwirtschaft) in Aussicht stellendem Ausmaß voran.

Zukunft Öl

Die beiden anderen wichtigen Energiequellen, **Naturgas** und **Öl,** waren einmal die Sorgenkinder der Energiewirtschaft. Kanada ist eines der wenigen Industrieländer, das Energie exportiert. Im letzten Jahrzehnt wurden Rekordsummen in die Erschließung neuer Ölfelder in der Beaufort Sea sowie in das **Hibernia-Feld** investiert. Letzteres befindet sich vor der neufundländischen Küste und enthält allein über 700 Mio. Barrel. Lange Jahre erfüllte sich die Hoffnung auf eine profitable Ausbeutung nicht, da die Förderkosten über dem damaligen Weltpreis für Öl lagen. Trotz Drängen der Ölindustrie und der Bewohner Neufundlands und der Arktis lagen die Pipelineprojekte buchstäblich auf Eis. Inzwischen hat sich das Blatt aber grundlegend gewendet, der Ausbau der Pipelineprojekte in der Arktis wurde genehmigt und vorangetrieben. Auch das Hibernia-Feld hat man inzwischen erweitert. In der Energiekrise ist Kanada vor allem für die durch den Wegfall der russischen Ressourcen seit 2022 gebeutelten EU zum großen Hoffnungsträger geworden.

Ein einträgliches Handwerk, aber nichts für Warmduscher: die Krabbenfischerei

Geschichte

Revolutionen und Bürgerkriege kann Kanada nicht vorweisen. Vor allem die jüngere Geschichte des Landes ist durch Kompromisse, nicht durch Konfrontationen geprägt – ein Leitmotiv, das einem in der dennoch dramatischen Chronik des Landes immer wieder begegnet und den nationalen Charakter wesentlich mitgeformt hat.

Voreuropäische Geschichte

Zwischen 30 000 und 13 000 v. Chr. ziehen **Nomaden** aus Zentralasien über die damals bestehende Landbrücke der Beringstraße und breiten sich in den folgenden Jahrtausenden über den gesamten Kontinent aus. Bereits um 5000 v. Chr. ist Kanada vom Yukon bis Newfoundland von nomadisierenden Stämmen besiedelt. Beeren, Wurzeln, Fleisch und Fisch sind die Hauptnahrungsmittel dieser frühen **Jäger und Sammler,** die ihre Kleidung aus Häuten und Fellen herstellen. In den Wäldern Ostkanadas dominieren bald algonquin- und irokesischsprachige Gruppen.

Um 2000 v. Chr. besiedeln aus dem nordöstlichen Asien stammende Menschen der **Dorset-Kultur** die Küstenregionen der Arktis. In kleinen Gruppen lebend, hinterlassen sie der Nachwelt kunstvoll gefertigte Steinwerkzeuge. Ihre Nahrung stammt meist aus dem Meer, doch auch Karibus und Moschusochsen werden gejagt. Um 1000 v. Chr. werden die Dorset-Menschen von den aus Alaska nach Osten wandernden **Thule** verdrängt, Vorfahren der heutigen Inuit. Ihre Nachbarn, die Cree, bezeichnen sie als Eskimo, was »Rohfleischesser« bedeutet.

Wikinger

Kolumbus war nicht der Erste, der amerikanischen Boden betrat. Vor ihm waren bereits viele andere Europäer in Amerika. Kaufleute aus Bristol sollen schon um 1480 Schiffe nach Nordamerika geschickt haben. Gern zitiert wird auch der irische Mönch St. Brendan, der verschiedenen Quellen zufolge 874 n. Chr. in Labrador die Ureinwohner missionierte. Nachweisbar sind hingegen nur die Fahrten der **Wikinger** in nordamerikanischen Gewässern. Um 1000 n. Chr. erreichen Grönland-Wikinger die Küste von Newfoundland. Bei dem heutigen Fischerdorf L'Anse-aux-Meadows errichten sie eine kurzlebige Siedlung und unternehmen von hier aus Vorstöße nach Süden. Nach diesem Intermezzo driftet Nordamerika wieder aus dem Blickfeld Europas.

Frankreich reklamiert Kanada

Erst 500 Jahre später kommen die Europäer wieder – und behalten den Kontinent nun im Visier. Als Erster landet 1497 der in englischen Diensten segelnde Venezianer Giovanni Caboto (bekannter unter dem Namen **John Cabot**) an der Atlantikküste, bei Cape Breton Island im Nordwesten Nova Scotias oder an der Küste von Newfoundland (die Quellen sind in diesem Punkt ungenau). Seine historische Tat und Berichte über den sagenhaften Fischreichtum der Grand Banks beeindrucken seine Auftraggeber und Zeitgenossen jedoch wenig – sie hatten auf Gold oder die Passage nach Indien gehofft. Nachdem er Bericht erstattet hat, übereignet Heinrich VII. dem Entdecker zehn Pfund aus seiner Privatschatulle. Am gleichen Abend spendiert der König einer hübschen Tänzerin zwölf Pfund.

Bretonische, baskische, englische und portugiesische Fischer nutzen die reichen Fanggründe vor Newfoundland. Walfänger aus Bilbao errichten an der Südküste von Labrador im frühen 16. Jh. die erste Walverarbeitungsstation der Neuen Welt. **Jacques Cartier** schließlich ist es, der Kanada für Frankreich reklamiert. Auf drei Reisen zwischen 1531 und 1542 erkundet er den St.-Lorenz-Strom und erreicht die Irokesen-Siedlung Hochelaga, das heutige Montréal. In den Berichten Cartiers erscheint erstmals der Name ›Canada‹, wahrscheinlich der Sprache der Irokesen entnommen, bei denen *kanata* Siedlung oder Dorf bedeutet.

Suche nach der Nordwestpassage

In England und anderen europäischen Ländern regt sich gegen Ende des 16. Jh. ebenfalls Interesse am Norden des neu entdeckten Kontinents. Noch immer war der sagenumwobene, leichtere Seeweg nach China nicht gefunden. Es musste aber nach allgemeiner Überzeugung eine Route durch den Norden Nordamerikas geben, die legendäre **Nordwestpassage.** Die Suche nach diesem Seeweg zieht sich über Jahrhunderte hin und wird zum epischen Kampf gegen die Natur. Packeis und Skorbut fordern zahllose Opfer, doch ab dem 15. Jh. stechen immer wieder neue Expeditionen in See, um sich in das Labyrinth der arktischen Inseln vorzutasten. Der Engländer **Martin Frobisher** erkundet 1576–1578 auf drei Reisen die riesige Baffin-Insel, doch die Nordwestpassage findet er nicht. **Henry Hudson** erreicht 1607 die später nach ihm benannte Hudson Bay; **William Baffin** gelangt kurz darauf bis in die Baffin Bay.

Erst 1845 unternimmt **John Franklin** wieder einen Versuch, den von der britischen Admiralität so sehnlichst erwünschten Seeweg zu finden. Er startet gut ausgerüstet mit zwei Schiffen, wird jedoch westlich von King William Island von Packeis eingeschlossen. Die Expedition nimmt ein schreckliches Ende, wie man aus Überlieferungen der Inuit aus der Siedlung Gjoa Haven weiß. Franklin und 129 Mann Besatzung verhungern jämmerlich, es gibt sogar Hinweise auf Kannibalismus. Zahlreiche Anstrengungen werden unternommen, um die Schiffe und die Crew zu finden. Zuerst die britische Regierung, dann die Nationalparkbehörde Kanadas, private Spender – sie alle investieren in immer neue Suchkampagnen. Sechs werden allein nach 2008 gestartet. Im September 2014 schließlich ist die Suche von Erfolg gekrönt. Eine kanadische Expedition findet nahe Pond Inlet im Norden Nunavuts die »HMS Erebus«, eines der Franklin-Schiffe. Für eine Sensation sorgen dann im September 2016 zwei Männer, als sie während eines Jagdausflugs per Zufall Teile des zweiten Schiffes, der »HMS Terror« entdecken – weitab vom bisherigen Suchgebiet. Der Fundort des sehr gut erhaltenen Schiffes lässt die Vermutung zu, dass Franklin doch die Nordwestpassage entdeckt hat.

Französisch-Nordamerika

Gegen Ende des 16. Jh. fassen die Engländer in Nordamerika Fuß. Unter **Sir Humphrey Gilbert** wird 1587 im Hafen des heutigen **St. John's** in Newfoundland die erste – wenn auch kurzlebige – englische Siedlung gegründet. Fortan baut England seine Präsenz in Newfoundland und den umliegenden Gewässern aus. Zeitgleich beginnen ernsthafte Siedlungsbestrebungen der Franzosen. Um 1600 entsteht an der Mündung des Saguenay-Fjords in den St.-Lorenz-Strom der Handelsposten **Tadoussac**. Im Jahr 1603 kartografiert der Entdecker und Geograf **Samuel de Champlain** den St.-Lorenz-Strom. Um dem kalten Winter am St.-Lorenz-Strom zu entgehen, soll eine neue Siedlung weiter südlich am Eingang der Bay of Fundy im heutigen US-Staat Maine angelegt werden. Auf einer kleinen Insel im St-Croix-River baut man ein Fort, doch im Winter darauf stirbt fast die Hälfte der Siedler an Skorbut. Mit Verstärkung aus Frankreich wird im darauf folgenden Sommer in einer geschützten Bucht am Südufer der Bay of Fundy (beim heutigen Annapolis Royal, Nova Scotia) eine neue Siedlung errichtet, **Port Royal** – die erste

Geschichte

In der Geschichte der Entdeckungen ist er einer der großen Verlierer: Viermal brach Henry Hudson auf, um die Nordwestpassage zu finden – und viermal scheiterte er

permanente Siedlung in Kanada. 1608 gründet Champlain, die ideale strategische Lage erkennend, an der engsten Stelle des St.-Lorenz-Stroms die Siedlung Québec. Während des Winters fordern Skorbut und Kälte erneut ihren Tribut. Von 24 Mann sind im Frühjahr noch acht am Leben, doch trotz Meutereien und Krankheiten bleibt die Siedlung bestehen.

Entdeckung der Hudson Bay

Auf der Suche nach der Nordwestpassage entdeckt der englische Seefahrer **Henry Hudson** die später nach ihm benannte Hudson Bay. 1607 versucht er zum ersten Mal, China über den Nordpol zu erreichen, scheitert aber im Packeis. Am 17. April 1610 bricht er schließlich zu seiner letzten, schicksalhaften Reise auf, bei der er jene riesige Meeresbucht entdeckt, die heute seinen Namen trägt. Die winzige Barke »**Discovery**« bringt ihn und seine 22 Männer sicher in die Gezeitenströmung der Hudson Strait. Durch einen heftigen Sturm werden sie weit nach Westen getrieben und von Packeis eingeschlossen, aus dem sie nur unter größten Mühen und mit Glück wieder freikommen. Auf der Rückfahrt meutert die halbverhungerte Mannschaft und setzt Hudson, seinen Sohn und einige Getreue in einem kleinen Boot aus. Man hört nie wieder von ihnen, doch Hudsons Entdeckung soll wenig später das Interesse Englands an dieser ›Hintertür‹ zum lukrativen Pelzhandel in Kanada wecken. 1670 wird in London die **Hudson's Bay Company** gegründet. Sie erhält das Recht zur Ausübung des Pelzhandels im Einzugsgebiet aller Gewässer, die in die Hudson Bay münden. Die ersten Niederlassungen – York Factory und danach Churchill – werden wenig später gegründet.

Konsolidierung Neufrankreichs

Bis 1627 unternimmt Champlain von Québec aus Reisen nach Süden und Westen. Dabei unterstützt er die Huronen und Algonquin gegen die Irokesen. Der **Pelzhandel** wird wirtschaft-

Französisch-Nordamerika

liche Grundlage der Kolonie. Das 1609 abgelaufene Monopol de Monts' wird einer Handelsgesellschaft übertragen. Die früher in der Wildnis unerfahrenen Franzosen werden zu Händlern, Kriegern und Waldläufern.

1610 lässt Champlain einen jungen Mann namens Etienne Brulé bei den Huronen zurück. Er soll ihre Sprache lernen und ihr Land erkunden. Damit beginnt das Zeitalter der **Coureurs des bois,** der Waldläufer. Diese abenteuerlustigen Franzosen, denen die Feldarbeit für den adligen Lehnsherrn in Neufrankreich ein Graus ist, leben oft über Jahrzehnte bei den Ureinwohnern und lassen sich oft sogar von ihren Gastgebern adoptieren. Als Wegbereiter auf den Pelzhandelsrouten der Ureinwohner bringen sie Kunde von fernen Landen im Westen nach Québec, sind Trapper und Büffeljäger. Mit diesen ›weißen Indianern‹ kommen auch die Missionare. 1642 gründet der Jesuit **Sieur de Maisonneuve** die Siedlung **Ville-Marie,** das spätere Montréal. Bis 1700 kommen neue Siedler, danach versiegt der Einwandererstrom. Sie bestellen ihre Felder an den Ufern des Stroms, dem Klerus und dem adligem Lehnsherrn ergeben. Diese wenige Tausend Kolonisten bilden den Grundstock für fast die gesamte französische Bevölkerung des heutigen Kanada.

Irokesenkriege

Nach dem Sieg der verbündeten Franzosen und Algonquin über die Irokesen 1609 bei Ticonderoga wird die mächtige **Irokesenliga,** die das Gebiet südlich des Stroms bis tief ins heutige New York kontrolliert, der erbitterte Feind der jungen Kolonie. Stammesfehden hatte es schon vor der Ankunft der Weißen gegeben, doch nun kommt der Kampf mit den Weißen um das Pelzhandelsmonopol dazu. Die Angriffe der militärisch hervorragend organisierten Irokesen, denen andere Ureinwohner wenig entgegenzusetzen haben, gefährden den Bestand der Kolonie. Zwischen 1645 und 1655 vernichten die Irokesen in mehreren Feldzügen die Huronen, Erie und Petun. Montréal wird mehrmals belagert, die Île d'Orléans geplündert. Erst die Entsendung von 1000 Soldaten erzwingt einen – wackligen – Frieden.

Zwischen 1660 und 1675 wächst die Bevölkerung von 2000 auf über 8000 Menschen an. Dies bringt endlich den ersehnten wirtschaftlichen Aufschwung und die Rückendeckung für weitere Entdeckungen im Westen und Süden. 1679–1682 dringt **La Salle** über die Seen Erie und Huron bis weit in den Süden des amerikanischen Kontinents zum Mississippi und nach New Orleans vor. Auch in Louisiana weht nun die Bourbonenfahne.

England tritt auf den Plan

Nach **Grenzstreitigkeiten** und ungezählten kleineren Scharmützeln im Ohio Valley beginnen 1689 die Kämpfe zwischen den beiden damaligen Supermächten England und Frankreich im großen Stil. Immer geht es um Vorteile in Pelzhandel und Fischerei. Und immer, wenn in Europa Krieg herrscht, werden die Kolonisten in die Auseinandersetzungen vor ihrer Blockhütte hineingezogen. Die Franzosen finden sich mit der Präsenz der Hudson's Bay Company im Norden ihrer Kolonie nicht ab und senden **Militärexpeditionen** aus. Abwechselnd wehen die Fahnen beider Länder über den Handelsposten in der Einsamkeit. Zu noch heftigeren Konflikten kommt es am Atlantik. Mit Unterstützung indigener Stämme verüben die Franzosen Überfälle bis in die Nähe von Boston. Die Engländer nehmen ihrerseits Port Royal ein. 1713 tritt Frankreich schließlich Akadien (Neuschottland ohne Cape Breton) sowie Newfoundland an England ab.

Neufrankreichs Blütezeit

Zum Schutz ihrer Fischgründe und des Eingangs zum St.-Lorenz-Strom bauen die Franzosen 1715 die Seefestung **Louisbourg** auf Cape Breton Island. Während der nächsten Jahrzehnte leben über 2000 Soldaten, Kaufleute und Fischer, oft mit ihren Familien, in der ummauerten Stadt am Meer. Importierte Schokolade, bester Wein, schwere französische Teppiche und Seidentaschentücher versüßen den Alltag des Kommandanten. Am anderen Ende der sozialen Leiter hausen in den zugigen Kasernengewölben der Festung 500 französische

Geschichte

Soldaten. Sie sind die größte stehende Truppe Neufrankreichs. Mit über 500 Gebäuden ist die Stadt wirtschaftlich und strategisch für Neufrankreich lebenswichtig. Die Franzosen halten sie für uneinnehmbar, für die Kolonisten in Neuengland stellt sie eine ständige Bedrohung dar. Die friedlichen Jahre zwischen 1713 und 1743 bescheren Neufrankreich einen wirtschaftlichen Aufschwung. Die Bevölkerung verdoppelt sich auf etwa 50 000. Pelzhandel, Handwerk und Schiffbau florieren.

Neue Konfrontationen

Während des **Österreichischen Erbfolgekrieges** (1740–48) stehen sich England und Frankreich in Europa erneut gegenüber. Auch in Nordamerika streiten sich die beiden Mächte wieder um ihre Besitztümer. Mit über 100 Schiffen und 8400 Mann belagern englische Kolonialtruppen unter Gouverneur Shipley aus Massachusetts 1745 Louisbourg. Nach sechswöchigem Bombardement fällt die Festung in britische Hände. Die gesamte französische Bevölkerung von Cape Breton Island wird unter Arrest gestellt und nach Frankreich deportiert. 1748 gibt England im Tausch gegen europäische Besitzungen Louisbourg an Frankreich zurück. Nur zwei Jahre später floriert der Handel zwischen Louisbourg und Neuengland wieder.

Ein dauerhafter Friede kommt indes nicht zustande. Mit der Gründung des Marinestützpunktes **Halifax** 1749 geht Großbritannien nunmehr ernsthaft an die Konsolidierung seiner Interessen in Atlantik-Kanada. Die Einwanderung englischer Siedler wird forciert. 1753 bringt Gouverneur Charles Lawrence deutsche Protestanten aus dem Lüneburger Gebiet nach Neuschottland. **Lunenburg** wird gegründet. Die rund 10 000 französischsprechenden **Akadier,** seit 1713 unter britischer Herrschaft, doch bislang neutral, geraten zwischen die Fronten. Als sie sich 1755 weigern, der englischen Krone Treue zu schwören, veranlasst Lawrence die Deportation der gesamten akadischen Bevölkerung nach Frankreich. Nur wenigen gelingt die Flucht nach Neufrankreich, Louisiana oder in die Karibik.

Frankreich verabschiedet sich aus Kanada

Noch während englische und französische Unterhändler in Paris über den genauen Verlauf der Grenze zwischen Neufrankreich und den 13 englischen Kolonien verhandeln, beginnt in Nordamerika der **French and Indian War** (1756–1763). Nach anfänglichen Erfolgen der Franzosen wendet sich 1758/1759 das Blatt. Die Engländer erringen mehrere entscheidende Siege. Louisbourg fällt. Danach dringen sie auf dem St.-Lorenz-Strom ins Herz Neufrankreichs vor. Nach zweimonatiger Belagerung steht am 13. September 1759 eine englische Streitmacht von 4000 Mann vor den Mauern von Québec. Über schmale Pfade hat General James Wolfe seine Truppen den steilen Felsen des Cap Diamant hinaufgeführt. Hier, auf den **Plaines d'Abraham,** stellen sich die Verteidiger zum Kampf. Bis auf wenige Meter lassen die Engländer sie herankommen, dann feuern sie ihre Salven auf die Schulter an Schulter marschierenden Angreifer – die Schlacht artet in ein Gemetzel aus. 20 Minuten später ist sie entschieden. General Wolfe und General Montcalm, der französische Befehlshaber, sind unter den Opfern. Montréal fällt im folgenden Jahr, damit ist Neufrankreich für das Mutterland endgültig verloren. Im **Frieden von Paris** tritt Frankreich 1763 alle nordamerikanischen Besitzungen an England ab, das auch rund 70 000 französischsprachige Untertanen ›übernimmt‹.

Kanada unter dem Union Jack

Unterdessen brodelt es in Großbritanniens 13 Kolonien im Süden. London macht sich dort mit Knebelgesetzen und restriktiven Steuern unbeliebt. 1775 fallen bei Lexington die ersten Schüsse des amerikanischen **Unabhängigkeitskrieges.** In den erst kurz zuvor von Großbritannien besiegten Frankokanadiern sehen die amerikanischen Rebellen natürliche Verbündete. Im gleichen Jahr marschieren sie in die britische Kolonie Québec ein, besetzen Montréal und belagern Québec. Ihre Hoffnung auf eine frankokanadische Volkserhebung erfüllt sich aber nicht: »Les Canadiens«, wie sich die Frankokanadier selbst nennen, bleiben ihren Kolonialherren gegenüber loyal. Diese hatten – in weiser Voraussicht – ihren neuen Untertanen im Jahr zuvor im **Québec Act** das Recht auf ihre katholische Religion, die französische Sprache und Rechtsprechung garantiert. Landbesitzer und Klerus arrangieren sich mit den Briten, die Bauern arbeiten nun auch für englische Herren. Und so bleibt Québec britisch, während die Kolonien im Süden wenige Jahre später ihre Unabhängigkeit erlangen.

Westminster statt Washington

Das Ende des amerikanischen Unabhängigkeitskrieges führt zum Exodus der **United Empire Loyalists** genannten amerikanischen Königstreuen. Rund 50 000 Siedler, dem englischen König Georg ergeben, strömen nach Britisch-Nordamerika, wo sie sich am Nordufer des Lake Ontario, in Toronto, im Südosten von Québec sowie in Nova Scotia und New Brunswick niederlassen. In Québec, das zu dieser Zeit grob die Grenzen des alten Neufrankreich umfasst, kommt es bald zu Kollisionen mit der frankokanadischen Bevölkerung. Die britische Kolonialregierung entschärft den Konflikt 1791 mit der Teilung: Im **Constitutional Act** werden die **Kolonien Upper und Lower Canada** geschaffen (heute Ontario und Québec). Diese Trennung und eine damit verbundene begrenzte Selbstverwaltung – beide erhalten eine Volksversammlung – soll Anglo- und Frankokanadiern gleichermaßen gerecht werden. Zu diesem Zeitpunkt leben zwischen Québec City und Toronto rund 160 000 Menschen, von denen 21 000 englischsprachig sind. Davon siedeln zwar die meisten im westlichen Teil, dem jetzigen Ober-Kanada, doch die eigentliche Elite, die Gründer Englisch-Kanadas, wohnen im Herzen des französischsprachigen Gebietes, in den Städten Québec und Montréal. Die Führer der englischen Partei und ihre

Die historischen Vorbilder dieses Wachsoldaten schauten nur selten verträumt ins Blaue: Franzosen und Engländer lieferten sich um die Festung Louisbourg immer wieder heftige Kämpfe

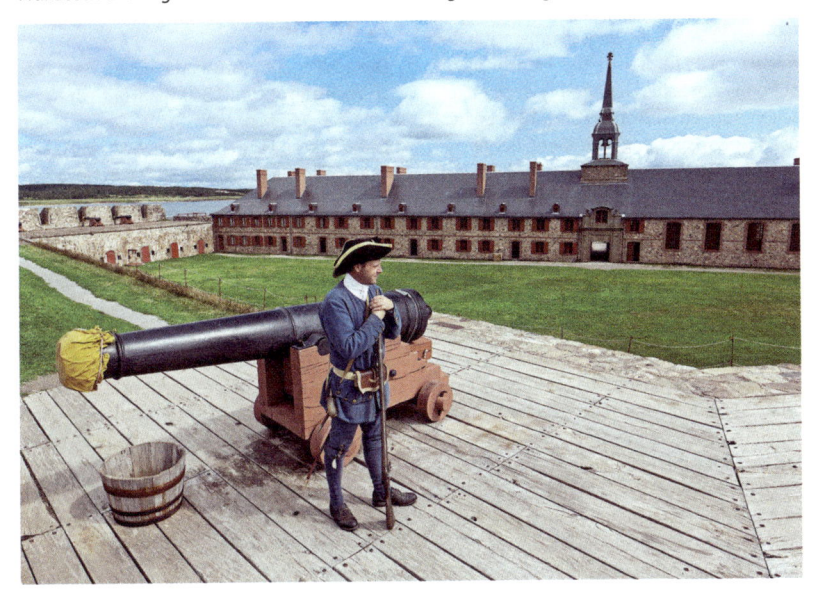

Multikulti ist bei Kritikern der Einwanderungsgesellschaft ein Schimpfwort, in Kanada steht jedoch die Mehrheit der Bürger hinter dem Konzept kultureller Vielfalt

Vertreter in London kämpfen daher vehement, wenn auch vergeblich, gegen den Constitutional Act. Auch im britisch-amerikanischen Krieg von 1812 stehen die Frankokanadier auf britischer Seite: Der Angriff der amerikanischen Truppen wird abgewehrt. 1815 beendet der **Friedensvertrag von Gent** den letzten britisch-amerikanischen Krieg. Für Nova Scotia bringen der Krieg und die folgenden Jahre wirtschaftlichen Aufschwung. Der **Schiffbau** erreicht Rekordzahlen, und Neuschottlands Schiffe beherrschen den **Karibik-Handel.** Der lukrative **Pelzhandel,** Rückgrat der kanadischen Wirtschaft, erlebt mit der Verschmelzung der konkurrierenden Northwest Company und der Hudson's Bay Company einen letzten Höhepunkt: Auf der Jagd nach Fellen erreichen HBC-Trapper die letzten unerforschten Regionen des Riesenlandes.

1818 einigen sich Großbritannien und die USA auf den 49. Breitengrad als gemeinsame Grenze vom Gebiet des Lake of the Woods bis zu den Rocky Mountains.

Rebellionen in den ›Canadas‹

Danach erlebt Ostkanada einen **Bevölkerungsboom.** Um 1840 hat Britisch-Nordamerika 1,5 Mio. Einwohner. Davon leben 650 000 in Lower Canada (Québec), 450 000 in Upper Canada (Ontario), 130 000 in Nova Scotia, 100 000 in New Brunswick, 60 000 in Newfoundland und 45 000 auf Prince Edward Island. In Lower Canada verstärkt die steigende Dominanz der englischsprachigen Bevölkerung und das oft unsensible Agieren der englischsprachigen Kolonialverwaltung die frankokanadische Furcht vor einer von London geplanten Assimilierung. In Montréal kommt es zu antibritischen, im Kern auch **antikolonialistischen Kundgebungen.** Im November 1837 erlebt Montréal heftige Straßenkämpfe zwischen Soldaten und den *patriotes,* zu denen nicht nur Franko-, sondern auch Anglokanadier gehören. Ende des Monats kommt es bei St. Denis unweit von Montréal zur Schlacht: Die Soldaten werden zurückgeworfen, siegen jedoch kurze Zeit später bei St. Eustache und brechen damit den Widerstand der Patrioten.

Auch Upper Canada erlebt einen Aufstand. Ende 1837 entlädt sich die langjährige Kritik am Family Compact, einer korrupten Clique um den britischen Gouverneur, in gewaltsamen Konflikten zwischen Soldaten und den Anhängern des Bürgermeisters von Toronto, William Mackenzie. Der von diesem geführte **Marsch auf Toronto** wird jedoch entwaffnet, bevor es zu Gefechten kommt.

Auf diese Ereignisse reagiert London mit **Regierungsreformen.** 1841 werden Lower und Upper Canada zur **Province of Canada** zusammengelegt, die von einem eigenen Parlament regiert wird. Französisch wird zweite Amtssprache, die katholische Regierung für ihre Loyalität während der Rebellion der Patrioten mit der Aufsicht über das Schul- und Gesundheitswesen belohnt. Der erste Schritt zur Vereinigung aller Provinzen unter einer kanadischen Zentralregierung ist damit getan.

Building a Nation

Doch an einen Staat von Küste zu Küste denkt noch niemand. Man lebt auf kleinen, isolierten Siedlungsinseln in der Wildnis. Um die gewaltigen Entfernungen zu überbrücken, wird der **Bau der Eisenbahn** vorangetrieben. 1836 eröffnet die erste Strecke zwischen Montréal und dem 23 km stromaufwärts gelegenen La Prairie. 1853 wird die Strecke Montréal–Portland (Maine) in Betrieb genommen. Um 1860 verbinden Bahnlinien Montréal und Toronto mit Saint John (New Brunswick), Halifax und den Häfen an den Großen Seen. Die Eisenbahn verkleinert den Kontinent und lässt vormals utopisch scheinende Ideen plötzlich realistisch erscheinen. Der Ruf nach einer **Konföderation aller Kolonien Britisch-Nordamerikas** wird lauter. Doch die Vereinigung mit den Atlantikprovinzen, denen es dank ihrer florierenden Fischerei und Schiffsbauindustrien gut geht, kommt nur zögernd voran. Erst die imperialistische Rhetorik der von Anschluss fabulierenden amerikanischen Presse treibt New Brunswick, Prince Edward Island und Nova Scotia, die sich, wie auch die Province of Canada, inzwischen selbst verwalten, in das Lager der Kanada-Befürworter. London legt dem Treiben keine Steine mehr in den Weg: Teuer im Unterhalt und immer schwerer zu steuern, sollen die Kolonien gehen dürfen, wenn sie denn gehen wollen. Am 1. Juli 1867 ist es so weit: Queen Victoria unterzeichnet den **British North America Act,** in dem sich Ontario, Québec, New Brunswick und Nova Scotia zum **Dominion of Canada** zusammenschließen. Erster Premierminister wird **John Alexander Macdonald.** 1870 schließen sich Manitoba und die Northwest Territories an. British Columbia kann nur mit dem Versprechen eines Bahnanschlusses in die Konföderation geholt werden. Auch bei Prince Edward Island (1873) muss die neue Hauptstadt Ottawa mit einem Preis – dieses Mal eine Fährverbindung mit dem Festland – winken. Newfoundland and Labrador dagegen tritt erst 1949 bei. Der neue Staat, nach britischem Vorbild organisiert, hat ein Kabinett, ein Unterhaus, einen Senat und als Vertreter der Krone einen repräsentative Aufgaben wahrnehmenden Generalgouverneur.

Herausforderungen der Zukunft

1886 erreicht die Canadian Pacific Railway Vancouver. Jetzt kann man Kanada vom Atlantik bis zum Pazifik mit der Bahn durchqueren. Bei der Schaffung einer funktionierenden Nationalökonomie helfen hohe Schutzzölle auf Einfuhren, was für eine **boomartige Entwicklung** während der nächsten 40 Jahre sorgt. Einwanderer aus Europa strömen ins Land, Montréal und Toronto verdoppeln innerhalb von zehn Jahren ihre Einwohnerzahl. Die Forstwirtschaft wird mechanisiert, was eine der größten Papierindustrien der Welt auf den Weg bringt. **Wilfred Laurier,** der erste frankophone Premierminister, betreibt eine **Politik des Ausgleichs zwischen den beiden Sprachgruppen.** Der **Erste Weltkrieg** forciert Kanadas industrielle Entwicklung. Man schickt ein halbe Million Soldaten auf die Schlachtfelder

Geschichte

Europas, doch zu Hause bringt das umstrittene Einberufungsgesetz die beiden Gründervölker einmal mehr auf Kollisionskurs: Anglokanada ist für die Einberufung, Québec dagegen. Nach Kriegsende beruhigt sich die Lage, doch der Graben zwischen Anglos und Frankos bleibt.

Multikulti statt Schmelztiegel

Die **Weltwirtschaftskrise** trifft Kanada schwer. Jeder dritte Kanadier verliert seine Arbeit. Erst der **Zweite Weltkrieg** kurbelt die Wirtschaft wieder an. Kanada tritt an der Seite Großbritanniens in den Krieg ein und verliert insgesamt 42 000 Landeskinder. Ein wieder dräuendes Einberufungsgesetz verschleppt Ottawa bis zum Kriegsende, um die nationale Einheit zu wahren. Nach Kriegsende hält die **Hochkonjunktur** an. Newfoundland wird 1949 mit der Aussicht auf Bundesmittel in die Konföderation gelockt. Von 1941 bis 1980 verdoppelt sich die Bevölkerungszahl auf über 23 Mio. Eine **liberale Einwanderungspolitik** öffnet Kanada nun auch nicht-weißen Immigranten. Dabei verfolgt Ottawa nicht die Politik des Schmelztiegels wie die USA, sondern unterstützt seine Minoritäten bei der Bewahrung ihrer kulturellen Identität. Arbeit gibt es genug, ob beim Bau des 1959 eröffneten St.-Lorenz-Seewegs oder des Trans-Canada Highway, der 1962 eröffnet wird.

Furcht vor Vereinnahmung durch die USA

Für die Erschließung der gewaltigen Ölfelder in Alberta und der Eisenerzlager in Labrador und Nordquébec sowie auch für den Aufbau einer verarbeitenden Industrie benötigt Ottawa finanzielle Mittel. Diese kommen in den nächsten Jahrzehnten vor allem aus den USA. Allein für den Bau der Bahnlinie von Sept-Îles nach Schefferville in Labrador in den 1950er-Jahren machen **amerikanische Investoren** eine halbe Milliarde Dollar locker. Den wachsenden **Einfluss amerikanischer Firmen** auf die kanadische Politik sucht Ottawa mit Gesetzen einzudämmen; bis heute werden amerikanische Aktivitäten auf kanadischem Territorium argwöhnisch verfolgt. Auch im **kulturellen Bereich** kämpft Kanada gegen eine drohende Überfremdung aus dem Süden. So müssen Radio-Stationen mindestens 35 % ihrer Sendungen mit **kanadischen Inhalten** (Canadian Content, kurz Can-Con) bestreiten. Im TV-Bereich ist der öffentliche Fernsehsender CBC der einzige Kanal, der den Großteil seiner Sendeplätze mit kanadischen Produktionen füllt. Alle übrigen sind durch das Regelwerk der CRTC (Canadian Radio-Television and Telecommunications Commission) verpflichtet, mindestens 50 % ihrer Sendezeit mit *Can-Con* zu bestreiten – Auflagen, deren Einhaltung sich in der Praxis kaum überprüfen lässt.

Widerspenstiges Québec

Der sozialliberale Klimawechsel im bis dahin von einer erzkonservativen Clique regierten Québec löst die **Stille Revolution** (Révolution tranquille) aus, eine Rückbesinnung auf die französische Sprache und Kultur. Die kulturelle Renaissance hat auch politische Auswirkungen: Aus politisch meist uninteressierten Canadiens werden nun engagierte Québécois, die immer lauter ein unabhängiges Québec fordern. 1968 wird der jugendlich wirkende **Pierre Elliott Trudeau** kanadischer Premierminister, doch die separatistischen Bestrebungen in Québec, wo der charismatische **René Lévesque** 1969 die separatistische, sozialdemokratische **Parti Québécois** gründet, kann auch er nicht verhindern. Als radikale Separatisten im Oktober 1970 den Arbeitsminister von Québec, Pierre Laporte, entführen und ermorden, stellt Trudeau, selbst Québécois, die Provinz unter **Kriegsrecht** und lässt Truppen einmarschieren. 1980 erteilt die 1975 an die Macht gekommene Parti Québécois der Bevölkerung das Wort, doch Québec entscheidet sich mit 60 zu 40 % der Stimmen für den Verbleib bei Kanada. 1982 verweigert Québec die Unterschrift unter die kanadische Verfassung. Das Scheitern der **Lake-Meech-Konferenz** 1990, die die besondere kulturelle Identität der Provinz Québec in der Verfassung verankern sollte, löst eine Staatskrise aus. Beim zweiten **Refe-**

rendum zur Unabhängigkeit** 1995 bleibt die Provinz Kanada mit gerade 40 000 Stimmen oder 1 % Vorsprung erhalten. Zur Zeit herrscht Ruhe. Bei den Provinzwahlen 2018 verwies die vormals dritte Kraft, die Coalition Avenir Québec (CAQ), die Liberalen in die Opposition und schickte die Parti Québécois ins politische Abseits. 2022 verstärkte sich dieser Trend.

Selbstbewusste Ureinwohner

Im 19. und frühen 20. Jh. mit windigen Verträgen um ihr Land gebracht, erheben Kanadas **Ureinwohner** seit den 1960er-Jahren immer lauter ihre Stimme. 1975 werden die **Cree** und **Inuit** an der Hudson Bay für die Abtretung von Teilen ihrer Stammesgebiete zum Bau gigantischer Wasserkraftwerke von Ottawa und Québec mit 225 Mio. Dollar und Jagd- und Fischereirechten in anderen Gebieten entschädigt. 1988 erhalten die **Dene** und **Métis** der Northwest Territories Landrechte zugesichert und 500 Mio. Dollar Abfindung. 1990 führt die geplante Erweiterung eines Golfplatzes bei Oka nahe Montréal zur 78-tägigen **Oka-Krise:** Die **Mohawk** des angrenzenden Kanesatake-Reservats protestieren mit Barrikaden gegen die Schändung einer dort liegenden Begräbnisstätte. Die Krise, bei der Militär eingesetzt wird und die drei Menschenleben kostet, endet mit der Aufgabe der Golfplatzpläne, verschlechtert jedoch das Verhältnis zwischen weißen Kanadiern und Angehörigen von Kanadas First Nations dramatisch. Die Situation der indigenen Bevölkerung Kanadas hat nicht erst seit Oka zwei Gesichter. So wurden im Bildungsbereich große Fortschritte erzielt.

Knapp 40 % der Ureinwohner haben keinen Schulabschluss, aber etwa 60 % eine höhere Schulbildung. Bei den Nicht-Ureinwohnern schaffen rund 15 % ihren Schulabschluss nicht, und knapp zwei Drittel haben eine höhere Schulbildung. 3800 Ureinwohner sitzen hinter Gittern, das sind 27 % aller Einsitzenden, bei nur 4 % Anteil an der Gesamtbevölkerung.

Die Pow Wows der kanadischen Ureinwohner sind keine Pocahontas-Show für Touristen – sie zelebrieren alte Traditionen, die 150 Jahre lang verboten waren

Zeittafel

Bis 13 000	Über die Bering-Landbrücke wandern nomadisierende Jägervölker aus Asien auf den amerikanischen Kontinent.
1000 n. Chr.	Grönland-Wikinger errichten an der Nordspitze von Newfoundland eine kurzlebige Siedlung.
1497	Giovanni Caboto (John Cabot) erreicht die Atlantikküste bei Cape Breton Island oder Labrador.
1534/35	Jacques Cartier erforscht den St.-Lorenz-Strom bis zum heutigen Montréal und reklamiert Kanada für Frankreich.
1608	Gründung Québecs als Hauptstadt Neufrankreichs.
1610	Henry Hudson entdeckt die später nach ihm benannte Bucht.
1642	Paul Chomedey de Maisonneuve gründet Montréal. Bis 1700 kommen Siedler aus Frankreich und kultivieren unter feudalen Verhältnissen Neufrankreich.
1670	In London wird die Hudson's Bay Company gegründet, die im Einzugsgebiet der Bay ein riesiges Pelzhandelsimperium errichtet.
1689	Die kolonialen Streitigkeiten zwischen Frankreich und England münden in Krieg. Ureinwohner kämpfen auf beiden Seiten.
1713–15	Frankreich tritt Akadien und Newfoundland an England ab. Zum Schutz ihrer Interessen am St.-Lorenz-Strom errichten die Franzosen 1715 auf Cape Breton die Seefestung Louisbourg.
1749	Die Engländer gründen den Marinestützpunkt Halifax und fördern die Besiedlung Atlantik-Kanadas.
1755	Deportation der Akadier aus Neuschottland.
1756	Franzosen und Engländer bekämpfen sich in Nordamerika im French and Indian War und im Siebenjährigen Krieg in Europa.
1763	Nach dem Fall von Québec (1759) und Montréal (1760) verabschiedet sich Frankreich im Frieden von Paris aus Nordamerika und behält nur die vor Newfoundland liegende Inselgruppe St.-Pierre-et-Miquelon als Stützpunkt.
1773–83	Amerikanischer Unabhängigkeitskrieg. 50 000 königstreue Loyalisten strömen nach Britisch-Nordamerika.

Amerika und England befinden sich erneut im Krieg, der durch den Friedensvertrag von Gent beendet wird.	**1812–15**
Die Eisenbahn verbindet Montréal und Toronto mit den Kolonien am Atlantik und den Großen Seen im Westen.	**1860**
Durch den British North America Act wird der kanadische Bundesstaat, das Dominion of Canada, gegründet.	**1867**
Bau der Transkanada-Eisenbahn.	**1879–86**
Als letzte Provinz schließt sich Newfoundland und Labrador der Konföderation an. Kanada tritt der NATO bei.	**1949**
Nationalismus in Québec. Die Krise zwischen Anglo- und Frankokanadiern verschärft sich. Montréal erlebt Terroranschläge. 1970 verhängt Premierminister Pierre Elliott Trudeau über Montréal das Kriegsrecht.	**1963–70**
Nach einer Volksbefragung verbleibt Québec in der Konföderation.	**1980**
Erneutes Referendum in Québec: Mit nur 40 000 Stimmen Vorsprung entscheiden sich die Québécois für den Verbleib bei Kanada.	**1995**
Neugliederung im Norden Kanadas: Der östliche Teil der Northwest Territories wird als Inuit-Territorium Nunavut eigenständig.	**1999**
Kanadas amtierender konservativer Regierungschef Stephen Harper gewinnt nach vorgezogenen Neuwahlen die absolute Mehrheit.	**2011**
Nach einem fulminanten Sieg der Liberalen bei den Unterhauswahlen löst der 43-jährige Justin Trudeau, ältester Sohn von Pierre Elliott Trudeau, Stephen Harper als Premier ab.	**2015**
Kanada ratifiziert das umstrittene CETA-Freihandelsabkommen mit der EU; es tritt vorläufig in Kraft.	**2017**
Die Coalition Avenir Québec gewinnt die Parlamentswahlen in Québec klar vor den Liberalen. Kanada bleibt unter der Regierung Trudeau seiner Tradition als multikulturelles Einwanderungsland treu, wobei Trudeau seit 2019 eine Minderheitsregierung anführt.	**2018–2021**
Papst Franziskus trifft sich in Edmonton mit Vertretern indigener Völker und bittet um Vergebung für die Greueltaten in den Internaten der katholischen Kirche.	**2022**

Gesellschaft und Alltagskultur

Kanadier sind die leiseren Amerikaner. Kanadier sind liberal, weltoffen und friedliebend. An Versuchen, ›den Kanadier‹ zu beschreiben, fehlt es nicht. Doch was das Kanadiersein wirklich ausmacht und worin sich ein Kanadier von seinem südlichen Nachbarn unterscheidet, mag sich einem erst während der Reise durch dieses Riesenland erschließen.

Kanadier wie Amerikaner leben in klassischen Einwandererländern. Beide sprechen – abgesehen von Québec – Englisch, und beide genießen – mehr oder weniger – die Segnungen der freien Marktwirtschaft. Doch während in Europa Völker unterschiedlicher Sprachen und Kulturen durch Grenzen getrennt sind, erscheint die amerikanisch-kanadische Grenze dem Besucher als nichts weiter als eine den Reiserhythmus störende Formalität: Hier wie dort wird die gleiche Sprache gesprochen und oft sogar der gleiche Akzent. Hier wie dort ähnelt sich die Alltagskultur wie ein Ei dem anderen: Amerikaner wie Kanadier sitzen in den gleichen Trucks und befahren die gleichen schnurgeraden Highways, kaufen in den gleichen Shopping Malls ein und beginnen den Tag mit Kaffee, Toast, Bratkartoffeln und Rührei. Natürlich ist das stark vereinfacht, doch der Punkt ist der: Wäre die Grenze nicht, der Reisende würde den Übergang von den USA nach Kanada – von Québec wieder abgesehen – nicht ohne Weiteres wahrnehmen. Dabei sind Kanadier weitaus mehr als nur ›Nicht-Amerikaner‹ …

In der Regel ist der Gang zum Geldautomaten für den Besucher der erste handfeste Kontakt mit Kanada. Kanadische Geldscheine zieren die Konterfeis des englischen Monarchen und staatsmännisch blickender kanadischer Politiker. Dankbar wird der Besucher auch feststellen, dass die Dollarnoten, weil verschiedenfarbig, leichter voneinander zu unterscheiden sind als die US-amerikanischen ›Greenbacks‹.

Amerikanisch? Kanadisch?

Erst nach ein, zwei oder mehr Wochen im Osten Kanadas, nach mehreren Tausend Kilometern und nach vielen Begegnungen mit Einheimischen erschließt man sich die Unterschiede – und zwar nicht nur die zwischen Kanada und den USA, sondern vor allem auch die zwischen Englisch- und Französisch-Amerika. Beispielsweise beklagen sich Kanadier mehr als Amerikaner, und zwar am liebsten über ihre Politiker, denen sie oft und gern jegliche Intelligenz absprechen. Doch selbst hochrangige Regierungsbeamte beklagen sich, und zwar – in den USA wäre dies undenkbar – über die Größe ihres Landes. Der berühmteste Stoßseufzer über die geografische Elefantiasis Kanadas stammt von dem früheren Premierminister W. L. Mackenzie King. Während andere Länder zu viel Geschichte hätten, sagte er einmal, habe seines zu viel Geografie.

Damit outete sich King zwar als geschichtlich reichlich unbedarft, doch das grundlegende Problem Kanadas hätte er nicht besser beschreiben können. Selbst im Kommunikationszeitalter hat es ein so sensibles Konzept wie ein Nationalgefühl schwer, sich in einem Zehn-Millionen-Quadratkilometer-Land zu entwickeln. Die meisten Kanadier verstehen sich zunächst als Ontarians, Newfoundlander oder Nova Scotians – erst dann als Kanadier. Für die französischsprachigen Québécois gilt dies in noch stärkerem Maß.

Amerikanisch? Kanadisch?

Bescheidene Kanadier

Schnell wird der Besucher auch feststellen, dass Kanadier anders mit ihrer Geschichte umgehen als Amerikaner. Während südlich der Grenze keine Gelegenheit ausgelassen wird, historisch bedeutende Orte mit erheblichem PR-Aufwand auszuweisen und zu vermarkten, legt man nördlich davon an solchen Stellen deutlich Bescheidenheit an den Tag.

Spötter behaupten, Kanada habe keine Geschichte, sondern nur eine Vergangenheit. Tatsächlich halten viele Kanadier ihre eigene Geschichte für langweilig und kennen folglich nicht einmal den Namen ihres ersten Premierministers. In den USA dagegen ist George Washington jedem Schulkind ein Begriff. Die Gründe liegen in der Vergangenheit: So verlief die Erschließung des Westens beiderseits der Grenze höchst unterschiedlich. In den USA waren es die Siedler, die zuerst den Westen erreichten und den später die ganze Nation vereinigenden American Dream von Freiheit und Glückseligkeit in die Tat umsetzten – mit Fleiß, Glaubensfestigkeit und oft auch mit der Waffe. Die Erschließung des amerikanischen Westens schuf etliche Helden und ist mit legendären Sheriffs, Revolverhelden nur so gespickt. Erst kamen die Siedler, dann das Gesetz.

Keine Heldenverehrung

In Kanada verlief es genau anders herum. Im kanadischen Westen herrschte von Anfang an Ordnung. Bevor die ersten Wagentrecks und Züge überhaupt aufbrachen, war die neue Heimat schon vermessen, überwachten berittene Bundespolizisten, die berühmten *mounties*, das Kommen und Gehen von Trappern und Ureinwohnern. Dem unbeirrbaren Glauben an göttliche Vorsehung und die eigene Kraft, einer der Triebfedern der amerikanischen Gesellschaft, stehen nördlich der Grenze die Vorliebe für Ruhe, Ordnung und Good Governance als typisch kanadisch entgegen.

Es gibt auch keine Helden in Kanada. Während man solche in den USA bejubelt, tendieren Kanadier dahin, Größe zu relativieren – weil sich hier niemand besser fühlen darf als der Rest. Nicht umsonst gilt ein junger, einbeiniger, zuletzt an Krebs gestorbener Marathonläufer als einziger Held des Landes: Terry Fox (s. S. 222), der mit seiner Beinprothese durch das halbe Land humpelte, um Geld für die Krebsforschung zu sammeln, konnten auch Skeptiker keine eigennützigen Motive unterstellen.

Das Loyalistenerbe

Mitverantwortlich für den kanadischen Hang zum Unaufgeregten mag das Loyalistenerbe sein. Die Loyalisten genannten königstreuen Amerikaner, Ruhe und Ordnung liebende, geschäftstüchtige Menschen, die während des amerikanischen Unabhängigkeitskrieges nach Britisch-Nordamerika flohen und dort bald in allen wichtigen Positionen saßen, bauten nicht nur die englisch aussehenden Städtchen am Lake Ontario. Der berühmte kanadische Journalist Pierre Berton (1920–2004) sagte einmal, das Wort *loyal* sei in Kanada ebenso benutzt worden wie das Wort *liberty* südlich der Grenze – Hinweis sowohl auf das Werte-Ranking der Kanadier als auch darauf, dass es der kanadischen Geschichte an Leidenschaft fehle.

Tatsächlich musste Kanada keinen Bürgerkrieg, keine Revolution oder eine vergleichbare, nationale Identität stiftende Katastrophe erleben. Dies färbte zum einen auf das kanadische Englisch ab, das weniger von aggressiven Vokabeln und Redewendungen durchsetzt ist als das amerikanische. So benutzt der kanadische Soldat, wenn er Urlaub beantragt, das englisch-neutrale Wort *leave*. Sein amerikanischer Kollege hingegen bittet um *liberty*. Es beeinflusste zum anderen auch den kanadischen Nationalcharakter: Anders als die konfrontativen Amerikaner bevorzugen die Kanadier den Ausgleich und Verhandlungen.

Befragt nach dem, was Kanada von den USA unterscheidet, antworten viele Kanadier mit dem Hinweis auf die staatliche Krankenversicherung: Während 2010 fast 50 Mio. Amerikaner nicht krankenversichert waren und 2018 zwar 90 % der Bevölkerung eine Krankenversicherung hatten – jedoch bei geringen Leistungen –, dürfen sich alle Kanadier schon seit über 30 Jahren beruhigt zurücklehnen.

Gesellschaft und Alltagskultur

Québec: Einheit oder Separation?

Viele Kanadier verweisen darauf, offiziell zweisprachig zu sein: Seit den 1970er-Jahren sind alle Bundeseinrichtungen zwischen Atlantik und Pazifik zweisprachig, seit 1974 auch sämtliche Verpackungen. Doch dies bedeutet nicht, dass alle Kanadier sowohl Englisch als auch Französisch sprechen oder politisch dahinterstehen. In der Praxis kommunizieren viele Parks-Canada-Angestellte in Ontario – wie alle Angestellten kanadischer Bundesbehörden müssen auch sie zweisprachig sein – nur in Englisch, sehr zum Unmut Französisch sprechender Besucher aus Québec. Viele Anglokanadier, vor allem je weiter entfernt sie von Québec leben, lehnen die Zweisprachigkeit als unnötig und in der Umsetzung zu kostspielig ab. Auch in Québec erfährt die offizielle Zweisprachigkeit Kritik: Vor allem in Separatistenkreisen gilt der von Ottawa 1969 initiierte Official Languages Act, der Englisch und Französisch als offizielle Sprachen in Kanada anerkannte, als ein Versuch, die französische Sprache und Kultur in Québec zu verwässern. Auf Provinzebene ist New Brunswick die einzige zweisprachige Provinz des Landes. Die einzige Provinz, die Französisch zur offiziellen Sprache erhoben hat, ist Québec.

In Québec zeigt der Nationalstolz Flagge: »Le Fleurdelisé«, das Provinzbanner mit vier weißen Lilien auf blauem Grund, wird bei jeder sich bietenden Gelegenheit geschwenkt

Die inzwischen 140 Jahre alte Appeasement-Politik Ottawas gegenüber dem chronisch unruhigen Québec, der Unmut Anglokanadas über den französischsprachigen Störenfried und die in Québec seit den 1960er-Jahren immer wieder aufflammende separatistische Rhetorik produzieren, zusammengenommen, für den Besucher oftmals bizarre Situationen. In Gesprächen mit Ontarians staunt er darüber, dass diese so gut wie nichts über ihren frankophonen Nachbarn wissen. Québecer Filmstars, Sänger, Musiker, die komplette, dabei leicht zugängliche Popkultur made in Québec – in Städten wie London (Ontario) so gut wie unbekannt! Umgekehrt gilt das Gleiche. Die Chancen, dass der Besucher aus Mitteleuropa erkennen muss, deutlich amerikanisierter zu sein als sein frankophoner Gesprächspartner, stehen gut. Statt mit US-Western und Rock'n' Roll wuchs dieser mit Québecer Seifenopern auf, den Chansons der Révolution tranquille in den 1960er-Jahren und dem in dieser Zeit wiedererwachten Stolz auf das 400-jährige, frankokanadische Erbe.

Wie es bei den anglophonen Nachbarn aussieht oder gar »chez les américains« – bei den Amerikanern –, ist für ihn nur von sekundärem Interesse. Er blickt auf Québec-Stadt, macht Urlaub in Kuba oder der Dominikanischen Republik und besucht Ottawa nur, wenn er unbedingt muss. Zusammen, aber getrennt, allein und doch gemeinsam: Die ›Zwei Einsamkeiten‹, wie Hugh MacLennan seinen Schlüsselroman »Two Solitudes« über die kanadische Identität betitelte, sie existieren selbst in Zeiten von Internet und Global Village vielerorts in Kanada fort. Den real existierenden kanadischen Alltag nahm zuletzt der Thriller »Bon Cop. Bad Cop« (2006) von Éric Canuel auf die Schippe. Darin verfolgen zwei Polizisten, der eine ein überkorrekter Beamter aus Ontario, der andere sein unrasierter Kollege aus Québec, einen brutal in beiden Provinzen zuschlagenden Killer. Bei den Bemühungen, den Täter zur Strecke zu bringen, sprechen Anglophone holpriges Französisch und Frankophone unbeholfenes Englisch. Typisch kanadisch, versteht keiner den anderen – und am Ende wird der Fall doch gelöst.

Bevölkerung

Kaum mehr als ein Drittel der Bevölkerung ist heute britischer Abstammung. Etwa ein Viertel der Kanadier spricht Französisch – Nachfahren jener 60 000 Einwohner, die England bei der Eroberung Neufrankreichs ›übernommen‹ hatte. 85 % von ihnen leben in Québec, dem Herzen des frankophonen Kanada. Knapp 23 % der Kanadier stammen aus anderen europäischen Ländern. So hat beispielsweise jeder zwanzigste Wurzeln im deutschsprachigen Raum.

Gesellschaft und Alltagskultur

Kanada ist bis heute ein **Einwanderungsland** geblieben. Seit 1900 kamen mehr als 12 Mio. Menschen ins Land, bis 1970 stammten die meisten aus Europa, doch seither haben die ›Neukanadier‹ aus Asien enorm zugelegt. In den letzten zehn Jahren lag die Zahl der Einwanderer jeweils zwischen 220 000 und 300 000. Die meisten Zuwanderer zieht es in die großen Städte, überwiegend sind es Angehörige von bereits in Kanada lebenden Familien oder Flüchtlinge. Einwanderungswillige ohne diesen Sonderstatus haben wenig Chancen, da die Quote für fast alle Berufe inzwischen auf null reduziert worden ist.

Kanada ist nur an finanziell Unabhängigen und Experten interessiert, die, wie in den Verlautbarungen der Botschaft zu lesen ist, einen »positiven Beitrag zum Aufbau des Landes« leisten können. Zur Beurteilung von potenziellen Immigranten wird ein Punktesystem angewandt, das unter anderem berufliche Ausbildung, Gesundheit, Alter und Eigenkapital bewertet. Im Gegensatz zu den USA hat Kanada sich nie als ›Schmelztiegel‹ betrachtet, in dem die Einwanderer möglichst schnell absorbiert werden sollen. Innerhalb des englisch-französischen Sprachrahmens hat man nach dem Motto »Einheit durch Vielfalt« immer eine Politik des kulturellen Pluralismus verfolgt.

Ureinwohner

Im Dezember 2006 schreckte ein Artikel in der »Globe & Mail« die Torontonians auf: Die Mississauga-Stämme verlangen das Land, auf dem heute der Toronto Island Airport liegt, zurück. Es sei ihnen, sagen sie, in den sogenannten **Toronto Land Purchases** von 1787 und 1805 gar nicht abgekauft, sondern widerrechtlich genommen worden. Für den Fall, dass ihnen die obersten Gerichte Recht geben, planen sie an der Stelle des heutigen Flughafens – ein Rollfeld, Abfertigungsgebäude, Fähre zum Festland – die Errichtung eines Entertainmentkomplexes mit Hotel, Kasino und Kulturzentrum.

Verfolgungen und Massaker im südlich der Grenze üblichen Ausmaß fanden in Kanada nicht statt. Gleichwohl erlebten auch hier die Ureinwohner die drei großen E's: Entrechtung, Enteignung und Entwurzelung. Vor der Ankunft der Europäer wurden zwischen Atlantik und Pazifik über 50 in zwölf Familien zerfallende Sprachen gesprochen: Im Osten waren dies die Algonquin- und Iroquois-Sprecher. Bis heute sind **Cree**, eine Algonquin-Sprache, und **Inuktitut**, die Sprache der Inuit, hier am weitesten verbreitet. Die ausladende Geografie ermöglichte den Ureinwohnern verschiedene Wirtschaftsformen. Im St.-Lorenz-Tiefland und in Südontario praktizierten die Stämme der Iroquois sowie die Algonquin sprechenden Odawa Feldbau (Mais, Bohnen, Kürbisse etc.), wobei sie so lange in befestigten Siedlungen lebten, bis sie der erschöpfte Boden zum Ortswechsel zwang. Irokesen und die am Südostufer des Lake Huron sitzenden Huronen bildeten mächtige Konföderationen, die beim Kontakt mit den Europäern eine wichtige Rolle spielten. Vor allem die **Huronen,** durch deren Stammesgebiet die wichtigsten Handelsrouten nach Westen und Norden verliefen, waren wichtige Zwischenhändler. Die **Irokesen,** deren Föderationen aus den Mohawk, Seneca, Oneida, Cayuga, Tuscarora und Onondaga bestanden, kontrollierten dagegen die Handelsrouten zum Atlantik. Die übrigen Stämme, u. a. die **Mi'kmaq** und **Montagnais** in Québec und am Atlantik, die **Ojibwa** in Ontario und die **Cree** im Norden Québecs und Ontarios, waren nomadisierende Jäger und Sammler und betrieben daneben auch Fischfang.

Erste Kontakte

Das spirituelle Leben der Ureinwohner war, im Gegensatz zu ihrer einfachen materiellen Kultur, höchst komplex. Alle Lebewesen, Menschen, Tiere und Pflanzen, galten als miteinander verbunden, und es wurde als Aufgabe der Menschen angesehen, mit der Umwelt, den Geistern der Verstorbenen und den Göttern in Harmonie zu leben, um die Balance zwischen ihnen aufrechtzuerhalten. Für die damit verbundene Durchführung

Ureinwohner

von Ritualen und Gebeten sowie die Respektierung von Tabus und Verboten war jeder Einzelne verantwortlich.

Der erste historisch verbürgte Kontakt zwischen indigenen Bevölkerungsgruppen und Europäern verlief noch zugunsten der Ureinwohner: Nach nur wenigen Jahren mussten die Grönland-Wikinger um 1000 n. Chr. ihre Siedlung beim heutigen L'Anse-aux-Meadows in Newfoundland wohl unter dem Eindruck ständiger Angriffe der **Beothuk** aufgeben. Zu kontinuierlichem, folgenreichem Kontakt kam es erst im Laufe des 16. Jh.: Fangflotten aus halb Europa, vor allem baskische Walfänger, segelten jeden Sommer über den Atlantik, um vor Newfoundland und im St.-Lorenz-Golf zu fischen. Indigene Harpuniere auf baskischen Walfangschiffen gehörten zum Alltag auf dem St.-Lorenz-Strom. Daneben entwickelte sich dort ein reger Handel mit den Montagnais, Maliseet und Mi'kmaq: Pelze gegen Glasperlen, Nägel und Werkzeug – der im Jahr 1600 gegründete Handelsposten Tadoussac (s. S. 301) in Québec ist der erste verbürgte in Nordamerika.

Von Partnern zu Opfern

Mit der Gründung Neufrankreichs erhielt der bislang mehr oder weniger gerechte Handel zwischen Ureinwohnern und Europäern eine neue Qualität. Auch die weitverzweigten Bündnisse und Allianzen der Ureinwohner erlebten eine neue Phase. In den Wäldern Québecs und Ontarios kam es zu intertribalen Kriegen um Platzvorteile im Pelzhandel mit den Franzosen und den Engländern in Neuengland. Zugleich wurden die Ureinwohner, Partner in Friedens- und Kriegszeiten, in die kolonialen Auseinandersetzungen zwischen Franzosen und Engländern hineingezogen. Die ersten Opfer dieser brutal geführten Kriege waren die mit den Franzosen verbündeten Huronen: 1649 wurden sie von ihren Erzfeinden, den Irokesen, bis auf einen kleinen Rest vernichtet. Bis zum Ende Neufrankreichs kämpften Abenaki, Mi'kmaq und Maliseet auf Seiten der Franzosen, während die Six Nations als Bündnispartner der Engländer Neufrankreich bekämpften.

Einrichtung von Reservaten

Doch nach den Kolonialkriegen waren die Ureinwohner als Bündnispartner nicht mehr aktuell. Auch ihre Dienste im Pelzhandel, dessen Bedeutung während der ersten Hälfte des 19. Jh. stetig abnahm, sowie bei der Erschließung Kanadas waren nicht mehr gefragt. Zugleich fielen sie verstärkt aus Europa eingeschleppten Krankheiten zum Opfer, gegen die sie nicht immun waren. Bereits um 1850 lagen die indigenen Gesellschaften Ostkanadas im Koma – und hatten den Bestrebungen der Kolonialregierung, sie sesshaft zu machen und in Reservaten zu ›zivilisieren‹, nichts mehr entgegenzusetzen. In Landverträgen, den sogenannten **Treaties,** traten sie ihre angestammten Territorien an die Regierung ab. Bis heute gibt es in Kanada mehr als 2300 Reservate.

1867, im Jahr der Gründung Kanadas, erklärte der junge Staat Ureinwohner und Reservate zur Angelegenheit des Bundes. 1876 erließ Ottawa den **Indian Act.** Danach wurden Kanadas Ureinwohner in **Status Indians** (namentlich im Indian Register eingetragene Personen) und **Non-Status Indians** getrennt. Nur Status Indians erhielten begrenzte Rechte und Privilegien, generell regelte der heute als diskriminierend angesehene Indian Act in den Reservaten alle Aspekte des täglichen Lebens. So konnte eine Ureinwohnerin ihren Status verlieren, wenn sie einen Non-Status Indian oder einen Weißen heiratete. Auch Kinder aus solchen Verbindungen waren ohne Status. Und bis 1960 konnte ein Ureinwohner nur wählen, wenn er vorher seinen Status aufgab.

Erst von 1951 an erlebte der Indian Act, nicht zuletzt auch angesichts der Missstände in den Reservaten (Arbeitslosigkeit, Alkoholismus, allgemeine Perspektivlosigkeit), eine Reihe längst fälliger Korrekturen. Dabei konsultierte man erstmals auch die Betroffenen. 1958 wurde einem Stamm erstmals die vollständige Kontrolle über die von Ottawa bewilligten Gelder gewährt. 1960 (in Québec 1968) erhielten die kanadischen Ureinwohner das Wahlrecht.

Gesellschaft und Alltagskultur

»Zu ihrem eigenen Besten«

Von 1970 an wurden die Schulen in den Reservaten der Verantwortlichkeit der Stammesräte übergeben. Bis dahin hatte die Regierung ausschließlich auf Internate gesetzt, um den jungen Ureinwohnern eine zeitgemäße, vom Elend in den verwahrlosten Reservaten ferne Schulbildung angedeihen zu lassen. Doch das Experiment mit den **Residential Schools** endete mit zahllosen menschlichen Katastrophen. Fünf Generationen junger Ureinwohner durften während ihrer Schulzeit weder ihre Sprache sprechen noch mit den Eltern Kontakt aufnehmen. Bei ihrer Rückkehr waren sie ihren Familien entfremdet, wurden als Weiße betrachtet, da sie ihre Muttersprache oft nur noch mangelhaft beherrschten. Auch das von den Behörden als Reform der Residential Schools gedachte Pflegeeltern-Konzept endete mit menschlichen Tragödien. Um ihnen eine Kindheit »in intakter Umgebung« zu ermöglichen, gaben die Behörden die Kinder zu oft tausende Kilometer entfernt lebenden weißen Pflegeeltern – ohne Zustimmung der Eltern. Bis in die 1980er-Jahre wurden so in Québec und Ontario Tausende von Kindern ihren Eltern weggenommen und von – gut dafür bezahlten –

Die Jagd ist im Leben vieler Inuit die einzige verlässliche Konstante – in Zeiten des Klimawandels schmilzt ihnen diese nun regelrecht unter den Füßen weg

Ureinwohner

Pflegeeltern erzogen. Kulturell und emotional entwurzelt, verkümmerten nicht wenige in einer Umgebung, die oft weder Interesse noch Verständnis für ihre Situation hatte. Zunächst erhielten die Kinder neue Namen, nach und nach vergaßen sie ihre Sprache. Zehn, zwölf Jahre später kehrten sie gebrochen in ihre Reservate zurück – ohne dort wieder Fuß zu fassen. 1999 erschien ein offizieller Bericht über die Zustände an den Residential Schools und 2008 bat Premier Harper bei den Ureinwohnern um Entschuldigung für dieses »traurige Kapitel in der Geschichte des Landes«.

Der lange Marsch ist noch nicht zu Ende

Einen folgenreichen Durchbruch erlebte der Streit der Ureinwohner um Gleichberechtigung 1985. In diesem Jahr ratifizierte Ottawa das **Gesetz C-3**. Diese Ergänzung zum **Indian Act**, der seit 1876 regelt, wer Ureinwohner ist und wer nicht, ließ es zu, dass indigene Frauen Non-Status Indians oder Weiße heiraten konnten, ohne ihren Status zu verlieren. Auf diese Weise konnten deren Kinder ihre indigene Identität bewahren (s. auch S. 57).

Heute verwalten Kanadas Ureinwohner mehr als 80 % aller von Ottawa kommenden Programme und Gelder selbst. Ihre Situation hat sich zweifellos gebessert – es bleibt aber noch viel zu tun. **Land- und Kompensationsforderungen** wie in Toronto werden die Regierungen Kanadas und zahlreiche Anwaltsbüros noch Jahre in Atem halten. Derzeit leben in Ostkanada rund 550 000 Ureinwohner, davon rund die Hälfte in Reservaten. Sie gehören zumeist den zwei großen Sprachfamilien der Algonquin und der Iroquois an. Die größte und politisch aktivste Gruppe sind die Mohawk und verwandte Stämme. Ihre größten Reservate liegen in Ontario in Grand River bei Kitchener (25 000 Einw.) und Akwesasne (12 000 Einw.) am St.-Lorenz-Strom, in Québec in Kahnawake (8000 Einw.) bei Montréal. Jedes der Reservate unterhält ein kleines Museum und veranstaltet regelmäßig farbenprächtige Zusammenkünfte, die sogenannten Pow Wows.

Die Inuit

Im Jahr 1999 wurde die Landkarte Kanadas neu gezeichnet: Der Ostteil der Northwest Territories spaltete sich ab und bezeichnete sich fortan als **Nunavut** – ›Unser Land‹ auf Inuktitut, der Sprache der Inuit. Auf dem über 2 Mio. km² großen Territorium leben gerade einmal 38 000 Menschen – was eine Bevölkerungsdichte von 0,0156 Einwohner/km² ausmacht. Hinzu kommt die Bevölkerung **Nunaviks** in Nordquébec: Hier wohnen auf 0,5 Mio. km² etwa 12 000 Menschen.

Die ersten kanadischen Inuit lebten von etwa 2000 v. Chr. bis etwa 1000 n. Chr. über den ganzen Norden des Kontinents verstreut. Eine um 1400 n. Chr. über die Arktis hereinbrechende Kältewelle zwang die Inuit zu einer drastischen Änderung ihrer Lebensweise. Beim ersten Kontakt mit Europäern – meist Fischer und Walfänger – stellten sie sich als hoch spezialisierte **Jäger und Fischer** Seehunden und Meeresfischen nach. Während der kurzen Sommer machten sie von Kajaks aus auch Jagd auf Wale oder folgten den großen Karibuherden auf ihren Wanderungen durch die endlosen Weiten der Tundra. Gebräuchliche Transportmittel waren im Sommer Kajaks und Umiaks (große Boote) und im Winter Hundeschlitten.

Die **gesellschaftliche Struktur** der Inuit war gekennzeichnet vom Zusammenschluss mehrerer Familien zu Gemeinschaften von bis zu 100 Mitgliedern. Die Autorität lag bei den Gruppenältesten. Einfluss hatten auch die Angaguk, die **Schamanen**. Sie heilten Krankheiten und wurden vor Jagd und Nahrungssuche um Rat gefragt. Extremen Witterungen ausgeliefert, war kein Volk abhängiger vom Jagdglück als die ›Menschen‹, wie sich die Inuit bis heute selbst bezeichnen.

Obgleich die Europäer schon Ende des 18. Jh. mit den Inuit in Kontakt traten, wurden die folgenreiche Beziehungen doch erst zu Beginn des 20. Jh. mit der Errichtung der ersten Militär- und Handelsposten geknüpft. Vor allem der Bau moderner Militärstützpunkte zog tiefgreifende Veränderungen innerhalb der traditionsverhafteten Inuit-Gesellschaft nach sich.

Kunst und Kultur

Zwei offizielle Sprachen, drei Gründervölker und Einwanderer aus allen Teilen der Welt: Ob es so etwas wie eine kanadische Kultur gibt, darüber wird bis heute leidenschaftlich diskutiert. Zumindest einer häufig geäußerten Meinung wird sich der Besucher vorbehaltlos anschließen: dass die Vielfalt typisch kanadisch ist.

Ostkanada bietet nicht eine, sondern gleich zwei ›offizielle‹ Kulturen. Und drei bzw. Dutzende mehr, zählt man die oft noch weitgehend intakten Kulturen der Ureinwohner hinzu. Zwar besitzen ihre Angehörigen den gleichen Pass, doch ansonsten haben sie meist völlig verschiedene Ansichten von Gott und der Welt. So beschwören die Anglokanadier gern den Teamgeist der *community*, wenn es um den Dienst an der Allgemeinheit geht. Die Québécois beschwören lieber Stadtverwaltung und Gewerkschaften. Ihre Provinz gilt als liberale Bastion im sonst eher wertkonservativen Ostkanada: Umfragen zufolge gestehen über 80 % der Québécois ihren Mitmenschen einen von der Norm abweichenden Lebensstil zu. In Ontario, der bevölkerungsreichsten Provinz Kanadas, trifft das gerade einmal zu 60 % zu.

In der materiellen Kultur haben die beiden Gründervölker sowie die Ureinwohner jeweils eigene Spuren hinterlassen – trotz der geradezu erdrückenden Präsenz der amerikanischen Kulturmaschine, die im Zeitalter der Massenkommunikation mehr schlecht als recht von der Canadian Radio-Television and Telecommunications Commission mit *Can-Con* (s. S. 48) in Schach gehalten wird. Dabei könnte man diesen drei Hauptkomponenten noch eine vierte hinzufügen: den Multikulturalismus. Als typisches Einwandererland ist Kanadas Bevölkerung so heterogen, dass es für viele so etwas wie eine kanadische Kultur überhaupt nicht gibt und einzig die Vielfalt als typisch kanadisch bezeichnet werden kann.

Literatur

Die zweisprachige Tradition der kanadischen Literatur reflektiert die kulturellen Gegebenheiten Ostkanadas. Bei allen Unterschieden lässt sich dennoch ein gemeinsames Leitmotiv ausmachen: *survivance* bzw. *survival*. Anders als in den USA, wo sich das Thema Macht und Geld wie ein roter Faden durch das Literaturschaffen zieht, kreist die kanadische Literatur ums Überleben. In der Literatur Québecs manifestiert sich dies in der Sorge um die Separation Québecs. Gemeinsam ist beiden Literaturen zudem die typisch kanadische Sympathie für Außenseiter und ›Helden‹, die an inneren und äußeren Konflikten scheitern.

... in Englisch-Kanada

In Ontario berichteten zunächst Pioniere wie **Catharine Parr Traill** (1802–1899) mit »The Backwoods of Canada« (1836) vom entbehrungsreichen Alltag der Siedler. Wer vom Schreiben existieren konnte, schrieb für Abnehmer in den Vereinigten Staaten und Europa, wie auch der Humorist **Stephen Leacock** (1869–1944), der den kanadischen Kleinbürger aufs Korn nahm, unter anderem in seinem erfolgreichsten Werk »Sunshine Sketches of a Little Town« (1912).

Bis weit in die 1960er-Jahre fristete die englischsprachige Literatur aber ein Mauerblümchendasein. Aus dem Schatten der übermächtigen amerikanischen Literatur befreite sie sich erst während der 1970er-Jahre. Autoren wie **Robertson Davies** (1913–1995),

Literatur

Timothy Findley (1930–2002), **Margaret Atwood** (geb. 1939) und **Alice Munro** (geb. 1931) sind nicht nur in Nordamerika erfolgreich. Ihre Werke haben, in viele Sprachen übersetzt, weltweit ihre Leser.

In den 1980er- und 90er-Jahren wurden Kanadas englischsprachige Autoren mit Literaturpreisen und Hollywood-Angeboten überschüttet. 1992 erhielt der in Toronto lebende **Michael Ondaatje** (geb. 1943) für »The English Patient« (1992) den renommierten Booker Prize des Commonwealth. 1996 produzierte Hollywood die mit Oskars überhäufte Filmversion. 2002 landete der in Montréal lebende **Yann Martel** (geb. 1963) mit »Life of Pi« (»Schiffbruch mit Tiger«, 2012 von Ang Lee verfilmt) einen internationalen Bestseller und erhielt ebenfalls den Booker Prize.

... in Französisch-Kanada

Québecs Literatur entwickelte sich getrennt von der des englischsprachigen Kanada, und, anders als die seiner Nachbarn, ohne den Einfluss des spätestens seit der englischen Eroberung von seiner Kolonie getrennten Mutterlandes Frankreich. Den Anfang machten die tagebuchartigen Berichte der Jesuiten im 17. Jh. In ihren *relations* berichten sie detailliert vom Missionsalltag auf ihren Stationen im ›Indianerland‹.

Dennoch beschränkte sich das gedruckte Wort bis Anfang des 19. Jh. auf historische, meist von Priestern und durchreisenden Journalisten verfasste Traktate. Erst die Modernisierung des Schulwesens und eine von der *Rébellion des Patriotes* ausgelöste Welle des

Margaret Atwood, die Grande Dame der kanadischen Literatur – ihre Bücher wurden in zahlreiche Sprachen übersetzt

Kunst und Kultur

Patriotismus hoben die frankokanadische Literatur aus der Taufe. »L'influence d'un livre« (1837) von **Philippe-Ignace François Aubert du Gaspé** (1814–1841), die Geschichte einer dramatischen Suche nach Gold, gilt gemeinhin als erster frankokanadischer Roman. Gegen Ende des 19. Jh. waren Romane mit ländlichen und historischen Themen populär: Das Hohelied ländlich-konservativer Werte sang vor allem der erfolgreiche, posthum erschienene Roman »Maria Chapdelaine« (1916) von **Louis Hémon** (1880–1913). Kritischere Werke, die die moralische Führungsrolle der katholischen Kirche anzweifelten, fanden kaum Anklang, wie »Au pied de la pente douce« (1947) von **Roger Lemelins** (1919–1992).

Das änderte sich erst mit einer neuen, in den 1930er-Jahren an Québecer Universitäten geschulten Autoren-Generation. **Gabrielle Roy** (1909–1983) schrieb mit »Bonheur d'occasion« (1945), dem Porträt Montréaler Arbeiterfamilien, einen Schlüsselroman der in den 1960er-Jahren einsetzenden *Révolution tranquille* (s. S. 48). Die Poesie **Anne Héberts** (1916–2000) wurde in viele Sprachen übersetzt.

Die Stille Revolution der 1960er-Jahre sorgte für eine kreative Explosion in Québecs Literaturszene. Autoren wie **Gaston Miron** (1928–1996) und **Jacques Brault** (geb. 1933–2022) entdeckten die kulturelle Identität der Provinz, und politische Essays wie »Nègre Blanc d'Amérique« (1968) von **Pierre Vallières** (1938–1998), der 1970 als Gründungsmitglied der terroristischen *Front de libération du Québec* an der Ermordung des Arbeitsministers von Québec (s. S. 48) beteiligt war, heizten die Stimmung in der separatismusgestimmten Provinz auf.

Heute blüht die französische Literatur in der Provinz. Ganz oben in der Gunst der Leser rangieren die Werke von **Anne Hébert** (1916–2000), **Alice Parizeau** (1930–1990) und **Victor-Lévy Beaulieu** (geb. 1945). Außerhalb Québecs wäre **Antonine Maillet** (geb. 1929) zu nennen. Die in Bouctouche in New Brunswick geborene Autorin, goss 1979 mit »La Sagouine« die dramatische, oft tragische Geschichte der Akadier in Romanform.

Malerei

Während der Kolonialzeit war für die Schönen Künste kein Platz in Kanada: Die Siedler waren vor allem mit Überleben beschäftigt. Im Neufrankreich des 17. Jh. malten daher nur die Priester. Die von ihnen geschaffenen, naiven Bibelszenen nahmen sie mit in die Wälder, wo sie als ›Informationsbroschüren‹ für die zu bekehrenden Ureinwohner dienten.

Erst nach der Eroberung durch die Briten nährte die Kunst ihren Mann. Favorit der Montréaler Haute Volée war der Porträtmaler **Louis Dulongpré** (1754–1843), der rund 3000 Porträts und Kirchenbilder hinterließ. Im 19. Jh. blühte die Landschaftsmalerei. Ihre bedeutendsten Vertreter in Québec waren **Théophile Hamel** (1817–1870), von dem u. a. das in allen kanadischen Geschichtsbüchern abgebildete Porträt Jacques Cartiers stammt, und **Cornelius David Krieghoff** (1815–1872). Vor allem der deutschstämmige, in Amsterdam geborene Maler machte sich mit seinen romantisch gefärbten, mit vielen ethnologischen Details versehenen Szenen des ländlichen Québec einen Namen.

In Ontario produzierte der irischstämmige **Paul Kane** (1810–1871) derweil Porträts aus Skizzen, die er von seinen Reisen zu den indigenen Völkern in den Rocky Mountains und am Columbia River mitgebracht hatte. Seine Porträts von Kriegern und Häuptlingen sind so detailliert, dass sie bis heute als ethnologische Fundgruben gelten. Stilistisch gab Europa jedoch noch immer das Ton an. Selbst Québecs größter Impressionist, **Clarence Gagnon** (1881–1942), orientierte sich noch lange an europäischen Vorbildern.

Group of Seven

Die Suche nach einem eigenständigen, von europäischen Traditionen unabhängigen ›kanadischen‹ Stil begann Anfang des 20. Jh. in Ontario. Der 1907 in Toronto gegründete Canadian Art Club förderte die Abgrenzungsbemühungen. Richtungsweisend wurden die Arbeiten von CAC-Mitglied **Maurice Cullen** (1866–1934) und vor allem **Tom Thomson**

(1877–1917), dessen grob skizzierte Bilder der kanadischen Wildnis junge Maler um **Joseph E. H. McDonald** (1873–1932) und **Lawren S. Harris** (1885–1970) in Toronto inspirierten. 1920 präsentierten sie als **Group of Seven** ihre kraftvollen Bilder der kanadischen Wildnis erstmals der Öffentlichkeit und wurden begeistert als Nationalhelden gefeiert, die sich von den »Affen der europäischen Kunst« emanzipiert hatten.

Contemporary Arts Society

Doch nicht überall wurden die Wildnismaler gefeiert. Vor allem in Québec begegnete man der ›Kanada-Tümelei‹ mit Skepsis. Der Montréaler Maler **John Lyman** (1886–1967) kritisierte den Outdoor-Nationalismus der Group of Seven und forderte, die Inspiration »nicht in der Arktis, sondern in jedem Element der Schöpfung« zu suchen. 1939 gründete er als Forum der talentiertesten Maler Montréals die **Contemporary Arts Society.** In ihrem Umfeld entwickelten die **Automatistes,** eine von der Automatismus-Theorie des europäischen Surrealismus beeinflusste Gruppe um **Paul-Émile Borduas** (1905–1960), **Alfred Pellan** (1906–1988) und **Jean-Paul Riopelle** (1923–2002), erstmals einen von Europa unabhängigen Surrealismus. 1948 ebnete ihr Wortführer Borduas mit dem Manifest »Refus Global«, in dem er sich gegen die Gehirnwäsche der Kirche in Québec wandte, der Provinz Québec den Weg ins 20. Jh. Wahre Kreativität, schrieb er in seiner »Verweigerung«, sei nur durch die Befreiung von der moralisch-ethischen Kontrolle der Priester und gesellschaftlichen Institutionen zu erreichen.

Painters Eleven

Toronto war zu dieser Zeit künstlerisch tot: Fast alle Künstler waren als Maler auf europäischen Kriegsschauplätzen oder wurden von der Vorherrschaft der institutionalisierten Group of Seven erdrückt. Erst in den 1950er-Jahren fanden die Abstrakten hier wieder ein Publikum: Nach einer triumphalen Ausstellung in New York, wo sie als **Painters Eleven** die Amerikaner begeistert hatten, kehrten sie nach Ontario zurück. Bekannteste Vertreter der P11: **Tom Hodgson** (1924–2006), **Jack Bush** (1909–1977) und **Kazuo Nakamura** (1926–2002).

Kanadas Kunstszene heute

Heute beherrscht die Szene ein kreativer, äußerst dynamischer Eklektizismus. Weltruf genießen die Ontarians **Ronald Bloore** (1925–2009), **Michael Snow** (geb. 1928) und **Alex Colville** (1920–2013) sowie die Québécois **Riopelle, Charles Gagnon** (1934–2003) und **Jean-Pierre Larocque** (geb. 1953). First-Nations-Künstler wie **Rebecca Belmore** und **Wally Dion** erkunden Fragen der kulturellen Identität, während sich Mixed-Media-Künstler wie **Amalie Atkins, David Hoffos, Rita McKeough** und **Ned Pratt** wieder eingehender mit der kanadischen Landschaft und Politik beschäftigen.

Architektur

Normandie am großen Strom

Die nach Neufrankreich exportierten Baumeister stellten französische Provinzstädtchen mit Kirche und *place d'armes* (Exerzierplatz) an den St.-Lorenz-Strom. Die strengen Winter mit ihren Schneemassen und langen Frostperioden zwangen sie zu – noch heute in Vieux-Montréal sichtbaren – Modifikationen. So widerstanden bis zu 55 Grad steile Hausdächer den Schneemassen, hielten dicke Steinmauern die Kälte draußen und sorgten über die Giebel gezogene Feuerwände für Brandschutz. Dem typischen **Ancien-Régime-Haus** – rechteckig, schlicht, aus grauem Feldstein, mit je zwei Schornsteinen an den Querseiten – standen die Kirchen gegenüber. Mit ihren Fassaden im Stil des französischen Klassizismus und ihrem üppigem Dekor waren sie repräsentative Visitenkarten einer zutiefst katholischen Kolonialgesellschaft.

Kunst und Kultur

Blockhäuser und Portiken

Die Briten importierten neue architektonische Moden. Weil in der Heimat gerade alles Griechisch-Römische schick war, schmückten die Einwanderer ihre kanadischen Häuser mit Säulen und Portiken: Der antike Bauten zitierende **georgianische Stil** ist heute im Museumsdorf Upper Canada Village gut zu studieren (s. S. 197). Ab 1800 ging er in den komplexeren **Neoklassizismus** über. Eleganteste Beispiele sind der Marché Bonsécours (1847) in Montréal und die City Hall in Kingston (1844). Mittellose Einwanderer erfanden in dieser Zeit das **Blockhaus:** Um 1830 gab es in Ontario doppelt so viele dieser aus grob behauenen Stämmen gezimmerten Behausungen wie Steinhäuser.

Schön ist, was gefällt

Das weitere 19. Jh. charakterisierte eine große Stilvielfalt. Die Parliament Buildings (1867) in Ottawa und die Basilique Notre-Dame (1829) in Montréal, kanadische **Neugotik** par excellence, gehören zu den schönsten Beispielen des bis 1900 in Kanada beliebten **Historismus,** der die Stilelemente verschiedener Epochen kopierte und u. a. auch italienische Renaissance (Bellevue House, Kingston), Second Empire (Hôtel de Ville, Montréal) und Château-Stil (Château Frontenac, Québec) unter dem Etikett ›viktorianisch‹ zusammenfasste. Besonders schöne Schaukästen der in der zweiten Hälfte des 19. Jh. herrschenden Vielfalt sind die Städtchen an der Bay of Fundy. Vor allem Wolf-

Grand Hall des Canadian Museum of History in Ottawa: Ein Regenwaldfoto bildet den Hintergrund für Totempfähle und rekonstruierte Fassaden von Behausungen der Ureinwohner

Architektur

ville in Nova Scotia und Sackville in New Brunswick sind Ensembles architektonischer Kleinodien in gepflegten Gärten.

Ende der Ornamentik

Zu Beginn des 20. Jh. erklärte Bauhaus-Designer Walter Gropius alle Architekten, die Gebäude mit Schnörkeln verzierten, für pervers. Mit Ludwig Mies van der Rohe und Le Corbusier postulierte er ›Wohnmaschinen‹, funktionale, glattflächige Wohnblocks, die auch den Kanadiern bald die Freude an der Ornamentik verdarben. In Toronto wuchern schlichte, zweigeschossige Reihenhäuser, in den Arbeitervierteln Montréals mit eisernen Balkonen und zu den Wohnungen führenden Außentreppen versehen. An Montréals Place d'Armes übten amerikanische Architekten auch mit dem gerade erfundenen Stahlgerüst, bevor sie in Manhattan noch höhere Wolkenkratzer bauten.

Nach dem Zweiten Weltkrieg übernahmen hier und in Toronto gesichtslose Bürotürme die Skyline, als Meisterwerke von **I. M. Pei** (Place Ville-Marie, Montréal) und **Mies van der Rohe** (Westmount Tower, ebda.) gepriesene Altäre des Fortschritts. In den 1960er-Jahren schlossen kanadische Architekten wie **Moshe Safdie** (u. a. Habitat '67, Montréal) und **Douglas Cardinal** (u. a. Canadian Museum of History, Gatineau) zur internationalen Spitze auf. Zeitgleich nahmen sich die ersten Stadtsanierer der verwahrlosten Altstädte von Québec, Montréal,

Kunst und Kultur

Ottawa, Saint-John und St. John's an. Die Postmoderne der 1980er-Jahre gab den gesichtslosen Bürotürmen Torontos und Montréals mit neoklassizistischen Elementen zumindest etwas Individualität zurück. Derzeit drücken Stararchitekten wie **Frank Gehry** Toronto ihren Stempel auf: Mit der neuen Fassade aus Glas und Douglasienholz im Zuge des Umbaus 2008 avancierte z. B. die **Art Gallery of Ontario** zu den meistfotografierten Gebäuden im Land. Weitere Landmark Buildings stammen von **Daniel Libeskind, Will Alsop, Norman Foster** und **Behnisch Architekten.** Für viele der jüngsten Gebäude in Downtown Toronto sind Bruce Kuwabara und Marianne McKenna vom kanadischen Architekturbüro **KPMB** sowie **Diamond Schmitt**, **MAD** und **Core Architects** verantwortlich.

Kunst der Ureinwohner

Zwiesprache mit der Schöpfung

Im offiziellen Emblem der olympischen Winterspiele in Vancouver 2010 war auch ein Inukshuk zu finden. Den Inuit im hohen Norden Kanadas dienen diese steinernen, oft auf zwei Säulen stehenden Skulpturen bis heute als Wegweiser in der Kältewüste. Der Inukshuk im Olympiaemblem demonstriert nicht nur die Präsenz der Ureinwohner im kanadischen Alltag, sondern auch die Kreativität ihres Kunstschaffens. Derzeit finden die Werke der Ureinwohner immer mehr Bewunderer und Abnehmer. Das war jedoch nicht immer so. Noch während der 1940er-Jahre galt Kunst aus den Reservaten als Folklore, als mit abendländischer Kunst nicht vergleichbar. Dabei hatten Kanadas Ureinwohner ihre Umwelt schon seit vielen Jahrtausenden auch künstlerisch abgebildet. Im Osten des Landes sind zahlreiche beeindruckende, prähistorische Kunstwerke erhalten, darunter die **Petroglyphen** (Felsritzzeichnungen) im Nordwesten Ontarios, im Algonquin Provincial Park und natürlich im Petroglyphs Provincial Park 55 km nordöstlich von Peterborough (Ontario). Das Alter einer am St.-Lorenz-Strom in Québec entdeckten Büste mit lächelndem Gesicht wurde auf 5000–7000 Jahre geschätzt. Doch leider sind solche Funde selten: Das organische Material, aus dem sie gefertigt wurden, ist vergänglich.

Der Kulturkontakt mit den Europäern wirkte sich auch auf die materielle Kultur der indigenen Völker aus. Viele der traditionellen Aktivitäten, wie das **Flechten von Körben** und **Gerben von Leder,** wurden aufgegeben: Töpfe aus Eisen waren haltbarer, Stoffbekleidung praktischer. Mit der Abdrängung in die Reservate und der Entfremdung von Kultur und Sprache ging auch die Entfremdung von der eigenen materiellen Kultur einher. Vor allem Missionare, aber auch Regierungsangestellte verboten die Herstellung und Benutzung der bei Ritualen und Tänzen unentbehrlichen **Regalia, Trommeln und Pfeifen** und beschlagnahmten sie in groß angelegten Aktionen. Die Kenntnis ihrer Fertigung und der damit verbundenen Gebete und Rituale ging oft für immer verloren. Dabei wirtschaftete so mancher Geistliche und Polizist leider in die eigene Tasche. So wurden beschlagnahmte Gegenstände nicht vernichtet, sondern an Museen oder Sammler südlich der Grenze verkauft.

Von einer eigenständigen Kunst der Ureinwohner in Kanada kann man erst seit etwa 30 Jahren sprechen. In den 1970er-Jahren waren es die Cree und Inuit in Nordquébec, die als erste Ureinwohner neben Zusicherung weitgehender Landnutzungsrechte und Sozialprogramme auch Kompensationszahlungen in dreistelliger Millionenhöhe von den Regierungen erhielten und damit das Selbstbewusstsein der indigenen Völker Kanadas zu neuem Leben erweckten. Nicht nur wurde der Ruf nach Korrektur jener Landverträge, die den Vorfahren einst ihr Land genommen, laut. Junge Ureinwohner, nunmehr stolz auf die eigene Kultur, suchten erstmals die Realität *in the rez* gegenständlich abzubilden und wurden damit zu Anklägern der Missstände in den Reservaten und zu Vorkämpfern einer neuen, indigenen Avantgarde. Während **Douglas Cardinal** (geb. 1934), kanadischer Stararchitekt mit Blackfoot-Blut, in den 1980er-Jahren

Kunst der Ureinwohner

in Gatineau das berühmte Canadian Museum of Civilization baute, stürmte das aus Québec stammende Montagnais-Rockduo **Kashtin** die kanadischen Hitparaden. Wenig später veröffentlichte die Inuit-Sängerin **Susan Aglukark** (geb. 1967) ihre erste Platte, sie ist seitdem eine feste Größe in der kanadischen Rock- und Popszene.

Heute blüht die indigene Kunstszene im Osten. Kaum organisiert und höchst individuell, zeichnen sich die Künstler, meist Autodidakten, durch Kreativität und unkonventionelle Formensprache aus. So reflektieren z. B. die mit kühnem Schwung hingeworfenen Bilder von **Moses »Amik« Beaver** (geb. 1960), einem Angehörigen des Nibinamik-Stammes aus Thunder Bay, die Verbindung zwischen Mensch und Mutter Erde, wobei sich Beaver moderner wie traditioneller Elemente bedient.

Auch die Arbeiten von **Don Chase** (geb. 1938) charakterisiert die Suche nach Spiritualität, die der in Port Hope (Ontario) geborene Ojibwa gern in kräftigen, von schwarzen Rahmen umgebenen Farben unternimmt. **Mark Anthony Jacobson,** 1972 in Sioux Lookout (Ontario) geborener Ojibwa, findet seine Inspiration in den Geschichten und Legenden seiner Vorfahren und erstrebt mit der oft surrealistisch anmutenden Abbildung von Tieren und Pflanzen einen Dialog mit Mutter Erde. Zu den originellsten und international bekanntesten Künstlern zählt **Norval Copper Thunderbird Morrisseau** (1932–2007). Aufgewachsen in den Wäldern Nordwest-Ontarios, begann der Ojibwa seine Karriere mit der Illustration von Legenden, die ihm seine Großeltern erzählten. Im Laufe der Zeit fügte er bunte Farben hinzu und erregte damit die Aufmerksamkeit der Galeristen in Toronto. Ein Leitmotiv seiner Arbeit ist die Sehnsucht nach dem einfachen Leben und die Zwiesprache mit der Schöpfung.

Inuit-Kunst

Bis weit in das 20. Jh. hinein lebten die **Inuit** als Nomaden, deren Sprache kein Wort für Kunst kannte. Ihre künstlerische Kreativität beschränkte sich daher meist auf das Dekorieren von Gebrauchsgegenständen und die Herstellung winziger, leicht transportierbarer **Tier-Amulette** aus weichem, leicht bearbeitbarem Speck- und Lavagestein. Erst die Aufgabe der nomadischen Lebensweise und ihre Ansiedlung in permanenten Camps und Dörfern gab den Anstoß zur heutigen Inuit-Kunst, die vor allem ihrer fantasievollen **Steinschnitzerei** weltweit Ansehen genießt. Am bekanntesten sind Skulpturen von Walen, Karibus, Hunden und Jagdszenen, und zwar aus Speckstein, Marmor und schwarzem Lavagestein. Sie entstanden aus den kleinen Amuletten und kunstgewerblichen Gegenständen, die die einst nomadischen Inuit im Gepäck mitführten oder für den Handel mit den europäischen und amerikanischen Walfängern anfertigten. Auch **Grafiken** und **Steindrucke** mit traditionellen und modernen Motiven finden ihre Abnehmer. Die meisten Skulpturen und Grafiken stammen von Künstlern, die in den Siedlungen Provugnituq, Baker Lake, Holman Island und Cape Dorset leben. Dem Künstler **James Archibald Houston** (1921–2001), der die Technik des Steindrucks 1948 in den nördlichen Siedlungen einführte und lehrte, ist das reiche druckgrafische Schaffen der Inuit zu verdanken.

Pitseolak (1907–1983) war eine der ersten und berühmtesten Inuit-Künstlerinnen. Als ihr Mann starb, gab sie das Nomadenleben auf und ließ sich mit ihren Kindern in Cape Dorset nieder, das sich damals zur Künstlerkolonie entwickelte. Pitseolaks außerordentliches Talent traf zusammen mit einem international wachsenden Interesse an Kunstwerken der Inuit. Der Deutsche Taschenbuch Verlag veröffentlichte 1993 ihre Erzählung »Das alte Leben«, die so beginnt: »Mein Name ist Pitseolak, das Inuktitut-Wort für einen Meeresvogel. Wenn ich Pitseolak über dem Meer sehe, sage ich: Da ziehen diese schönen Vögel, das bin ich, wie ich fliege!«

Unter den **Inuit-Schriftstellern,** die ihre Werke in Englisch oder Französisch veröffentlichten, haben **Minnie Freeman, Markoosie, Nuligak** und **Kusugak** über den eigenen Kulturkreis hinaus Bekanntheit erlangt.

Infos

Wissenswertes für die Reise

Anreise und Verkehr
Übernachten
Essen und Trinken
Outdoor
Feste und Veranstaltungen
Reiseinfos von A bis Z

Sie ist allgegenwärtig und wirkt auf Besucher glücklicherweise ansteckend: die viel beschworene kanadische »Niceness«

Viktorianische Villa in Montréal: Die Metropole verbindet Alte-Welt-Flair mit nordamerikanischer Dynamik

Paukenschlag zum Saisonausklang – eine Hauptrolle bei der prächtigen herbstlichen Laubfärbung des Indian Summer spielt der Ahorn

Anreise und Verkehr

Einreisebestimmungen

... für Kanada

Auf dem Luftweg aus Deutschland, Österreich und der Schweiz nach Kanada Einreisende benötigen als Touristen für Aufenthalte bis zu sechs Monaten und für Transitreisen kein Visum, aber eine elektronische Einreiseerlaubnis. Für Einreisen auf dem Land- oder Seeweg ist keine Einreiseerlaubnis erforderlich. Die »Electronic Travel Authorization« (eTA) ist ähnlich wie das ESTA-Verfahren für USA-Reisende leicht über das Internet durchzuführen. Die Beantragung erfolgt online unter www.canada.ca (Immigration and citizenship > Visit Canada). Die Formulare stehen auf Englisch und Französisch zur Verfügung, unter www.cic.gc.ca/english/pdf/eta/german.pdf kann man sich den offiziellen Leitfaden zum Antrag auf Deutsch herunterladen. Die eTA gilt maximal 5 Jahre bzw. so lange wie der Reisepass, mit dem sie beantragt wurde. Sie kostet 7 $, für Reisende, mit Studien- oder Arbeitserlaubnis entfällt die Gebühr.

Zur Einreise erforderlich ist ein für die Dauer des geplanten Aufenthalts gültiger **Reisepass,** auch Kinder benötigen ein eigenes Reisedokument (Kinderreisepass mit Lichtbild). Außerdem muss eine Zweifach-Corona-Impfung nachgewiesen werden (Stand: Dez. 2022).

Ein- und Ausfuhr von Waren

Zollfrei eingeführt werden dürfen alle Gegenstände, die für den persönlichen Gebrauch während der Reise bestimmt sind. Außerdem: 1,1 Liter Spirituosen oder 1,5 Liter Wein oder 8 Liter Bier, 200 Zigaretten oder 200 g Pfeifentabak oder 50 Zigarren. Lebensmittel in begrenztem Umfang und nur als Konserven, also keine Früchte, kein Gemüse und kein Frischfleisch. Als Geschenk dürfen von Flugreisenden Gegenstände im Wert von bis zu 60 $ eingeführt werden. Jagd- und Sportwaffen dürfen zwar mitgebracht werden, hierfür gelten aber besondere Bestimmungen. Beschränkt ist auch die Ausfuhr von Gegenständen, die über 50 Jahre alt und von historischer oder wissenschaftlicher Bedeutung sind. Zahlungsmittel ab einem Gegenwert von 10 000 $ müssen deklariert werden. Nähere Auskünfte erhält man bei der kanadischen Botschaft in Berlin (s. S. 89) und bei:

Canada International Services for Non-Canadians: dutyfreecanada.com/customs-allowances.

Canada Border Services Agency: www.cbsa-asfc.gc.ca.

... für Anschlussreisen in die USA

Für Anschlussreisen von Kanada in die USA ist kein Visum und auch keine elektronische ESTA-Genehmigung erforderlich. Zu beachten ist, dass bei mehrfachem Grenzwechsel der *departure record*-Abschnitt des Einreisedokuments nicht entfernt wird.

Zollfrei einführt werden dürfen Gegenstände des persönlichen Gebrauchs sowie 1 Liter alkoholische Getränke (für Personen ab 21 Jahre), 200 Zigaretten oder 50 Zigarren oder 2 kg Tabak (für Personen ab 18 Jahre). Geschenkartikel bis zum Wert von 100 US$ dürfen ebenfalls zollfrei eingeführt werden.

Frische und konservierte Lebensmittel (Obst, Gemüse, Fleisch und Süßigkeiten mit Alkoholfüllung) sowie Pflanzen, Narkotika, gefährliche Arzneimittel (Ausnahmen mit ärztlichem Rezept) dürfen nicht in die USA eingeführt werden.

Nähere Auskünfte über die Einfuhrbestimmungen in Bezug auf Tiere, Autos, Jagdwaffen usw. erhält man von den amerikanischen Konsulaten oder der US-Botschaft.

Anreise

Die wichtigsten Einreiseflughäfen sind der **Lester B. Pearson International Airport**

18 km westlich von **Toronto** (YYZ, www.torontopearson.com) und der 21 km westlich von Centre-Ville gelegene **Aéroport international Pierre-Elliott-Trudeau de Montréal** (YUL, www.admtl.com).

Lufthansa (www.lufthansa.com) bietet täglich Verbindungen von Frankfurt/Main und München, **KLM** (www.klm.com) von Amsterdam nach Toronto und Montréal. Von diesen Drehkreuzen bestehen Anschlussflüge u. a. nach Ottawa, Québec City, Halifax und St. John's. **Air Canada** (www.aircanada.com) fliegt von Frankfurt/Main und München nach Toronto und Montréal. **Condor** (www.condor.com) startet im Sommer täglich nach Toronto und nach Halifax. Die große kanadische Charterfluggesellschaft **Air Transat** (www.airtransat.com) fliegt zweimal wöchentlich von Brüssel nach Montréal.

Verkehrsmittel im Land

Flugzeug

Das dichteste Streckennetz im Osten Kanadas bietet **Air Canada** (www.aircanada.com) mit ihren assoziierten Fluggesellschaften, gefolgt von der Low-Cost-Airline **WestJet** (www.westjet.com). Ein kleines, lokal operierendes Unternehmen ist **Provincial Airlines** (www.palairlines.ca). Neben den großen Drehkreuzen Toronto und Montréal gibt es Flughäfen in Halifax, Ottawa, Saint John, Moncton, Bathurst, Yarmouth, Sydney, Charlottetown und St. John's.

Zug

Die beiden Eisenbahnlinien Canadian National und Canadian Pacific Railroad firmieren heute unter dem gemeinsamen Namen **VIA-Rail**.

Der **Canadian** fährt Mi und So von Toronto über Edmonton und Jasper nach Vancouver. Von Vancouver nach Toronto verkehrt der Zug einmal wöchentlich. Die gesamte Fahrstrecke ist 4500 km lang, Ankunft ist jeweils am fünften Tag. Die Züge sind komfortabel ausgestattet, außer regulären Schlafwagenabteilen gibt es auch Abteile, die wie kleine Hotelzimmer mit eigenem Bad eingerichtet sind.

Der **Ocean** fährt in 21 Std. von Montréal nach Halifax, mit mehreren Stopps in New Brunswick und Nova Scotia.

VIA-Rail: Tel. 514-871-6000, 1-888-842-7245, www.viarail.ca

Fahrten mit der VIA-Rail kann man schon in Deutschland über den **CRD International** reservieren. Hier erhält man auch weitere Infos über Bahnreisen in Kanada:

CRD International, im Stilwerk Hamburg, Große Elbstr. 68, 22767 Hamburg, Tel. 040-30 06 16-0, www.crd.de

Bus

Greyhound, das nationale Fernbusunternehmen, musste seinen Betrieb in Kanada 2021 aufgrund der finanziellen Einbußen während der Corona-Krise komplett einstellen. Es gibt aber eine Reihe regionaler Busunternehmen, die viele Haupt- und Nebenstrecken bedienen.

In Nova Scotia, New Brunswick und Prince Edward Island verkehren nach wie vor die Busse von Maritime Bus: Tel.1-800-575-1807, www.maritimebus.com

Für die Erkundung von Wildnisgebieten sowie National- und Provinzparks bleibt einem in der Regel nur der Mietwagen.

Fähre

Zahlreiche Autofähren verkehren an der Atlantikküste zwischen Prince Edward Island, New-

---

Eine preiswerte Möglichkeit, Kanada (und auch Kontinental-USA sowie Mexiko) kennenzulernen, bietet der **Star Alliance North America Airpass** von Air Canada und ihren Partner-Airlines. Das Ticket ist drei Monate gültig. Es enthält 3 bis 10 Coupons. Der Preis errechnet sich aus der Anzahl der Meilen pro Coupon zuzüglich Gebühren und Steuern (www.staralliance.com/en, weiter unter ›fares‹, ›airpasses‹ und ›north-america-airpass‹).

Das Wohnmobil verspricht Freiheit und Abenteuer – auch wenn abends meist ein Campingplatz angesteuert wird

foundland und dem Festland sowie im Mündungsgebiet des St.-Lorenz-Stroms.

Bay Ferries Ltd.
94 Water St., Charlottetown, PEI C1A 1A6
Tel. 902-566-3838, 1-877-762-7245
www.ferries.ca
Betreibt zusammen mit Northumberland Ferries Ltd. die Fähren von Caribou (NS) nach Wood Islands (PEI) und von Digby (NS) über die Bay of Fundy nach Saint John (NB).

Marine Atlantic
10 Fort William Pl., Baine Johnston Centre
Suite 302, St. John's, NL A1C 1K4
Tel. 1-800-897-2797
www.marineatlantic.ca
Seit mehr als 100 Jahren unterhält Marine Atlantic und ihr Vorgänger CN Marine Verbindungen zwischen Nova Scotia und Newfoundland: Ganzjährig verkehren Fähren von North Sydney (NS) nach Port-aux-Basques (NL), im Sommer zusätzlich nach Argentia (NL).

Owen Sound Transportation Co.
717875 Hwy. 6, Owen Sound, ON N4K 5N7
Tel. 519-376-8740, 1-800-265-3163
www.ontarioferries.com
Eine viel genutzte Fährverbindung in Ontario ist die Strecke von Tobermory nach Manitoulin Island.

Mietwagen

Sofern man nicht eine reine Wander-, Fähr- oder Zugreise plant, ist der Mietwagen oder Camper die beste Möglichkeit, Ostkanada kennenzulernen, zumal es in Kanada keine Straßengebühren gibt. Bei der Anmietung in Kanada sollte man auf jeden Fall eine **Kreditkarte** vorweisen, da man sonst einige hundert oder tausend Dollar Kaution hinterlegen muss. Die Kreditkarte ist in Nordamerika besonders wichtig, da sie nicht nur ein Beweis der Kreditwürdigkeit ist, sondern auch als Identitätsnachweis gilt: Einwohnermeldeämter gibt es in Nordamerika nicht. Den **Reisepass** sollte man niemals als Pfand aus der Hand geben.

Der nationale **Führerschein** ist ausreichend, es wird jedoch empfohlen, einen internationalen Führerschein mitzunehmen.

Tankstellen gibt es in den allermeisten Orten und entlang der Fernstraßen an allen strategischen Punkten. Bei längeren Abschnitten durch menschenleeres Land kündigen unübersehbare Schilder am Straßenrand die Entfernung zur nächsten Tankstelle an.

Für ein- oder mehrwöchige Auto- oder Campermieten empfiehlt es sich in jedem Fall, das Fahrzeug bereits von Deutschland aus über ein Reisebüro zu reservieren, da die speziellen Urlaubstarife der Autovermieter für Europäer nur hier gebucht werden können und es in der Hauptsaison manchmal schwierig sein kann, vor Ort ein Fahrzeug zu bekommen. Außerdem sind die Angebote in Deutschland in der Regel überschaubarer und notwendige Versicherungen im Mietpreis inbegriffen, die man vor Ort teurer bezahlen müsste.

Die großen Autovermieter wie z. B. Avis, Budget und Hertz bieten in Deutschland Tarife an, die neben freien Kilometern auch ein komplettes **Versicherungspaket** enthalten – Leistungen, die man in Kanada so nicht bekommt oder die dort viel teurer wären. Im Reisebüro kann man leicht das beste Angebot heraussuchen. Die großen Leihwagenfirmen sind in der Regel auch die zuverlässigsten, was Wartung und Pannenservice betrifft (besonders in entlegeneren Gebieten), da sie das dichteste Netz haben.

Wohnmobile

Da Wohnmobile in der Hauptsaison schnell ausgebucht sind, sollte man unbedingt frühzeitig von Deutschland aus reservieren – wobei frühzeitig mindestens ein halbes Jahr im Voraus bedeutet. Das bringt oft auch finanzielle Vorteile und man ist durch das deutsche Reiserecht abgesichert. Der Abschluss einer möglichst umfassenden **Versicherung** ist dabei dringend zu empfehlen. Camper gibt es in verschiedenen Größen, auch mit unbegrenzten Kilometern und kompletter Ausrüstung. One-way-Vermietung zwischen den einzelnen Stationen ist gegen Aufpreis möglich.

Großzügige **Campingplätze,** oft in Naturschutzgebieten gelegen, die sonst keine Unterkünfte bieten, verleihen dem Reisen mit dem Camper in Kanada besonderen Reiz.

imr Reisen
Kaiserstr. 3, 47475 Kamp-Lintfort
Tel. 028 42-921 37 07
www.imrreisen.de
Camper-Vermietung und Organisation geführter Wohnmobilreisen.

Verkehrsregeln

Geschwindigkeits- und Entfernungsangaben sind in Kilometern ausgeschildert. Die erlaubte Höchstgeschwindigkeit beträgt auf Fernstraßen (auch Autobahnen) 110 km/h, auf Landstraßen 80 km/h und innerhalb Ortschaften 50 km/h. Es besteht Anschnallpflicht. Tagsüber muss mit Abblendlicht gefahren werden. Die Promillegrenze liegt bei 0,5.

Eine **Besonderheit** sind die grün blinkenden Ampeln: Sie zeigen an, dass der Gegenverkehr Rot hat und man nach links abbiegen kann. In den Innenstädten sind alternierende Einbahnstraßen häufig: Fährt man z. B. gerade in Nord-Süd-Richtung durch eine Einbahnstraße, so ist die nächste Parallelstraße in Süd-Nord-Richtung angelegt.

In Ontario und in den Atlantikprovinzen darf bei Rot rechts abgebogen werden. Auch in Québec gilt diese Regelung – außer in Montréal.

Haltende Schulbusse – gut an ihrer knallgelben Farbe zu erkennen – dürfen auch vom entgegenkommenden Verkehr nicht passiert werden. Zuwiderhandlungen werden mit hohen Bußgeldern bestraft.

Pannen/Unfälle

Mietwagenfahrer sollten sich bei Pannen mit dem Verleiher in Verbindung setzen, um alle weiteren Schritte abzustimmen. In entlegeneren Gebieten und auf Fernstraßen helfen oft die Lkw-Fahrer weiter, da sie meist mit CB-Funk ausgerüstet sind und über den **Notrufkanal 9** Hilfe herbeirufen können.

Übernachten

Hotels und Motels

Das Angebot ist vielfältig und reichlich. Moderne Hotels, Motor-Hotels und Motels findet man in den Städten und an den Fernstraßen. Im Hinterland gibt es Lodges zum Jagen und Angeln in der ausgedehnten Wildnis und Resorts zum Faulenzen. Die Luxushotels der großen Ketten wie Sheraton, Hilton, Holiday Inn, Hyatt oder Westin gibt es vorwiegend in den großen Städten und an allen touristischen Brennpunkten, während die preisgünstigeren Family Hotels, z. B. TraveLodge und Best Western, auch in kleineren Orten vertreten sind.

Vergünstigungen

Hotel- und Motelketten versenden auf Anfrage Verzeichnisse mit Lageplänen ihrer Hotels. Wer seinen Urlaub bereits von Europa aus planen möchte, kann für die meisten dieser Hotelketten im Reisebüro verbilligte Übernachtungsgutscheine erhalten.

Überhaupt lohnt es sich häufig, ein Hotel schon von Europa aus über ein Reisebüro oder eines der Hotelvergleichsportale zu buchen, da die Preisstrukturen oft sehr unübersichtlich sind. Da gibt es eine sogenannte *rack rate,* die oft wesentlich höher ist als der schließlich zu zahlende Übernachtungspreis. Je nach Saison und Konjunktur werden Rabatte gewährt, häufig gibt es eine *senior rate,* einen Altersrabatt ab 55 Jahren; und fast immer erhalten CAA-Mitglieder (das gilt auch für ADAC-Mitglieder) einen mitunter nicht unerheblichen Rabatt. Durch den Einkauf von Kontingenten können Reiseveranstalter trotz ihrer Provision einen niedrigeren Preis bieten. Will man vor Ort selbst buchen, sollte man auf jeden Fall ohne falsche Scheu nach dem *best price* fragen.

Frühstück

Das Frühstück ist in kanadischen Hotels und Motels als einfacher Snack mit Bagel oder Toast mit Kaffee im Preis inbegriffen. Wer auf einem reichhaltigeren Frühstück besteht, muss dazu in den nächsten Coffeeshop oder Diner gehen, den Schnellrestaurant-Klassiker Nordamerikas. In vielen Häusern kann man ein Zimmer mit Kitchenette, einer voll eingerichteten Küche, mieten und sich selbst kleine oder größere Mahlzeiten zubereiten.

Privatzimmer

Bed & Breakfast ist eine andere interessante Art der Unterbringung. Über eine Vermittlungsorganisation kann man Zimmer in Privathäusern mieten. Neben dem oft reichhaltigen, im Preis eingeschlossenen Frühstück am nächsten Morgen erhält man gute Tipps für Ausflüge in die Umgebung und bekommt gleichzeitig einen Einblick in den Alltag einer kanadischen Familie. Preiswerter als Hotels sind B & Bs jedoch immer seltener, die Bezeichnung meint zunehmend nur noch die Verpflegungsart, während die Übernachtung, oft in historischen Häusern, immer teurer wird. Nähere Informationen sind bei den regionalen **Tourismusbüros** erhältlich (s. S. 88 und bei den einzelnen Orten im Reiseteil ›Unterwegs in Ostkanada‹ ab S. 102).

Private Zimmer, Apartments und Ferienhäuser können auch über die Online-Plattformen Airbnb (www.airbnb.de) und Wimdu (www.wimdu.de) gebucht werden.

Camping

Camping erfreut sich mit gutem Grund in Kanada großer Beliebtheit. Mit vorbildlichen sanitären Einrichtungen, Picknicktischen und -bänken sowie Feuerstellen bieten sich hier ideale Übernachtungsmöglichkeiten. Europäische Enge ist auf den Plätzen außerhalb der Städte so gut wie unbekannt. Viele öffentliche Campingplätze und Tankstellen besitzen *dump sta-*

Eine Blockhütte in der Wildnis ist der Traum vieler Kanada-Urlauber

tions, wo man den Wasservorrat ergänzen und verbrauchtes Wasser entsorgen kann – und nur dort sollte man dies tun! Private Campingplätze (oder RV-Parks) sind oft mit allem Luxus ausgestattet und haben meist auch einen Swimmingpool sowie einen eigenen Wasser- und Stromanschluss für das Wohnmobil. Hier bewegen sich die Preise zwischen 20 und 60 $ pro Nacht. Die staatlichen Plätze verzichten meist auf eine Luxusausstattung, liegen aber in den schönsten Parks inmitten herrlicher Natur. Dort bezahlt man 15–45 $. Vor allem in den Parks sollte man während der Hauptreisezeit im Juli/August schon am frühen Nachmittag einen Campingplatz ansteuern, sofern man nicht vorab reserviert hat (s. S. 98).

Wildes Campen ist nur mit Genehmigung des Grundstückseigentümers oder der örtlichen Behörden gestattet. Sollte man jedoch einmal keinen Campingplatz gefunden haben, bieten sich häufig, sehr zum Leidwesen der Campingvereine, die Parkplätze der Supermärkte an, die in der Regel das ›Übernachtparken‹ potenzieller Kunden gestatten. Die Tourismusbüros der kanadischen Provinzen (s. S. 88) bieten kostenlos ausführliche **Campingführer** an.

Jugendherbergen/Hostels

Sehr preiswert übernachtet man als Mitglied des Jugendherbergsverbandes in Hostelling-International-Herbergen, die in vielen Städten und manchen Nationalparks zu finden sind. Neben Schlafsaalbetten gibt es auch Doppelzimmer, meist mit Gemeinschaftsbad. Eine Liste der Häuser ist erhältlich bei:

Hostelling International Canada
75 Nicholas St., Ottawa
ON, Canada K1N 7B9
Tel. 613-237-7884, 1-800-663-5777
www.hihostels.ca

Essen und Trinken

Kanadas buntes Völkergemisch hat auch in der Gastroszene seinen Niederschlag gefunden. Exotische und vertraute Genüsse sind überall im Land zu finden: kanadische Lachsgerichte ebenso wie chinesische und japanische, jamaikanische oder mexikanische Spezialitäten. Vor allem die Metropolen Toronto und Montréal überbieten sich mit exquisiten, zunehmend auf regionale Produkte setzenden Restaurants.

Haute Cuisine trifft kanadische Wildnis

Dennoch gibt es Regionen, die aus kulinarischer Sicht für den europäischen Feinschmecker etwas Besonderes sind, weil sie über eigene Spezialitäten verfügen: die vom Meer geprägten Atlantikprovinzen zum einen und die Provinz Québec zum anderen.

Québec

Schon vor rund 400 Jahren siedelten die ersten Franzosen im Tal des St.-Lorenz-Stroms, und die französische Küche wird hier bis heute hochgehalten. Doch aus ihr hat sich über die Jahrhunderte auch eine Québecer Regionalküche entwickelt: Die Pioniere mussten die Rezepte ihrer Heimat abwandeln, weil ihnen in der kanadischen Wildnis viele Zutaten nicht zur Verfügung standen. Dafür lernten sie von den Ureinwohnern, nutzten Wildbret, Beeren, Mais und Kürbis, kochten mit vitaminreichem Ahornsirup, räucherten Elch- und Karibufleisch.

Noch heute werden viele der traditionellen Gerichte in den kleinen Gasthöfen Québecs serviert: deftige Erbsensuppe mit geräuchertem Pökelfleisch oder *tourtière,* eine leckere Fleischpastete. Zumeist sind diese überlieferten Gerichte aus der Siedlerzeit schwer und kalorienreich. Genau richtig für die Pioniere nach einem Tag harter Arbeit – oder heute nach einer Kanutour oder einer Wanderung in den endlosen Wäldern Québecs.

Aus dieser traditionellen Küche stammen vielfach die Rezepte der modernen *cuisine québécoise* bzw. *cuisine régionale.* Junge, ideenreiche Köche haben in den letzten Jahrzehnten die alten Gerichte aufgenommen und zu neuen, leichteren Kreationen verfeinert. Nicht nur in den Großstädten, sondern auch in den kleinen Ferienorten der Laurentides oder am Ufer des St.-Lorenz-Stroms wird heute diese neue Version der Québecer Küche zelebriert. Die frischen Zutaten liefert das Umland: Saftige Äpfel, Cidre, frisches Gemüse und sogar Wein kommen von den Farmen in der fruchtbaren Ebene südlich des St.-Lorenz-Stroms. Wild (Karibu, Hase und Reh) stammt aus den endlosen Wäldern des Nordens. Der Lac St-Jean ist bekannt für seine süßen Blaubeeren. Von der Gaspé-Halbinsel kommen schmackhafte Muscheln und Lachse, und die Hummer von den Îles de la Madeleine weit draußen im kalten Nordatlantik gehören zu den besten der Welt. Die Mönche von Oka und die Bauern der Île d'Orléans schließlich liefern zum Menü den Käse.

Lecker sind auch die krapfenähnlichen *poutines. Poutine à la farine,* Schweinefleisch und Apfelstückchen in Teig gebacken, oder *poutine à trou,* ähnlich zubereitet, aber mit gehackten Äpfeln, Nüssen und Preiselbeeren gefüllt. Die heute in Québec populäre Junk-Food-Variante besteht aus Pommes frites, Cheddarkäse und Bratensoße.

Atlantikprovinzen

In den Atlantikprovinzen stehen natürlich die Meeresfrüchte ganz oben an. Fangfrisch werden Lachs, Forelle, Scholle und Heilbutt variantenreich zubereitet. Als delikate Vorspeise sind *Digby chicks,* nach einem besonderen Rezept geräucherte Heringe aus der Gegend um Digby, zu empfehlen. Von dort kommt auch das zarte Fleisch der Kammmuschel *(scallop)*. Ganz exquisit sind die Malpeque-Austern von Prince Edward Island. Nicht wenige Feinschmecker halten sie für die besten der Welt.

Gehaltvolles Vermächtnis der französischen Küche: Cassoulet mit Bohnen und Kaninchen

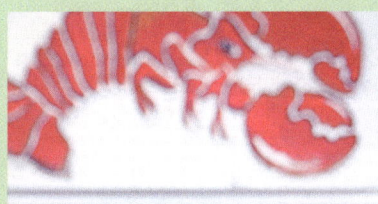

Der kleine Hummer zwischendurch: In Nova Scotia ist das Krustentier Grundnahrungsmittel

In Toronto die beste Wahl für ein Essen mit Skyline-Blick: das »Canoe« im TD Bank Tower

Etwas Ausgefallenes sind die *fiddleheads*, die zartgrünen Farnsprossen, die den Frühling ankündigen – delikat als Gemüse mit Butter und etwas Zitrone serviert, oder auch in Salaten und Suppen. *Dulse*, eine gekochte Seealge mit eigentümlich herbem Geschmack, ist eine in den Atlantikprovinzen weit verbreitete Spezialität, für die sich Fremde allerdings nur selten begeistern können. Getrocknet werden die Algen auch als Snack geknabbert.

Viele der Festivals in den Orten der akadischen Küste drehen sich um gutes Essen, manche tragen sogar ein kulinarisches Motto, wie z. B. das *Shediac Lobster Festival* oder das *Campbellton Salmon Festival* in New Brunswick.

Die Köstlichkeiten aus dem Atlantik werden ergänzt durch traditionelle Gerichte wie etwa Eintopf. Denn was wären die Provinzen ohne die *chowders!* Sie dampften schon köstlich in der *chaudière*, dem massiven Kochtopf der Akadier. Hier am Atlantik werden sie üblicherweise mit Milch zubereitet. Wichtigste Zutaten sind Fisch, Hummer, Muscheln oder eine Mischung verschiedener Meeresfrüchte. Dazu gehören noch Kartoffeln, Zwiebeln und manchmal auch Karotten sowie gepökeltes Schweinefleisch. Es gibt unzählige Rezepte, aber die Menge der einzelnen Zutaten wird wie ein Geheimnis gehütet. Ob im noblen Restaurant, in Raststätten oder in der kleinsten Imbissbude, *chowders* sind immer gefragt.

Hummer – Delikatesse aus dem Atlantik

Der Star unter den Spezialitäten des maritimen Kanada ist der Hummer. Kaum zu glauben, aber wahr: Um 1900 waren die Krustentiere ein Arme-Leute-Essen. Auf Prince Edward Island bekamen die Kinder Hummerbrote mit auf den Schulweg, die Bauern düngten ihre Felder mit Hummerabfällen. Heute dagegen ist der gepanzerte Rambo eine weltweit begehrte und entsprechend teure Delikatesse.

Frisch gekocht in Meerwasser, heiß oder auch kalt mit zerlassener Butter und ein paar Tropfen Zitrone serviert, werden die Krustentiere am liebsten gegessen. Ansonsten wird Hummer in allen nur denkbaren Variationen zubereitet: in Suppen, Pasteten, Sandwiches, Kasserollen und Salaten, Quiches und Crêpes. Brötchen mit Hummerfleisch werden überall angeboten und sind ein köstlicher Reisesnack.

Vor wenigen Jahrzehnten noch gab es Hummer im Überfluss an den Küsten der Atlantikprovinzen. Das hat sich inzwischen geändert, aber immer noch ist Hummer hier relativ preiswert, ob im Restaurant oder direkt vom Fischer gekauft. Die früher so beliebten *all you can eat lobster buffets* in den Küstenorten von New Brunswick und Prince Edward Island, wo man für 20 Dollar so viel Hummer essen konnte, wie es der Appetit zuließ, gibt es inzwischen nicht mehr. Heute gibt es nur noch einen Hummer pro Person, dafür in der Regel Muscheln und andere Meeresfrüchte, so viel man möchte.

Gefangen wird der *Homarus americanus* in den Küstengewässern von Labrador bis North Carolina. Es gibt diese Spezies sonst nirgendwo auf der Welt. Am verbreitetsten ist sie in den Küstengewässern von Nova Scotia, Prince Edward Island, New Brunswick und Maine. In Kanadas Atlantikregion leben über 10 000 selbstständige Hummerfischer, die mit über 6000 Booten, ein jedes mit etwa 250 bis 400 Fallen ausgerüstet, jährlich einen Fang von 30 bis 40 Mio. Hummern einbringen. Die aus Holzlatten und Netzwerk konstruierten Fallen sind das einzige legale Mittel, um Hummer zu fangen. Mit einem Köder versehen, werden sie auf dem Meeresboden ausgelegt. Bunte Schwimmer kennzeichnen Standort und Besitzer.

In Kanada ist der Hummerfang streng geregelt. Es gibt 23 Regionen mit unterschiedlichen Fangsaisons. Zurzeit werden über zwei Drittel der Ernte im Mai, Juni und Dezember angelandet. Dann sind Schale und Fleisch am festesten und überstehen Lagerung und Versand am besten. Das übliche Fanggewicht liegt bei etwa einem halben bis vier Pfund, wobei die kleineren Hummer meist zu Dosenfleisch verarbeitet werden. Mit einem Gewicht von dreiviertel bis drei Pfund kommen sie dann in all ihrer roten Pracht auf den Teller. Gelegentlich werden aber auch Exemplare von 15 Pfund und mehr gefangen. Den Weltrekord hält ein 42,5-pfündiger Hummer, 1935 in Maine erbeutet.

Outdoor

Der Naturfreund und Sportbegeisterte findet in Ostkanada ein reiches Betätigungsfeld. Für Wanderungen, Trekking und Kanutouren gibt es besonders in den vielen National- und Provinzparks zahlreiche Trails und Kanurouten. Dabei reicht das Spektrum von herausfordernden Wildnisstrips im Parc de la Gaspésie in Québec oder Gros Morne National Park in Newfoundland bis zum geruhsamen Spaziergang zu Biberdämmen im Algonquin Provincial Park (Ontario) oder zu Aussichtspunkten im Parc national de Forillon (Québec).

An den vielen Seen Ontarios und Québecs sowie an den Sandstränden der Atlantikküste gibt es herrliche Bademöglichkeiten und hervorragende Gelegenheiten zum Segeln und Windsurfen. Auch Fahrradtouren und Reiterferien sind möglich. Golf gehört in Kanada zu den Volkssportarten. Überall findet man wunderschöne Anlagen und vielerorts auch gute öffentliche Plätze, deren Benutzung vergleichsweise preiswert ist. Auch Sportarten wie Drachenfliegen, Ballonfahren, Hundeschlitten- und Motorschlittenfahren werden angeboten.

Aufgrund der immensen Vielfalt der Aktivitäten und der riesigen Ausdehnung des in diesem Buch behandelten Gebiets kann hier nur eine kleine Auswahl an Freizeitmöglichkeiten in den besonders typischen und schönen Regionen für die jeweilige Sportart getroffen werden. Die Tourismusbüros der einzelnen Provinzen (s. S. 88) informieren auf ihren Internetseiten über das lokale Angebot vor Ort, stellen kostenlos umfangreiches Material zur Verfügung und helfen bei der Planung eines Aktivurlaubs.

Angeln und Jagen

Mit seinen riesigen Wäldern, unzähligen Seen und Flüssen bietet Ostkanada die besten Bedingungen für Angler und Jäger. Dabei gehen Lachs, Forelle, Hecht, Muskie, Barsch und Zander an die Angel. Jagdbares Wild sind Schwarzbären, Elche, Karibus, Wapitis sowie Niederwild. Strikte Jagdgesetze und strenge Kontrollen sorgen dafür, dass der Wildbestand nicht gefährdet wird. Jagdsaison ist der Herbst. Die besten Reviere befinden sich im Norden der Provinzen Ontario und Québec. Die Northern Peninsula Newfoundlands ist berühmt für ihre dichte Elch-Population.

Gesetze und Bestimmungen

Jagen und Angeln sind durch Gesetze der jeweiligen Provinzen streng geregelt. Ausführliche Informationen und Broschüren erhält man bei den Tourismusbüros. In National- und Provinzparks darf nicht gejagt werden. **Jagdwaffen** dürfen eingeführt, müssen aber beim Zoll deklariert werden. Unbedingt zu beachten ist auch, dass zur **Ausfuhr von Fellen und Jagdtrophäen** Exportgenehmigungen notwendig sind. Die Einfuhr von Angelgeräten für den persönlichen Gebrauch ist ohne besondere Genehmigung möglich. Obwohl **Angelscheine** von den Provinzbehörden ausgestellt werden, ist für das Fischen in Nationalparks eine Sondergenehmigung erforderlich, die vor Ort erhältlich ist und dann für sämtliche Nationalparks in Kanada gilt. Für Hochseeangeln benötigt man separate Erlaubnisscheine, die oft auch beim Ausrüster erhältlich sind. **Angelausrüstung** kann man in vielen Orten mieten oder kaufen. Jagd- und Angelbestimmungen sowie eine Liste der Ausrüster sind bei den Tourismusbüros der Provinzen erhältlich.

Viele Veranstalter von Exkursionen haben Sportangeln und oft auch Jagdmöglichkeiten in ihrem Programm. Wildnislodges können den Charakter eines einfachen Camps oder den Komfort eines Resorts haben. Im Norden sind sie oft nur per Boot oder Flugzeug zu erreichen. Da die Unterkunftsmöglichkeiten meist sehr begrenzt sind, sollte man mindestens ein halbes Jahr im Voraus buchen.

Reviere

In Ontario sind die seenreiche Region nördlich von **Kenora,** der **Lake of the Woods,** der **Lake Nipissing** und der **French River** trophäenträchtige Angelreviere. **Prince Edward Island** ist bei Sportanglern für seine riesigen **Bluefin-Tunfische** bekannt, deren Durchschnittsgewicht immerhin 500 kg beträgt. Auch die anderen Gewässer der Atlantikprovinzen sind fischreich und in vielen Häfen kann man Boote chartern oder Exkursionen buchen. **Lachse** angelt man am besten in den Flüssen des nördlichen **New Brunswick,** auf Québecs **Gaspé Peninsula,** auf **Cape Breton Island** und in **Newfoundland.**

Informationen

Ausführliche Informationen über Jagd- und Angelmöglichkeiten, Bestimmungen, Kosten, aber auch Verzeichnisse von Ausrüstern und lizenzierten Führern *(guides)* sind bei den Tourismusbüros der jeweiligen kanadischen Provinzen erhältlich. Auskünfte über die Einfuhr von Jagdwaffen oder Angelgerät bekommt man auch online unter www.rcmp-grc.gc.ca/cfp-pcaf/index-eng.htm.

Radfahren und Mountainbiking

Der zweirädrige Sport erfreut sich zunehmender Beliebtheit und dementsprechend wird auch das Wegenetz ständig erweitert. In fast allen Nationalparks und in vielen Städten gibt es ein breites Angebot von Bike Trails. Daneben wurden auch auf früheren Karrenwegen oder alten Eisenbahngleisbetten gut ausgeschilderte Wege eingerichtet. Außerdem kann man die auf weiter Strecke wenig befahrenen Landstraßen nutzen.

Zu den interessantesten Radstrecken gehören der 125 km lange **Confederation Trail** auf Prince Edward Island, der **Sentier Petit Temis** am Madawaska River in New Brunswick, die Route von Lawrencetown Beach landeinwärts zum Porter und Lawrencetown Lake in Nova Scotia, der **Viking Trai**l in Newfoundland und schließlich das Mekka aller Mountainbiker, der **Mont Bromont** in Québec sowie der **Blue Mountain** bei Collingwood in Ontario.

Wandern und Trekking

National- und Provinzparks bieten fast immer eine Auswahl leichter und kurzer Wanderwege, die auch für Familien geeignet sind und meistens zu landschaftlich besonders reizvollen Punkten führen. Längere und schwierigere Wanderungen, besonders solche ins Herz dieser Wildnisgebiete, erfordern eine gute Kondition und die richtige Vorbereitung. Wer sich solche Exkursionen zwar zutraut, sie aber gerne unter kompetenter Führung unternehmen möchte, ist bei Tourveranstaltern und Outfittern gut aufgehoben. Sie stellen die komplette Ausrüstung (s. S. 83). Auch in Etappen zu begehende Fernwanderwege sind der **Bruce Trail** (www.brucetrail.org) von Queenston nach Tobermory, der **International Appalachian Trail** von Mount Katahdin (Maine) zur Gaspé-Halbinsel (www.iat-sia.org) und der **Great Trail** (https://tctrail.ca) von Vancouver Island nach St. John's, der zum 150. Geburtstag Kanadas 2017 fertiggestellt wurde.

Wassersport

Segeln, Windsurfen, Boot-, Kajak- und Kanufahren sind in allen Provinzen möglich. Schon die ersten Entdecker erschlossen das riesige Land von Osten her auf Wasserwegen. Kanus waren lange Zeit das einzige Transportmittel in der Wildnis.

Kanu und Kajak

Kanu und Kajak sind relativ leicht zu bedienen, zumindest Grundkenntnisse sind schnell erlernbar. Modernes Design hat das Gerät immer leichter werden lassen, sodass selbst körperlich weniger Kräftige damit keine Probleme haben. Am bekanntesten und wohl auch geeignetsten für Wasserwanderungen ist der offene **Kanadier** (in Kanada *canoe* genannt). Er lässt sich leicht über Landstrecken tragen und ist so geräumig, dass für zwei Personen plus Ausrüstung und Verpflegung für mehrere Wochen Platz ist. Dabei ist er so stabil, dass man Seen, Flüsse und geschützte Küstengewässer gefahrlos damit befahren kann. Für längere Exkursionen in Küstengewässern benutzt man besonders konstruierte **Seekajaks,** mit denen man über flache Stellen kommt und die auch bei stärkerem Wellengang sicher sind.

Anfänger haben fast überall Gelegenheit, auf leichten Strecken zu üben. Längere **Wildnistouren** macht man am besten in kleinen organisierten Gruppen. Dabei werden außer dem Guide auch Kanu oder Kajak, Campingausrüstung, Kochutensilien und Verpflegung vom Ausrüster gestellt. Für weniger Erfahrene gibt es ausführliche Einweisungen vor und während der Tour.

Besonders attraktive **Kanu- und Kajak-Reviere** gibt es im **Algonquin Provincial Park,** nur zweieinhalb Autostunden von Toronto entfernt. Hier bildet eine Kette von Seen, verbunden durch Flüsse und kurze Portagen, einen 117 km langen Rundkurs, der bis auf einen Kilometer wieder an den Ausgangspunkt zurückführt. Auch die Wildnisgebiete von **Temagami** in Nord-Ontario mit über 2500 km Kanurouten und die Provinzparks von **Quetico, Lake Superior** und **Killarney** sind bei Kanu-Wanderern sehr beliebt. Viele der National- und Provinzparks in den anderen Provinzen bieten ähnlich gute Möglichkeiten, so etwa die Nationalparks **La Vérendrye** und **La Mauricie** in Québec, der **Fundy National Park** in New Brunswick sowie die bewaldete Seenlandschaft des **Kejimkujik National Park** in Nova Scotia.

Seekajak

Mit dem Seekajak lassen sich die Küsten von Québec, New Brunswick, Newfoundland und Nova Scotia aus der Nähe erforschen. Den Aktivurlauber erwarten dramatische Fjord- und Insellandschaften, verborgene Lagunen und stille Buchten, bizarre Felsformationen,

Die Georgian Bay mit ihrer zerklüfteten Küstenlandschaft und zahllosen vorgelagerten Inselchen ist ein Paradies für Wasserwanderer

Pilgerziel für Fluss-Surfer: die stehende Welle auf dem St. Lorenz in Montréal

Nicht nur für Segler ein tolles Souvenir: alte, in Signalfarben bemalte Holzbojen

Paddeln bis die Arme lang werden – nichts ist kanadischer als ein Trip im Kanu oder Kajak

sich ins Meer ergießende Wasserfälle, lärmende Vogelkolonien und spielende Wale.

Besonders schöne **Reviere** sind der **Parc national du Bic**, der **Saguenay-Fjord** und das **Réserve de parc national du Canada de l'Archipel-de-Mingan** (alle Québec), die Buchten rund um **Prince Edward Island**, die New Brunswick vorgelagerte Küste der **Bay of Fundy**, die inselübersäte Südostküste von **Cape Breton Island** (Nova Scotia) sowie auf Newfoundland die Fjorde des **Terra Nova National Park** und die **Bonne Bay** im Gros Morne National Park.

Outfitter und Tourveranstalter
Northern Wilderness Outfitters: South River, P. O. Box 89, ON P0A 1X0, Tel. 705-474-3272, 705-825-0466 (Sommer), 1-888-368-6123, www.northernwilderness.com. Kanuvermietung und geführte Kanutouren im Algonquin Provincial Park.
New World River Expeditions: 25 Ch. des sept Chutes, CP 100, Argenteuil, QC J0V 1B0, Tel. 1-800-361-5033, www.newworld.ca. Geführte Floß- und Kajakexkursionen auf der Rivière Batiscan und der Rivière Rouge.
Coastal Adventures: 84 Mason's Point Rd., Tangier, NS B0J 3H0, Tel. 902-772-2774, 1-877-404-2774, www.coastaladventures.com. Kajaktouren in Cape Breton, Bay of Fundy, Prince Edward Island, Südwest-Newfoundland. Auch Unterricht und Verleih.
Outside Expeditions: 370 Harbourview Dr., P. O. Box 337, North Rustico, PEI C0A 1X0, Tel. 902-963-3366, 1-800-207-3899, www. getoutside.com. Seekajaktouren im Prince Edward Island National Park und anderen Kajakrevieren in Atlantik-Kanada. Halb- und mehrtägige Exkursionen. Auch mit Wandern, Radfahren und Camping; Kurse, Vermietung.
Adventure High Sea Kayaking: 83 Rte. 776, Grand Manan, NB E5G 1A2, Tel. 506-662-3563, 1-800-732-5492, www.adventurehigh.com. Mehrtägige Exkursionen mit dem Kajak, auch Radverleih.
Gros Morne Adventures: P. O. Box 275, Norris Point, NL A0K 3V0, Tel. 709-458-2722, 709-458-2417, 1-800-685-4624, www.grosmorneadventures.com. Kajakexkursionen in den Fjorden Newfoundlands, geführte Wandertouren, Backpacking in Wildnisregionen, Fotoexkursionen.

Rafting

Ein Abenteuer bieten Raftingtouren mit dem Gummifloß auf den Wildwassern des **Ottawa River** bei Beachburg und Foresters Falls, etwa 2 Std. von Ottawa entfernt. Die Exkursion durch die wildromantische Flusslandschaft ist Naturerlebnis und feucht-fröhlicher Nervenkitzel zugleich. Wasservolumen, Geschwindigkeit und Mächtigkeit des Ottawa River sind mit dem Colorado im Grand Canyon vergleichbar. Auch Wildwasserfahrten mit Kanu und Kajak sowie mehrtägige Kurse sind möglich. Die persönliche Ausrüstung besteht aus schnell trocknender Kleidung, Turnschuhen, Badekleidung, wasserdichtem Überzug, Sonnenbrille, Sonnenschutz und einem kompletten Satz Kleidung zum Wechseln. Alles andere wird vom Ausrüster gestellt. Außer dem wilden Ritt durch die Stromschnellen mit so einladenden Namen wie Black Chute, Butchers Knife und Coliseum gibt es aber auch zahmere Fahrten für die ganze Familie auf einem Nebenarm des Flusses.

Auch Québec bietet Wildwasserabenteuer auf zahlreichen Flüssen wie der spektakulären **Rivière Jacques-Cartier** nördlich von Québec City, die selbst in trockenen Sommern ihre Wildheit nicht verliert, und der **Rivière Rouge** zwischen Montréal und Ottawa mit ihren mächtigen Stromschnellen.

Veranstalter
Wilderness Tours: 1260 Grants Settlement Rd., Foresters Falls bei Beachburg, ON K0J 1V0, Tel. 613-646-2291, 1-888-723-8669, www.wildernesstours.com, s. auch Aktiv unterwegs S. 213.
OWL Rafting/Madawaska Kanu Centre: 40 Owl Lane, Foresters Falls, ON K0J 1V0, Tel. 613-646-2263 (Sommer), 39 First Ave., Ottawa, ON K1S 2G1, Tel. 613-238-7238 (Winter), ganzjährig Reservierung Tel. 1-800-461-7238, www.owl-mkc.ca. Ein- und zweitägige Touren auf den Wildwassern des Ottawa

und Madawaska River, inklusive Frühstück und Mittagessen. Reservierung erforderlich. Kanu- und Wildwasserschule.

Hausbootferien

Geruhsam lässt sich ein Urlaub mit dem gemieteten Hausboot gestalten, zum Beispiel vor den Toren Torontos, zwischen Orilla und Trenton. Hier ist man im Gebiet der **Kawarthas Lakes,** im Land der funkelnden Wasser, wie es die Mississauga nannten: eine Ferienlandschaft mit stillen Wäldern, klaren Flüssen und Seen mit verschwiegenen Buchten, Badestränden und guten Angelmöglichkeiten. Lake Simcoe, Balsam Lake, Stoney Lake und Rice Lake heißen die größeren unter ihnen, die das **Trent-Severn-Kanalsystem** miteinander verbindet. Auf diesem 390 km langen Wasserweg kann man mit dem Boot oder seinem schwimmenden Haus von **Trenton** am Lake Ontario quer durch die Provinz in die **Georgian Bay** fahren. Auch für Anfänger ist diese Route geeignet. Ebenso schön ist eine Tour auf dem **Rideau Waterway** von Kingston nach Ottawa. Die 200 km lange Wasserstraße durch Kanäle und Seen sowie Rideau und Cataraqui River, einst Handels- und militärischer Nachschubweg, ist heute die Domäne der Sonntagskapitäne, eine Landschaft mit verträumten Farmen, kleinen Wäldchen und zahlreichen gemütlichen Bootshäfen.

Weitere schöne Reviere sind das Gebiet des **Lake of the Woods** bei Kenora im Westen Ontarios und das idyllische Flusssystem des **Saint John River** zwischen Fredericton und Saint John in New Brunswick.

Hausboote werden in unterschiedlicher Größe und mit unterschiedlichem Komfort angeboten, für zwei bis zwölf Personen. Eine besondere Lizenz braucht man nicht – die Verleiher geben eine kurze kostenlose Einweisung, und die reicht gewöhnlich auch. Die Saison geht von Mitte Mai bis Ende September, wobei die Hauptferienmonate Juli und August am ehesten ausgebucht sind. Die wohl schönste Zeit ist der September. Die Mietpreise bewegen sich je nach Saison und Boot zwischen 500 und 2500 $ pro Woche.

Verleiher
Egan Houseboat Rentals: 23 Lila Ct., Omemee, ON K0L 2W0, Tel. 705-799-5745, 1-800-720-3426, www.houseboat.on.ca. Hausbootvermietung auf dem historischen Trent-Severn-Waterway.
Gananoque Houseboat Rentals: R.R. 3, Gananoque, ON Canada K7G 2V5, Tel. 613-382-2842, www.houseboatholidays.ca. Hausbootabenteuer im Inselrevier der Thousand-Islands-Region des St. Lawrence River und auf dem Rideau Canal.

Segeln

Sportsegler und solche, die es werden möchten, finden ideale Möglichkeiten vor allem in Ontario – in den bezaubernden Inselrevieren der **Georgian Bay** sowie bei Kingston und den **Thousand Islands** im **St.-Lorenz-Strom.** Die Küstengewässer Nova Scotias bieten hervorragende Reviere zum **Hochseesegeln.** Und auf den weitverzweigten geschützten Wassern des **Bras d'Or Lake** im Inneren von Cape Breton Island im Osten Nova Scotias treffen sich Segler aus aller Welt. Überall können sowohl kleine Boote gemietet wie auch größere Jachten gechartert werden, *bareboat,* wenn man selbst im Besitz eines Segelscheins ist, sonst mit Skipper und gegebenenfalls Mannschaft.

Tauchen

Anhänger dieses Sports finden vor allem an der Nordspitze der **Bruce Peninsula** in der Georgian Bay exzellente Reviere. Der **Fathom Five National Marine Park,** ein Meeresschutzgebiet mit klarem Wasser, das eine Sichtweite bis zu 30 m gewährt, ist zum Mekka der Taucher geworden. Interessante Unterwasserhöhlen und zahlreiche Schiffswracks locken jedes Jahr Tausende Tauchsportler in den Nationalpark. In den Tauchshops von Tobermory kann man die komplette Ausrüstung mieten, Exkursionen und Kurse buchen. Im Ort befindet sich auch die einzige Dekompressionskammer der Provinz.

Schwimmen

Rundreisen, Stadtbummel, Wildnisabenteuer – alles lässt sich in Ostkanada gut mit einem Badeaufenthalt verbinden. Heiße Sommer, endlose Strände, sauberes Wasser – auch das findet man hier, in Ontario z. B. am **Lake Huron, Lake Erie** und an der **Georgian Bay.** Atlantik-Kanada bietet ebenfalls Küstenstriche mit warmem Wasser. So verzeichnet die **Acadian Coast** in New Brunswick zwischen Shediac und dem Kouchibougac National Park Wassertemperaturen von 20 bis 24 °C. Ähnlich angenehm ist das Baden an den weiten Sandstränden der Nordküste von **Prince Edward Island** bei Cavendish und an Nova Scotias Sonnenküste entlang der **Northumberland Strait.**

Wildnisexkursionen

Mit dem Schiff in die Arktis

Ein besonderes Abenteuer sind **Schiffstouren** in den hohen Norden Kanadas. Dabei gelangt man in sonst nicht zugängliche Regionen und erlebt eine grandiose Wildnis mit zerklüfteten Felsenküsten, tiefen Fjorden und mächtigen Eisbergen. Mit einem stabil gebauten Expeditionsschiff folgt man der Route der Entdecker und Pioniere auf ihrer jahrhundertelangen Suche nach der legendären Nordwestpassage entlang der Küsten von **Labrador, Baffin Island** oder der **Hudson Bay.** Man besucht Inuit-Siedlungen und beobachtet Wale, Eisbären, Walrosse, Seehunde, Moschusochsen und die vielfältige arktische Vogelwelt. Startpunkte der Exkursionen sind St. Johns auf Newfoundland und die Inuit-Siedlungen Kuujjuaq und Resolute Bay, die von Montréal aus angeflogen werden.

Veranstalter
Adventure Canada: 55 Woodlawn Ave., Mississauga, ON L5G 3K7, Tel. 905-271-4000, 1-800-363-7566, www.adventurecanada.com.

Walbeobachtung

Ein besonderes Erlebnis ist eine Exkursion per Schiff oder Schlauchboot, um die sanften Riesen des Atlantiks aus der Nähe zu erleben. Die besten Möglichkeiten dazu bieten sich in Québec im **Mündungsgebiet des St.-Lorenz-Stroms** und vor den Küsten der **Gaspé Peninsula,** in der Bay of Fundy bei **Digby** auf Nova Scotia und bei **Caraquet, St. Andrews** und **Grand Manan** in New Brunswick. Auch die Küstengewässer von Newfoundland bei **Trinity** im Süden der Avalon Peninsula und beim **Gros Morne National Park** sind gute Reviere. Dabei sind Buckel-, Zwerg-, Schweins- und Finnwale, seltener auch Pott-, Blau-, Weiß- und Schwertwale zu beobachten.

Wintersport

Die meisten europäischen Touristen reisen im Sommer nach Ostkanada. Doch Québec ist auch einen Winterurlaub wert. Hier gibt es ganz passable und preiswerte Wintersportmöglichkeiten. **Mont-Tremblant** nördlich von Montréal und **Mont Sainte-Anne** etwas östlich von Québec City bieten gute Liftanlagen und Pisten. Das Angebot an Hotels und Skiverleihern ist groß, Langlaufloipen sind in fast allen Städtchen nördlich von Montréal und in den Parks nahe der Großstädte zu finden (Mont-Tremblant, Parc des Laurentides). Beliebtester Wintersport in Québec ist neben Eishockey zweifellos das **Motorschlittenfahren:** Von Mitte Dezember bis Ostern kann man auf einem Netz von rund 28 000 km markierten, zweispurigen Schneemobil-Trails wochenlange Fahrten durch die winterliche Provinz unternehmen. Hotels, Lodges und Restaurants, die sich in ausreichender Anzahl entlang der Routen befinden, sind auf die Schlittenfahrer eingerichtet: Einzelne Rundfahrten oder auch eine Durchquerung der gesamten Provinz sind möglich.

Die ruhigere – und umweltverträglichere – Variante des Motorschlittenfahrens sind **Hundeschlittentouren.** Die Fahrt mit dem von Huskies und Malamute-Hunden gezogenen Gespann durch die weiße Winterlandschaft ist ein Genuss. Viele Hotels und Lodges in Ontario und in Québec engagieren im Winter Hundeschlittenführer für ihre Gäste.

Feste und Veranstaltungen

Die Liste der Festivitäten ist lang und reicht von Feiern historischer Ereignisse über kulinarische Events zu Theater- und Filmfestivals. Die wichtigsten sind im Folgenden gelistet, weitere finden sich im Reiseteil dieses Bandes (ab S. 102) bei den einzelnen Orten.

Festivalkalender

Januar/Februar

Carnaval de Québec: Québec-Stadt. Umzüge, Wintersport-Wettkämpfe, Eisskulptur-Wettbewerbe u. v. m. (www.carnaval.qc.ca).
Montréal en Lumière: Konzerte, Tanzvorführungen, Lichtinstallationen und Kulinaria bei Temperaturen bis −20 ° C (www.montrealenlumiere.com).

April

Shaw Festival: Bis Dezember. In drei Theatern in Niagara-on-the-Lake werden Stücke von George Bernard Shaw und seinen Zeitgenossen gespielt (www.shawfest.com).

Mai

Stratford Shakespeare Festival: Bis November. Neben Klassikern kommen auch Werke zeitgenössischer kanadischer Autoren zur Aufführung (www.stratfordfestival.ca).

Juni/Juli

Pride Toronto: Paraden und Partys der LGBT-Gemeinde (www.pridetoronto.com).
Grand Prix du Canada: Montréal. Formel-1-Rennen auf der Île Notre-Dame (www.grandprixmontreal.com).
Festival internationale de Jazz de Montréal: Das wichtigste Jazzfestival Nordamerikas (www.montrealjazzfest.com).
Nova Scotia International Tattoo: Halifax. Mit Paraden, Musikkapellen und Böllerschießen wird britische Militärtradition zelebriert (www.nstattoo.ca).

Juli

Highland Games: Traditionelle schottische Wettkämpfe in Antigonish (www.antigonishhighlandgames.ca).
Festival d'Été: Livekonzerte und andere Darbietungen in den Straßen und Parks von Québec-Stadt (www.feq.ca).
Halifax Jazz Festival: Newcomer und Top Acts der internationalen Jazzszene (www.halifaxjazzfestival.ca).
Juste pour Rire/Just for Laughs: Festival für Comedy, Straßenkunst und Improvisationstheater in Montréal (www.hahaha.com).
Loyalist Days: Saint John. Reverenz an die Anhänger des englischen Königs im Unabhängigkeitskrieg (www.discoversaintjohn.com).

August

Festival Acadien de Caraquet: Festival der akadischen Bevölkerung in New Brunswick (www.festivalacadien.ca).
Caribana: Karibischer Karneval in den Straßen Torontos (www.caribanatoronto.com).
Wikwemikong Cultural Festival: Größter Pow Wow Kanadas auf Manitoulin Island (https://wiikwemkoong.ca).
Fierté Montréal/Montréal Pride: Gay-Pride-Fest (www.fiertemontrealpride.com).
Miramichi Folksong Festival: Renommiertes Folkfestival mit Top-Musikern der Region (www.miramichifolksongfestival.com).

September

Toronto International Film Festival (TIFF): Bedeutendes Event für die kanadische und internationale Filmbranche (www.tiff.net).
Niagara Wine Festival: St. Catharines. Präsentation, Verkostung und Bewertung der neuen Ernte (www.niagarawinefestival.com).

Oktober

Oktoberfest: Kitchener-Waterloo. Wie beim Original fließt auch hier das Bier in Strömen (www.oktoberfest.ca).

Canada Day in Québec: Favorit beim Face Painting ist das Ahornblatt, aber der Kreativität sind keine Grenzen gesetzt

Jazz im XXL-Format: Das Jazzfestival in Montréal ist das größte, renommierteste und meistbesuchte der Welt

Reiseinfos von A bis Z

Alkohol

Das gesetzliche Mindestalter für den Alkoholgenuss liegt in Ontario bei 19, in Québec bei 18 und in den Atlantikprovinzen ebenfalls bei 19 Jahren. Bier, Wein und Hochprozentiges ist nur in den staatlichen Liquor Shops erhältlich. Einzig in Québec kann man Bier und billige Weine auch bei den Dépanneurs erwerben, kleinen ›Pannenhelfern‹ an der Ecke. Für den Alkoholgenuss gelten von Ontario bis zum Atlantik strenge Regeln. Trinken in der Öffentlichkeit ist verboten. Selbst der Alkoholgenuss im parkenden Auto ist untersagt. Manche Restaurants ersparen sich die teure Alkohollizenz und bringen stattdessen ein Schild mit der Aufschrift »Bring your own bottle« bzw. »Apportez votre vin« im Fenster an. Dies bedeutet, dass der Gast, möchte er Alkohol zum Essen trinken, seinen eigenen, zuvor im Liquor Shop erstandenen Wein mitbringen muss.

Auskunft

... in Deutschland, Österreich und der Schweiz

Destination Canada
800–1045 Howe Street
Vancouver, Canada V6Z 2A9
www.destinationcanada.com
Offizielle deutschsprachige Homepage der Destination Kanada: www.princedwardisland.ca

... in Kanada

Über die Postadressen der Informationsbüros der Provinzregierungen und teils auch über die Websites als Download erhält man kostenlos umfangreiches Karten- und Informationsmaterial über die einzelnen Tourismusregionen und meist auch Broschüren über Unterkunft, Camping, Abenteuer und Sportferien, Winterurlaub, Jagen und Angeln:

Ontario Tourism Marketing Partnership Corporation
10 Dundas St. East, Suite 900, Toronto
ON Canada M7A 2A1
Tel. 1-800-668-2746
www.destinationontario.com

Tourism Québec
1255, rue Peel, Suite 400, Montréal
QC Canada H3B 4V4
Tel. 1-877-266-5687
www.bonjourquebec.com,
www.tourisme.gouv.qc.ca

Tourism New Brunswick
P. O. Box 6000, Fredericton
NB Canada E3B 5H1
Tel. 514-873-2015, 1-800-561-0123
www.tourismnewbrunswick.ca

Newfoundland and Labrador Tourism
P. O. Box 8700, St. John's
NL Canada A1B 4J6
Tel. 709-729-2830, 1-800-563-6353
www.newfoundlandlabrador.com

Tourism Nova Scotia
P. O. Box 667, 8 Water St., Windsor
NS Canada B0N 2T0
Tel. 902-742-0511, 1-800-565-0000
www.novascotia.com, https://tourismns.ca

Prince Edward Island Tourism
P. O. Box 2000, Charlottetown
PEI C1A 7N8
Tel. 902-437-8570, 1-800-463-4734
www.tourismpei.com, www.princeedwardisland.ca

Travel Nunavut
P. O. Box 1450, Iqaluit,
NU Canada X0A 0H0
Tel. 1-866-686-2888
www.nunavuttourism.com,
www.gov.nu.ca

Barrierefrei reisen

In Kanada wurde bei der Planung von öffentlichen Gebäuden und Beherbergungsbetrieben schon viel früher als in Deutschland auf behindertengerechte Lösungen geachtet, auch die Besucherzentren vieler Nationalparks sind barrierefrei. Infos über entsprechend ausgestattete Verkehrsmittel bietet die Website www.disabled-world.com/travel/canada.

Botschaften und Konsulate

... in Deutschland
Kanadische Botschaft
Leipziger Platz 17, 10117 Berlin
Tel. 030 20 31 20
www.international.gc.ca
Die kanadische Botschaft in Deutschland hat keine Visa- und Einwanderungsabteilung. Entsprechende Anfragen werden von der kanadischen Botschaft in Österreich bearbeitet.

... in Österreich
Kanadische Botschaft
Laurenzer Berg 2, 1010 Wien
Tel. 1 531 38 30 00
www.canadainternational.gc.ca/austria-autriche

... in der Schweiz
Kanadische Botschaft
Kirchenfeldstr. 88, 3005 Bern
Tel. 31 357 32 00
www.switzerland.gc.ca

... in Kanada
German Embassy Ottawa
1 Waverley St., Ottawa, ON K2P 0T8
Tel. 613-232-1101
www.ottawa.diplo.de

Consulat général d'Allemagne Montréal
1250, bd. René-Lévesque Ouest, Suite 4315
Montréal, QC H3B 4W8
Tel. 514-931-2277
www.montreal.diplo.de

German Consulate General Toronto
2 Bloor St. East, 25th Floor
Toronto, ON M4W 1A8
Tel. 416-925-2813
www.toronto.diplo.de

Austrian Embassy
445 Wilbrod St., Ottawa, ON K1N 6M7
Tel. 613-789-1444
www.bmeia.gv.at/oeb-ottawa

Consulat général d'Autriche
630, bd. René-Lévesque Ouest, Suite 2800
Montréal, QC H3B 3C1
Tel. 514-849-3708
consulat.montreal@advantageaustria.org

Consulate General of Austria
30 St. Clair Ave. W., Suite 1402
Toronto, ON M4V 3A1
Tel. 416-967-4867
consulate.toronto@advantageaustria.org

Embassy of Switzerland
5 Marlborough Ave., Ottawa, ON K1N 8E6
Tel. 613-235-1837
www.eda.admin.ch/canada

Consulat général de Suisse
1572, ave. Dr. Penfield, Montréal
QC H3G 1C4
Tel. 514-932-7181
mon.vertretung@eda.admin.ch

Honorary Consulate of Switzerland
154 University Ave., Toronto,
ON M5H 3Y9,
Tel. 514-932-7181
toronto@honrep.ch

... in Belgien
Mission of Canada to EU
Avenue des Arts 58, 1000 Brussels, Belgium
Tel. +32 02 741 06 11
https://www.canadainternational.gc.ca/eu-ue/contact-contactez.aspx?lang=eng
Auskünfte über Einfuhrbestimmungen, Zoll, Jagen, Angeln.

Drogen

Der private Konsum von **Cannabis** ist in Kanada seit 2021 für Personen über 19 Jahre legal, der Besitz von Cannabis jedoch auf 30 g begrenzt.

Einkaufen

Lebensmittel

Unterwegs im Osten Kanadas, muss man sich einmal mehr die gewaltigen Entfernungen in Erinnerung rufen und in Beziehung zur Erhältlichkeit gewisser Waren setzen. Denn: Je weiter man sich von den großen Zentren entfernt, desto teurer wird der Einkauf, desto dünner wird das Angebot und desto seltener frisches Obst und Gemüse. So kann man in den nördlichen subpolaren und polaren Regionen für eine Orange schon mal das Vielfache ihres aus dem Süden gewohnten Preises bezahlen.

Souvenirs

Qualitativ hochwertige Souvenirs stellen **Kunstwerke der indigenen Völker** dar (s. S. 66). Beliebt sind *dream catcher,* fransenverzierte Netze, die bis heute über den Bettchen von Kleinkindern aufgehängt werden, um böse Träume zu fangen. Diese Traumfänger aus Leder, Perlen, Holz und Birkenrinde kauft man am besten in den Galerien, die sich auf Kunst und Kunsthandwerk spezialisiert haben, sowie in den häufig sehr gut bestückten Läden der größeren und auch der kleineren Museen. Künstlerisch hochwertig, aber auch sehr teuer sind die geschnitzten Specksteinskulpturen der Inuit in Nunavut und Nunavik, dem Inuit-Territorium in Nordquébec.

Steuern

In Québec werden in Entsprechung zur deutschen Mehrwertsteuer auf Güter und Dienstleistungen eine **Goods and Services Tax (GST)** in Höhe von 5 % und eine **Provincial Sales Tax (PST)** in Höhe von 9,975 % erhoben, die sich auf 14,975 % summieren. In den übrigen Provinzen wurden diese Steuern durch eine **Harmonized Sales Tax (HST)** ersetzt, die in New Brunswick, Newfoundland and Labrador, Nova Scotia und Prince Edwad Island 15 %, in Ontario 13 % beträgt.

Elektrizität

In Kanada beträgt die Netzspannung 110/120 V Wechselstrom bei 60 Hz. Bringt man elektrische Geräte aus Deutschland mit, müssen diese umschaltbar sein. Außerdem benötigt man einen **Adapter** für die in Nordamerika gebräuchlichen Flachstecker, der übrigens leichter in Deutschland zu bekommen ist.

Feiertage

Landesweite Feiertage
1. Jan. – New Year's Day (Neujahrstag)
Good Friday (Karfreitag)
Easter Monday (Ostermontag)
Montag vor dem 25. Mai – Victoria Day
1. Juli – Canada Day
1. Montag im Aug. – August Civic Public Holiday, in New Brunswick New Brunswick Day, in Nova Scotia Natal Day
1. Montag im Sept. – Labour Day
2. Montag im Okt. – Thanksgiving
11. Nov. – Remembrance Day
25. Dez. – Christmas Day
26. Dez. – Boxing Day

Regionale Feiertage
3. Montag im Febr. auf Prince Edward Island – Islander Day
17. März in Newfoundland and Labrador – St. Patrick's Day
23. April in Newfoundland and Labrador – St. George's Day
24. Juni in Newfoundland and Labrador – Discovery Day
24. Juni in Québec – National Holiday of Québec/Fête nationale du Québec

Fotografieren

Filme, Speicherkarten und sonstiges **Zubehör** sind in Kanada etwas teurer als in Deutschland und außerhalb der großen Städte nicht immer problemlos zu bekommen, man nimmt daher besser einen ausreichenden Vorrat mit.

Geld

Währung und Wechselkurs

Zwar gibt es auch 50-c- und 1-$-**Münzen,** im Umlauf sind aber praktisch nur 5- *(nickel),* 10- *(dime)* und 25-c-Stücke *(quarter).* Von Letzteren sollte man immer einige dabeihaben, für Busfahrten oder Automaten. Die **Banknoten** zu 1, 2, 5, 10, 20, 50, 100, 500 und 1000 $ unterscheiden sich in Größe und Farbe. Größere Scheine über 50 $ werden in Läden und Restaurants nicht gern angenommen. Man führt daher besser nur 20-Dollar-Noten mit sich und begleicht höhere Rechnungen per Kreditkarte. Alle **Preisangaben** im Buch erfolgen in kanadischen Dollar (hier abgekürzt mit $; offizielle Abkürzung CAD).

Wechselkurs (Stand Dez. 2022): 1 € = 1,30 $, 1 SFR = 1,35 $; 1 $ = 0,77 € bzw. 0,74 SFR. Tagesaktuelle Kurse unter www.oanda.com, Link ›Währungsrechner‹).

Bargeld

An den meisten **Bankautomaten** (ATMs) bekommt man mit Kreditkarte und PIN Bares. Dabei fallen Gebühren an, über deren Höhe das ausgebende Institut informiert. An vielen Geldautomaten können auch Bankkarten eingesetzt werden, die das Maestro- oder Cirrus-Logo tragen; VPay-Karten hingegen werden bislang nicht akzeptiert. Der Umtausch europäischer Währungen bei kanadischen Banken kann Probleme bereiten und ist nur zu ungünstigeren Kursen möglich. Reiseschecks verlieren als Zahlungsmittel immer mehr an Bedeutung.

Kreditkarten

Kreditkarten sind ein gebräuchliches Zahlungsmittel. Master- und Visa Card werden praktisch überall akzeptiert. Mietwagen bekommt man ohne Angabe einer Kreditkartennummer gar nicht oder nur gegen Hinterlegung einer hohen Kaution. Eine Alternative zur klassischen Kreditkarte sind Prepaid-Varianten, auf die man vor Reiseantritt ein bestimmtes Guthaben einzahlt.

> **SPERRUNG VON BANK- UND KREDITKARTEN**
>
> **bei Verlust oder Diebstahl*:**
>
> **+49 116 116**
> oder 01149 30 4050 4050
> (* Gilt nur, wenn das ausstellende Geldinstitut angeschlossen ist, Übersicht: www.sperr-notruf.de)
> Weitere Sperrnummern (in Kanada):
> – MasterCard: 1-800-307-7309
> – VISA: 1-800-847-2911
> – American Express: +49 69 9797-1000
> – Diners Club: 1-866-890-9552
> Bitte halten Sie Ihre Kreditkartennummer, Kontonummer und Bankleitzahl bereit!

Gesundheit

Ärztliche Versorgung

Die ärztliche Versorgung ist mit der mitteleuropäischen vergleichbar. Fernab der Zentren wird Hilfe per Flugzeug gebracht. Eine Kreditkarte ist die Voraussetzung, um im Notfall schnell behandelt zu werden. Krankenhäuser findet man unter *hospital,* Apotheken unter *pharmacies* oder *drugstores* in den gelben Seiten.

Apotheken und Drogerien

Auch die großen Supermärkte und Einkaufszentren haben einen Drugstore mit *Pharmacy*-Abteilung, wo ein ausgebildeter Apotheker die *prescriptions,* also rezeptpflichtige Medikamente aushändigt. In allen Drugstores oder Pharmacies findet man eine große Auswahl preiswerter rezeptfreier Schmerz- und Allergiemittel. Auch Vitamintabletten sind günstiger als in Deutschland.

Reiseapotheke

Spezielle **Medikamente** sollte man mitbringen oder eine Rezeptkopie dabeihaben, damit ein kanadischer Arzt das Rezept erneuern kann, denn nur dann erhält man rezeptpflichtige Medikamente. Bei Wanderungen und längeren Aufenthalten abseits von Siedlungen sollte man auf jeden Fall eine **Reiseapotheke** mit sich führen, um für kleinere Notfälle gerüstet zu sein (Medikamente gegen Durchfall, Schmerzen und Fieber, Verbandsstoff, Pflaster und Wunddesinfektion).

Mückenschutz

In freier Natur, besonders in den Waldgebieten, sind vor allem im Juni und Juli **Stechmücken** *(mosquitos)* eine Plage. Lästig sind auch die **Kriebelmücken** *(black flies),* die eher schmerzhaft beißen als stechen. Sie treten vor allem zwischen Mitte Mai und Juni in gewässerreichen Gebieten in großen Schwärmen auf.

Wer während dieser Zeit eine längere Wander- oder Paddeltour plant, sollte sich gleich nach der Ankunft mit reichlich **Mückenschutzmitteln,** die in allen Ausrüstungsläden erhältlich sind, eindecken. Vor allem auf und am Wasser tut man jedoch gut daran, außerdem ein Mückennetz für das Gesicht und Handschuhe mitzuführen.

Impfungen

Zurzeit ist der Nachweis einer Zweifach-Impfung gegen das Corona-Virus unbedingt erforderlich. Weitere Impfungen sind nicht vorgeschrieben, der **Standardimpfschutz** insbesondere gegen Tetanus sollte jedoch überprüft und ggf. erneuert werden. Darüber hinaus können Schutzimpfungen gegen Hepatitis B und Tollwut sinnvoll sein.

Krankenversicherung

Angesichts der extrem hohen Arzt- und Krankenhauskosten oder auch der Notfalltransportkosten sollte man sich vor Reiseantritt bei seiner Krankenversicherung über die Abdeckung möglicher Kosten bei Auslandsreisen informieren und sicherheitshalber eine **private Reisekrankenversicherung** abschließen, die auch einen eventuell erforderlichen Rücktransport abdeckt. So oder so wird von Ärzten und Krankenhäusern in der Regel sofortige Bezahlung verlangt – in bar oder per Kreditkarte.

Internetzugang

Mit den Lieben daheim in Tuchfühlung zu bleiben, ist vielen Reisenden ein wichtiges Anliegen. Das Internet macht's möglich: Millionen, wenn nicht Milliarden von Reiseberichten rasen stündlich mitsamt den neuesten Fotos um die Welt. Internetcafés gibt es in jeder größeren Stadt. Auch Bibliotheken sind meist mit öffentlichen Terminals ausgerüstet. Immer mehr Unterkünfte, Cafés und Filialen von Fastfoodketten bieten drahtlosen, meist kostenfreien Internetzugang (WLAN). Mit einer Prepaid-SIM-Karte eines kanadischen Anbieters kann man über das eigene Smartphone online gehen.

Karten

Gutes Kartenmaterial für die Routenplanung ist kostenlos oder gegen geringe Schutzgebühr in den Tourismusbüros der kanadischen Provinzen erhältlich. Topografische oder Spezialkarten verkaufen viele Buchhandlungen, Outdoorspezialisten und z. T. die Visitor Centres der Nationalparks. Zumindest erhält man hier gegen geringe Schutzgebühr Kartenmaterial für die Straßen und wichtigsten Wanderwege des jeweiligen Gebietes. Eine gute Bezugsquelle für kanadische Karten ist:

Federal Maps Publications Inc.
425 University Ave., Suite 401, Toronto
ON Canada M5G 1T6
Tel. 416-860-1611
www.fedpubs.com/maps.htm

Eisbär im Zoo Sauvage de St-Félicien bei Québec – Begegnungen mit Wildtieren sind nicht nur für Kinder Höhepunkte einer Kanada-Reise

Mit Kindern unterwegs

Kanada eignet sich hervorragend für Reisen mit Kindern. Weder fehlt es an entsprechenden Angeboten (Kindermenüs, besondere Attraktionen, Kinder bis 15 Jahre logieren im Allgemeinen kostenlos in Hotels etc.) noch schließt Abenteuerreisen Kinderfreundlichkeit aus. Im Gegenteil: Das Leben im Camp mit viel Platz, Kochen im Freien, Fischen und Feuermachen bereitet Kindern besonderen Spaß. Besonders Reisen im Wohnmobil ist für kleine Kinder ideal. Der Camper schafft eine vertraute Umgebung, im Gegensatz zum häufigen Wechsel der Motel- oder Hotelzimmer. Viele Campingplätze haben außer Swimmingpools auch Spielplätze.

Die Kanadier selbst lieben es, mit Kind und Kegel die Campingplätze zu bevölkern – eine gute Voraussetzung übrigens, um Kontakte mit ihnen zu knüpfen. Generell gilt, dass man in Kanada auf Reisende mit Kindern besser eingestellt ist und mehr Rücksicht nimmt als in Deutschland. Kindersitze im Mietwagen sind nicht nur selbstverständlich, sondern sogar Pflicht. Sie werden auf Anfrage von den Vermietstationen bereitgestellt.

Wer mit Kind(ern) reist, sollte allerdings den Zeitplan etwas großzügiger gestalten, um sich unterwegs mit dem Nachwuchs beschäftigen zu können, und dabei auch einmal ein paar Tage an einem Ort bleiben. In den größeren Städten gibt es gute zoologische Gärten, Wasserparks und mitunter sogar spannende Kinderabteilungen in den Museen.

Kleidung und Ausrüstung

Neben bequemer Freizeitkleidung braucht man bei Reisen an der Küste auch Pullover, Wind- und Regenjacke. Elegantere Kleidung sollte man für die Metropolen Montréal und Toronto im Gepäck haben. Empfehlenswert ist eine Ausstattung nach dem Zwiebelprinzip: Wenn nötig, eine Kleidungsschicht ablegen oder hinzufügen. Vor allem im Norden und in den höheren Lagen

(u. a. Parc national de la Gaspésie, Gros Morne National Park) sowie an der Atlantikküste muss mit jähen Wetterstürzen und heftigen Schauern gerechnet werden. Ausrüstungen für Aktivurlauber werden auch von Tourveranstaltern gestellt oder können vor Ort bei Outfittern geliehen werden (s. S. 83).

Klima und Reisezeit

Das Klima in Ostkanada entspricht in etwa dem Mitteleuropas, ist jedoch in den Temperaturen extremer. So herrscht im Inland im Sommer sonniges, heißes Kontinentalklima, im Tal des St.-Lorenz-Stroms kann es oft schwül sein. An der Atlantikküste ist es ausgeglichener und mild. Im Winter überwiegt im Landesinneren klirrender Frost, der jedoch durch die trockene Luft für Mitteleuropäer gut zu ertragen ist. Die durchschnittlichen Tageshöchst- und Tagestiefstwerte liegen in Toronto, dessen Klima durch die großen Seen gemildert wird, für Juli bei 27 °C bzw. 17 °C, im Januar bei –1 °C bzw. –7 °C. In Montréal betragen die Temperaturen im Juli 26 °C und 17 °C, im Januar –5 °C und –12 °C, in Halifax schließlich im Juli 22 °C und 13 °C, im Januar 0 °C und –8 °C.

Klimadaten Toronto

J	F	M	A	M	J	J	A	S	O	N	D
-1	0	4	12	18	24	27	26	22	15	8	1

Mittlere Tagestemperaturen in °C

-8	-7	-3	3	8	14	16	16	12	7	2	-5

Mittlere Nachttemperaturen in °C

3	2	2	3	6	12	19	21	18	13	9	6

Mittlere Wassertemperaturen in °C

3	4	5	6	7	8	9	8	7	5	3	2

Sonnenstunden/Tag

8	8	9	9	8	8	7	8	8	8	9	10

Regentage/Monat

Reisezeit

Die **Hauptreisezeit** fällt in die Monate Juni bis Ende August, jedoch haben die etwas kühleren Monate Mai und September mit Frühlingsblumen bzw. Herbstfarben bei strahlend klaren Tagen ebenso ihre Reize. Weitere Pluspunkte: Es gibt weniger Touristen, und vor allem keine Moskitos, die besonders während der ersten Juniwochen sehr lästig werden können. Ganzjährig attraktive Reiseziele sind Toronto, Montréal und Québec.

Ab Labour Day (1. Wochenende im September) sind kaum noch **Reservierungen** notwendig, allerdings sind dann auch die Öffnungszeiten vieler Museen eingeschränkt, und auch für viele Veranstalter von Touren und Exkursionen endet die Saison Ende September, besonders in den nördlichen Gebieten.

Der **Sommer** zeichnet sich im Allgemeinen durch eine stabile Schönwetterlage aus. Im September setzt der etwa vier Wochen anhaltende **Herbst** ein, der durch die Laubfärbung der Wälder (Indian Summer, Été indien) als besonders schöne Reisezeit gilt. Nach dem fast sechs Monate dauernden **Winter** folgt dann relativ spät, im Mai, ein kurzes, intensives **Frühjahr.**

LGBTQ+

Kanadas Gesellschaft gilt als eine der liberalsten weltweit, und so wird die LGBTQ+-Gemeinde weitgehend akzeptiert. Seit 2005 ist die gleichgeschlechtliche Ehe möglich. Eine lebendige Szene gibt es vor allem in den Metropolen Toronto und Montréal, in Montréal existiert sogar ein eigenes Gay Village.

Links

Allgemeine Infos zu Kanada
https://de-keepexploring.canada.travel: **Deutschsprachige** Website der Canadian Tourism Commission mit Informationen zur Reiseplanung sowie Tipps für Besichtigungen und Aktivitäten.

www.meinkanada-reiseplaner.de: Provinzübergreifendes Internetportal zum Thema Kanada. Mit einer ansprechenden Mischung aus handfesten Informationen und persönlichen Reiseberichten, gewürzt mit stimmungsvollen Bildern und Videos und einem Zusatz von nützlichen Adressen und Links.

Englischsprachige Websites

www.thegreenpages.ca: Kanadas Umwelt-Portal, mit einem umfassenden und aktuellen, sehr übersichtlich nach Provinzen gegliederten Nachrichtenspiegel der kanadischen Medien zu diesem Themenbereich.

www.transcanadahighway.com: Detaillierte Routenbeschreibung für den Trans-Canada Highway, nach Provinzen geordnet und mit detaillierten Streckenkarten versehen.

www.pc.gc.ca: Webportal der kanadischen Nationalparkverwaltung Parks Canada mit weiterführenden Links zu den jeweiligen Parks, die dann ausführlich beschrieben werden. Bietet alle notwendigen Informationen zu Gebühren, Vorschriften, Sicherheit sowie einen Reservierungsservice.

www.statcan.gc.ca: Webportal des statistischen Bundesamtes Statistics Canada mit ständig aktualisierten Infos zur Geografie, Demografie und Wirtschaft Kanadas.

Websites der Provinzen

Die kanadischen Provinzregierung unterhalten hervorragende Websites mit Links zu Politik, Landeskunde und Tourismus.

Ontario

www.destinationontario.com: Diese Website bietet neben Diashows und Vorschlägen zur Urlaubsgestaltung verschiedene thematisch orientierte Reiseführer zum Bestellen oder Herunterladen sowie eine App für Smartphones.

www.ottawatourism.ca: Die Website der Bundeshauptstadt ist besonders gut im praktischen Bereich. Gute Hotel-, Restaurant- und Shoppingverzeichnisse, Rubrik ›Ottawa Insider‹ mit aktuellen Tipps von Einheimischen.

www.destinationtoronto.com: Die hervorragende Website Torontos ist dank ständiger Befragung ihrer Besucher stets auf dem neuesten Stand – besonders in der oft kurzlebigen Restaurantszene ein großer Pluspunkt.

www.ontarioparks.com: Etwas langsame Website der Provinzparks Ontarios mit Links zu allen Parks und deren Freizeitangebot. Gute Idee: der Link ›News/Parks Blog‹, wo Reiseberichte und oft auch Kritisches zum Thema Naturschutz zu lesen ist.

www.museumsontario.com: Über wie viele gute Museen das vermeintlich geschichtslose Kanada allein in Ontario verfügt, erfährt man auf der praktisch angelegten Website der Ontario Museum Association.

Québec

www.bonjourquebec.com: Website mit übersichtlicher Liste von Reisevorschlägen, Attraktionen, Regionen und Hotels. Auch die Unterkunft kann online gebucht werden.

www.mtl.org: Farblich muntere Website mit ansehnlicher Rundumuinformation. Sehr gut: Link zu rabattierten Last-Minute-Angeboten.

www.sepaq.com: Die Website der Sépaq (Société des établissements de plein air du Québec), die die Québecer Provinzparks verwaltet, bietet Links zu allen Wildnisgebieten und deren Freizeitangebot. Auch Outdooraktivitäten und Hütten können hier gebucht werden.

www.pourvoiries.com: Auf der Website der Fédération des pourvoiries du Québec (Québec Outfitters Federation) sind die meisten der auf dem Territorium der Provinz operierenden Ausrüster vertreten. Links führen zu den Outfittern in den verschiedenen Regionen – dort können Hütten, Angeltrips, Elch- und Bärenbeobachtungen gebucht werden.

New Brunswick

www.tourismnewbrunswick.ca: Übersichtlich angelegte Website. Hotel- und Restaurantverzeichnisse sowie Links zu den populärsten Social-Media-Kanälen. Broschüre als PDF zum Downloaden.

Prince Edward Island

www.tourismpei.com: Die Website des Tourismusministeriums der Provinz bietet Hintergrund- und reisepraktische Infos, Links zu Hotel- und Restaurantverzeichnissen sowie zum Veranstaltungskalender der Insel. Online-Buchung von Unterkünften.

Nova Scotia
www.novascotia.com: Über 1300 hier buchbare Hotels, ein Entfernungsmesser (mit Angaben in km), schnell aufgebaute Landkarten und ein Blog erleichtern die Planung des Nova-Scotia-Trips.
www.tasteofnovascotia.com: Auf dieser einladenden Website stellen sich die besten Restaurants der Provinz vor.
https://parks.novascotia.ca: Zusammenstellung der von Nova Scotia verwalteten Parks und des jeweiligen Freizeitangebots; Hütten-, Zelt- und Stellplatz-Reservierung ist möglich.
www.novatrails.com: Diese Website stellt Wanderwege vor und gibt Tipps für Entdeckungen jenseits der ausgetretenen Pfade.

Newfoundland and Labrador
www.newfoundlandlabrador.com: Website der östlichsten Provinz, stimmungsvoll aufgemacht. Herrliche Fotos, berauschende Videos. Ebenfalls mit reisepraktischen Infos.
www.visitnewfoundland.ca: Politik, Kultur und viel Hintergrund sowie Tourismus und reisepraktische Infos auf einen Blick.

Nunavut
www.nunavuttourism.com: Offizielle Tourismus-Website für Kanadas nördlichstes Territorium mit allgemeinen Infos, Adressen von Unterkünften und Tipps für Unternehmungen.
www.gov.nu.ca: Internetseite der Regierung von Nunavut.
www.itk.ca: Website der Inuit-Vereinigung von Nunavut, Nunavik (Nord-Québec) und Nunatsiavut (Nord-Labrador).

Literatur

Deutschsprachige Bücher

Walter Bauer: Grey Owl. Der weiße Indianer. Die Geschichte eines abenteuerlichen Lebens. Göttingen 2000. Spannende Biografie des legendären Abenteurers, Naturfreundes und Schriftstellers, der mit 16 Jahren von zu Hause ausriss und 1905 nach Amerika zu den Ureinwohnern ging.
Kanada fürs Handgepäck: Hrsg. von Anke Caroline Burger, Unionsverlag 2018. Kanadische Geschichten von Alice Munroe, Margaret Atwood, Yves Thériaut, Michael Ondaatje u. v. a.
Peter Mertz: Reiseführer Natur, Kanada, München 1996 (zzt. nur antiquarisch). Informativer Naturführer mit ausführlichem Glossar der deutschen, lateinischen und englischen Namen.
Bernice Morgan: Die Farben des Meeres, München 1998, Am Ende des Meeres, München 1998. In den beiden zusammenhängenden Romanen schildert die Autorin den Überlebenskampf einer kleinen Gemeinschaft von Siedlern an der Küste von Neufundland im frühen 19. Jh.
Alice Munro: Liebes Leben. Frankfurt/Main 2014. Im jüngsten Erzählband der 2013 mit dem Literaturnobelpreis ausgezeichneten Meisterin der Kurzgeschichte verarbeitet die Autorin u. a. Kindheitserlebnisse auf der Silberfuchsfarm ihrer Eltern in Ontario.
Annie Proulx: Schiffsmeldungen. Frankfurt/Main 2007. Die Geschichten des unbeholfenen Quoyle, der an den einsamen Gestaden Neufundlands trotz aller Widrigkeiten zu einem neuen Leben und sich selbst findet.
Mordecai Richler: Solomon Gursky war hier, München 2011. Facettenreiches Bild der kanadischen Gesellschaft, das die Geschichte jüdischer Einwanderer mit der Tradition der Inuit in der kanadischen Arktis verschränkt.
Helge Sobik: Der Mann hinter dem Regenbogen. Kanadische Eigenheiten. Wien 2010. Sehr lesenswerte, oft amüsante und abenteuerliche Geschichten über den kanadischen »Way of Life«.

Englischsprachige Bücher

Pierre Berton: Pierre Berton's Canada, The Land and the People, Stoddart Publishing, 1999. Kanadas abenteuerliche Geschichte in

24 Porträts, ausgestattet mit 125 Bildern von mehr als 30 kanadischen Fotografen.
Canada's Best Canoe Routes: Hrsg. von Alister Thomas, Boston Mills Press 2003. Vorgestellt werden 37 der besten Paddelrouten zwischen Atlantik und Pazifik.
Bruce Chadwick: Traveling the Underground Railroad. Citadel Press 2000. Spannender und bewegender Bericht über die Underground Railroad, den »Weg zur Freiheit« für viele afrikanische Sklaven, mit Beschreibungen der historisch relevanten und zugänglichen Sehenswürdigkeiten.
Good Sam Travel Savings Guide for the RV & Outdoor Enthusiast: Good Sam Publishing 2019. Jährlich erscheinendes Handbuch für Camper in Nordamerika; aktuellere Informationen können als Pdf abgerufen werden.
Rita Joe: Song of Rita Joe: Autobiography of a Mi'kmaq Poet, American Indian Lives, 1996. Die auf Cape Breton Island geborene Autorin wuchs in verschiedenen Pflegefamilien auf und lebte mit ihrem Mann und den zehn Kindern im Eskasoni-Reservat auf Cape Breton. Sie erhielt viele Literaturpreise sowie die höchste zivile Auszeichnung, den Order of Canada.
Elliott Katz: The Complete Guide to Walking in Canada. Firefly Books, 2001. Tipps für Ausrüstung und Planung von Trekking und Wanderungen, Beschreibung der interessantesten Routen und Wanderwege.
Jim Loomis: All Aboard! The Complete North American Train Travel Guide, Chicago Review Press 2015. Alles, was man über Bahnreisen in Nordamerika wissen möchte.
Hugh MacLennan: Two Solitudes. McClelland & Steward Ltd., 2008. Der bereits im Jahr 1945 veröffentlichte Roman um den Helden Paul Tallard und dessen Seiltanz zwischen franko- und anglokanadischer Identität wurde zum Schlüsselroman des Landes. Inzwischen ist der Buchtitel »Zwei Einsamkeiten« sogar Bestandteil des kanadischen Wortschatzes und bezeichnet das häufige Nicht-Verstehen zwischen beiden Volksgruppen.
Andrew H. Malcolm: The Canadians, St. Martin's Press 1999. Einfühlsame und gut geschriebene Darstellung der Kanadier und ihrer Gesellschaft.
Wayne C. Thompson: Canada (The World Today Series) 2022/23, Rowman & Littlefield Publishers. Das jährlich neu überarbeitete Nachschlagewerk vermittelt einen hervorragenden Einblick in Kanadas Geschichte, Geografie, Kultur, Wirtschaft und Politik – von den Anfängen bis zur aktuellen Lage des Landes.

Maße und Gewichte

Wie in Europa gilt das metrische System. Da die Umstellung vom britischen Imperial-System erst in den 1970er- und frühen 1980er-Jahren erfolgte, werden vor allem ältere Kanadier und Landbewohner Entfernungen noch in Meilen und Hohlmaße in Unzen angeben.

Medien

Fernsehen und Rundfunk

Fast alle größeren Orte haben einen oder mehrere lokale Fernseh- und Rundfunksender, und in fast jedem Hotel- oder Motelzimmer ist standardmäßig auch ein Fernseher vorhanden.

Zeitungen

Größere Orte haben eine Lokalzeitung. Eine überregionale Tageszeitung mit hohem Niveau ist die »**Globe and Mail**« (www.theglobeandmail.com), die fast überall erhältlich ist. Die konkurrierende nationale Tageszeitung »**National Post**« (www.nationalpost.com) ist stärker im Entertainmentsektor. Das wöchentlich erscheinende »**McLeans Magazine**« (www.macleans.ca) ist Kanadas führendes Nachrichtenjournal.

In der Provinz Québec dominieren in Montréal die französischsprachigen Zeitungen »**La Presse**« (www.lapresse.ca) und

»Le Devoir« (www.ledevoir.com) sowie »Le Soleil« (www.lapresse.ca/le-soleil) in Ville de Québec. Die Anglo-Montréaler lesen die »Montréal Gazette« (www.montrealgazette.com). Interessanter noch für Urlauber ist das zweimonatlich erscheinende Magazin »Canadian Geographic« (www.rcgs.org/magazin) mit ausführlichen Artikeln zu Kanadas Geografie, Flora, Fauna und Gesellschaft.

Einen guten Überblick über Kanadas Zeitungen im Internet, nach Provinzen und Territorien geordnet, vermittelt die Homepage der **News Media Canada** (https://nmc-mic.ca).

NACHHALTIG REISEN

Mit Beginn der 1960er-Jahre und dem Anwachsen des Tourismus entwickelte sich in Kanada ein neues Umweltbewusstsein. Neben den staatlichen Behörden engagierten sich nun auch gemeinnützige Organisationen wie das in Kanada gegründete Greenpeace für den Schutz der Natur. »Take nothing but memories, leave nothing but footprints« lautet die Outdoor-Grundregel, die von Chief Seattle übernommen wurde. Praktisch heißt das: vorsichtiges Auftreten in sensiblen Wildnisgebieten, möglichst geringer Verbrauch von Ressourcen wie Wasser und Strom, Respekt vor den Ureinwohnern und ihrer Kultur.
Outdoor-Unternehmen, die sich diesen Grundsätzen verpflichtet fühlen, führen das Label »Leave No Trace« (Liste unter www.leavenotrace.ca, Link ›Partnership‹).
Das »Ocean Wise«-Logo tragen Restaurants, die am Programm des Vancouver Aquarium gegen die Überfischung der Meere teilnehmen und ihren Gästen ausschließlich Fisch- und Seafoodgerichte aus nachhaltigem Fang servieren (Liste unter www.ocean.ca, Link ›Partners‹).

Nachtleben

Kanada ist nicht flächendeckend mit Anziehungspunkten für Nachtschwärmer gesegnet. Ein Nachtleben, das diesen Namen verdient, gibt es nur in **Toronto** und **Montréal,** mit Abstrichen auch in **Ottawa, Québec** und **Halifax.** In kleineren Orten pflegen Pubs und die sogenannten Sports Bars, in Québec Cage aux Sports, unkomplizierte Treffs mit langen Theken, Dutzenden von Bildschirmen und oftmals Livemusik, den Drang zu nächtlicher Action zu befriedigen.

Nationalparks

Kanadas National- und Provinzparks bieten ein breites Spektrum an Aktivitäten und Unterkünften. **Reservierungen per Kreditkarte** sind unter www.reservation.pc.gc.ca in vielen Parks möglich, ansonsten sollte man sich möglichst früh am Tag seinen Platz sichern. Parks Canada und die Provinzregierungen halten detaillierte Informationen über die Parks bereit (Reservation Help Desk, Tel. 1-877-737-3783).

Der **Eintritt** pro Person kostet etwa 10 $ (Tageskarte, gültig bis 16 Uhr des folgenden Tages). Möchte man mehrere Nationalparks besuchen, lohnt sich unter Umständen ein **Jahrespass:** Der **Discovery Pass** zum Preis von 72,25 $ pro Person oder 145,25 $ für bis zu 7 Personen in einem Fahrzeug kann bei einer der auf der Website von Parks Canada gelisteten Verkaufsstellen erworben werden. Für den ganzjährigen Besuch eines einzelnen Parks zahlt man 41,75 $ pro Person oder 83,75 $ für bis zu 7 Personen im Fahrzeug. In vielen der großen Nationalparks gibt es am Eingang Schalter für Passbesitzer, sodass man nicht Schlange stehen muss. Kinder und Jugendliche unter 17 Jahren haben freien Eintritt.

Parks Canada National Office
30 Victoria St., Gatineau
QC Canada J8X 0B3
Tel. 819-420-9486, 888-773-8888
www.pc.gc.ca

Notfälle

In allen Notfällen kann man landesweit die Rufnummer **911** für **Polizei, Feuerwehr** und **Rettungswagen** wählen. Mit wenigen Ausnahmen ist der Notdienst über die 0 *(operator)* zu erreichen. Der **Operator** ist zu jeder Zeit und unter allen Umständen eine hilfsbereite Anlaufstelle. Natürlich sind die Hotelrezeption, eine Tankstelle, Campingplatzpersonal, Parkranger oder dergleichen ebenfalls immer in Notfällen *(emergencies)* behilflich. *Emergencies* heißen auch die Notaufnahmen in Krankenhäusern oder bei Sanitätsdiensten, an die man sich bei Verletzungen und akuten Beschwerden wenden kann.

Öffnungszeiten

Die **Einzelhandelsgeschäfte** in Kanada haben in der Regel an Wochentagen zwischen 9 und 18 Uhr geöffnet, in sehr kleinen Orten und in den Großstädten häufig bis in den späten Abend (vor allem Supermärkte). Auch an Sonntagen kann man sich mit dem Notwendigsten eindecken.

Banken sind im Allgemeinen montags bis freitags von 10 bis 15 Uhr geöffnet, manchmal auch samstags.

Museen haben in der Regel montags geschlossen und am Mittwoch- oder Donnerstagabend länger geöffnet.

Post

Auch in den kleinsten Orten Ostkanadas gibt es Postämter, die allerdings manchmal nicht wie in den Städten ganztägig geöffnet sind. **Öffnungszeiten** sind dort normalerweise montags bis freitags 8 bis 17 und samstags 8 bis 12 Uhr. Die Adressen der einzelnen Postämter findet man im Telefonbuch unter der Rubrik »Government – Canada Post«.

Falls man sich Post nachsenden lassen möchte (wird etwa vier Wochen zur Verfügung gehalten), kann man dies postlagernd nach folgendem Schema tun: Name des Empfängers, c/o General Delivery Main Post Office (die Stadt und die Provinz, in der man sich aufhalten wird). Nicht vergessen: Der ZIP-Code (Postleitzahl) gehört in Kanada hinter den Namen der jeweiligen Provinz. Er besteht aus einer sechsstelligen Zahlen-Buchstaben-Kombination.

Ein **Standardbrief** oder eine **Postkarte** nach Deutschland kosten bei Beförderung per Luftpost (bis 30 g) 2,71 $ (Dez. 2022). Die Laufzeit beträgt für Luftpost vier bis sechs Tage nach und von Europa.

Rauchen

Nikotin ist in Kanada inzwischen weitgehend aus dem öffentlichen Leben verschwunden. Restaurants, Bars und Kneipen, Discos, Hotellobbies, Lounges und selbst viele Straßencafés sind *non smoking-* bzw. *non-fumeurs-*Bereiche. Immer weniger Restaurants offerieren Rauchertische. Nischen und Ecken für Raucher gibt es zwar noch in öffentlichen Gebäuden und auf den Flughäfen, doch auch sie werden immer weniger, ebenso wie die Zahl der Raucherzimmer in den Hotels. Auch die kanadischen Airlines haben den blauen Dunst inzwischen gänzlich aus ihren Flugzeugen verbannt.

Reisekasse

Preisniveau

Das Preisniveau in kanadischen Städten entspricht in etwa dem in Deutschland. Durch die Kursschwankungen des kanadischen Dollars ist Einkaufen in Kanada tendenziell billiger, wenn auch nur geringfügig. In kleineren Orten, besonders im Norden Kanadas, muss man jedoch mit höheren Preisen rechnen. Milchprodukte, Spirituosen und Bekleidung sind spürbar teurer, dafür kostet Benzin, ein wichtiger Posten im Urlaubsbudget, deutlich weniger: 1 l Normalbenzin bekommt man für 1,62–2,25 $ (1,24–1,73 €, Stand Dez. 2022); aktuelle Preise unter www.gasbuddy.com).

Sicherheit

Kanada ist so sicher (oder unsicher), wie man es aus Mitteleuropa gewöhnt ist. Dabei ist in den großen Städten (und auch in vielen Reservaten der Ureinwohner) eine höhere Kriminalitätsrate zu verzeichnen als in den ländlichen Regionen. Im Vergleich zu den Städten ist die kanadische Wildnis so sicher wie Omas und Opas Wohnzimmer. Hier ist die eigene Unerfahrenheit die größte Gefahrenquelle. Vor allem Wildnis-Novizen tun deshalb gut daran, den Ratschlägen der erfahrenen Ranger zu folgen. In Newfoundland und auf Cape Breton Island sind die jähen Wetterstürze nicht zu unterschätzen. In Québec und Ontario sollte man bei Wildnistouren stets Glöckchen und Pfefferspray mitführen, um allzu neugierige Schwarzbären auf Abstand zu halten.

Sprache

Englisch und **Französisch** sind die beiden Landessprachen – offiziell gleichberechtigt. In fast allen Provinzen ist die Amtssprache Englisch. Ausnahmen sind New Brunswick, das zweisprachig, und Québec, das einsprachig französisch ist. Viele Dienstleistungen werden aber landesweit in beiden Sprachen angeboten. Trotz der Amtssprache Französisch in der Provinz Québec kommt der Reisende ohne Französischkenntnisse gut zurecht – besonders in Montréal und Québec City. Allerdings kann es einem auf dem Lande und in den kleineren Ortschaften passieren, dass man Englisch nicht versteht – oder man will es nicht sprechen. In diesem Fall ist ein freundliches *bonjour* der Schlüssel zur Québecer Seele, zeigt es doch, dass man die historischen Gegebenheiten in dieser Provinz respektiert und akzeptiert.

Telefonieren

Von Deutschland, Österreich und der Schweiz wählt man nach Kanada **001,** gefolgt vom *area code* für die jeweilige Provinz und der Teilnehmernummer. Innerhalb der kanadischen Städte wählt man nur die siebenstellige Rufnummer. Zu Auswärtsgesprächen *(long distance calls)* innerhalb der eigenen Provinz wählt man eine »1« vorweg.

R-Gespräche *(collect calls)* und die sogenannten *person-to-person calls,* bei denen man gegen einen Aufpreis eine bestimmte Person ans Telefon rufen lassen kann, vermittelt ebenfalls der Operator. Telefonnummern mit der **Vorwahl 1-800** (auch andere 800er-Nummern wie etwa 888) sind **gebührenfrei,** z. B. zur Hotel-, Flug- oder Autoreservierung.

Telefonieren mit dem Handy *(cell phone):* In Kanada benötigt man ein Triband- oder Quadband-Handy, das auch die in Nordamerika üblichen GSM 900/1900 unterstützt. Vor der Abreise ist außerdem zu prüfen, ob das Ladegerät mit einer Netzspannung von 110 bis 240 Volt arbeitet, anderenfalls sollte man Adapter oder Reserveakkus dabeihaben. Ist das Handy für das Roaming freigeschaltet, sollte es sich automatisch einwählen. Geschieht dies nicht, stellt man das kanadische Netz selbst ein. Details zum Roaming erfährt man von seinem Provider in Deutschland oder unter https://roammobility.ca. Preiswerter ist es, in Kanada eine Prepaid-SIM-Karte mit lokaler Nummer zu erwerben. Mit dem eigenen Smartphone kann man damit auch online gehen und aus einem WLAN-Netz heraus über **Telefonie-Apps** wie Skype oder WhatsApp kostenlos telefonieren.

Von Kanada aus kann auch nach Europa durchgewählt werden: zuerst die **Vorwahl 00** und danach die jeweilige Landesvorwahl (BRD 49, Österreich 42, Schweiz 41).

Dies ist auch von jedem Münzfernsprecher *(pay phone)* aus möglich. Um das langwierige Münzeneinwerfen (und die sonst bei Überseegesprächen notwendige Vermittlung durch den Operator) zu vermeiden, benutzt man am besten die von verschiedenen Telefonfirmen angebotenen **Prepaid Phone Cards,** die mit einem Guthaben ab 5 $ in Hotels, Tankstellen, Drugstores und Supermärkten angeboten werden. Dies ist die bei weitem preisgünstigste Möglichkeit, und man kommt in der Regel auch bei längeren Gesprächen mit 5–10 $ Guthaben aus.

Man wählt die angegebene 1-800-Nummer und gibt nach der Ansage die Kartennummer und die gewünschte Teilnehmernummer ein. Dabei wird angesagt, wie viel Guthaben noch auf der Karte ist und wie viele Minuten man mit der jeweiligen Verbindung noch telefonieren kann. Auch vom Hotelzimmer kann man mit einer Prepaid-Karte preiswert telefonieren und vermeidet so die üblichen Preisaufschläge.

Für Telefongespräche von Europa nach Kanada lassen sich auch die 800-Nummern (1-800, 1-866, 1-877, 1-888) verwenden – nur sind sie dann nicht gebührenfrei. Es gelten die normalen Tarife, die auch angesagt werden. Über die günstigsten Anbieter informiert: www.billiger-telefonieren.de.

Vorwahlen (area codes)
Toronto: 416, 647, 289
Südontario: 905
Südwestontario: 519
Westontario: 807
Ottawa und Ostontario: 613
Montréal: 514, 450
South Shore und Laval (Teile): 450
New Brunswick und Gaspé-Halbinsel: 506
Newfoundland und Labrador: 709
Nova Scotia: 902
Québec City: 418
Prince Edward Island: 902

Trinkgeld

In Kanada ist das Bedienungsgeld *(tip)* normalerweise nicht im Rechnungsbetrag inbegriffen. Es ist üblich, in Restaurants, Bars, beim Friseur und bei Taxifahrern ca. 15 % der Gesamtsumme als Trinkgeld zu geben. Für das Tragen eines Gepäckstückes gibt man gewöhnlich 1 $. Dem Zimmermädchen sollte man je nach Aufenthaltsdauer und Übernachtungspreis einen Betrag zwischen 6 und 10 $ zukommen lassen.

Wasser

Leitungswasser ist fast überall genießbar. Wo nicht, wird in der Regel mit Schildchen wie »*eau non potable*« bzw. »*no drinking water*« auf mindere Wasserqualität hingewiesen. Unterwegs in der **Wildnis** verlockt zwar das meist kristallklare Wasser zum kräftigen Schluck, doch sollte man bedenken, dass selbst fern der Zivilisation verschiedene Faktoren die Wasserqualität beeinträchtigen können. Auf längeren Trekkingtouren und Wildnisaufenthalten gilt: Das Wasser muss abgekocht oder mit speziellen Tabletten aufbereitet werden.

Wellness

Wellnessurlaub liegt auch in Kanada im Trend, entsprechend haben viele **Resorthotels** einen **Spabereich** mit Pool, Sauna und Anwendungen. Besonders schön sind die Badelandschaften der Kette **Scandinave Spa** mit Filialen in Montréal, Mont-Tremblant und Blue Mountain Village (www.scandinave.com), weitere Adressen unter www.leadingspasofcanada.com.

Zeit

Kanada stellt am letzten Sonntag im April auf Sommerzeit und am letzten Samstag im Oktober auf Normalzeit um. Ostkanada ist in folgende **Zeitzonen** unterteilt:
Ontario, Québec und Nunavut: Eastern Standard Time (MEZ –6 Std.)
New Brunswick, Prince Edward Island, Nova Scotia, Labrador, Québec (östlich des Natashqan River): Atlantic Standard Time (MEZ –5 Std.)
Newfoundland und Labrador (südöstlicher Teil): Newfoundland Standard Time (MEZ –4,5 Std.)

Unterwegs in Ostkanada

»If some countries have too much history,
Canada has too much geography.«
W.L. Mackenzie King, langjähriger Premierminister Kanadas

Mit der Sonne aufstehen und von einem Logenplatz aus der Natur beim Erwachen zusehen – das lässt schmerzende Knochen schnell vergessen

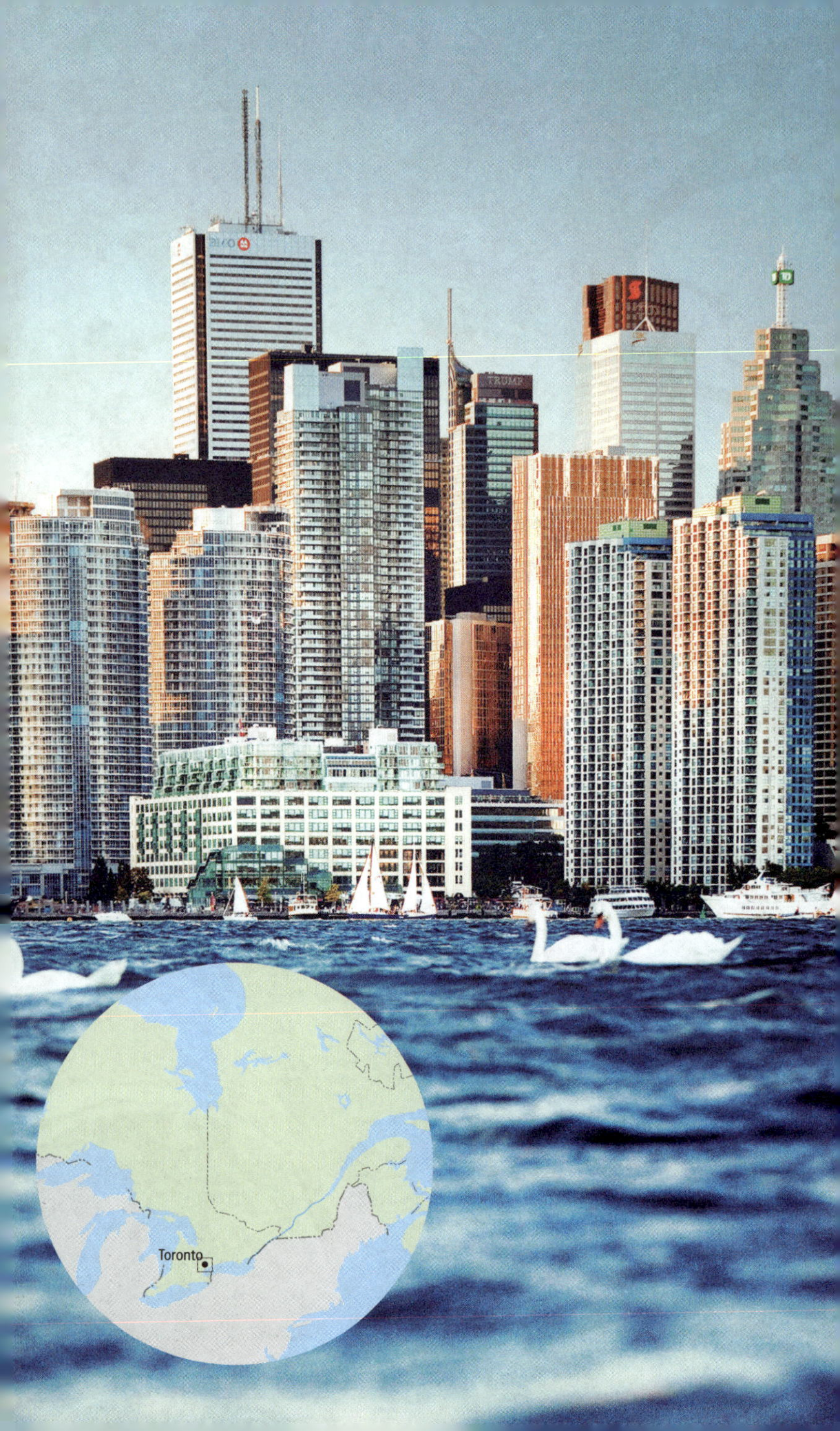
TRUMP
Toronto

Kapitel 1

Toronto

6,4 Mio. Menschen im Großraum Toronto, über 10 Mio. im ›Golden Horseshoe‹, dem Ballungsraum am Westufer des Lake Ontario: Damit hat die größte Stadt Kanadas maßgeblichen Anteil an jener Statistik, die die gut 38 Mio. Kanadier, bei aller Weite und Wildnis, zur am stärksten urbanisierten Gesellschaft der Welt erklärt. Doch trotz supermoderner Skyline und den Kabinettstückchen internationaler Reißbrett-Stars wie Frank Gehry und Daniel Libeskind bringt Toronto ein Kunststück fertig, das es deutlich von der Konkurrenz absetzt: Die viertgrößte Stadt Nordamerikas fühlt sich an wie ein Dorf. Oder besser, wie viele Dörfer.

Dass dieses Feeling erhalten blieb, ist auch Jane Jacobs (1916–2006) zu verdanken. 1971 trug die legendäre Kämpferin für menschengerechtes Wohnen entscheidend zur Verhinderung des Spadina Expressway bei, der so manches schöne Viertel zum Tode verurteilt hätte. Auch deshalb gilt Toronto heute als ein urbanes Paradies: ein sympathisches Ineinander lebhafter polyglotter Stadtviertel, mit neuen Häusern neben alten und dem Bäcker an der Ecke.

Sehenswürdigkeiten mit Muss-Charakter besitzt Toronto nur wenige. Das wahre Toronto liegt in den Neighbourhoods, wie Chinatown, West Queen West, Little Italy. Dorthin gelangt man am besten zu Fuß. Und nimmt dabei alles mit, was sich unterwegs anbietet, den Lunch im Straßencafé, den Hot Dog am Würstchenstand, die den Vibe der City am besten ausdrückende Street Art und die Straßenschluchten der Bay Street, wo die Aktienkurse über digitale Werbetafeln flimmern. Yonge Street und Dundas Square, wo man, umgeben von Pulks aus Menschen aller Hautfarben, zum ersten Mal das Gefühl hat, wirklich angekommen zu sein. Und den Entertainment District mit seinen innovationsfreudigen Theatern, Music Halls und Kleinkunstbühnen – Toronto hat nach New York die produktivste Theater- und Musicalszene ganz Nordamerikas.

Toronto, Kanadas pulsierende Metropole am
Lake Ontario, ist nach New York City in Nordamerika
die Stadt mit den meisten Wolkenkratzern

Auf einen Blick: Toronto

Sehenswert

⭐ **Downtown Toronto:** Einen ersten Überblick über die Millionenstadt bietet der Skypod des 553 m hohen **CN Tower** (s. S. 113). Anschließend stehen Shoppen im **CF Toronto Eaton Centre** (s. S. 121) und Kunstgenuss in der von Frank Gehry 2008 neu gestalteten **Art Gallery of Ontario** (s. S. 125) auf dem Programm. In den **Neighbourhoods** (s. S. 128) erfährt man, wo die Torontonians leben und feiern.

Schöne Routen

Auf der Queen Street nach Westen: Während man auf der Queen Street West die Häuserschluchten der Downtown verlässt, erlebt man, wie die Metropole ihre Geschwindigkeit drosselt und in den Szenevierteln West Queen West (s. S. 116), Ossington und Roncesvalles (s. S. 135) ihr sympathisches menschliches Antlitz zeigt.

Auf der Yonge Street nach Norden: Auf der längsten Straße Ontarios geht es durch das geschäftige Bankenviertel und am Dundas Square mit dem berühmten CF Toronto Eaton Centre (s. S. 121) vorbei zu den Modefachgeschäften an der Bloor Street in Midtown (s. S. 126).

Unsere Tipps

CN Tower: Auf dem Aussichtsdeck kann man seinen Mut beweisen und in 342 m Höhe über den Glasboden gehen oder aber den Edge Walk wagen, die atemberaubendste Attraktion Torontos (s. S. 113).

Royal Alexandra Theatre: Toronto goes Broadway – in Theatern wie dem historischen Royal Alexandra Theatre von 1907 sogar in plüschigem Fin-de-Siècle-Dekor. Bei schmissigen Produktionen wie »Mamma Mia« und »Jersey Boys« tanzt das Publikum schon mal mit (s. S. 116).

TIFF Bell Lightbox: Film total! Das wunderbare Kulturzentrum des International Film Festival (TIFF) widmet sich mit Kinos, der Filmkunst gewidmeten Galerien, Studios und Bistro der Zukunft der visuellen Medien (s. S. 115).

McMichael Canadian Art Collection: Mit ihrer Sammlung von Werken der berühmten Group of Seven hält die Galerie in Kleinburg einen Schlüssel zum Verständnis der kanadischen Seele bereit (s. S. 129).

Farbenfrohe Häuser in Kensington Market

Aktiv

Inselhüpfen im Stadtgebiet – Toronto Islands: Die im Lake Ontario liegenden Inseln zählen zu den schönsten Ausflugszielen im Stadtgebiet. Sie punkten mit herrlichen Spazierwegen unter Bäumen und spektakulären Ansichten der futuristischen Skyline (s. S. 114).

⭐ Downtown Toronto

▶ E 11

Hauptstadt Ontarios, Wirtschaftsmotor des Landes, internationalste Stadt Nordamerikas, sicher, sauber und sexy: Die meist kurz T. O. (Ti-Ouh) genannte Metropole am Lake Ontario schmücken viele Titel. Die Downtown allein vermag sie abzuräumen. Nicht schlecht für eine Stadt, der Kritiker noch vor 20 Jahren das Temperament einer Schlaftablette bescheinigten.

»Toronto the Good« nannte man sie damals, weil hier rein gar nichts los war. Jean-Paul Sartre sah Toronto gar in einer Reihe mit Timbuktu und Nischni Nowgorod. Wahr, weil nachweisbar ist, dass, wenn seine Bewohner sich amüsieren wollten, diese nach Montréal fuhren. Denn in dem noch bis in die späten 1950er-Jahre durch und durch puritanischen Bollwerk erzkonservativer White Anglo-Saxon Protestants gab es sonntags weder Alkohol noch Entertainment. Ein Beispiel: Noch 1950 ließ das große Kaufhaus Eatons am heiligen Sonntag seine Schaufenster verhängen – um sündiges *window shopping* zu verhindern ...

Doch das ist alles längst Vergangenheit. Die Stadt, die im Schatten des 1759 von den Franzosen übernommenen Fort York begann und 1834 in Toronto (Iroquois für ›Treffpunkt‹) umbenannt wurde, hat heute – nach Miami – den höchsten Einwandereranteil der Welt: Die Hälfte aller Torontonians wurden außerhalb Kanadas geboren. Über 100 Sprachen sind in Toronto zu hören, mehrere Dutzend nicht englischsprachige Zeitungen werden gedruckt. So viel Multikulti färbte zwangsläufig auf die Kulturszene ab: Musicals, Theater, Kleinkunst, Jazz – Toronto gilt nach New York als die produktivste Bühnenstadt Nordamerikas. Vielleicht erlebt Toronto auch gerade deshalb dieser Tage eine beispiellose Architektur-Renaissance.

Toronto ist das wirtschaftliche und finanzielle Zentrum Kanadas. Zugleich verwandelte die farbenfrohe Melange fremder Kulturen die Metropole am Lake Ontario in eine weltoffene, lebensfrohe Stadt, deren Herz am lautesten in den verschiedenen **Neighbourhoods** schlägt.

Jedes dieser von einer Einwanderer- oder anderen sozialen Gruppe geprägten Viertel hat seinen eigenen, unverwechselbaren Charakter. Und über allen wacht der **CN Tower,** Symbol des neuen modernen Toronto, als immer und überall sichtbarer Orientierungspunkt. Die **Downtown** ist Ausgangspunkt fast jeder Entdeckungstour. Die Orientierung ist denkbar einfach. Das auf dem Reißbrett geplante Straßennetz wurde im Schachbrettmuster angelegt. An der vom Lake Ontario aus nordwärts strebenden **Yonge Street** beginnen die Hausnummern der in Ost-West-Richtung verlaufenden Straßen. Der Großteil der Sehenswürdigkeiten liegt in Downtown Toronto, einem in etwa von Spadina Avenue, Bloor Street und Yonge Street begrenzten, auf dem Seeufer ›stehenden‹ Rechteck. Alles ist hier bequem zu Fuß erreichbar. Das Gebiet nördlich der Bloor Street wird **Midtown** genannt, die Gegend westlich der Bathurst Street heißt **West End.** Als **East Side** ist schließlich das Gebiet östlich vom Don Valley Parkway bekannt. Die meisten der Sehenswürdigkeiten außerhalb der Downtown sind mit der Subway zu erreichen.

Am Seeufer

Cityplan: S. 109

Queen's Quay

Noch zu Beginn der 1990er-Jahre erstreckte sich zwischen Front Street und Lake On-

Toronto

(Karte S. 110–111)

Sehenswert
1. Queen's Quay Terminal
2. York Quay Centre
3. Fleck Dance Theatre
4. Power Plant Gallery
5. Ontario Place
6. Historic Fort York
7. CN Tower
8. Ripley's Aquarium of Canada
9. Rogers Centre
10. Scotiabank Arena
11. Maple Leaf Square
12. Roy Thomson Hall
13. Royal Alexandra Theatre
14. Princess of Wales Theatre
15. TIFF Bell Lightbox
16. West Queen West
17. MZTV Museum
18. Four Seasons Centre for the Performing Arts
19. Union Station
20. Fairmont Royal York Hotel
21. Royal Bank Plaza
22. Bank of Montréal Building
23. Brookfield Place
24. Hockey Hall of Fame
25. Dominion Bank Building
26. Trader's Bank
27. Old Royal Bank Building
28. Bank of Nova Scotia Tower
29. Commerce Court
30. Toronto Dominion Centre
31. Bank of Montréal
32. Toronto Stock Exchange
33. Gooderham Building
34. Omni King Edward Hotel
35. St. James Cathedral
36. Toronto's First Post Office
37. Meridian Hall
38. St. Lawrence Market
39. St. Lawrence Hall
40. Distillery Historic District
41. Dundas Square
42. CF Toronto Eaton Centre
43. Old City Hall
44. New City Hall
45. Osgoode Hall
46. Elgin and Winter Garden Theatres
47. Ed Mirvish Theatre
48. Mackenzie House
49. Toronto Police Museum and Discovery Centre
50. Chinatown
51. Kensington Market
52. Art Gallery of Ontario (AGO)
53. Ontario Parliament
54. Royal Ontario Museum (ROM)
55. Gardiner Museum
56. Yorkville Village
57. Bata Shoe Museum
58. Toronto Public Library
59. The Annex
60. Casa Loma
61. Spadina Museum
62. Little Italy
63. Portugal Village
64. Greektown
65. Black Creek Pioneer Village
66. Canada's Wonderland
67. McMichael Canadian Art Collection

Übernachten
1. Pantages Hotel
2. Gladstone House
3. Toronto Marriott City Centre Hotel
4. Hotel Victoria
5. The Drake Hotel
6. Novotel Toronto Centre
7. Chelsea Hotel
8. Bond Place Hotel
9. The Rex Hotel
10. Holiday Inn Toronto Downtown

Essen & Trinken
1. Scaramouche
2. The One Eighty
3. La Fenice
4. Sotto Voce Pasta Bar
5. La Banane!
6. Il Fornello
7. Old Spaghetti Factory
8. El Catrin Destileria
9. Mother's Dumplings
10. Alo

Einkaufen
1. Artscape Youngplace
2. David Mason Books
3. Dragon City
4. Frank and Oak
5. Craft Ontario Shop
6. LCBO Store/ Atrium on Bay
7. Cynthia Findlay Antiques
8. Sonic Boom Music
9. Type Books
10. Holt Renfrew
11. Tom's Place

Abends & Nachts
1. Dominion Pub and Kitchen
2. Lula Lounge
3. Horseshoe Tavern
4. Drake Sky Yard
5. Pilot
6. Vivoli
7. Gabby's
8. The Second City

Fortsetzung S. 112

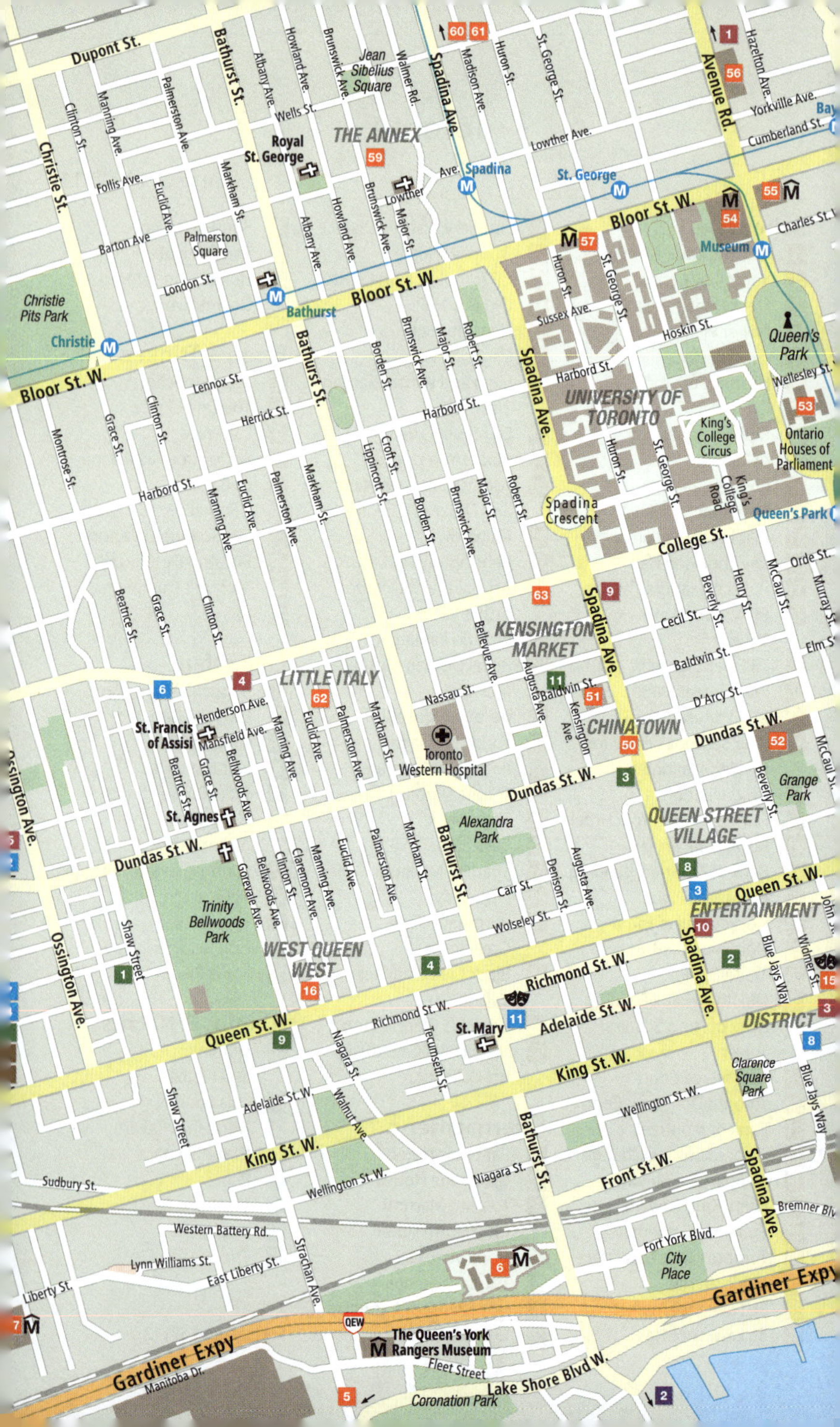
Dupont St.
Bathurst St.
Albany Ave.
Howland Ave.
Brunswick Ave.
Jean Sibelius Square
Walmer Rd.
Spadina Ave.
Madison Ave.
Huron St.
St. George St.
Avenue Rd.
Hazelton Ave.
Yorkville Ave.
Cumberland St.
Bay
60
61
1
56
Clinton St.
Manning Ave.
Palmerston Ave.
Wells St.
Royal St. George
THE ANNEX
59
Lowther Ave.
Spadina
St. George
55
Christie St.
Follis Ave.
Euclid Ave.
Markham St.
Lowther
Major St.
Bloor St. W.
54
Charles St. W
Barton Ave
Palmerston Square
57
Museum
London St.
Christie Pits Park
Bathurst
Sussex Ave.
Hoskin St.
Queen's Park
Christie
Borden St.
Robert St.
Harbord St.
Wellesley St.
Lennox St.
UNIVERSITY OF TORONTO
53
Herrick St.
Lippincott St.
Croft St.
King's College Circus
Ontario Houses of Parliament
Montrose St.
Grace St.
King's College Road
Spadina Crescent
Queen's Park
College St.
Orde St.
63
9
Beatrice St.
Bellevue Ave.
Augusta Ave.
KENSINGTON MARKET
Cecil St.
Beverly St.
Henry St.
McCaul St.
Murray St.
Elm St.
Baldwin St.
6
4
LITTLE ITALY
11
Nassau St.
62
Henderson Ave.
Kensington Ave.
51
D'Arcy St.
St. Francis of Assisi
Mansfield Ave.
CHINATOWN
Dundas St. W.
50
52
Toronto Western Hospital
3
Grange Park
Bellwoods Ave.
St. Agnes
Alexandra Park
QUEEN STREET VILLAGE
Ossington Ave.
Dundas St. W.
Gorevale Ave.
Claremont Ave.
Denison St.
8
3
Queen St. W.
Carr St.
John St.
Trinity Bellwoods Park
Wolseley St.
ENTERTAINMENT
10
Shaw Street
WEST QUEEN WEST
4
2
Blue Jays Way
Widmer St.
1
Richmond St. W.
15
16
Adelaide St. W.
DISTRICT
3
Queen St. W.
9
St. Mary
8
Niagara St.
Tecumseth St.
King St. W.
Clarence Square Park
Adelaide St. W.
Walnut Ave.
Wellington St. W.
Sudbury St.
Front St. W.
Bremner Blvd
Western Battery Rd.
Fort York Blvd.
City Place
Lynn Williams St.
East Liberty St.
Strachan Ave.
6
Gardiner Expy
Liberty St.
7
QEW
The Queen's York Rangers Museum
Fleet Street
Manitoba Dr.
Lake Shore Blvd W.
Coronation Park
5
2

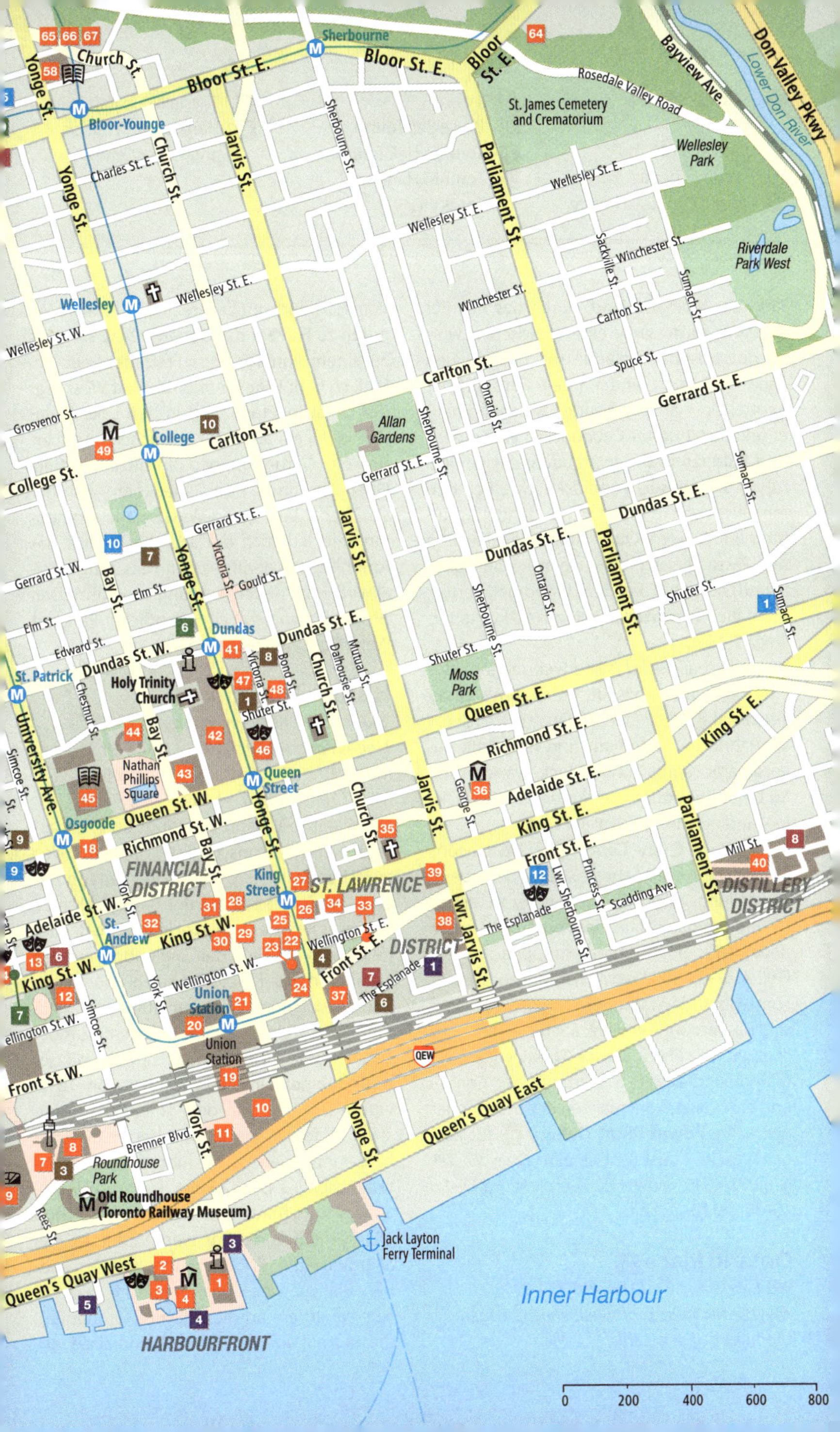

Bloor St. E.
Sherbourne
Church St.
Yonge St.
Bloor-Younge
Rosedale Valley Road
Bayview Ave.
Lower Don River
Don Valley Pkwy
St. James Cemetery and Crematorium
Wellesley Park
Riverdale Park West
Charles St. E.
Church St.
Jarvis St.
Sherbourne St.
Parliament St.
Wellesley St. E.
Wellesley St. W.
Wellesley
Winchester St.
Sackville St.
Sumach St.
Carlton St.
Spruce St.
Gerrard St. E.
Grosvenor St.
College
College St.
Allan Gardens
Ontario St.
Dundas St. E.
Gerrard St. W.
Victoria St.
Gould St.
Bay St.
Elm St.
Shuter St.
Edward St.
Dundas
Dundas St. W.
St. Patrick
University Ave.
Chestnut St.
Holy Trinity Church
Bond St.
Dalhousie St.
Mutual St.
Moss Park
Queen St. E.
Richmond St. E.
King St. E.
Nathan Phillips Square
Queen Street
Simcoe St.
Osgoode
Queen St. W.
Richmond St. W.
George St.
Adelaide St. E.
FINANCIAL DISTRICT
King Street
ST. LAWRENCE
Front St. E.
Mill St.
DISTILLERY DISTRICT
Lwr. Sherbourne St.
Princess St.
Scadding Ave.
The Esplanade
Adelaide St. W.
York St.
St. Andrew
King St. W.
Wellington St. E.
DISTRICT
Lwr. Jarvis St.
Wellington St. W.
Union Station
Front St. W.
QEW
Queen's Quay East
Bremner Blvd.
Roundhouse Park
Old Roundhouse (Toronto Railway Museum)
Rees St.
Jack Layton Ferry Terminal
Queen's Quay West
HARBOURFRONT
Inner Harbour
0
200
400
600
800

Downtown Toronto

- **9** Yuk-Yuk's Comedy Cabaret
- **10** Mysteriously Yours
- **11** Factory Theatre
- **12** Young People's Theatre

Aktiv
- **1** Bruce Bell Tours
- **2** Toronto Heli Tours Inc.
- **3** Toronto Harbour Tours Inc.
- **4** The Tall Ship Kajama
- **5** Harbourfront Canoe and Kayak Centre

---

tario ein Niemandsland, durch das nur der Gardiner Expressway eilte. Inzwischen wurde das trostlose Gelände mit großzügigen Parks revitalisiert, und mit dem Harbourfront Centre, einer ansprechenden Mischung neuer und restaurierter Gebäude, ist ein Freizeit- und Kulturzentrum entstanden, das jährlich rund 4 Mio. Besucher anlockt. Zwischen den metallisch schimmernden Kondominiumtürmen am Queen's Quay laufen Segeljachten und Passagierschiffe ein, legen Ausflugsboote und Oldtimer-Fähren zu den vorgelagerten, autofreien **Toronto Islands** ab (s. Aktiv unterwegs S. 114).

Am Festlandsufer ist derweil zeitgemäßes Entertainment angesagt! Im **Queen's Quay Terminal** **1** (207 Queen's Quay W.), einst ein verwahrlostes Lagerhaus und heute ein unverschämt teurer Kondo-Block, warten rund 30 teure Boutiquen auf Kunden und schicke Restaurants mit Seeblick auf Gäste.

Das **York Quay Centre** **2** (235 Queen's Quay W.) ein paar Schritte weiter beherbergt Ausstellungs- und Theaterräume, in denen die Kulturorganisation **Harbourfront Centre** neue Künstler und Theatertruppen vorstellt (Tel. 416-973-4000, www.harbourfrontcentre.com). Über die Stadtgrenzen hinaus bekannt sind das hier angesiedelte, auf modernen Tanz spezialisierte **Fleck Dance Theatre** **3** (Programm und Tickets s. Harbourfront Centre) und die in einem ehemaligen Kraftwerk untergebrachte **Power Plant Gallery** **4** für zeitgenössische Kunst (231 Queens Quay W., Tel. 416-973-4949, www.thepowerplant.org, Di–So 10–17, Do 10–20 Uhr).

Ontario Place **5**
955 Lake Shore Blvd., Tel. 416-314-9900, www.ontarioplace.com, Teilbereiche wegen Umbauarbeiten geschl.

Vom Harbourfront Centre sind es etwa 40 Minuten zu Fuß auf der Queen's Quay West bis zu einem von Torontos Freizeitangeboten. Südlich vom Lakeshore Boulevard West ragt der **Ontario Place** weit in den Lake Ontario hinein, ein auf drei künstlichen Inseln errichteter Vergnügungspark mit IMAX-Kino, Open-Air-Bühne, verschiedenen Fahrgeschäften, Marina und Wasserpark. Momentan sind lediglich der Jachthafen und das Amphitheatre geöffnet, denn das übrige Areal wird einer neuen Nutzung zugeführt. Den Großteil davon soll ein öffentlicher Park mit Waterfront Trail einnehmen.

Historic Fort York **6**
250 Fort York Blvd., www.fortyork.ca, Ende Mai-Anfang Sept. tgl. 10–17, Anf. Sept.–1. Jan. Mo–Fr 10–16, Sa, So 10–17, 2. Jan.–Mitte Mai Mo–Fr 10–16.30, Sa, So 10–17 Uhr, Eintritt frei

Die Waterfront kann allerdings auch anders und bietet Historisches. Auf halbem Weg zwischen York Quay Centre und Ontario Place liegt, erreichbar auf der Bathurst Street, Torontos Keimzelle. **Historic Fort York** wurde im Jahr 1793 von den Engländern auf den Trümmern des französischen Fort Rouillé errichtet. Vor den Wällen entstand die Siedlung York, welches später in Toronto umbenannt wurde. 20 Jahre danach, während des britisch-amerikanischen Krieges von 1812, wurde das Fort von den Amerikanern zerstört. Im folgenden Jahr eroberten die Engländer im Gegenzug Washington und brannten das Weiße Haus nieder. Fort York wurde wieder aufgebaut und musste aber schon 1814 erneut verteidigt werden, dieses Mal allerdings mit Erfolg. Heute erinnern sieben Blockhäuser, Pulvermagazine und Offiziersquartiere an diesen Krieg. Studenten, die in den Uniformen der Kolonialzeit ge-

Entertainment District

kleidet sind, interpretieren die Geschichte und führen zum Trommelschlag Drillübungen vor.

Entertainment District

Cityplan: S. 109

Die Straßenschilder mit dem Namen des Viertels weisen darauf hin, worum es in diesem Rechteck zwischen Front Street West, Spadina Avenue, Queen Street West und Yonge Street geht. Torontonians und Besucher kommen hierher, um sich zu amüsieren – in Theatersälen, Konzerthallen, Radio- und Fernsehstudios, in Vielzweckhallen und in den zahllosen Bars, Lounges und Musikkneipen.

CN Tower 7

301 Front St. W., Tel. 416-868-6937, www.cntower.ca, tgl. 9–22.30 Uhr, alle Aussichtspunkte (Skypod inklusive) Erw. 53 $, Kinder 6–13 J. 40 $, Kinder 3–5 J. 24 $, Edge Walk ab 195 $

Der 553 m hohe Fernsehturm wurde 1976 nach 40-monatiger Bauzeit fertiggestellt und ist als dritthöchstes frei stehendes Gebäude der Welt das prägende Element der Skyline. Von der obersten Aussichtsplattform, dem **SkyPod** in 447 m Höhe, schweift der Blick über die 800 km² große, zwischen Farmland und Lake Ontario gelegene Megacity. Das **Drehrestaurant** in 351 m Höhe erreicht man in einem gläsernen Aufzug, der an der Außenseite des Turms emporschießt. Beim Essen oder bei einem Drink genießt man das Seepanorama der Waterfront mit den Fährschiffchen zwischen Seeufer und Toronto Islands und den Hunderten von Segelbooten. Auf dem **Glass Floor** in 342 m Höhe verspürt man ein Kribbeln in der Magengegend, da man unter seinen Füßen 113 Stockwerke tief blickt. Hier befindet sich auch die **Outdoor SkyTerrace,** wo man sich den Wind um die Nase wehen lassen kann. Und wenn im Roger's Centre neben dem Turm im Sommer bei geöffneter Kuppel ein Football-Spiel stattfindet, hat man hier einen spektakulären Logenplatz. Die adrenalinhaltigste Attraktion des CN Tower ist jedoch der **Edgewalk:** Dabei kann man, angeseilt und unter Aufsicht, auf einem 150 m langen und nur 1,50 m breiten Gitterrost über dem Drehrestaurant einen Spaziergang im Freien unternehmen – immer nur einen Fußbreit vom Abgrund entfernt. Auf die Frage, warum man sich das antun sollte, gibt es nichts besseres als die gute alte Bergsteigerantwort: einfach weil er da ist, der Edgewalk. Aber: Die Aussicht ist jeden Dollar wert! Der Lake Ontario und die 60-stöckigen Bürotürme der Downtown liegen einem zu Füßen, über einem stochert der Sendeturm des CN Tower in den Wolken herum. Die Sicherheit der Teilnehmer wird natürlich gewährleistet. Zweimal im Jahr kann man auch zu Fuß auf den Turm hinauf: Sportliche Torontonians erklimmen im Frühjahr und Herbst während des CN Tower Stairclimb die 1776 Stufen für wohltätige Zwecke.

Ripley's Aquarium of Canada 8

288 Bremner Blvd., www.ripleyaquariums.com, tgl. 9–23 Uhr, Erw. 44 $, Kinder 6–13 J. 29 $, Kinder 3–5 J. 12,50 $

Zu Füßen des CN Tower eröffnete im Oktober 2013 Kanadas größtes Indoor-Aquarium mit 5,7 Mio. l Wasser auf 12 500 m². **Ripley's Aquarium of Canada** zeigt 16 000 Tiere aus 450 Arten. Die Dangerous Lagoon schickt Besucher im Unterwassertunnel auf eine faszinierende Tour zwischen Haien und Sägefischen. In der Ray Bay schwimmen Stachelrochen an riesigen Glasscheiben vorbei; Planet Jellies zeigt eine der weltweit größten Quallensammlungen. In der Canadian Waters Gallery sind seltene kanadische Tiere wie der blaue Hummer zu sehen.

Roger's Centre 9

1 Blue Jays Way, Tel. 416-341-2770, www.rogerscentre.com, tours@bluejays.com, einstündige geführte Touren, Erw. 16 $, Kinder 5–11 Jahre 10 $

Der 1989 fertiggestellte Skydome neben dem CN Tower wurde 2005 in **Roger's Centre** umbenannt. Die 32 Stockwerke hohe Vielzweckarena mit bis zu 68 000 Plätzen hat ein strahlend weißes Kuppeldach, das mehr als

Downtown Toronto

Aktiv

INSELHÜPFEN IM STADTGEBIET – TORONTO ISLANDS

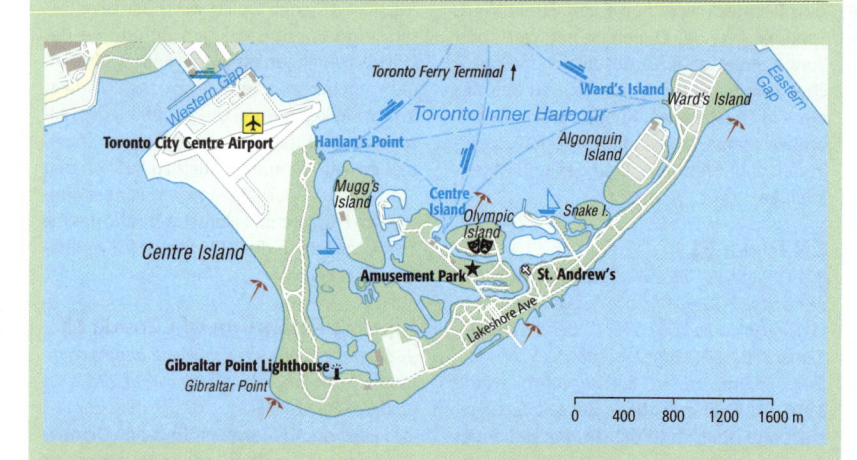

Tour-Infos
Start: Toronto Ferry Terminal, 1 Harbour Sq.
Fähre: Fahrpläne unter Tel. 416-392-8193, https://toronto-islands.ca/ferry-schedule-info (Rückfahrkarte Erw. 8,70 $)

Dauer: 4–5 Std.
Besondere Hinweise: Am schönsten ist der Ausflug im Spätnachmittagslicht. Nach Einbruch der Dunkelheit zeigt sich Torontos hell erleuchtete Skyline von ihrer besten Seite.

Westlich vom Westin Harbour Castle verkehren mehrmals stündlich kleine Fähren zwischen Toronto Ferry Terminal und Hanlan's Point, Centre Island und Ward's Island. Grün und ohne Großstadtlärm, sind die Toronto Islands ein beliebtes Naherholungsziel. Insgesamt 11 km lang und 325 ha groß, laden sie mit Wäldchen, weitläufigen Rasenflächen und Stränden zum Grillen, Picknicken und sonstigem Entschleunigen ein, man spielt Tennis, paddelt oder vergnügt sich auf zahllosen Radwegen. Es gibt einen Jachthafen, einen Vergnügungspark und einen kleinen Bauernhof mit Kinderzoo. Von der Terrasse des Gartenlokals auf **Centre Island** hat man bis spätabends einen ungetrübten Blick auf die Skyline der Downtown. Centre Island richtet im Sommer Festivals und Konzerte aus. Sollten die Warteschlangen an der Centre-Island-Fähre zu lang sein, hilft die Fähre nach **Hanlan's Point,** zum Jachthafen der Inseln. Dort kann man Fahrräder mieten oder mit einer kleinen Bahn fahren, die zwischen den Fährpunkten verkehrt. Sie führt u. a. am **Gibraltar Point Lighthouse** vorbei, einem der ältesten Leuchttürme Ontarios. Die wenigsten Torontonians wissen, dass auf **Ward's Island** ein Dorf mit mehreren hundert Bewohnern existiert. Einige Familien leben schon seit über 100 Jahren hier, andere sind Großstadtflüchtlinge.

Entertainment District

3 ha Fläche überspannt und sich in knapp 20 Min. öffnen lässt. Hier sind das Baseball-Team der Toronto Blue Jays und das Football-Team der Argonauts zu Hause. Welch bedeutende Rolle diese Sportarten im Leben der Kanadier einnehmen, spürt man bei einer Tour durchs Stadion. Mit leuchtenden Augen besichtigen die Fans Spielfeld und Umkleidekabinen. Im Andenkenladen finden Mützen und T-Shirts mit den Emblemen der Mannschaften reißenden Absatz. Zum Komplex gehören auch mehrere Bars und Restaurants sowie das **Toronto Marriott City Centre Hotel** (www.marriott.de). Fans, die ihrer Mannschaft ganz nahe sein wollen, können hier nicht nur übernachten: Als besondere Attraktion hat man die 70 Zimmer des Hotels wie große Waben rings um die 35 m breite Stadionleinwand arrangiert, sodass die Zimmerfenster alle auf das Spielfeld blicken – der perfekte Logenplatz für sportverrückte Hotelgäste.

Scotiabank Arena [10]

40 Bay St., Veranstaltungsplan unter Tel. 416-815-5500, www.scotiabankarena.com

Die 1999 hinter der Union Station eröffnete Vielzweckhalle, Heimat der Spitzenteams der Toronto Maple Leafs (Eishockey) und der Toronto Raptors (Basketball), nimmt sich dagegen relativ bescheiden aus. In einer weitläufigen »Fan Experience Area« kann man u. a. die auf breiten Wänden verewigten Götter des Sports bewundern und versuchen, den Puck persönlich an den besten Keepern im Hockeysport vorbeizuschlenzen.

Maple Leaf Square [11]

15 York St., www.rs.ca

Gleich daneben liegt **Maple Leaf Square,** ein aus zwei Hochhäusern bestehender Gebäudekomplex. Neben Luxusapartments und dem noblen Hotel Le Germain beherbergt er die zweigeschossige Real Sports Bar mit den meisten und größten HD-Screens für Sportübertragungen in Nordamerika. Reizüberflutung? Ach was. Hockey total, und das auch noch im Mutterland des schnellen Sports!

Roy Thomson Hall [12]

60 Simcoe St., Tel. 416-872-4255, https://roy thomsonhall.mhrth.com

An der Ecke Simcoe und King Streets, umgeben von Bürotürmen, setzt die trommelförmige **Roy Thomson Hall** im Wolkenkratzerwald einen augenfälligen Akzent. 1982 eröffnet und 2002 vom Torontoer Architektenbüro KPMB akustisch auf den letzten Stand gebracht, beherbergt sie das Toronto Symphonic Orchestra und den Mendelssohn Choir. In dem 3540 Besucher fassenden Konzertsaal treten ebenfalls Rock- und Popgrößen auf.

Royal Alexandra Theatre und Princess of Wales Theatre

Geht man auf der King Street weiter Richtung Westen, gelangt man nach wenigen Minuten zum **Royal Alexandra Theatre** [13] und zum **Princess of Wales Theatre** [14] gleich daneben. Die beiden Häuser begründeten Torontos Ruf als Musical-Stadt fast im Alleingang und gelten inzwischen als Urgesteine des Unterhaltungsbetriebs der Stadt. (s. Tipp S. 116). Den Bürgersteig davor zieren in diesem Abschnitt rund 130 in den Zement eingelassene Ahornblätter. Sie sind Teil des **Canada's Walk of Fame.** Wer die Namen unter den Ahornblättern aufmerksam studiert, wird feststellen, dass viele berühmte Filmstars nicht aus den USA, sondern aus Kanada stammen.

TIFF Bell Lightbox [15]

350 King St. W., www.tiff.net, tgl. 10–22 Uhr

Ein paar Schritte weiter, an der Kreuzung von King und John Streets, befindet sich das Büro von **KPMB Architects** (322 King St. W.). Auf der gegenüberliegenden Ecke ragt ein Bau des heimischen Architektenbüros von 2010 weiß und zeitgemäß in den Himmel. Die ersten fünf Etagen des **TIFF Bell Lightbox and Festival Tower** nimmt die **TIFF Bell Lightbox** ein, Sitz des Toronto International Film Festival und mit fünf Programmkinos, zwei der Filmkunst gewidmeten Galerien, einer Dachterrasse und zwei Bistros, die sich hervorragend zum Leutebeobachten eignen, ein beliebter Hangout der Torontoer Urbanites.

Tipp

MUSICALSTADT TORONTO

Die Erwartungen waren anfänglich nicht allzu hoch. Wie sollte ein Musical, das auf den Songs der schwedischen Popgruppe Abba basierte, das Licht der Bühnenwelt erblicken können? Dann die Überraschung: Die Nordamerika-Premiere des Musicals »Mamma Mia« im Mai 2000 im **Royal Alexandra Theatre** 13 wurde ein Riesenerfolg. Die Torontonians hielt es nicht auf den Sitzen, sie verwandelten den Saal in eine Tanzhalle und rockten mit dem Ensemble bis lange nach Ende der Show. Heute gehört »Mamma Mia« weltweit zu den erfolgreichsten Musicals und war auch in der Filmversion (2008) ein Riesenhit.

Dabei wäre dem »Royal Alex« das Abba-Musical – und viele andere – um ein Haar entgangen. Anfang der 1960er-Jahre drohte dem 1907 eröffneten Theater, in dem bis dahin Hollywod-Ikonen wie Orson Welles, Mary Pickford, Fred und Adele Astair und die Marx Brothers aufgetreten waren, der Abriss. 1962 übernahm der Geschäftsmann und Mäzen »Honest« Ed Mirvish (1914–2007) jedoch das Royal Alexandra und ließ es in seiner einstigen Pracht wieder auferstehen. Statt auf die Klassiker setzte Mirvish – trotz heftiger Kritik von Theater-Puristen – auf leicht Verdauliches. Heute laufen im »Royal Alex« Produktionen aus London und New York, oft mit internationalen Stars. Häufig werden hier auch aufwendige Produktionen auf ihre Broadway-Tauglichkeit hin getestet (260 King St. W., Tel. 416-872-1212, www.mirvish.com).

Gleich daneben steht das **Princess of Wales Theatre** 14. Mit Geld der Mirvish-Familie als erstes seit 30 Jahren privat finanziertes Theater in Nordamerika erbaut, eröffnete das 2000-Plätze-Theater 1993 mit dem Erfolgsmusical »Lady Saigon« (300 King St. W., Tel. 416-872-1212, www.mirvish.com).

Entlang der Queen Street

Cityplan: S. 109

Einst das Rotlichtviertel der damals ach so properen Puritanerstadt Toronto, ist die Queen Street heute das lifestylige, noch immer leicht verlebte Alter Ego des geschäftigen Financial District. Landesweit als **Queen Street Village** bekannt, ist sie die wohl einzige Straße in Nordamerika, die zugunsten breiterer Bürgersteige schmaler gemacht wurde. Den Besucher erwartet hier ein buntes Sammelsurium von Sexshops, teuren Galerien, Jazzkneipen und Starbuck-Cafés. Das Village der Künstler und Lebenskünstler, wie es früher war, hat sich aufgrund der grassierenden »Yuppisierung«, der Anhebung der Mieten durch kostspielige Renovierungen, in die Gegend westlich der Spadina Avenue verlagert. **West Queen West** 16 heißt dieses weit über die Bathurst Street hinausreichende Viertel, wo Torontos Kunstszene *cutting edge* ist, trendige Hotels wie das Drake und das Gladstone aufgemacht haben, die Ossington Avenue als angesagte Restaurantmeile firmiert und junge Wilde bei visionären Galeristen ihre Werke präsentieren.

Financial District

MZTV Museum [17]
64 Jefferson Ave., Tel. 416-599-7339, www.mztv.com, Di–Fr 14–17 Uhr, Erw. 10 $
Moses Znaimer's **MZTV Museum** im südöstlich liegenden Liberty Village erreicht man am einfachsten per Taxi. Die kurze Fahrt lohnt sich: Der kanadische TV-Pionier zeigt hier über 200 historische TV-Geräte aus seiner Privatsammlung. Zu den Highlights gehören ein auf der Weltausstellung 1939 gezeigter Phantom Teleceiver und ein Magnavox-Fernseher von 1957 aus dem Besitz von Marilyn Monroe.

Four Seasons Centre for the Performing Arts [18]
145 Queen St. W., Tel. 416-363-8231, www.coc.ca
Östlich vom CityTV, bereits im Hochhaus-Bezirk des Financial District, nimmt das **Four Seasons Centre for the Performing Arts** einen ganzen Block ein. Das knapp 200 Mio. Dollar teure Gebäude mit der gläsernen Front wurde von Diamond Schmitt Architects entworfen und vereint die große Tradition der europäischen Opernhäuser mit den neuesten Technologien hinsichtlich Optik und Akustik. Wer zu schnell auf der University Avenue daran vorbeifährt, übersieht es leicht. Doch drinnen wartet zeitlos schönes Design aus Glas und Ahornholz, ohne den sonst für große Opernhäuser typischen Exhibitionismus. Das Four Seasons Centre for the Performing Art ist sowohl Heimat der Canadian Opera Company als auch des National Ballet of Canada.

Financial District

Cityplan: S. 109
Im Quadrat zwischen Front, York, Richmond und Yonge Street, wo es das Tageslicht nur so gerade in die Häuserschluchten schafft, summt und brummt es tagsüber wie in einem Bienenstock. Der Financial District, Resultat des Baubooms der 1970er- und 1980er-Jahre, ist Kanadas Powerhouse: Alle kanadischen Banken haben hier ihr Hauptquartier. Mitten hindurch läuft in Süd-Nord-Richtung die Bay Street, die Wall Street Kanadas.

Union Station [19]
65 Front St. W., www.torontounion.ca
Den Bummel durch diesen beeindruckenden Wald aus Glas und Stahl beginnt man am besten an der **Union Station** am Südrand des Viertels. Der prachtvolle Bahnhof mit dem 15 m hohen Säulenportal wurde 1927 vom Prince of Wales eröffnet. Von den Eisenbahngesellschaften Canadian Pacific und Grand Trunk Railway gebaut, erinnert er nachdrücklich an jenes Verkehrsmittel, das dieses Riesenland einst erschließen half. Nach dem Zweiten Weltkrieg verlor der Bahnhof an Bedeutung. Heute dient er u. a. dem Personenverkehr der Toronto und Montréal verbindenden Via Rail und als Endstation des legendären Canadian, der zwischen Toronto und Vancouver verkehrt. Derzeit wird der Bahnhof unter Einhaltung der Denkmalschutzauflagen für 800 Mio. Dollar modernisiert und durch ein neues Untergeschoss mit Shops und Imbissen erweitert.

Fairmont Royal York Hotel [20]
100 Front St. W., www.fairmont.de
Der zweite Schrein der Eisenbahn-Ära ist das schlossähnliche **Fairmont Royal York Hotel** gegenüber der Union Station. 1929 von Canadian Pacific Railways eröffnet, war das 28 Stockwerke hohe 1000-Zimmer-Luxushotel einst das größte Gebäude des Commonwealth. Seine gut 100 m lange Küche ist die größte Hotelküche des Landes, und die größte Luxussuite ist noch immer dem englischen König vorbehalten. Auch die Lobby des Hotels beeindruckt mit riesigen Lüstern und dicken Marmorsäulen.

Banken
Doch längst wird das Royal York vom Glas und Stahl des Financial District überragt. Verantwortlich waren Stararchitekten wie Mies van der Rohe, Santiago Calatrava und Eberhard Zeidler. Besonders eindrucksvoll sind die goldschimmernden Säulen der **Royal Bank Plaza** [21] (200 Bay St.). Über 7000 kg reines Gold wurden hier zwecks besserer Klimakontrolle in den Glasfassaden verarbeitet.

Einen bemerkenswerten Kontrast dazu bildet das Mitte der 80er-Jahre des 19. Jh. erbaute **Bank of Montréal Building** 22 mit seiner reichen Ornamentik an der Ecke Front und Yonge Street (30 Yonge St.). Mit dem **Brookfield Place** 23 aus Glas und Stahl entstand 1990 um das historische Bankgebäude herum ein neuer Komplex aus zwei Bürotürmen und mehreren 25 m hohen Galerien mit Cafés und Restaurants, der die Fassaden historischer Gebäude, darunter das der alten Wellington Bank, integriert (161–181 Bay St.). Hier ist auch Kanadas Eishockey-Ehrentempel, die **Hockey Hall of Fame** 24, untergebracht. Filme und Memorabilia wie Schläger und Schutzhelme berühmter Spieler dokumentieren hier die Geschichte des kanadischen Nationalsports. In einem schwer gesicherten Safe wird die berühmteste aller nordamerikanischen Eishockey-Trophäen, der Stanley Cup, präsentiert (30 Yonge St., www.hhof.com, Mo–Fr 10–17, Sa 9.30–18, So 10.30–17 Uhr, Erw. 25 $).

An der Kreuzung King und Yonge Streets stehen Torontos erste Hochhäuser: das 1914 errichtete **Dominion Bank Building** 25 (1 King St. W.) mit seiner Marmorhalle und herrlichen Stuckverzierungen, die **Trader's Bank** 26 (67 Yonge St.) von 1905, mit 15 Stockwerken Torontos erster Wolkenkratzer, und das **Old Royal Bank Building** 27 (King St. W./Yonge St.) von 1913 mit griechischen Säulen.

An der Kreuzung von King Street und Bay Street folgen der trapezförmige, 66 Stockwerke hohe **Bank of Nova Scotia Tower** 28 (44 King St. W.) aus rotem Granit sowie die vier Gebäude des **Commerce Court** 29 (King/Bay Sts.). Prachtvoll präsentiert sich die Halle des **Commerce Building** von 1931 mit ihrem Mosaik in Gold und Blau.

Auf der anderen Seite der Bay Street ragen die beiden mattschwarzen Türme des **Toronto Dominion Centre** 30 (66 Wellington St.) empor. Sie bestimmten als erste moderne Wolkenkratzer lange die Skyline der Stadt und wurden zwischen 1963 und 1969 vom einstigen Reißbrett-Avantgardisten Ludwig Mies van der Rohe gebaut. Dazu bildet das mit 72 Stockwerken höchste Bürogebäude Kanadas, die strahlend weiße **Bank of Montréal** 31 (10 King St. W.), einen lebhaften Kontrast. Etwas weiter östlich befindet sich Nordamerikas drittgrößte Börse, die **Toronto Stock Exchange** 32 (130 King St. W.). Im ehemaligen Gebäude der Börse ist heute das Designmuseum **Design Exchange** untergebracht (234 Bay St., www.dx.org, Di–Fr 9–17, Sa, So 12–16.30 Uhr, Erw. 18,50 $).

Old Town

Gooderham Building 33

Östlich der Yonge Street, zwischen Queen Street East und Front Street, nähert man sich dem alten York mit vielen für Torontos Verhältnisse alten Gebäuden. Zu den beliebtesten Fotomotiven der Stadt gehört das **Gooderham Building,** ein keilförmig zulaufender, reizvoller Ziegelbau mit gewölbten Fenstern an der Spitze und einer Wandmalerei auf der Rückseite, die das Gebäude auf der gegenüberliegenden Straßenseite spiegelt. Die Architekturikone wurde 1892 von den Gooderhams erbaut, einer einflussreichen Torontoer Familie, die ihr Vermögen mit den damals in Sichtweite liegenden Destillen im heutigen Distillery Historic District machte (s. S. 119). Im Erdgeschoss ist ein Pub.

Omni King Edward Hotel 34

37 King St. E., www.omnihotels.com
An der Ecke King und Church Streets zeigt das 1903 während der Regierungszeit des englischen Königs Edward VII. erbaute **King Edward Hotel** Flagge. Torontos erstes Grand Hotel ist auch noch heute eine der Topadressen der Stadt. Selbst wenn man hier nicht übernachten möchte, lohnt eine Stippvisite – vielleicht im liebenswert altmodischen Café Victoria.

St. James Cathedral 35

65 Church St., Mo–Fr 7.30–17.30, Sa 9–15, So 7.30–17.30 Uhr
Schräg gegenüber steht die **St. James Cathedral** mit gotischen Kirchtürmen, die für lange Zeit das höchste Gebäude der Stadt war. Es handelt sich um die vierte Kirche der 1797 gegründeten anglikanischen Gemeinde an dieser Stelle. Die dritte brannte 1844 nieder.

Toronto's First Post Office 36
260 Adelaide St. E./George St., Tel. 416-865-1833, www.townofyork.com, Mo–Fr 9–17.30, Sa 10–16, So 12–16 Uhr, Erw. 2 $

Noch weiter nördlich, an Jarvis und Adelaide Street, befindet sich **Toronto's First Post Office.** Mit dem mattschimmernden Wolkenkratzerdschungel im Rücken wirkt das erste Postamt der Stadt besonders surreal. Es wurde 1830 eröffnet und ist übrigens noch immer in Betrieb! Ein Postbeamter in historischer Uniform verkauft Briefmarken und nimmt Postsendungen entgegen. Das Gebäude, in dem das Postamt untergebracht ist, und das der Bank of Upper Canada im gleichen Block sind die einzigen unverändert erhalten gebliebenen Gebäude des alten York und als National Historic Sites eingetragen.

St.-Lawrence-Viertel

Cityplan: S. 109

Zwischen Front Street und Gardiner Expressway liegt das **St.-Lawrence-Viertel.** Hier befinden sich die Geschäfte der Schiffsausrüster, und immer mehr der alten Lagerhallen beherbergen inzwischen Künstlerateliers, Boutiquen, Jazzklubs, Restaurants und Cafés.

Meridian Hall 37
1 Front St. E., Tel. 416-366-7723, 1-800-707-6754, https://tolive.com/Home-Page

An der Ecke Front und Yonge Streets steht Torontos langjähriger Kulturtempel, das frühere Sony Centre for the Performing Arts. Seit dem Umzug seiner berühmtesten Mieter, der Canadian Opera Company und des National Ballet of Canada, in das Four Seasons Centre for the Performing Arts (s. S. 117) konzentriert sich die 3100 Besucher fassende Halle auf Rock- und Pop-Events.

St. Lawrence Market 38
95 Front St. E., Di–Do 8–18, Fr 8–19, Sa 5–17 Uhr

Der belebteste Teil des Viertels konzentriert sich um den **St. Lawrence Market** mit seinen schön restaurierten Hallen beidseits der Front Street, wo Händler und Farmer aus dem Umland ihre Produkte anbieten. Im südlichen Teil hat man Torontos erste City Hall von 1845 integriert. Drinnen blickt man auf die Frontseite des alten Rathauses, in dessen alten Kammern jetzt die **Market Gallery** mit Ausstellungen zur Geschichte Torontos untergebracht ist.

St. Lawrence Hall 39
157 King St. E.

Weiter nördlich, an King und Jarvis Street, steht die **St. Lawrence Hall,** 1850 als Torontos erste öffentliche Versammlungshalle und Veranstaltungsort von Ausstellungen und Konzerten erbaut. Heute ist sie eine National Historic Site, die Räume werden für Hochzeiten, Konferenzen und andere Veranstaltungen genutzt.

Distillery Historic District 40
55 Mill St., www.thedistillerydistrict.com

Ein paar Straßen weiter östlich, Ecke Parliament und Mill Street, hat man im **Distillery Historic District** die alten Brennereien der Gooderham & Worts Distillery aus dem Jahr 1832 restauriert. Der wohl am besten erhaltene Komplex viktorianischer Industriearchitektur in Nordamerika beherbergt angesagte Galerien, Geschäfte, Restaurants und Cafés. Die rotziegelige Kulisse war bereits in etlichen Hollywoodfilmen zu sehen, darunter »Chicago« und »X-Men«.

Auf der Yonge Street stadtauswärts

Cityplan: S. 109

Die vierspurige Yonge Street ist die traditionsreiche Nord-Süd-Achse der Stadt. Elegant ist sie nicht, aber dafür ist sie so belebt wie ein Ameisenhaufen und sie gilt als längste Straße der Welt. Ob das stimmt, mag dahingestellt bleiben – zumindest ist sie die längste Straße der Provinz. Sie beginnt am Lake Ontario und strebt landeinwärts durch Downtown Toronto, wobei sie die Stadt in

Downtown Toronto

West und Ost unterteilt. Nördlich der Stadtgrenze gibt sie die Main Street für mehrere Dutzend Städte und Dörfer und erreicht als Highway 11 über 2000 km später den Lake Superior. Während Toronto um sie herum wuchs, sah sie alle bedeutenden Lokalereignisse. 1861 wurde hier Kanadas erste Straßenbahnlinie eröffnet und Anfang der 1950er-Jahre die erste U-Bahn des Landes. Bis heute finden die großen Paraden, Protest- und Friedensmärsche auf der Yonge Street statt.

Dundas Square 41

Heute ist die Yonge Street das Herz der Downtown. Dort gleicht sie einer Kakophonie kleiner Läden, großer Kaufhäuser und abgerissener Straßenkünstler. Auch die in den letzten Jahren mit viel Neonreklame und einem neuen Park aus Granit vorangetriebene Entwicklung des **Dundas Square** zu einem zweiten Times Square konnte, wie ursprünglich vorgesehen, die kleinen Billigläden nicht restlos vertreiben. Dort gibt es einfach alles: Schallplatten für Sammler, Sexartikel,

Bühne für Straßenmusiker, Heilsbringer und Selbstdarsteller aller Art: die Yonge Street

Auf der Yonge Street stadtauswärts

geschmacklose T-Shirts, Bodybuilding, Flipperspiele, Stereogeräte, skandinavische Möbel, Hunderte verschiedener Nusssorten und ofenfrische Croissants. Wer bis dahin vergebens nach Stadtneurotikern Ausschau gehalten hat, findet sie hier garantiert: Die Palette reicht von Jünglingen, die sich für Jesus halten, bis zu entfesselt trommelnden Punkern und Bankern in grauen maßgeschneiderten Anzügen. Dazwischen, als wollten sie den Besucher auf dem Boden der Realitäten halten, stehen elegante Hotels, Zeitungsverlage – und Torontos berühmtestes Einkaufszentrum.

CF Toronto Eaton Centre 42
220 Yonge St., Tel. 416-598-8560, www.torontoeatoncentre.com, Mo–Sa 10–21.30, So 10–20 Uhr

Das **CF Toronto Eaton Centre** nimmt den gesamten Block zwischen Dundas und Queen Street ein. Das in den 1970er-Jahren von Eberhard Zeidler entworfene Einkaufszentrum beherbergt über 300 Geschäfte, Restaurants und zwei Dutzend Kinos und registriert 1 Mio. Besucher wöchentlich. Hier shoppt auch das Auge mit: Das 244 m lange Glasgewölbe mit umlaufenden Galerien wird von Bäumen, Springbrunnen und Wasserfällen verschönert. Die am Südeingang von der Decke hängende Plastik »Flight Stop« (teils auch als »Flightstop« betitelt) zeigt 60 vom kanadischen Künstler Michael Snow angefertigte Wildgänse im Flug und ist schon seit geraumer Zeit eine eigene Attraktion für Besucher.

Old City Hall 43
60 Queen St. W.

Gleich nebenan wird Toronto regiert. Der Weg zum Sitz des Bürgermeisters führt zunächst an der **Old City Hall** vorbei. Das alte Rathaus, ein humorloser Backsteinbau im neoromanischen Stil, war 1899 fertig und kostete damals astronomische 2,5 Mio. Dollar. Die als Verzierungen angebrachten Figuren sind angeblich Karikaturen damaliger Stadtpolitiker.

New City Hall 44
100 Queen St. W.

1965 wurde gleich daneben die **New City Hall** eingeweiht. Der kühne Entwurf des finnischen Architekten Viljo Revell – zwei gewölbte Türme, die schützend den runden Mittelbau mit dem Ratssaal umschließen – wurde zum Symbol der Aufbruchstimmung in den 1960er-Jahren.

Osgoode Hall 45
130 Queen St. W., Tel. 416-947-3300, www.lsuc.on.ca, Führungen nur Juli/Aug. Mo–Fr 13.15 Uhr

Noch ein paar Meter weiter westlich, schon fast am Rand von Chinatown, trotzt die in einer von gusseisernen Zäunen abgeschirmten Oase liegende **Osgoode Hall** dem Großstadttrubel. Der Eingang ist so konstruiert, dass die damals auf der Queen Street grasenden Kühe nicht hindurchgelangten. Das neoklassizistische Gebäude von 1858 beherbergt mehrere Gerichte, eine juristische Bibliothek und Büros der Law Society of Upper Canada.

Elgin and Winter Garden Theatres 46

189 Yonge St., Tel. 416-314-2871, Führungen Mo 17, Sa 10 Uhr, 10 $

Gegenüber vom Eaton Centre findet man auf der anderen Seite der Yonge Street einen Leckerbissen für Theaterliebhaber: Die **Elgin and Winter Garden Theatres** sind das einzige noch genutzte Doppelstock-Theater der Welt. Das siebenstöckige Gebäude wurde 1913 von der Loew's Vaudeville-Kette errichtet. Beide Theater wurden detailgetreu restauriert. Die Besichtigung beginnt in der Yonge-Street-Lobby des »Elgin«. Der für 1500 Besucher ausgelegte Theatersaal mit seiner üppigen, rotgoldenen Pracht ist nicht weniger eindrucksvoll. Das Winter Garden Theatre darüber präsentiert sich mit einer Saaldecke mit Tausenden echter Buchenzweige und farbigen Laternen, die Säulen sind Baumstämmen nachempfunden. Auch die Wandmalereien, die den Garten-Effekt verstärken, sind echt – die Restaurateure mussten nur die 70 Jahre alte Patina entfernen.

Ed Mirvish Theatre 47

244 Victoria St., Tel. 416-872-1212, www.mirvish.com

Kaum 100 m entfernt, zwischen Yonge und Victoria Streets, befindet sich das 2011 in **Ed Mirvish Theatre** umbenannte Pantages Theatre, ein Vaudeville-Palast mit 2200 Plätzen. Das alte Theater wurde in den 1980er-Jahren durch eine 20 Mio. Dollar teure Renovierung zu ursprünglichem Glanz wiedererweckt. Als das Theater 1920 eröffnet wurde, war es das größte seiner Art im britischen Empire. Man muss keine Vorstellung besuchen, sollte aber wenigstens an einer Führung teilnehmen. Allein das Yonge Street Foyer mit seinen Deckenmalereien und weißen Stuckverzierungen auf pastellfarbenem Grund lohnt den Besuch.

Mackenzie House 48

82 Bond St., Tel. 416-392-6915, Jan.–April Sa, So 12–17, Mai–Sept. Di–So 12–17, Okt.–Dez. Di–Fr 12–16, Sa, So 12–17 Uhr, Eintritt frei

Das **Mackenzie House** war Mitte des 19. Jh. das Stadthaus des ersten Torontoer Bürgermeisters und politisch kontroversen Zeitungsverlegers William Lyon Mackenzie (1795–1861). Das bis hin zu den Gaslaternen detailgetreu restaurierte viktorianische Ziegelhaus wird heute als Museum und Bibliothek genutzt und zeigt u. a. eine Druckerpresse aus dem 19. Jh.

Toronto Police Museum and Discovery Centre 49

40 College St., Tel. 416-808-7020, www.toron topolice.on.ca/museum, Mo–Fr 8.30–16 Uhr, Eintritt frei; alle geführten und selbst geführten Touren müssen im Voraus online gebucht werden

Nur ein paar Schritte von der Yonge Street entfernt liegt das Hauptquartier der Polizei. In dem in der Lobby eingerichteten **Toronto Police Museum and Discovery Centre** informieren Ausstellungen und interaktive Displays über die Fahndungstechniken einer modernen Großstadtpolizei. Highlights sind die Präsentationen berüchtigter Fälle, Uniformen, ein alter Streifenwagen sowie die historische Polizeistation von 1929.

Chinatown und Kensington Market

Cityplan: S. 109

Rund um den Kreuzungsbereich Dundas Street West und Spadina Avenue liegt das wuselige Herz der ältesten der insgesamt fünf Chinatowns Torontos. Das farbenfrohe Ensemble aus exotischen Werbetafeln und Ge-

Chinatown und Kensington Market

Farbenfrohe Häuser spiegeln den bunten Bevölkerungsmix in Kensington Market

müseständen ist eine Welt für sich. Längst hat Torontos **Chinatown** 50 (http://toronto-chinatown.info/) erfolgreiche Unternehmer hervorgebracht, die hier ihr Vermögen gemacht haben, ohne ein Wort Englisch zu sprechen (s. Thema S. 124).

Nur ein paar Straßen weiter, in **Kensington Market** 51 (https://kensingtonmarket.to), geht es kaum weniger geschäftig zu. Noch bis in die 1960er-Jahre hinein war dieses Gebiet an der Spadina Avenue, zwischen College und Baldwin Street, der jüdische Markt. Einwanderer aus allen Teilen der Welt gaben ihm dann ein neues Gesicht. Portugiesische Fischhändler, koschere Schlachter, karibische Gemüse- und Obsthändler und Gebrauchtwarenverkäufer palavern hier mit ihren aus dem Viertel stammenden Kunden – es ist eine babylonische Sprachenvielfalt inmitten des orientalisch anmutenden Straßentrubels.

Daneben gibt es aber gemütliche Ecken, und hinter den alten Buden und Häusern finden sich auch modische Boutiquen und Szene-Bistros. Das Viertel wirkt auf charmante Art verlottert. Viele der alten Häuser sind renovierungsbedürftig, dafür aber umso bunter angemalt. Seit den 1960er-Jahren versuchte die Stadtverwaltung mehrmals, das Gebiet zu sanieren, doch die Einwohner wehrten sich jedes Mal und erreichten 2006 die Erhebung ihres Viertels zur National Historic Site. Größtes Reizthema damals: Die nach langem Hin und Her am Ende erfolgreich abgewehrte Zulassung eines Starbucks-Cafés.

Torontos Chinatown: Fernost unterm CN-Tower

Kanada war nicht immer ein gastfreundliches Einwandererland. Bis nach dem Zweiten Weltkrieg bevorzugten die Einwanderungsgesetze unverhohlen weiße Immigranten aus Westeuropa. Torontos chinesischstämmige Bürger haben sich trotzdem durchgesetzt und sind heute ein fester Bestandteil der Bürgerschaft.

Chinesische Kinos, Anwaltsbüros, Arzt- und Akupunkturpraxen. Banken aus Hongkong unterhalten hier Niederlassungen, aus den Läden schallt Mandarin-Pop. Aus den Lebensmittelgeschäften dringen unbekannte Gerüche. Chinesische Mütter, mit Einkaufstüten und Taschen bepackt, die Kinder im Schlepptau, drängen sich um die Auslagen. Dutzende von Obst- und Gemüsesorten, Meeresfrüchte und Fleischspezialitäten leuchten dort in allen Farben des Regenbogens, dazu knallrote Fische auf zerstoßenem Eis, zartgrüne Wassermelonen, eine Wanne mit lebenden Krebsen, eine Reihe von rötlichbraunen, fettig glänzenden Enten am Spieß …

Die ersten Chinesen kamen gegen Ende des 19. Jh. nach Toronto. Der Bau der Canadian Pacific Railway, der viele als Arbeiter nach West-Kanada gebracht hatte, und auch der Goldrausch am Klondike waren vorüber. In den Stadtarchiven wurde 1878 als erster chinesischer Bürger Torontos ein Sam Ching vermerkt, der an der Adelaide Street Nr. 9 eine Wäscherei betrieb. Um 1900 zählte man um die 200 Chinesen, die 95 Geschäfte besaßen. Auch um 1950 waren es kaum mehr als 4000 chinesische Bürger, denn zwischen 1923 und 1947 verbot der rassistisch gefärbte Chinese Immigration Act den Chinesen die Einwanderung. Trotz ordnungsgemäßer Papiere durften sie nicht wählen und sich politisch betätigen. Auch davor schon wurden die chinesischen Einwanderer diskriminiert. So mussten sie 1885 eine Kopfsteuer (eine Art ›Ausländersteuer‹) von 50 Dollar bezahlen, 1890 waren es 100 Dollar, die dann drei Jahre später schon auf die Summe von 500 Dollar erhöht wurde, nach heutigem Kaufwert immerhin 5000 Dollar. Erst nach der Liberalisierung der Einwanderergesetze in den 1960er-Jahren konnten chinesische Immigranten problemlos einwandern. Die letzte größere Einwanderungswelle kam 1989 vom chinesischen Festland, nach den fehlgeschlagenen Demokratisierungsbestrebungen.

Heute leben und arbeiten die meisten der etwa 500 000 Chinesen über die ganze Stadt verteilt. Die älteste, rund um die Dundas Street liegende Chinatown brummt zu jeder Tages- und Nachtzeit. In den Apotheken gibt es sonderbare Mixturen gegen alle Gebrechen: getrocknete Seepferdchen oder zerstoßene Geweihstangen etwa. In Spezialitätenläden ist alles zu haben, was man auch in Hongkong, China oder Taiwan kaufen könnte, von bestickter Seidenkleidung, Jadeschmuck, Elfenbeinschnitzereien, lackiertem Porzellan, Kunstgegenständen und Räucherstäbchen bis hin zu chinesischem Koch- und Essgeschirr, Bambuskörben und Rattanmöbeln, oft in den bizarrsten Zusammenstellungen. Chinesische Restaurants gibt es natürlich überall in der Stadt, nur sind Speisen und Ambiente hier authentischer, und mitunter räumt der Kellner den Tisch ab, indem er einfach das Tischtuch hebt und das schmutzige Geschirr darin wie in einem Sack abtransportiert.

Queen's Park und Universitätsviertel

Art Gallery of Ontario (AGO) 52
317 Dundas St. W., www.ago.ca, Di, Do 10.30–17, Mi, Fr bis 21, Sa, So bis 17.30 Uhr, Erw. 25 $

Gleich in der Nähe, an der Ecke Dundas und McCaul Streets, liegt die **Art Gallery of Ontario (AGO),** eines der besten Kunstmuseen Nordamerikas mit einer Sammlung von fast 70 000 Exponaten auf über 68 000 m² Ausstellungsfläche. Zu den vielen Kunstschätzen gehören Werke alter europäischer Meister und umfangreiche Sammlungen zeitgenössischer kanadischer Künstler. Ein Höhepunkt ist das Henry Moore Sculpture Centre, mit 131 Skulpturen, 73 Zeichnungen und 689 Drucken die größte Moore-Sammlung der Welt. Die AGO wurde 1900 gegründet und seither ständig erweitert. Nach umfangreichen Erweiterungsarbeiten im Jahr 2008 unter Federführung von Stararchitekt Frank Gehry posiert die AGO mit einer herrlichen, in einen Kokon aus Holz und Stahl gekleideten Außenfassade, die aus dem wuseligen Chinatown herausragt wie der Bug der Titanic, und einem komplett umgestalteten, um mehr als 50 % erweiterten Innenleben.

Queen's Park und Universitätsviertel

Cityplan: S. 109

Regierungsgebäude
Das englische Erbe der einstigen WASP-Bastion zeigt sich nördlich der College Street zwischen Spadina Avenue und Bay Street. **Queen's Park** heißen die gepflegten ovalen Parkanlagen zwischen College und Bloor Streets, der grünen Oase der Downtown. Genauso nennen die Torontonians auch ihre Regierungsgebäude im unteren Teil des Parks. Die mächtigen, rosa schimmernden Gebäude des **Ontario Parliament** 53, zwischen 1886 und 1892 aus Granit und Sandstein erbaut, sind der an puritanischer Strenge nicht zu überbietende Gegenpol zum liberalen Toronto von heute und können besichtigt werden. In den langen Hallen hängen Hunderte von Gemälden kanadischer Künstler (Tel. 416-325-7500, www.ontla.on.ca, im Sommer tgl. 9–16 Uhr, Eintritt frei).

Royal Ontario Museum (ROM) 54
100 Queen's Park, Eingang Bloor Street W., www.rom.on.ca, tgl. 10–17.30 Uhr, Erw. 23 $, Kinder 4–14 J. 14 $

Nur einen Steinwurf vom Queen's Park entfernt steht das **Royal Ontario Museum (ROM).** Früher mit der Universität verbunden, ist das große interdisziplinäre Museum noch immer ein bedeutendes Forschungszentrum. Mit über 6 Mio. Exponaten ist es Kanadas größtes Museum. Zu seinen Schätzen zählt u. a. die wohl umfangreichste Kollektion chinesischer Kunstwerke und Grabschätze außerhalb Chinas. Zum ROM gehört auch die Sigmund Samuel Canadiana Collection mit kanadischen Möbeln und anderen Einrichtungsgegenständen aus dem 18. und 19. Jh. Die als Renaissance ROM bekannte Erweiterung wurde im Jahr 2008 abgeschlossen. Der von Stararchitekt Daniel Libeskind entworfene Michael-Lee-Chin-Crystal, der dem ehrwürdigen ROM übergestülpt wurde wie ein riesiges Glitzerkleid, sowie etliche Modifikationen im Innern des Gebäudes ließen das zuletzt veraltet wirkende Museum zum 21. Jh. aufschließen. Heute gehört der futuristische Eingangsbereich an der Bloor Street zu den meistfotografierten Motiven der Metropole.

Gardiner Museum 55
111 Queen's Park, www.gardinermuseum.on.ca, Mo, Di, Do 10–18, Mi, Fr bis 21, Sa, So bis 17 Uhr, Erw. 15 $, Kinder Eintritt frei

Auf der anderen Straßenseite liegt das herrliche kleine **Gardiner Museum,** Kanadas einziges Museum für Keramikkunst. Es präsentiert u. a. präkolumbische Tonwaren aus Mexiko, fantastische Porzellansammlungen aus dem Europa des 18. Jh. sowie extrem seltenes Porzellan aus China, Japan und Indochina. Dazu veranstaltet das Gardiner Museum auch Ausstellungen internationaler Kreativer, darunter Ai Weiwei, Yoko Ono und Kent Monkman.

Stadtviertel rund um die Downtown

▶ E 11

Wenn die Downtown der Schrittmacher der Stadt ist, dann sind die Neighbourhoods ihr Herz. Die Torontonians kommen hierher, um gut zu essen, sich zu amüsieren, schöner zu wohnen oder um in der ruhigen Nachbarschaftsatmosphäre von der Hektik der Downtown zu verschnaufen.

Midtown

Cityplan: S. 109

Yorkville

Die in Ost-West-Richtung verlaufende **Bloor Street** trennt Downtown von Midtown Toronto. Das nördlich anschließende Stadtgebiet gehört bereits zum urbanen Siedlungsbrei, der als ›Golden Horseshoe‹ rund um das Westende des Lake Ontario wuchert. Bloor Street zwischen Church Street und Spadina Avenue hat sich während der letzten Jahre zu einem zweiten Stadtzentrum entwickelt. Im 19. Jh. war dies die Südgrenze der bis 1883 eigenständigen Stadt **Yorkville.** In den 1960er-Jahren war Yorkville das Haight-Ashbury Kanadas: Liedermacher-Ikonen wie Gordon Lightfoot und Joni Mitchell begannen hier ihre Karriere. Heute ist das Viertel mit den schönen viktorianischen Stadthäusern, begrünten Straßen, Durchgängen und Innenhöfen eine der teuersten Wohn- und Einkaufsadressen Torontos. In der Lifestyle-Mall **Yorkville Village** 56 zwischen Cumberland Court und York Square residieren Nobelmarken wie Vidal Sassoon und Fabiani (87 Avenue Rd., www.yorkvillevillage.com, Mo–Mi 10–18, Do 10–19, Fr, Sa 10–18 Uhr, So 12–17 Uhr). Das luxuriöse **Hazelton Hotel** (118 Yorkville Ave.) gehört als einziges Hotel Torontos den feinen Leading Small Hotels of the World an. Außer schicken Boutiquen gibt es in Yorkville, vor allem an der Yorkville Avenue, exklusive Galerien, Buchläden, Gourmetrestaurants und Straßencafés, die ideal zum *people watching* sind.

Shopper werden also viel laufen, und so macht es irgendwie Sinn, die Erkundung Yorkvilles mit dem Besuch des **Bata Shoe Museum** 57 zu beginnen. Das einer halb geöffneten Schuhschachtel nachempfundene Museum der Bata-Schuhdynastie führt informativ und amüsant durch die Kulturgeschichte des Schuhs. Über 10 000 Schuhe aus mehreren tausend Jahren sind hier ausgestellt, darunter holländische Schmugglerschuhe und die Riesentreter prominenter NBA-Basketballspieler. Sonderausstellungen beschäftigen sich mit Themen wie den einflussreichsten Schuhdesignern des 20. Jh. (327 Bloor St. W., www.batashoemuseum.ca, Mo–Mi, Fr, Sa 10–17, So 12–17, Do 10–20 Uhr, Erw. 14 $, Kinder 5–17 Jahre 5 $).

Toronto Public Library 58
789 Yonge St., www.torontopubliclibrary.ca, Mo–Fr 9–20.30, Sa 9–17, So 13.30–17 Uhr
Ein paar Blocks östlich vom Bata Shoe Museum liegt der stets hektische Kreuzungsbereich von Bloor und Yonge Streets. Hier sollte man sich die von Raymond Moriyama entworfene **Toronto Public Library** ansehen. Der Übergang von der geschäftigen Yonge Street ist gelungen: Im Foyer der Bücherei plätschert beruhigend ein Wasserfall in einen kleinen Pool mit großen Grünpflanzen. Rings um das weitläufige, lichtdurchflutete Atrium ›ranken‹ sich wie Galerien die einzelnen Stockwerke. 1,5 Mio. Bü-

cher birgt die Bibliothek, ein Drittel davon ist für jedermann zugänglich. Freunde klassischer Detektivgeschichten sollten sich den **Arthur Conan Doyle Room** (Di, Do, Sa 14–16 Uhr) nicht entgehen lassen. Hier finden sie die umfangreichste, dem Vater des genialen Detektivs Sherlock Holmes gewidmete Sammlung von Büchern und Manuskripten der Welt.

The Annex 59

Kleine Straßen rund um die Spadina Avenue nördlich der Bloor Street charakterisieren das Viertel **The Annex.** Es ist Torontos begehrteste Adresse für Trendsetter: Yuppies, Rechtsanwälte, die ›Moguln‹ aus der Medien- und Werbeszene – und für betuchte Studenten. Ruhige Alleen und gepflegte Häuser im klassischen Villenstil, oft mit exzentrischen architektonischen Details. Die Bloor Street, die den Südrand des Viertels bildet, bietet in diesem Abschnitt etliche hervorragende Restaurants. Insgesamt gibt es über 130 Speiselokale im Viertel, die Palette reicht von schummrigen Studentenpubs über ethnische Spezialitätenrestaurants bis zu japanischem Fine Dining. Im Annex wurde übrigens damals eine der ersten der zahlreichen Bürgerinitiativen der Stadt gegründet. Sie erreichte u. a., dass hier keine architektonischen Scheußlichkeiten, keine Hochhäuser und Tiefgaragen gebaut wurden.

Casa Loma 60

1 Austin Terrace, www.casaloma.ca, tgl. 9.30–17 Uhr, Erw. 40 $, Jugendliche 14–17 J. 35 $, Kinder 20 $

Am nördlichen Rand des Viertels fügt sich das ordentliche Schachbrettmuster Torontos dem hügeligen Terrain und geht in ein kurvenreiches Layout über. Hoch über den Dächern thront auf dem Spadina Hill Torontos einziges Schloss, die **Casa Loma,** ein Fantasieprodukt von Sir Henry Pellat. Der Selfmade-Millionär und Mittelalter-Fan hatte sein Geld mit Elektrizität von den Niagarafällen gemacht und war 1905 dafür in den Adelsstand erhoben worden. 1911 baute er sich für damals sagenhafte 3 Mio. Dollar eine mittelalterliche Burg, mit Türmen,

Von der römischen Sandale bis zum Plateaustiefel von Elton John zeigt das Bata Shoe Museum alles, was Menschen sich im Laufe der Jahrtausende über die Füße streiften

Stadtviertel rund um die Downtown

Zinnen, einer 20 m hohen Schlosshalle und unterirdischen Gängen. Die 98 Räume waren mit jedem erdenklichen Luxus, einschließlich vergoldeter Wasserhähne, ausgestattet.

Sir Henry hielt Hof für Industriemagnaten, Stars und königliche Hoheiten – bis sich der ganze Zauber doch als eine Nummer zu groß erwies. 1920 konnte Sir Henry seine Steuern nicht mehr bezahlen und musste den Bankrott erklären. Seine Casa Loma wurde von Toronto übernommen. Nach einem kurzen Intermezzo als Hotel wurde die Casa Loma zu einer Touristenattraktion ausgebaut und ist derzeit mit seiner opulent angelegten »Casa Loma Escape Series« ein besonders beliebter Ort für Escape-Room-Fans.

Spadina Museum [61]

285 Spadina Rd., April–Labour Day Di–So 12–17, Labour Day–Jan. Di–Fr 12–16, Sa, So 12–17, Jan.–März Sa, So 12–17 Uhr, nur geführte Touren

Pellat galt bei betuchten Zeitgenossen als neureicher Emporkömmling. Wie das ›alte Geld‹ wohnte, zeigt der Besuch des **Spadina Museum** nebenan. In der eleganten, 1866 von Bankier James Austin erbauten 50-Zimmer-Residenz wuchsen vier Generationen der Bankiersfamilie auf, die u. a. die Toronto Dominion Bank gründete. Die meisten der viktorianischen und edwardianischen Möbelstücke stehen unverändert an ihren Plätzen und vermitteln einen guten Eindruck vom Alltag der damaligen Oberschicht. Eine wichtige Verkehrsader verdankt ihre Existenz übrigens der Freude des Hausherrn an Fernsicht: Um einen ungehinderten Blick auf den Lake Ontario zu haben, ließ er eine breite Schneise durch den Wald schlagen – die heutige Spadina Avenue.

West End

Cityplan: S. 109

Als West End wird das westlich der Bathurst Street anschließende Stadtgebiet bezeichnet. Die besten Straßen ins West End sind Queen Street West und College Street. Dies ist meist trendiges Wohngebiet – und doch mit Start-up-Büros, Galerien und Indie-Boutiquen zu geschäftig, um so genannt zu werden.

Little Italy [62]

Vor allem die kleinen Straßen rund um die College Street haben Neighbourhood-Charakter – dank der Italo-Kanadier, deren meist aus Kalabrien stammende Vorfahren sich nach dem Zweiten Weltkrieg hier niederließen und mit Straßencafés, Gelaterias, Hochzeitsausstattern und zahllosen Restaurants das älteste der über Toronto verstreuten **Little Italys** schufen. Viele dieser Geschäfte und Unternehmen sind bis heute Familienbetriebe und zählen noch immer die alteingesessenen ›Paesani‹ zu ihren Stammkunden. Insbesondere im Kreuzungsbereich von College und Clinton Streets fließen Espresso und Cappuccino in Strömen, duftet es verlockend nach Hummer-Risotto: Hier und in den Stichstraßen wartet die höchste Konzentration italienischer Restaurants in Toronto auf Gäste.

Portugal Village [63]

Südlich der Dundas Street West schließt die mit rund 13 000 Einwohnern größte portugiesische Gemeinde – immerhin gibt es insgesamt gut 350 000 portugiesischstämmige Torontonians – der Stadt an. Die Vorfahren des rund um den Trinity Bellwoods Park konzentrierten **Portugal Village** stammen von den Azoren und aus Madeira. Die Männer kamen in den 1950er-Jahren, später folgten ihre Familien. Inzwischen erlebt auch dieses Viertel ein als Gentrification bezeichnetes Facelifting: Ältere Bürger verkaufen ihre Häuser gut situierten Jungverdienern, die die traditionellen Sportbars und portugiesischen Social Klubs in teure Trendlokale verwandeln. Noch lebt das alte Portugal Village jedoch fort. Vor allem in der Gegend um den Kreuzungsbereich Dundas Street West und Dovercourt Road gibt es noch Tante-Emma-Läden, portugiesische Reisebüros, Fleischer – und einige der besten portugiesischen Restaurants der Stadt, wie das Chiado (864 College St., Tel 416-538-1910, Vorspeisen 10–38 $, Hauptspeisen 35–58 $) und das Bairrada Churrasqueira (1000 College St.,

Tel. 416-539-8239, Vorspeisen 5–22 $, Hauptspeisen 17–60 $).

East End

Cityplan: S. 109

Greektown 64

Die griechische Neighbourhood rund um die Danforth Avenue ist die größte Nordamerikas. Über 150 000 Kanadier griechischer Abstammung leben hier, und so verwundert es nicht, dass **Greektown,** ein kleinstädtisch wirkendes Ensemble aus zweistöckigen Häusern, dunklen Kafenions und in griechischen Farben dekorierten Reisebüros, Bäckereien und Obstständen, als Kulisse für die erfolgreiche Komödie »My Big Fat Greek Wedding« (2002) diente. Mehr als 80 Restaurants rund um die Danforth Avenue bieten Spezialitäten aus der alten Heimat, meist in mit weißen Götterstatuen und griechischen Landkarten angereichertem Ambiente. Im Toronto-Lingo firmiert Greektown auch als »The Danforth«.

Ausflüge von Toronto

Cityplan: S. 109

Black Creek Pioneer Village 65

1000 Murray Ross Parkway, www.blackcreek. ca, Mai–Juni Mo–Fr 9.30–16, Sa, So 11–17, Juli–Labour Day Mo–Fr 10–17, Sa, So 11–17, Labour Day–Dez. Mo–Fr 9.30–16, Sa, So 11–16.30 Uhr, Erw. 15 $, Kinder 5–14 Jahre 11 $
Eine halbe Stunde nordwestlich der Downtown und schon am Rand der Greater Metropolitan Area liegt das **Black Creek Pioneer Village,** ein Museumsdorf, in dem über 40 Häuser des 19. Jh. aus verschiedenen Regionen Ontarios zusammengetragen und restauriert wurden. Keineswegs eine kitschige Verklärung der Vergangenheit zur ›guten, alten Zeit‹, präsentiert das Pioneer Village nicht nur die frühen Tage Ontarios, wie sie wirklich waren, sondern in Wechselausstellungen auch moderne Themen wie den Arbeitsalltag der chinesischstämmigen Torontonians. Inzwischen werden auf dem Gelände auch die in Kanada beliebten »Escape Games« angeboten.

Canada's Wonderland 66

9580 Jane St., Vaughan, Tel. 905-832-8131, www.canadaswonderland.com, Mai–Labour Day tgl., Sept. nur Sa, So ab 10 Uhr, wechselnde Schließzeiten s. Website, Tickets online ab 45 $, Subway bis Yorkdale, weiter mit Go-Bus Linie 60, YRT Linien 4 und 20, TTC Linie 165 A
Ein paar Kilometer weiter nördlich in **Vaughan** liegt **Canada's Wonderland,** das Gegenstück zum US-amerikanischen Disneyland. In dem 150 ha großen Vergnügungspark mit Hunderten von Attraktionen locken ein Fantasieland mit Märchenfiguren und ein Kindertheater kleine Besucher an, und ein Dutzend Riesen-Achterbahnen mit Namen wie »The Bat« und »Skyrider« und seit 2019 auch der nagelneue, den Magen umdrehende »Yukon Striker« buhlen um die Gunst der Älteren.

Darüber hinaus gibt es einen Wasserpark mit Wildwasserfahrten – den Ritt über einen fünfstöckigen Wasserfall eingeschlossen –, einen Salzwasserzirkus mit Seelöwen als Stars, Eiskunstlauf-Shows und Musik-Events mit Top-Entertainern.

McMichael Canadian Art Collection 67

10365 Islington Ave., Kleinburg, Tel. 905-893-1121, www.mcmichael.com, tgl. 10–17 Uhr, Erw. 20 $, Subway bis Islington, weiter mit TTC-Buslinie 37 bis Steele Avenue, dort umsteigen auf YRT Buslinie 13A nach Kleinburg
Inmitten eines bezaubernden, 40 ha großen Landschaftsschutzgebietes, 45 km nördlich der Stadt bei **Kleinburg** (▶ E 11) gelegen, bietet die **McMichael Canadian Art Collection** die beste Einführung in das Kunstschaffen des Vielvölkerstaates Kanada. Insbesondere die Arbeiten der Künstler der Group of Seven, deren mit rauem Pinselstrich hingeworfene Landschaften erstmals eine von Europa unabhängige kanadische Malerei begründeten, fanden hier das passende Umfeld. Im Blockhüttenstil mit massiven, grob behau-

Stadtviertel rund um die Downtown

enen Holzbalken, Feldstein und Glas wurde das Museum architektonisch hervorragend in die Waldlandschaft des Humber River integriert. Außer den Gemälden sind eine umfangreiche Sammlung zeitgenössischer indigener Kunst und Inuit-Skulpturen zu sehen. Gegründet wurde die Galerie 1965 von Robert und Signe McMichael, die ihr Grundstück mit Haus und Kunstsammlung der Provinz Ontario stifteten. Inzwischen ist hier mit mehr als 6000 Exponaten eines der bedeutendsten Kunstmuseen des Landes entstanden. Zum Museum gehört ein hübsches Restaurant, wo man im Sommer auch im Freien sitzen kann.

Infos

Toronto Convention & Visitors Association: 207 Queen's Quay W., Tel. 416-203-2600, 1-800-499-2514, www.destinationtoronto.com.
Ontario Tourism Marketing Partnership Corporation: 10 Dundas St. E., Suite 900, Tel. 1-800-668-2746, www.ontariotravel.net.
www.Toronto.com: Torontos umfangreichster Online City Guide, mit ständig aktualisierten Informationen zu Kunst, Kultur, Attraktionen, Restaurants, Hotels und Veranstaltungen.
www.blogTO.com: Restauranttipps, Rankings, Veranstaltungstipps und News aus den Neighbourhoods.
www.therex.ca: Veranstaltungskalender des Rex, Torontos bester Jazz-Kneipe (s. S. 134) im gleichnamigen Hotel.

Übernachten

www.bbcanada.com: Im Toronto-Kapitel werden B&Bs für jeden Geldbeutel im Großraum Toronto gelistet.
www.vrbo.com: Die amerikanische Seite listet auf ihrer Toronto-Seite zwei Dutzend B&Bs in Toronto und Umgebung.
Die Preisangaben der Hotels enthalten in der Regel das Frühstück.
Grand Old Lady – **The Fairmont Royal York** [20] : 100 Front St. W., Financial District, Tel. 416-368-2511, 1-800-441-1414, www.fairmont.com/royalyork. Das berühmteste Nobelhotel vor Ort, eine Institution: beeindruckende Lobby, viele Geschäfte, Lounges, Restaurants, Cafés, Fitnesscenter, Pool. DZ 280–600 $.
Urbane Coolness – **Pantages Hotel** [1] : 200 Victoria St., Nähe Dundas Square, Tel. 416-362-1777, 855-852-1777, www.pantageshotel.com. Weniger ist mehr: Elegante, in betont einfachem Design gehaltene Suiten in warmen Farben, mit Kitchenettes und See-through-Badezimmern. DZ 200–400 $.
Nostalgischer Charme – **Omni King Edward Hotel** [34] : 37 King St. E., Financial District, Tel. 416-863-9700, 1-888-444-6664, www.omnihotels.com. Torontos ältestes Grand Hotel, liebevoll »King Eddy« genannt, mit hoher Lobby in viktorianischem Glanz. DZ 240–540 $.
Jedes Zimmer eine Überraschung – **Gladstone House** [2] : 1214 Queen St. W., West Queen West, Tel. 416-531-4635, www.gladstonehouse.ca. Schönes altes, umfassend restauriertes Grand Hotel. Dient der Kunstszene des Viertels als Galerie und Event Spot. DZ 240–500 $.
Überm Ballfeld träumen – **Toronto Marriott City Centre Hotel** [3] : 1 Blue Jays Way, Entertainment District, Tel. 416-341-7100, 1-800-237-1512, www.marriott.com. Im ehemaligen SkyDome: das Richtige für Sportbegeisterte, viele Zimmer mit Stadionblick; Café und Restaurant. DZ 220–460 $.
Zentraler geht's nicht – **Hotel Victoria** [4] : 56 Yonge St. (Ecke Wellington St.), Downtown, Tel. 416-363-1666, 1-800-363-8228, www.hotelvictoria-toronto.com. Etwas kleine Zimmer, dafür aber viktorianischer Charme, und viele Attraktionen sind zu Fuß zu erreichen. DZ 200–380 $.
Stilecht im Künstlerviertel – **The Drake Hotel** [5] : 1150 Queen St. W., West End, Tel. 416-531-5042, www.thedrakehotel.ca. Kunstsinniges Boutiquehotel in West Queen West. Designer-Chic in *crash pads* genannten Zimmern, großzügige Lounge, gute Bar, Dachterrasse, Livemusik. DZ 240–480 $.
Strategisch günstig – **Novotel Toronto Centre** [6] : 45 The Esplanade, Tel. 416-367-8900, www.accorhotels.com. 7 Gehminuten zur Union Station, zum CN Tower ein paar Minuten mehr. Innenpool, Fitnesscenter, gute Restaurants direkt gegenüber. DZ 200–400 $.
Verlässlich – **Chelsea Hotel** [7] : 33 Gerrard St. W., Downtown, Tel. 416-595-1975, 1-800-243-5732, www.chelseatoronto.com. Das mit

Adressen

1590 Zimmern größte Hotel des Landes bietet Luxus zu moderaten Preisen. DZ 160–300 $.

Praktische Lösung – **Bond Place Hotel 8** : 65 Dundas St. E., Downtown, Tel. 416-362-6061, 1-800-268-9390, www.bondplace.ca. Attraktives Preis-Leistungs-Verhältnis, guter Standort in Theaternähe, daher frühzeitige Vorausbuchung erforderlich. DZ 170–270 $.

Preisgünstig – **The Rex Hotel 9** : 194 Queen Street W., Tel. 416-598-2475, www.therex.ca. Einfache, aber saubere Unterkunft im Hinterhaus von Torontos legendärer Jazzkneipe. Gute Basis für Tagestouren durch die City. DZ 90–200 $.

Verlässlich – **Holiday Inn Toronto Downtown 10** : 30 Carlton St., Tel. 416-977-6655, www.holidayinn.com. Modernes Hotel der gehobenen Mittelklasse-Marke, fußläufig zu allen Attraktionen im Zentrum. DZ 160–380 $.

Essen & Trinken

Toronto ist mit über 7000 Restaurants eines der kulinarischen Zentren Nordamerikas. Besonders die ethnische Küche ist so vielseitig wie in kaum einer anderen Stadt.

Klassiker – **Scaramouche 1** : 1 Benvenuto Pl., Westend, Tel. 416-961-8011, www.scaramoucherestaurant.com, Mo–Sa 17.30–22 Uhr. Hier trifft sich ›Tout Toronto‹ bei erstklassiger zeitgenössischer französischer Cuisine; besonders zu empfehlen: das unprätentiöse Filet Mignon mit Sauce Bordelaise. Im Haus ist auch das preiswertere The Pasta Bar & Grill! Vorspeisen bis 31 $, Hauptspeisen 34–55 $.

Speisen bei Gehry – **AGO Bistro 52** : Art Gallery of Ontario, Tel. 416-979-6688, www.ago.ca/dine/ago-bistro, Di–Fr 12–14.30, 17.30–22, Brunch Sa, So 11–15 Uhr. Von Stararchitekt Frank Gehry entworfenes Bistro-Restaurant in der AGO. Von den Küchen der Welt inspirierte Bistroküche mit frischen Zutaten der Saison. Vorspeisen 9–21 $, Hauptspeisen 19–24 $.

Mit Fernblick – **The One Eighty 2** : 55 Bloor St. W., Manulife Centre, 51st Floor, Yorkville, Tel. 416-967-0000, www.the51stfloor.com, So–Mi 17–24, Do–Sa 17–2 Uhr. Restaurant, Bar und Lounge in urbanem Design, mit Postkartenblick von der Spitze des Manulife Centre auf Torontos Skyline. Bestelltipp: Panorama Caesar-Salat und Caprese Ravioli. Vorspeisen 16–20 $, Hauptspeisen 22–49 $.

Authentisch-italienisch – **La Fenice 3** : 319 King St. W., Entertainment District, Tel. 416-585-2377, www.lafenice.ca, Mo–Fr 11.30–22, Sa 17–22 Uhr, So geschl. Traditionelle italienische Küche in terrakottafarbenem, von Kerzenlicht erhelltem Ambiente. Köstlich: Carpaccio all'Emiliana und Lamm in Minzsauce! Vorspeisen 4–24 $, Hauptspeisen 19–58 $.

Intime Trattoria – **Sotto Voce & Pasta Bar 4** : 595 College St., Tel. 416-536-4564, www.sottovoce.ca. Relaxte Atmosphäre, traditionelle Gerichte zu bezahlbaren Preisen, vielgelobte Barkeeper – das Sotto Voce ist seit über 20 Jahren eine feste Größe in Little Italy. Vorspeisen 8–18 $, Hauptgerichte 15–30 $.

16 unter 100 – **La Banane 5** : 227 Ossington Ave., Tel. 416-551-6263, www.labanane.ca. Die gelbe Tür in einem sonst eher grauen Abschnitt der angesagten Ossington Avenue ist Ansage genug. An der Theke des munteren 80-Plätze-Restaurants gibt's neben vielen anderen Variationen berühmter Bistrogerichte grandiosen Seebarsch in Mehlschwitze. Und die besten Cocktails zwischen Roncesvalles und Queen Street Village. Der 16. Platz unter Kanadas Top-100-Restaurants ist durchaus verdient! Vorspeise 19–52 $, Hauptspeise 18–42 $.

Das Auge isst mit – **Il Fornello 6** : 214 King Street W., Entertainment District, Tel. 416-977-2855, www.ilfornello.com, Di–Fr ab 11.30, Sa, So ab 12 Uhr. Preisgekröntes, urban-nüchternes Interieur, junge Klientel mit Geld. Elegante Steinofen-Pizzen und ansprechend angerichtete Pastagerichte. Bessere Fleischgerichte als in manchem Steakhouse. Vorspeisen 7–22 $, Hauptspeisen 17–27 $.

Pasta total – **Old Spaghetti Factory 7** : 54 Esplanade, St. Lawrence District, Tel. 416-864-9761, www.oldspaghettifactory.ca, Mo–Do 11.30–22, Fr, Sa 11.30–23, So 11.30–22 Uhr. Uriges, in früherem Lagerhaus untergebrachtes Familienrestaurant, leckere Pasta, große Portionen, 5 Min. vom St. Lawrence Market. Vorspeisen 9–17 $, Hauptspeisen 19–30 $.

Mexico urbano – **El Catrin Destileria 8** : 18 Tank House Ln., Distillery District, Tel. 416-203-2121, www.elcatrin.ca, Mo–Do 11.30–23,

Stadtviertel rund um die Downtown

Fr 11.30–24, Sa 10.30–24, So 10.30–23 Uhr. Traditionelle und moderne Küche aus Mexiko City, einfallsreiche Wandgemälde als Zugabe. Vorspeisen 7–15 $, Hauptspeisen 15–31 $.

Wie bei Mama – **Mother's Dumplings** 9: 421 Spadina Ave., Tel. 416-217-2008, So–Do 11.30–22, Fr, Sa bis 22.30 Uhr. Die beste Hausmannskost in Chinatown. Die Dumplings kommen mit Schwein, Huhn oder vegetarisch, dazu gibt's Tomatensuppe, zubereitet aus richtigen Tomaten, und Green Onion Pancakes. Auch zum Mitnehmen, dann verpasst man aber die schnuckelige Atmosphäre. 8–16 $.

Französisch modern – **Alo** 10: 163 Spadina Ave., Tel. 416-260-2222, www.alorestaurant.com, Di–Sa ab 17 Uhr. Weine von kleinen Weingütern, hervorragende Bedienung und ein wechselndes 10-Gänge-Probiermenü im dritten Stock eines alten Gemäuers. Hat den Michelin-Stern mit Kreationen wie Foie Gras mit Ingwer und Sellerie sowie Hamachi mit Blumenkohl und Piquillo-Paprika verdient. Tasting-Menü 185 $, Weinpaarung 65 $.

Einkaufen

Toronto ist ein Einkaufsparadies ersten Ranges: In der Greater Metropolitan Area buhlen allein über 200 Einkaufszentren um die Gunst der Konsumenten. Die meisten Geschäfte sind Mo–Mi 9.30–18, Do, Fr bis 20 oder 21 und Sa, So 10–17 Uhr geöffnet.

In **Downtown** konzentriert sich der Einkaufsspaß auf mehrere attraktive Brennpunkte. Am populärsten ist das CF Toronto Eaton Centre mit über 300 Geschäften und die unterirdisch angelegte Konsummeile PATH, ein 27 km langes System aus Tunneln und Korridoren mit über 1200 Geschäften, Restaurants und Cafés, Verbindungen zu sechs Hotels und fünf Subway-Stationen. In **Midtown** steht **Yorkville** für exklusive Boutiquen und das Nobelkaufhaus Holt Renfrew (s. S. 134). **West Queen West**

Beliebtes Ausgehviertel mit mediterranem Flair: Little Italy

Adressen

ist bekannt für Ungewöhnliches, für gewagte Avantgarde. Hier wie dort gibt es auch Buch- und Antiquitätengeschäfte. Vintage- und Secondhand-Klamotten findet man am ehesten in den winzigen Boutiquen von **Kensington Market.** Asiatische Importwaren neben altmodischen Damen- und Herren-Schneidereien bietet **Chinatown,** vor allem im Kreuzungsbereich von Spadina und Dundas Street.

Geballte Kunst – **Artscape Youngplace** 1 : 180 Shaw St., Tel. 416-530-2787, www.artscapeyoungplace.ca, Mo–Sa 9–17, So 12–17 Uhr. Über 30 Kreative unter einem Dach und ständig wechselnde Ausstellungen (tgl. 9–21 Uhr) in den Hallway Galleries des Gebäudes. Tolle Vibes, leicht ansprechbare Künstler.

Antiquariat – **David Mason Books** 2 : 366 Adelaide St. W., Downtown, Tel. 416-598-1015, www.davidmasonbooks.com, Mo, Fr n. Vb, Di-Do 10–17, Sa–So geschl. Ein muffig-gemütliches Nest für Liebhaber antiquarischer Bücher!

Chinesisches Einkaufszentrum – **Dragon City** 3 : 280 Spadina Ave., Chinatown, Tel. 416-596-8885, tgl. 9–21 Uhr. Rund 30 Geschäfte und gute Restaurants.

Oberbekleidung – **Frank and Oak** 4 : Women-Filiale: 634 Queen St., Mo–Mi 11–19, Do, Fr 11–20, Sa 10–19, So 10–18 Uhr. Elegante, auch werktags tragbare Damenmode von kanadischen Designern. Frank and Oak Men residiert übrigens ein paar Schritte weiter!

Shoppingkomplex – **The Distillery Historic District** 40 : 55 Mill St. (Ecke Parliament/Mill Street), Tel. 416-364-1177, www.thedistillerydistrict.com. Historischer Industriekomplex aus restaurierten Backsteinlagerhallen mit Kunstgalerien, Ateliers, Boutiquen, Restaurants und Cafés. Ausstellungen, Konzerte und Festivals das ganze Jahr über.

Kunsthandwerk – **Craft Ontario Shop** 5 : 1106 Queen St. W., Tel. 416-921-1721, www.craftontario.com, Mo–Mi 10–18, Do, Fr 10–19, Sa 11–19, So 12–17 Uhr. Verkaufsstelle des Ontario Crafts Council, älteste Galerie für Kunst und Kunsthandwerk der Inuit und anderer Ureinwohner. Im Angebot sind Objekte in allen Preiskategorien – Glas, Keramik, Schmuck, Textilien, Schnitzereien aus Holz und Speckstein.

Weine und mehr – **LCBO Store** 6 : 595 Bay St., Downtown, Tel. 416-979-9978, www.lcbo.com, Mo–Sa 10–22, So 11–18 Uhr. Der von der Provinz betriebene Liquor Store bietet neben internationalen Weinen und Spirituosen eine große Auswahl heimischer Erzeugnisse.

Antikes – **Cynthia Findlay Antiques** 7 : 284 King St. W., Entertainment District, Tel. 416-260-9057, Di–So 10–18 Uhr. Der Schwerpunkt liegt zwar auf Antiquitäten, doch die Hauptattraktion ist der Schmuck, von kostbarem alten Geschmeide bis zu zeitgenössischen Hinguckern.

Vinyl ist cool – **Sonic Boom Music** 8 : 215 Spadina Ave., tgl. 12–20 Uhr, www.sonicboommusic.com. Nach eigenen Aussagen Kanadas größter Independent-Laden für Schallplatten. Und das könnte wahr sein: Der Shop in Chinatown hortet Vinylschätze auf mehreren Etagen!

Bücher – **Type Books** 9 : 883 Queen St. W., Tel. 416-366-8973, www.typebooks.ca, Mo–Mi 10–18, Do–Sa 10–19, So 11–18 Uhr. Torontos bester Buchladen für kleine Independent-Ver-

Stadtviertel rund um die Downtown

lage. Hier haben die Verkäufer die Bücher tatsächlich auch gelesen.

Nobelkaufhaus – **Holt Renfrew** 10 : 50 Bloor St. W., Yorkville, www.holtrenfrew.com, Mo–Mi, Sa 10–20, Do, Fr 10–21, So 11–19 Uhr. Kanadas traditionsreiches Kaufhaus, im Warenangebot sind sowohl internationales als auch kanadisches Design.

Designer-Schnäppchen – **Tom's Place** 11 : 190 Baldwin St., Kensington Market, Tel. 416-596-0297, www.toms-place.com, Mo–Mi 10–18, Do, Fr 10–19, Sa 9.30–18, So 12–17 Uhr. Der bei der Konkurrenz berühmt-berüchtigte Discounter Tom Mihalik verkauft Designerware bis zu 40 % günstiger. Mitunter steht Tom selbst an der Kasse und gibt noch 10 % mehr Abschlag, wenn ihm der Kunde/die Kundin gefällt.

Abends & Nachts

Das aktuelle Programm der Diskotheken, Bars und Klubs findet man in den Tageszeitungen, auf der täglich aktualisierten Plattform www.blogTO.com und in »Where Toronto« (https://where.ca/ontario/toronto/), einem umfangreichen monatlich erscheinenden Stadtmagazin, das kostenlos in Hotels und Fremdenverkehrsbüros zu haben ist und auch online verfügbar ist. Die Begriffe Nightclub, Lounge und Bar werden unterschiedlich angewandt. Auch die Diskotheken bieten häufig Live-Entertainment.

Tickets: Karten für alle Veranstaltungen sind außer vor Ort auch bei den Verkaufsstellen von **Ticketmaster Canada** erhältlich (u. a. im Roger's Centre, 1 Blue Jays Way, Tel. 416-870-8000, 1-855-985-4357, sowie bei Sunrise Records, 784 Yonge St., Tel. 416-870-8000).

Reduzierte Tickets: Tickets zum halben Preis für den gleichen Tag erhält man bei **T. O. TIX** (T. O. TIX Booth, Dundas Square, Infoline Tel. 416-536-6468, https://totix.ticketpro,ca, Di–Sa 12–18.30 Uhr, So–Mo geschl.)

Gut für den Absacker – **Dominion Pub and Kitchen** 1 : 500 Queen St. E., Tel. 416-366-5555, Mo–Mi 11–24, Do 11–1, Fr 11–2, Sa 10.30–2, So 10.30–24 Uhr. 24 Craft-Beer-Sorten, coole Cocktails und asiatisch inspiriertes Pubfood. Oft Livemusik.

Tolle Stimmung – **Lula Lounge** 2 : 1585 Dundas St., Tel. 416-588-0307, www.lula.ca, Torontos bester Joint für Latin Jazz und Salsa, mit Live-Band und Tänzern, die Schritte lehren.

Die Legende – **Horseshoe Tavern** 3 : 370 Queen St. W., Queen Street Village, Tel. 416-598-4226, www.horseshoetavern.com. Seit über 50 Jahren legendäre Musikbar; Live-Country, Blues, Rock und Pop.

Roots – **The Rex** 9 : 194 Queen St. W., Queen Street Village, Tel. 416-598-2475, www.therex.ca, Mo–Fr 9–24, Sa, So 11–24 Uhr. Seit über 30 Jahren ein Fixpunkt an der Queen Street West, 18 Jazzkonzerte pro Woche.

Ausgehadressen für den Sommer – Wenn die nette Kellnerin einen *pitcher* Sangria bringt, eine randvoll gefüllte Plastikkanne, und vom Nebentisch der Duft gegrillter Shrimps herüberweht, ist Sommer in Toronto. Und wo die lauen Abende am Lake Ontario besser genießen als unter freiem Himmel? Hier drei der schönsten ›Outdoor‹-Adressen: Der **Drake Sky Yard** 4 im Drake Hotel steht für bestes Essen und Trinken hoch über der Queen Street West. Das **Pilot** 5 (22 Cumberland St., Yorkville, Tel. 416-923-5716) betreibt mit dem »Flight Deck« im zweiten Stock eine unprätentiöse Freiluft-Lounge, wo die Torontonians nach Büroschluss chillen‹ Sangria mit Pizza und Pasta und Blick über ein Stück Little Italy: Der Dachgarten des italienischen Restaurants **Vivoli** 6 (665 College St., Tel. 416-536-7575) ist an warmen Sommerabenden unwiderstehlich.

Theater

Landesweit bekannt – **The Second City** 8 : 51 Mercer St., Entertainment District, Tel. 416-343-0011, www.secondcity.com. Torontos legendäre Bühne für Kleinkunst, Komödien, Sketche und Satire.

Talentschuppen – **Yuk-Yuk's Comedy Cabaret** 9 : 224 Richmond St. W., Entertainment District, Tel. 416-967-6431, www.yukyuks.com. Witzige Dinner-Shows mit Amateuren und Profi-Darstellern.

Kurzweilig – **Mysteriously Yours** 10 : im Chelsea Hotel, 33 Gerrard St. W., Tel. 416-486-7469, www.mysteriouslyyours.com. Dinner und Krimi-Komödie, Fr, Sa (manchmal auch Do).

Vielseitig – **Meridian Hall** 37 : 1 Front St. E., St. Lawrence District, Tel. 416-368-6161, www.

tolive.com. Das ehemalige Sony Centre bietet erstklassige Aufführungen: Rock, Pop und Country.

Wunderbar – **Four Seasons Centre for the Performing Arts** 18 : 145 Queen St. W., Financial District, Tel. 416-363-8231, www.coc.ca. Das herrliche Opernhaus Torontos erlebte 2006 seine ersten Aufführungen.

Stiller Star – **Roy Thomson Hall** 12 : 60 Simcoe St., Entertainment District, Tel. 416-872-4255, www.tso.ca. Die für ihre gute Akustik berühmte Konzerthalle ist Heimat des Toronto Symphony Orchestra und richtet auch Popkonzerte aus.

Historisch – **Royal Alexandra Theatre** 13 : 260 King St. W., Entertainment District, Tel. 416-872-1212, www.mirvish.com. Musicals und Broadway-Shows.

Ideal für Musicals – **Princess of Wales Theatre** 14 : 300 King St. W., Entertainment District, Tel. 416-872-1212, www.mirvish.com. Musicals.

Broadway-Repertoire – **The Ed Mirvish** 47 : 244 Victoria St., Downtown, Tel. 416-872-1212, www.mirvish.com. Musicals.

Viele Premieren – **Factory Theatre** 11 : 125 Bathurst St., Entertainment District, Tel. 416-504-9971, www.factorytheatre.ca. Hauptsächlich Stücke moderner kanadischer Dramatiker.

Für ein junges Publikum – **Young People's Theatre** 12 : 165 Front St. E., St. Lawrence District, Tel. 416-862-2222, www.youngpeoplestheatre.ca. Theater für Kinder.

Aktiv

Stadtführungen – **A Taste of the World Walks**: Tel. 416-923-6813, www.torontowalksbikes.com. Geführte Touren durch Torontos vitale ethnische und historische Viertel, u. a. Kensington Market und Old Chinatown, mit Besuch beim Kräuterspezialisten, Tee-Zeremonie und Dim-Sum-Lunch. Wechselnde Treffpunkte und diverse Thementouren. **Bruce Bell Tours** 1 : 110 The Esplanade, Suite 906, Tel. 647-393-8687, www.brucebelltours.ca. Was lag einmal unter diesem Parkplatz? Welche Gangster gingen während der Prohibition in dieser Destille ein und aus? Und welche Persönlichkeit in der Stadtregierung gab ihnen Rückendeckung? Wer mit dem stadtbekannten Dramaturgen, Historiker und anekdotensicheren Kabarettisten Bruce Bell Toronto unter die Füße nimmt, lernt das alte Toronto aus einer völlig neuen Perspektive kennen und kommt garantiert auf seine Kosten.

Hubschrauberrundflüge – **Toronto Heli Tours Inc.** 2 : Billy Bishop Toronto City Airport, Toronto Islands, Tel. 416-203-3280, 1-888-445-8542, www.helitours.ca. Downtown Toronto aus 600 m Höhe!

Bootsexkursionen – **Toronto Harbour Tours Inc.** 3 : 145 Queens Quay W., Tel. 416-203-6994, www.harbourtourstoronto.ca, Mai–Ende Okt. Bootstouren zu den Toronto Islands und anderen Zielen (s. auch Aktiv unterwegs S. 114).

Bootstouren historisch – **The Tall Ship Kajama** 4 : 235 Queen's Quay W., Suite 111, am Seeufer, Tel. 416-203-2322, www.tallshipcruisestoronto.com, Mitte Juni bis Sept. Nostalgische Fahrten mit Schaufelraddampfern

---

Tipp

SZENEVIERTEL RONCESVALLES VILLAGE

Inzwischen hat sich zwischen Roncesvalles Avenue und Lansdowne Avenue, King Street und Dundas Street West ein neues In-Viertel namens **Roncesvalles Village** (www.roncesvallesvillage.ca) etabliert. Die Neighbourhood war früher auch als Little Poland bekannt, nach wie vor findet alljährlich im September das Tausende von Besuchern anziehende Polish Festival statt. Zu einem Nachbarschaftstreff hat sich die Kneipe **Gabby's** 7 (157 Roncesvalles Ave., Tel. 416-533-9000) entwickelt. Hier gibt es nicht nur bestes Pub Grub und Craft Beer, sondern auch die besten Gespräche mit engagierten Locals zu Kunst, Kultur und Lokalpolitik.

Stadtviertel rund um die Downtown

In den Sommermonaten kann man mit dem Kajak die Toronto vorgelagerten Inseln erkunden und dabei spektakuläre Blicke auf die Skyline genießen

und historischen Großseglern auf dem Lake Ontario.
Kayaking – **Harbourfront Canoe and Kayak Centre Toronto** 5 : 283A Queen's Quay W., am Seeufer, Tel. 416-203-2277, 1-800-960-8886, www.paddletoronto.com. Kajak und Kanukurse. Auch geführte Touren.

Termine

Inside Out Toronto Lesbian & Gay Film & Video Festival: 10 Tage Ende Mai/Anf. Juni, www.insideout.ca/initiatives/toronto. Kanadas größtes homosexuelles Filmfestival.
Luminato Festival of the Arts and Creativity: 16 Tage im Juni, https://luminatofestival.com. Die ganze Stadt verwandelt sich in eine Open-Air-Bühne, auf der Musiker, Tänzer und andere Kreative zeigen, was sie können.
Toronto Pride Week: 6 Tage Ende Juni, www.pridetoronto.com. Über 1 Mio. Menschen besuchen jährlich die Paraden und Partys der LGBT-Gemeinde der Stadt.
Toronto Downtown Jazz Festival: 10 Tage Ende Juni/Anf. Juli, www.torontojazz.com. Das zu den besten Jazzfestivals Nordamerikas zählende Event zieht Spitzenmusiker aus der ganzen Welt an.
Toronto International Dragon Boat Race Festival: 2 Tage Ende Juni, www.dragonboats.com. Das Rennen der farbenprächtigen Drachenboote ist der Höhepunkt des Festivals der chinesischen Gemeinde.
Caribana: 14 Tage Ende Juli/Anf. August, www.caribanatoronto.com. Nordamerikas größter karibischer Karneval zieht mit über Downtown Toronto verstreuten Paraden, Partys und Konzerten jährlich mehrere Millionen Besucher an.
Toronto International Film Festival (TIFF): 9 Tage Mitte September, www.tiff.net. Bei dem glamourösen Event werden Filme urauf-

Adressen

Shuttles, die für die Strecke 30–50 Min. benötigen und ihre Passagiere im gewünschten Hotel absetzen (ca. 40–60 $ pro Person). Der **Union Pearson Express** (Tel. 416-869-3600, www.upexpress.com) verbindet Terminal 1 mit der Union Station in Downtown, mit Stopps an den Stationen Bloor und Weston. Die Züge verkehren alle 15 Min., die Fahrt dauert 25 Min. und kostet einfach 12 $ bzw. 9 $ mit Prestocard (www.prestocard.ca). Am schnellsten – und teuersten – ist das Taxi. Die meisten Gesellschaften verlangen eine Pauschale, sie liegt bei ca. 60 $ für die einfache Fahrt.

Bahn: Die Züge der **VIA Rail** (Tel. 1-888-842-7245, www.viarail.ca) fahren von der **Union Station** (65 Front St. W.) aus nach Osten, Westen und in die USA. Vom Bahnhof besteht direkte Anbindung an die Subway. VIA-Rail-Tickets kauft man am besten schon vor Reiseantritt bei der VIA-Vertretung CRD International (Tel. 040-300-616-0, www.crd.de).

Bus: Der Busbahnhof befindet sich an der Ecke Bay und Edward Streets und hat von 5 bis 1 Uhr morgens geöffnet.

Mietwagen: Alle großen Mietwagengesellschaften haben Schalter am Flughafen.

geführt und üben sich Stars und Sternchen in Selbstdarstellung.

Aboriginal Festival: 3 Tage Ende November, www.fortyork.ca. Kanadas stämme stellen sich im **Fort York** (Ankündigungen auf der Website beachten!) mit Pow Wows, Tanzwettbewerben und Filmen vor.

Cavalcade of Lights: Adventszeit, www.toronto.ca. Mit Lightshows, Feuerwerken, Schlittschuhpartys und Beleuchtung bereiten sich die Torontonians auf Weihnachten vor.

Verkehr

Flugzeug: Der **Lester B. Pearson International Airport** (Terminals 1, 3 Tel. 416-247-7678, www.torontopearson.com) liegt im Nordwesten der Metropolitan Area und ist problemlos mit öffentlichen Verkehrsmitteln zu erreichen. Die meisten großen Hotels in Downtown Toronto unterhalten

Fortbewegung in der Stadt

Mit dem eigenen Fahrzeug: Die Rushhour am Morgen und späten Nachmittag und chronischer Parkplatzmangel machen die Erkundung mit dem eigenen Fahrzeug zu einer ermüdenden Angelegenheit. Subway, Busse und die eigenen Füße sind in der Downtown die besten Fortbewegungsmittel.

Öffentliche Verkehrsmittel: Die **Toronto Transit Commission (TTC)** deckt mit Bussen, Straßenbahnen und der Subway den Großraum Toronto optimal ab (www.ttc.ca). Das Ticket für die Subway (Mo-Sa 6–1.30, So 9–1 Uhr) kostet 3,25 $ und gilt auch für Bus und Straßenbahn. Der Tagespass (Day Pass) kostet 12,50 $.

Taxis: Taxis sind reichlich vorhanden, aber teuer; man bestellt sie telefonisch oder winkt sie auf der Straße herbei. Das Taxameter beginnt bei 3,75 $ und addiert alle 190 m bzw. alle 31 Sek. (Ampel, Stau etc.) 0,25 $ hinzu.

Moosonee
Thunder Bay
Sault Ste. Marie
Ottawa
Toronto
Niagara Falls

Kapitel 2

Ontario

Die Bewohner von Ontario bezeichnen sich selbst als Kanadier, dann erst als Ontarians. TROC (›The Rest Of Canada‹) wiederum hält Ontario für konservativ, liberal, spießig und/oder zukunftsgläubig. Tatsächlich ist die Provinz all dies – und gerade deshalb typisch kanadisch. Vor allem ist Ontario mit 15 Mio. Einwohnern die bevölkerungsreichste und die finanzstärkste Provinz des Landes. Doch auch wenn 40 % aller Kanadier in Ontario wohnen: Überbevölkert ist die Provinz deshalb noch lange nicht. Mit 1,07 Mio. km² ist Ontario größer als Spanien und Frankreich zusammen!

Der Name – Ontario ist angeblich ein Iroquois-Wort für ›glitzerndes Wasser‹ – ist gut gewählt: Die Provinz hat rund 250 000 Seen und 60 000 Flüsse, vor allem im dünn besiedelten, drei Autostunden nördlich von Toronto beginnenden Norden, zu dem 80 % der Provinz gerechnet werden. Für Landwirtschaft ungeeignet und von Wäldern und Seen bedeckt, ist diese zum Kanadischen Schild gehörende Wildnis ein Dorado für Outdoorfans. Hier leben kaum 20 % der Ontarians. Die restlichen 80 % wohnen im Süden, die meisten davon im Dreieck zwischen Lake Ontario, Lake Erie und Lake Huron. Hier befindet sich mit dem ›Golden Horseshoe‹ auch das größte Ballungsgebiet des ganzen Landes.

Herrliche Wildnisgebiete wie der raue Pukaskwa National Park am Lake Superior, der wie gemalt an der Georgian Bay gelegene Killarney Provincial Park und der am südlichsten Punkt Kanadas liegende Point Pelee National Park repräsentieren die enorme landschaftliche Bandbreite. Der Algonquin Provincial Park stieg zum Symbol der kanadischen Wildnis auf, und mit den Niagarafällen besitzt die Provinz ein weltberühmtes Naturschauspiel. Weniger bekannt ist Ontario als Schauplatz spannender Episoden der kanadischen Geschichte.

In der Georgian Bay mit ihren rund 30 000 Inseln und Inselchen finden Wasserwanderer noch einsame und romantische Plätzchen

Auf einen Blick: Ontario

Sehenswert

Niagara Falls: Die Niagarafälle im Grenzgebiet zwischen USA und Kanada zählen zu den berühmtesten Naturschauspielen der Erde (s. S. 148).

Algonquin Provincial Park: Mit dichten Wäldern, Sümpfen, Seen, Bären und rund 3000 Elchen gilt der Park als der Inbegriff kanadischer Wildnis (s. S. 180).

Ottawa: Die kanadische Bundeshauptstadt ist auch eine Kulturmetropole und besitzt die meisten Nationalmuseen des Landes (s. S. 200).

Killarney Provincial Park: Mit der von Granitkuppen durchsetzten Seenlandschaft am Nordufer der Georgian Bay hat Mutter Natur ein Meisterstück abgeliefert (s. S. 217).

Fort William Historical Park: Der rekonstruierte Pelzhandelsposten entführt mit kostümiertem Personal in die Zeit der Trapper und Ureinwohner (s. S. 223).

Schöne Routen

Niagara Parkway: Für Winston Churchill war die Straße von Niagara-on-the-Lake nach Niagara Falls die schönste Spazierfahrt der Welt (s. S. 147).

Route 87 von St. Jacobs nach Elora: Hier teilt man sich den Asphalt mit den Pferdekutschen der Alt-Mennoniten (s. S. 165).

Thousand Islands Parkway von Gananoque nach Morristown: Baumbestandene Inselchen mit hübschen Cottages am St.-Lorenz-Strom säumen die Strecke (s. S. 194).

Trans-Canada Highway von Ottawa nach Kenora: Der Weg wird zum Ziel – kaum Gegenverkehr, kraftvolle Landschaften, Fahrvergnügen pur (s. S. 212).

Unsere Tipps

Queenston Heights Restaurant: Der Blick vom Dining Room des an einer Abbruchkante liegenden Restaurants über das Niagara Escarpment ist spektakulär (s. S. 148).

Niagara Glen Nature Area: Die bizarre Felsenlandschaft führt auf eindrucksvolle Weise die gestalterische Kraft des Niagara River vor Augen (s. S. 148).

Point Pelee National Park: Zwischen Sykomoren und Walnussbäumen wandelnd fühlt man sich in südliche Gefilde versetzt (s. S. 156).

Aktiv

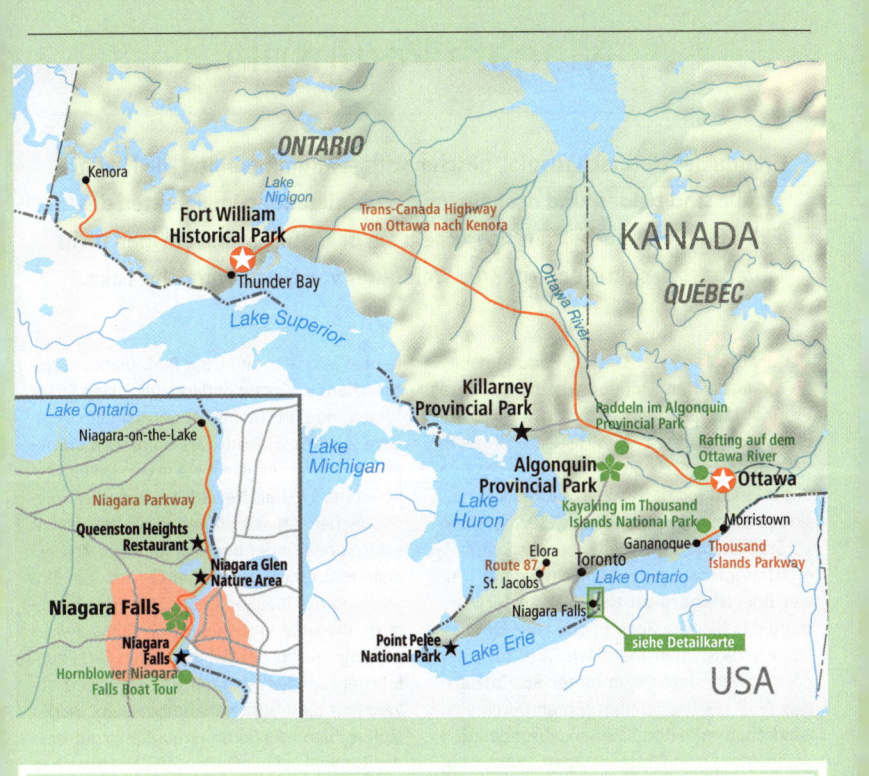

Hornblower Niagara Falls Boat Tour: Die Fahrt mit einem der Ausflugsschiffe von Hornblower mitten ins tosende Inferno bleibt der absolute Höhepunkt jeder Reise zu den Niagarafällen (s. S. 152).

Paddeln im Algonquin Provincial Park: Die mehrtägige Kanutour mit Übernachtung im Freien ist ein unvergessliches Erlebnis, bei dem der Ruf des Eistauchers in der Dämmerung eine Hauptrolle spielt (s. S. 182).

Kayaking im Thousand Islands National Park: Eine Paddeltour ist die schönste Art und Weise, den eigentümlichen Zauber des Insellabyrinths im St.-Lorenz-Strom zu erleben (s. S. 196).

Rafting auf dem Ottawa River: Feucht-fröhlich sind Wildwasserabenteuer auf dem Ottawa River, der bei Beachburg die stärksten Stromschnellen östlich der Rockies aufweist (s. S. 213).

Niagara Peninsula

Grandioses Naturschauspiel, geschmackloser Rummelplatz: Die Niagarafälle sind beides, und deshalb umso faszinierender. Im Schatten des Fälle-Rummels verbergen sich zudem ein paar stille Stars, die man nicht verpassen sollte, darunter die Weingüter von Niagara-on-the-Lake.

Die erste Etappe der Ontario-Rundfahrt bietet bereits einen Höhepunkt: die **Niagara Peninsula.** Dazu fährt man von Toronto auf dem sechsspurigen QEW (Queen Elizabeth Way) rund um den dicht besiedelten Bogen des Lake Ontario nach Süden. Bis Niagara Falls sind es auf direktem Wege etwa 130 km, knapp 1,5 Std. Autofahrt (bei fließendem Verkehr).

Zu empfehlen ist jedoch ein kleiner Umweg über **Niagara-on-the-Lake** an der Mündung des Niagara River in den Lake Ontario. Dazu verlässt man man den QEW an einer der Abzweigungen kurz hinter **St. Catharines** (▶ F 12). Die Straßen führen durch eine Landschaft mit alten Bäumen, ausgedehnten Weinfeldern und Obstplantagen. Dies ist Kanadas berühmteste Weinbauregion.

Der Abstecher lohnt des hübschen Städtchens selbst wegen, aber auch, weil man mit einer Übernachtung in Niagara-on-the-Lake die Fälle ganz entspannt genießen kann. Man lässt den Wagen im etwas südlich gelegenen **Queenston Heights Park** stehen und nimmt den **WeGo-Bus,** der alle 20 Min. diverse Sehenswürdigkeiten in Niagara Falls ansteuert (www.wegoniagarafalls.com, Tagesticket 10 $).

Niagara-on-the-Lake
▶ F 11

Cityplan: S. 145; **Karte:** rechts
Niagara-on-the-Lake 1 (16 300 Einw.) gehört zu den schönsten kleinen Städten Ontarios. Hübsche Parks, makellose alte Villen, von denen viele in B & Bs verwandelt wurden, elegante Geschäfte und gute Restaurants in historischen Gebäuden entlang der Queen Street bieten indes nicht nur Augenschmaus, sondern auch Geschichte. Das Städtchen an der Mündung des Niagara River in den Lake Ontario wurde 1791 als Newark am Ende der amerikanischen Revolution von königstreuen Loyalisten gegründet und war für kurze Zeit die erste Hauptstadt von Upper Canada. Die Einweihung des Welland Canal 1829, der Niagara-on-the-Lake und Queenston flussaufwärts umging, brachte den Schiffsbau des Ortes zum Erliegen. Seitdem sind der Tourismus und der Weinbau die Haupteinnahmequellen. Beides läuft während der Sommermonate so gut, dass der Rummel auf der Queen Street so manchen Besucher an den Touristenauflauf in Niagara Falls erinnert. In den sorgfältig gepflegten Alleen dünnt der Touristenstrom jedoch schnell zu einem Rinnsal aus und man genießt die restaurierten alten Häuser in aller Ruhe.

Fort George National Historic Site 1
Mai–Okt. tgl. 10–17 Uhr, sonst nur Sa, So, Erw. 12,50 $

Im 1812 beginnenden Britisch-Amerikanischen Krieg brannten amerikanische Truppen den auf dem Westufer liegenden Ort nieder, doch seine Bürger bauten ihn schnell wieder auf. Das 1797–1802 erbaute **Fort George** wurde 1813 von den Amerikanern besetzt und ebenfalls zerstört. Originalgetreu rekonstruiert, bietet die Anlage heute als lebendiges Museum spannende Einblicke in das Soldatenleben um 1812. ›Englische Rotröcke‹ exerzieren zum Trommelschlag. In der Kommandantur

Niagara-on-the-Lake

wird eine Lagebesprechung abgehalten, Mägde hantieren in der Küchenbaracke …

Court House [2]
26 Queen St.
Die Hauptstraße Queen Street schwelgt in ›Merry old England‹-Atmosphäre. Wer mag das nicht: Stille, sattgrüne Parks mit Teichen, auf denen Schwäne schwimmen, schöne Stadthäuser und elegante Villen mit penibel gestutzten Rasen – die Erinnerung an die alte Heimat scheint quicklebendig. Sehenswert ist das 1847 mit feldgrauen Ziegeln errichtete **Court House,** das später als Rathaus diente und heute die Polizeistation, die Bibliothek und eines der Theater des Shaw Festival beherbergt.

Niagara Apothecary Shop [3]
5 Queen St., Mitte Mai–Labour Day,
tgl. 12–18 Uhr, Eintritt frei
Ein Schmuckstück ist der **Niagara Apothecary Shop** mit seiner alten Theke aus Walnussholz und den langen Reihen antiker Glasbehälter. Von 1820 bis 1964 in Betrieb, ist dies eine der ältesten Apotheken Kanadas. Seit 1971 als Apothekenmuseum zugänglich, wurde das Innere auf den Stand von 1869 gebracht.

Niagara Historical Society Museum [4]
43 Castlereagh St./Ecke Davy Street, Mai–Okt.
tgl. 10–17, sonst tgl. 13–17 Uhr, Erw. 5 $
Über die Gründer des Städtchens, die sogenannten United Empire Loyalists, informiert das kleine, aber feine **Niagara Historical Society Museum.** Ein weiterer Schwerpunkt liegt auf dem Krieg von 1812.

McFarland House [5]
15927 Niagara Parkway, Tel. 905-468-4943,
Erw. 7 $
Das **McFarland House,** ein georgianisches Backsteinhaus von 1800, liegt außerhalb des Ortes am Niagara Parkway in einem hübschen Park, in dem es sich angenehm picknicken lässt. Das mit kostbaren Empire-Möbeln ausgestattete Innere des Hauses bietet einen guten Eindruck vom Leben der kanadischen Oberschicht des frühen 19. Jh.

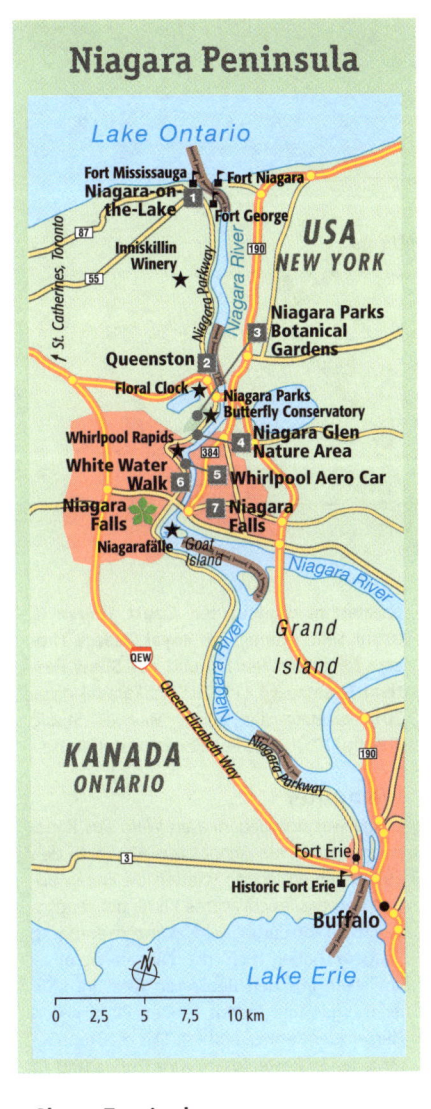

Shaw-Festival
Viele Besucher kommen wegen des **Shaw-Festivals,** das seit 1962 alljährlich stattfindet und international einen guten Ruf genießt. Von April bis Oktober werden in drei Theatern Stücke von George Bernard Shaw und Zeitgenossen gespielt. Es begann mit Shaws »Candida« und »Don Juan« in einem kleinen

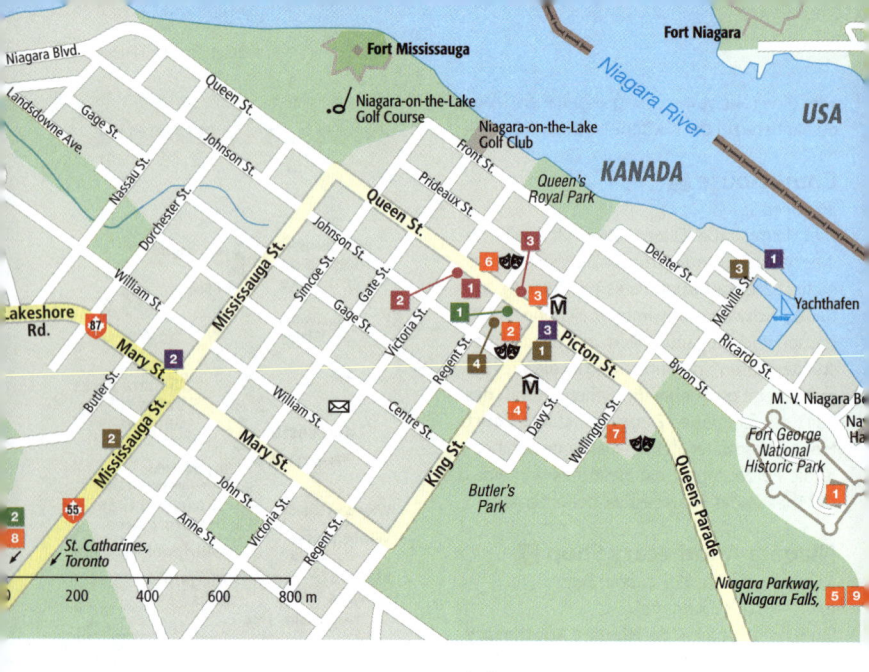

Theater im umgebauten **Court House** (s. oben). Später kamen das **Royal George Theatre** 6 (85 Queen St.) und das **Shaw Festival Theatre** 7 (10 Queen's Parade) dazu. 2014 ersetzte das Jackie Maxwell Studio Theatre (10 Queen's Parade) das Court House.

Weingüter

Lange war der Gedanke an Wein aus Kanada so absurd wie Ananas aus Alaska. In den 1970er-Jahren jedoch wurden die guten Böden und das feuchtwarme Klima der Niagara Peninsula von europäischen Winzern entdeckt. Seitdem haben sich die Niagara-Weine – vor allem aus den Rebsorten Riesling, Müller-Thurgau und Merlot – einen Platz in den Herzen der Kenner erobert. Die meisten Güter laden zu kostenlosem *wine tasting* und zu Führungen über ihre Anwesen ein. Zu den Pionieren zählen die **Trius Winery** 8 (1249 Niagara Stone Rd., Tel. 905-468-7123, www.triuswines.com), die auch ein nettes Café-Restaurant unterhält, sowie das **Weingut Inniskillin** 9 (Niagara Parkway, Tel. 905-510-5537, www.inniskillin.com). Berühmt ist sein mehrfach prämierter Eiswein; er machte die Niagara Peninsula als Weinbauregion bekannt.

Infos

Niagara-on-the-Lake Chamber of Commerce: 26 Queen St., Tel. 905-468-1950, www.niagaraonthelake.com, Mai–Okt. tgl. 10–19.30, sonst tgl. 10–17 Uhr. Informationen zum Ort, unentgeltliche Vermittlung von Unterkünften.

Übernachten

Altehrwürdig – **Prince of Wales Hotel** 1 : 6 Picton St., Tel. 905-468-3246, 1-888-669-5566, www.vintage-hotels.com. Traditionsreiches Hotel (seit 1864), viktorianisches Ambiente mit modernen Annehmlichkeiten wie Spa und Hallenbad. Vornehmes Restaurant mit Weinen der Region. DZ 340–510 $ (NS 210–340 $).

Bezaubernd – **1818 Rising Sun B & B** 2 : 519 Mississauga St., Tel. 905-468-9215. Verträumtes kleines Haus nahe Jackson Triggs Winery und Shaw Festival. Hübscher Garten zum Ausspannen. DZ 120–190 $.

Junges Publikum – **King George III. Inn** 3 : 61 Melville St., Tel. 1-888-438-4444, http://king-george-iii-inn.ontariocahotel.com/en. Einfaches, ruhig gelegenes Gasthaus mit Balkon und Flussblick, gemütliche Zimmer, alle Attraktionen in Laufnähe, Whirlpool Jet Boat Tours im Haus. DZ 120–150 $.

Niagara-on-the-Lake

Sehenswert
1. Fort George
2. Court House
3. Niagara Apothecary Shop
4. Niagara Historical Society Museum
5. McFarland House
6. Royal George Theatre
7. Shaw Festival Theatre
8. Trius Wines at Hillebrand
9. Weingut Inniskillin

Übernachten
1. Prince of Wales Hotel
2. 1818 Rising Sun B & B
3. King George III. Inn
4. Olde Angel Inn

Essen & Trinken
1. The Epicurean Restaurant & Bistro
2. Shaw Café & Wine Bar
3. Corks Winebar & Eatery

Einkaufen
1. BeauChapeau Hat Shop
2. Outlet Collection at Niagara

Aktiv
1. Whirlpool Jet Boat Tours
2. Zoom Leisure
3. Sentineal Carriages

Kleine Fluchten – **Olde Angel Inn** 4 : 224 Regent St., Tel. 905-468-3411, www.angel-inn.com. Gasthaus von 1825 mit gemütlichen Zimmern und hübschem Wintergarten, Restaurant (Lunch 12–17 Uhr, Dinner 17–22 Uhr) und Pub. Beliebt bei Besuchern des Shaw-Festivals, im Sommer unbedingt reservieren. DZ 100–270 $.

Essen & Trinken

Alles frisch – **The Epicurean Restaurant & Bistro** 1 : 84 Queen St., Tel. 905-468-3408, www.epicurean.ca, im Sommer tgl. 17–21, im Winter Mi–So 17–21 Uhr (wegen Theateraufführungen zwischen 17.30 und 19 Uhr reservieren!). Nettes, zeitgemäßes Restaurant mit intimem Patio, beliebt bei Theaterbesuchern, kreative Küche mit thailändischen, französischen und kalifornischen Elementen. Sehr gut: Lachs in Sambal und Zitronengras. Vorspeisen 8–16 $, Hauptspeisen 20–35 $.

Leute-Gucken – **Shaw Café & Wine Bar** 2 : 92 Queen St./Ecke Victoria St., Tel. 905-468-4772, www.shawcafe.ca, tgl. 11–23 Uhr. Europäisch inspiriertes Café-Restaurant mit schöner, zur Queen Street hin ausgerichteter Terrasse, im Gärtchen plätschert ein Springbrunnen. Mediterrane Fusion Cuisine, passend zum Theater-Thema: die Prosciutto-Platte mit Cantaloupe-Melone, danach Basil Linguine. Vorspeisen 12–15 $, Hauptspeisen 18–29 $.

Entspannt – **Corks Winebar & Eatery** 3 : 19 Queen St., Tel. 289-868-9527, www.corksniagara.com, im Sommer So–Do 11–20, Fr, Sa 11–1 Uhr. Lebhafte Essstube mit Straßenterrasse, solide Küche, nach 16 Uhr auch spanische Tapas, große Auswahl lokaler Weine und Biere, an den Wochenenden im Mai und Juni Dinner-Theatre. Vorspeisen 6–14 $, Hauptgerichte 18–28 $.

Einkaufen

Die meisten Galerien, Antiquitätenläden und Modeboutiquen liegen an der Queen Street und ihren Nebenstraßen. Die Preise rangieren im oberen Bereich. Schnäppchenjäger müssen sich bis Niagara Falls gedulden.

Warum nicht? – **BeauChapeau Hat Shop** 1 : 42 Queen St., Tel. 905-468-8011, So–Do 10–17, Fr, Sa bis 18 Uhr. Hier hat man mit 10 000 Kopfbedeckungen eine riesige Auswahl. BeauChapeau bietet alles vom coolen Rokit Porkpie für Heeren bis zum frechen Gigi Bucket für Damen.

Outlet-Shopping – **Outlet Collection at Niagara** 2 : 300 Taylor Rd., Tel. 905-687-6777, www.outletcollectionatniagara.com, Mo–Sa 10–21, So 10–19 Uhr. Kanadas größte Open-Air-Outlet-Mall mit etwa 100 Shops, Food Court und regionalem Farmers' Market.

Aktiv

Bootstouren – **Whirlpool Jet Boat Tours** 1 : 61 Melville St., Tel. 905-468-4800, 1-888-438-4444, www.whirlpooljet.com. Wem Niagara-on-the-Lake zu beschaulich wird, der sollte beim Hotel King George III. Inn (s. S. 144) in eines der dort liegenden **Jet Boats** steigen. Breit,

Niagara Peninsula

Sprühnebel bedeckt die Haut und man versteht sein eigenes Wort nicht mehr, wenn das Ausflugsschiff sich den donnernden Wassern der Niagarafälle nähert

robust und mit mehreren tausend PS ausgerüstet, reiten sie mit ihren Gästen so lange durch die Stromschnellen unterhalb der Niagarafälle, bis alle an Bord nass geworden sind.

Radverleih und geführte Radtouren – **Zoom Leisure** 2 **:** 431 Mississauga St., www.zoomleisure.com, Tel. 905-468-2366, 1-866-811-6993. Leihräder und geführte Touren, u. a. auf dem Parkway nach Niagara Falls und zu den Weingütern der Umgebung. Von Niagara-on-the-Lake begleitet der Niagara River Recreation Trail (im Reiter ›Bike Routes‹ unter http://www.niagaracyclingtourism.com ›Greater Niagara Circle Route‹ anklicken) die Straße bis kurz vor Niagara Falls, mit Picknickplätzen und schönen Blicken auf den Fluss und die Felder.

Kutschfahrten – **Sentineal Carriages** 3 **:** 6 Picton St., Tel. 905-468-4943, www.sentinealcarriages.ca. Man kann das Städtchen auch stilvoll mit der Pferdekutsche erschließen. Die

der ersten Augustwoche. Über aktuelle Events informiert der Online-Veranstaltungskalender der Chamber of Commerce (s. S. 144).

Niagara Parkway

Karte: S. 143

Von Niagara-on-the-Lake verläuft der **Niagara Parkway** über 56 km am Niagara River, der die Grenze zu den USA bildet, entlang bis Fort Erie (s. S. 154). Die Straße führt durch ein ungemein reizvolles Gebiet: Weingärten, Obstplantagen, alte Baumbestände am Flussufer, mit schönem Blick auf die Niagara Gorge, eine tiefe Schlucht, die sich der Niagara gegraben hat. Zu sehen gibt es auch historische Gebäude und Monumente, und weicht man etwas vom Parkway ab, entdeckt man weitere Weingüter. Besonders schön ist die Region im April und Mai, wenn Apfel-, Kirsch- und Pfirsichbäume blühen. Der Landschaftsgürtel, durch den die Straße führt, ist, anders als das US-amerikanische Ufer, seit 1885 Schutzgebiet unter Verwaltung der Niagara Parks Commission – eine Reaktion auf die schon damals wachsenden Klagen über die ausufernde Kommerzialisierung der Wasserfälle.

Queenston ▶ F 12

Nach einer etwa viertelstündigen Fahrt ist das unter alten Eichen und Ulmen fast verborgene Dörfchen **Queenston** 2 erreicht. Hier lohnt ein Besuch der **Mackenzie Heritage Printery,** ein lebendiges Druckereimuseum in der historischen Residenz von Wiliam Lyon Mackenzie. Der Verleger und Redakteur des »Colonial Advocate« war ein radikal-demokratischer Reformer, der die Rebellion von 1837 anführte (1 Queenston St., Tel. 905-262-5676, Anfang Mai–Anfang Sept. tgl. 10–17 Uhr, Erw. 6 $).

Das 64 m hohe **Brock's Monument,** zwischen 1853 und 1856 an der höchsten Stelle des **Queenston Heights Park** errichtet, erinnert an den siegreichen General Isaac Brock, der hier 1812 im Kampf gegen die Amerikaner sein Leben ließ. Von der Spitze der Siegessäule – eine Wendeltreppe mit 250 Stufen führt zu einer engen Aussichtskanzel hinauf – hat man

Touren durch die Altstadt und entlang der Waterfront starten am Prince of Wales Hotel. 30 Min. 105 $, 45 Min. 160 $.

Termine

Das **Shaw Festival** (www.shawfest.com) dominiert den Veranstaltungskalender der Stadt. Daneben gibt es zahlreiche weitere Events. Viele finden auf umliegenden Weingütern statt, z. B. das alljährliche **Trius Jazz at the Winery** in

Niagara Peninsula

einen herrlichen Rundblick über Niagara River, Lake Ontario und das Niagara Escarpment (Mai–Mitte Okt. tgl. 10–17 Uhr, Erw. 4,50 $).

Befindet man sich zur Mittagszeit hier, sollte man zum Lunch mit Aussicht auf den Niagara River in das an einer Abbruchkante liegende **Queenston Heights Restaurant** einkehren (14184 Niagara Parkway, tgl. ab 10 Uhr bis Einbruch der Dunkelheit). Es gibt u. a. Lamm-Burger und gebackene Regenbogenforelle.

Niagara Parks Botanical Gardens 3

2565 Niagara Parkway, Mitte Okt.– März tgl. 10–16, April–Juni 10–17, Juli–Sept. 10–19, Sept.–Anfang Okt. 9–17 Uhr, an Wochenenden länger, Eintritt frei
Etwas weiter südlich von Queenston laden die **Niagara Parks Botanical Gardens** zu einem Spaziergang durch 40 ha gepflegte Blumenrabatten und ein kleines Arboretum ein. Der Rose Garden gehört mit seinen rund 2500 viktorianischen Rosen zu den größten seiner Art in Nordamerika. In der Nähe befindet sich auch die Glaskuppel des modernen **Niagara Parks Butterfly Conservatory** (gleiche Adresse, anderes Gebäude: Eintritt 17 $). Durch einen tropischen Regenwald flattern rund 2000 exotische Schmetterlinge, man begegnet Arten, die sogar schwimmen können.

Niagara Glen Nature Area 4

Landschaftlich reizvolle Pfade von insgesamt 4 km Länge schlängeln sich durch die vor 7000 Jahren entstandene, zerklüftete Senke mit mächtigen, wie von Riesenhand durcheinandergewürfelten Sandsteinfelsen. Nur wenige Touristen machen sich die Mühe, dieses kleine Stück Wildnis mit Laubbäumen und Wildblumen zu erkunden.

Whirlpool Aero Car 5

3850 Niagara Pkwy., Mitte März–Ende Juni tgl. 10–17, Ende Juni– Ende Aug. 9–20, Sept.–Saisonschluss 10–17 Uhr, an Sommerwochenenden länger, Erw. 17 $, Kinder 11,25 $
1 km weiter südlich macht die hier nur noch 137 m breite Niagara Gorge plötzlich einen 90-Grad-Knick. Eine Seilbahn schwingt sich an dieser Stelle über den Whirlpool Rapids genannten kreisrunden Strudel. Die **Whirlpool Aero Car** wurde 1913 von einem spanischen Ingenieur als Touristenattraktion angelegt. Auch wenn man nicht mit der altmodischen roten Gondel der Luftseilbahn fahren will – der Blick von der Hauptstation über die tief eingeschnittene Schlucht lohnt auf jeden Fall.

White Water Walk 6

4330 Niagara Parkway, April–Anfang Nov., Erw. 17 $, Kinder 11,25 $
Ca. 2 km weiter südlich führen an der Whirlpool Bridge ein Aufzug und ein Tunnel zum **White Water Walk** hinab, der auf einer Länge von 300 m über Holzstege an den Stromschnellen entlanggeht. Treppen geleiten zu zwei Aussichtspunkten, wo man dem Wasser nah ist.

❋ Niagara Falls ▶ F 12

Cityplan: S. 150; **Karte:** S. 143
Der Niagara River, der die Seen Erie und Ontario verbindet, gehört mit knapp 60 km Länge und einer Fließgeschwindigkeit bis zu 50 km/h zu den kürzesten und zugleich wildesten Flüssen der Welt. Bei Queenston, 11 km unterhalb der Fälle, begannen vor 12 000 Jahren die riesigen Wasserfälle, die die Ureinwohner *niagara* (›donnerndes Wasser‹) nannten. Damals, als die Gletscher sich zurückzogen, entstand die Niagara-Schichtstufe. Seither sind die Fälle durch die erodierende Kraft des Wassers immer weiter nach Süden gewandert und haben dabei eine tiefe Schlucht, die Niagara Gorge, in die Stufe gegraben. Diese ›Wanderung‹ von etwa 1 m pro Jahr hat sich in den letzten Jahrzehnten jedoch auf nur 10 cm reduziert – seit ein großer Teil des Wassers oberhalb der Fälle für die Elektrizitätswerke abgezweigt wird. Trotzdem fließen stündlich noch immer bis zu 15 Mio m3 Wasser aus dem Lake Erie über die Fälle in den Lake Ontario.

Auf beiden Seiten der Grenze gibt es einen Ort mit Namen **Niagara Falls** 7 . Die Städte sind durch eine internationale Brücke miteinander verbunden. Eine Stippvisite von der kanadischen auf die amerikanische Seite der

Die Fallsüchtigen von Niagara

Seit sie im 19. Jh. für den Tourismus entdeckt wurden, ziehen die Niagarafälle nicht nur Besucher magisch an. Eine bunte Schar von Abenteurern, Ruhmsüchtigen und Lebensmüden versucht bis heute, die Fälle auf eigene Faust zu bezwingen. Manche schafften es. Andere verschwanden für immer im tosenden Wasser.

Die Mutter aller Stuntfrauen: Annie Edson Taylor

Würde man sie nach dem Warum fragen, sie würden sicher die Schultern zucken und dieselbe Antwort geben wie Bergsteiger: »Weil sie da sind …« Als Erster überquerte 1859 ein französischer Drahtseilakrobat, genannt »Der große Blondin«, per Fahrrad die Fälle. Danach nahm er einen Kocher mit auf das schwankende Seil, bereitete in schwindelnder Höhe ein Omelett zu und ließ es sich mit einem Glas Wein schmecken. Zum Finale trug er dann noch seinen Manager auf dem Rücken über die ›donnernden Wasser‹. Dies war der Startschuss zu immer tollkühneren Stunts.

Annie Edson Taylor, eine Tanzlehrerin aus Michigan, ließ sich 1901 – letztlich eher unfreiwillig – als erster Mensch in einem Fass über die Fälle treiben: In letzter Minute wollte sie ihr Vorhaben rückgängig machen, aber ihre Helfer kappten die Halteseile. Sie überlebte den Höllensturz. Ihre Nachfolger begannen nun in oft kuriosen Gefährten und Behältern den Sturz über die Fälle – nicht selten mit tödlichem Ausgang. 1920 band Charles Stephens sich in einem hölzernen Fass fest. Nur sein rechter Arm wurde in dem Behältnis gefunden. George Stathakis, ein griechischer Kellner, erstickte 1930, nachdem sein Fass 14 Stunden hinter den Fällen steckenblieb.

Solche riskanten Abenteuer sind seit 1912 verboten. Trotzdem muss die Polizei immer noch Waghalsige von ihrem Vorhaben abbringen. Und manche lassen sich auch nicht durch die hohen Strafen von ihrem publicityträchtigen Auftritt abhalten. David Munday, ein kanadischer Automechaniker, ließ sich 1985 in einem doppelwandigen, gepolsterten Metallfass über die Fälle treiben. Er war der siebte, der überlebte und wurde mit einer Strafe von 500 Dollar belegt. 1990 hob die Niagara Parks Commission das Strafgeld auf 10 000 Dollar an, doch echte daredevils schreckt das nicht ab. David Munday schaffte im September 1993 den zweiten erfolgreichen Abgang über die Fälle, natürlich von seinen Helfern mit der Videokamera gefilmt. Jessie Sharp aus Tennessee hatte 1989 weniger Glück. Er versuchte es mit dem Kajak – und verschwand spurlos. Am 18. Juni 1995 gelang einem Barmixer aus Rhode Island, Steven Trotter, sein zweiter Sturz über die Fälle, diesmal mit Gefährtin, Lori Martin, einer Kellnerin aus Georgia. Beide überlebten. Und am 15. Juni 2012 überquerte der Akrobat Nik Wallenda die Fälle auf einem Drahtseil von Amerika nach Kanada.

Neben diesen waghalsigen Aktionen gab es auch unbeabsichtigte Wahnsinnsreisen. Am spektakulärsten war wohl die des siebenjährigen Roger Woodward, der 1961 nach einem Bootsunglück auf dem oberen Niagara River, glücklicherweise mit einer Schwimmweste bekleidet, über die Fälle getrieben wurde. Nach seinem Fünfzigmetersturz wurde er vom Kapitän der »Maid of the Mist« wohlbehalten aus dem Wasser gefischt. Wie der kleine Junge das tosende Inferno überleben konnte, ist bis heute ein Rätsel.

Niagara Falls

Sehenswert
1. Horseshoe Falls
2. Table Rock House
3. Skylon Tower
4. IMAX Theatre & Daredevil Gallery

Übernachten
1. Sheraton Fallsview
2. Crowne Plaza Hotel
3. Travelodge by Wyndham Niagara Falls Fallsview
4. Niagara Falls KOA Campground

Essen & Trinken
1. AG Inspired Cuisine
2. Elements on the Falls
3. The Watermark

Einkaufen
1. Angie Strauss Gallery

Abends & Nachts
1. Club Seven
2. Strike Rock N'Bowl

Aktiv
1. Hornblower Niagara Cruises
2. Niagara Helicopters

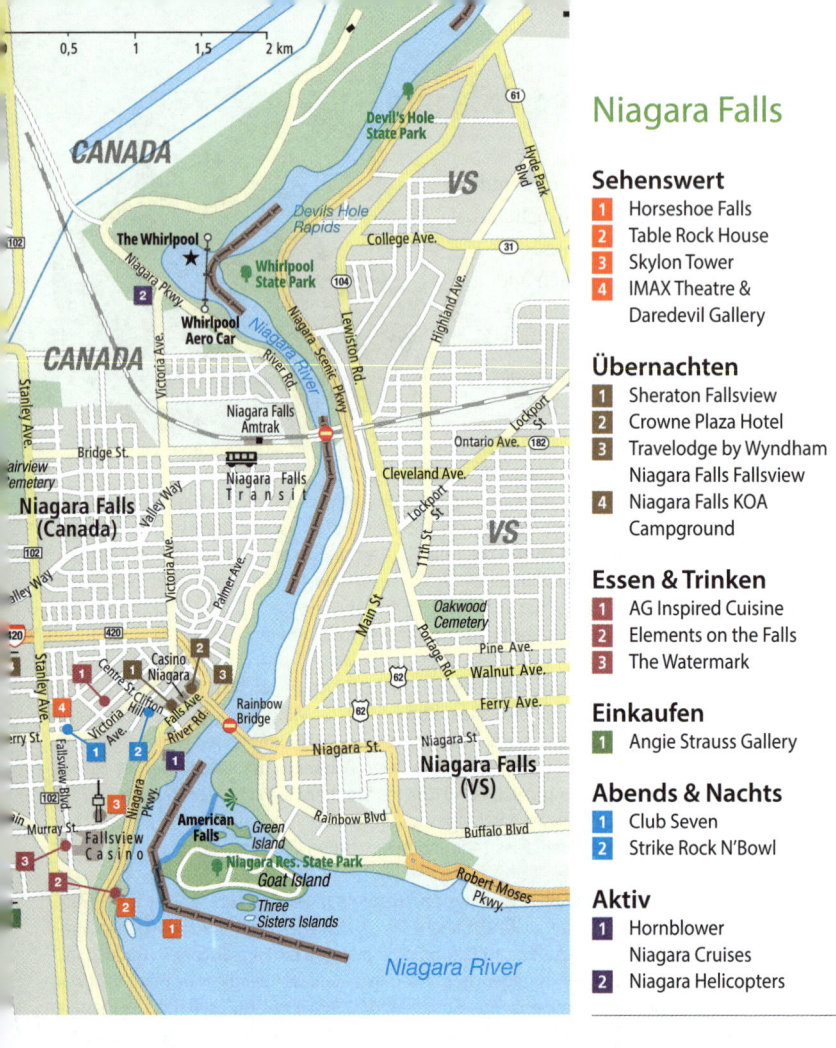

Fälle ist problemlos möglich, jedoch muss mit langen Wartezeiten gerechnet werden Beide Orte nutzen die Fälle als Energiequelle und Touristenattraktion. An die 12 Mio. Besucher kommen jedes Jahr. Die Niagarafälle sind weltberühmt und werden auch entsprechend vermarktet – besonders in der Karnevalsatmosphäre auf dem **Clifton Hill** auf der kanadischen Seite. Hier konzentrieren sich einschlägige Vergnügungsetablissements wie **Ripley's Believe-it-or-Not, Tussaud's Waxworks** und ein **Guinness World of Records Museum.** Das 53 m hohe **SkyWheel,** das Riesenrad auf Clifton Hill, thront hoch über der Stadt und bietet spektakuläre Aussichten. Bei **Mistrider Ziplines** hinter Hornblower Cruises lassen vier parallel gespannte, 670 m lange Ziplines die Szenerie aus der Vogelperspektive erleben (5847 Niagara Parkway, Tel. 800-263-7073, http://niagarafalls.wildplay.com, ab 50 $).

Horseshoe Falls 1

Der Blick auf die **Horseshoe Falls** lässt dann aber den Touristenrummel schnell vergessen. Gischt und Donner der aus 54 m Höhe auf einer

Niagara Falls

Breite von fast 700 m hinunterstürzenden Wassermassen haben ozeanische Dimensionen, das Tosen der Fälle ist weithin zu hören. Aus dem weiß schäumenden Kessel am Fuße des Kataraktes steigen ständig dichte Gischtschwaden auf, auf denen sich bei Sonnenschein farbenprächtige Regenbögen bilden.

Table Rock Welcome Centre 2

6650 Niagara Parkway, www.niagaraparks. com, Journey Behind the Falls 2. Jan.–Anfang Mai tgl. 9–17, Mai 9–18, Juni–Sept. 9–20, Okt./ Nov. 9–19, Dez. 9–18 Uhr, an Wochenenden länger, Erw. 23,50 $, Kinder 15,50 $; 4D-Event »Niagara's Fury« tgl. 9–21 Uhr, Erw. 17 $, Kinder 11 $
Einen großartigen Blick auf die Fälle hat man von der Terrasse des **Table Rock Welcome Centre,** das über die Stadt und ihre Sehenswürdigkeiten informiert. Ein noch intensiveres Erlebnis bietet die **Journey Behind the Falls.** Dabei bringt ein Aufzug die Besucher in ein 38 m tief in den Fels gesprengtes Tunnelsystem, das zu Aussichtspunkten unmittelbar neben oder gar hinter die herabstürzenden Wassermassen führt. Eine weitere Attraktion im Table Rock Welcome Centre ist **Niagara's Fury.** Mehrere Millionen Dollar hat die Niagara Parks Commission in die Entwicklung des 4-D-Spektakels gesteckt, eine interaktive Simulations- und Animationsshow über die Geburtsstunde der Fälle während der letzten Eiszeit (1 Std.).

Skylon Tower 3

5200 Robinson St., www.skylon.com, im Sommer tgl. 8–24, im Winter tgl. 9–22 Uhr, Erw. 20 $, Kinder 11 $
Einen tollen Blick über die Fälle hat man auch vom **Skylon Tower** am Rand des Queen-Victoria-Parks. Der 236 m hohe Turm besitzt ein Aussichtsdeck und ein Drehrestaurant, die unteren Etagen beherbergen Geschäfte, Ausstellungen und weitere Restaurants.

IMAX Theatre & Daredevil Gallery 4

5781 Ellen Ave., www.imaxniagara.com, Nov–April tgl. 10–16, Mai, Okt. tgl. 9–20, Juni–Aug 9–21 Uhr, Kombiticket IMAX-Film Erw. 12,95 $, Kinder 9,50 $

An die Parkplätze des Skylon Tower grenzt das IMAX Theatre an, das in einem atemberaubenden Film die Geschichte der Fälle und ihrer Herausforderer (s. Thema S. 149) darstellt. Die **Daredevil Gallery** stellt neben historischen Fotografien auch die Originalfässer und andere Gefährte der ›Fallsüchtigen‹ aus – eine spannende Inszenierung dieses tragikomischen Kapitels der Stadtgeschichte.

Infos

Niagara Parks Commission: P. O. Box 150, Niagara Falls, ON L2E 6T2, Tel. 905-356-2241, 1-877-642-7275, www.niagaraparks.com, .
Niagara Falls Tourism: 6815 Stanley St., Tel. 905-356-6061, 1-800-563-2557, https://de.niagarafallstourism.com. Hilft bei Planung, Hotelbuchungen und Tischreservierungen.
Der **Niagara Adventure Pass Plus** beinhaltet den Besuch bzw. die Nutzung der schönsten Attraktionen, u. a. den Besuch des Butterfly Conservatory und die Teilnahme an einer »Journey behind the Falls«. Der Pass kann online gekauft werden (www.niagaraparks.com, weiter unter ›Deals & Packages‹, Tel. 877-642-7275, Erw. 79 $, Kinder 51 $).

Übernachten

Niagara Falls bietet Unterkünfte jeder Preiskategorie. Während der kanadischen Schulferien (Juli/ Aug.), an Feiertagen und Wochenenden wird die Zimmersuche schwierig, obwohl die Hoteliers teils bis zu 200 % aufschlagen.
Für Fallsüchtige – **Sheraton Fallsview** 1 **:** 5875 Fallsview Ave., Tel. 888-229-9961, www.marriott.com. Nach Renovierung für 50 Mio $ ist das Fallsview wieder die Nr. 1 in Niagara Falls! Viele Zimmer mit Blick auf beide Fälle. DZ ab 210 $.
Stilvoll – **Crowne Plaza Hotel** 2 **:** 5685 Falls Ave., Tel. 905-374-4447, 1-800-263-7135, www.niagarafallscrowneplazahotel.com. 1920 erbaut und 1999 umfassend renoviert, bietet das alte Grand Hotel neben dem Sheraton sowohl die Eleganz der 1920er-Jahre als auch einen modernen Wasserpark für Kids. DZ 90–200 $.
Gut und günstig – **Travelodge by Wyndham Niagara Falls Fallsview** 3 **:** 5599 River Rd., Tel. 1-800-525-4055, www.wyndhamhotels.

Niagara Peninsula

Aktiv

HORNBLOWER NIAGARA FALLS BOAT TOUR

Tour-Infos
Start: Ableger der Hornblower-Flotte 1, s. Cityplan S. 150
Dauer: 20 Min.
Infos und Buchung: Hornblower Niagara Cruises, Tel. 905 642 4272, www.cityexperiences.com/niagara-ca/city-cruises/niagara, April–Nov. tgl. 9–17.30 Uhr Abfahrten alle 30 Min., in der Hochsaison alle 15 Min., Erw. 32,75 $, Kinder 3–12 Jahre 22,75 $
Wichtige Hinweise: Die Warteschlange am Schalter kann bis zu 100 m lang sein, Online-Reservierungen gelten nicht für eine bestimmte Abfahrt.

Kaum eine Ansichtskarte der Fälle ohne den robusten Katamaran unmittelbar vor ihnen: Mutig und ein wenig unverfroren scheint er, umhüllt von weißer Gischt, dem Verderben direkt ins Auge zu sehen. Die Menschen an Deck sind in rote Regencapes gehüllt – die braucht man auch bei diesem wohl faszinierendsten Niagara-Erlebnis: eine Bootstour bis dicht an die **Horseshoe-Fälle**. Man klettert an Bord – bis 2013 waren es die kleinen blauen Dampfer der legendären »Maid-of-the-Mist«-Flotte – streift den im Preis eingeschlossenen Regenumhang über und verpackt die Kamera so wasserdicht wie eben möglich. Dann geht es 500 m flussaufwärts. Die **American Falls** gleiten vorbei. Wie eine endlose Reihe Ameisen kraxeln Touristen in gelben Regencapes die Zick-

Zack-Treppen hinunter zum Fuß der weniger beeindruckenden Fälle. Nun stampft das Boot durch die brodelnden Wasser des Whirlpool bis nah vor die Hufeisenfälle. Wie eine hohe Wasserwand ragt die Arena vor dem Bug auf, bald ist man auf drei Seiten von ihr umgeben.
Das Dröhnen des Wassers lässt keine Verständigung zu. Heftige Schauer prasseln auf die Passagiere nieder wie in einer überdimensionalen Waschstraße. Immer näher schiebt sich der Hornblower-Katamaran an die Wasserwand heran, doch keine Sorge – der Kapitän versteht sein Handwerk! Er legt nicht eher den Rückwärtsgang ein, bis auch der letzte Passagier wenigstens nasse Füße hat.

com. Preiswerte moderne Unterkunft nahe Clifton Hill und Kasino. DZ ab 100 $.
Camping – **Niagara Falls KOA Campground** 4 : 8625 Lundy's Lane, Tel. 905-356-2267, 1-800-562-6478, www.koa.com/campgrounds/niagara-falls-ontario. 10 Min. westlich der Fälle, Frei- und Hallenbad, diverse Aktivitäten, Dinner-Theater auf dem Gelände.

Essen & Trinken

Zur Rummelplatz-Atmosphäre passen die vielen Fastfood Joints und Take-outs. Gute Restaurants gibt's in letzter Zeit aber immer mehr!
With Love from Niagara – **AG Inspired Cuisine** 1 : 5195 Magdalen St., Tel. 289-292-0005, https://www.agcuisine.com. Alle Zutaten, die Chef Cory Linkson nutzt, stammen von der Niagara Peninsula. Gekocht wird »new canadian« (kreativ und ohne Kochtraditionen). Speisekarte ohne Preisangaben. Ca. 90 $ pro Person.
Näher geht's nimmer – **Elements on the Falls** 2 : 6650 Niagara Parkway (bei den Horseshoe-Fällen), Tel. 905-354-3631, variierende Öffnungszeiten. Kanadische und internationale Küche mit saisonalen Produkten, spektakulärer Blick auf die Kante der Horseshoe-Fälle. Vorspeisen 8–24 $, Hauptspeisen 30–42 $.
Essen Nebensache – **The Watermark** 3 : 6361 Fallsview Blvd. (im Hilton), Tel. 905-353-7138, variierende Öffnungszeiten. Beim Blick auf die Fälle vom 33. Stock des Hilton Hotel geraten die kreativen Speisen ins Hintertreffen … Vorspeisen 8–21 $, Hauptspeisen 18–41 $.

Einkaufen

Blumenstillleben – **Angie Strauss Gallery** 1 : 6509 Dalena Place, Tel. 289-296-6252, www.angiestrauss.com. Malerin und Modedesignerin Angie lässt sich von der Blumenpracht in Niagara-on-the-Lake inspirieren.

Abends & Nachts

Fester Bestandteil des Niagara-Rummels ist die **nächtliche Lightshow:** 22 Scheinwerfer tauchen nach Sonnenuntergang die Fälle abwechselnd in rosa, rotes, blaues und grünes Licht. Danach haben Nachtschwärmer eine große Auswahl an unterschiedlichsten Etablissements. Drei **Kasinos,** Seneca, Fallsview und Niagara, bieten Glücksspiele und Unterhaltung rund um die Uhr. Hinzu kommen, v. a. auf dem Clifton Hill, Pubs und Kneipen mit Livemusik.
Gepflegt – **Club Seven** 1 : 5355 Ferry St., Tel. 905-354-7100, www.clubsevenniagara.com, Do–So 22–3 Uhr. Eleganter Nachtklub in einem Lagerhaus der 1920er-Jahre. Vier Bars mit langer Cocktailkarte, Lounge, Tanzfläche.
Action – **Strike Rock N'Bowl** 2 : 9460 Clifton Hill (im Great Canadian Midway), Tel. 905-358-3676, tgl. 11–2 Uhr. Sport-Bar mit Videoschirmen, Bowlingbahnen, Billardtischen und entspannter Atmosphäre. Vorspeisen 6–10 $, Hauptspeisen 10–24 $.

Aktiv

Bootsfahrt – **Hornblower Niagara Cruises** 1 : 5920 Niagara Parkway, Bootstour bis dicht an die Horseshoe-Fälle (s. Aktiv S. 152).
Helikopterrundflug – **Niagara Helicopters** 2 : 3731 Victoria Ave., Tel. 905-357-5672, www.niagarahelicopters.com. Der 12-minütige Rundflug mit dem Airbus-H130-Helikopter ermöglicht einmalige Blicke auf die Whirlpool Rapids und in das Inferno der Horseshoe Falls.

Südontario

Amische und Alt-Mennoniten, Shakespeare und ›good ol' England‹, alte Ölfördertürme und Onkel Tom's (wahre) Hütte: Der Süden von Ontario hat viel Unerwartetes auf Lager. Am südlichsten Punkt der Provinz wachsen sogar Kakteen und Sykomoren. Mutter Natur spielt in diesem landwirtschaftlich geprägten, tief in die USA reichenden Dreieck nur die zweite Geige.

Mit etwas mehr als 10 Menschen pro Quadratkilometer ist dieser wie ein spitzes Dreieck in die USA ragende Teil der Provinz – für kanadische Verhältnisse – dicht besiedelt. Wegen der guten Böden zog **Südontario** Pioniere unterschiedlichster Herkunft an: englische und schottische Siedler im 18. und frühen 19. Jh., strenggläubige Amische und Alt-Mennoniten, entflohene Sklaven aus den amerikanischen Südstaaten. Mit den frommen Mennoniten kamen übrigens auch viele deutsche Einwanderer. Städtenamen wie Fergus, Stratford, St. Jacobs/Jacobsstettl, Hamburg und Heidelberg erinnern an das Vielvölkermosaik in dem Mennonite Country genannten Hügelland.

Fort Erie ▶ F 12

Karte: S. 159
Niagara Parkway, etwas südlich der Peace Bridge, Mai–Anfang Okt. tgl. 10–16 Uhr, Erw. 12,50 $, Kinder 8,15 $
Von Niagara Falls bis Fort Erie ist es nur noch eine knappe halbe Stunde Fahrt auf dem Niagara Parkway. **Fort Erie** 1 an der südlichsten Spitze der Niagara Peninsula wurde in den 1780er-Jahren von Loyalisten gegründet. Die Peace Bridge verbindet das 30 000-Einwohner-Städtchen mit der Großstadt Buffalo auf der amerikanischen Seite. Vor Ort sehenswert sind die imposanten Befestigungsanlagen des **Old Fort Erie** von 1764 mit Graben und Zugbrücke. Heute sind originalgetreu restaurierte Gebäude und Gegenstände der britischen und amerikanischen Truppen zu sehen.

Von Fort Erie zum Point Pelee National Park

Karte: S. 159
Von Fort Erie folgt man nun dem Highway 3 durch fruchtbares grünes Agrarland. Das flache Land ist Ontarios Gemüse- und Obstgarten, immer wieder sieht man links und rechts am Straßenrand kleine Stände, an denen man sich fürs Picknick mit erntefrischen Produkten eindecken kann. Die etwa 450 km von Fort Erie bis Windsor am Lake St. Clair lassen sich leicht an einem Tag zurücklegen. Hat man etwas mehr Zeit und Muße, bieten sich Abstecher auf einer der zahlreichen Landstraßen an, die oft schon nach wenigen Kilometern zu hübschen Provinzparks mit Stränden und Campingmöglichkeiten am Ufer des Lake Erie führen.

Port Colborne ▶ E 12

Aussteigen lohnt auch im Binnenhafen **Port Colborne** 2, wo der Welland-Kanal in den Lake Erie mündet. Vom **Fountain View Park** überblickt man eine der längsten Schleusen der Welt, während das **Port Colborne Historical & Marine Museum** über den Bau des Kanals und seine große Bedeutung für die Region informiert (280 King St., Mai–Mitte Dez. tgl. 12–17 Uhr, Eintritt frei). Der **H. H. Knoll Lakeview Park** lädt zu einem Picknick mit Blick auf Sugarloaf Harbour und die Gravelly Bay ein, für das man sich, wenn gerade Freitag ist, auf dem **Farmers' Market** (59 Charlotte St.) mit Proviant eindecken kann.

Point Pelee National Park
▶ C 13

1118 Point Pelee Drive, April–Labour Day tgl. 6–22 Uhr, sonst 7 Uhr bis Sonnenuntergang, Erw. 8,50 $, Kinder frei

Einen ganzen Tag sollte man sich für den **Point Pelee National Park 3** bei **Leamington** Zeit lassen. Von der selbst ernannten ›Tomato Capital of Canada‹ führt die Country Road 33 nach 10 km zu dem Park auf einer Landzunge im Erie-See, dem südlichsten Punkt auf dem kanadischen Festland. Er kann auf einem Bohlenweg erkundet werden (s. Aktiv unterwegs S. 156). Während der Vogelmigrationen im Frühjahr und Herbst – Vogelbeobachter zählen dann über 350 Vogelarten – müssen die Hotels soweit möglich im Voraus gebucht werden.

Infos
… in Leamington:
Leamington and District Chamber of Commerce: 318 Erie St. S., Tel. 519-326-2721, 1-800-250-3336, www.leamington.ca. Die Website bietet Links zu Unterkünften.

Übernachten
… in Leamington:

Alles unter einem Dach – **Best Western Leamington Hotel:** 566 Bevel Line Rd., Tel. 519-326-8646, 1-800-780-7234, www.bestwestern.com. Modernes Haus der preiswerten Hotelkette, am Seeufer, mit Pools, Wasserrutschen und Sauna. DZ 140–260 $.

Mit viel Atmosphäre – **Seacliffe Inn:** 388 Erie St. S., Tel. 519-324-9266, www.seacliffeinn.com. Schönes und recht stimmungsvolles, 2018 renoviertes Hotel in Sichtweite der Fähren nach Pelee Island, viele Zimmer mit Seeblick, angeschlossenes Restaurant. DZ 160–230 $.

Essen & Trinken
… in Leamington:

Beliebter Treff – **Gaspard's Café:** 399 Erie St. S., Tel. 519-326-5519. Uriger Treffpunkt der Einheimischen gegenüber vom Seacliffe Inn. familiengeführt und alteingesessen. Gemüsestand, Frühstückscafé und Nachrichtenbörse in einem. Gerichte ab 8 $.

Der Point Pelee National Park lässt sich gut mit dem Kanu erkunden – stets begleitet von einem Chor unterschiedlichster Vogelstimmen

Südontario

Tipp

WANDERN IM POINT PELEE NATIONAL PARK

Der **Point Pelee National Park** ist mit 1618 ha Fläche einer der kleinsten, aber auch beliebtesten Nationalparks des Landes. Die 10 km lange und 4 km breite Halbinsel, die wie eine Pfeilspitze in den Lake Erie ragt, liegt auf dem gleichen Breitengrad wie Rom und Barcelona. Sandstrände und Dünenlandschaften wechseln mit urwaldähnlicher Vegetation aus Walnussbäumen, Rotzedern und Silberahorn ab. Sogar Feigenkakteen wachsen hier.

Point Pelee ist zudem eines der bedeutendsten Vogelschutzgebiete des Kontinents. Die Halbinsel liegt im Schnittpunkt zweier großer Vogelfluglinien. Hochbetrieb herrscht im September und Oktober, wenn die Vogelschwärme in die Wärme ziehen, und von April bis Mai, wenn sie zu ihren Nistplätzen im Norden zurückkehren. Vogelfreunde, die sogenannten *bird watcher*, zählen während dieser Zeit über 350 Vogelarten.

Ebenfalls im Herbst bereitet sich in der Region der Monarchfalter auf seine 3000 km lange Reise nach Mexiko vor. Mehrere Tage im Herbst fallen Zehntausende dieser schönen Schmetterlinge in Point Pelee ein, um vor der Überquerung des Lake Erie Kraft zu sammeln.

Der Park bietet mehrere schöne Naturpfade. Gleich hinter dem Parkeingang beginnt der **Marsh Boardwalk** (1 km), ein Plankenweg durch einen Ausschnitt des Feuchtgebiets des Parks. Von hier aus lassen sich Wasserschildkröten, andere Amphibien und zahlreiche Wasservogelarten beobachten. Am Ende des Trails bietet ein Aussichtsturm einen wunderschönen Rundblick über die ungestörte Schilflandschaft des Parks.

Zu empfehlen ist auch der **Chinquapin Oak Trail** (4 km), ein Rundwanderweg, der bei der White Pine Picnic Area beginnt und durch einen herrlichen Mischwald mit Eichenarten führt, die auch noch in Mexiko gedeihen.

Wer am südlichsten (Festlands-) Punkt Kanadas posieren möchte, begibt sich auf den **Tip Trail** (1 km). Er beginnt am Tip's Outdoor Exhibit, zu dem vom Visitor Centre ein Shuttle verkehrt, und führt zu einer im Lake Erie auslaufenden Sandbank. Sie dient den Monarchfaltern bei ihren Wanderungen als Start- und Landebahn und ist während dieser Zeit für Menschen gesperrt. Achtung: ›The Tip‹ hat schöne Strände, doch Baden ist wegen der tückischen Strömungen streng verboten!

Von Leamington nach Windsor

Karte: S. 159

Von Leamington geht es auf dem Highway 18 weiter. 5 km nördlich von Kingsville, über die County Road 29 zu erreichen, liegt das **Jack Miner's Bird Sanctuary** 4, ein Schutzgebiet für Kanadagänse. Ende März und Anfang November verdunkelt sich an manchen Tagen der Himmel, wenn bis zu 10 000 Gänse hier einfallen und auf ihrer Wanderung eine Rast einlegen (360 Rd. 3 W., www.jackminer.ca, tgl. Sonnenaufgang bis Sonnenuntergang).

An der County Road 23 liegt auf halbem Wege zwischen Kingsville und Essex das **Canadian Transportation Museum & Heritage Village** 5 mit 20 historischen Gebäuden aus der Zeit von 1826–1925 und dinosaurierähnli-

Windsor

chen Traktoren (6155 Arner Townline, im Sommer Di–So 8–14, im Winter nur Museum, Mi–Fr 9–16 Uhr, Erw. 18 $, Kinder 9 $).

Fort Malden National Historic Site ▶ B 12

100 Laird Ave., Amherstburg, Mai–Sept. tgl. 10–17, sonst Mo–Fr nach Voranmeldung, So 13–17 Uhr, Erw. 4,25 $, Kinder frei

20 Autominuten später ist der Detroit River erreicht. Die den Lake Erie mit dem Lake Huron verbindende Enge bildet die Grenze zwischen Kanada und den USA und bietet daher viele geschichtsträchtige Attraktionen, u. a. **Fort Malden National Historic Site** 6 an der Mündung des Detroit River, eine Befestigungsanlage mit Erdwällen und restaurierten Baracken. Das Fort diente den Engländern ab 1796 als Stützpunkt für den Handel mit den Sauk und 1812 als Basis für Angriffe auf das amerikanische Detroit.

Amherstburg ▶ B 13

Interessanter ist ein Bummel durch den alten Teil der 21 000-Einwohner-Stadt **Amherstburg** 7 . Der Ort war einst erster und wichtigster Anlaufpunkt für schwarze Sklaven, die mit Hilfe des Fluchthelfernetzwerks der Underground Railroad von den Plantagen im Süden der USA nach Kanada flüchteten.

Ihre dramatische Geschichte erzählt das **Amherst Freedom Museum.** Im unteren Stockwerk sind Gegenstände, Literatur und Fotos zu sehen, die einen Eindruck vom Leidensweg der Sklaven und ihrem freien Leben in Kanada geben, so z. B. eine Truhe, in der Kinder versteckt und in die Freiheit geschmuggelt wurden (277 King St., https://amherstburgfreedom.org, April–Okt. Di–Fr 12–17, Sa, So 13–17 Uhr, Erw. 7,50 $, Kinder 6,50 $).

Windsor ▶ D 12

Karte: S. 159
Windsor 8 , Grenzübergang zu den USA, ist eine 230 000-Einwohner-Stadt. Die 2008 in den USA ausgelöste Finanzkrise traf die Autostadt schwer. Bemerkenswert ist jedoch **Old Sandwich Town** am Highway 18 südlich der Freedom Bridge nach Detroit. Hier stehen einige der ältesten Gebäude Ontarios, darunter **Mackenzie Hall** und das **Duff-Baby Mansion.** Wo die Brücke den Fluss überspannt, stand schon 1747 eine Jesuitenmission. Acht Jahre später war Sandwich die einzige europäische Siedlung in Ontario. Hier gründeten ehemalige Sklaven auch die erste schwarze Kirchengemeinde Kanadas. Die ursprüngliche **First Baptist Church** wurde 1841 aus Baumstämmen errichtet. Unter der Kanzel der kleinen Kirche mit roten Ziegeln ist ein Geheimgang zum Keller verborgen. Hier versteckte man geflohene Sklaven vor Sklavenjägern (3652 Peter St., Führungen nach Vereinbarung unter Tel. 519-252-4917).

Infos

Convention & Visitors Bureau of Windsor, Essex County & Pelee Island: 333 Riverside W., Tel. 519-255-6530, 1-800-265-3633, www.visitwindsoressex.com, Mo–Fr 8.30–16.30 Uhr.

Übernachten

Themenzimmer – **Retro Suites Hotel:** 2 King St. W., Chatham, Tel. 519-351-5885, 1-866-617-3876, www.retrosuites.com. Ob im Western-Design oder mit dem Flair eines Kolonialhauses in den Südstaaten, ob unter dem Motto ›Rock 'n' Roll‹ oder ›Easy Rider‹ – jede Suite ist individuell gestaltet, doch alle sind entschieden retro! Suite 130–300 $.

Familienbetrieb – **Cadillac Inn:** 2498 Dougall Ave., Windsor, Tel. 519-969-9340, www.cadillacinn.com. Gepflegtes modernes Motel, zentral gelegen, geräumige Zimmer, Pool, Whirlpool. DZ 90–180 $.

Essen & Trinken

Bester Inder im Süden – **Spice & Curry:** 49 Keil Dr. S., Chatham, Tel. 519-351-7999, Mo–Fr 11.30–14, 17–21, Sa 17–21 Uhr. Hinter der unscheinbaren Fassade kocht ein hochmotiviertes Team aus dem Süden des Subkontinents für die Nachbarschaft. Sehr gut: Paneer Tikka und Lamb Korma. Vorspeisen 5–10 $, Hauptspeisen 8–21 $.

Südontario

African-Canadian Heritage Tour

Karte: rechts

Während der ersten Hälfte des 19. Jh. war der Süden Südontarios eine Anlaufstelle für geflohene Sklaven. Schlüsselorte afrokanadischer Geschichte sind heute als Museen zugänglich und auf der offiziellen Straßenkarte durch die **African-Canadian Heritage Tour** verbunden. Sehenswert sind vor allem Essex und North Buxton sowie Dresden.

Essex ▶ C 12

Zehn Minuten östlich von Windsor informiert in **Essex** 9 im Maidstone Township das von der Walls-Familie betriebene **John Freeman Walls Historic Site and Underground Railroad Museum** über das Leben von Freeman Walls, der 1846 als Sklave aus South Carolina flüchtete. Mit Hilfe der von weißen und schwarzen Abolitionisten betriebenen Refugee Home Society errichtete er hier eine Siedlerstätte. Zu den auf grünen Matten liegenden Gebäuden des Museums gehört auch die alte Blockhütte, in der Walls mit seiner neunköpfigen Familie gelebt hat. Dargestellt wird in der Ausstellung u. a. die Flucht. Auf dem Gelände findet man zudem einen Holzwagen mit doppeltem Boden. Dieses ›Geheimfach‹ diente Sklaven auf der Flucht als Versteck (Hwy. 401, 859 Puce Rd. Exit, www.undergroundrailroadmuseum.org, Öffnungszeiten n. Vb., Tel. 519 727 6555, Eintritt frei, kleine Spende erbeten).

North Buxton ▶ C 12

Zwei Dutzend Häuser und Farmen, ein paar Trailer unter alten Bäumen und Postfächer an der Country Road 6, die 5 Min. von hier am Lake Erie endet: Auf den ersten Blick ist der Flecken ein Dorf wie jedes andere. Dass er voller dramatischer Geschichten steckt, daran erinnert nur das Schild mit der Aufschrift »Buxton National Historic Site & Museum«. Dort haben die Buxtoner die Visitenkarten ihrer Vergangenheit zusammengetragen: Pacht- und Landkaufverträge, altes Ackerbaugerät, handgefertigte Haushaltsgegenstände. Weniger rührende Objekte wie »Wanted«-Steckbriefe sowie Fußketten und Handschellen, auch für Kinder, stören die Beschaulichkeit jedoch. Eine große Nordamerika-Karte zeigt Pfeile, die von Süden nach Norden, nach Ontario, nach North Buxton, weisen. Alle Vorfahren der Buxtoner sind geflohene Sklaven aus den einstigen Südstaaten der USA. Auf der Underground Railroad gelangten sie nach Kanada.

1849 von einem Priester namens William King und 15 Sklaven aus Louisiana ge-

African-Canadian Heritage Tour

Südontario

gründet, zählte **North Buxton** 10 bereits 300 und während des Bürgerkriegs 2000 schwarze Einwohner. Nach dem Bürgerkrieg kehrten die meisten in die USA zurück. Andere blieben. Das von ihnen mit Liebe und Kenntnis zahlloser persönlicher Geschichten betriebene **Buxton Museum** liegt heute nicht mehr an der Underground Railroad, sondern auf dem **Canadian African Heritage Trail** (21975 A. D. Shadd Rd., www.buxtonmuseum.com, Mai–Sept. Mi–So 13–16.30, Juli/Aug. tgl. 10–16.30, Okt.–April Mo–Fr 13–16.30 Uhr, Erw. 7 $).

Dresden ▶ C 12

Dresden 11, ein verschlafenes 2400-Einwohner-Städtchen, ist der Höhepunkt der African-Canadian Heritage Tour. Am Stadtrand steht auf dem Gelände des **Josiah Henson Museum of African-Canadian History** jene Behausung, die durch Harriet Beecher-Stowes »Onkel Tom's Hütte« weltberühmt wurde. Der Roman wurde schon im Erscheinungsjahr 1852 über 300 000-mal verkauft und mobilisierte in den USA wie kein anderes Buch die öffentliche Meinung gegen die Sklaverei. Das Haus in Dresden war die Heimstätte des Reverend Josiah Hen-

Die Underground Railroad

Während der ersten Hälfte des 19. Jh. flüchteten rund 60 000 schwarze Sklaven von den Plantagen im Süden der USA nach Kanada. Dabei wurden sie von der Underground Railroad unterstützt. Die Spuren dieses Fluchthelfernetzwerks, das in die nordamerikanische Geschichte einging, findet man überall im Süden Ontarios.

Lehrte Sklavenhalter das Fürchten: Harriet Tubman

Kanada versprach Freiheit. Ganze Familien folgten daher »dem Nordstern ins gelobte Land Canaan« auf einer epischen Reise von biblischen Dimensionen. Sie reisten in der Dunkelheit, abseits der Straßen, durch Sümpfe und dichte Wälder, immer in der Furcht vor den Bluthunden der Sklavenjäger und aufgebrachten weißen Mobs. Oft genug wurden sie dazu von Angstvorstellungen über ihr ungewisses Schicksal geplagt, da ihnen im Süden eingehämmert worden war, dass die Gegner der Sklaverei Kannibalen seien oder dass der Detroit River 3000 Meilen breit und niemals zu überwinden wäre.

Geholfen haben ihnen mutige Leidensgenossen wie die legendäre Fluchthelferin Harriet Tubman (1822–1913), die sich nach gelungener Flucht immer wieder zurückwagte, um als kundige Führerin Fluchtwillige in den Norden zu schleusen. Aber auch Weiße, vor allem die glaubensstrengen Quäker, die die Sklaverei aus moralischen wie religiösen Gründen ablehnten, kämpften seit Anfang des 19. Jh. entschieden dagegen und waren in der Fluchthelferszene aktiv. Sie gründeten die geheime Organisation, die unter dem Decknamen Underground Railroad agierte, als ein Netzwerk von Sympathisanten und Aktivisten, die zur Tarnung Begriffe aus der Eisenbahn-Terminologie benutzten. So führten conductors (Zugbegleiter bzw. Fluchthelfer) die Sklaven zu stockholders (Teilhabern bzw. Hausbesitzern, die Unterschlupf gewährten), die sie in stations (Bahnhöfen bzw. Dörfern oder geheimen Unterkünften) entlang der Fluchtroute versteckten. Terminals (Zielbahnhöfe bzw. Zielorte) waren die Städte in Kanada.

Viele dieser Anlaufpunkte befanden sich in Kanada, besonders in der Region zwischen Lake Erie und dem Detroit River: Amherstburg, Windsor, Sandwich, Chatham, North Buxton, Dresden. Die einzelnen Stationen lagen in der Regel 25 bis 30 km auseinander, eine angezündete Laterne war oft das Zeichen für eine sichere Herberge. Die Underground Railroad war trotz Androhung scharfer Strafmaßnahmen erstaunlich erfolgreich und langlebig. Beispiellos war der Mut und Einsatz der conductors. Harriet Tubman beispielsweise wagte sich mehr als ein Dutzend Mal über die Mason-Dixon-Linie zurück in die Sklavenstaaten und führte nicht weniger als 300 Männer, Frauen und Kinder in die Freiheit.

Dabei war Kanadas Verhältnis zur Sklaverei nicht ohne Zweideutigkeiten. Zwar hatte Ober-Kanadas Legislative 1793 ein Gesetz verabschiedet, das die Einfuhr von Sklaven verbot, dabei aber die Sklaverei selbst nicht als illegal erklärt. Auch Rassenvorurteile waren eher die Regel als die Ausnahme. Das kalte Kanada war also alles andere als das ›gelobte Land‹. Dennoch bedeutete es die Freiheit, und schließlich halfen Kirche und Obrigkeit bei der Gründung von Siedlungen.

son, der 1789 in Maryland als Sklave geboren wurde. 1830 gelang ihm mit Frau und Kindern die Flucht nach Kanada. In der Nähe von Dresden wurde er Pfarrer und gründete eine Siedlung für geflüchtete Sklaven. 1841 schuf er das British American Institute, eine Berufsschule für ehemalige Sklaven. Seine Lebensgeschichte diente Harriet Beecher-Stowe als Vorbild für ihre Titelfigur. Heute zeigt die Heimstätte von Reverend Henson Ausstellungen über sein Leben und die frühe afrokanadische Geschichte (29251 Freedom Rd., Tel. 519-683-2978, www.heritagetrust.on.ca/en/properties/josiah-henson-museum, Mai/Juni Di–Sa 10–16, So 12–16, Juli/Aug. Mo–Sa 10–16, So 12–16, Sept./Okt. Di–Sa 10–16, So 12–16 Uhr, sonst nach Vereinbarung, Erw. 7 $, Kinder 4,50 $).

Nach Oil Springs und zum Lake Huron

Karte: S. 159
30 km nördlich auf dem Highway 21 gelangt man in ein Gebiet, in dem Industriegeschichte geschrieben wurde.

Oil Springs ▶ C 12
Bei dem 800-Seelen-Nest **Oil Springs** 12 begann 1855 das Ölzeitalter, hier wurden Nordamerikas erste Ölquellen entdeckt und kommerziell genutzt. Über 100 Bohrtürme aus Holz holten das schwarze Gold damals aus der Erde. Der einsetzende Boom verhundertfachte die Grundstückspreise, die Bevölkerung schwoll auf 4000 Einwohner an. Es gab neun Hotels, einen Telegrafendienst und von Pferden gezogene ›Busse‹, die alle fünf Minuten verkehrten. In zwei Jahrzehnten wurden 15 Ölquellen erschlossen und über ein Dutzend Raffinerien errichtet. Technisches Knowhow und Gerät aus Oil Springs leisteten Entwicklungshilfe für den Rest der Welt.

Noch heute erhält man einen guten Eindruck von der Pionierzeit der Ölförderung, denn die alten Einrichtungen des 24 ha großen Petrolia Discovery Oilfield wurden restauriert. Im Rahmen einer 20-minütigen Tour kann man das Feld besichtigen, auf dem auch heute noch Öl gefördert wird. Und im **Oil Museum of Canada** in Oil Springs zeigt man mit Modellen und 150 Jahre alten originalen Bohrtürmen, wie früher Öl gewonnen wurde. Oil Springs lebt noch immer von der Ölförderung, die rund 300 Quellen produzieren etwa 25 000 Barrel Rohöl im Jahr. Man schätzt, dass erst ein Drittel der Reserven verbraucht ist (Highway 21, www.lambtonmuseums.ca/oil, Mai–Okt. tgl. 10–17, sonst Mo–Fr 10–17 Uhr, geführte Touren Erw. 5 $, Kinder 3 $, im Juli/Aug. Sonntag nachmittags auch einstündige Tour per Pferdekutsche durch die Ölfelder).

Zum Lake Huron ▶ C 11
Nach diesem Sprung in die Anfänge des Industriezeitalters hat man die Wahl, ob man zuerst einen Badeausflug zu den besten Stränden Ontarios am Lake Huron unternehmen oder gleich zur idyllischen Festivalstadt Stratford weiterfahren möchte. Das hübsche Resortstädtchen **Grand Bend** 13 und der 2500 ha große **Pinery Provincial Park** 14 mit seinen endlosen Stränden und Dünen aus feinstem Sand, schönen Campingplätzen und lichten Wäldern sind beliebte Wochenendziele der Städter aus Windsor, London und Kitchener. Das flach abfallende, warme Binnenmeer ist hervorragend geeignet für Familien mit kleinen Kindern, es gibt genügend ruhige Ecken fürs gemütliche Picknick und zum Wandern, aber auch die typische Strandszene mit Heerscharen sonnengebräunter Körper und lauten Beach Partys (RR2, Tel. 519-243-2220, www.pinerypark.on.ca, www.ontarioparks.com/park/pinery, tgl. 8–22 Uhr, 12,25 $ pro Pkw).

Für Geschichtsbewusste lohnt der Besuch des **Lambton Heritage Museum** 15, 8 km südlich am Highway 21. Neben den üblichen Pioniergebäuden und heimatkundlichen Exponaten gibt es antike Kutschen und eine Sammlung handkolorierter Lithografien zu sehen. Im Sommer finden Theateraufführungen im **Huron County Playhouse** statt (RR!, 70689 B Line, Grand Bend, www.draytonentertainment.com/Online, März–Okt. Mo–Fr 10–17, Sa, So 11–17, sonst Mo–Fr 10–17 Uhr, Erw. 5 $, Kinder 3 $).

Südontario

Infos
… in Grand Bend:
Grand Bend and Area Chamber Tourism Centre: 1–81 Crescent St., Tel. 519-238-2001, https://itstartsatthebeach.ca. Bietet Infobroschüren, Kartenmaterial und Hilfe bei der Buchung von Unterkünften.

Übernachten
… in St. Joseph:
Sonnenuntergänge gratis – **Bonnie Doone Manor-on-the-Beach:** 16 Government Rd., Grand Bend, Tel. 519 238 2236, http://www.bonniedoone.ca. Die gepflegte Herberge ist seit über 60 Jahren in Familienbesitz und in Grand Bend die einzige direkt am Strand. Die Zimmer sind einfach und punkten mit warmen Sommerfarben. Tolle Sonnenuntergänge. DZ 180–325 $.

Essen & Trinken
… in Grand Bend:
Romantisch – **F.I.N.E. A Restaurant:** 42 Ontario St. S., Tel. 519-238-6224, www.finearestaurant.com, Lunch Mi–Sa 12–14, Dinner Mi–So ab 17 Uhr. Hübsches kleines Restaurant mit netter Veranda, wechselnde Tagesgerichte mit saisonalen Zutaten aus der Region. Der Speiseraum, in dem an kalten Tagen ein Kaminfeuer brennt, ist zugleich Ausstellungsraum für die Werke lokaler Künstler. Vorspeisen 8–16 $, Hauptspeisen 18–34 $.

Stratford ▶ D 11

Karte: S. 159
Den Grundstein für dieses 32 000-Einwohner-Städtchen legte ein in der Wildnis verlorener Shakespeare-Fan. 1832 baute William Sargeant an einem Flüsschen ein Hotel und nannte es »Shakespeare Inn«. Den Fluss taufte er Avon, und irgendwie ergab sich der Name der allmählich entstehenden Siedlung dann fast von selbst: **Stratford** 16 . ›Very british‹ ist die Stadt bis heute. Weitläufige Parks mit Trauerweiden, Teichen, Schwänen und Gazebos, dazu rotziegelige Stadthäuser aus dem 19. Jh. – alles erinnert an ›good ol' England‹. 1953 schloss sich der Kreis: Geschäftsleute und Journalisten hoben das **Stratford Festival** aus der Taufe – nicht nur als Reverenz an die Gründungsgeschichte, sondern auch aus ökonomischen Überlegungen, denn die devisenbringende Möbelindustrie der Stadt lag am Boden. Am 13. Juli gab das Festival in einem einfachen Zelt mit »Richard III.« sein Debüt, mit niemand Geringerem als Sir Alec Guinness in der Titelrolle. Heute gehört das nunmehr auf vier Bühnen stattfindende Festival zu den angesehensten Theaterevents Nordamerikas. Über 500 Aufführungen locken alljährlich über 1 Mio. Besucher nach Stratford. Das Repertoire beschränkt sich jedoch nicht auf den englischen Dichterfürsten. Neben Shakespeare werden auch Klassiker wie Molière

und Sophokles sowie zeitgenössische kanadische Autoren wie Sharon Pollock und Michel Tremblay gespielt.

Infos
Stratford Tourism Alliance: 47 Downie St., Stratford, ON N5A 1W7, Tel. 519-271-5140, 1-800-561-7926, www.visitstratford.ca, Mo–Fr 9–17, Sa 10–18, So 10–14 Uhr. Infobroschüren, Hotel- und Restaurantverzeichnisse. Gelegenheit zur Online-Buchung von Unterkünften.

Übernachten
Urgemütlich – **Stone Maiden Inn:** 123 Church St., Tel. 519-271-7129, 1-866-612-3385, www.stonemaideninn.com. Historisches Inn von 1873, liebevoll mit viktorianischem Originalmobiliar eingerichtet, in Fußgängernähe zu Bühnen und Restaurants. DZ 140–260 $.
Liebenswert altmodisch – **Queen's Inn:** 161 Ontario St., Tel. 519-271-1400, www.queensinnstratford.ca. Schönes historisches Stadthotel mit 32 Zimmern in einem Backsteinbau von 1905. Gehobenes Restaurant »Henry's« (an manchen Abenden Pianomusik) und zünftiger Pub »Boar's Head« im englischen Stil. DZ 130–290 $.

Essen & Trinken
Gemütlich – **The Alley:** 34 Brunswick St., Tel. 519-271-5654, www.thealley.restaurant, Di 11.30–14, Mi, Do 11.30–14, 17–20, Fr, Sa 11.30–14, 17–21 Uhr. Von weitgereisten Besitzern ideenreich zubereitete Gerichte zu

Nach Stratford am Avon kommt man wegen Shakespeare – oder in der Hoffnung, dass Teenie-Idol Justin Bieber in seiner Heimatstadt vorbeischaut

Südontario

vernünftigen Preisen. Vorspeisen 11–15 $, Hauptspeisen 19–29 $.

Jovial – **Mercer Kitchen & Beer Hall:** 104 Ontario St., Tel. 519-271-9202, tgl. 10–22 Uhr. Muntere Kneipe mit langer Biertheke und soliden Pubgerichten wie Steaks, Hühnchen und Burgern. Vorspeisen 9–16 $, Hauptgerichte 22–39 $.

Munter – **York Street Kitchen:** 51 York St., Tel. 519-273-7041, www.yorkstreetkitchen.com, Mo–Fr 11–16, Sa, So 10–16 Uhr. Kleines, farbenfrohes Lunch-Restaurant mit internationaler Küche, besonders gut: Shrimps-Curry und Sandwiches. Nur Frühstück und 8–17 $.

Termine

Stratford Shakespeare Festival: April–Okt. Die Aufführungen des Festivals finden im **Festival Theatre** (55 Queen St.), im **Tom Patterson Theatre** (111 Lakeside Dr.), im **Avon Theatre** (99 Downie St.) und im **Studio Theatre** (Waterloo und George Sts.) statt. Die Preise für Tickets bewegen sich zwischen 50 und 125 $. Reservierungen können unter Tel. 1-800-567-1600 getätigt werden oder online auf der Website www.stratfordfestival.ca. Dort ist auch der Veranstaltungskalender einsehbar.

Mennonite Country

Karte: S. 159

Von Stratford gelangt man auf den Highways 8 und 85 in das traditionelle Siedlungsgebiet der Mennoniten. Zehn Autominuten nordwestlich von **Kitchener-Waterloo**, dessen deutsches Erbe in der gesichtslosen Doppelstadt nicht mehr zu erkennen ist, liegt das 1200-Einwohner-Städtchen St. Jacobs, ein Zentrum der Mennoniten Kanadas.

Kaum hat man das hierzulande nur »K-W« genannte Ballungsgebiet verlassen, rollt man auch schon durch hügeliges Farmland mit Weizen- und Roggenfeldern, durchzogen von einem Netz schmaler Landstraßen, von denen Feldwege zu schmucken Bauernhäusern mit gepflegten Blumen- und Gemüsegärten führen. Frauen verkaufen an kleinen Ständen am Straßenrand frisches Obst und Gemüse.

Ab und zu begegnet man einer Kutsche und wundert sich zunächst über die seltsam altmodisch gekleideten Leute darin – Männer mit schwarzen Anzügen und Hüten, Frauen in schlichten langen Kleidern und mit Haube.

Es sind Alt-Mennoniten (s. Thema S. 166), Angehörige der konservativsten Gruppe innerhalb dieser Religionsgemeinschaft. Diese versuchen, sich von allen modernen Einflüssen fernzuhalten und nach jahrhundertealten Traditionen zu leben. Ihre Vorväter haben diese Landschaft mit kleinen Orten wie New Hamburg, Baden, St. Agatha, Heidelberg, St. Jacobs, Elmira und Wallenstein im 19. Jh. mit ihrer Hände Arbeit urbar gemacht. Ihre Dörfer liegen dicht beieinander, und es lohnt sich, in der Region ein oder zwei Tage zu verweilen, einfach kreuz und quer durchs Land zu fahren, und in einem der gemütlichen Country Inns zu übernachten und herzhaft zu speisen.

St. Jacobs ▶ D 11

St. Jacobs 17 ist eines der wichtigsten Zentren der kanadischen Mennoniten und berühmt für die Alt-Mennoniten, die schwarze Pferdewagen benutzen. Deren Vorfahren kamen Anfang des 19. Jh. aus Pennsylvania, um hier in der Senke des Conestogo River zu siedeln. Bis heute konzentriert sich der hübsche Ort um die auf den Fluss zulaufende King Street, halten Bäckereien und kleine Dorfläden alt-mennonitische Traditionen in Ehren – auch wenn sich hier in den letzten Jahren über 100 auswärtige Ladeninhaber niedergelassen haben, um von der touristischen Anziehungskraft St. Jacobs' zu profitieren. Die Frage eines möglicherweise drohenden kulturellen Ausverkaufs wird immer mal wieder diskutiert – und dann angesichts der bemerkenswerten Flexibilität der mennonitischen Gemeinschaft wieder fallen gelassen. In mindestens ein Dutzend verschiedener Gruppen mit jeweils unterschiedlichen Ansichten zum Thema Modernität unterteilt, vermochte diese bislang noch immer, jegliche Form von Erosion erfolgreich abzuwehren – wie die im hiesigen Alltagsjargon auch ›Black Bumper Mennonites‹ genannte Fraktion: Diese Gruppe macht zwar Zugeständnisse an das moderne Leben, lackiert aber z. B. ihre Autos

Mennonite Country

und selbst deren Stoßstangen mattschwarz, da deren Glanz als »eitel« gilt.

Infos
The Village of St. Jacobs: 1441 King St. N, Tel. 226-336-9114, www.stjacobsvillage.com. Auf diesen Seiten erhält man interessantes Infomaterial zur Region und zur Geschichte der Religionsgemeinschaft der Mennoniten in Nordamerika.

Übernachten
Klassische Eleganz – **Maryhill Inn B & B:** 1302 Maryhill Rd., Maryhill, Tel. 519-648-3098, www.maryhill.inn. 1850 von Siedlern aus dem Elsass als Postkutschenstopp gebautes Hotel. Liebevoll restauriert, 6 gemütliche Zimmer. DZ 135–200 $.

Günstige Lage – **Courtyard Waterloo St. Jacobs:** 50 Benjamin Rd. E., Tel. 519-884-9295, www.marriott.com. Von Marriott vermarktetes Hotel im viktorianischen Stil, in Sichtweite des Farmers' Market, großzügige moderne Zimmer mit allem Komfort. DZ 140–210 $.

Essen & Trinken
Gediegen – **Stone Crock Restaurant:** 1396 King St. N., Tel. 519-664-2286, Mo, Di 7–15, Mi–Sa 7–20, So 11–20 Uhr. Gutbürgerliche Küche mit deutsch-thailändischem Akzent. Vorspeisen 6–15 $, Hauptspeisen 18–28 $.

Zeitgemäß – **Jacob's Grill:** 1398 King St. N., Tel. 519-664-2575, So–Mi 11.30–21, Do–Sa 11.30–22 Uhr. Burger, Steaks und Pasta, kreativ zubereitet, dazu dekadente Desserts. Lecker! Vorspeisen 6–16 $, Hauptspeisen 8–23 $.

Einkaufen
Ein Dorado für alle, die gern stöbern, sind die Möbel- und Kunsthandwerksläden an der **King Street.**

Für Schnäppchenjäger – **The Outlets:** 25 Benjamin Rd. E., 3 km südlich von St. Jacobs, https://explorewaterloo.ca/listing/st-jacobs-outlets, Mo–Fr 9.30–21, Sa 8.30–18, So 12–17 Uhr. Rund 30 in einem riesigen Scheunennachbau untergebrachte Factory Outlets bieten Schuhe, Ober- und Unterbekleidung sowie Haushaltsartikel zu reduzierten Preisen.

Tipp

MARKT IN ST. JACOBS

Unbedingt einen Besuch wert ist der **St. Jacobs Farmers' Market** am Stadtrand. Mit über 20 000 Besuchern pro Markttag hat sich dieser ehemalige Bauernmarkt, wo man mennonitische Spezialitäten wie *summer sausage* (eine Dauerwurst) und *shoeflypie* (eine süße Sünde aus Maissirup und braunem Zucker) probieren kann, zu einem der größten Wochenmärkte Ontarios entwickelt. Die Markthalle brannte zwar im September 2013 ab, ist aber seit Ende 2014 wiederhergestellt. In den Gebäuden dahinter finden regelmäßig, meist frühmorgens, öffentliche Viehauktionen statt – fotogenes Stelldichein knorriger Farmer, darunter auch Alt-Mennoniten und ihre Vettern, die Amish (878 Weber St. N., Do und Sa 7–15.30 Uhr, https://stjacobsmarket.com).

Termine
Quilt-Festival: 4. Maiwoche, www.nhmrs.com/content/quilts. Das mit der **Mennonite Relief Sale & Quilt Auction** (https://nhmrs.com/) in New Hamburg einhergehende Festival ist seit vielen Generationen für die Einheimischen der Anlass, die schönsten ihrer von Mennoniten handgefertigten Patchwork-Decken aus den Fenstern zu hängen. Auf der Auktion kann man herrliche Stücke ersteigern.

Elora und Fergus ▶ E 11
Zurück nach Toronto fährt man am besten über die fotogenen Orte **Elora** 18 und **Fergus** 19, die im 19. Jh. von schottischen Einwanderern gegründet wurden. Sehenswert ist auch ein Naturschutzgebiet in der Nähe, die Sandsteinschlucht **Elora Gorge** mit ungewöhnlichen Felsformationen und Flüsschen mit Wasserfall.

Leben wie vor 100 Jahren – die Alt-Mennoniten

Thiessen, Schantz, Schneider, Erb: Die Namen auf den Briefkästen am Straßenrand erzählen lange Familiengeschichten. Die der Mennoniten reichen bis ins 16. Jh. zurück, als in den Niederlanden ein katholischer Priester, Menno Simons, seinem Glauben abschwor und sich wieder taufen ließ. Seine Anhänger nannten sich Mennoniten.

Sie glaubten, dass die Kirche sich von der Bibel entfernt habe, sahen Gewalt und Krieg als unvereinbar mit der Lehre Jesu an und waren überzeugt, dass der Mensch nicht einer weltlichen Obrigkeit, sondern nur Gott verantwortlich sei. Da für die Mennoniten der Glaube eine tiefe persönliche Verpflichtung bedeutet, werden nur Erwachsene getauft und in die Glaubensgemeinschaft aufgenommen.

Diesen Grundsätzen blieben die Mennoniten vielen Anfeindungen zum Trotz bis heute treu. Jahrhundertelange Verfolgungen schweißten sie eng zusammen. Ihre Wanderungen auf der Suche nach Glaubensfreiheit und besseren wirtschaftlichen Bedingungen führten sie aus Holland und der Schweiz nach Deutschland und Russland und schließlich nach Nord- und Lateinamerika. Im Laufe der Zeit entwickelte sich Deutsch, so wie es im Norddeutschland des 16. und 17. Jh. gesprochen wurde, zu ihrer gemeinsamen Sprache.

Kanadas Mennoniten stammen vor allem aus Pennsylvania. Als dort um 1800 das Siedlungsland knapp wurde, packten die Webers, Brubachers, Bechtels, Shantz und Schneiders ihre Habe auf vierspännige Planwagen, *conestoga wagons* genannt, und machten sich auf die 900 km lange Reise nach Südontario, um dort die Wildnis urbar zu machen. Mit den n kamen die friedfertigen Neuankömmlinge gut zurecht, tauschten Milch und Brot gegen Fische oder Wild ein. Das gegenseitige Vertrauen ging so weit, dass nachts ankommende Ureinwohner in der Küche warteten, bis die Siedler am Morgen aufwachten.

Neuerungen anzunehmen ist für die Mennoniten eine Glaubensfrage, die häufig zu Problemen in der Gemeinschaft führt und bis in die heutige Zeit hinein immer wieder Kirchenspaltungen zur Folge hat, besonders dann, wenn ein Kirchenführer für seine Ansichten keine Unterstützung bei der Mehrheit der Gemeinde findet. Das Prinzip, dass schon zwei oder drei Menschen, im Glauben an Jesus miteinander verbunden, eine Gemeinde bilden, erleichtert solche Abspaltungen. So gibt es heute bei den Mennoniten in Ontario ein Spektrum von 17 Gruppierungen, von konservativ über moderat bis progressiv. Etwa zwei Drittel zählen sich zu den moderaten bzw. progressiven Gruppen und führen ein nur geringfügig von dem des kanadischen Normalbürgers abweichendes Leben.

Dagegen lehnen die konservativen Alt-Mennoniten Elektrizität, Telefon, Autos und moderne Produktionsmethoden kategorisch ab. Sie tragen altmodische Kleidung, meist in schlichtem Schwarz – nur bei den Kindern ist ein wenig Farbe erlaubt –, und als Fortbewegungsmittel werden Pferd und Wagen benutzt. Sie nehmen nicht am politischen Leben teil, lehnen den Wehrdienst ab, ebenso eine über die achte Klasse hinausgehende Schulbildung, und vertrauen statt den öffentlichen Versicherungssystemen dem Prinzip der Selbsthilfe, das sich von der Fürsorge für Kranke und Alte bis zum *barn raising,* dem gemeinschaftlichen Wiederaufbau einer abgebrannten Scheune, erstreckt.

Spaß ist bei den Alt-Mennoniten nicht verboten, doch ihr Glaube ist für sie eine ernste Sache

Bei den gemäßigten Gruppen hat man schon einmal Telefon und elektrischen Strom auf dem Bauernhof, fährt vielleicht auch Auto, und beteiligt sich mitunter an der örtlichen Politik, z. B. wenn es um Schulprobleme geht. Es gibt aber auch dort Unterschiede, die bis ins Detail gehen können, wie »Radio ja, Fernsehen nein«.

Die Kirche erfüllt den Zweck als Filter und Puffer gegen äußere Einflüsse und ist für die Mennoniten im wahrsten Sinne ›eine feste Burg‹ gegen den immer rascheren Fortschritt. Denn wo die progressiven Mennoniten neue Produktionsmethoden und Erfindungen als Fortschritt betrachten, sehen ihre konservativeren Glaubensbrüder Bedrohungen ihrer Religion. Die traditionelle Kleidung ist wohl das augenfälligste kulturelle Merkmal, das die Alt-Mennoniten vom Rest der Welt unterscheidet. Solange Mennoniten in abgeschiedenen Kommunen lebten, gab es kaum Probleme. Im heutigen Kommunikationszeitalter sind es vor allem die Jüngeren, die sich am restriktiven Alltag der Alt-Mennoniten reiben.

Trotz der vielen unterschiedlichen Auffassungen sind die gesellschaftlichen Beziehungen der Gruppierungen untereinander im Allgemeinen gut. Gemeinsam unterhält man z. B. eine internationale Hilfsorganisation, das Mennonite Central Committee. Über 700 Mennoniten, Männer wie Frauen, sind hier aktiv tätig, leisten Dienst als Entwicklungshelfer in rund 40 Ländern der Erde, unterstützen Flüchtlingsfamilien bei der Einwanderung und helfen bei Naturkatastrophen in Amerika und in Übersee.

Rund um die Georgian Bay

Pow Wows, Elche, Biberdämme, klare Seen und Flüsse, viel nackter Granit und endlose Wälder: Rund um die gewaltige, zum Lake Huron gehörende Bay begegnet man dem ›typischen‹ Kanada. Einst herrschte hier die mächtige Huronenföderation, später kamen die kanufahrenden Pelzhändler durch. Dem Erbe von beiden begegnet man überall.

Zwei Autostunden nördlich von Toronto beginnt **Cottage Country.** So nennen die Torontonians ihr liebstes Wochenendziel. Es umfasst die Strände am Lake Huron und an der Georgian Bay sowie die klaren, in den Granit des Kanadischen Schildes gepressten Seen der Muskoka-Lakes-Region. Wer etwas auf sich hält – und über das notwendige Kleingeld verfügt – besitzt hier ein Wochenenddomizil mit Barbecue, Bootshaus und Pier. Auf den Highways nach Norden herrscht deshalb am Wochenende reger Verkehr, und man tut gut daran, nicht gerade freitags nachmittags in diese Region aufzubrechen. Erst nördlich von Huntsville dünnt der Wochenendtourismus allmählich aus. So oder so sollte man die Überfahrt mit der Fähre von Tobermory nach Manitoulin Island reservieren. Vor allem im Juli und August sowie an den Wochenenden ist sie lange im Voraus ausgebucht. Wer nicht reserviert, sollte möglichst mehrere Stunden vor der Abfahrt am Terminal sein. An den Hochsommer-Wochenenden, vor allem dann, wenn noch ein Feiertag darauf folgt, sind in den Ferienorten auch Unterkünfte ohne Reservierung nur schwer zu bekommen.

Bruce Peninsula
▶ D 9/10

Karte: S. 172
Von Toronto aus gelangt man am besten auf den Highways 10 und 6 über Owen Sound zur Bruce Peninsula.

Sauble Beach ▶ D 10
Sauble Beach 1 am Lake Huron südwestlich der Halbinsel ist ein Badeort mit kilometerlangen Stränden und seit Jahrzehnten ein Mekka für Sonnenanbeter. Es gibt eine hippe Strandszene mit Musikveranstaltungen, Festivals und alle Arten von Wassersport. Auch junge Familien machen hier gerne Badeurlaub. Man kann Ferienhäuser mieten, und im Provinzpark stehen schöne Camping- und Picknickplätze zur Verfügung.

Halbinsel
Bei **Wiarton** mit seinen alten Häusern beginnt die **Bruce Peninsula,** die einen Teil der Niagara-Schichtstufe bildet. Die Halbinsel ragt wie ein dünner Finger in den Lake Huron hinein und trennt diesen von der Georgian Bay. Rund 80 km lang, maximal 20 km breit und mit 800 km Küstenlinie, ist sie ein Paradies für Naturfreunde, Geologen und Wassersportler. An der zerklüfteten Küste sowie in den Wäldern und Marschen gedeihen Dutzende seltener Farne und 44 Orchideenarten. Mehr als 170 Vogelarten brüten in dem Gebiet, das zahlreiche Wanderpfade erschließen. Besonders schön ist der **Bruce Trail,** der an der felsigen Ostküste entlangführt. Dies ist der nördlichste Teil des Fernwanderwegs, der von Queenston aus dem quer durch Ontario verlaufenden Niagara Escarpment über 780 km weit folgt.

Den Westen der Halbinsel säumen Sandstrände. Bei **Cape Croker** 2 , wo sich das Niagara Escarpment 120 m über die Georgian Bay erhebt, hat das Wasser bizarre Formen und Höhlen aus dem Kalkstein gewaschen. Hier betreiben die Chippewa eine Campsite. Beim malerischen Örtchen **Lion's Head** gibt es lohnende Kletterfelsen, die passionierte Climber zu den besten Nordamerikas rechnen.

Infos

... in Wiarton:
Bruce County Tourism: 268 Berford St., Tel. 1-800-268-3838, www.explorethebruce.com. Versendet Informationsmaterial, Hotel- und Restaurantverzeichnisse.

Bruce Pensinsula National Park
▶ D 9

Tobermory, Tel. 519-596-2233, Juli–Labour Day tgl. 8–20, Mai–Juni, Labour Day–Okt. 9–17 Uhr, 8,50 $.

Zwei Nationalparks schützen die empfindliche Ökologie der Halbinsel. Der 1987 geschaffene **Bruce Peninsula National Park** 3 ist eines der sechs Biosphärenreservate in Kanada, die von der UNESCO ökologisch als besonders schützenswert ausgewiesen wurden. Er umfasst den größten Teil des nördlichen Zipfels der Bruce Peninsula. Auf einem Areal von 156 km² stehen wildreiche Wälder und eine felsige Küstenregion mit steilen Klippen und versteckten Stränden unter Schutz.

Fathom Five National Marine Park ▶ D 9

Tobermory, Tel. 519-596-2233, Taucher-Registrierung Tel. 519-596-2503, Eintritt 8,50 $, geöffnet wie Bruce Peninsula National Park

Die nordwestlich vorgelagerten Inseln Cove, Russel, North und South Otter, Bear's Rump und Flowerpot sowie 13 weitere kleinere Inseln mit den umliegenden Gewässern gehören zum **Fathom Five National Marine Park** 4. Mehrmals am Tag fahren Ausflugsboote von Tobermory durch diese Inselwelt mit steilen Kalksteinklippen, Höhlen und bizarr geformten Felsskulpturen, besonders ausgeprägt auf **Flowerpot Island**. Der große ›Blumentopf‹ ist 12 m, der kleine 6 m hoch. Auf der Insel gibt es Wanderwege und ein halbes Dutzend Zeltplätze. Man kann sich für einige Stunden absetzen lassen oder ein paar Tage bleiben. Eine knapp dreistündige Wanderung reicht aus, um die schönsten Stellen der Insel zu sehen.

Noch interessanter für manche Besucher ist, was unter der Oberfläche auf den scharfkantigen Riffen liegt. Denn Sommernebel und Novemberstürme forderten ihren Tribut an Schonern, Dampfern und Schleppern, die im 19. Jh. das tückische Gewässer passierten. Neben natürlichen Attraktionen wie Unterwasserhöhlen und bizarren Felsformationen bergen die glasklaren Wasser der Georgian Bay daher auch die Reste von rund zwei Dutzend **Schiffswracks**. Mehrere Dive Shops in Tobermory bieten Tauchausrüstung, Kurse und Exkursionen. Nichttaucher können mit Glasbodenschiffen zu den Wracks fahren.

Tobermory ▶ D 9

Die beiden Naturhäfen von **Tobermory** 5, der selbst ernannten ›Fresh Water Scuba Diving Capital of the World‹, werden treffend ›Little

Tipp

ÖKO-LODGE E'TERRA

Sie ist so exklusiv, dass selbst die Website die genaue Adresse verschweigt: Die Öko-Lodge **E'Terra** bei Tobermory bietet dem ebenso anspruchsvollen wie umweltbewussten Gast ein holistisches Umwelterlebnis der Extraklasse. Auf hoher Klippe über der Georgian Bay thronend und von altem Zedernbestand umgeben, wurde die sechs urgemütliche Zimmer bietende Herberge aus lokalem Gestein und altem, vor industrieller Verwertung gerettetem Holz erbaut. Im Inneren reicht die Palette von organischen Toiletten bis zu mit Gänseflaum gefüllten Federbetten (Highway 6, www.eterra.ca, diverse mehrtägige Pakete, ab 800 $).

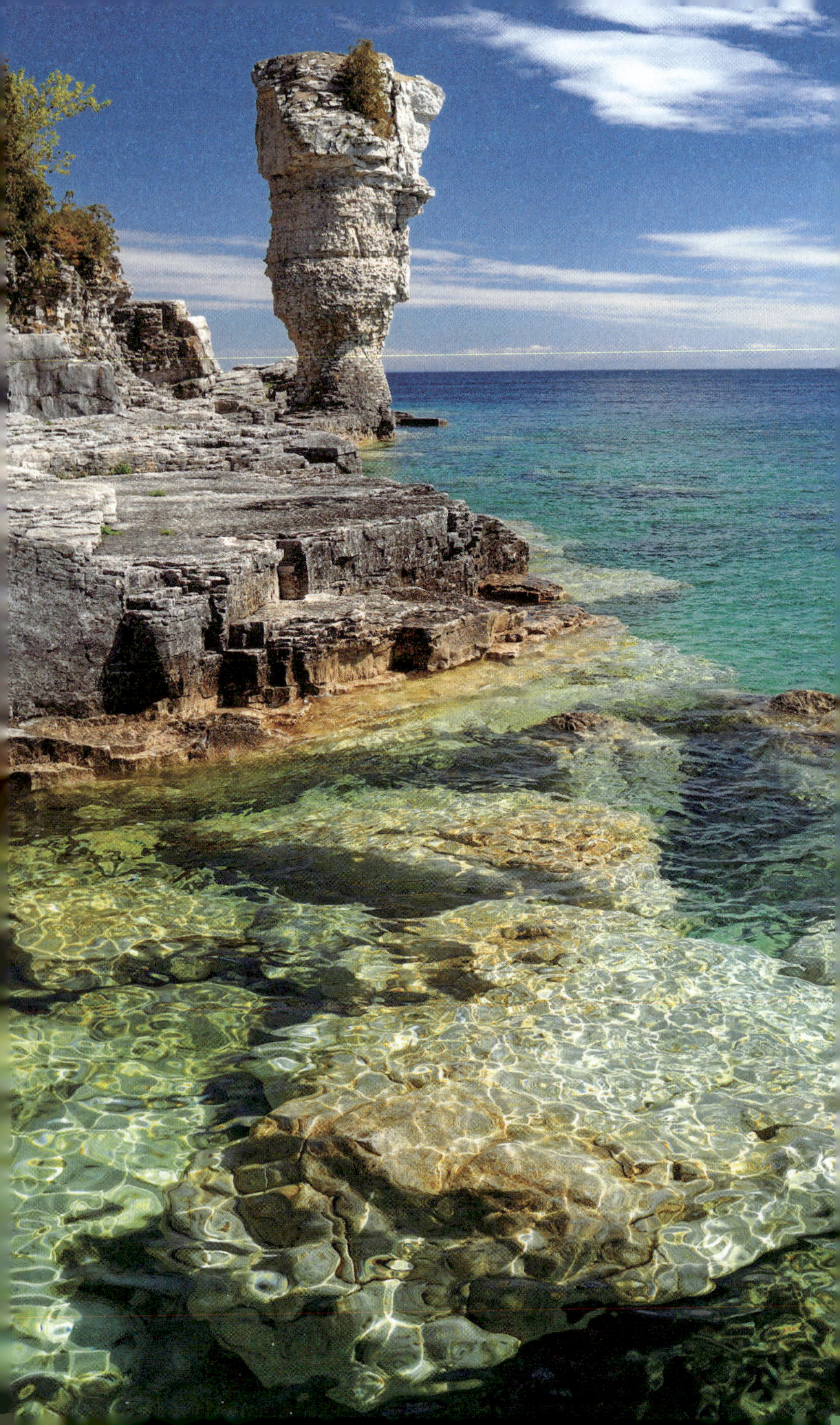

Tub‹ und ›Big Tub‹ (*tub* = Wanne) genannt. Rings um den Little Tub Harbour liegt das Zentrum des Ortes. An den Stegen drängen sich im Sommer die Segeljachten und Tourschiffe, den Hafen umsäumen Holzhäuser mit Läden, Restaurants, Dive Shops, Andenkengeschäften und Galerien. Im kleinen **St. Edmund's & Peninsula Township Museum** sind auch Relikte der Schiffswracks zu sehen (7072 Hwy. 6, 3 km südlich von Tobermory, tgl. 11–16 Uhr, Eintritt frei, Spende erbeten). Von den Fischerbooten ist fangfrischer Weißfisch zu haben, und wenn man ihn selbst nicht braten will, kann man die örtliche Delikatesse auch im Restaurant bestellen. Einen wunderschönen Blick über die Georgian Bay und die beiden Häfen hat man von Restaurant und Terrasse des Grandview Motel (s. u.) – Logenplätze für die nicht selten spektakulären Sonnenuntergänge.

Übernachten

Ideal zum Ausspannen – **Big Tub Harbour Resort:** 236 Big Tub Rd., Tel. 519-596-2219, www.bigtubresort.ca. Schön gelegen, mit Blick aufs Wasser, Zimmer mit Kitchenette, Restaurant, Dive Shop, Tauchexkursionen, Kanuverleih. DZ 100–180 $.

Praktisch – **Escarpment Heights Motel:** 16 Hay Bay Rd., Tel. 519-596-2228, www.escarpmentheights.com. Das moderne Motel liegt in einer ruhigen Seitenstraße in Tobermory und nur ein paar Schritte vom Little Tub Harbour entfernt. Dazu gehören moderne 3- und 4-Zimmer-Cottages. 85–320 $.

Essen & Trinken

Leute beobachten – **The Fish & Chip Place:** 24 Bay St. S., Tobermory, Tel. 519-596-8380, www.thefishandchipplace.com, wechselnde Öffnungszeiten. Tgl. frischer Weißfisch mit Blick auf den hübschen Little Tub Harbour. Hauptspeisen 7–14 $.

Aktiv

Outdoor wird auch hier großgeschrieben. Wandern, Wassersport, Tauchen, Angeln und

Die Felsgebilde erinnern an Blumenvasen und verleihen Flowerpot Island seinen Namen

Kayaking sind die beliebtesten Aktivitäten, aber auch Bootsausflüge in den Fathom Five National Marine Park sind populär.

Wracktauchen, Schnorcheln – **Divers Den:** 3 Bay St., Tel. 519-596-2363, www.diversden.ca. Profilierter Dive Shop mitten in Tobermory. Schnorcheln, Tauchgänge zu den Wracks in der ›Wanne‹ und Tauchkurse mit zertifizierten Tauchlehrern.

Bootstouren – Im **Little Tub Harbour** warten mehrere Ausflugsboote, darunter auch welche mit Glasböden, auf Gäste.

Verkehr

Fähre: Die **MS Chi-Cheemaun** pendelt zwischen Tobermory Terminal und South Baymouth Terminal auf Manitoulin Island (Tel. 1-800-265-3163, www.ontarioferries.com/en/home). Die 143 Pkw fassende Fähre verkehrt Anfang Mai–Mitte Okt., die Überfahrt dauert knapp 2 Std., Kfz und 2 Erw. einfach 85 $.

Manitoulin Island
▶ C/D 8/9

Karte: S. 172

Die »Chi-Cheemaun« – in der Sprache der Ojibwe »Großes Kanu« – ist das größte der auf den Great Lakes verkehrenden Fährschiffe. Auf der knapp zweistündigen Fahrt von Tobermory nach **South Baymouth** am Südzipfel von Manitoulin Island sit sie umgeben von den weißen Segeln der Jachten, die das Wasser durchpflügen. Eine Seefahrt – im Herzen Kanadas. Die Route führt zunächst durch die Inselwelt des Fathom Five National Park und dann auf die ›offene See‹.

Manitoulin Island, von den Ojibwe *Gitchi Manitou*, ›Heimat des großen Geistes‹, genannt, bietet lauschige Kiefernwälder, Wasserfälle, Sandbuchten, schroffe Felsklippen und warme Seen zum Baden und Kanufahren. Mit 2800 km^2 Fläche und über 1600 km Küstenlinie ist sie die größte Insel der Welt in einem Binnenmeer. Rund ein Drittel der etwa 15 000 Bewohner sind Indigene, die fast alle in den beiden Reservaten der Insel leben.

Archäologen haben bei Sheguiandah Reste 11 000 Jahre alter Siedlungen gefunden. Als erste Europäer trafen französische Jesuiten in den 1640er-Jahren auf die Ureinwohner der Insel, auf deren Geschichte man stolz ist. Alte Gefängnisse, Leuchttürme und Kirchen wurden liebevoll restauriert, die meisten Orte besitzen ein kleines Heimatmuseum mit kunterbuntem Sammelsurium.

In einigen Orten finden **Pow Wows,** die farbenprächtigen Indigenen-Treffen, statt – das berühmteste Ende Juli/Anfang August in Wikwemikong im Osten der Insel (s. S. 174, 176). Man sollte sich ein paar Tage Zeit nehmen, um die verschlafenen kleinen Orte kennenzulernen.

Von Providence Bay zum Mississagi Lighthouse ▶ C 8/9

Bei **Providence Bay** 6 am Südufer reihen sich schöne Sandstrände aneinander. In **M'Chigeeng** 7 (früher: West Bay), dem zweitgrößten Ort mit indigener Bevölkerung der Insel, unterhält die Ojibwe Cultural Foundation ein Kulturzentrum, in dem Kunst und Kunsthandwerk verkauft, Tänze veranstaltet, Führungen

Gore Bay 9 , über die Route 540 B zu erreichen, ist einer der größeren Hafenorte der Insel, hübsch eingebettet zwischen die Klippen des Nordufers. Vornehme Villen und große Sandsteingebäude zeugen vom Wohlstand der frühen Siedlung. Ein ehemaliges Gefängnis, das zugleich Wohnhaus des Wärters war, hat man in das der Pionierzeit gewidmete **Gore Bay & Western Manitoulin Museum** verwandelt (Dawson Street, Juni–Aug. Mo–Sa 10–16, So 14–16, Okt. Mo–Fr 10–16 Uhr, Erw. 4 $, Kinder 2 $).

Mississagi Lighthouse ▶ C 8

Am westlichen Ende der Insel, 10 km von **Meldrum Bay** entfernt, steht das schmucke, rotweiße **Mississagi Lighthouse** 10 . In dem historischen Leuchtturmgebäude von 1873 sind ein Museum und ein kleines Restaurant untergebracht. Die komplett eingerichtete Wohnung mit dem alten Kanonenofen vermittelt einen Eindruck vom Alltag des Leuchtturmwärters. Auch der alte Reflektor und das Nebelhorn, 2003 nach 33 Jahren reaktiviert, sind zu besichtigen. Die tückischen Gewässer der Mississagi Strait liegen voller Schiffswracks. Auch de La Salles »Griffon« soll 1670 hier untergegangen sein, einige der Ausstellungsstücke stammen angeblich vom Schiff des französischen Entdeckers. Im **Lighthouse Park** gibt es Camping- und Picknickplätze, einige kurze Trails folgen der schroffen Kalksteinküste. Im Ort kann man Boote für Angeltouren mieten.

Manitowaning ▶ D 9

Von South Baymouth fährt man auf dem Highway 6 eine halbe Stunde bis **Manitowaning** 11 am Südufer der gleichnamigen Bucht. Der kleine Ort hat einiges zu bieten: Im **Assiginack Museum** sind Gegenstände aus der Pionierzeit ausgestellt (Arthur Street, Juni–Sept. Mo–Fr 10–17 Uhr, Erw. 2 $, Kinder 1 $). Im nur einen Steinwurf entfernten **S. S. Norisle Heritage Park** liegt neben einer alten Mühle die »**S. S. Norisle**« vor Anker. Auf dem historischen Schiff, dem letzten auf den Großen Seen verkehrenden Passagierdampfer, wird im Sommer ein Restaurant betrieben. Die **St. Paul's Church** von 1885 ist die älteste anglikanische

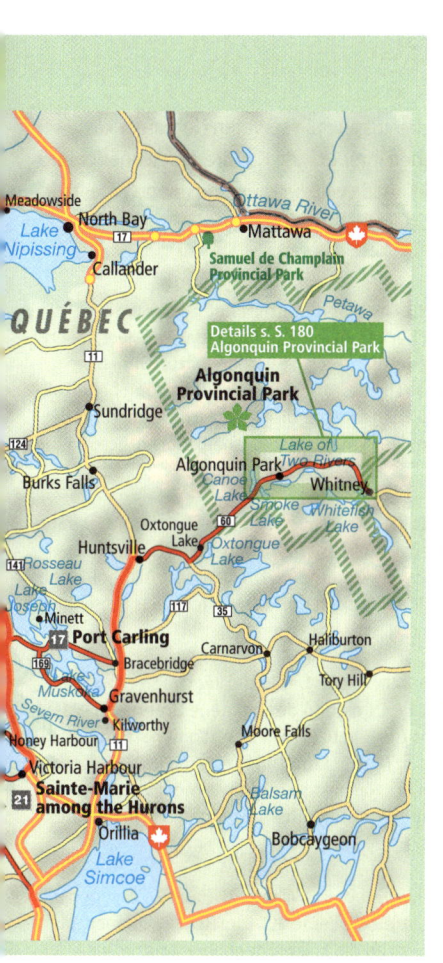

und Aktivitäten angeboten werden (5905 Hwy. 540, Tel. 705-377-4404, www.circletrail.com).

Kurz vor Kagawong führt von der Route 540 ein Pfad zu den **Bridal Veil Falls** 8 . ›Wo Nebel von den fallenden Wassern aufsteigen‹ bedeutet der Name des Ortes in der Sprache der Ureinwohner. Treppen führen hinunter zum herrlich erfrischenden Wasser. Die beste Tageszeit zum Fotografieren ist der späte Vormittag. **Kagawong** an der West Bay mit seinen Bootsstegen, den pittoresken Holzhäusern, einem altmodischem *general store* und dem Leuchtturm lohnt ebenfalls einen Bummel.

Pow Wow auf Manitous Insel

Auf Manitoulin Island feiern die Ojibwe und ihre aus allen Reservaten Nordamerikas anreisenden Gäste einmal jährlich das Überleben ihrer uralten Kulturen. Bleichgesichter sind beim größten Treffen indigener Völker in Kanada willkommen und erleben drei Tage lang ein beeindruckendes, farbenprächtiges Spektakel.

Das dreitägige, Anfang August auf Manitoulin Island stattfindende Pow Wow ist die größte Zusammenkunft nordamerikanischer Ureinwohner in Kanada. Blackfeet, Blood, Cree, Cheyenne, sie alle reisen an, um an den Tanzwettbewerben teilzunehmen. Im indigenen Kanada ist Manitoulin Island ein Symbol: Die Bewohner von Wikwemikong haben als einzige keinen jener Verträge unterzeichnet, mit denen auch die kanadische Regierung den Ureinwohnern einst ihr Land abluchste. Wikwemikong nennt sich deshalb stolz ›Unceded Indian Reserve‹.

In der Mitte der Thunderbird-Arena spielt die Musik. Von hier aus begleiten Sänger und Trommler die Tänzer mit Klängen und Rhythmen, die dem Bleichgesicht zunächst eine Gänsehaut verursachen. Der Moderator erinnert an die Pow-Wow-Etikette: Keine Drogen, kein Alkohol, keine Fotos während der Gebete. »Erklärt unseren weißen Brüdern und Schwestern, was sie sehen«, schmunzelt er. »Damit sie verstehen, was sie sehen …«

Tatsächlich sehen die Tänze geradezu lächerlich einfach aus: »Der Teufel liegt im Detail«, erklärt Dawn Madahbee. Die hoch gewachsene Ojibwe ist Direktorin der indigene Unternehmer unterstützenden Waubetek Business Development Corporation. »Bei den Women's Traditionals symbolisieren die Frauen ihre enge Verbindung zu Mutter Erde, indem sie mit ihren Füßen so dicht wie möglich am Boden bleiben, dabei aber aus Respekt so leicht wie möglich auftreten.« Auch der perfekte Schwung der Fransen von Cape, Rock und über den rechten Arm gelegtem Schal sei für die Benotung wichtig.

Von 1930 bis in die 1970er-Jahre war das Pow Wow verboten. »Während dieser Zeit gingen die katholischen Priester von Haus zu Haus und forderten die Leute auf, ihre Regalia, Friedenspfeifen und Trommeln abzuliefern«, erinnert sich Dawn an die Erzählungen ihrer Mutter. Viele seien der Aufforderung gefolgt. Andere führten die rituellen Zusammenkünfte und Tänze tief in den Wäldern durch, außerhalb der Hörweite unbefugter Ohren. Das Wissen um ihre Bedeutung wurde in dieser Zeit nur von einer Handvoll Ältester bewahrt. Das Pow Wow wurde aus ihren Erinnerungen rekonstruiert.

Die Zuschauer erklären gern. »Die Disziplinen der Teilnehmer«, sagt Tipi-Hersteller Stanley Peltier, «sind an deren Kostümen erkennbar. Die der Men's Traditional Dancers sind am einfachsten gehalten.« Auch Stanley tanzt in dieser Disziplin. Seine Frau Shaila, eine Gesprächstherapeutin, zupft ein letztes Mal an seinem Federschmuck, bevor er sich zu den übrigen Teilnehmern gesellt. »Dieser Tanz stammt von den alten Kriegstänzen ab«, sagt sie, während sie ein paar rebellische Federkiele wieder an ihren Platz rückt. »Mit ihren Bewegungen erzählen die Männer Episoden von ihrem Kriegszug.« Die Fancy Feather Dancers dagegen sind über und über von bunten Federn bedeckt, sie tanzen die Tänze der alten Geheimgesellschaften. Die rasante Choreografie erfordert gute Kondition und lässt die Umrisse der Tänzer verschwimmen.

Viele der Trachten beim Pow Wow wurden über Generationen vererbt

Die Kostüme der Grass Dancers wiederum tragen Reihen überlanger Fransen, die so zu bewegen sind, dass sie an das im Wind wogende Präriegras erinnern. Ihre Aufgabe war es ursprünglich, das Gras für die nachfolgenden Tänzer flachzutreten.

Die Kostüme der Frauen sind nicht minder beeindruckend. Die mit Hunderten von Glöckchen behängten Kostüme gehören den Jingle Dress Dancers. »Einst träumte der Vater eines kranken Ojibwe-Mädchens, dass ein Jingle Dress seine Tochter wieder gesund machen würde. Seitdem gilt dieser Tanz als Heilungstanz.« Viele der jungen Frauen und Mädchen tragen bunte, reich verzierte Schals um die Schultern. »Das sind die Fancy Shawl Dancers«, sagt Shaila. »Der Schal symbolisiert die Decke, die die jungen Frauen früher trugen. Mit ihr imitierten sie, mit federnden Schritten auf und ab springend, den Flug des Schmetterlings.« Stanley ist konkreter. »Damit auch der dümmste Krieger sah, dass sie zu haben waren.«

Die Trommeln erklingen, Gesang hebt an. Die um die Trommeln versammelten Sänger drücken auf ihre Stimmbänder, um ihnen noch höhere Töne zu entlocken. »Das sind Klänge tief aus dem Bauch«, sagt Stanley, »von dort aus gehen sie ohne den Umweg übers Gehirn in den Mund. Das ist fast so wie bei Babys. Wir drücken damit unsere Gefühle aus.» Shaila verabschiedet ihn mit einem Klaps auf den Hintern zu seinen Tänzer-Kollegen. Sie ist stolz auf ihren Mann. Und auf ihre Wurzeln, die sie in der von Weißen dominierten Welt sorgfältig pflegt.

Rund um die Georgian Bay

Kirche in Nordontario. Der alte **Leuchtturm** gleich nebenan ist noch immer in Betrieb, aber leider nicht mehr für Besucher zugänglich.

Wikwemikong ▶ D 9

Wie die Ureinwohner heute auf Manitoulin Island leben, erfährt man in **Wikwemikong** 12. 1648 gründete der Jesuitenpater Joseph Poncet hier eine Missionsstation. Noch vor Manitowaning führt eine Stichstraße in das Ojibwe-Reservat. Das hügelige Gelände der Siedlung Wikwemikong (Ojibwe für ›Bucht der Biber‹) erstreckt sich über die gesamte Halbinsel. Weit verstreut liegen die einfachen Holzhäuser an den meist ungeteerten Straßen. Wikwemikong wird gekennzeichnet durch einen beeindruckenden Kontrast zwischen alten Traditionen und modernem Lebensstil. So gibt es neben traditionellen Sweat Lodges in den Gärten ein modernes Krankenhaus, einen Supermarkt sowie einige kleine Kunstgalerien und Workshops.

Tipp

POW WOW IN WIKWEMIKONG

Jedes Jahr am ersten Wochenende im August versammeln sich Ureinwohner aus ganz Nordamerika in **Wikwemikong,** hier nur ›Wiki‹ genannt, zum **größten Pow Wow Kanadas.** Während des mehrtägigen Volksfests, das in der Thunderbird Arena stattfindet, ist der dumpfe Klang der Trommeln schon von Weitem zu hören. Man zahlt ein paar Dollar Eintritt – und ist plötzlich von einer für Europäer völlig ungewohnten Atmosphäre umgeben. Stände verkaufen neben indigenem Kunsthandwerk auch allerlei Tand und Trödel. Nähere Infos unter www.wikwemikong.ca.

Sheguiandah ▶ D 9

Auf dem Weg nach Little Current führt die Straße noch vor **Sheguiandah** 13 an einem Aussichtspunkt vorbei, wo sich ein schöner Panoramablick auf die auf dem Festland liegenden La Cloche Mountains bietet. Hier am **Ten Mile Point** erinnert ein Schild an die Jesuiten, die in der Region um 1648 missioniert haben. Ein Souvenirladen verkauft hochwertigen, von indigenen Künstlern gefertigten Schmuck. In der Nähe liegt auch das Reservat der Sheguiandah First Nation, die jedes Jahr Anfang Juli ihr traditionelles Pow Wow feiert (www.ourmanitoulin.com/powwow.html).

Bei Sheguiandah selbst gibt es auf einem felsigen Hügel eine **archäologische Stätte,** wo Forscher bei Grabungen in den 1950er- und Anfang der 1990er-Jahre die bislang ältesten Spuren menschlicher Besiedlung in Ontario zu Tage förderten: Über 10 000 Jahre alte Steinwerkzeuge, Speer- und Pfeilspitzen von Paleo-n. Einige Ausgrabungsfunde sind im **Centennial Museum of Sheguiandah** zu sehen, zusammen mit Exponaten aus der Pionierzeit. Auf dem Freigelände wurden mehrere Blockhütten, eine Scheune und ein Gebäude zur Herstellung von Ahornsirup *(sugar shack)* nachgebaut (10862 Highway 6, im Sommer tgl. 9–16.30, Do bis 20 Uhr, sonst nur Di–Sa, Erw. 4,50 $, Kinder 2 $).

Little Current ▶ D 8

Der **North Channel,** der die Insel vom Festland trennt, ist mit seinen Hunderten von Inseln, Halbinseln und Passagen ein Mekka für Segler und Kanuwanderer. Wo heute Freizeitskipper ihren Spaß haben, kamen bis zum frühen 19. Jh. Ureinwohner und frankokanadische Pelzhändler, die legendären Voyageurs, auf ihrem Weg zum Lake Superior vorbei.

Am Südrand dieses herrlichen Freizeitreviers liegt **Little Current** 14 (1500 Einw.). Der größte Ort der Insel war ursprünglich ein Handelsposten der Hudson's Bay Company. Heute sind die bunten Häuschen Anlaufpunkt für Segeljachten und Sportboote auf dem Weg in die Georgian Bay oder zum Lake Superior. Vor der Stadt verbindet eine eiserne Drehbrücke, die 1913 ursprünglich als Eisenbahnbrücke gebaut wurde, die Insel mit dem Festland. Tagsüber öffnet sie sich alle 45 Min. für eine Viertelstunde, um den Schiffsverkehr durchzulassen.

Infos
… in Little Current:
Destination Manitoulin Island: 70 Meredith St. E., P. O. Box 119, ON POP 1KO, Tel. 705-368-3021, www.destinationmanitoulinisland.com. Hilfe bei der Unterkunftssuche und Reservierung von Tickets für die Fähre.

Übernachten
… in Little Current:
Romantisch – **Shaftesbury Inn:** 19 Robinson St., Tel. 705-368-1945, www.rockgardenresort.on.ca. 9 heimelige, zumeist mit alten Möbeln eingerichtete Zimmer in einem Steinhaus von 1884. DZ 240–320 $.

In Stammesbesitz – **Manitoulin Hotel & Conference Centre:** 66 Meredith St. E., Tel. 705-368-9966, www.manitoulinhotel.com. Modernes Konferenzhotel mit traditionellen Stilelementen. Beeindruckende Lobby im Tipi-Stil, deckenhohe Panoramafenster bieten einen schönen Blick aufs Wasser. Ansprechende Zimmer, gutes Restaurant mit Ojibwe-Gerichten. Geführte Wanderungen und Kanutouren, Workshops wie »Voice of the Drum«, »Storytelling« und »Traditional Medicine Harvesting«. DZ 150–250 $.

Essen & Trinken
… in Little Current:
Lokalkolorit – **Anchor Inn Bar & Grill:** 1 Water St., Tel. 705-368-2023, tgl. 7–23 Uhr. Gemütliches Kneipenrestaurant im historischen Anchor Inn, kanadische Küche: alle Fischgerichte sind zu empfehlen. Vorspeisen 6–13 $, Hauptspeisen 17–30 $.

… in Mindemoya:
Wie bei Muttern – **Mum's Restaurant & Bakery:** 2215 Hwy. 551, Tel. 705-377-4311, tgl. 6–20 Uhr. Einfache Essstube der Einheimischen, frischer Fisch aus dem Lake Huron, Pizza, Pastagerichte, täglich frische Backwaren. Hauptgerichte 7–18 $.

Termine
… in Wikwemikong:
Pow Wow: Anf. August, www.wikwemikong.ca. Außer Sprachkursen und kulturellen Ereignissen veranstaltet diese Organisation das alljährliche Pow Wow (s. Tipp S. 176). Programm und genaue Termine auf der Homepage.

Von Manitoulin Island zu den Muskokas

Karte: S. 172

Die Fahrt von Little Current nach Sudbury auf dem Festland bietet wenig Abwechslung. Das ändert sich auch auf den nächsten 180 km auf dem Highway 69 von Sudbury nach Parry Sound nicht. Umso mehr lohnt das Aussteigen an der Brücke über den **French River** 15, der sich hier durch eine Schlucht zwängt. Historische Tafeln auf dem Parkplatz erinnern an die Bedeutung der alten ›Rivière des Français‹: Das Bindeglied zwischen Lake Nipissing und Lake Huron war einst Teil der meistbenutzten Kanuroute in den Westen und hinunter zum Mississippi-Delta. Ein neues, für den French River Provincial Park errichtetes Besucherzentrum etwas landeinwärts vertieft dieses spannende Kapitel der kanadischen Geschichte. Heute ist der buchtenreiche French River ein beliebtes Kanurevier.

Das adrette Städtchen **Parry Sound** 16 (6500 Einw.) am gleichnamigen Sund eignet sich vor allem für Wassersportler. »Thirty Thousand Islands« (es können auch etliche mehr sein) wird das Gewirr vorgelagerter Inseln genannt. Es gibt viele Resorts und Motels, die im Sommer und an langen Wochenenden gut gebucht sind. Einen weiten Blick über die Inselwelt genießt man gratis von einem alten, 30 m hohen Aussichtsturm im **Tower Hill Lookout & Heritage Garden** (17 George St.), der in den 1920er-Jahren als Feuerwachtturm errichtet wurde. Im Park befindet sich auch das **Museum on Tower Hill** mit Ausstellungen zur Kultur der Ureinwohner und der europäischen Entdecker und Pioniere in der Region (17 George St., Mi–So 11–16, Do 13–19 Uhr, Erw. 5 $, Kinder 3 $). Von der Pier an der Bay Street fahren die Ausflugsschiffe ab, um den ›Irrgarten‹ der 30 000 Inseln zu erkunden.

In den Muskokas
▶ E 9/10

Karte: S. 172
20 km weiter südlich erreicht man schließlich die älteste Ferienregion Ontarios. Die waldreiche, von nackten Granitkuppen durchsetzte Seenplatte rund um die Seen Joseph, Rosseau, Muskoka und Lake of Bays wird schlicht **Muskoka** genannt. Hierher fuhren die Torontonians schon vor 100 Jahren in die Sommerfrische, hier stehen die teuersten Cottages des Landes. Hier findet man vornehme Resorts mit gepflegten Parkanlagen und breitem Seeufer, gemütliche Familienhotels, viktorianische Inns und versteckt gelegene kleine B & Bs.

Als die ersten Siedler in den 1850er-Jahren in diese Region kamen, fanden sie sie für Landwirtschaft ungeeignet. Die rund 1600 Seen zwischen Huntsville, Gravenhurst und Severn River behinderten zudem die verkehrstechnische Erschließung. Den Freizeitwert der Region erkannte man hingegen schnell. Bald verkehrten die ersten Dampfschiffe auf den Seen. 1875 erreichte die Eisenbahnlinie Gravenhurst und 1886 Huntsville. Wohlhabende Touristen aus Toronto, Kingston und den Vereinigten Staaten, Komfort in der Wildnis suchend, ließen nicht lange auf sich warten. Grand Hotels wie Windermere House, Deerhurst und Clevelands House wurden eröffnet. 1903 versorgte eine regelrechte Dampfschiffflotte die florierende Ferienregion.

Schließlich beendete das Auto diese romantische Ära. Die Wohlhabenden kommen zwar immer noch in das Seengebiet und haben auch entsprechende Ferienhäuser hier,

Celebrities wie Steven Spielberg und Tom Hanks wissen die zivilisierte Abgeschiedenheit der Muskokas zu schätzen

In den Muskokas

doch sind die ›Lakelands‹ heute auch für Normalbürger erschwinglich.

Am hübschesten ist die 700-Einwohner-›Puppenstube‹ **Port Carling** 17 , die zwischen Lake Rousseau und Lake Muskoka am Indian River liegt. Hier sollte man unbedingt dem in einem Blockhaus untergebrachten **Muskoka Lakes Museum** im Island Park einen Besuch abstatten. Es informiert über die Entwicklung der Region und die glanzvolle Tradition des Bootsbaus, die u. a. die heute unbezahlbaren, *runabouts* genannten Motorboote aus Edelhölzern hervorbrachte (100 Joseph St., Island Park, Ende Mai–Anfang Okt. Mi–Sa 10–16, So 12–16, Juli/Aug. bis 17 Uhr, Erw. 5 $, Kinder unter 5 Jahren frei).

Rundflüge mit dem Wasserflugzeug vermitteln einen guten Eindruck dieser Welt aus Seen und Wäldern. Höhepunkt ist jedoch eine Kreuzfahrt mit dem historischen Dampfschiff »**R.M.S. Segwun**« ab **Gravenhurst** oder **Port Carling.** Der sorgfältig restaurierte Oldtimer, ein Schmuckstück aus dem Jahr 1887, verkehrt von Anfang Juni bis Mitte Oktober und bietet 99 Passagieren die nostalgische Atmosphäre aus den Anfängen des Muskoka-Tourismus. Das Angebot reicht von mehrstündigen Sightseeingtouren bis zu romantischen Dinner-Kreuzfahrten zum Sonnenuntergang.

Infos
... in Kilworthy:
Muskoka Tourism: 1342 Hwy. 11 N., R. R. 2, Tel. 705-689-0660, 1-800-267-9700, www.discovermuskoka.ca. Kartenmaterial, Hotel- und Restaurantverzeichnisse.

Übernachten
... in Minett:
Nichts als Urlaub – **Clevelands House:** 1040 Juddhaven Rd., unweit Port Carling, Tel. 705-765-3171, 1-888-567-1177, www.clevelandshouse.com. Klassisches Muskoka-Resort am Lake Rousseau, hübsche Zimmer und Cottages, alle Mahlzeiten und die meisten Sportarten sind im Übernachtungspreis inbegriffen. DZ 180 $, Cottage ab 260 $, oft zeitlich begrenzte Sonderangebote.

... in Port Carling:
Schnuckelig – **Crestwood Inn & Restaurant:** 177 Medora St., Tel. 705-765-3743, 1-888-573-0239, www.crestwoodinn.ca. Neueres kleines Hotel mitten im Städtchen, modern eingerichtete Zimmer und Cabins, mit Frühstück. DZ 130–200 $.

Essen & Trinken
... in Gravenhurst:
Relaxt – **Boathouse Restaurant:** 1209 Muskoka Beach Rd., Taboo Resort, Tel. 705-687-2233, 1-800-461-0236, tgl. 17.30–22.30 Uhr. Der Nachfolger des vornehmen »Elements« setzt auf informelle Entspannung mit Seeblick, bei einfachen Pubgerichten wie Burgern und Pizza. Vorspeisen 8–14 $, Hauptspeisen 15–24 $.

Aktiv
... in Gravenhurst:
Schiffstouren – **Muskoka Steamships:** 185 Cherokee Lane, Tel. 705-687-6667, 1-866-

Rund um die Georgian Bay

687-6667, www.realmuskoka.com. Dinner Cruises mit dem historischen Dampfschiff »R.M.S. Segwun« ab Gravenhurst oder Port Carling. Erw. etwa 99 $.

❁ Algonquin Provincial Park ▶ F/G 8/9

Karten: S. 181, 182

Das berühmte Wildnisgebiet liegt eine knappe Autostunde östlich von Huntsville. 1893 gegründet, ist der 7725 km² große **Algonquin Provincial Park** der älteste und größte unter Ontarios Provinzparks. Benannt wurde er nach den Algonquin, die einst in der Region lebten. Die ersten Weißen vor Ort waren Holzfäller, die hier ab 1850 nach den mächtigen Weymouthkiefern suchten, die wegen ihres hervorragenden Holzes begehrt waren. Diese ›Lumberjacks‹ hausten im Winter in entlegenen Camps und fällten die mächtigen Bäume mit Muskelkraft, jede Minute Tageslicht ausnutzend. Die Stämme wurden behauen und im Frühjahr, wenn die Flüsse Hochwasser führten, in Form von Flößen den Ottawa River hinunter bis nach Québec befördert. Während der langen und gefahrvollen Fahrt lebten die Holzfäller in den primitiv gezimmerten Hütten auf den Flößen, die auf dem St.-Lorenz-Strom zu riesigen ›Konvois‹ anwuchsen.

Angesichts des drohenden Kahlschlags wurde der Park gegründet, um den Holzeinschlag zu quotieren und zu regulieren. Bald darauf kamen auch Touristen in das Gebiet, angezogen von Anglerberichten und den Gemälden der Group of Seven (s. S. 62).

Heute ist der Algonquin Provincial Park, trotz weiterer – maßvoller – forstwirtschaftlicher Nutzung wieder ein urwüchsiges Wildnisgebiet mit Laub- und Nadelwäldern, Mooren, Flüssen und oft miteinander verbundenen Seen. Hinzu kommt eine artenreiche Tierwelt mit 40 Säugetier- und 130 Vogelspezies. Typische Algonquin-Erinnerungen: das Lagerfeuer am einsamen See, der geisterhafte Ruf des Eistauchers in der Dämmerung, die Bugwelle eines Bibers an der spiegelglatten Oberfläche. Abends ist mitunter das langgezogene Heulen eines Wolfsrudels zu hören. Auch Bären, Otter, Füchse und Waschbären leben im Park. Dem Paddler bietet sich nicht selten das beeindruckende Erlebnis, hinter einer Flussbiegung auf einen grasenden Elch zu treffen, der gerade seinen riesigen Kopf aus dem Wasser hebt.

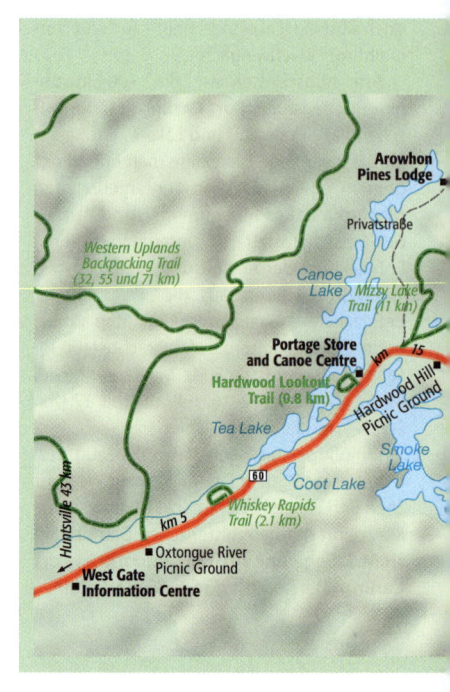

Elche oder Indian Summer?

Mai und Juni sind die beste Zeit zur **Elchbeobachtung.** Die Könige der Wälder verlassen dann ihr Reich, um neben dem Highway 60 das nach der Schneeräumung salzige Wasser in den Straßengräben zu trinken. In den ersten zwei, drei Juniwochen herrschen die Kriebelmücken *(black flies)* im Park. Moskitoschutzmittel und entsprechende Kleidung sind dann unverzichtbar.

Der Herbst mit dem **Indian Summer** Ende Sept./Anfang Okt. ist die ›fünfte‹ touristische Jahreszeit: Die Laubfärbung, insbesondere der Ahornbäume, Espen und Roteichen, gilt als

Algonquin Provincial Park

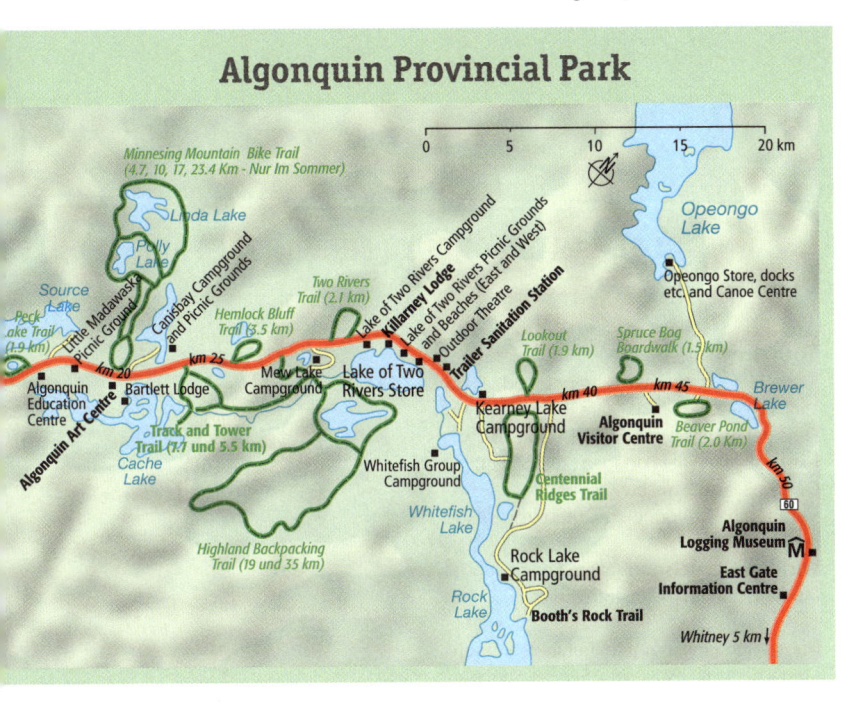

prächtigstes Farbenspiel der Natur nördlich von Neuengland. Kühle Nächte und warme klare Tage ohne Mücken – für viele ist dies die beste Zeit für die lange geplante Kanuwanderung in Ostkanada.

Kanuwandern, Paddeltouren und Angeln

Kanuwanderern steht im Algonquin Provincial Park ein Netz von insgesamt 1600 km Kanurouten zur Verfügung. Sie folgen den Seen, Flüssen und Portagen in das urwüchsige, straßenlose Herz des Parks. Dort gibt es zahlreiche kleine, oft sehr reizvoll gelegene Wildniszeltplätze. Unterwegs gibt es Gelegenheit zum Schwimmen und für Tierbeobachtungen. Die komplette Ausrüstung, einschließlich Kanu und Verpflegung, kann bei Ausrüstern im Park gemietet werden.

Für mehrtägige Touren in die Wildnis ist Erfahrung unbedingt notwendig. Wildnis-Neulinge können sich für ein paar Stunden ein Kanu mieten und auf einem der Seen entlang des **Parkway Corridor,** der erschlossenen Zone beiderseits des Highway 60, der auf 56 km Länge durch den Süden des Parks verläuft, erste Paddelerfahrungen sammeln. Hier gibt es auch zahlreiche Zeltplätze und Seen mit Badestränden, markierten Wanderwegen und Naturlehrpfaden. Wildnis-Unerfahrene, die tiefer in den Park vordringen wollen, sollten sich einer der von hiesigen Veranstaltern organisierten, mehrtägigen geführten Exkursionen anschließen (s. Aktiv unterwegs S. 182).

Wandern

Die **Wanderwege** des Parks verlaufen zwar nur an den Randzonen, sind jedoch gleichwohl empfehlenswert. Fast alle beginnen am Highway 60. Zu den schönsten gehören der **Barron Canyon Trail** (1,5 km) mit Blick auf die gleichnamige, 100 m tiefe Schlucht, der **Hardwood Lookout Trail** (0,8 km) mit Blick auf den verwunschen daliegenden Smoke Lake, der **Track and Tower Trail** (7,7 km) mit Aussicht auf den Cache Lake, der anstren-

Rund um die Georgian Bay

Aktiv

PADDELN IM ALGONQUIN PROVINCIAL PARK

Tour-Infos

Start/Ziel: Rock Lake Campground, 8 km südl. vom 40.3 km Marker am Highway 60, am Ende der unbefestigten Rock Lake Road
Länge: 30 km; drei Portagen (200–500 m)
Dauer: 3 Tage, 2 Nächte
Veranstalter: Algonquin Outfitters, s. Aktiv S. 184
Wichtige Hinweise: Vor allem Anfang Juni ist Mückenschutzmittel unentbehrlich.

Nur im Kanu gelangt man tief in den Algonquin Provincial Park. Von See zu See wird das urkanadische Transportmittel auf den Schultern getragen, ganz in der Tradition der legendären Voyageurs, der frankophonen Pelzhändler. Portage heißt dies sowohl im französisch- wie auch im englischsprachigen Kanada, während das verenglischte *portaging* den eigentlichen Transport von Kanu und Gepäck über die Tragestelle bezeichnet. In die dicht bewaldete Felsenlandschaft des Kanadischen Schild gebettete, klare Seen mit Inselchen darin beherrschen das Bild. Felsenufer dominieren, mal als senkrechte Wände und Klippen aus Granit, mal als Ansammlungen rundgehobelter Klötze und Blöcke mit kleinen Stränden dazwischen.

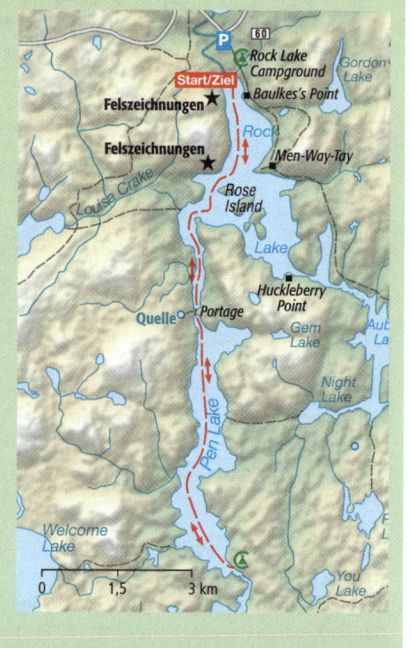

Der Wagen wird auf dem Parkplatz des **Rock Lake Campground** abgestellt. Dort wird auch das Kanu zu Wasser gelassen und mit allem Nötigem für drei Tage beladen. Nach 30 Min. passiert man **Rose Island,** ein hübsches Eiland wie auf einem Gemälde der Group of Seven. Die Karte der Parkverwaltung – dort und bei Algonquin Outfitters zu beziehen – informiert u. a. über **Felszeichnungen der Ureinwohner.** Weitere zwei bis drei Stunden später verengt sich der Rock Lake zu einem natürlich Kanal und endet schließlich an der **Portage zum Pen Lake.** Ein schmaler, wurzelverkrusteter Trail führt von hier aus in südlicher Richtung zum gut 400 m entfernten **Pen Lake.** Mit Kanu und 60–80 kg Gepäck eine schweißtreibende Übung! Doch der Pen Lake entschädigt für alle Strapazen. Die Luft ist so klar, dass die Augen schmerzen. Glatt und ruhig liegt der See vor dem Bug. Das Kanu öffnet die stille, dunkle Oberfläche wie einen Vorhang. Die

Algonquin Provincial Park

beiden nächsten Tage vergehen mit Angeln, Baden, dem Pflücken von Blaubeeren und kurzen Hikes am Seeufer entlang. Einfach fantastisch: die Paddeltouren kurz vor Sonnenaufgang. Noch während der Morgennebel in dicken Schwaden über dem Pen Lake liegt, gleitet man lautlos auf den See hinaus, vorbei an einem verschlafenen Eistaucher und hinein in einen Dunst, der Kanada in einem natürlichen Weichzeichner verschwimmen lässt.

gende **Centennial Ridges Trail** (10 km) zu spektakulären Aussichtspunkten über den Park sowie der **Booth's Rock Trail** (5,1 km), der an zwei Seen und einem Aussichtspunkt vorbeiführt.

Museen und Galerien

Sehenswert im Algonquin Provincial Park sind auch die Museen und Galerien. Das **Algonquin Visitor Centre** stellt mit Landschaftsmodellen und modernen Displays die Natur- und Kulturgeschichte des Parks vor und zeigt im »Algonquin Room« Gemälde und Kunstwerke, die von der Wildnis in der Umgebung inspiriert wurden. Angeschlossen sind ein gut sortierter Book Shop und ein Restaurant (Highway 60, km 43, April–Mai tgl. 9–17, Juni 10–17, Juli/Aug. 9–21, Sept./Okt. 10–17, Nov./Dez. Sa, So 10–16, sonst nur Sa, So 10–17 Uhr).

Das unweit des Osteingangs in mehreren Blockhütten untergebrachte **Algonquin Logging Museum** erinnert mit Videofilmen und historischem Arbeitsgerät an das heute unvorstellbar harte Leben der Holzfäller vor 100 Jahren. Hinter den Gebäuden führt ein 1,3 km langer Trail zu einem nachgebauten Camp, wo historische Dampfmaschinen und der »Alligator« zu sehen sind, ein originelles Amphibienfahrzeug, mit dem die gefällten Stämme aus dem weglosen Gelände geschafft wurden (Ende Juni–Mitte Okt. tgl. 9–17 Uhr, Eintritt frei).

Das an km 20 neben dem Found Lake gelegene **Algonquin Art Centre** zeigt in schöner Umgebung, wie Künstler vergangener Jahrzehnte und ihre zeitgenössischen Kollegen den Park und seine Natur wahrgenommen haben (Juni–Mitte Okt. tgl. 10–17 Uhr, www.algonquinartcentre.com, Eintritt frei, Spende erbeten).

Infos

Algonquin Provincial Park: Superintendent, Whitney, ON K0J 2M0 (Postadresse). Information Office Tel. 705-633-5572, Zeltplatzreservierungen online unter www.algonquinpark.on.ca, tgl. 9–16 Uhr. Wegen der großen Beliebtheit des Algonquin Provincial Park müssen die Campingplätze sowohl am Highway 60 als auch die im Inneren des Parks möglichst weit im Voraus gebucht werden. Die Homepage des Parks hilft dabei. Auch die Kanutour mit dem Outfitter und die Zimmer in den Hotels und Lodges im Park sollten frühzeitig reserviert werden.

Übernachten

Traumhaft – **Arowhon Pines:** Highway 60, Tel. 705-633-5661 (29. Mai–12. Okt.), Tel. 416-483-4393 (im Winter), www.arowhonpines.ca. Schönes altes, am Highway ausgeschildertes Resort mit eigenem See, die Zimmer sind auf das Haupthaus und mehrere Cottages verteilt. DZ 250–550 $ pro Person, inkl. drei Mahlzeiten und Nutzung aller Freizeitmöglichkeiten.

(Arche-)typisch kanadisch – **Killarney Lodge:** Highway 60 (km 32), auf einer kleinen Felsenhalbinsel im Lake of Two Rivers, Tel. 866-473-5551, www.killarneylodge.com. Urgemütliche Blockhütten mit Terrasse zum See und eigenem Kanu, feine Küche. 2-Pers.-Hütte/Person inkl. 3 Mahlzeiten 200–400 $.

Mit großem Suchtfaktor – **Cloverleaf Cottages:** 1050 Oxtongue Lake Rd., Tel. 705-635-2049, www.cloverleafcottages.ca. Nur ein paar Autominuten vom Westeingang des Algonquin Provincial Park entfernt liegen die mit Küche und allen modernen Annehmlichkeiten ausgestatteten Cottages am resorteigenen See. Tolle Basis für Trips in den Park. ab 180 $ pro Nacht.

Rund um die Georgian Bay

Aktiv

Ausrüstung und geführte Kanutouren – **Algonquin Outfitters:** RR 1, Dwight, kurz vor dem Westeingang, Tel. 800-469-4948, www.algonquinoutfitters.com. Ältester Ausrüster im Park, hier kann man sich vor dem Trip in den Busch mit allem Notwendigen eindecken oder auch an einer der geführten Kanutouren teilnehmen.

Wandern und Paddeln – **Voyageur Quest:** Algonquin Park Access Point #1, Lake Kawawaymog, South River, Tel. 416-486-3605, www.voyageurquest.com. Geführte Hiking- und Kanutouren im weniger erschlossenen Norden des Parks, z. T. mit Übernachtung in rustikalen Park-Lodges.

Rund um den Severn Sound ▶ E 10

Karte: S. 172

Liebliches Land, umspült vom Wasser der südlichen Georgian Bay: Kein Wunder, dass das Gebiet rund um den Severn Sound zu Beginn des 17. Jh. das Kernland der mächtigen Huronenföderation war. Heute ist die Kombination aus historischen Attraktionen und reizvollem Naturschauspiel die Trumpfkarte dieser südlich anschließenden Region.

Georgian Bay Islands National Park 18

Einen ersten Stopp lohnt der **Georgian Bay Islands National Park.** Er ist über den Highway 69 und die Muskoka County Road 5 vom Resortstädtchen **Honey Harbour** aus erreichbar. Der Ort verfügt über mehrere Unterkünfte, Restaurants und Marinas. Mit dem Wassertaxi kann man sich von hier aus zu den Inseln übersetzen lassen.

Insgesamt 60 Inseln und Inselchen bilden den 24 km² großen Georgian Bay Islands National Park, den kahle, von Gletschern blankgeschliffene Felsen, windzerzauste Kiefern und einsame Buchten prägen.

Die herbschönen Szenen, wie man sie von den Bildern der Group of Seven (s. S. 62) kennt, findet man vor allem im nördlichen Teil von **Beausoleil Island,** der größten Insel des Parks. Hier ragt der rosa schimmernde Granit in Form von Halbinseln in die Bucht. Auf den meisten Inseln kann man gut zelten, gibt es schöne Wander- und Radwege (Radverleih im Cedar Spring Visitor Centre) und ideale Bade- und Wassersportmöglichkeiten. Die besten Strände befinden sich in Sandpiper und Oaks, sowie auf dem Gelände des Cedar Spring und des Honeymoon Bay Campground.

Infos

Georgian Bay Islands National Park: 901 Wye Valley Rd., Midland, Tel. 705-527-7200, www.pc.gc.ca, ganzjährig geöffnet, Service Mai–Okt., Erw. 6,25 $, Kinder frei.

Übernachten

... in Honey Harbour:

Badeurlaub pur – **Blue Water Lodging:** 50 Bluewater Rd., Tel. 705-526-8907, www.bwlodging.ca. 10 einfach, aber gemütlich ausgestattete Cottages für 2–4 Pers., meist mit Terrasse und Grill, am Wasser. Cottage 300–550 $ für 2 Nächte (Minimum).

Verkehr

Wassertaxi: Privat betriebene Wassertaxen (z. B. Harbour Water Taxi, Tel. 705-528-2539) und der ›GBI Day Tripper‹ des Nationalparks (Tel. 877-737-3783, Juli/Aug., Erw. 16,50 $, Kinder 9 $) setzen von Honey Harbour aus zu den Inseln über.

Penetanguishene 19

Penetanguishene, vor Ort nur kurz Penetang (gesprochen ›Pientäng‹) genannt, ist zweisprachig. Seine 9000 Einwohner sprechen Englisch und Französisch, und ebenso interessant wie das kulturelle Erbe des netten Städtchens am Südostende der Georgian Bay ist seine Geschichte. Die britische Navy errichtete hier 1817 ein Fort, um ihre Präsenz auf den Großen Seen zu verstärken. Heute sind 15 Gebäude wieder rekonstruiert und der damaligen Zeit entsprechend eingerichtet. Als ›Seeleute‹ und ›Soldaten‹ des britischen Königs kostümierte Guides verleihen dem Ganzen Atmosphäre.

Rund um den Severn Sound

Über 30 Wandgemälde schmücken Midland's Fassaden – Ontarios größte Freilichtgalerie

Hauptattraktion des **Discovery Harbour** sind die historischen Schiffe seiner Majestät »Bee« und »Tecumseth«, deren Deckbegehung im Preis inbegriffen ist (Jury Dr., Tel. 705-549-8064, Mai–Sept tgl. 10–17 Uhr, Erw. 9 $, Kinder 6 $).

Midland [20]

In **Midland**, das sich rund um die King Street konzentriert, sollte man noch einen Besuch des **Huronia Museum** einplanen. Es bietet ein kunterbuntes, aber nicht uninteressantes Sammelsurium von Gegenständen aus der Pionierzeit der Region und der Stadtgeschichte. Auch die Galerie mit Bildern der Group of Seven (s. S. 62) ist sehenswert. Unbestrittener Höhepunkt ist jedoch das zum Museum gehörende rekonstruierte **Huron-Ouendat Village.** Mit Maispflanzung, Palisaden, Langhäusern und Werkzeugen ist es die originalgetreue Wiedergabe der Umgebung der Huronen zur Zeit der ersten Begegnung mit den Weißen (549 Little Lake Park, King Street, tgl. 9–16.30 Uhr, Erw. 7 $, Kinder unter 5 J. frei).

Die großen schönen Backsteingebäude entlang der Main Street zeugen vom einstigen Wohlstand der Stadt um 1900. Holzindustrie, eine Gießerei und Schiffbau florierten. Heute lebt man zunehmend vom Tourismus und hat sich entsprechend herausgeputzt.

Samuel de Champlain, der ›Vater Neufrankreichs‹, erreichte im Jahr 1615 als erster Europäer das Land der Wendat, die von den Franzosen Huronen genannt wurden. 1639 gründeten die beiden Jesuitenpater Jean de Brébeuf und Gabriel Lalemant unweit von Midland die Missionsstation Sainte-Marie among the Hurons (s. S. 186). Da die Wendat sesshafte Bauern waren, versprachen sich die Jesuiten hier den größten Missionierungserfolg – eine Einschätzung, die letztlich das Ende der Huronen bedeuten sollte. Die mit Palisaden befestigte Siedlung war damals der westlichste Außenposten Europas in Nordamerika. Handelswaren, Saatgut, Vieh, europäische Nahrungsmittel, Metall, sakrale Gegenstände – alles wurde

Rund um die Georgian Bay

in Birkenrindenkanus aus dem 1200 km entfernten Québec herbeigeschafft.

Infos
Southern Georgian Bay Chamber of Commerce: 208 King St., Tel. 705-526-7884, www.southerngeorgianbay.ca, Mo–Fr 9–16 Uhr. Verschickt auf Anfrage u. a. den ausgezeichneten offiziellen Reiseführer der Region.

Übernachten
Wie daheim – **Tucked Inn the Harbour B & B:** 197 Robins Point Rd., Victoria Harbour, Tel. 705-534-4196, 877-773-7778, www.tuckedinntheharbour.com. Hübsches kleines B & B im romantischen Weiler Victoria Harbor ein paar Autominuten östlich von Midland. Wunderbare Gastgeber, das Seeufer ist nur einen Steinwurf entfernt. DZ 160 $.

Nüchtern und verlässlich – **Kings Inn:** 751 King St., Tel. 705-526-7744, 1-888-474-1711, www.kingsinn.ca. Zentral, aber ruhig gelegenes Motel mit einfachen und sauberen Zimmern, die Läden und Restaurants befinden sich nur wenige Gehminuten davon entfernt. DZ 70–120 $.

Essen & Trinken
Seeblick, wortwörtlich – **The Boathouse Eatery:** 177 King St., Tel. 705-527-7480, Mo–Do, So 11–23, Fr, Sa 11–2 Uhr. Solides Pubfood, vor allem Tacos und Hühnchen, mit schönem Blick auf die Georgian Bay. Oft Livemusik. Vorspeisen 12–18 $, Hauptgerichte 20–37 $.

Sainte-Marie among the Hurons 21

Highway 12, 13 km östlich von Midland, Mai–Okt. tgl. 10–17 Uhr, Erw. 12 $, Kinder 9,25 $

Sainte-Marie among the Hurons gehört zu den interessantesten und am spannendsten inszenierten Museumsdörfern Kanadas. Entsprechend sorgfältig recherchiert und detailgetreu wird die kurze, aber umso dramatischere Geschichte der einstigen Missionsstation wiedergegeben, die 1638 von französischen Jesuiten gegründet wurde. Zur Blütezeit der Station lebten hier rund 60 Weiße, damals ein

Mit tausenden kleiner Felseninseln erinnert die Georgian Bay an die schwedischen Schären

Rund um den Severn Sound

Fünftel der gesamten europäischen Bevölkerung Neufrankreichs. Von hier aus wurden auch die anderen Missionsdörfer der Region unterstützt. Doch mit wachsendem Wohlstand der Mission nahmen auch die Ablehnung der Weißen und Streitigkeiten innerhalb der Huronen-Dörfer zu. Europäische Krankheiten wie Masern, Grippe und Blattern hatten verheerende Auswirkungen. Erschwerend hinzu kam, dass die Allianz zwischen Europäern und Huronen von den Irokesen, den traditionellen Erzfeinden der Huronen, als Kriegserklärung angesehen wurde. Blutige Zwischenfälle häuften sich.

Im Sommer 1648 überfielen die Irokesen das Huronendorf St. Joseph. Viele Wendat und der Jesuit Antoine Daniel kamen ums Leben. Sainte-Marie wurde zur Fluchtburg für Jesuiten und ihre missionierten Schützlinge. Weitere Überfälle auf Huronendörfer folgten. Im Frühjahr 1649 wurden Hunderte Huronen sowie die Jesuiten Brébeuf und Lalemant massakriert.

Überlebende begruben die Überreste der beiden Priester in Sainte-Marie. Angesichts der vorrückenden Irokesenverbände entschlossen sich die Franzosen zum Rückzug nach Québec. Sie brannten Sainte-Marie nieder, um die Früchte ihrer Arbeit nicht den Irokesen in die Hände fallen zu lassen, und flohen auf eine Insel (heute Christian Island), um dort Sainte-Marie II. zu etablieren. Ein harter Winter und Hunger führten jedoch zur Aufgabe auch dieser Mission. Mit einigen hundert bekehrten Schäflein erreichten die Jesuiten 1650 schließlich Québec. Pater Paul Ragueneau, das geistliche Oberhaupt in den letzten Jahren der Mission, hat in seinen »Jesuiten-Briefen« das Drama vom Ende Sainte-Marie und den schrecklichen Tod der Märtyrer am Marterpfahl beschrieben.

In den 1940er-Jahren nahm man die Rekonstruktion der historischen Stätte in Angriff. Anhand der archäologischen Funde sowie der Zeichnungen und Berichte der Jesuiten baute man die Missionsstation bis ins kleinste Detail originalgetreu wieder auf. Wie vor fast 400 Jahren umschließen heute mächtige Palisaden aus angespitzten Baumstämmen Gemüsegärten, Werkstätten, Lager- und Stallgebäude sowie Behausungen für Missionare und Handwerker. Auch die großen, aus Stämmen und Zweigen gebauten Langhäuser der Wendat wurden nachgebaut. Da seit der Errichtung des Museumsdorfes Wind und Wetter für Patina gesorgt haben, wirkt die gesamte Anlage verblüffend echt. Der Alltag auf der Station wurde ebenfalls wieder zum Leben erweckt. Im schlichten Quartier der Jesuiten schreiben bärtige Männer in schwarzen Roben mit Federkiel, in den Werkstätten wird gehämmert und geschmiedet. Vor der historischen Missionssiedlung befindet sich ein modernes Gebäude mit Museum, Archiv und Vortragssaal, Buchhandlung und Restaurant. Der Besuch der Station beginnt mit einer kurzen audiovisuellen Präsentation. Dann öffnet sich die Wand und man blickt auf die mittelalterlichen Gebäude des Dorfes – der Rundgang beginnt.

Martyrs Shrine

16163 Hwy. 12 W., gegenüber Sainte-Marie, tgl. 8–21 Uhr, Eintritt kleine Spende

Die acht getöteten Jesuiten von Huronia wurden 1925 von Papst Pius XI. als Märtyrer heiliggesprochen. Im Jahr darauf errichtete man zu ihrem Gedenken gegenüber von Sainte-Marie eine Kirche. Der **Martyrs Shrine** wurde zum Wallfahrtsort für Amerikas Katholiken. Auch Papst Johannes Paul II. besuchte 1984 auf seiner Kanadareise diese Kirche, von deren Stufen man einen schönen Blick auf den blauen Severn Sound hat. Im Martyrs Shrine werden täglich Messen gehalten. Er kann auch besichtigt werden.

Wasaga Beach 22

Möchte man zum Schluss der Georgian-Bay-Tour noch einmal Strandferien machen, findet man unter den zahlreichen Stränden der **Nottawasaga Bay** sicher den richtigen. Hier am südlichsten Zipfel der Georgian Bay erstrecken sich kilometerweite Dünen- und Strandlandschaften.

Nicht weit vom modernen Badeort **Wasaga Beach** gibt es einen großen Provinzpark mit Campingmöglichkeiten. Nur eine gute Autostunde von Toronto entfernt, liegen hier die Lieblingsbadestrände der Großstädter, und entsprechend lebhaft geht es dort vor allem an den Sommerwochenenden zu.

Vom Lake Ontario zur Landeshauptstadt

Am Nordufer des Lake Ontario liegt das Herzland des englischsprachigen Kanada: In den rotziegeligen Städtchen am See und am St.-Lorenz-Strom wird noch immer gern der Union Jack gehisst. Torontonians, die es ruhig lieben, finden hier idyllische Fluchtpunkte – zu Lande und zu Wasser.

Die nach der amerikanischen Unabhängigkeit einwandernden Loyalisten überquerten zunächst den St. Lawrence River und siedelten dann am Nordufer des Lake Ontario. Mit dem Bau des Rideau Canal 1826 von Kingston nach Ottawa und des Trent-Severn-Waterway zur Georgian Bay richtete sich ihr Augenmerk landeinwärts: Die kerzengerade wachsenden Kiefern waren ideale Masten für die königlich-englische Navy, das Land idealer Lebensraum für Einwanderer aus dem Königreich. In den nächsten 100 Jahren florierte das Gebiet, dann aber zog das aufstrebende Toronto mit Riesenschritten davon. Das alte Upper Canada fiel zurück, und bis heute begegnet der Reisende in den kleinen Städtchen einer – durchaus angenehmen – Schläfrigkeit, die trotz der erfolgreichen Dezentralisierung der letzten Jahre anhält.

Die schönste Strecke von Toronto nach Ottawa führt am Nordufer des Lake Ontario und des St. Lawrence River entlang. Mit einigen kleinen Abstechern sind es etwa 500 km, für die man sich mindestens zwei Tage Zeit nehmen sollte. Auf halbem Wege bietet sich ein Stopp in der historischen Stadt **Kingston** an. Bei etwas mehr Zeit lohnt auch ein Extra-Tag zur Erkundung der idyllischen Halbinsel **Quinte's Isle.** Gananoque steht für Schiffsausflüge durch die **Thousand Islands,** Morrisburg für das **Upper Canada Village,** eines der besten Museumsdörfer in Kanadas Osten. Für beide Ziele sollte man jeweils einen halben Tag einplanen. Von Morrisburg nach Ottawa ist es dann nur eine knappe Autostunde. Toronto verlässt man auf dem Highway 2 East oder dem Highway 401. Bis Port Hope sind beide Strecken wenig reizvoll. Danach wählt man mit dem Highway 2 dann die schönere Route.

Von Toronto nach Quinte's Isle ▶ F/G 11

Karte: S. 190

Die aparten Kleinstädte **Port Hope** **1** und **Cobourg** **2** liegen am Ufer des Lake Ontario, zu Füßen der Northumberland Hills. Beide wurden um 1800 von britischen Loyalisten gegründet. Besonders Cobourg hat schöne alte Bürgerhäuser aus rotem Backstein und eine attraktive Hafenpromenade mit gepflegten Parkanlagen. Mitte Juni feiert die Stadt während der Highland Games mit traditionellen Wettkämpfen, farbenprächtigen Paraden, Dudelsackmusik und Konzerten das Erbe ihrer schottischstämmigen Einwohner.

Bei **Colborne** und **Brighton** führt der Highway 2 durch Ontarios Apfelgarten mit zahlreichen Obstständen an der Straße. Im gesichtslosen Trenton kann man auf direktem Weg in weniger als 2 Std. nach Kingston fahren oder den – schöneren – Umweg über den 94 km langen **Loyalist Parkway** (Highway 33) nach Quinte's Isle nehmen.

Das **National Air Force Museum** auf dem Stützpunkt der Royal Canadian Airforce in **Trenton** 3 präsentiert historische Flugzeuge aus dem Ersten und Zweiten Weltkrieg (220 RCAF Rd., Mai–Sept. tgl. 10–17, übrige Zeit Mi–So 10–17 Uhr, Erw. 10 $, Kinder 5 $).

Belleville 4 wiederum, an der Mündung des Moira River in die Bay of Quinte, ist eine alte Loyalisten-Stadt mit vielen viktorianischen Bürgerhäusern.

Quinte's Isle ▶ G 11

Karte: S. 190

Beim Örtchen Carrying Place gelangt man nach **Quinte's Isle,** offiziell auch Prince Edward County genannt. Hier führt der Highway 33 über den Murray Canal, der im 19. Jh. die Bay of Quinte mit dem Lake Ontario verband und heute ein beliebtes Revier für Freizeitkapitäne ist. Die Straße schlängelt sich jetzt durch eine liebliche Hügellandschaft mit gepflegten Farmen und kleinen Dörfern. Hin und wieder gleiten Weinfelder vorbei: Quinte's Isle, wo erst seit dem Jahr 2000 Weinreben gepflanzt werden, ist die am schnellsten wachsende Weinbauregion Kanadas (www.princeedwardcountywine.ca/).

Picton 5

Das verschlafene **Picton** ist mit ein paar Tausend Einwohnern der größte Ort der Halbinsel – und äußerst fotogen: Zahllose hübsche Details an Häusern, Kirchen und Scheunen warten darauf, gesehen und festgehalten zu werden. Die Bridge Street führt zum kleinen Bootshafen. Im historischen Gerichtsgebäude war John A. Macdonald, Kanadas erster Premierminister, als Rechtsanwalt tätig. Die 2011 restaurierte ehemalige Kirche St. Mary Magdalene Church (1825), die das liebevoll zusammengetragene **Prince Edward County Museum** beherbergt, und einige historisch relevante Häuser bilden zusammen die der Regionalgeschichte gewidmeten **County Museums** (332 Main St., meisten Museen Mai–Okt. Mi–So 9.30–16.30 Uhr, vorab über die Öffnungszeiten informieren, Erw. 5 $, Kinder 3 $).

Süden und Osten der Halbinsel

In Waupoos an der County Road 8 hat man vom 60 m höher liegenden **Lake of the Mountain Provincial Park** einen schönen Blick über die Bucht und Waupoos Island.

Ein paar Kilometer weiter bei South Bay ermöglicht das **Mariner's Park Museum** 6 einen Bummel durch die maritime Vergangenheit des County. Zu sehen sind ein hier wiederaufgebauter alter Leuchtturm, Ausstellungen zum Rumschmuggel und eine Karte, die über 50 vor diesen Gestaden liegende Schiffswracks lokalisiert, die heute für Sporttaucher interessant sind.

Einsam wird es dann am Ende der Straße zum **Long Point Lighthouse**, wo im Morgengrauen die Fischerboote auslaufen. Auch in anderen Orten, wie z. B. **Ameliasburg,** gibt es kleine Pioniermuseen in restaurierten Gebäuden. Der **Sandbanks Provincial Park** 7 im Südwesten mit schönen weißen Badestränden und riesigen Sanddü-

---

Tipp

WINE TASTING

32 Weinbauern produzieren auf den kreidehaltigen Böden der Halbinsel Quinte's Isle wettbewerbsfähige Weiß- und Rotweine. Bei manchen, z. B. bei der **Waupoos Estates Winery & Gazebo Restaurant,** lässt sich die Weinprobe mit einem ausgezeichneten Mittag- oder Abendessen kombinieren. (3016 County Rd. 8, Picton, Tel. 613-476-8338, www.waupooswinery.com).

Vom Lake Ontario nach Ottawa

nen ist ein beliebter Camping- und Picknickplatz.

Mit einer 21 Autos fassenden, halbstündlich verkehrenden Fähre (www.ontario.ca/page/ferry-services) gelangt man auf dem Highway 33 bei Glenora kostenfrei nach **Adolphustown** auf dem ›Festland‹. Hier dokumentiert im **United Empire Loyalist Park** das Heritage Centre die historische Rolle der Königstreuen in Upper Canada (Mai–Sept. tgl. 11–16 Uhr, Erw. 5 $, Kinder 3 $).

Über Sandhurst und Bath führt die Straße am Seeufer entlang, und in weniger als einer Stunde ist man in Kingston.

Infos

... in Picton:

Prince Edward County Chamber of Commerce: 206 Main St., Picton, Tel. 613-476-421, www.pecchamber.com.

Übernachten

... in Picton:

Victorian Beauty – **Merrill Inn House:** 343 Main St. E., Tel. 613-476-7451, 1-866-567-5969, www.merrillinn.com. Historisches Haus von 1870 an schöner Allee, mit preisgekröntem Dining Room. Üppiges Frühstück mit Zutaten aus eigener Herstellung. DZ 280–400 $. Interessante Packages!

Motel am Hafen – **The Picton Harbour Inn:** 33 Bridge St., Tel. 613-476-2186, www.pictonharbourinn.com. Nette Unterkunft mit Hafenblick, geräumigen Zimmern und eigenem Restaurant. Mitten im Weinanbaugebiet. 120–180 $.

Camping – **Sandbanks Provincial Park:** RR 1, südwestl. von Picton, Tel. 613-393-3319, 1-888-668-7275. 500 Zeltplätze mit allen Einrichtungen sowie Einkaufsmöglichkeiten. Tagesnutzung 10–18 $.

Essen & Trinken

... in Picton:

Heimelig – **Bean Counter Café:** 172 Main St., Tel. 613-476-1718, www.beancountercafe.com, Mo–Do 7–17. Fr, Sa 7–18, So 7–17 Uhr. Bistro im Zentrum, leichte Mittagsgerichte, hausgemachter Kuchen und Eis. Hauptspeisen 7–16 $, Desserts 4–8 $.

Kingston ▶ H 10

Cityplan: S. 193; **Karte:** oben
Die Stadt **Kingston** 9 hat für kanadische Verhältnisse eine lange Geschichte. 1615 erreichte Samuel de Champlain die Region, 1673 gründete Neufrankreichs Gouverneur Frontenac hier an der Mündung des Lake Ontario in den St.-Lorenz-Strom einen Militär- und Pelzhandelsposten. 1678 lief Ontarios erstes Segelschiff hier vom Stapel, und von 1841 bis 1844 war Kingston sogar Hauptstadt von Kanada. Schöne alte Bürgerhäuser und imposante öffentliche Kalksteinbauten im zum Lake Ontario offenen Stadtzentrum erinnern an die kurze Zeit der Universitätsstadt im Rampenlicht.

City Hall und Public Market

Vor allem die **City Hall** 1, die 1843/44 im Stil der britischen Renaissance erbaut wurde, reflektiert die einstige Bedeutung der heute 115 000 Einwohner zählenden Stadt (216 Ontario St., geführte Touren Mo–Sa 13, 14 und 15 Uhr, www.cityofkingston.ca). Hinter dem Rathaus lockt der bunte **Kingston Public Market** 2 (Springer Market Square, Di, Do und Sa 8–18 Uhr). Von den Treppen der säulenbewehrten City Hall blickt man über den schönen Jachthafen hinaus auf den See und sieht die zu den Thousand Islands aufbrechenden Ausflugsdampfer.

Confederation Park 3

Dazwischen liegt der **Confederation Park,** wo im Sommer häufig Freiluftkonzerte stattfinden. Hier befindet sich in einem ehemaligen Bahnhofsgebäude der Kingston und Pembroke Railway auch die Touristeninformation, und hier startet der **Confederation Tour Trolley,** ein wie ein Straßenbahnwaggon aussehender Bus, zu 50-minütigen Stadtrundfahrten (www.kingstontrolley.ca).

Bellevue House 4

35 Centre St., Mai–Juli Do–Mo 10–17, Aug./ Sept. tgl. 10–17 Uhr, sonst Do–Mo 10–17 Uhr, Erw. 8,50 $, Kinder frei

Kingston gilt als Museumsstadt – zu Recht, gibt es hier doch insgesamt 17 Museen, Kunstgalerien und historische Stätten. Ein Muss ist **Bellevue House,** eine schöne, im mediterranen Stil erbaute Villa aus den 1840er-Jahren und Pilgerziel patriotischer Kanadier. Hier lebte Kanadas erster Premierminister Sir John Alexander Macdonald. Personal in historischen Kostümen gibt einen Eindruck davon, wie es im Haushalt der Macdonalds-Familie aussah.

Canada's Penitentiary Museum 5

555 King St. W., www.penitentiarymuseum.ca, Mai–Okt. Mo–Fr 9–16, Sa, So 10–16 Uhr, sonst nach Voranmeldung, Eintritt frei, Spende erbeten

Zu den vielleicht ungewöhnlichsten Museen des Landes gehört das **Canada's Penitentiary Museum** auf dem Gelände des Stadtgefängnisses. Es beschäftigt sich mit der Geschichte des Strafvollzugs in Kanada und dokumentiert mit von Häftlingen gefertigten Waffen, Fluchtwerkzeugen und diversen Techniken zur Wahrung der Disziplin die interessantesten Facetten des Gefängnisalltags.

Fort Henry [6]

Route 2, Mai–Okt. tgl. 10–17 Uhr, Erw. 20 $, Kinder 13 $ (unter 4 Jahren frei); Sunset-Zeremonie nur Juli/Aug Mi ab 20 Uhr, Erw. 20 $, Kinder 13 $ (unter 4 Jahren frei)

Unbestrittener Höhepunkt ist das trutzige, auf einer Anhöhe über der Mündung des Cataraqui River liegende **Fort Henry.** Die Festung am Ostrand der Stadt wurde während des Krieges von 1812 errichtet und später verstärkt, um eine amerikanische Invasion abzuwehren, die dann doch nicht stattfand. Man bewundert die prächtigen Shows, wenn Rekruten in scharlachroten Uniformen Britanniens Glanz und Gloria wieder auferstehen lassen – Wachwechsel und Paraden inklusive. Im Juli und August findet mittwochs um 19.30 Uhr eine feierliche Sunset-Zeremonie statt, mit Salutschüssen, Trommelwirbeln und Einholen des Union Jack. Offiziers- und Mannschaftsquartiere vermitteln einen Eindruck vom Alltagsleben der Soldaten.

Infos

Visit Kingston: 209 Ontario St., Tel. 613-548-4415, 1-888-855-4555, https://www.visitkingston.ca/. Hier erhält man Hotel- und Restaurantverzeichnisse und Tourenvorschäge für den Stadtbummel.

Übernachten

Juwel mittendrin – **Frontenac Club Inn** [1] **:** 225 King St. E., Tel. 613-547-6167, www.frontenacclub.com. Geschmackvoll dekorierte Zimmer in ehemaligem Bankgebäude, ›mitten drin‹, weitläufiger, lichtdurchfluteter Aufenthaltsraum mit einladenden Ledersofas. DZ 200–410 $.

Geschmackvoll – **Holiday Express & Suites** [2] **:** 11 Benson St., Tel. 613-546-3662, 877-660-8550, www.hiexpress.com. Modernes Hotel der Mittelklasse-Marke, mit Pool und Fitnesscenter. DZ 160–230 $.

Gediegen – **Hochelaga Inn** [3] **:** 24 Sydenham St. S., Tel. 613-549-5534, www.hochelagainn.com. Viktorianische Prachtvilla mit Türmchen und Veranda, in weitläufigem Garten, stilvoll mit zeitgenössischen Möbeln eingerichtete Zimmer. DZ 160–320 $.

Essen & Trinken

Unprätentiös – **Le Chien Noir** [1] **:** 69 Brock St., Tel. 613-549-5635, www.bdtavern.com, Mo–Mi 11–22, Do–Sa 11–23 Uhr. Freundliches Bistro mit allen Klassikern der typisch französischen Bistro-Küche auf der Speisekarte, allen voran Steak mit Pommes und Muscheln. Vorspeisen 6–15 $, Hauptspeisen 19–44 $.

Kingston

Sehenswert
1. City Hall
2. Kingston Public Market
3. Confederation Park
4. Bellevue House
5. Canada's Penitentiary Museum
6. Fort Henry

Übernachten
1. Frontenac Club Inn
2. Holiday Express & Suites
3. Hochelaga Inn

Essen & Trinken
1. Le Chien Noir
2. King Street Sizzle Restaurant & Bar
3. Kingston Brewing Company

Aktiv
1. Kingston 1000 Islands Cruises

Lebhaft und trendy – **King Street Sizzle Restaurant & Bar** 2 : im Four Points Sheraton, 285 King St. E., Tel. 613- 544-6226, www.fourpointskingston.com, Mo–Sa 6.30–23, So 7–23 Uhr. Unkomplizierte Fusion Cuisine, große Auswahl an Fischgerichten, im Sommer Tische im Freien. Hauptspeisen 18–40 $.

Relaxt – **Kingston Brewing Company** 3 : 34 Clarence St., Tel. 613-542-4978, www.kingstonbrewing.ca, tgl. 11–2 Uhr. Brauerei und Weinlokal in historischem Gebäude, herzhafte Menüs, gemütliche Terrasse, Führungen durch die kleine Brauerei möglich. Vorspeisen 7–14 $, Hauptspeisen 14–22 $.

Aktiv
Raddampfertouren – **Kingston 1000 Islands Cruises** 1 : 1 Brock St., Tel. 613-549-5544, www.1000islandscruises.ca, Mai–Mitte Sept. Mit der »Island Queen«, dem Nachbau eines historischen Schaufelraddampfers, kann man dreistündige Ausflüge durch das Insellabyrinth der **Thousand Islands** unternehmen (s. u.). Daneben werden Touren auf dem Lake Ontario, Hafenrundfahrten sowie Lunch und Dinner Cruises angeboten.

Thousand Islands
▶ H 10

Karte: S. 190
Kingston ist das westliche Tor zu den **Thousand Islands,** einem Gewirr kleiner und kleinster Inseln zwischen Kingston und Brockville im St. Lawrence River. Die Zahl Tausend muss man dabei nicht so genau nehmen, eigentlich sind es über 1700 Inseln, wobei die allerkleinsten, größere Felsbrocken nur, nicht einmal mitgezählt sind. Als südlichste Ausläufer des Kanadischen Schilds bilden sie heute ein von der letzten Eiszeit zurechtgeschliffenes, idyllisches Insellabyrinth, das die einst hier lebenden Cataraqui treffend ›Garten des Großen Geistes‹ nannten. Im 19. Jh. entdeckte die städtische Elite sie als Sommerfrische und bedeckte sie – jedem seine Insel – mit meist sehr luxuriösen Cottages. Bis heute sind deshalb bis auf ungefähr zwei Dutzend Inseln, die zum St. Lawrence Islands National Park (s. S. 197) gehören, alle in Privatbesitz. Bei einigen der Cottages handelt es sich jedoch um wahre Paläste.

Boldt Castle 10
Das berühmteste, nie vollendete, ist **Boldt Castle** auf Heart Island auf der amerikanischen Seite des Wasserwegs. George C. Boldt, der es vom Tellerwäscher zum Multimillionär und Besitzer des Waldorf Astoria Hotels in New York gebracht hatte, ließ kurz nach 1900 den fantastischen Bau im Stil einer rheinischen Burg mit 120 Zimmern, Zinnen und Türmchen als Geschenk für seine Frau bauen. Diese starb jedoch noch vor ihrer Vollendung. Boldt ließ daraufhin die Arbeiten an dem fast fertigen Anwesen einstellen und kehrte nie wieder auf die Insel zurück. 70 Jahre lang war das Bauwerk dem Verfall preisgegeben. Seit 1977 stehen Heart Island und Boldt Castle unter Verwaltung der Thousand Island Bridge Authority, und

Vom Lake Ontario zur Landeshauptstadt

Jedem seine Insel – viele der Thousand Islands sind mit privaten Feriendomizilen bebaut, es gibt alles vom Cottage ohne Stromanschluss bis zum noblen Anwesen mit Pool und Tennisplatz

die Ruine wurde restauriert. Heute ist das ›Schloss‹ eines der Highlights der Inseltouren, wobei jedesmal die Herz-Schmerz-Geschichte des Mr. Boldt erzählt wird (Bootstransfer ab Gananoque, s. u.).

Gananoque 11

Das hübsche 5200-Einwohner-Städtchen **Gananoque** 30 km stromabwärts ist einer der Hauptausgangspunkte für Schiffstouren durch die Thousand Islands. Die **Gananoque Boat Line,** größter und ältester Tourveranstalter vor Ort, führt Exkursionen verschiedener Länge im Programm. In der Fünfstunden-Tour ist auch die Besichtigung von Boldt Castle enthalten (s. S. 193).

Die Inselwelt der Thousand Islands hat ihren eigenen Lebensstil. So werden in der **Half Moon Bay** auf Bostwick Island unweit Gananoque seit nunmehr 130 Jahren im Sommer sonntagnachmittags um 16 Uhr Freiluftgottesdienste auf dem Wasser abgehalten. Von der Felsenkanzel eines natürlichen Amphitheaters hält ein Geistlicher die Predigt für die in ihren Booten versammelte Gemeinde. Die Kollekte wird mit Hilfe von Kanus eingesammelt. In Gananoque beginnt im Übrigen der 38 km lange **Thousand Islands Parkway**, eine das Ufer begleitende Panoramastraße, die immer wieder schöne Blicke auf die Thousand Islands mit ihren Cottages freigibt.

Thousand Islands

Wie zu Hause – **Trinity House Inn:** 90 Stone St. S., Tel. 613-382-8383, 1-800-265-4871, www.trinityinn.com. Historisches Inn aus rotem Backstein in Sichtweite des Wassers, mit Mobiliar des 19. Jh. eingerichtet, opulentes Frühstück, organisiert auch Kajak- und Bootstouren. DZ 150–250 $ (B & B-Package).

Essen & Trinken

Heimelig – **Anthony's:** 37 King St. E., Tel. 613-382-3575, www.anthonysrestaurantganano que.com, tgl. 8–22 Uhr. Im Einkaufsviertel, vielseitige Speisekarte: Die Angebotspalette reicht von Bruschetta und Poutine als Vorspeisen bis zu Jambalaya und AAA Steaks. Hauptspeisen 18–29 $.

Handfest – **Maple Leaf Restaurant:** 65 King St., Tel. 613-382-7666, www.mapleleafrestau rant.ca, Di 16–21.30, Mi–So 11–21.30 Uhr. Der Name ist etwas irreführend: In dem gemütlichen Lokal wird nicht kanadisch, sondern tschechisch gekocht. Auf der Karte ist alles versammelt, was sich braten, grillen und rösten lässt. Alle Zutaten saisonal und aus der Gegend. Vorspeisen 6–11 $, Hauptspeisen 18–27 $.

Familiär – **The Purple House Café:** 165 Main St., Tel. 613-463-9296, Mo–Fr 11–20, Sa, So 10–21 Uhr. Leichte Gerichte mit frischen saisonalen Zutaten, besonders leckere Pizzen. Schöne Terrasse. Vorspeisen 4–10, Hauptspeisen 12–19 $.

Aktiv

Bootsexkursionen – **Gananoque City Cruises:** 280 Main St., Tel. 613-382-2144, www.cityexperiences.com/gananoque/city-cruises. Mehrmals tgl. ein- oder mehrstündige Besichtigungstouren durch die Inselwelt.

Kajaktouren – **1000 Islands Kayaking:** 110 Kate St., Gananoque (am Wasser), Tel. 613-463-9564, www.1000islandskayaking.com. Wer es gerne sportlich mag, zugleich aber nicht auf ein weiches Bett verzichten möchte, sollte an einer mehrtägigen, geführten Kajaktour von 1000 Islands Kayaking teilnehmen: Übernachtet wird in Inns! (s. Aktiv unterwegs S. 196).

Klettergarten – **Skywood Eco Adventure Park:** 1278 Thousand Islands Parkway, zwischen Gananoque und Brockville, Tel. 613-923-1278, https://treetoptrekking.com/park/

Infos

1000 Islands Gananoque: 10 King St., Tel. 613-382-8044, www.gananoque.ca, tgl. 8.30–20 Uhr. Verschickt den offiziellen Thousand-Islands-Guide und listet auf seiner Homepage Unterkünfte, Restaurants und Attraktionen.

Übernachten

Souverän – **Gananoque Inn:** 550 Stone St. S., Tel. 613-382-2165, 1-888-565-3101, www.gananoqueinn.com. Das Vorzeigehotel der Thousand Islands liegt unmittelbar am Wasser, verfügt über reizvolle Gartenanlagen und Zimmer mit Blick auf die Inseln. DZ 160–350 $. Oft günstige Packages!

Vom Lake Ontario zur Landeshauptstadt

Aktiv

KAYAKING IM THOUSAND ISLANDS NATIONAL PARK

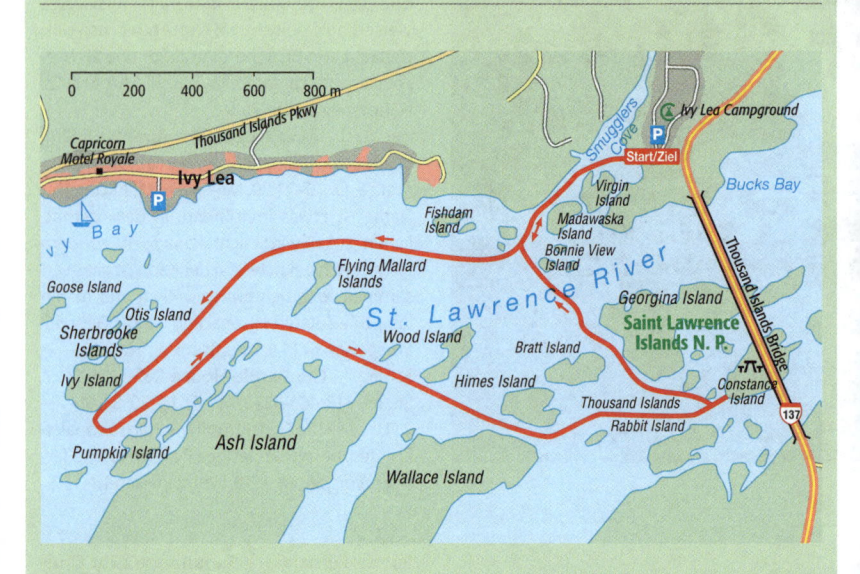

Tour-Infos
Start und Ziel: Smuggler's Cove
Länge: 20–25 km
Dauer: 2 Tage
Veranstalter: 1000 Islands Kayaking, Gananoque, s. Aktiv S. 195.

Wichtige Hinweise: Die Tour setzt eine gute Kondition voraus, aber keine Kajakkenntnisse. Die Übernachtung erfolgt im Zelt auf einer der Inseln oder auf dem Festland in einem Country Inn. Die Tour wird auch in einer Variante mit zwei Übernachtungen angeboten.

1904 wurde der St. Lawrence Islands National Park gegründet. Er besteht aus 24 Inseln, herben Schönheiten mit schlanken Kiefern auf glattem Granit, Blaubeerbüschen und Buchten zum Picknicken und Baden.

Kayaker haben die Wahl zwischen selbst organisierten Paddeltouren, bei denen auf Campingplätzen im Park übernachtet werden kann, und sogenannten *luxury explorations*. Dabei handelt es sich um geführte Trips, die von hiesigen Veranstaltern organisiert werden und u. U. eine oder mehrere Übernachtungen in gemütlichen Country Inns beinhalten. Eine zweitägige Tour beginnt in **Smuggler's Cove** bei Ivy Lea.

> Auch wenn Paddelerfahrung nicht nötig ist, geben die Guides zuvor einen Crashkurs. Wie wendet man, wie paddelt man rückwärts? Wie verhindert man zu kentern? Dies tut not: Beim Verlassen der Bucht Smuggler's Cove sieht man eine dunkle Linie an der Wasseroberfläche, die Strömung. Der **St. Lawrence River** ist hier am engsten, sein Wasser verdreifacht die Fließgeschwindigkeit. Sobald man in die Strömung gleitet, versucht das Kajak die Nase flussabwärts zu drehen, doch ein paar energische Paddelschläge richten es wieder flussaufwärts.
> 100 Jahre Freizeitkultur – historische Cottages auf nicht zum Nationalpark gehörenden Inseln – liegen an dieser **Ivry** und **Pumpkin Island** passierenden Route. **Constance,** gerade groß genug für einen Steg und ein paar Picknickbänke, ist als ›Pausen-Insel‹ ideal. Zurück nach **Ivy Lea Village** geht es an **Georgina Island** vorbei. Tag zwei präsentiert ein Kontrastprogramm: Truthahngeier, laichende Karpfen und eine Unzahl munter im seichten Wasser der Landon Bay planschender Amphibien.

1000-islands. Etwa 40 km von Gananoque entfernt, bietet Ontarios größter Abenteuerspielplatz Ziplining, Baumwipfelspaziergänge, einen großen Baumhaus-Spielplatz und andere Abenteuer für jedes Alter.

St. Lawrence Islands National Park 12

Der kleine Ort **Mallorytown Landing** ist Ausgangspunkt für die Erkundung der 24 Inseln und 90 Inselchen des **St. Lawrence Islands National Park.** In Mallorytown befindet sich an einem hübschen Badestrand das Besucherzentrum der Parkverwaltung. Dazu gehört auch ein komplett eingerichteter Zeltplatz in der Nähe. Mit weniger als 3,5 km² ist dies Kanadas kleinster Nationalpark. Auf den Georgina- und Grenadier-Inseln wächst die heute sehr seltene Pechkiefer, die früher den Pionieren das Pech für die Abdichtung von Holzbooten lieferte. Auch seltene Tiere wie die Blanding-Wasserschildkröte und die harmlose, bis zu 2,5 m lange Schwarze Rattenschlange kommen hier vor.

Auf elf der Inseln, die sich über einen 80 km langen Flussabschnitt zwischen Kingston und Brockville erstrecken, gibt es Zeltplätze und gute Möglichkeiten zum Picknick, Wandern, Schwimmen und Angeln. Man mietet sich ein Boot oder lässt sich mit dem Wassertaxi übersetzen. Für einen längeren Aufenthalt kann man auch Hausboote chartern. Bootsverleihe und Veranstalter von Exkursionen gibt es in Rockport, Ivy Lea, Gananoque und Mallorytown.

Übernachten
… in Rockport:
Ruhe sanft – **Tekdiv Bed & Breakfast:** 24 Selton School Rd., Lansdowne (4 km von Rockport entfernt), Tel. 613-659-4791, www.bbtekdiv.com. 3 geräumige, in warmen Farben eingerichtete Zimmer, freundliche Gastgeber. Ivy Lea Beach und Gananoque Boat Lines sind in wenigen Minuten zu Fuß erreichbar. DZ 125–170 \$.

Morrisburg und Upper Canada Village ▶ J 10

Karte: S. 190

Morrisburg 13
Morrisburg verdankt sein heutiges Erscheinungsbild der Vergrößerung des St. Lawrence Seaway und dem Bau eines Staudamms. Als die Wasserstraße 1959 eröffnet wurde, versank ein Teil des alten Morrisburg und mit ihm gemeinsam ein halbes Dutzend weiterer Orte im St.-Lorenz-Strom.

Upper Canada Village
13740 County Rd. 2, www.uppercanadavillage.com, Mai–Anfang Sept. tgl. 9.30–17 Uhr, Erw. 22 \$, Kinder 13 \$
Schon während der Planung des Wasserwegs St. Lawrence Seaway hagelte es Proteste. Historiker und Heimatpfleger überzeugten die Politiker, dass man die Gebäude, die oft noch

Vom Lake Ontario zur Landeshauptstadt

aus den ersten Jahren der Besiedlung durch die Flüchtlinge der Amerikanischen Revolution stammten, nicht den Fluten preisgeben dürfte. So begann 1956 die Rekonstruktion eines typischen Loyalistendorfes aus der Zeit um 1860. Man trug ausgewählte Gebäude und Geräte zusammen, in Einzelteile zerlegt oder komplett, restaurierte sie und stellte sie zu einem Museumsdorf wieder zusammen. Auch die Wahl des Ortes in der Nähe von Crysler Farm hat historische Bedeutung. Hier schlugen 1813 britische Truppen und ihre Verbündeten unter den Ureinwohnern die zahlenmäßig überlegenen Amerikaner. Heute ist das **Upper Canada Village** 14, 11 km östlich von Morrisburg am Ufer des St.-Lorenz-Stroms gelegen, eine der größten Attraktionen in Ontario.

Zum Dorf gehören rund drei Dutzend Gebäude, darunter zwei Kirchen, eine dampfbetriebene Kornmühle, eine Sägemühle und zwei Farmen mitsamt Viehzucht und bebauten Feldern. Die über 150 ›Bewohner‹ – Pfarrer, Doktor, Bauern, Handwerker, Küchenpersonal – sind wie im 19. Jh. gekleidet und gehen ihren Tätigkeiten nach. Man kann mit einem Pferdegespann oder per Boot auf dem Kanal durch das weitläufige Gelände fahren. Dabei sieht man, wie Land bestellt und geerntet wird – mit Gerät, das in der Schmiede und vom Schreiner hergestellt wurde. In der mechanischen **Spinnerei** und **Weberei** surren und rattern die alten Maschinen. Nebenan grasen die Schafe, die die Wolle dafür liefern. Von der **Schmiede** klingt der helle Klang des Hammers auf dem Amboss, und der Duft frisch gebackenen Brotes lockt die Gäste in Willards Hotel. Man bewundert das schöne Zinngeschirr in **Cook's Tavern** und schaudert beim Anblick der Operationsinstrumente im **Doctor's Office.** Die von den Farmen des Ortes erzeugten Produkte werden im **Restaurant** des Dorfhotels und in der **Bäckerei** verwertet, die hier hergestellten Handwerkserzeugnisse verkauft oder als Auftragsarbeit für andere Museumsdörfer in Ontario gefertigt. Vier Stunden Zeit sollte man sich für diese Zeitreise ins 19. Jh. nehmen. Danach gelangt man in einer guten Stunde auf dem Highway 31 nach Ottawa.

Entlang des Rideau Canal nach Ottawa
▶ H 10

Karte: S. 190

Eine andere lohnende Strecke von Kingston nach Ottawa führt am **Rideau Waterway** entlang. Die 200 km lange Wasserstraße verbindet Cataraqui und Rideau River über zahlreiche Seen und Kanäle mit Schleusen. Einst Handels- und militärischer Nachschubweg, wurde der Kanal 2007 von der UNESCO zum Welterbe erklärt. Heute ist er eine Domäne der

Entlang des Rideau Canal nach Ottawa

Freizeitskipper. Man muss für diesen Ausflug nicht unbedingt ein Boot mieten. Eine gemütliche Tagesfahrt auf den Highways 15, 43 und 16 mit Abstechern auf friedlich mäandernden Landstraßen oder eine Radtour entlang des Kanals tut es auch.

Verträumte Farmen, kleine Wäldchen, bekannte Gestüte und immer neue Bootshäfen säumen die Straßen. An den über 150 Jahre alten, handbetriebenen Schleusen fischen barfüßige Kinder wie auf einer Norman-Rockwell-Zeichnung. Jones Falls, Chaffeys Lock, Newboro und Rideau Ferry sind einige der Schleusenstationen, zu denen County Roads abseits des Highway 15 führen. In dem netten, 9000 Einwohner zählenden Städtchen **Smith Falls** 15 befindet sich das Hauptquartier der Rideau-Canal-Parkverwaltung mit dem **Rideau Canal Museum.** Hier kann man sich über die Geschichte des Kanals und seiner Schleusentechnologie sowie über die Pionierorte entlang des Kanals informieren (34 Beckwith St. S., Mitte Mai–Sept. Mo–Fr 8.30–16.30 Uhr, sonst nach Voranmeldung, Eintritt frei, kleine Spende erbeten).

Weiter geht es auf dem Highway 43 zum aus der Zeit gefallenen, rund um eine Kreuzung gruppierten Ort **Merrickville** und anschließend auf dem Highway 16 über Manotick nach Ottawa.

Im Upper Canada Village bei Morrisburg können Besucher die Schulbank drücken und den Alltag vor mehr als 150 Jahren hautnah kennenlernen

⭐ Ottawa

▶ H 9

Nicht hineingewachsen, sondern dazu ernannt, wirkte die kanadische Bundeshauptstadt lange spröde und bemüht. Erst in den letzten zehn, fünfzehn Jahren hat sie sich zu einer lebenssprühenden Kulturmetropole gemausert. So bietet sie nicht nur die meisten Nationalmuseen im Land, sondern auch eine elegante Restaurantszene und ein pulsierendes Nachtleben.

Selbst für kanadische Verhältnisse ist **Ottawa** noch jung. Zwar zog Samuel de Champlain, der ›Vater Neufrankreichs‹, schon 1613 den Ottawa River hinauf, doch erst um 1800 begann man mit der Besiedlung und Erschließung der Region. Auch als Colonel John By 1826 mit seinen Royal Engineers eintraf, um hier einen Kanal zu bauen, fand er außer einem rauen Holzfällercamp nur unbewohnte Wildnis vor. Den Krieg von 1812 mit den Amerikanern noch in Erinnerung, wollten die Engländer einen vor amerikanischen Kanonen sicheren Nachschubweg von Kingston zum Ottawa River schaffen. So entstand der 200 km lange **Rideau Canal.**

Bis 1832 zogen sich die Bauarbeiten hin, und Colonel By kümmerte sich nicht nur um den Kanalbau, er errichtete auch die Siedlung Bytown. Da das englische Mutterland dringend Holz benötigte, entstanden dort und am gegenüberliegenden Ufer weitere Sägemühlen, und das kleine Holzfäller- und Kanalarbeiter-Camp, das ab 1855 Ottawa hieß, entwickelte sich rasch. Dennoch waren die Kanadier schockiert, als Queen Victoria 1857 ausgerechnet Ottawa zur Hauptstadt der damals aus Upper (Ontario) und Lower Canada (Québec) bestehenden Provinz Kanada ernannte. Victoria kenne Ottawa anscheinend nur von Ansichtskarten, giftete die kanadische Presse damals. Vorausgegangen war dieser Entscheidung ein Kopf-an-Kopf-Rennen zwischen den Mitbewerbern Montréal, Kingston und Toronto. Dass Victoria weise gewählt hatte, zeigte sich jedoch schon wenig später. Denn Ottawa lag nicht nur außerhalb der Reichweite amerikanischer Artillerie, sondern auch, heute wichtiger denn je, genau auf der Grenze zwischen den einander eifersüchtig beäugenden Rivalen Englisch- und Französisch-Kanada.

Heute zählt Ottawa 940 000 Einwohner und ist Mittelpunkt einer Metropolitan Area, in der 1,4 Mio. Menschen leben und zu der auch die Schwesterstadt **Gatineau** auf dem

Tipp

VERY BRITISH

Ottawas britische Tradition ist noch heute unverkennbar, besonders wenn im Sommer pünktlich um 10 Uhr das Wachregiment auf den weiten Rasenplatz zwischen den Parlamentsgebäuden marschiert – mit klingendem Spiel, scharlachroten Uniformen und den hohen schwarzen Bärenfellmützen. **Changing of the Guard,** der königliche Wachwechsel, ist zu einer beliebten und viel fotografierten Touristenattraktion geworden. Abends präsentiert eine beeindruckende Ton- und Lichtschau, »Reflections of Canada«, die Geschichte Kanadas auf dem Parlamentsplatz (25. Juni–26. Aug. tgl. ab 10 Uhr).

bereits zu Québec gehörenden, gegenüberliegenden Ufer des Ottawa River gehört. Es ist die Hauptstadt des zweitgrößten und dezentralsten Landes der Erde, mit allen Nachteilen, die diese Ehre mit sich bringt. Beispielsweise sorgt die ausladende Geografie dafür, dass der kanadische Normalverbraucher selten über seine eigene Provinz hinausblickt. Und wenn doch, orientieren sich z. B. die Vancouverites eher nach Kalifornien und die Nova Scotians eher nach Boston als nach Ottawa. Kanadier verfolgen das Treiben der eigenen Provinzregierung weitaus genauer als das der fernen Bundesregierung. Am Pazifik und in den Prärien taucht Ottawa in der Regel nur als Kassierer der – natürlich – als viel zu hoch empfundenen GST (General Sales Tax) auf und ist auch deshalb »the city Canadians love to hate«.

Ohne glanzvolle Vergangenheit, galt Ottawa überdies lange Zeit als Mauerblümchen. Das Beste an Ottawa sei der Zug nach Montréal, pflegten Regierungsangestellte zu jammern. Im letzten Jahrzehnt hat die Beamtenstadt dieses Manko jedoch mehr als wettgemacht. Dank großzügiger staatlicher Zuwendungen hat sie sich zu einer grünen Metropole mit hohem Lebensstandard gemausert. Die meisten **Nationalmuseen** des Landes, ein munteres Nachtleben und ein attraktiver Veranstaltungskalender lohnen jederzeit einen mehrtägigen Aufenthalt. Zugleich ist die Stadt überschaubar geblieben. Wahrzeichen wie der **Parliament Hill,** die größten **Museen** und der **Rideau Canal** sind von den meisten Aussichtspunkten der Downtown sichtbar. Die Bauten ›wachsen‹ nicht in den Himmel, und fast alle Sehenswürdigkeiten sind von der Innenstadt aus bequem zu Fuß erreichbar.

Confederation Square

Cityplan: S. 202
Mittelpunkt Ottawas ist der **Confederation Square.** In seinem Zentrum gedenkt das aus einem mächtigen Bogen wachsende, bronzene **National War Memorial** 1 der Kriegstoten Kanadas. Hier steht auch das Grab des Unbekannten Soldaten. Am Confederation Square treffen im Übrigen die beiden Hauptverkehrsadern der Stadt zusammen: die von Süden kommende Elgin Street und die Wellington Street, die große Ost-West-Achse der Innenstadt. Der weitläufige Platz ist ein idealer Ausgangspunkt für einen Stadtbummel zu Fuß. Auch die Stadtrundfahrten mit den roten Doppeldeckerbussen starten hier. Strategisch günstig liegt der **Capital Information Kiosk,** der Stadtpläne und Broschüren verteilt (90 Wellington St., tgl. 10–18 Uhr).

National Arts Centre 2
53 Elgin St., Tel. 613-594-5127,
www.nac-cna.ca
An der Südseite des Confederation Square liegt das populäre **National Arts Centre** mit Opernhaus, Theater und Konzerthalle. Hier gastieren regelmäßig berühmte kanadische und internationale Ensembles mit Opern-, Tanz- und Theateraufführungen. Neben den Abendvorstellungen finden auf der Terrasse häufig kostenlose Mittagskonzerte und an den Wochenenden kunsthandwerkliche Ausstellungen statt. Die Einheimischen sind außerordentlich kunst- und kulturbeflissen. Allein drei Symphonieorchester sorgen für einen abwechslungsreichen Spielplan. In der warmen Jahreszeit mutiert das Café auf der Terrasse zum Treffpunkt für Künstler und Studenten der nahe gelegenen University of Ottawa.

Parliament Hill

Cityplan: S. 202
An der Nordwestecke des Platzes geht es sanft bergauf zum **Parliament Hill,** wo hoch über dem Ottawa River die **Regierungsgebäude** 3 stehen. Sie bestimmen seit 160 Jahren die Silhouette der Stadt. 1860 legte der englische Kronprinz Edward den Grundstein für die drei im neogotischen Stil errichteten Gebäude. 1867 waren East, West und Centre Block fertig, rechtzeitig zur ersten Parlamentssitzung des neu gegründeten Dominion of Canada. Mit ihren Türmen

Ottawa

Sehenswert

1. National War Memorial
2. National Arts Centre
3. Regierungsgebäude
4. Bank of Canada Building mit Currency Museum
5. Château Laurier Hotel
6. Ottawa Locks
7. Bytown Museum
8. Rideau Centre
9. Byward Market
10. National Gallery of Canada
11. Notre Dame Basilica
12. Nepean Point
13. 24 Sussex Drive
14. Canada Aviation Museum
15. Canadian War Museum
16. Canadian Museum of Nature
17. Canadian Museum of History/Musée Canadien de l'Histoire
18. Gatineau Park

Übernachten

1. Lord Elgin Hotel
2. The Metcalfe Hotel
3. Arc The Hotel
4. Albert at Bay Suite Hotel
5. Ottawa Jail Hostel

Essen & Trinken

1. Beckta
2. Courtyard Restaurant
3. Luxe Bistro

Abends & Nachts

1. Barrymore's Music Hall
2. Apothecary Lounge
3. Babylon
4. Heart & Crown

Aktiv

1. Rent-a-Bike

---

und grünspanbedeckten Kupferdächern erinnern sie an Westminster und Buckingham Palace.

Der älteste Teil ist der 1865 vollendete **Ostflügel.** Hier vermitteln vier restaurierte Museumsräume die Atmosphäre zu Zeiten der Staatsgründung. Zu besichtigen sind der Kabinettssaal sowie die Arbeitszimmer des Governor General und der beiden Gründungsväter Sir John Alexander Macdonald und Sir George-Étienne Cartier. Im **Centre Block** mit dem davorgesetzten, 92 m hohen **Peace Tower** tagt Kanadas Parlament. Das Feuer von 1916 überstand nur der dahinterliegende Kuppelbau der **Parliament Library** mit seinen wunderschönen Holzvertäfelungen und einer überlebensgroßen Marmorstatue der jugendlichen Queen

Victoria. Das Hauptgebäude mit den Sitzungen von Senat und Abgeordnetenhaus sowie die Parlamentsbibliothek können im Rahmen öffentlicher Führungen besichtigt werden. Der **Westflügel** ist der Öffentlichkeit nicht zugänglich, hier befinden sich die Büros der Abgeordneten (tgl. geführte Touren, Buchung im Infozelt zwischen Center und West Block, wechselnde Öffnungszeiten, s. Website, www.lop.parl.gc.ca/Visitors).

Von der **Promenade** hinter den Parlamentsgebäuden aus bietet sich ein schöner Panoramablick hinüber zur National Gallery und auf das andere, bereits zu Québec gehörende Flussufer mit der Stadt Gatineau, dem Museum of Civilization und den grünen Hügeln des Gatineau Parks.

Sparks Street Mall

Cityplan: oben

Parallel zur Wellington Street verläuft die **Sparks Street Mall** (www.sparkslive.com), Kanada's älteste, im Sommer mit Blumen geschmückte Fußgängerzone. Neben kühl schimmernden Bankpalästen findet man hier vor allem schicke Modegeschäfte, Antiquariate und Läden mit Kunsthandwerk. Das eigentliche Leben spielt sich jedoch im Freien ab – in Straßencafés, an kleinen Ständen und bei Musikgruppen und Straßenkünstlern. Die Fußgängerzone endet am Place de Ville, einem Komplex mit Bürohochhäusern, zwei Hotels, der größten Parkgarage der Stadt und einem unterirdischen Einkaufszentrum.

Ottawa

Bank of Canada Building mit Currency Museum 4
30 Bank Str., Mai–Sept. tgl. 10–17 Uhr, Okt.–April Di–So 10–17 Uhr, Eintritt frei, www.bankofcanadamuseum.ca
Im Juli 2017 hat das vormals als Canada's Currency Museum an der Sparks Street bekannte Museum mit neuem Konzept und in neuen Räumen an der Parallelstraße Bank Street eröffnet. Zu sehen sind nach wie vor die wohl umfangreichste Sammlung kanadischer Münzen und Banknoten sowie mehrere faszinierende Ausstellungen zur 3000-jährigen Geschichte der Zahlungsmittel in allen Erdteilen.

Am Rideau Canal

Cityplan: S. 202

Château Laurier Hotel 5
1 Rideau St., www.fairmont.de, s. auch S. 210
Am Ostende des Confederation Square, gleich neben dem Rideau Canal, thront majestätisch das aus hellem Kalkstein errichtete **Château Laurier Hotel,** die kanadische Version eines Loire-Schlösschens. Das 1912 von Canadian Pacific Railways direkt neben dem damaligen Hauptbahnhof eröffnete Hotel ist bis heute Ottawas vornehmstes und Quartier für Staatsgäste und gekrönte Häupter. Die großen Zimmer sind im Louis-XV.-Stil eingerichtet und bieten besonders in den oberen Stockwerken tolle Blicke über die Stadt bis zu den sich dunkelgrün vom Horizont absetzenden Gatineau Hills.

Ottawa Locks 6
Von der Terrasse des Château Laurier hat man einen schönen Blick auf die Schleusen und Staustufen des Rideau Canal, der in Blickweite in den Ottawa River mündet. Im Sommer drängen sich in den Staukammern die Boote der Freizeitkapitäne. Wie anno dazumal werden die alten Schleusen, die **Ottawa Locks,** noch immer mit der Hand bedient. Insgesamt werden 25 m Höhenunterschied überwunden. 8 km zieht sich der Rideau Canal wie ein von Grünanlagen und Café-Terrassen gesäumtes Band durch die Stadt bis zum Dows Lake, wo er in den Rideau River übergeht. Die Parks und von viktorianischen Häusern gesäumten, hübschen Uferstraßen sind bei Joggern und Radfahrern beliebt, auf dem Kanal tummeln sich Motorboote und Paddler. Im Winter verwandelt sich der Rideau Canal in die längste Eislaufbahn der Welt.

Bytown Museum 7
1 Canal Lane, Mitte Mai–Anfang Okt. Fr–Mi 10–17, Do 10–20, Okt.–Mitte Mai Do–Mo 11–16 Uhr, Erw. und Kinder 2 $
In der grünen Anlage am Fuß der Schleusen steht Ottawas ältestes Gebäude, das Commissariat Building. Dort wurden 1827 die Gehalts-

listen der Kanalarbeiter geführt. Heute zeigt hier das gut sortierte **Bytown Museum** Gegenstände aus dem Besitz des Colonel By, aus der Zeit des Kanalbaus und der frühen Stadtgeschichte.

Lower Town

Cityplan: S. 202

Rideau Centre 8
50 Rideau St., Mo–Sa 10–21, So 11–18 Uhr
Auf der anderen Seite des Kanals liegt das 2016 durch einen modernen Anbau inklusive großem Food Court erweiterte **Rideau Centre,** Ottawas eleganter Einkaufskomplex mit mehreren Kaufhäusern und Boutiquen, Geschäften, Hotel und Restaurants. Insgesamt sind hier über 180 international bekannte Modenamen vertreten.

Byward Market 9
55 Byward Market Square, unterschiedliche Öffnungszeiten der Läden und Lokale
s. www.byward-market.com
Anschließend gelangt man zum ältesten Teil der Stadt um den **Byward Market.** Der frühere Stadtmarkt – um ein hangarähnliches Gebäude mit rund 70 Ständen auf zwei Etagen

Beeindruckende Schleusenkaskade: Die Ottawa Locks verbinden den Rideau Canal mit dem Ottawa River und überwinden dabei 25 m Höhenunterschied

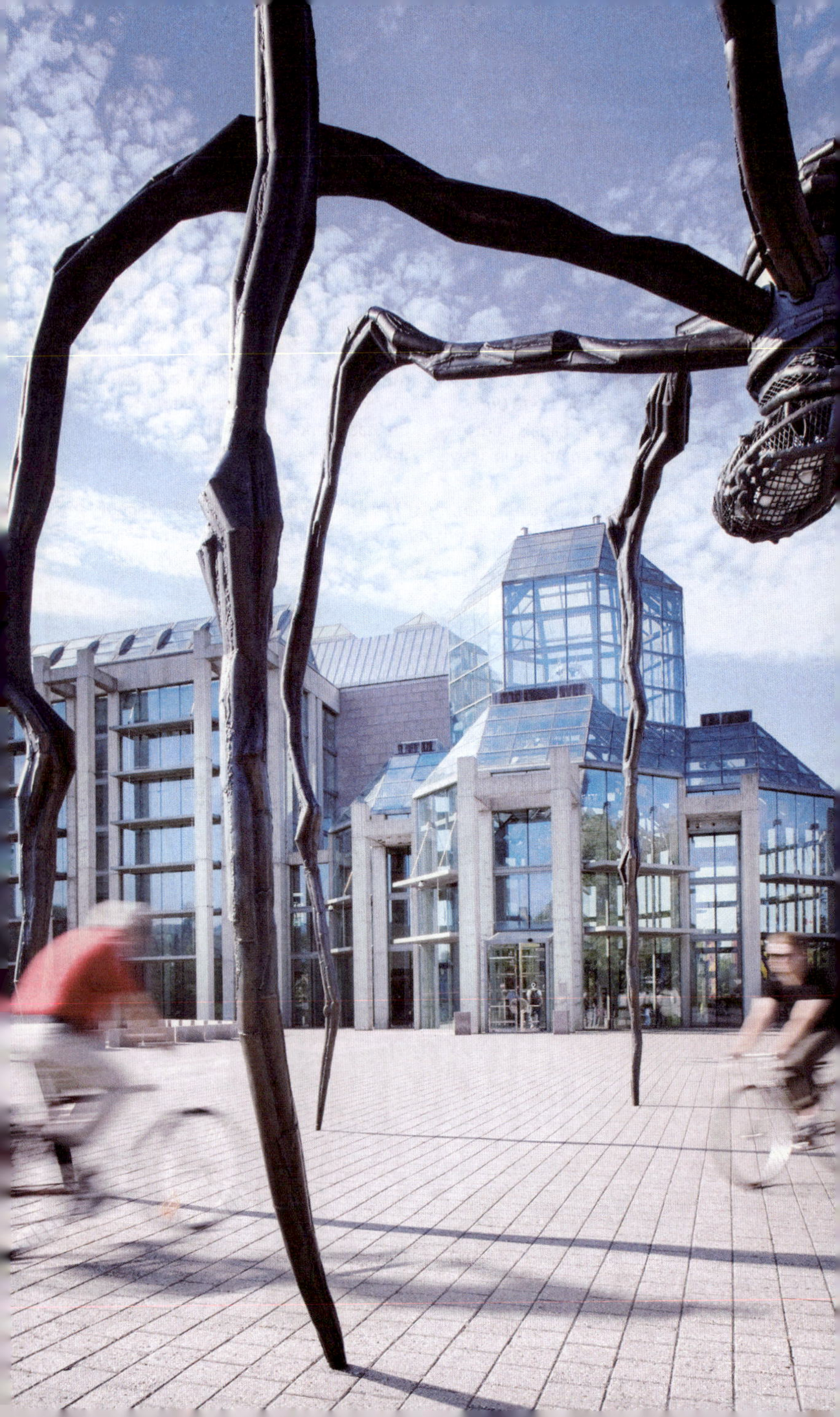

gruppieren sich weitere Läden und Stände – ist sowas wie das laut und lebensfroh schlagende Herz dieser manchmal noch immer etwas würdevollen Stadt. Hier gibt es das frischeste Obst und Gemüse, hier kaufen Diplomaten aus aller Herren Länder ein, mäandern schick gekleidete Pärchen durch die Bistro- und Galerienlandschaft. Doch die Stände und Geschäfte bieten nicht nur Nahrhaftes, es gibt auch Mode, Schmuck, Kosmetik, Wohnaccessoires und Bücher. Nach dem Bummel kann man sich in ein Café in einem der gemütlich restaurierten Innenhöfe zurückziehen.

Sussex Drive

Cityplan: S. 202
Der **Sussex Drive** ist Ottawas, wenn nicht sogar ganz Kanadas bekannteste Straße. An der Straße, die an der Rideau Street beginnt und dem Ottawa River folgt, liegen nicht nur einige der besten Museen und Galerien des Landes sowie mehrere Botschaften, darunter die der Vereinigten Staaten (Nr. 490), sondern auch der Sitz des kanadischen Premierministers.

National Gallery of Canada 10

380 Sussex Dr., www.gallery.ca, Mai–Sept. tgl. 10–18, Do bis 20, sonst Di–So 10–17, Do bis 20 Uhr, Erw. 20 $, Jugendliche und Kinder frei
Die 1988 eröffnete, von Kanadas Stararchitekt Moshe Safdie entworfene **National Gallery of Canada** beherbergt eine der besten Sammlungen von Skulpturen, Zeichnungen und Gemälden kanadischer Künstler. Unter anderem sind hier die schönsten Werke der Group of Seven, von Emily Carr, David Milne, Paul Kane und Cornelius Krieghoff sowie eine beachtliche Sammlung von Inuit-Kunst zu finden. Auch berühmte Werke europäischer, amerikanischer und asiatischer Künstler werden gezeigt. Hinzu kommen spektakuläre Gastausstellungen sowie die Sammlung des Canadian Museum of Contemporary Photography, das von der National Gallery integriert wurde. Diese zeigt die schönsten Werke kanadischer Lichtbildner, die sich von der Wildnis und dem kanadischen Alltag inspirieren ließen. Ebenso beeindruckend wie die Kunstwerke selbst ist ihre Umgebung, die National Gallery mit ihrer lichtdurchfluteten Domstruktur aus Glas und rosafarbenem Granit, ihren Kolonnaden und ruhigen Innenhöfen mit Skulpturen und stilvollen Pflanzenarrangements ist ein architektonisches Juwel. Wunderschön ist auch die in dem modernen Gebäude wiederaufgebaute **Rideau Street Convent's Chapel** von 1888 mit Ornamenten, Säulen und Spitzbögen. Von der großen, gläsernen Halle mit dem Café bietet sich überdies ein großartiger Blick auf den Ottawa River und die Parlamentsgebäude. Auf dem weitläufigen Vorplatz finden ab und an Tanzdarbietungen und andere Kulturveranstaltungen statt.

Passanten sehen hier zu, dass sie Land gewinnen: Vor der Nationalgalerie wirft Louise Bourgeois' »Maman« ihren gigantischen Schatten

Notre Dame Basilica 11

Gegenüber der Nationalgalerie ragen die mit silberfarbenem Metall verkleideten Doppeltürme der **Notre Dame Basilica** in den Himmel. Die im Stil der Neogotik erbaute, 1890 geweihte Kirche ist Ottawas ältestes Gotteshaus und Sitz des Erzbischofs. Im Inneren beeindrucken die Buntglasfenster und die große Casavant-Orgel mit 72 Registern und 4700 Pfeifen.

Nepean Point 12

Neben der National Gallery beginnt ein schöner Spazierweg durch Grünanlagen bis zum **Nepean Point.** Die Stelle hoch über dem Ottawa River bietet fotogene Aussichten: auf die Alexandra Bridge nach Gatineau, vor allem aber über die National Gallery, deren Glastürme stilistisch die Neogotik des Parlaments zitieren, hinweg zum Parliament Hill, wo die ehrwürdigen Regierungsgebäude über das Schicksal des Riesenlandes wachen. Eine Statue erinnert an **Samuel de Champlain.** Der Gründer Neufrankreichs kam 1613 hier erstmals vorbei. Visionär schweift sein Blick über den Ottawa River, der ausgestreckte Arm hält ein Astrolabium. Beide – der Ottawa River, der einst Teil der Kanuroute ins straßenlose Landesinnere war, und das Navigationsinstrument – symbolisieren die Erschließung Kanadas.

Ottawa

24 Sussex Drive [13]
Die Adresse **24 Sussex Drive** im Stadtteil New Edinburgh ist zwischen Atlantik und Pazifik so bekannt wie 10 Downing Street in London, England. In beiden residiert das jeweilige Staatsoberhaupt, beide sind bewusst bescheiden gehalten – wobei dem amtierenden kanadischen Premierminister noch das Privileg eines eigenen Gartens zuteil wird. Die Nachbarschaft ist im Übrigen nicht die schlechteste. Schräg gegenüber lebt und arbeitet der Governor General, Stellvertreter des englischen Monarchen in Kanada. Die prunkvolle, in einem Park liegende **Rideau Hall** ist im Sommer Ziel kanadischer Schulklassen (1 Sussex Dr.).

Rockcliffe Park

Cityplan: S. 202

Auf der Höhe der Governor Bay geht der Sussex Drive in den Sir George-Étienne Cartier Parkway über. Dem Ottawa River nordwärts folgend, schließt sich an New Edinburgh **Rockcliffe Park** an, Ottawas prestigeträchtigstes Wohnviertel. An den schönen Alleen residieren Diplomaten und hohe Politiker, hier befinden sich die meisten Botschaften der Hauptstadt.

Canada Aviation and Space Museum [14]
11 Aviation Pkwy., https://ingeniumcanada.org/aviation/index.php, Mai–Anfang Sept. tgl. 9–17, sonst Mi–Mo 10–17 Uhr, Erw. 16,25 $, Kinder unter 11 J. frei

Wo der Sir George-Étienne Cartier Parkway den Aviation Parkway kreuzt, liegt der für Sportflugzeuge und kleine Jets ausgelegte Rockcliffe Airport. Ein umgebauter Hangar beherbergt das **Canada Aviation Museum.** Die zu den weltbesten Flugzeugsammlungen zählende Ausstellung pflegt kanadische Fliegertradition, beginnend bei den ersten Flugzeugen made in Canada über die Buschpiloten und ihre fliegenden Kisten bis hin zur legendären »Arrow«, einem Düsenjet, der trotz erfolgreicher Testflüge nie in Serie ging. Nicht im Eintrittspreis inbegriffen ist ein bis zu 15-minütiger Flug mit einem historischen, 1939 gebauten Doppeldecker über Downtown Ottawa. Das windige Flugvergnügen kostet ab 95 $ und ist jeden Cent wert (https://ingeniumcanada.org/aviation/rides-and-simulations/vintage-biplane-rides).

Le Breton Flats

Cityplan: S. 202

Canadian War Museum [15]
1 Vimy Pl., www.warmuseum.ca, Mai/Juni, Sept./Okt. Fr–Mi 9–18, Do 9–21, Juli–Sept. Sa–Mi 9–18, Do, Fr 9–21, Okt.–April Mo–Mi, Fr–So 9–17, Do 9–20 Uhr, Erw. 18 $, Kinder 2–12 J. 12 $

Vom Parlament aus zu Fuß auf der Wellington Street erreichbar, widmet sich das im Viertel Le Breton Flats am Rande des gleichnamigen Parks gelegene **Canadian War Museum** der Militärgeschichte Kanadas und der Rolle seiner weltweit respektierten Friedenstruppe seit dem Zweiten Weltkrieg. Thema sind weiterhin all jene Kriege, an denen Kanada aktiv teilgenommen hat. Die Abwesenheit jeglichen Patriotismus' macht den Besuch zu einer eindringlichen Erfahrung mit hohem Erinnerungswert.

Centretown

Cityplan: S. 202

Canadian Museum of Nature [16]
240 McLeod St., http://nature.ca, Sa–Mi, Fr 9–18, Do bis 20 Uhr, Erw. 17 $, Kinder 3–12 J. 13 $

Von außen wirkt das **Canadian Museum of Nature** altehrwürdig und verstaubt. Drinnen jedoch bietet das 150 Jahre alte Museum im Süden der Stadt naturwissenschaftlich fundiertes und multimedial aufbereitetes Entertainment. Glanzstücke der heiligen Hallen, die über 10 Mio. Objekte aus Fauna, Flora und Geologie beherbergen, sind die rekonstruierten Lebenswelten der Dinosaurier und Mastodons. 2017 eröffnete ein neuer Bereich, der sich der kanadischen Arktis widmet und u. a. Aurora-Borealis-Projektionen zeigt.

Gatineau

Cityplan: S. 202

Am Nordufer des Ottawa River liegt **Gatineau,** das französische Pendant zu Ottawa. Hier ließ sich um 1800 ein gewisser Philemon Wright, ein königstreuer Neuengländer aus Massachusetts, als erster weißer Siedler der Region nieder. Ein Jahrhundert lang träumte das Städtchen Gatineau vor sich hin, bis man auch ein Stück vom Regierungskuchen forderte. So wurden in den letzten Jahrzehnten Bundesministerien in die Provinz Québec ans Nordufer des Ottawa River verlegt. Dadurch entstand ein Labyrinth von Regierungsneubauten, das nach und nach den alten Stadtkern verdrängte. Aber die frankokanadische *joie de vivre* hat glücklicherweise überlebt. So findet das **Nachtleben** von Ottawa hauptsächlich in Gatineau statt. Zwar haben sich auch in der Hauptstadt in letzter Zeit immer mehr Discos und Bars angesiedelt, doch heißer ist das Nachtleben selbst nach Angleichung des Zapfenstreichs – auf beiden Seiten des Flusses um zwei Uhr morgens – noch immer in Gatineau.

Canadian Museum of History 17

100 Laurier St., www.historymuseum.ca, Mai/Juni, Sept./Okt. Fr–Mi 9–18, Do 9–21, Juli–Sept. Sa–Mi 9–18, Do, Fr 9–21, Okt.–April tgl. 9–17, Do 9–21 Uhr, Erw. 21 $, Kinder 2–12 J. 14 $

Das Gatineau-Ufer des Ottawa River bzw. Rivière Outaouais wird vom **Canadian Museum of History** bzw. **Musée Canadien de l'Histoire** dominiert. Seit seiner Vollendung im Juni 1989 ist es eine der Hauptattraktionen der sogenannten Capital Region. Bei seiner Eröffnung erregten Ausstellungskonzept und Architektur weltweit Aufsehen, und schon im ersten Jahr zählte man mehr als 1 Mio. Besucher.

Hauptthema des Museums sind Kanadas Ureinwohner, die abenteuerliche Pionierzeit des Landes und seine zahlreichen verschiedenen Bevölkerungsgruppen. Architektonisch ist das Museum ein Meisterwerk: Mit seinen eleganten geschwungenen Linien und weichen Rundungen, die wie von Wind und Wasser herausgearbeitet scheinen, fügen sich die Museumsgebäude harmonisch in die Flusslandschaft ein. Um die Verbundenheit von Mensch und Natur zu betonen, integrierte der Architekt Douglas Cardinal Symbole und Elemente indigener Kultur und schuf so eine einzigartige Verbindung von Form und Material. Verwendet wurde überwiegend Naturstein aus Manitoba, darunter auch Kalkstein mit fossilen Einschlüssen, die der aufmerksame Beobachter in der Fassade deutlich erkennen kann. Von der etwas höher gelegenen Eingangsebene bietet sich dem Besucher ein beeindruckender Blick in die mehrere Stockwerke hohe **Grand Hall** (s. Abb. S. 64), wo vor dem Hintergrund eines düsteren Regenwaldes ein Dorf aus mehreren Langhäusern der Ureinwohner der Westküste rekonstruiert wurde, komplett mit mächtigen Totempfählen, Masken und anderen Artefakten der Coast Salish, Haida, Nuxalk und Tsimshian. Auch moderne Kunstwerke indigener Künstler sind hier zu sehen. Besonderer Blickfang sind die Skulpturen des Haida-Künstlers Bill Reid. Durch eine Glaskuppel fallendes Licht unterstreicht die geschmeidigen Konturen seiner weiß schimmernden Plastik »Chief of the Undersea World«.

In der 17 m hohen **History Hall,** die so groß wie ein Fußballfeld, wurden faszinierende Szenen aus der kanadischen Geschichte nachgestellt. Hier ›erlebt‹ man die Ankunft der Wikinger in Neufundland, sieht baskischen Fischern auf einer Walfangstation um 1584 in Labrador bei der Verarbeitung von Waltran, besucht eine akadische Siedlung und erfährt, wie Pelzhändler, Holzfäller und Pioniere an Kanadas nördlicher Grenze lebten – realistischer geht es kaum.

Gatineau Park 18

Ansonsten hat Gatineau wenig Sehenswertes zu bieten. Auf jeden Fall sollte man einen Ausflug in den **Gatineau Park** unternehmen. Welche Millionenstadt kann sich schon rühmen, ein 361 km^2 großes Wildnisgebiet quasi als Stadtpark zu haben? Kaum 20 Min. von Ottawas Downtown und nur wenige Minuten nördlich von Gatineau entfernt beginnen die insgesamt 165 km langen Wanderwege durch die ausgedehnten Wälder. Manche

Ottawa

Trails folgen alten Pfaden der Ureinwohner. Der Park bietet eine breite Palette von Freizeitmöglichkeiten: Wandern, Radfahren, Kanufahren, Schwimmen und im Winter Skilanglauf auf mehreren hundert Kilometern traumhafter Loipen. Am eindrucksvollsten ist der Park während des Indian Summer, wenn die Ahornbäume in glühenden Herbstfarben leuchten. Man trifft sich am Lake Meech, Lac Philippe oder La Pêche Lake zum Picknick oder genießt vom **Champlain Lookout**, dem steilen Südabbruch des Kanadischen Schildes, den weiten Blick über die fruchtbare, farmenübersäte Ebene des Ottawa River (von Ottawa via Macdonald-Cartier Bridge, dann Highway 5, Exit 12 nach Old Chelsea, den Schildern folgen).

In dieser für den kanadischen Schild typischen Wildnis gibt es auch eine historische Sehenswürdigkeit. Am Südrand des Parks liegt am Lake Kingsmere **Mackenzie King Estate**, das Sommerrefugium des kanadischen Premierministers William Lyon Mackenzie King. 22 Jahre lang, 1921–1930 und noch einmal 1935–48, regierte der schrullige Politiker von dieser ›Insel der Ruhe‹ aus das Land. Seine bekannteste Marotte ist heute die größte Attraktion: Er sammelte Ruinen. Griechische Säulen, Steine vom 1916 abgebrannten Parlament in Ottawa und Stücke des 1941 zerbombten englischen Parlaments umschließen als Ruinengarten das Landhaus. Mehrere schöne Wege durchziehen das 25 ha große idyllische Anwesen, und nach einem langen Spaziergang kann man im Moorside Tea Room Tee oder Kaffee trinken und auch einen kleinen Imbiss einnehmen (Ende Mai–Mitte Okt. tgl. 10–17, sonst Mo–Fr 9–16, Sa, So 9–17 Uhr, frei!).

Infos

Ottawa Tourism: 1150 Elgin St., Ottawa, Tel. 613-237-5150, 1-833-864-7839, www.ottawatourism.ca, Mo–Fr 9–17 Uhr. Besucheradresse: Capital Information Kiosk, 90 Wellington St., Tel. 1-844-878-8333, tgl. 9–18 Uhr. Hilft bei der Suche und Buchung von Unterkünften und bei der Tischreservierung fürs Dinner.

Übernachten

Klassiker – **Fairmont Château Laurier** 5 : 1 Rideau St., Tel. 613-241-1414, 1-800-441-1414, www.fairmont.de/laurier-ottawa. Schlossähnliches Traditionshotel in bester Lage am Ufer des Rideau Canal, schönes Wintergartencafé, großzügige Zimmer mit allem Komfort. DZ 260–450 $.

Institution – **Lord Elgin Hotel** 1 : 100 Elgin St., Tel. 613-235-3333, 1-800-267-4298, www.lordelginhotel.ca. Ottawas zweite, preiswertere Traditionsherberge, Zimmer im Biedermeierstil, gegenüber vom National Arts Centre. DZ 170–310 $.

In bester Lage – **The Metcalfe Hotel** 2 : 123 Metcalfe St., Tel. 613-231-6555, 1-844-871-6555, www.themetcalfehotel.com. Zentral gelegenes Boutiquehotel mit großzügigen, modern eingerichteten Zimmern und freundlichem Personal. DZ 200–400 $.

Cooler Charme – **Arc The Hotel** 3 : 140 Slater St., Tel. 613-238-2888, 1-800-699-2516, www.arcthehotel.com. Minimalistisch, doch in warmen Tönen eingerichtetes Designhotel drei Blocks südlich der Sparks Mall, elegante Bar, Fitnessraum. DZ 190–340 $.

Viel Platz – **Albert at Bay Suite Hotel** 4 : 435 Albert St., Tel. 613-238-8858, 800-267-6644, www.albertatbay.com. Einnehmendes Stadthotel mit den größten Suiten der Stadt, alle mit Balkon und voll ausgestatteter Küche. 140–290 $.

Originell – **Ottawa Jail Hostel** 5 : 75 Nicholas St., Tel. 613-235-2595, https://saintlo.ca/en/ottawa-jail. Budgetunterkunft im ehemaligen Gefängnis. Schlafen in Ein-Bett-Zellen, Doppelbett-Zellen und 4-, 6- und 8-Bett-Zellen. Ab 35 $ mit Frühstück.

Essen & Trinken

Ottawas Gastroszene hat in den letzten 15 Jahren zu den Torontos und Montréals aufgeschlossen und bietet heute eine interessante Auswahl ausgezeichneter Restaurants.

Urbanes Ambiente – **Beckta** 1 : 150 Elgin St., Tel. 613-238-7063, www.beckta.com, Mo–Sa 17.30–22, So bis 21 Uhr. Szene-Star im klassischen Interieur, schneeweiße Tischdecken eingeschlossen: Hier beschwört der Chefkoch

Adressen

die einfachen wie einzigartigen Zutaten. Restaurant und weniger formelle Wine Bar (Vorspeisen 19–30 $, Hauptspeisen 35–68 $). Tasting-Menü 125 $.

Alte-Welt-Flair – **Courtyard Restaurant 2** : 21 George St., Tel. 613-241-1516, www.courtyardrestaurant.com, Di–So 17.30–21.30 Uhr. Gepflegt speisen in einem altem Gemäuer von 1837, auf der Speisekarte französisch inspirierte Cuisine mit überraschenden Arrangements. Vorspeisen 12–30 $, Hauptspeisen 29–50 $.

Gern ökologisch – **Luxe Bistro 3** : 47 York St., Tel. 613-241-8805, www.luxebistro.com, tgl. 11.30–22.30 Uhr. Mitten in Byward Market, saftige Steaks, ordentliche Burger, italienisch inspirierte, innovative Küche. Vorspeisen 10–48 $, Hauptspeisen 18–49 $.

Einkaufen

Das beste Shopping in Downtown bietet Ottawa entlang der **Sparks Street Mall** (s. S. 203) und im **Rideau Centre 8** . Kunsthandwerk, aber auch hochwertige Textilien, Bücher und Elektronikartikel bieten die Shops in **Byward Market 9** .

Abends & Nachts

Der alte Witz, das Beste an Ottawa sei der Zug nach Montréal, kursiert nicht mehr. Zwar ist das Nachtleben noch immer nicht mit dem Montréals vergleichbar, doch für ein, zwei kurzweilige Nächte reicht es allemal – nicht zuletzt auch, weil inzwischen sowohl in Ottawa als auch in Gatineau um 2 Uhr morgens Schluss ist. Ottawas Kneipen, Musikbars und Diskotheken konzentrieren sich rund um Byward Market und an der Elgin Street.

Tolle Live-Atmosphäre – **Barrymore's Music Hall 1** : 323 Bank St., Tel. 613-695-8488, www.barrymores.on.ca. Während der Pandemie renoviert, Wiedereröffnung Frühjahr 2023. Älteste Music Hall der Stadt, täglich Rock, Blues, Jazz und Pop.

Cool in Byward Market – **Apothecary Lounge 2** : 54 York St., Tel. 613-421-0820, www.apothecarylounge.ca, tgl. 16–2 Uhr. Bar wie zu Zeiten der Prohibition, mit tollen Cocktails, Craftbieren und kleinen Tellergerichten.

Immer voll, immer Action – **Babylon 3** : 317 Bank St., Tel. 613-594-0003, www.babylonclub.com. Diesen Joint gibt's schon seit über 20 Jahren. Was bedeutet, dass man weiß, was die »locals« mögen. Tolle Livemusik von hiesigen Talenten, ansonsten Abtanzen zur Top 40.

Hemdsärmelig – **Heart & Crown 4** : 67 Clarence St., Tel. 613-562-0674, www.heartandcrown.ca, tgl. 11–2 Uhr. Einer der beliebtesten Pubs der Stadt, relaxte Atmosphäre, jede Nacht Livemusik.

Nationale Bühne und Konzerthaus – **National Arts Centre 2** : 53 Elgin St., Tel. 613-497-7000, Programm und Karten unter Ticketmaster Tel. 613-947-7000. Der kulturelle Fackelträger der Bundeshauptstadt beherbergt drei Auditorien mit 2300, 950 und 350 Plätzen. Das National Arts Centre Orchestra sowie international renommierte Ensembles spielen hier. Modernes und klassisches Theater steht auf dem Spielplan.

Aktiv

Radfahren – Bei einem Extra-Tag im Zeitbudget sollte man es halten wie viele Hauptstädter und in die Pedale treten. Ottawa ist zu Recht stolz auf seine Radwege, die nicht nur Büros und Regierungsämter, sondern auch mehrere Museen und Attraktionen miteinander verbinden. Verleih u. a. über **Rent-a-Bike 1** , 2 Rideau St., Tel. 613-241-4140, www.rentabike.ca, ab 9 $/Std., 4 Std. 22 $.

Verkehr

Flugzeug: Der Ottawa International Airport (Tel. 613-248-2125, www.yow.ca/en) liegt 11 km südlich vom Zentrum und wird von Air Canada und US-amerikanischen Airlines angeflogen. Linienbusse und Hotelshuttles mit den Namen ihrer Destination verkehren zwischen Flughafen und Innenstadt. Ein Taxi kostet gut 40 $.

Bahn: Ottawa Station (200 Tremblay Rd., Tel. 888-842-7245, www.viarail.ca) wird von den Zügen der kanadischen Via Rail bedient und durch Busse mit der Innenstadt verbunden.

Bus: Die Central Bus Station (265 Catherine St., Tel. 613-238-6668) bietet Verbindungen nach Westen und Osten.

Von Ottawa zum Lake Superior

Der Gedanke hat für Enge gewohnte Mitteleuropäer etwas Bestechendes: im Auto quer durch den Kontinent. 2000 von insgesamt 7821 km des legendären Trans-Canada Highway führen durch die Wildnis des Kanadischen Schilds. Durch Nordontario, wo menschliche Siedlungen wie Inseln fernab der Schifffahrtsrouten wirken und Elche, Bären und Wölfe einander Gute Nacht sagen.

Ein weißes Ahornblatt auf grünem Grund, darüber der grüne Schriftzug »Trans-Canada« auf weißem Querstreifen: So signalisieren die Verkehrsschilder dem Besucher, dass er Kanadas berühmte Überlandstraße unter den Reifen hat. 1962 eröffnet und 1970 fertiggestellt, verbindet sie die neufundländische Hauptstadt St. John's mit Victoria, der Hauptstadt von British Columbia auf Vancouver Island. Es handelt sich jedoch keineswegs um eine einzige Straße, sondern um ein Straßensystem. So zweigt in Manitoba der Yellowhead Highway vom TCH ab, um – offiziell weiterhin als TCH, aber mit von Provinz zu Provinz verschiedener Nummer – auf einer nördlichen Route durch die Rockies zum Pazifik zu gelangen. In eine südliche und eine nördliche Route teilt sich der Trans-Canada Highway auch in Ontario. Dies ermöglicht dem Reisenden, die urwüchsigsten, landschaftlich schönsten Regionen Nordontarios auf einer Rundreise zu erleben. Eventuelle Abstecher nicht mitgerechnet, sollte man sich mindestens zehn Tage Zeit für diese Tour nehmen.

Ottawa Valley

Karte: S. 215
Von der Bundeshauptstadt folgt der Highway 17 zunächst dem Ottawa River durch eine von Weidewirtschaft geprägte Landschaft. Schon bald dünnt der Verkehr aus. Die gepflegten Städtchen begannen fast alle im Laufe des 19. Jh. als Holzfällersiedlungen. Schon wenige Kilometer hinter Ottawa lohnt es sich, den Highway zu verlassen, um auf den kleineren Landstraßen, die näher am Fluss verlaufen, diese hübsch altmodischen Gemeinden zu erkunden und sich auf ihren Main Streets die Beine zu vertreten.

Beachburg ▶ G 9
Knapp zwei Autostunden nordwestlich von Ottawa liegt **Beachburg** 1, das Rafting-Mekka Ostkanadas. Von Mai bis September bieten hier verschiedene Unternehmen Wildwassertrips mit Schlauchbooten und Kajaks an. Auf geführten Touren können Abenteuerlustige hier jene Stromschnellen meistern, die einst Ureinwohner und weiße Pelzhändler mit ihren zerbrechlichen Birkenrindenkanus auf strapaziösen Portagen umgingen. Dabei bietet der Ottawa River hinsichtlich Wasservolumen, Fließgeschwindigkeit und Wellenhöhe Bedingungen, die denen der Raftingreviere in den Rocky Mountains nicht nachstehen. Wirklich gefährlich wird es jedoch nicht. Die Bootsführer sind Wildwasser-Experten und kennen den Fluss aus dem Effeff. Zudem wird jeder Passagier mit Schwimmweste und Sturzhelm ausstaffiert. Die Rafting-Veranstalter bieten außerdem Verpflegung und Unterkunft in Blockhütten oder Zelten an und haben auch Mountainbiking und Kanufahren im Programm.

Pembroke ▶ G 9
Hinter Beachburg übernehmen zunehmend Wälder die Regie. Orte wie Pembroke, Petawawa, Chalk River und Mattawa pflegen die Erinnerungen an ihre Holzfällervergangenheit in netten kleinen Pioniermuseen.

RAFTING AUF DEM OTTAWA RIVER

Tour-Infos
Start: bei Beachburg am Put-in von Wilderness Tours
Dauer: 1 Tag
Veranstalter: Wilderness Tours, Foresters Falls, unweit von Beachburg, 503 Rafting Rd., Tel. 613-646-2242, 1-888-723-8669, www.wildernesstours.com
Wichtige Hinweise: Badezeug und trockene Kleidung mitbringen. Man wird garantiert nass! Während der Tour sind Aktivitäten wie Bodysurfen und Felsenspringen möglich.

Plötzlich geht es wie auf einer Achterbahn abwärts. Das Rauschen ringsherum ist ohrenbetäubend. Gegen das Getöse anbrüllend, erteilen die River Guides Anweisungen. Unten angekommen, hebt eine Gegenströmung die Passagiere von ihren Sitzen und würfelt sie auf dem Boden des Gummifloßes unsanft durcheinander. Dann scheint sich der ganze Fluss über das Raft zu ergießen. Kein Auge bleibt trocken, aber das ist einkalkuliert: Vor der Abfahrt wurden Jeans und Sweatshirts mit dünnen Polyester-Klamotten getauscht und Schwimmwesten und Schutzhelme angelegt. Auch über Bord fallen ist nicht weiter dramatisch: Wie ein Gummipfropfen dümpelt man dann an der kabbeligen Wasseroberfläche, bis man wenig später von den River Guides wieder an Bord gehievt wird. Die Raftingtrips auf dem Ottawa River sind ein feucht-fröhliches Vergnügen, und es liegt in der Natur der Sache, dass sich die aus aller Welt kommenden Passagiere angesichts der haarsträubenden ›Gefahren‹ achteraus schnell kennenlernen. Für das leibliche Wohl ist ebenfalls gesorgt: Auf halber Strecke werden Hamburger gegrillt. Wilderness Tours, der größte Veranstalter in Beachburg, bietet dazu weitere Aktivitäten an, u. a. Reiten, Bungee Jumping und Kayaking.

Von Ottawa zum Lake Superior

In **Pembroke** 2 erinnert das **Champlain Trail Museum and Pioneer Village** an ein spannendes Kapitel der kanadischen Geschichte. Samuel de Champlain, der Gründer Neufrankreichs, kam 1615 auf seiner Reise zu den Huronen an der Georgian Bay hier vorbei – damals war der Ottawa ein Teilstück der meistbefahrenen Kanuroute zu den Großen Seen. 1867 fand ein Bauernjunge in der Nähe ein Astrolabium mit der Jahreszahl 1613, das Samuel de Champlain während einer Portage verloren hatte. Der Entdecker hatte den Verlust in seinem Tagebuch beklagt. Neben einer Ausstellung zur Bedeutung der alten Kanurouten für die Erschließung Kanadas zeigt dieses schöne Museum Artefakte der Algonquin. Im Außenbereich sind u.a. ein vollständig eingerichtetes Schulgebäude, das Wohnhaus eines Holzfällers, eine Sägemühle und eine Werkstatt für Holzverarbeitung zu sehen (1032 Pembroke St. E., www.champlaintrailmuseum.com, Mai/Juni Di–Sa 10.30–16.30, Juli/Aug. Mo–Sa 10.30–16.30, So 12.30–16.30, Sept./Okt. Di–Sa 12.30–16 Uhr, Erw. 7 $, Kinder 3 $).

Alternativroute

Von Pembroke bietet sich über die Highways 60 und 62 eine Alternativroute durch den **Algonquin Provincial Park** (s. S. 180) an. Anschließend würde man bei Huntsville auf dem Highway 11 in Richtung Norden fahren und bei North Bay wieder auf den Highway 17 stoßen. Wenn man den Algonquin Provincial Park noch nicht besucht hat, ist diese Strecke die landschaftlich reizvollere.

Infos

Ottawa Valley Tourist Association: 9 International Dr., Pembroke, K8A 6W5, Tel. 613-732-4364, 1-800-757-6580, www.ottawavalley.travel.

Übernachten

Bleibe auf dem Roadtrip – **Hillside Inn:** 638 Pembroke St. E., Tel. 613-732-3616, 1-877-453-8883, www.hillsideinn.ca. Sauberes Motel am Ortsausgang, attraktives Preis-Leistungs-Verhältnis. DZ 70 $.

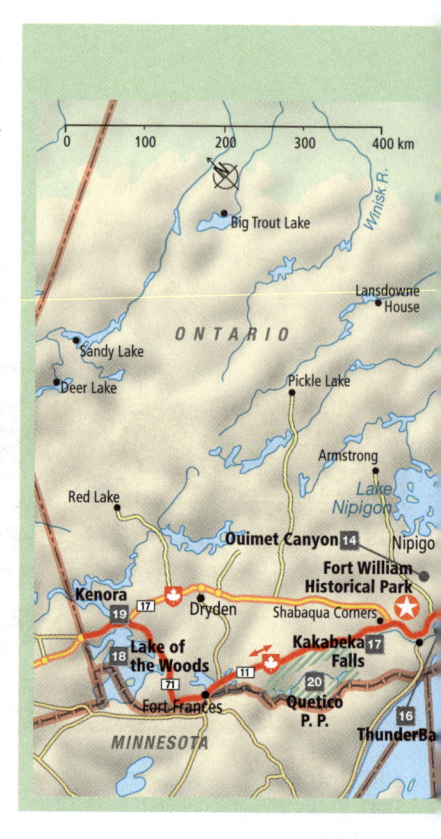

Essen & Trinken

Wie bei Muttern – **Finnigan's Roadhouse:** 955 Pembroke St. E., Tel. 613-735-2333, tgl. 7–23 Uhr. Solide kanadische Hausmannskost, also Truthahn, Steaks und Hackfleisch. Hausgemachter Apfelkuchen. Vorspeisen 6–11 $, Hauptspeisen 15–22 $.

Aktiv

Rafting – Rafting auf dem Ottawa River ist *die* Freizeitaktivität in diesem Routenabschnitt. Die Wirbel und Stromschnellen haben Namen wie ›Butcher's Knife‹ und ›Angel's Kiss‹ und ziehen jeden Sommer Zehntausende Menschen an. Ein bewährter Veranstalter vor Ort mit eigenem Resort direkt am Fluss ist **Wilderness Tours** (s. Aktiv unterwegs S. 213).

Von Ottawa zum Lake Superior

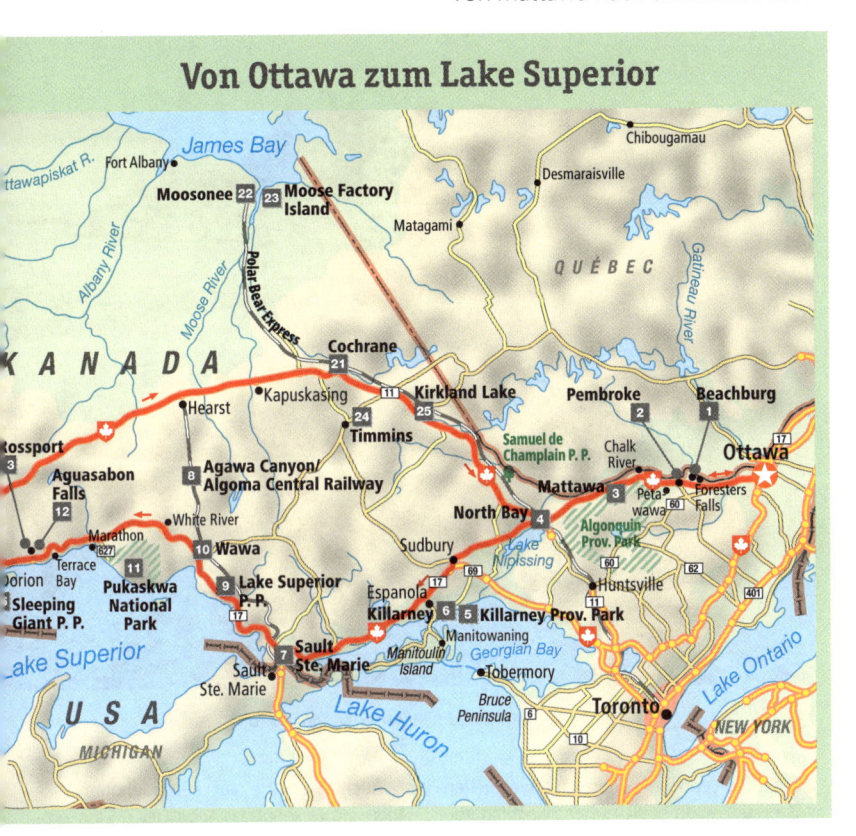

Von Mattawa nach Sault Ste. Marie

Karte: oben

Mattawa ▶ F 8

Im Städtchen **Mattawa** 3 (2000 Einw.) zweigt der Ottawa in den nach Westen fließenden Mattawa River ab. 64 km weiter westlich in den Lake Nipissing mündend, war dieser einst der Schlüssel zum unerforschten Westen. Wer dorthin wollte, musste hier durch. Mattawa, ›Treffen der Flüsse‹ auf Ojibwe, sah deshalb so gut wie alles, was im nordamerikanischen Forscher- und Abenteurer-Pantheon Rang und Namen hatte: Samuel de Champlain, Etienne Brulé, Jean Nicolet, Père Jacques Marquette, Lois Joliet, Pierre de la Vérendrye, Simon McTavish, Simon Frasier, Alexander Mackenzie. Sie erkundeten die Großen Seen, fuhren den Mississippi hinab bis zum Golf von Mexiko und schlugen sich bis zu den Rocky Mountains und zur Beaufort-See durch. Sie alle quälten sich auf dem Mattawa auf knochenbrechenden Portagen an Hindernissen vorbei, die noch heute »portage de mauvaise musique« (›wo einem das Singen verging‹) oder »porte de l'enfer« (Höllentor) heißen. Ihnen und den ihnen nachfolgenden Holzfällern gedenken die an der Main Street aufgestellten, berühmte Persönlichkeiten jener Zeit darstellenden Holzskulpturen sowie das **Mattawa Museum** am Explorer's Point (285 First St., Juli–Aug. tgl. 10–16.30 Uhr, Erw. 7 $, Kinder

Bilderbuch-Kanada im Killarney Provincial Park

2 $). Einigen von ihnen, den unverwüstlichen Voyageurs, widmet sich etwas westlich von Mattawa das **Voyageur Heritage Centre** im Samuel de Champlain Provincial Park (Mitte Mai–Mitte Okt. Mo–Fr 8.30–16, Juli/Aug. Mo–Fr 8.30–16, Sa, So 13–16 Uhr, Eintritt frei).

North Bay ▶ E 8

Rund 60 km hinter Mattawa kommt **North Bay** 4 in Sicht. Die bereits frontiermäßig wirkende Stadt am Lake Nipissing ist Knotenpunkt der Highways 11 und 17 und mit 53 000 Einwohnern das urbane Zentrum der »Ontario's near North« genannten Region. Ein Ring aus Shopping Malls und Parkplätzen scheint den historischen Kern zu ersticken, aber noch ist die alte Main Street zwischen Cassell Street und Fisher Street mit den mit falschen Fassaden versehenen Frontier-Häusern eine hübsche und viel fotografierte Erinnerung an die Pionierzeit des 19. Jh.

Auch die Lage am ausgedehnten Lake Nipissing versöhnt das Auge. Der 775 km² große See lag einst auf der Kanuroute nach Westen. Wo bis dahin Trapper und Felle getauscht hatten, stellten 1882 weiße Siedler die ersten Häuser auf den felsigen Boden. Heute dient der See dem Plaisir: Die **Chief Commanda II**, ein moderner Ausflugskatamaran, sticht im Sommer zu schönen Exkursionen in See. Dabei werden auch während des Pelzhandels bedeutende Orte besucht, darunter der Oberlauf des French River und ein Dorf mit indigenen Einwohnern (King's Landing, Memorial Drive, Tel. 705-494-8167, 1-866-660-6686, www.chiefcommanda.com, Anf. Mai–Sept., 40–80 $). Im **Discovery North Bay** (vormals: North Bay Area Museum) kann man sich über die Eisenbahn- und Forstgeschichte der Region informieren (100 Ferguson St., www.discovery northbay.com, Mo–Fr 10–18, Sa 8–17 Uhr, Erw. 6 $, Kinder 5 $).

Von Mattawa nach Sault Ste. Marie

mit weißen gestärkten Tischdecken. Und zwar Steaks und Buletten wie zu Hause bei Muttern. Vorspeisen 10–22 $, Hauptspeisen 14–38 $.

Aktiv

Wildnistrips – Das menschenleere Nordontario ist ein Mekka für Hiker, Camper, Angler und Jäger. Dutzende professioneller Veranstalter bieten hier ihre Dienste an. Bei ihnen kann man seine Ausrüstung vervollständigen, Blockhütten mieten oder geführte Paddeltouren oder Angeltrips buchen. Die meisten Outfitter sind Mitglieder der **Northern Ontario Tourist Outfitters Association (NOTO)** in North Bay. Erste Informationen über den geplanten Trip in die Wildnis können hier eingeholt werden (NOTO, 386 Algonquin Ave., North Bay, Ontario P1B 4W3, Tel. 705-472-5552, www.noto.ca).

Abstecher zum Killarney Provincial Park ▶ D 8

Beiderseits des Trans-Canada Highway liegt eine für den Kanadischen Schild typische Landschaft: Seen, vom Gletschereis glattgehobelte Granitbrocken, Sandbuchten, Kiefernwälder mit Blaubeerfeldern und Mischwald. Am fotogensten präsentiert sich dieses Stück Bilderbuch-Kanada im **Killarney Provincial Park** 5 . Das größtenteils auf einer in die Georgian Bay ragenden Halbinsel liegende Schutzgebiet gilt als Ontarios Kronjuwel unter den Provincial Parks und wird auf dem in der Industriestadt Sudbury vom TCH abzweigenden Highway 69 (später Highway 537) erreicht. Roter, von weißem Quarzit durchzogener Granit und das allgegenwärtige Blau der Georgian Bay charakterisieren diesen Park, dessen Gründung 1964 von A.Y. Jackson initiiert wurde. Der Maler hatte auf den spärlich bewaldeten Bergrücken mit den herrlichen Vistas seine Inspiration gefunden. Wölfe, Schwarzbären, Biber und Elche sind hier leichter zu sehen als in den Laubwäldern weiter südlich. Am Ende des quer durch den Park zur Georgian Bay strebenden Highway 537 liegt der Flecken **Killarney** 6 . Bildhübsch und auf roten Granit gebaut, heißt das 400-Seelen-Nest Luxusjachten, Hiker und Naturfotografen willkommen.

Infos

Tourism North Bay: 205 Main St. E., Tel. 705-472-8480, www.tourismnorthbay.com. Hilft bei der Planung eines Aufenthalts und verschickt den offiziellen »Adventure Guide«.

Übernachten

Das Unterkunftsangebot ist in Nordontario merklich ausgedünnt. Funktionale Hotels und Motels bestimmen das Angebot.
Urig – **Sunset Inn:** 641 Lakeshore Dr., Tel. 705-472-8370, 1-800-463-8370, www.sunsetinn.ca. Gemütliche Herberge im Blockhausstil, mit Suiten und privaten Hütten am Seeufer. DZ 120–240 $.

Essen & Trinken

Ganz schön gesellig – **Cecil's Eatery & Beer Society:** 300 Wyld St., Tel. 705-472-7510, www.cecils.ca, tgl. 11–2 Uhr, So All-you-can-eat-Brunch. Gegessen wird an langen Tischen

Von Ottawa zum Lake Superior

Übernachten

Einnehmend – **The Sportsman Inn:** 37 Channel St., Tel. 705-287-2242, 1-800-461-1117. 12 große Suiten mit Blick aufs Wasser. In den letzten Jahren runderneuert, zielt das jetzt luxuriöse Inn nunmehr vor allem auf Segler ab. Gourmetrestaurant und Pub im Haus. DZ ab 150 $, Cabins ab 380 $.

Familiär – **Killarney Mountain Lodge:** 3 Commissioner Rd., Tel. 705-287-2242, 1-800-461-1117, www.killarney.com. Schöne, renovierte alte Lodge auf dem Felsenufer der Georgian Bay mit luxuriösen Cabins auf George Island gegenüber. Zimmer im Haupthaus und in gemütlichen Chalets, Restaurant, Freizeitangebot. Pro Person im DZ ab 190 $ Frühstück inklusive, in den Cabins (2 u. 4 Pers.) ab 300 $.

Camping – **George Lake Campground:** im Killarney Provincial Park, Tel. 705-287-2900, www.ontarioparks.com. Campingplatz mit allen Einrichtungen.

Aktiv

Kanutouren – **Killarney Outfitters:** Tel. 705-287-2828, www.killarneyoutfitters.com. Ein- und mehrtägige Paddeltouren. Das Killarney vorgelagerte Gewirr aus Granitinseln und die zerlappte Küste des Killarney Provincial Park gehören zu den fotogensten Paddelrevieren im Osten Kanadas. Wildniserfahrene Besucher können auch Kanus oder Kajaks mieten und auf eigene Faust lospaddeln.

Sault Ste. Marie

Karte: S. 215

Die älteste Stadt Ontarios wurde 1668 von französischen Jesuiten beiderseits des Lake Huron und Lake Superior verbindenden St. Mary's River gegründet. Ende des 18. Jh. errichtete die Northwest Fur Trading Company hier einen Pelzhandelsposten. Schon damals baute man einen Kanal, um die Stromschnellen des St. Mary's River zu umgehen, und schuf damit die erste schiffbare Verbindung zwischen den beiden Binnenmeeren. Das moderne **Sault Ste. Marie** 7 , hier nur kurz »The Soo« genannt, ist mit 76 000 Einwohnern wirtschaftlicher Mittelpunkt der Region und mit der gleichnamigen, erheblich kleineren Schwesterstadt auf amerikanischer Seite durch eine Brücke verbunden. Heute ebnen fünf mächtige Schleusen den großen Erz- und Getreidefrachtern aus Thunder Bay und dem amerikanischen Duluth den Weg nach Toronto, Montréal und zum Atlantik. An die 12 000 Schiffe sind es jedes Jahr: Der Anblick riesiger, über die Häuser ragender Ozeandampfer gehört in Sault Ste. Marie zum Stadtalltag. Die Schleusen, die **Sault Locks,** sind folglich die meist fotografierte Attraktion der Stadt und können von der amerikanischen Seite aus auf einer Bootsfahrt mit Soo Locks Boat Tours (www.soolocks.com) aus nächster Nähe besichtigt werden.

Ermatinger/Clergue National Historic Site ▶ B 8

800 Bay St., Tel. 705-759-5443, Jan.–Mai Di–Sa 9.30–16.30, Juni–Mitte Okt. tgl. 9.30–16.30, Mitte Okt.–Dez. Di–Sa 9.30–16.30 Uhr, Erw. 12,50 $, Jugendliche 11 $, Kinder unter 5 Jahren frei

Das **Ermatinger Old Stone House,** Kanadas ältestes Steinhaus westlich von Toronto, wurde 1814 für den wohlhabenden Pelzhändler Charles Ermatinger und seine Frau Manonowe, Tochter eines Ojibwe-Häuptlings, gebaut. Der aus der Schweiz gebürtige Ermatinger war bekannt für seine Gastfreundschaft, in deren Genuss u. a. der berühmte Frontier-Maler George Catlin kam. Das Haus ist im Stil des 19. Jh. eingerichtet, eine kleine Ausstellung informiert über das Leben der Ermatingers und über den Pelzhandel. In einem dämmrigen Kellerraum baumeln Pelze von Biber, Wolf und Fuchs von der Decke – als ob Ermatinger sie gerade erst dorthin gehängt hätte. Im Tausch für Pelze erhielten die Ojibwe aus Europa importierte Waren: Gewehre, Munition, Stoffe, Glasperlen, Kämme, Äxte und Töpfe. Auf dem Gelände ist auch das **Clergue Blockhouse,** das Haus des Industriepioniers Francis Clergue, zu besichtigen. Ein Informationszentrum mit Kinosaal, das die Geschichte des Hauses, des Krieges von 1812 und die Rolle der indigenen Bevölkerung dieser Zeit erläutert, soll in naher Zukunft eröffnet werden.

Canadian Bushplane Heritage Centre ▶ B 8

50 Pim St., Tel. 705-945-6242, www.bushplane. com, Mitte Mai–Mitte Okt. tgl. 9–18, Erw. 15 $, Kinder 5–12 J. 5 $

Das Leben in der kanadischen Wildnis, die auch in Sault Ste. Marie gleich hinter dem letzten Haus beginnt, wäre bis heute nicht denkbar ohne die mutigen Buschpiloten in ihren ›fliegenden Kisten‹. Dieses herrliche, in einem alten Hangar am St. Mary's River untergebrachte **Museum** feiert beide mit einer liebevoll inszenierten Ausstellung, die sich zudem auch der Waldbrandbekämpfung aus der Luft widmet.

Agawa Canyon Tour Train ▶ D 4

129 Bay St., Tel. 705-946-7300, 1-800-242-9287, www.agawatrain.com, Ende Juni–Mitte Sept. Tagestouren in den Canyon 150 $ pro Person

Die für viele schönste Attraktion der Stadt führt aus ihr heraus. Die Tagestouren mit der **Algoma Central Railway** in den nördlich der Stadt liegenden **Agawa Canyon** 8 sind bei Alt und Jung beliebt. Auf der neunstündigen Tour werden rund 480 km zurückgelegt. Die Bahn fährt über steile Trassen und aus Holzstreben konstruierte Brücken. Die kühnste dieser *trestle bridges*, wie die hohen Holzbrücken heißen, schwingt sich in 40 m Höhe über den Montreal River. Die Bahnlinie ist der einzige Zugang zu diesem beeindruckenden Wildnisgebiet mit dichten Wäldern, Schluchten, Seen und Wasserfällen. 160 km nördlich von ›The Soo‹ beginnt der Zug seinen Abstieg in den 152 m tiefen Agawa Canyon. Dort hat man zwei Stunden Zeit für ein Picknick und kurze Wanderungen zu fotogenen Wasserfällen. Fotoapparat und Fernglas mitbringen: tolle Motive, u. a. Schwarzbären. Auch eine zweitägige Tour nach Hearst und zurück ist möglich.

Infos

Sault Ste. Marie Chamber of Commerce: 369 Queen St. E., Tel. 705-949-7152, www.ssmcoc.com, Mo–Fr 9–17 Uhr. Äußerst informative Homepage.

Übernachten

Angenehmes ›Basislager‹ – **The Water Tower Inn, BW Premier Collection:** 360 Great Northern Rd., Tel. 800-780-7234, www.bestwestern.com. Modernes Hotel mit Pool und Sauna, Restaurant. DZ 140–220 $.

Camping – **Sault Ste. Marie KOA:** Hwy. 17, 8 km nördl. der Stadt, Tel. 705-759-2344, 1-800-562-0847. Geheizter Pool, auch Hütten können gemietet werden.

Essen & Trinken

Die Speisenkarten bieten im Norden nur wenig Innovatives. Deftige, kalorienreiche Hausmannskost ist hier am populärsten. Allerdings: Ausnahmen bestätigen die Regel.

Experimentierfreudig – **Mulligans Irish Pub c/o Sault Ste. Marie Golf Club:** 1804 Queen St. E., Tel. 705-759-2695. Typischer irischer Pub mit irischen Bieren und kanadischen Craft-Bieren aus der Umgebung sowie klassischem Pub Grub. Joviale Atmosphäre, oft Livemusik. 11–23 $.

Sessel und Sofas – **Ernie's Coffee Shop:** 13 Queen St. E., Tel. 705-253-9216, Mo–Fr 10–19, Sa, So 9–18 Uhr. Gemütlicher, 1950 eröffneter Diner, der große Portionen zu kleinen Preisen serviert. Burger, Sandwiches, Kaffee. Vorspeisen 5–9 $, Hauptspeisen 8–17 $.

Richtung Thunder Bay

Karte: S. 215

Von Sault Ste. Marie geht es weiter zum Lake Superior. *Gitche Gumee*, ›Großes Wasser‹, nannten die Ojibwe den größten der Großen Seen. Mit über 80 000 km^2 ist der Lake Superior zudem der größte Binnensee der Welt. Und der unberechenbarste: Die Zahl der auf ihm untergegangenen Schiffe ist Legion. Sein nicht minder wildes Nordufer, eine ruppige, von Gletschern, Vulkanen und Erdbeben geformte Küstenlinie, erstreckt sich von Sault Ste. Marie bis zum 700 km bzw. acht Autostunden entfernten Thunder Bay. Oft zwingen Felsen, die zu groß waren, um gesprengt zu werden, den Trans-Canada Highway zu Umwegen landeinwärts.

Von Ottawa zum Lake Superior

Lake Superior Provincial Park
▶ D 4

Tel. 705-882-2026, www.ontarioparks.com/park/lakesuperior

130 km hinter »The Soo« beginnt der **Lake Superior Provincial Park** 9 . Der TCH führt auf 80 km Länge durch dieses insgesamt 1600 km² große Areal und präsentiert bereits in Straßennähe zahlreiche landschaftliche Höhepunkte, darunter die schroffen, von Nadelwald bestandenen Uferklippen rund um **Old Woman Bay:** Picknick oder Campen sind an mehreren Plätzen im Park möglich (www.ontarioparks.com). Die Parkverwaltung befindet sich am Nordrand des Parks in dem kleinen Nest **Wawa** 10 . Hier können Trailkarten zu Wander- und Paddelrouten sowie Infos zur Fauna und Flora des Parks eingeholt werden. Knapp 2 km hinter dem Agawa-Bay-Aussichtspunkt stellen alte Felszeichnungen der Ureinwohner Elche, Bären, Fische und Kanus dar. In Wawa befindet sich auch das regionale **Tourist Information Centre,** leicht zu finden durch die riesige Stahlskulptur einer Kanadagans. Wawa heißt ›Wildgans‹ auf Ojibwe (Tel. 1-800-367-9292, www.wawa.cc). Das Gebiet um den Ort White River mit Urwäldern, Sümpfen und Seen gilt als ideales Revier zum Jagen und Angeln.

Übernachten
… in Wawa:

Gepflegte Blockhütten – **High Falls Motel:** Trans Canada Highway, 5 Autominuten südlich von Wawa, Tel. 705-856-4496, 1-888-856-4496, www.highfallsmotel.com. Einnehmendes Motel mit 6 komfortablen Cabins und 3 Motelzimmern, in lichtem Nadelwäldchen. Cabin 100–170 $.

Pukaskwa National Park ▶ C 4
Tel. 807-229-0801, www.pc.gc.ca

In den **Pukaskwa National Park** 11 führt allerdings keine Straße. Das knapp 1900 km² große Gebiet kann nur zu Fuß oder mit dem Kanu erschlossen werden und erfordert Wildniserfahrung. Im Auto ist nur das kleine Besucherzentrum am nördlichsten Zipfel des Parks, in **Hattie Cove,** via Route 627 von Marathon aus erreichbar (tgl. Juni–Anfang Sept.). Dort gibt es einen Campingplatz, und man kann von hier aus auf verschiedenen Tagestouren zumindest einen Eindruck von der wilden Küstenlandschaft bekommen. Der einzige längere Trail ist der 60 km lange **Coastal Trail.** Er beginnt ebenfalls bei Hattie Cove und arbeitet sich durch die boreale Küstenwildnis südwärts bis zum Swallow River. Wildniserfahrung, gute Kondition und Improvisationstalent sind für diese einwöchige Tour notwendig.

Ouimet Canyon und Sleeping Giant Provincial Park ▶ C 4

Bis zum 200 km entfernten Thunder Bay lohnen noch zwei Naturschauspiele einen Zwischen-

Richtung Thunder Bay

stopp. Zuvor sollte man jedoch kurz hinter Terrace Bay bei den **Aguasabon Falls** 12 aussteigen. Von einem Aussichtspunkt hat man einen schönen Blick auf die schäumenden Wasser, die durch eine enge Schlucht in den Lake Superior fließen. Falls Thunder Bay nicht mehr vor Einbruch der Nacht erreicht wird, sollte man in **Rossport** 13 übernachten. Der ehemalige Fischerhafen (150 Einw.) ist vom TCH über eine 1 km lange Zubringerstraße zu erreichen. Der hübsche Ort liegt direkt am Wasser und bietet überraschend gute Restaurants und Unterkünfte. Dieser Streckenabschnitt ist mit seinen ungewöhnlichen Felsformationen und roten Klippen einer der schönsten dieser Route. Bei **Dorion** führt eine Seitenstraße zum 110 m tiefen und nur knapp 150 m breiten **Ouimet Canyon** 14. Mehrere Aussichtspunkte gewähren einen dramatischen Blick in die Tiefe.

Kurz vor Thunder Bay taucht ein Tafelberg aus dem Dunst über der Uferlinie auf. Dies ist das Südende des auf der Sibley Peninsula liegenden **Sleeping Giant Provincial Park** 15. Der Name stammt von den Ojibwe. Sie fühlten sich beim Anblick dieses mächtigen Tafelbergs an einen schlafenden Riesen erinnert. Viele der – insgesamt fast 100 km langen – Wanderwege im Park bieten eine grandiose Aussicht auf den Lake Superior. Der spektakulärste – und härteste – Trail ist der 40 km lange **Kaybeyun Trail.** Am Ende des Highway 587 beginnend, arbeitet er sich zum grandiose Aussichten bietenden Thunder Bay Lookout hinauf.

In kalten Wintern friert der Lake Superior zu und die Felsformationen in der Uferzone verwandeln sich in ein eisiges Wunderland

Von Ottawa zum Lake Superior

Bei der Anfahrt auf Thunder Bay passiert man ein ungewöhnliches Denkmal, das einen jungen Läufer mit einer Beinprothese zeigt. Das **Terry Fox Monument** erinnert an Terry Fox, der als 18-Jähriger an Knochenkrebs erkrankte. Nach der Amputation seines Beines begab sich Terry auf den *Marathon of Hope,* um Geld für die Krebsforschung zu sammeln. Jeden Tag legte er 40 km zurück. An der Stelle, wo heute sein Denkmal unbeirrt nach Westen blickt, schlug der Krebs wieder zu, nun war die Lunge betroffen, und Terry musste, nach 5300 km, aufgeben. 22-jährig starb er ein Jahr später, doch sein Vermächtnis, der jährlich stattfindende Terry-Fox-Run, ist heute einer der größten Fundraiser für die Krebsforschung in Kanada.

Übernachten, Essen

Das Unterkunftsangebot beschränkt sich am Lake Superior weitgehend auf einfache Hotels und Motels.

... in Rossport:
Romantisch – **Serendipity Gardens Café & Guesthouse:** 222 Main St., Tel. 807-824-2890, www.serendipitygardens.ca. 4 Studio-Suiten, die beiden im ersten Stock mit kunstvoller Gewölbedecke, urgemütlich. Im Café/Restaurant frischer Fisch mit Seeblick. DZ 118–170 $.

Thunder Bay ▶ C 4

Karte: S. 215

Die moderne Stadt am Westende des Lake Superior (107 000 Einw.) ist die bei weitem größte der Region und als Kanadas drittgrößter Hafen mit riesigen Getreidespeichern das Tor zu den Prärieprovinzen. **Thunder Bay** 16, benannt nach seiner einst von französischen Trappern so genannten *Baie du Tonnère,* ist zudem eine der jüngsten Städte des Landes, denn unter diesem Namen existiert es erst

Trotz Feuer längst nicht so gemütlich wie es den Anschein hat: Nachbau eines Winterwigwams im historischen Pelzhandelsposten Fort William

seit 1970, als man Port Arthur und Fort William zusammenschloss. Im **Thunder Bay Museum** erfährt man mehr über die abenteuerliche Geschichte der Region (425 Donald St. E., www.thunderbaymuseum.com, 15. Juni–Labour Day tgl. 11–17, sonst Di–So 13–17 Uhr, Erw. 3 $, Kinder 1,50 $).

⭐ Fort William Historical Park
1350 King Rd., Mitte Juni–Anfang Okt. tgl. 10–17 Uhr, https://fwhp.ca, Erw. ab 12 $, Kinder ab 9 $

13 km den Kaministiquia River flussaufwärts liegt Thunder Bay's Hauptattraktion: die Rekonstruktion des historischen Pelzhandelspostens **Fort William**. 1801 von der Montréaler Northwest Company als Hauptumschlagplatz für den Pelzhandel mit dem Nordwesten Kanadas errichtet, trafen sich hier bis 1821 jeden Sommer Tausende Voyageurs zum *grand rendezvous*. Vom Westen kamen die *hommes du nord*, die hartgesottenen, am Lake Athapasca jagenden Trapper, beladen mit der Pelzbeute des langen Winters. Sie betrachteten sich als die Elite der Voyageurs und nannten die aus dem Osten, aus Montréal kommenden spöttisch *porkeaters*, weil sie immer reichlich Verpflegung hatten. Mit diesen kamen auch die schottischen Geschäftsleute aus der Chefetage der Northwest Company. In einer Saison hätten die Voyageurs aus dem Westen ihre Pelze nicht nach Montréal schaffen können, deshalb brauchte man Fort William als Zwischenstation. Wenn dann nach wochen-, manchmal auch monatelanger Reise das Fort in Sicht kam, war man zum hemmungslosen Feiern nur allzu bereit – nach Abschluss der Handelsgeschäfte, versteht sich.

Mit über 40 Gebäuden originalgetreu wiederaufgebaut, existiert Fort William seit 1973 als lebendes Museum. Wie vor über 200 Jahren arbeitet und agiert das kostümierte Personal in Salons, Lagerschuppen und Werkstätten als Ureinwohner, Pelzhändler, Trapper, Wachsoldat oder Kaufmann. Da werden nach überlieferter Methode Kanus und Gefäße aus Birkenrinde gefertigt, in der Schmiede wird gehämmert, und bärenstarke Kerle wiegen Pelze und packen sie in Ballen. Im historischen Restaurant des Forts duftet es nach frisch gebackenem Brot, das gerade aus dem Steinofen geholt wird. Außerhalb der Palisaden befindet sich ein Ureinwohnerlager mit Trockengestellen für die Felle, daneben eine Farm mit allem, was dazugehört, ganz so, wie sie früher das Fort zu seiner Versorgung betrieb. Und wenn Mitte Juli zum großen ›Rendezvous‹ Hunderte von Akteuren aus ganz Nordamerika die ›Belegschaft‹ des Forts verstärken, dann fühlt man sich unweigerlich wie durch eine Zeitmaschine in die sehr rauen, aber auch lebenslustigen Zeiten der Voyageurs versetzt.

Infos
Visit Superior Country: 425 Hwy. 11/17, Nipigon, Tel. 807 887 3188, www.superiorcountry.ca.
Tourism Thunder Bay: Terry Fox Information Centre, Highway 11/17, Tel. 807-983-2041, 1-800-667-8386, www.visitthunderbay.com, Juni–Sept. tgl. 9–19, sonst 9–17 Uhr.

Übernachten
Zentrale Lage – **Valhalla Inn:** 1 Valhalla Inn Rd., Tel. 807-577-1121, 1-800-964-1121, www.valhallainn.com. Beste Herberge der Stadt, am Trans-Canada Highway Richtung Winnipeg gelegen, zwei Restaurants, Pool, Lounge. DZ 130–240 $.

Zimmer mit Seeblick – **Prince Arthur Waterfront Hotel:** 17 N. Cumberland St., Tel. 807-345-5411, 1-800-267-2675, www.princearthurwaterfront.com. Das 2022 frisch renovierte moderne, doch charmante Hotel befindet sich am Seeufer im Stadtteil Prince Arthur, Restaurant, Pool, Sauna. DZ 110–220 $.

Essen & Trinken
Vor nicht allzu langer Zeit noch ein kulinarisches Niemandsland, haben junge Chefs Thunder Bay inzwischen eine muntere kulinarische Szene beschert.

Belle Surprise – **Bistro One:** 555 Dunlop St., Tel. 807-622-2478, www.bistroone.ca, Di–Sa 17–22 Uhr. Fine Cuisine mit französischem Touch, warmes Designer-Ambiente. Vorspeisen 18–21 $, Hauptspeisen 27–49 $.

Von Ottawa zum Lake Superior

Humorvolle Gastgeber – **Giorg Ristorante:** 114 Syndicate Ave. N., Tel. 807-623-8052, www.giorgristorante.com. Hausgemachte norditalienische Küche. Vorspeisen 7–22 $, Hauptspeisen 26–51 $.

Einkaufen

Alles da – **Intercity Mall:** 1000 Fort William Rd., Mo–Fr 9.30–21, Sa 9.30–18, So 12–17 Uhr. Beste Einkaufsgelegenheit der Gegend, mit über 100 Geschäften.

Weiter nach Westen

Karte: S. 215

Kakabeka Falls

Etwa 35 km nordwestlich von Thunder Bay stürzen die Wasser des Kaministiquia River bei den **Kakabeka Falls** [17] über einen Kalksteinfelsen in eine 40 m tiefe Schlucht. Von den Aussichtspunkten zu beiden Seiten lassen sich die ›Niagarafälle des Nordens‹ gut betrachten.

Lake of the Woods und Kenora
▶ B 4

Bei **Shabaqua Corners,** nach einer dreiviertel Stunde Fahrt, teilen sich Highway 11 und 17 wieder in eine nördliche und eine südliche Route. Beide Strecken führen zu dem nur 200 km vor Winnipeg liegenden Städtchen Kenora – 500 ereignislose Kilometer durch eine Landschaft aus Sümpfen und Nadelwäldern. Abwechslungsreicher wird das Fahren erst wieder im Gebiet des 4350 km^2 großen **Lake of the Woods** [18]. Eine wildromantische Wasser- und Insellandschaft mit über 100 000 km Küstenlinie lädt dazu ein, sie individuell mit Kanu oder Motorboot oder aber von Kenora aus auf einer Tour mit der »M.S. Kenora« zu erkunden (www.mskenora.com). Lunch oder Dinner werden an Bord serviert. Die 12 m große Fischskulptur eines aus dem Wasser springenden Muskie namens »Husky the Musky« in **Kenora** [19] ist ein Symbol für den Fischreichtum der Region. Die hervorragende Ausstellung in **The Muse** informiert über die Kultur der Ureinwohner und zeigt, wie die Wildnis des Westens durch Voyageurs, durch die Holz- und Papierindustrie und den Bergbau erschlossen wurde (300 Main St. S., www.lakeofthewoodsmuseum.ca, Juli/Aug. tgl. 10–17, sonst Di–Sa 10–17 Uhr, Erw. 5 $, Kinder 4 $).

Quetico Provincial Park ▶ B 4

An der Südroute (Highway 11) liegt auf der kanadisch-amerikanischen Grenze der **Quetico Provincial Park** [20], ein fast unberührtes, über 4600 km^2 großes Wildnisgebiet mit Kiefern- und Fichtenwäldern, rund 600 Seen, Flüssen und Wasserfällen – ein idealer Lebensraum für Elche, Bären, Biber, Otter und Seeadler. Über 1500 km Kanurouten sind befahrbar – ein Paradies für Wildniskanuten. Rangerstationen am Parkrand gibt es in Dawson Trail, Atitokan und Lac La Croix.

Man sollte sich jedoch schon in Thunder Bay gut überlegen, ob man die 1100 km (hin und zurück) dieser Rundstrecke noch zusätzlich fahren möchte. Nach dem bisher Gesehenen werden kaum wirklich neue Eindrücke hinzukommen – es sei denn, man sucht gerade das extreme Wildnisabenteuer und möchte mit dem Kanu eine Woche oder mehr den Quetico Park erkunden, oder man ist auf der Suche nach dem ganz großen Anglerglück. Aber auch dafür wird auf der Rückfahrt nach Ottawa oder Toronto noch ausreichend Gelegenheit sein.

Auf der Nordroute zurück nach Ottawa

Karte: S. 215

Für die Rückfahrt von Thunder Bay bietet sich dann ab Nipigon der nördliche Zweig des Trans-Canada Highway, der Highway 11, an. Von hier führt die Strecke durch endlose Wälder und Minenorte über **Hearst,** den französischsprachigen Endpunkt der Algoma Central Railway, und die Holz- und Papierstadt Kapuskasing nach Cochrane. Einheimische witzeln, sie führen die Straße lieber nachts, dann gäbe es mehr zu sehen.

Übernachten, Essen
… in Hearst:
Funktional – **Travel Inn Hotel:** 915 George St., Tel. 705-362-4281, www.travelinnhearst.com. Die einfache, aber saubere Unterkunft überrascht mit einem Dampfbad, freiem WLAN und lokalen Essstuben in der Nähe. DZ 90–130 $.

Cochrane ▶ D 4
Cochrane 21 bietet jedoch ein Erlebnis besonderer Art: einen Tagesausflug mit dem Polar Bear Express zum 300 km entfernten Moosonee (s. Thema S. 226) an der **James Bay.** Dorthin gibt es keine Straßen, nur ein eingleisiger Schienenstrang führt durch die unberührten Wälder bis an den Rand der subarktischen Tundra. Bevor man die Fahrt antritt, kann man sich noch im **Cochrane Railway and Pioneer Museum** die Ausstellung über die Geschichte der Ontario Northland Railway, die in den ersten Jahrzehnten des 20. Jh. diese Eisenbahnlinie in den Norden gebaut hat, ansehen (210 Railway St., Mitte Juni–Mitte Sept. tgl. 8.30–18.30 Uhr, Erw. 2 $). Da der Zug in aller Frühe aufbricht, pflegen die meisten Besucher am Vortag in Cochrane anzukommen. Die Wartezeit am Nachmittag können sie sich mit dem Besuch einer Attraktion vertreiben. Im **Polar Bear Habitat and Heritage Village** kann man mit bzw. neben Eisbären schwimmen. In der Anlage, die sich verwaister junger Eisbären annimmt, dreht man in einem Pool seine Runden, während, nur durch eine dicke Plexiglasscheibe getrennt, die Eisbären Ganuk, Henry und Inukshuk auf der anderen Seite die Wellen durchpflügen. Es gibt weiterhin vier Freigehege und ein Lernzentrum mit mit interaktiven Exponaten. Das angeschlossene Heritage Village mit General Store, School House, Doctor's Office und Fire Station versetzt in die Zeit um 1900 zurück (1 Drury Park Rd., www.polarbearhabitat.ca, Ende Mai–Mitte Sept. tgl. 10–16 Uhr, Erw. 16 $, Kinder 10 $).

Eine Portion Unerschrockenheit braucht es schon: Nur durch eine Scheibe getrennt, können Nachwuchsabenteurer in Cochrane mit dem größten Landraubtier der Erde planschen

Der Polar Bear Express: im Zug zur Frontier

Die beiden PR-Flunkereien besser gleich vorweg: Eisbären wird man unterwegs nicht zu sehen bekommen. Der Polar Bear Express ist auch kein Express. Er zuckelt eher gemächlich durch die Tundra. Wer diesbezüglich ein Auge zudrücken kann, den erwartet ein Stück ungeschminkter Alltag an der Siedlungsgrenze.

Die beginnt schon in Cochrane. Der Zug verbindet den Ort täglich mit Moosonee an der James Bay. In Cochrane bietet er ein paar Motels und dem im Bahnhof untergebrachten Station Inn ein Auskommen. Die 5800 an der James Bay lebenden Seelen erinnert er daran, nicht allein auf der Welt zu sein. Eine Straße dorthin gibt es nämlich nicht. Entsprechend geschäftig geht es jeden Morgen auf dem Bahnsteig in Cochrane zu.

Geladen wird alles, was nicht niet- und nagelfest ist, von Pampers-Kartons bis hin zu Kanus und Motorschlitten. Blasse Verwaltungsangestellte steigen zu, bärtige Trapper werfen sich in die blaugrauen Polster. Indigene Großfamilien beschlagnahmen gleich mehrere Sitzbänke, picklige Schüler aus Toronto drücken sich die Nasen an den Fenstern platt: kanadische Momentaufnahmen, kraftvoll, herb, zutiefst menschlich.

300 km oder knapp fünf Stunden durch Wälder und Sümpfe liegen vor einem. Die Teenager an Bord, ganz gleich welcher Couleur, zappen sich bald per iPod weg. Mütter stillen Babys, Väter dösen. Der Entertainment-Waggon mit Bar, Piano und 50er-Jahre-Gardinen wird, so besagt ein Schild, nur auf der Rückfahrt genutzt. Warum, erfährt man später in Moosonee. Schon nachmittags ›blaue‹ Zeitgenossen sind nicht gern gesehen an einem Ort, wo die Hälfte der Einwohner Cree sind. Doch bis dahin ruckelt der Zug durch die Wildnis, und eine dünne Mädchenstimme füttert per Lautsprecher Historisches zu.

Der Pelzhandel machte die Cree abhängig und zu entwurzelten Problemkindern der Regierung. Das sagt die Stimme jedoch nicht. Das sieht man später in Moosonee. Unter den Einwohnern, die sich zum Leutegucken auf dem Bahnsteig versammeln, sind auch zwei, drei betrunkene Stammesbrüder. Moosonee, 1903 von mit der Hudson's Bay Company konkurrierenden Pelzhändlern auf das Westufer des Moose River gesetzt, ist eine weiße Siedlung mitten im Nirgendwo, aber mit Supermarkt, Post, Kirche und staatlichem Liquor Store, der mit schwerem Gitterwerk gesichert ist wie Fort Knox.

»Wir können nicht verhindern, dass sich einige unserer Leute in Moosonee betrinken«, sagt Clarence unterwegs nach Moose Factory. Die Fahrt in seinem Wassertaxi über den Moose River dauert etwa zehn Minuten. »Es ist aber besser geworden.« Um wie viel besser, demonstriert auf der Westseite der Insel ein schönes großes Gebäude mit Tipistangen vor dem Haupttrakt. Die Cree Village Ecolodge wurde von den Cree entworfen und nach einer erfolgreichen Laufzeit als Lodge für Touristen in ein Seniorenheim verwandelt.

Moose Factory ist eine ansehnliche Gemeinde. Moderne Holzhäuser liegen an Schotterstraßen. Überdimensionale Satellitenschüsseln in den Vorgärten liefern die Welt ins Wohnzimmer. Alles ist zu Fuß erreichbar, der Centennial Museum Park mit dem Friedhof der englischen Angestellten der Hudson's-Bay Company, die Mole, von wo aus Lastkanus mit Besuchern zur Walbeobachtung in der

Die abenteuerliche Reise im Polar Bear Express durch dünn oder gar nicht besiedeltes Land kreuzt uralte Pelzhandelswege und Traplines heutiger Pelztierjäger. Als einer der letzten ›Flagstop Trains‹ in Kanada kann der Zug unterwegs von Jägern und Siedlern angehalten werden

Bay aufbrechen oder zu Touren in den Busch, die hübsche St. Thomas Anglican Church von 1860, deren Altar Elchfelle schmücken. Frisch gegerbte Felle hängen zum Trocknen über Teppichstangen. Jede Familie besitzt ein Jagdcamp.

Clarences' Camp liegt anderthalb Stunden flussaufwärts. Dort hat er für seine Gäste ein Tipi aufgestellt. Abends schmort er eine Wildgans über dem Feuer. Hin und wieder steht er auf und lauscht aufmerksam in den Wald. Dann stößt er einen tiefen, langgezogenen Ruf aus. Aus der Tiefe des Waldes kommt ein Ruf zurück. Der Wolf hat geantwortet. Clarence, der Cree, spricht viele Sprachen. Die Verlegenheit ob der betrunkenen Brüder in Moosonee ist vergessen. Im Camp ist das Leben noch immer am besten.

Weißkopfseeadler leben in den borealen Wäldern von Nordwest-Ontario und sind mit einer Flügelspannweite von bis zu 2,50 m eine beeindruckende Erscheinung

Der **Polar Bear Express** verkehrt täglich, er verlässt Cochrane um 8.30 Uhr und erreicht Moosonee um 12.50 Uhr. Um 18 Uhr kehrt er zurück nach Cochrane, wo er um 22.05 Uhr ankommt. Er hat einen Imbisswagen, zuckelt seinem Namen zum Trotz eher gemächlich und hält auf Wunsch oder um Post und Fracht mit Kilometersteinadresse auszuliefern. An den Stopps in der Wildnis steigen häufig Kinder zu. Für sie ist der Zug ein rollender Bonbonladen (www.ontarionorthland.ca, Tickets online oder Tel. 705-272-4228 tgl. 7–22.30 Uhr, hin und zurück Erw. 120 $, Kinder unter 11 Jahren 60 $).

Übernachten, Essen
Sauber und freundlich – **Cochrane Station Inn:** 200 Railway St., Tel. 705-272-3500, 1-800-265-2356. Modernes Hotel im Bahnhof des Polar Bear Express mit Restaurant. DZ 110–160 $.

Moosonee und Moose Factory Island ▶ D 3
Moosonee 22 mit seinen 1300 Einwohnern liegt an der Mündung des Moose River in die James Bay, am südlichsten Zipfel der Hudson Bay. Der Ort ist keine Postkartenidylle: Schlichte Zweckgebäude an unbefestigten Straßen, auf denen man sich vor Kleinlastwagen in Acht nehmen muss, nicht selten gelenkt von Kindern. Im Hudson's Bay Store kann man Kunsthandwerk der Cree und der Inuit kaufen. An der First Street steht das **Moosonee Visitor Centre,** und nebenan informieren Videofilme über Natur und Geschichte der Region.

Auf der Nordroute zurück nach Ottawa

Interessanter ist ein Besuch auf **Moose Factory Island** 23. Man lässt sich von Cree im Wassertaxi übersetzen und kann dabei mit etwas Glück sogar Belugawale beim Spiel beobachten. Auf der Insel errichtete die Hudson's Bay Company 1673 ein Handelsfort, die erste Siedlung der Engländer im heutigen Ontario. 1686 wurde es von den Franzosen erobert und Fort St. Louis genannt. Aus dieser Zeit blieb jedoch nichts übrig. Die meisten Häuser stammen aus der ersten Hälfte des 19. Jh. Vor dem Tipi backen Cree-Frauen über offenem Feuer *bannock*, das ›Brot des Nordens‹. e Tradition kann man auch in der anglikanischen Kirche **St. Thomas** bewundern. Das Messbuch ist in der Sprache der Cree geschrieben, und die Altardecken bestehen aus fein gegerbtem Elchleder, bestickt mit Glasperlen. Über die 1864 gebaute Holzkirche mit den schön bemalten Glasfenstern erzählt man sich Sonderbares. Vor Jahren schwemmte eine Frühjahrsflut die Kirche von ihrem Platz. Da man sie auf dem felsigen Grund nicht verankern konnte, wurden einfach Löcher in den Boden gebohrt. Bei Überschwemmung fließt so das Wasser in die Kirche – und später auch wieder ab, ohne dass sie davonschwimmen kann. Es ist aber wohl eher so, dass die ominösen Löcher nur für schnelleres Abfließen des Wassers und besseres Trocknen sorgen sollen.

Übernachten, Essen

Nordisch nüchtern – **Super 8 by Wyndham Moosonee:** Tel. 705-336-0087, www.wyndhamhotels.com. Das Hotel liegt wenige Schritte vom Bahngleis entfernt und ist mit allen weiter südlich gewohnten Annehmlichkeiten ausgestattet. DZ ab 180 $.

Aktiv

Bootstouren – **Moose River Tours:** Nolan & Jenn Tozer, Moosonee, 94 Ferguson Rd., Tel. 705-336-6162, www.mooserivertours.wixsite.com. Nolan Tozer organisiert Bootstouren zu Elchen, Schwarzbären, Seehunden und Belugawalen sowie kommentierte Spaziergänge durch das historische Moose Factory. Auch Angeltouren auf Zander, Hecht und Wels stehen auf dem Programm.

Von Cochrane nach North Bay
▶ D/E 4

Die 500 km von Cochrane zurück nach North Bay führen durch ein Gebiet, das überwiegend vom Bergbau bestimmt wird. Als man Anfang des 20. Jh. die Ontario Northland Railway von North Bay (s. S. 216) aus vorantrieb, entdeckte man die im Kanadischen Schild verborgenen Mineralien. Und wie man erzählt, geschah dies auf sehr kuriose Weise: Fred La Rose, ein Eisenbahnarbeiter, warf mit einem Hammer nach einem Fuchs – und legte damit eine Silberader frei. Harry Preston rutschte auf einem bemoosten Stein aus und sah, als er sich fluchend umdrehte, Gold im Fels schimmern. Der dritte Glückspilz, Harry Oaks, später ein großer Minenmagnat, der sogar einen Adelstitel erhielt, wurde bei Kirkland vom Schaffner aus dem Zug geworfen, weil er kein Geld für die Fahrkarte hatte. Oaks entdeckte just an dieser Stelle eines der ergiebigsten Goldfelder Kanadas. Insgesamt 900 t Gold hat man seit seiner Entdeckung im Jahre 1907 aus dem Boden geholt.

Wer mehr über die ›Gold Story‹ erfahren möchte, kann in **Timmins** 24 das moderne **Timmins Museum & Exhibition Centre** besuchen und sich dort nicht nur über die ›goldenen Zeiten‹ der Region, sondern auch über das 300-jährige, von Ureinwohnern, Franko- und Anglo-Kanadiern geprägte kulturelle Erbe der Region informieren (325 Second Ave., www.timminsmuseum.ca, Di, Fr 9–17, Mi–Do 9–20, Sa, So 12–16 Uhr, Eintritt frei).

In **Kirkland Lake** 25 zeigt das **Museum of Northern History** im Sir Harry Oakes Château diverse Ausstellungen und Displays zur Geologie und Geschichte der Region; dokumentiert werden auch die Prospektion und der harte Alltag in einem frühen Goldsucher-Camp (2 Château Dr., www.museumkl.com, Mo–Fr 10–17, Sa 12–16 Uhr, Erw. 6 $, Kinder unter 6 J. frei).

Infos

… in Timmins:
Tourism Timmins: 325, 2nd Ave., Timmins, ON P4N 1B3, Tel. 800-387-8466, www.tourismtimmins.com.

Laurentides
St-Lorenz-Strom
Trois-Rivières
Montreal

Kapitel 3

Montréal und Umgebung

»Bonjour, hi!« – Den größten Unterschied zwischen Montréal und dem Rest Kanadas hört man bereits kurz nach der Ankunft heraus. Über 100 Sprachen werden hier gesprochen, vor allem aber zwei: Französisch und Englisch. Diese Stadt ist die zweitgrößte französisch sprechende der Welt und die einzige, in der Franzosen und Engländer nach über 200 Jahren oft stürmischer Ehe eine ungewöhnlich liberale, für ihre ›joie de vivre‹ berühmte Gesellschaft geschaffen haben.

Tatsächlich ist Montréal nicht leicht zu begreifen. Vom Kopfsteinpflaster Vieux-Montréals aus wirkt die Stadt wie ein Stück Bretagne, doch gleich dahinter mit ihren Bürotürmen wie eine nordamerikanische Großstadt. Zudem treten Französisch und Englisch immer wieder hinter anderen Sprachen zurück, wie in Petite Italie und Petite Patrie, dem Viertel der karibischen Einwanderer.

Die Blutsverwandtschaft mit Frankreich hingegen kann die Stadt nicht leugnen. Die Montréaler kleiden sich schick und gehen gern einkaufen und essen. ›Dîner au restaurant‹ und ›magasiner‹ sind die wohl beliebtesten Rituale in der Stadt. Auch deshalb gehören Montréals Restaurants zu den besten des Kontinents.

Vielsprachige Menschen, kolonialfranzösische Feldsteinhäuser neben viktorianischen Stadthäusern und trostloser 60er-Jahre-Architektur: Tagtäglich überwindet diese nicht eigentlich schöne Stadt all ihre Gegensätze aufs Neue – und vibriert dabei förmlich vor kreativer Spannung. Der umfangreiche Veranstaltungskalender, die Museen und Galerien und die hier immer neue mediale Ausdrucksformen erprobende Independentszene gehören zu den besten Nordamerikas.

Alexander Calder hatte vermutlich anderes im Sinn, als er seinen »Mensch« im Parc Jean-Drapeau mit sechs Beinen versah – in jedem Fall sorgte er damit für spannende Skyline-Perspektiven

Auf einen Blick: Montréal und Umgebung

Sehenswert

⭐ **Vieux-Montréal:** Denkmalgeschützte Kolonialarchitektur, kopfsteingepflasterte Gassen, Straßenkünstler und Bistros machen den Bummel durch die Altstadt Vieux-Montréal zu einem Genuss (s. S. 234).

Laurentides: Der Ausflug in die nur zwei Autostunden von Montréal entfernten Berge der Laurentides vermittelt einen schönen Eindruck von der seenreichen Wildnis des Kanadischen Schildes (s. S. 263).

Schöne Route

Ab in die Berge: Ein Ausflug auf der Autoroute 15 ins bis zu 1000 m hohe Bergland der Laurentides führt durch hübsche Resortstädtchen mit erstklassigen Restaurants und wildromantische Naturgebiete, in denen sportlichem Tatendrang so gut wie keine Grenzen gesetzt sind (s. S. 262).

Unsere Tipps

Place Jacques-Cartier: Die Cafés am wohl schönsten Platz der Stadt sind ideal zum Leute beobachten, über allem wacht auf seiner 18 m hohen Säule bereits seit 1809 Admiral Nelson (s. S. 238).

La Voûte Montréal: In den Gewölben der historischen Banque Royale machen die Montréaler bei Cabaret, Liveshows und Abtanzen mit internationalen DJs die Nacht zum Tag (s. S. 243).

Marché Jean-Talon: Auf diesem quirligen Wochenmarkt nicht weit von Petite-Italie kann man sich an Ständen und in kleinen Bistros durch die Küchen Québecs und der Welt essen (s. S. 251).

La Binerie Mont-Royal: Eine Institution, 1938 gegründet – die letzte traditionelle Essstube der Stadt serviert *tourtière* (Fleischkuchen), *soupe aux gourganes* (Bohnensuppe) und *fèves au lard*, gebackene Bohnen (s. S. 256).

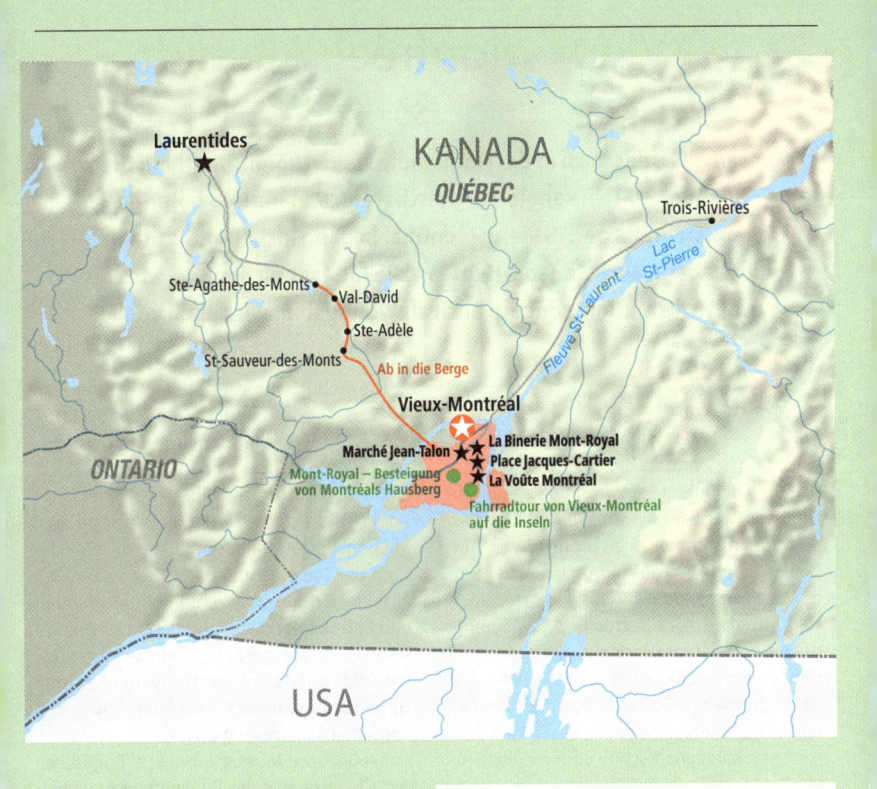

Jazzfestival in Montréal

Aktiv

Fahrradtour von Vieux-Montréal auf die Inseln: Mit einem Leihrad kann man Montréal hautnah aus der Perspektive der Einheimischen erleben (s. S. 242).

Mont-Royal – Besteigung von Montréals Hausberg: Nicht nur eine Straße, auch Fußwege und steile Treppen führen von Centre-Ville auf den Hausberg der Stadt (s. S. 261).

✪ Vieux-Montréal: Altstadt

► K 9

Gemäuer, das auch in der Normandie stehen könnte, katholische Kirchen, Schreine anglo-kanadischer Hochfinanz und holpriges Kopfsteinpflaster: In Vieux-Montréal begann nicht nur die Stadt, hier begann auch Kanada. Heute ist die Altstadt nicht nur Montréals größte Attraktion, sondern auch als Wohngebiet wieder en vogue.

Stadtgeschichte

Noch immer erinnert die weit geschwungene Kurve der Rue de la Commune an die alte Uferlinie. Wo heute Montréaler und Touristen an warmen Sommertagen promenieren, gingen noch um 1800 die Segelschiffe aus Europa vor Anker. In den vier- bis sechsstöckigen Häusern, die heute Bistros und Restaurants beherbergen, lagerte damals Handelsware, und wo der Boulevard St-Laurent in die Rue de la Commune mündet, betraten Einwanderer aus der ganzen Welt nach der langen Seereise erstmals kanadischen Boden. Geschichte überall, und oft genug dramatisch. Heute ist Montréal eine weit über die **Île de Montréal** hinaus aufs Festland reichende Metropole mit über 4 Mio. Menschen. Ihr Umland gehört zum fruchtbaren, ländlich geprägten und intensiv agrarisch genutzten St.-Lorenz-Tiefland.

1535 sichtete der aus Saint-Malo stammende Seefahrer **Jacques Cartier** als wohl erster Europäer die Insel und bestieg den Hausberg – und Namensgeber – Montréals, den Mont-Royal. Bis nach Stadacona, dem Irokesendorf zu Füßen des Berges, war der St.-Lorenz-Strom schiffbar gewesen. Nun aber verhinderten gewaltige Stromschnellen die Weiterfahrt. Der Name, den Cartier ihnen gab, ist geblieben: *Rapides de Lachine* nannte er sie, war er doch der festen Überzeugung, dass China weiter flussaufwärts lag. Getreu den damaligen Gepflogenheiten reklamierte er das Land für Frankreich.

Die Geburtsstunde der Stadt schlug erst 1642. Unter der Führung von Paul de Chomedey Sieur de Maisonneuve und der Nonne Jeanne Mance landete eine Handvoll Siedler am **Pointe-à-Callière** nahe der heutigen Place Royale. Dort gründeten sie den Missionsposten Ville-Marie. Mit der Bekehrung der Ureinwohner hatten sie zwar nicht allzuviel Erfolg, aber bald folgten Siedler und Pelzhändler nach, und das palisadenbewehrte Dorf mauserte sich zum bedeutendsten Pelzhandelszentrum Nordamerikas und zum Ausgangspunkt für die Erforschung des nordamerikanischen Westens.

1760 wurde Montréal britisch. Englische, vor allem schottische Zuwanderer machten die Stadt in den nächsten 150 Jahren zur wirtschaftlichen Nr. 1, und Unternehmer wie John Molson und Pelzbarone wie James McGill errichteten sich mit Brauereien und renommierten Bildungseinrichtungen stadtprägende Denkmäler.

Im 20. Jh. betrat Montréal als Gastgeber der Expo '67 und der Olympischen Sommerspiele 1976 die internationale Bühne. In den 1970er- und 1980er-Jahren erlebten die traditionellen Gegensätze zwischen den Franko- und Anglo-Montréalern mit der Französisierung einen vorläufig letzten Höhepunkt: Viele anglophone Unternehmen zogen nach Toronto um und Montréal musste seine Führungsposition als größte Metropole Kanadas an den Rivalen in Ontario abtreten. Inzwischen hat sich die Stadt jedoch von dem Aderlass erholt und blickt wieder optimistisch in die Zukunft.

Rund um die Place Royale

Cityplan: S. 236

Musée d'Archéologie et d'Histoire Pointe-à-Callière 1

350, pl. Royale, www.pacmusee.qc.ca,
Ende Juni–Anfang Sept. Mo–Fr 10–18, Sa, So
11–18, sonst Di–Fr 10–17, Sa, So 11–17 Uhr,
Erw. 25 $, Kinder 17 $

An der Place Royale, in der Nähe des Hafens Vieux-Port, lädt das in einem postmodernen Bau untergebrachte **Musée d'Archéologie et d'Histoire Pointe-à-Callière** zu einer Zeitreise in die Kindertage Montréals ein. Genau über der ersten Siedlung Ville-Marie errichtet, führen Rolltreppen zu den unterirdischen Ausgrabungsstätten. Zu sehen sind Mauer- und Palisadenreste sowie im Uferschlick gefundene Artefakte, die den dunklen Gewölben Leben einhauchen. Hologramme der ›Siedler‹ erzählen vom entbehrungsreichen Alltag der ersten Jahre. Neben dem Museum steht ein Obelisk mit den Namen der Pioniere.

Centre d'Histoire de Montréal 2

335, pl. d'Youville, Mi–So 10–17 Uhr,
Erw. 7,50 $, Kinder 5 $

Ein paar Schritte in westlicher Richtung erzählt das **Centre d'Histoire de Montréal** mit bunten Collagen und historischen Filmen, wie die Stadtgeschichte weiterging. Dabei spielen Pelzhändler, Irokesen, Straßenbahnen und nicht nur honorige, sondern auch halbseidene Bürger die Hauptrollen. Für das Jahr 2023 ist die Eröffnung eines hochmodernen interaktiven **Centre des Memoires Montréalaises** am Boulevard St-Laurent geplant (https://memmtl.ca).

Place d'Armes

Cityplan: S. 236

Vom früheren Flussufer führen Gassen hinauf in das Innere der Altstadt. Die Stadtmauer,

An der Rue St-Paul locken Designerboutiquen mit Schlussverkauf-Schnäppchen

Vieux-Montréal

Sehenswert
1. Musée d'Archéologie et d'Histoire Pointe-à-Callière
2. Centre d'Histoire de Montréal
3. Monument Maisonneuve
4. Basilique Notre-Dame
5. Vieux Séminaire de Saint-Sulpice
6. Bank of Montreal
7. Rue St-Jacques
8. Colonne Nelson
9. Hôtel de Ville
10. Château Ramezay
11. Marché Bonsecours
12. Chapelle Notre-Dame-de-Bon-Secours
13. Vieux-Port
14. Île Sainte-Hélène
15. Île Notre-Dame

Übernachten
1. Place d'Armes
2. LHotel Montreal
3. Gault
4. Épik Montréal

Essen & Trinken
1. Toqué!
2. Bonaparte
3. Verses
4. Joe Beef
5. Grinder

Einkaufen
1. Galerie Le Chariot
2. Boutique Delano Design

Abends & Nachts
1. La Voûte
2. Bar Confessionnal

Aktiv
1. Ça Roule
2. Saute-Moutons
3. Le Bateau-Mouche

---

die Montréal während des 100-jährigen Irokesenkrieges (1608–1704) schützte, wurde um 1800 abgerissen. Dennoch haben viele schöne alte Gebäude überlebt. Ein besonders interessantes Schaufenster in die Vergangenheit ist die **Place d'Armes,** der alte Exerzierplatz. Eine Oase mit Bänken und Blumenstand, wird der Platz vom **Monument Maisonneuve** 3 dominiert. Auf hohem Sockel steht dort der visionär in die Ferne blickende Stadtgründer, seine Getreuen Jeanne Mance und Lambert Closse zu Füßen. Auch sein treuer Hund Pilote ist dabei.

Basilique Notre-Dame 4
110, rue Notre-Dame Ouest, Mo–Fr 8–16.30, Sa 8–16, So 12.30–16 Uhr, Eintritt mit oder ohne Führung Erw. 1 $, Kinder 6–16 J. 9 $. Tickets für »Aura« am Schalter oder online zu buchen auf der Homepage unter www.aura basiliquemontreal.com

Die 1829 im neugotischen Stil errichtete **Basilique Notre-Dame** gilt mit ihren beiden 69 m hohen Türmen, dem prächtigen Altar und dem schwerelos wirkenden, sternenübersäten Himmel als eine der schönsten Kirchen Nordamerikas. Die prächtigen Holzschnitzereien wurden um 1870 von Victor Bourgeau, Philippe Hébert und dem französischen Bildhauer Bourriché ausgeführt. Die über dem Hauptportal thronende Orgel ist mit 5772 Pfeifen eine der größten der Welt und die Akustik so gut, dass die Montréaler Philharmoniker hier bereits Konzerte aufgenommen haben. Die spektakuläre, fast täglich stattfindende Sound & Lightshow »Aura« dauert 45 Minuten und zeigt das Kirchenschiff aus unerwarteten Perspektiven.

Vieux Séminaire de Saint-Sulpice 5

130 Rue Notre-Dame

Die Auftraggeber für den Bau der Basilika wohnten nebenan im **Vieux Séminaire de Saint-Sulpice.** Das trutzige Priesterseminar des Sulpizianer-Ordens, hinter dessen Mauern die Siedler bei Irokesenangriffen Schutz suchten, stammt aus dem Jahre 1685 und ist das älteste erhaltene Gebäude der Stadt. Zu besichtigen ist es leider nicht. Doch zumindest zwischen den Torgittern kann man hindurchschauen und die Turmuhr von 1701, die älteste Nordamerikas, bewundern.

Bank of Montréal und Rue St-Jacques

Im Rücken des Monument Maisonneuve erhebt sich die prunkvolle, 1847 erbaute **Bank of Montréal** 6 (119 Rue St-Jacques). Das vom Pantheon in Rom inspirierte Gebäude war Hauptsitz der ältesten Bank Kanadas und besitzt eine sehenswerte, von 32 Marmorsäulen getragene Lobby. Es ist das erste einer langen Reihe weiterer Geldinstitute an der **Rue St-Jacques** 7**,** die früher St. James Street hieß und bis Anfang der 1970er-Jahre als Kanadas Wall Street galt. Von hier aus herrschten die anglophonen Banker und Finanzmakler über Kanada. Nach der Durchsetzung der französischen Sprachgesetze verließen viele anglophone Geldleute Montréal. Heute heißt Kanadas Finanzzentrum Toronto – zurück blieb die Rue St-Jacques, die als ›Prachtleiche‹ aber noch immer sehenswert ist und von schönen alten Bauten gesäumt wird. Besonders fotogen: die Fassaden mit den Familienwappen, allen voran die der McGills und Molsons.

Vieux-Montréal: Altstadt

Im Chorraum der Basilique Notre-Dame ist alles Gold, was glänzt

Place Jacques-Cartier und Umgebung

Cityplan: S. 236

Das touristische Zentrum von Vieux-Montréal ist die um 1800 angelegte **Place Jacques-Cartier**. Hier bummeln Touristen und Einheimische. Um Straßenkünstler bilden sich Menschentrauben, man flaniert hinab zum **Vieux-Port**, dem alten Hafen, wo Grünanlagen die alten, längst restaurierten Kais säumen und nur noch wenige Schiffe, dafür umso mehr Jachten ankern. 1809 drückten die Briten dem Platz mit der **Colonne Nelson** 8 ihren Stempel auf – ein nicht unumstrittenes Denkmal, denn der – schon des Öfteren enthauptete – Seeheld von Trafalgar blickt herrisch landeinwärts ins frankophone Québec. Im Bodenbelag wurde der Verlauf der alten Stadtmauer sichtbar gemacht.

Hôtel de Ville 9
275, rue Notre-Dame Est, ville.montreal.qc.ca, wegen groß angelegter Renovierungen finden derzeit keine geführten Touren statt

In Nelsons Blickfeld steht das **Hôtel de Ville,** das im viktorianischen Second-Empire-Stil errichtete Rathaus jenseits der Rue Notre-Dame. Sein Balkon flimmerte 1967 über die Bildschirme in aller Welt: Von hier aus schleuderte Charles de Gaulle sein berühmt-berüchtigtes »Vive le Québec libre« in die Menge, womit er eine Staatskrise in Kanada auslöste.

Château Ramezay 10
280, rue Notre-Dame Est, www.chateauramezay.qc.ca, Juni–Anfang Okt. tgl. 10–18, sonst Di–So 10–16.30 Uhr, Erw. 11 $, Kinder 5,75 $

Das 1705 für Claude de Ramezay, den elften Gouverneur Montréals, erbaute **Château Ramezay** gegenüber dem Rathaus war die Residenz der französischen Statthalter Montréals. 1775–76 erlebte das schöne Gebäude ein interessantes Intermezzo, als die amerikanischen Revolutionstruppen Montréal vorübergehend besetzten und der berühmte Staatsmann Benjamin Franklin hier – vergeblich – versuchte, die Frankokanadier gegen ihre britischen Kolonialherren aufzuwiegeln. Seit 1895 ein Museum, präsentiert es 15 miteinander verbundene, verschwenderisch im Stil der damaligen Zeit eingerichtete Räume.

Marché Bonsecours 11
*Rue St-Paul Est, tgl. 10–18 Uhr,
www.marchebonsecours.qc.ca*
Ein paar Schritte weiter auf der Rue St-Paul in nördlicher Richtung gelangt man zum **Marché Bonsecours,** der alten Markthalle von 1847, die jedoch längst nicht mehr nur Fisch, sondern auch Kunst und Fashion in ihren Hallen feilbietet. Ihre silberne Kuppel ist schon von Weitem gut zu erkennen. Im Sommer kann man an Ständen rund um die Halle Spezialitäten der Region probieren und kulinarische Souvenirs wie Ahornsirup und Cidre erwerben.

Chapelle Notre-Dame-de-Bon-Secours 12
400, rue St-Paul Est, März–April und Nov.–Mitte Jan. Di–So 11–16, Mai–Okt. tgl. 10–18 Uhr, Mitte Jan.–Ende Febr. geschl., Erw. 14 $, Kinder 8 $, Ticket zur Aussichtsplattform »Belvédère« im Kirchturm 7 $
Noch ein Stück weiter steht die bescheidene **Chapelle Notre-Dame-de-Bon-Secours,** die ›Kirche der Seefahrer‹ von 1771. Die zum Wasser blickende Marienstatue auf dem Dach hieß früher das Schiffsvolk mit geöffneten Armen willkommen, wofür sich dieses mit selbstgeschnitzten Schiffchen als Votivgaben bedankte. Ein kleines Museum im Keller ist Marguerite de Bourgeoys gewidmet, die 1657 an dieser Stelle die erste Kapelle Montréals errichtete.

Vieux-Port 13
Der St.-Lorenz-Strom, der einst hinter der Rue de la Commune begann, ist nicht mehr zu sehen: In den letzten 100 Jahren wurde großzügig Neuland aufgeschüttet. Wer Kanadas wichtigsten Wasserweg aus der Nähe sehen will, kann dies aber auf einer Hafenrundfahrt tun – oder wasserdicht verpackt an Bord eines Jet Boat, das sich mit 2000 Pferdestärken durch die Stromschnellen von Lachine arbeitet. Das ist eine feucht-fröhliche Angelegenheit und nichts für Leute mit Herzbeschwerden, wie das Schild an der Anlegestelle Quai Jacques-Cartier warnt. In den letzten Jahren ist der alte Hafen zu einer Entertainment-Zone mutiert. Man kann flanieren und Souvenirs shoppen, Ziplining ausprobieren, Inlineskates ausleihen und von einer Bank aus Leute beobachten. Am besten lassen sich Vieux-Port und St.-Lorenz-Strom aber mit dem BIXI-Leihrad erleben: Vom **Vieux-Port** aus führt der schöne Radweg Piste cyclable du canal de Lachine den historischen **Canal de Lachine** entlang bis zu den 11 km entfernten Stromschnellen (s. Aktiv S. 243).

Parc des Îles

Cityplan: S. 236
Auch die beiden Inseln im St.-Lorenz-Strom, die das Naherholungsgebiet **Parc des Îles** bilden, sind leicht zu erreichen. Nach dem ehemaligen Bürgermeister wird es auch Parc Jean-Drapeau genannt. Fußgänger können entweder die Métro nehmen (Metrostation: Jean-Drapeau) oder mit der am Quai Jacques-Cartier ablegenden kleinen Fähre übersetzen, die auch Fahrräder mitnimmt (Zeiten unter http://navettes maritimes.com/schedule). Radler nehmen die *Piste cyclable* (s. Aktiv unterwegs S. 242).

Île Sainte-Hélène 14
Auf der **Île Sainte-Hélène** gibt es viele Grünanlagen. Im Norden liegt der Six Flags gehörende Vergnügungspark **La Ronde** (22, ch. Mac-Donald, www.laronde.com, Mitte Mai–Mitte Juni tgl. 10–20, Mitte Juni–Anfang Sept. tgl. 10–22.30, Anfang Sept.–Ende Okt.12–19 Uhr, Tagesticket Erw. und Kinder ab 38 $, Preise s. Homepage). Der südliche Teil der Insel war 1967 Teil des Geländes der Weltausstellung, und einige der damals errichteten Pavillons sind erhalten geblieben. Sehenswert ist **La Biosphère,** der ehemalige US-Pavillon, heute ein Informationszentrum mit Ausstellung zum Ökosystem des St.-Lorenz-Stroms (160, ch. du Tour-de-l'Île, www.parcjeandrapeau.com/en/biosphere-environment-museum-montreal, Juni–Aug. tgl. 10–17, Sept.–Dez. Mi–So 10–17 Uhr, Erw. 22 $, Kinder 5–7 J. 11 $).

Île Notre-Dame 15
Die **Île Notre-Dame** ist eine künstliche Insel. Sie wurde 1967 für die Expo aufgeschüttet. Ein schöner Park mit stillen Wegen erinnert noch an die Weltausstellung, außen herum

Vieux-Montréal: Altstadt

verläuft die Rennstrecke des Grand Prix von Kanada. Besuchermagnet auf der Île Notre-Dame ist aber das **Casino de Montréal,** das im ehemaligen französischen Pavillon eingerichtet wurde. Der Blick auf die Skyline Montréals und auf die in Augenhöhe auf dem St. Lawrence vorbeischippernden Ozeanriesen ist ein paar Jetons wert (1, av. du Casino, tgl. 24 Std. geöffnet, https://casinos.lotoquebec.com).

Infos

Centre Infotouriste de Montréal: 1255, rue Peel, Tel. 514-873-2015, 877-266-5678, Mai tgl. 10–18, Juni–Sept. 9–19, Okt. 10–18, übrige Zeit 9–17 Uhr.

Carte Musées Montréal: Der Museumspass (80 $) gewährt an fünf aufeinanderfolgenden Tagen Zutritt zu 34 Museen und Attraktionen sowie freie Benutzung von Métro und Bussen. Erhältlich im **Centre Infotouriste** (s. o.) oder unter https://museesmontreal.org/en/cards/the-passes.

Übernachten

Montréals Hotellerie bietet Unterkünfte jeder Art und jeder Preisklasse. Dabei reicht die Palette von der Koje in der Jugendherberge bis zur 5000-Dollar-Luxus-Suite.

Viktorianischer Charme – **Place d'Armes** 1 : 55, rue St-Jacques Ouest, Tel. 514-842-1887, 1-888-450-1887, www.hotelplacedarmes.com. Bei der Basilique Notre Dame in Vieux-Montréal kombiniert dieses Hotel moderne urbane Eleganz mit viktorianischer Architektur. Zimmer in warmen Erdtönen. Im Sommer Bar-Restaurant auf der Dachterrasse. DZ 220–390 $.

Location, location – **LHotel Montreal** 2 : 262 rue St-Jacques, Tel. 514-985 0019, 1-877-553-0019, www.lhotelmontreal.com. In Laufnähe zu fast allen Sehenswürdigkeiten in Centre-Ville, Vieux-Montréal und Plateau-Montréal. Das einstige Hauptquartier einer Bank bietet moderne, alte Baustruktur gekonnt integrierende Zimmer und zeigt in den öffentlichen Räumen Originale von Andy Warhol, Roy Lichtenstein, Chagall und Botero. DZ 240–470 $.

Modernes Boutiquehotel – **Gault** 3 : 449, rue Ste-Hélène, Tel. 514-904-1616, 1-866-904-1616, www.hotelgault.com. Ein spannender Kontrast zwischen der opulenten, reich dekorierten Fassade und dem beinahe asketischem Interieur kennzeichnet das intime Hotel. Klarheit und zen-artige Ruhe dominierten bei der Einrichtung der Zimmer. DZ 200–500 $.

Urbane Idylle – **Épik Montréal** 4 : 171, rue St-Paul Ouest, Tel. 514-842-2634, 1-877-841-2634, www.epikmontreal.com. 10 auf sehr geschmackvolle Weise zwischen Historie und Gegenwart navigierende Zimmer und Suiten in altem Gemäuer. DZ 150–330 $.

Essen & Trinken

Als Montréals größte Attraktion bietet Vieux-Montréal natürlich auch viele Restaurants, die jeden Geschmack bedienen, allerdings oft auch teurer sind als die in Centre-Ville.

Einzigartiges Erlebnis – **Toqué!** 1 : 900, pl. Jean-Paul Riopelle, Tel. 514-499-2084, www.restaurant-toque.com, Di–Fr 11.30–13.45, Di–Do 17.30–22, Fr, Sa 17.30–22.30 Uhr. Landesweit berühmter Dauerbrenner mit ideenreicher *nouvelle cuisine* – jedes Gericht ist optisch und geschmacklich ein Kunstwerk. Vorspeisen 7–27 $, Hauptspeisen 42–59 $.

Klassisch – **Bonaparte** 2 : 443, rue St-François-Xavier, Tel. 514-844-4368, www.restaurantbonaparte.com, Mo–Fr 11.30–14.30, 17.30–22, Sa, So 8–14.30, 17.30–22.30 Uhr. Traditionelle französische Küche in historischem Gemäuer in der Altstadt. Vorspeisen 9–30 $, Hauptspeisen 31–64 $.

Für alle Sinne – **Verses** 3 : 100, rue St-Paul Ouest (im Hotel Nelligan), Tel. 514-788-4000, www.versesrestaurant.com, Mo–Fr 6.30–10.30, 12–14, So–Do 17.30–22, Fr, Sa bis 23 Uhr. Moderne französische Küche mit orientalischem Touch. Im Sommer Dach-Bistro mit schönem Blick auf die Altstadt. Vorspeisen 8–27 $, Hauptspeisen 20–39 $.

Institution – **Joe Beef** 4 : 2491, rue Notre-Dame, Tel. 514-935-6504, www.joebeef.ca, Di–Sa 18.30–23.30 Uhr. Kleines Bistro mit guten Steaks und hervorragenden Austern. Vorspeisen 11–18 $, Hauptspeisen 20–42 $.

Die Place Jacques-Cartier ist Montréals gute Stube

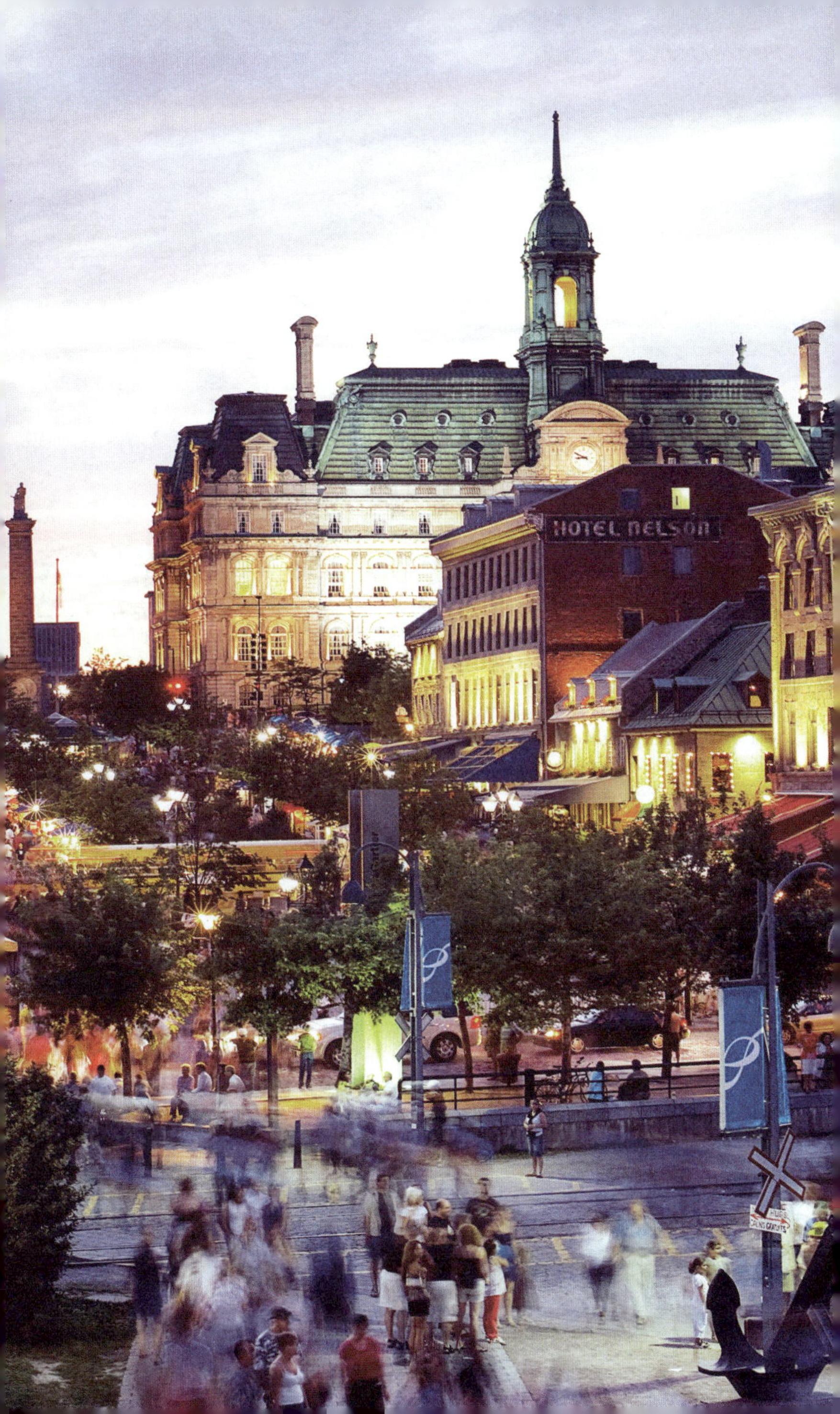
HOTEL NELSON

Vieux-Montréal: Altstadt

Aktiv

FAHRRADTOUR VON VIEUX-MONTRÉAL AUF DIE INSELN

Tour-Infos
Start: Vieux-Montréal, Hafen
Länge: 15 km
Dauer: mind. 3 Std.
Fahrradverleih: s. Aktiv S. 243
Wichtige Hinweise: Kopfbedeckung und Sonnencreme nicht vergessen, reichlich Wasser mitführen – heiße Sommertage sind in Montréal nicht ungewöhnlich.

Diese Tour führt durch 400 Jahre Stadtgeschichte, zu einigen der schönsten Aussichtspunkten und ist zugleich der beste Workout nach dem Streifzug durch die Restaurants und Cafés der Stadt. Im bequemen Sattel eines BIXI oder eines bei Ça Roule geliehenen Rads beginnt die Tour an der **Rue de Commune** im alten Hafen von Vieux-Montréal.
Radler auf der *piste cyclable* folgen den Schildern Richtung ›Casino de Montréal‹. Dabei passieren sie **Habitat '67,** einen Haufen scheinbar wahllos übereinandergetürmter Wohnschachteln, mit denen sich während der Weltausstellung 1967 der damals noch unbekannte kanadische Stararchitekt Moshe Safdie seiner Aufgabe, eine Apartmentanlage mit Flussblick für alle 147 Wohnungen zu kreieren, mit Bravour entledigte.

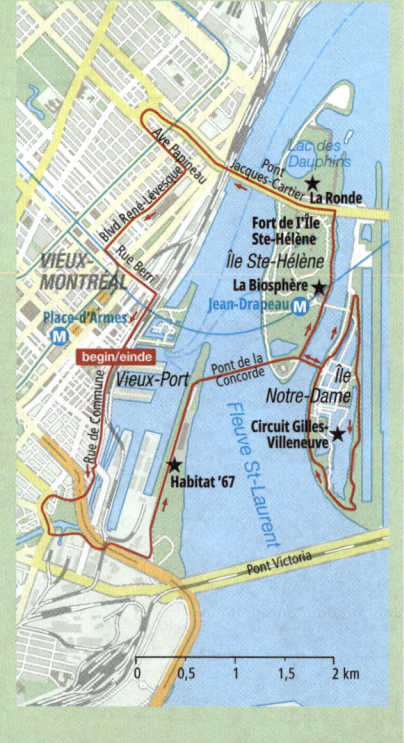

Das nächste Etappenziel ist die idyllische, über die Brücke Pont de la Concorde zu erreichende **Île Sainte-Hélène** 14 mit ihren Grünanlagen. Der Südteil der Insel war 1967 ein Teil des Geländes der Weltausstellung, von der einige Pavillons erhalten blieben. Ins Auge fällt der riesige Kugelbau, der während der Expo der Pavillon der Vereinigten Staaten war – heute beherbergt **La Biosphère** ein Informationszentrum mit Ausstellung über den St.-Lorenz-Strom als natürlicher Lebensraum (s. S. 239). Im Norden der Île Ste-Hélène befindet sich der Vergnügungspark **La Ronde** (s. S. 239). In der Nähe, fast unterhalb der Jacques-Cartier-Brücke, liegt das historische Fort de l'Île Sainte-Hélène.

Adressen

Die **Île Notre-Dame** 15 wurde 1967 für die Expo künstlich aufgeschüttet, u. a. mit Aushub vom Bau der U-Bahn. Auf der Insel angekommen, lohnt es sich, den Formel-1-Kurs **Circuit Gilles-Villeneuve** unter die Reifen zu nehmen, der die Ufer der Insel begleitet. Hier wird der Grand Prix du Canada ausgetragen. Der Blick von der Insel auf die Skyline der Stadt ist spektakulär. Von dort geht es auf dem Radweg über die schwindelerregende **Pont Jacques-Cartier** zurück nach Vieux-Montréal.

Angesagt – **Grinder** 5 : 1708, rue Notre Dame Ouest, Tel. 514-439-1130, www.restaurantgrinder.ca, Mo–Mi 17.30–23, Do 17.30–24, Fr, Sa 17.30–24, So 17.30–23 Uhr. Hervorragende Steaks, Grillhühnchen und Seafood in zeitgemäßem Industrial-Ambiente mit viel Holz, Glas und Ziegelgemäuer. Vorspeisen 15–28 $, Hauptspeisen 20–62 $.

Einkaufen

Inuit-Kunst – **Galerie Le Chariot** 1 : 446, pl. Jacques-Cartier, Mo–Sa 10–18, So 10–15 Uhr. Die Galerie im Herzen von Vieux-Montréal beherbergt die größte Inuit-Kunstsammlung des Landes. Neben Schnitzereien aus Speckstein und Walrosszähnen werden auch Fellmützen und Mokassins angeboten.

Stylish – **Boutique Delano Design** 2 : 70 rue St-Paul Ouest, tgl. 11–18 Uhr. Kunst, Fashion und Design Montréaler Kreativer treffen hier auf Einflüsse aus Europa und Nordamerika. Im Angebot: Urban Wear und schöne Accessoires.

Abends & Nachts

In altem Bankgewölbe – **La Voûte** 1 : 360 rue St-Jacques, Tel. 514-679-9360, https://lavoutemontreal.com. Hervorragende Küche, Do–So Liveshows und Disco mit internationalen DJs.

Immer voll – **Bar Confessionnal** 2 : 431 rue McGill, Tel. 514-656-1350, Mi–Fr 20–3, Sa, So 21–3 Uhr. Schummrige Bar mit langer Theke, die Crowd ist jederzeit zum Feiern bereit.

Aktiv

Radfahren – Montréal ist auf dem besten Weg, Nordamerikas Radfahrer-Metropole zu werden. Den größten Entwicklungssprung dorthin machte die Stadt 2009 mit der Einführung des öffentlichen **Leihradsystems BIXI Montréal** mit über 800 über die ganze Stadt verteilten Leihstationen (www.bixi.com). Schöne Radwege führen nicht nur durch die populärsten Viertel – Le Plateau Montréal, Mile End, Vieux-Montréal –, sondern auch durch die Downtown. Vor allem zwei herrliche Radtouren erkunden die Schokoladenseiten der Stadt. Der Vielzweckweg ›Piste du Canal-de-Lachine‹ beginnt an der Rue de la Commune in Vieux-Montréal und folgt dem historischen Kanal durch Parkanlagen bis zum 15 km entfernten Lachine an den gleichnamigen Stromschnellen. Die zweite Tour beginnt auch in Vieux-Montréal und führt auf die Inseln Île Ste-Hélène und Île Notre-Dame (s. Aktiv unterwegs S. 242). Einen besonderen Charme besitzen die *ruelles vertes,* enge Gassen auf dem Plateau Mont-Royal (www.ruellesvertesdemontreal.ca).

Fahrrad-Verleih – **Ça Roule** 1 : 27, rue de la Commune Est, Tel. 514-866-0633, www.caroulemontreal.com. Räder ab 40 $/Tag. Auch geführte Touren. Bei Radfahrern beliebt sind die Wege durch den Vieux-Port und der Radweg den Canal de Lachine entlang bis nach Lachine.

Rafting – **Saute-Moutons** 2 : 47, rue de la Commune, Tel. 514-284-9607, www.jetboatingmontreal.com. Touren ab Quai de l'Horloge, Vieux-Port, Erw. 70 $, Kinder 6–12 J. 60 $. Die stromaufwärts liegenden Rapides de Lachine sind ein Paradies für Wildwasser-Enthusiasten. Wo früher für die Entdecker Schluss war, tummeln sich heute Kajakfahrer und Rafter. Wildwassertouren mit PS-starkem Speedboat.

Hafenrundfahrten – **Le Bateau-Mouche** 3 : Quai Jacques-Cartier, Vieux-Port, Tel. 514-849-9952, www.bateaumouche.ca. Veranstaltet werden tagsüber Hafenrundfahrten und abendliche Dinner Cruises (ab 140 $/Person) vor der Skyline Montréals. Dinner bei Kerzenlicht – romantischer geht's nicht.

Termine, Verkehr

s. Montréal Centre-Ville, S. 259.

Centre-Ville

▶ K 9

Auch typisch Montréal: Fragt man fünf Montréaler nach dem Stadtzentrum, erhält man fünf verschiedene Antworten. Während Verkehrsschilder den Besucher ganz allgemein auf die nordamerikanische Downtown namens Centre-Ville verweisen, zeigen die Einheimischen schlicht dorthin, wo etwas los ist. Und das ist überall!

Vieux-Montréal ist zwar die Keimzelle der Stadt, doch wo ist die Stadtmitte? Liegt sie irgendwo zwischen den gleich hinter der Altstadt aufragenden Glas- und Stahlgiganten? Die Broschüren nennen die Gegend zwischen Rue Atwater im Südwesten und Rue St-Denis im Nordosten zwar Centre-Ville, doch Stadtzentren im europäischen Sinn gibt es in Montréal noch weitere. Der Antwort von Einheimischen auf diese Frage sollte man dabei nicht trauen. Der Montréaler, dessen Lieblingsbeschäftigung *magasiner* ist (einkaufen), wird auf die Konsummeile Rue Ste-Cathérine verweisen. Montréaler mit Sinn für Geografie werden den Square Dorchester nennen, und Nachteulen werden zuerst die Restaurantstraßen Rue St-Denis und Boulevard St-Laurent einfallen.

Place Ville-Marie

Cityplan: S. 248
Hingucker im Herzen des Büroviertels ist die 42 Stockwerke hohe **Place Ville-Marie** 1, der 1959–62 auf einem kreuzförmigen Grundriss angelegte erste integrierte Gebäudekomplex Nordamerikas. 15 000 Menschen arbeiten hier, weitere 75 000 gehen täglich ein und aus. Kein Geringerer als Stararchitekt **I. M. Pei** war der Planer dieses Projekts, das später im Zentrum kopiert wurde: in der angrenzenden Place Bonaventure etwa, die zudem über eine Verbindung zum Bahnhof verfügt, im Square Victoria, wo sich die Börse befindet, und im eleganten Complexe Desjardins weiter östlich gegenüber vom Kulturzentrum Place-des-Arts.

Ville Souterraine

Cityplan: S. 248
Unnötig zu sagen, dass diese Monolithe auch Métrostationen in ihren Eingeweiden beherbergen. Aber das ist längst nicht alles: Während die Place Ville-Marie in die Höhe wuchs, wurde zugleich auch zielstrebig nach unten gebaut. In der Tiefe entstand eine neue City, die unterirdische **Ville Souterraine.** Die folgenden 30 Jahre wurde emsig gegraben und gebuddelt, und heute ist ganz Centre-Ville untertunnelt. Hier lässt es sich im Winter wettergeschützt shoppen und leben, während oben die Schneestürme toben. Und drängt es einen schließlich doch wieder ans Tageslicht, so kann man einen der Aufzüge nehmen, die in die Dachgartenrestaurants internationaler Hotels wie Sheraton, Intercontinental und Méridien sausen, um dort in luftiger Höhe gepflegt Drink und Dinner zu sich zu nehmen.

Rund um den Square Dorchester

Cityplan: S. 248
Doch es gibt in Centre-Ville auch genügend oberirdische Attraktionen. Nur zwei Straßen von der Place Ville-Marie öffnet sich am Boulevard René-Lévesque, einer der großen Durchgangsstraßen der Innenstadt, der **Square Dorchester.** Hier befindet sich an der Ecke Rue Peel das **Centre Infotouriste,** wo man

Rund um den Square Dorchester

sich mit Stadtplänen und Adressen versorgen kann (s. S. 240). Den Platz, der eher ein Park mit Denkmälern, Bänken und Zeitungskiosk ist, dominieren zwei imposante Gebäude. Das 1918 im Beaux-Arts-Stil erbaute Versicherungsgebäude **Édifice Sun Life** 2 auf der Nordostseite war seinerzeit das größte Gebäude im britischen Empire.

Cathédrale Marie-Reine-du-Monde 3

1085, rue de la Cathédrale, www.cathedrale catholiquedemontreal.org, Mo–Fr 7–19, Sa, So 7.30–19 Uhr

Dass die 1894 fertiggestellte **Cathédrale Marie-Reine-du-Monde** daneben fast zierlich wirkt, hat noch einen anderen Grund: Sie ist ein um zwei Drittel verkleinertes Duplikat des Petersdoms. Selbst Berninis Baldachin über dem Hauptaltar wurde 1900 von Victor Vincent kopiert.

1000 de la Gauchetière 4

Unmittelbar hinter der Kirche ragt an der Rue de la Cathédrale ein spiegelnder Hochhausturm mit markantem dreieckigem Kupferdach auf: **1000 de la Gauchetière.** Mit 205 m ist er das höchste Gebäude in Montréal, wo kein Gebäude den Gipfel des Hausbergs Mont Royal (233 m) überragen darf. Im Untergeschoss wartet auch hier wieder eine Einkaufspassage – diesmal mit Eislaufbahn!

Centre Canadien d'Architecture (CCA) 5

1920, rue Baile, www.cca.qc.ca, Mi, Fr–So 11–18, Erw. 10 $, Kinder frei

Wer sich für Architektur interessiert, sollte von hier aus einen Abstecher ins sechs Straßen weiter südlich gelegene **Centre Canadien d'Architecture (CCA)** einplanen, Montréals Museum für internationale Baukunst. Neben Zeugnissen des architektonischen Erbes Kanadas bewahrt es Zeichnungen und Fotografien zu den interessantesten Baustilen und -traditionen der Welt auf. Zudem ist das CCA ein internationales Forschungszentrum, in dem immer wieder neue architektonische Formensprachen angedacht und umgesetzt werden.

Shopping in Shorts bei Minusgraden: Montréals Ville Souterraine macht's möglich

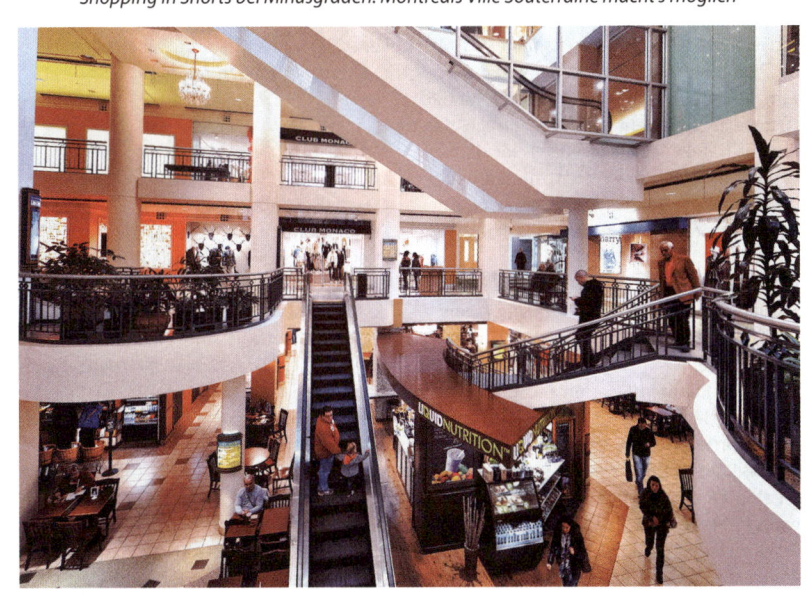

Centre-Ville

Rue Ste-Cathérine

Cityplan: S. 248

Zurück über den Square Dorchester gelangt man an der nächsten Querstraße auf die Shoppingmeile von Centre-Ville. Die geschäftige **Rue Ste-Cathérine** ist mit ihren über- und unterirdischen Konsumschleusen, Boutiquen und Ramschläden die wohl belebteste Straße der Stadt. Hier liegen, westlich vom Boulevard St-Laurent, Montréals große Kaufhäuser, allen voran La Baie (Nr. 585), Les Ailes de la Mode (Nr. 677), Simon's (Nr. 977) und Ogilvy (Nr. 1307). Im 1976 eröffneten **Centre Eaton** 6 (Nr. 705), einer mehrstöckigen Mall mit lichtdurchflutetem Atrium, warten weitere 185 Geschäfte. Hier wie dort gibt es Zugänge zur Ville Souterraine. Mangels Platz wurde hier alles und jedes untertunnelt – auch die anglikanische **Cathédrale Christ Church** 7. Oben spiegelt sich das neugotische Gotteshaus von 1859 in der kalt glänzenden Glasfassade des postmodernen Wolkenkratzers Maison des Coopérants, unten reichen die Stützpfeiler der Kirche in eine moderne Krypta von Boutiquen und Schnellrestaurants (Nr. 635, tgl. 8–18 Uhr).

Gleich einen Block weiter verläuft die Avenue McGill College hügelaufwärts, eine Art Mini-Champs-Elysées, die fotogen auf das geschwungene Portal der Université McGill zusteuert. Hier steht vor den Türmen der Banque Nationale de Paris (BNP) eine der bekanntesten Skulpturen Montréals: **La Foule Illuminée** 8 von Raymond Mason, eine Menschengruppe aus gelbem Glasfiber.

Musée d'Art Contemporain 9

185, rue Ste-Cathérine, www.macm.org, Di und Do–So 11–18, Mi 11–21 Uhr, Erw. 10 $, Kinder unter 17 J. frei

Kunst und Kultur satt warten ein Stück weiter östlich an der Rue Ste-Cathérine: Das **Musée d'Art Contemporain** widmet sich dem zeitgenössischen Kunstschaffen. In acht Galerien sind Werke der Québecer Moderne u.a. von Jean-Paul Riopelle und Paul-Émile Borduas zu sehen, zugleich werden neueste Trends der kanadischen Kunstszene präsentiert. Das Musée gehört zur **Place des Arts,** einem Kunstzentrum mit Konzert- und Theatersälen. Hier sind die Montréaler Philharmoniker sowie die Oper zu Hause. Die Place des Arts ist zudem das Epizentrum des Quartier des Spectacles getauften, nur 1,5 km² großen Areals, auf dem mehr als 80 Kulturstätten und Bühnen das ganze Jahr hindurch Unterhaltung und Live-Shows bieten (www.quartier desspectacles.com).

Les Cours Mont-Royal 10

1455, rue Peel, www.lcmr.ca, Mo–Mi 10–18, Do–Fr 10–21, Sa 10–17, So 12–17 Uhr

An der Rue Ste-Cathérine gibt es viele Möglichkeiten, bei unabhängigen kanadischen Designern einzukaufen. Viele, darunter Harry Rosen, Mimi Momo und Kar-Ma, residieren in **Les Cours Mont-Royal**, einer Mall über und unter der Erde.

Rue Crescent 11

Dagegen sammeln sich ein paar Blocks weiter westlich die Nachteulen der Stadt: Die Kreuzungsbereiche von **Rue Crescent** und **Rue de la Montagne** sind nur zwei der Gravitationszentren des Montréaler Nachtlebens. Klubs, Restaurants, Cafés und Diskotheken – hier wird ausgeführt, was tagsüber beim *magasiner* erstanden wurde.

Rue Sherbrooke

Cityplan: S. 248

Etwas nördlich verläuft parallel zur Rue Ste-Cathérine die Nobelmeile **Rue Sherbrooke,** die wichtigste West-Ost-Verbindung der Île de Montréal. Im 19. Jh. erlebte sie ihre Glanzzeit, als Montréals anglophone Geschäftswelt drei Viertel des kanadischen Volksvermögens kontrollierte. Nur wenige ihrer herrlichen Residenzen überstanden die Abrisswut nach dem Zweiten Weltkrieg, allen voran die schönen Gebäude der Université McGill. Auch wenn die Prachtstraße viel von ihrem alten Glanz verloren hat: Luxushotels neueren Datums und noble Apartmentblocks lassen die Rue Sherbrooke immer noch mondän wirken.

Montréals Souterrain – die Stadt unter der Stadt

Folgende städtische Legende ist unausrottbar: Es war einmal ein unbedarfter Tourist, der im tiefsten Winter mit Sommerbekleidung in Montréal landete – und während seines 14-tägigen Aufenthalts nicht mal einen Mantel kaufen musste, da er Montréal ›von unten‹ erforschte.

Ein Märchen, doch die Geschichte könnte sich tatsächlich zugetragen haben. Im Winter fegen die bitteren Polarwinde ungehindert über das St.-Lorenz-Tiefland hinweg. Von November bis April herrscht hier ›Général d'Hiver‹ mit viel Schnee und tiefen Minusgraden, −20 °C sind im Januar keine Seltenheit. Die findigen Montréaler jedoch haben nicht vor der Kälte kapituliert, sondern ganz einfach ihr Leben nach unten verlegt, in die warmen Kavernen ihrer Ville Souterraine. Während sich im Frühjahr und Sommer die berühmte *joie de vivre* der Metropole in den Straßencafés und auf den Boulevards im Freien abspielt, trifft man sich im Winter unter der Erde. Man flaniert, geht einkaufen, ins Kino oder genießt einen *café au lait*. Alles 10 m unter der Erde.

Geboren wurde die Idee der unterirdischen Stadt bereits Anfang der 1960er-Jahre, als der erste Wolkenkratzer der Innenstadt geplant wurde. Gleich neben dem Neubauprojekt lag eine tiefe Schneise, in der einst die Eisenbahnschienen verliefen. Anstatt nun das Loch aufzufüllen oder Tiefgaragen zu bauen, wurde ein großes Einkaufszentrum mit Kinos und Cafés geschaffen. Place Ville-Marie, die Keimzelle der Ville Souterraine, wurde schnell zum beliebten Treff der Montréaler. Die Idee machte Schule: Wann immer in den nächsten Jahren irgendwo in der Innenstadt gebaut wurde, legte man neue Passagen und Untergrundzentren an. Beim Bau der U-Bahn wurden die Ein- und Ausgänge gleich in Wohnhäuser und Bürogebäude gelegt und direkt an die Shops im Souterrain angeschlossen. Und schon bald führten auch Tunnels zu den umliegenden Gebäuden. Niemand musste mehr hinaus in die Kälte, wenn draußen der Blizzard durch die Straßen fegte.

Über 32 km lang ist das weit verzweigte Netz der Passagen und Tunnel, der mehrstöckigen Galerien und unterirdischen Plätze mittlerweile. 200 Restaurants, 45 Banken, rund 40 Kinos, Theater und Konzertsäle, sieben große Hotels und fast 2000 Läden sind dem Labyrinth dieses Superiglus heute angeschlossen. Etwa ein Drittel der Innenstadt ist bereits derart unterirdisch vernetzt. Und es sind längst nicht nur Einkaufspassagen, die man hier findet. Brunnen und Skulpturen, Gummibäume und auch echtes Grün schmücken die Gänge und oft mehrstöckigen Innenhallen. Die Universität ist ebenso an die bunte Glitzerwelt unter Tage angeschlossen wie die Place des Arts. Und sogar der liebe Gott hat Anschluss an die Unterwelt: Die Ladengalerien der Promenades de la Cathédrale haben direkten Zugang zu der schmucken, 1859 erbauten Kathedrale, deren Straßenfront anglikanisch-würdevoll auf die Rue Ste-Cathérine blickt. Über 500 000 Montréaler benutzen im Winter die Unterirdische Stadt pro Tag. Ein Winterpelz ist nicht erforderlich. Und man fragt sich, ob die Geschichte vom unbedarften Touristen nicht doch wahr ist …

Karl Teuschl

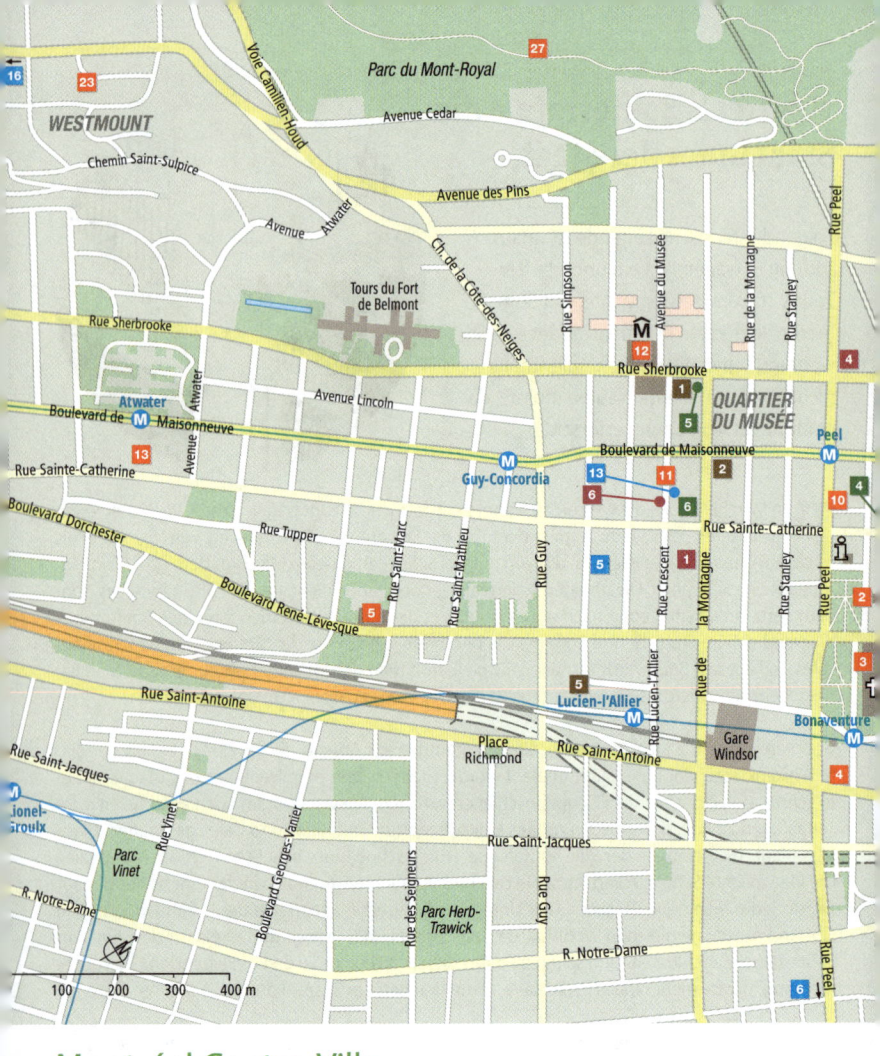

Montréal Centre-Ville

Sehenswert

1. Place Ville-Marie
2. Édifice Sun Life
3. Cathédrale Marie-Reine-du-Monde
4. 1000 de la Gauchetière
5. Centre Canadien d'Architecture
6. Centre Eaton
7. Cathédrale Christ Church
8. La Foule Illuminée
9. Musée d'Art Contemporain
10. Les Cours Mont-Royal
11. Rue Crescent
12. Musée des Beaux-Arts
13. Square Westmount
14. Université McGill
15. Musée McCord Stewart
16. Quartier Chinois
17. Quartier Juif
18. Quartier Portugais
19. Mile End
20. Petite Italie
21. Marché Jean-Talon
22. Outremont
23. Westmount
24. Université du Québec à Montréal
25. Parc Olympique
26. Jardin Botanique de Montréal

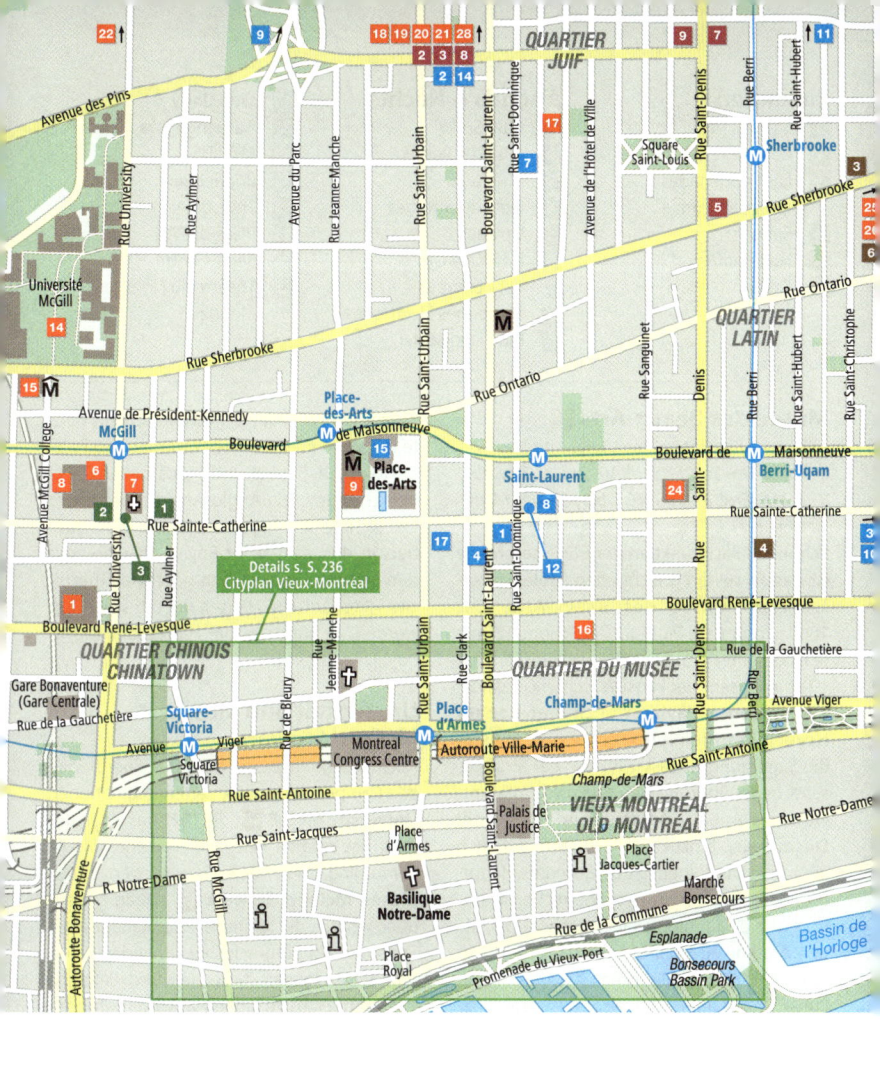

| 27 | Parc du Mont-Royal
| 28 | Oratoire St-Joseph

Übernachten
| 1 | Ritz-Carlton Montréal
| 2 | Vogue Hotel Montréal Downtown
| 3 | Hotel de Paris
| 4 | Fairfield by Marriott Montréal Downtown Hotel
| 5 | Auberge Saintlo Montréal
| 6 | Camping Alouette

Essen & Trinken
| 1 | Restaurant Europea
| 2 | Milos
| 3 | Maison Publique
| 4 | Renoir
| 5 | Restaurant de l'ITHQ
| 6 | Wienstein & Gavino's Pasta Bar Factory
| 7 | L'Express
| 8 | Schwartz's Delicatessen
| 9 | La Binerie Mont-Royal

Fortsetzung S. 250

Centre-Ville

Einkaufen
1. La Baie
2. Complexe Les Ailes
3. Les Promenades de la Cathédrale
4. Simon's
5. Holt Renfrew
6. Ogilvy

Abends & Nachts
1. Club Soda
2. Casa del Popolo
3. Club 6/49
4. Quai des Brumes
5. Upstairs
6. New City Gas
7. Café Campus
8. Foufounes Électriques
9. Blue Dog Motel
10. Club Unity
11. Ausgang Plaza
12. MTELUS
13. Bootlegger
14. Thursday's
15. Place des Arts
16. Segal Centre
17. Théâtre du Nouveau Monde

Musée des Beaux-Arts 12
1380, rue Sherbrooke Ouest, www.mbam.qc.ca, Di, Do–So 10–17, Mi 10–21 Uhr, Erw. ab 31 J. 24 $, Erw. 21–20 J. 16 $, bis 20 J. frei, Mi ab 18 Uhr ab 21 J. 12 $

Schönster Blickpunkt an der Rue Sherbrooke ist das an seinen griechischen Säulen zu erkennende **Musée des Beaux-Arts.** Das 1860 gegründete Museum der Schönen Künste ist das älteste des Landes und residiert seit 1912 in diesem neoklassizistischen Gebäude, dem heutigen **Pavillon Michal et Renata Hornstein.** In den 1980er-Jahren expandierte die Sammlung, sodass 1991 auf der Straßenseite gegenüber ein von Moshe Safdie entworfener Anbau, der **Pavillon Jean Noël Desmarais,** hinzukam. Hier befindet sich auch der Haupteingang des Museums. Hauptgrund für den Besuch dieses herrlichen Museums ist die Sammlung kanadischer Kunst, die u. a. Antoine Plamondon und den Exzentriker Ozias Leduc ausstellt. Hinzu kommen Inuitkunst, Werke alter europäischer Meister, Vertreter der klassischen Moderne wie Picasso und Dalí sowie spektakuläre Wanderausstellungen zeitgenössischer Kreativer.

Square Westmount 13
Gen Westen führt die Rue Sherbrooke zum Nobelviertel **Westmount,** dessen Anker der in den frühen 1960er-Jahren von Mies van der Rohe entworfene, pechschwarze Bürokomplex **Square Westmount** (Rue Sherbrooke/Ecke Rue Greene) ist. Drinnen befindet sich eine elegante Shopping Mall. Traditionell ist Westmount die Enklave der betuchten Anglo-Montréaler, die das Geschick der Stadt bis in die 1970er-Jahre bestimmten. Bis heute leben sie hier, die Nachkommen der Pelzaristokraten, Banker und Industriellen, trotz der chronischen ›Anglo-Angst‹ vor einem vielleicht eines Tages unabhängigen Québec. In den zum Mont-Royal hinaufziehenden Seitenstraßen stehen noch viele herrliche viktorianische Häuser, die um so größer werden, je höher es die Hänge des Mont-Royal hinaufgeht.

Universität und Musée McCord Stewart
Nach Osten hin passiert die Rue Sherbrooke den Campus der renommierten anglophonen **Université McGill** 14, die 1821 aus einer Stiftung des reichen Pelzhändlers James McGill hervorging. Immer einen Besuch wert ist das **Musée McCord Stewart** 15 schräg gegenüber, wo sich die Kenntnisse zur kanadischen Sozial- und Kulturgeschichte anhand wunderschöner indigener Stickereien und detailreicher Sonderausstellungen aus drei Jahrhunderten auffrischen lassen (690, rue Sherbrooke Ouest, www.musee-mccord-stewart.ca, Di und Do–Fr 10–18, Mi 10–21, Sa, So 10–17 Uhr, Erw. 19 $, Kinder unter 12 Jahren frei).

Boulevard St-Laurent

Cityplan: S. 248

Weiter östlich überquert die Rue Sherbrooke Boulevard St-Laurent und Rue St-Denis und strebt schließlich dem Olympia-Stadion entgegen. Der streckenweise charmant-verlotterte **Boulevard St-Laurent** ist die wichtigste Nord-Süd-Achse der Metropole. Die alten Montréaler nennen ihn noch immer schlicht ›The Main‹, die Hauptstraße, die Montréal im 19. Jh. nicht nur halbierte, sondern auch die ›Anglos‹ im Westen von den ›Francos‹ im Osten trennte. Ab 1900 änderte die Main mit der Ankunft von Einwanderern aus aller Welt ihr Gesicht: In mehreren Wellen kamen Chinesen, osteuropäische Juden, Griechen, Italiener, Latinos und Haitianer, ließen sich hier nieder und schoben die zuvor gekommene Gruppe weiter den Boulevard hinauf. Zu Beginn des 3. Jt. erleben verschiedene Abschnitte des Boulevards eine Renaissance als Trendmeile.

Quartier Chinois [16]

Das kleine **Quartier Chinois** auf dem Abschnitt zwischen Boulevard René-Lévèsque und Rue Viger – zwei goldbelegte, von der Stadt Schanghai gestiftete Zeremonialbögen über dem Boulevard St-Laurent markieren Nord- und Südende der Chinatown – entstand bereits 1870. Chinesische Bahnarbeiter, die nach Vertragsende in Kanada blieben, ließen sich hier nieder und hielten sich zunächst mit Wäschereien und Arbeiterkantinen über Wasser. Heute ist Chinatown das historische Zentrum der über 50 000 chinesischstämmigen Montréaler, die inzwischen jedoch meist auf dem Südufer leben. Das Quartier Chinois selbst ist ein Fragment Chinas in Kanada: Die Restaurants sind authentisch, und aus den Läden strömt der Geruch von Erdnussöl, Knoblauch, Zwiebeln und Ingwer.

Quartier Juif und Quartier Portugais

Nördlich der Rue Sherbrooke erstreckt sich entlang des Boulevard St-Laurent das alte **Quartier Juif** [17], das ehemalige Viertel der osteuropäischen Juden. Heute dominiert hier ein kunterbuntes Mosaik anderer Einwanderer: Die Straßenrestaurants an der Fußgängerzone Rue Prince-Arthur sind vielfach griechisch, in der Rue Duluth findet man polnische, mexikanische und vietnamesische Küche und im **Quartier Portugais** [18] kurz unterhalb der Avenue du Mont-Royal locken portugiesische Spezialitätenlokale.

Mile End und Petite Italie

Übergangslos folgt das **Mile End** [19]. Es reicht bis zum Blvd. St. Joseph und umfasst einige westlich und östlich verlaufende Parallelstraßen des Blvd. St-Laurent. Einst Heimat irisch-katholischer Arbeiterfamilien, ist es heute mit seinem von Hipstern, Normalverbrauchern und tiefgläubigen chassidischen Juden geprägten Straßenbild Montréals heißestes Szeneviertel. Zahllose kleine Galerien stellen Montréals Nachwuchs-Kreative aus. In schummrigen Kneipen wie dem Sala Rossa (4848, blvd. St-Laurent) und dem Casa del Popolo (Nr. 4873) sammelten heutige Kultbands wie Arcade Fire und Plants & Animals ihre ersten Erfahrungen.

Ganz im Norden liegt **Petite Italie** [20]. Man hat es erreicht, wenn man plötzlich Espressomaschinen und Bilder der italienischen Fußballnationalmannschaft in den Schaufenstern der Gelaterias und Pizzerien sieht.

Marché Jean-Talon [21]

7070, rue Henri-Julien, www.marchespublics-mtl.com/marches/jean-talon, Mo–Mi 7–18, Do, Fr 7–20, Sa 7–18, So 7–17 Uhr, erreichbar auch via Métro Jean-Talon

Ein paar Blocks von Petite Italie in nordöstlicher Richtung liegt der schönste Wochenmarkt der Stadt. Zwischen Paprika, Lychees, Ahornprodukten und frischem Brot fliegen einem auf dem **Marché Jean-Talon** Dutzende von Sprachen um die Ohren. Die Betreiber legen Wert auf Originalität – Kettenrestaurants und andere Franchises müssen draußen bleiben. Um die unter einem Lagerhallendach residierenden Marktstände gruppieren sich Feinschmecker-Geschäfte und Cafés, wo man sich durch die Küchen der Welt essen kann.

Outremont und Westmount

Cityplan: S. 248

Die jüdischen Einwohner Montréals leben heute zumeist im wohlhabenden Stadtteil **Outremont** [22] (dorthin führt die feine

Einsteigen und genießen – die Métro von Montréal

Im Winter, wenn das Thermometer bei minus 25 Grad Celsius einfriert und der Winter die Stadt fest im Griff zu haben scheint, funktioniert Montréal ganz vorbildlich – vor allem deshalb, weil sich das Leben von draußen nach drinnen verlagert.

Auch Claude geht wochenlang nicht nach draußen.
Nicht, weil es ihm zu kalt wäre. Er braucht es einfach nicht. Er muss sich auch nicht warm anziehen. Die 10 km bis zu seiner Arbeit im Zentrum Montréals sind nämlich vollklimatisiert. Während draußen also ein Schneesturm den anderen ablöst, fährt Claude in seinem Kondominium-Turm in der Vorstadt Longueuil per Aufzug hinunter zur Tiefgarage. Dort zweigt ein Fußgängertunnel zur U-Bahn-Station Longueuil–Université-de-Sherbrooke ab. Ein paar Minuten später ist er unterwegs Richtung Centre-Ville, Innenstadt. Unter dem St.-Lorenz-Strom hindurch geht es zunächst zur U-Bahn-Station Berri-UQAM, dem wichtigsten Knotenpunkt des Montréaler U-Bahn-Systems. Hier steigt Claude von der gelben auf die orangefarbene Linie um. 15 Minuten später steigt er an der Station Square-Victoria wieder aus. Rolltreppen und weitere Fußgängertunnel bringen ihn zuletzt zu einer Mall mit Restaurants, dem Fitness-Studio Club Nautilus und netten Boutiquen. Von hier führt eine letzte Rolltreppe hinauf in die Lobby der Montréaler Börse. Hier verdient Claude seine Brötchen. Ein Auto hat er nie besessen, nie gebraucht. »Wozu?«, fragt er und guckt bass erstaunt.

Montréals U-Bahn ist ein Segen. Selbst die Anglos sagen nicht Subway, sondern Métro, von *chemin de fer métropolitain.* Die wegen des harten kanadischen Winters ausschließlich unterirdisch verlegte U-Bahn verbindet alle Montréaler. 1966 nach vierjähriger Bauzeit eröffnet, wurde sie ständig erweitert; seit 2007 fährt sie bis Montmorency in der nördlichen Vorstadt Laval. 700 000 Pendler nutzen die Métro täglich, davon besitzen 34 % kein Auto: in Nordamerika eine rekordverdächtige Zahl! 59 Mio. km legen die Metrozüge jährlich zurück, die Société de Transport de Montréal (STCM) gehört zu den zehn größten Arbeitgebern der Provinz Québec.

»Le Métro« gehört in Montréal zum urbanen Lifestyle wie Sushi und Latte Macchiato. Die Züge, seinerzeit die ersten weltweit, gleiten auf Gummirädern sanft und fast lautlos durchs Erdreich. Jede Station hat ein anderes Dekor. Bekannte Montréaler Künstler haben sich hier verewigt, online gibt es von Métro-Fans verfasste Führer zu den schönsten – inklusive Kategorisierung. Einem Führer zufolge sind acht Métrostationen so schön, dass sie »froh machen, in Montréal leben zu dürfen« und fünf Sterne bzw. Métro-Logos, »Métros« genannt, verdienen. Vier Métros (»Sie haben Glück, nahebei zu wohnen«) verdienen 20, drei Métros (»eine attraktive Station«) 23 Stationen. Jean-Claude Germain, Québecs vielzitierter Historiker, geht noch weiter: Für ihn ist die Métro für Montréal, was die Boulevards für Paris und die Kanäle für Venedig sind. Nicht nur das: In der Métro herrscht ein Stimmengewirr von über 100 Sprachen. »Im Grunde bräuchte ich gar nicht zu verreisen«, meint Claude. Sein Freund hat seine Frau, eine Kolumbianerin, 30 m unter der Erde kennengelernt.

Avenue Laurier in Richtung Mont-Royal) oder verteilt über die anderen Viertel der Stadt. Am Boulevard St-Laurent erinnern nur noch das für seine *smoked meat sandwiches* berühmte Restaurant Schwartz's Delicatessen (s. S. 256) an die Zeit, als Jiddisch die dritte Sprache Montréals war. Outremont ist im Übrigen das frankophone Gegenstück zum piekfeinen, anglophonen **Westmount** 23 auf der anderen Seite des Mont-Royal: Dort residiert bis heute die Crème von le Québec, und zwar in herrschaftlichen Villen mit Gärten und schönen Cafés und Bistros an jeder Ecke.

Rue St-Denis

Cityplan: S. 248
Parallel zum Boulevard St-Laurent verläuft die **Rue St-Denis,** südlich der Rue Sherbrooke die studentische Kneipen- und Restaurantmeile des frankophonen Montréal, nördlich davon die Boutiquen- und Restaurantzone für ein etwas älteres Publikum. Vor allem rings um die **Université du Québec à Montréal (UQAM)** 24 , im Kreuzungsbereich St-Denis und Ste-Cathérine, entfaltet sich mit Coffeeshops, Bars, Theatern und kleinen Läden die Bohème der Stadt. Tagsüber sieht man Künstler und Lebenskünstler im hübschen, von viktorianischen Reihenhäusern gesäumten Park **Carré St-Louis** (zwischen Rue St-Denis und Av. Laval) beim Lesen ihrer Drehbücher und beim Gitarrespielen, abends geht man ins Kino, ins Theater oder, *bien sur,* in eines der vielen Restaurants.

Östlich des Zentrums

Cityplan: S. 248
Auch einige Sehenswürdigkeiten im weiteren Stadtgebiet lohnen einen Besuch und sind in der Regel per Métro leicht zu erreichen.

Parc Olympique de Montréal 25

Der **Parc Olympique** der Sommerspiele von 1976 liegt ganz im Nordosten der Stadt. Aus dem braunen Häusermeer ragt wie ein Raumschiff das **Olympiastadion** heraus. Darüber wacht – gewagt im 45-Grad-Winkel geneigt – der erst 1987 fertiggestellte **Tour de Montréal,** ein Wahrzeichen der Stadt. Dank seiner 165 m Höhe nennen ihn die Montréaler den höchsten schiefen Turm der Welt; die Kabinenfahrt zur Aussichtskanzel ist ein besonderes Erlebnis (454, av. Pierre-de-Coubertin, Juni Di–So 9–18, Mo 13–18, Juli/Aug. Di–So 9–19, Mo 13–19, Sept. Di–So 9–18, Mo 13–18, Okt.–Dez. Di–So 9–17 Uhr, Erw. 23,75 $, Kinder 11,50 $).

Während der Olympischen Spiele wurde die Anlage als architektonischer Meilenstein und Symbol des aufstrebenden Montréal bejubelt. Auf die Spiele folgte jedoch Ernüchterung: Statt der veranschlagten 320 Mio. Dollar hatte das Lieblingsprojekt des flamboyanten Bürgermeisters Jean Drapeau (»Eher bekommt ein Mann ein Baby, als dass unsere Olympischen Spiele auch nur einen Dollar Schulden machen!«) satte 1,2 Mrd. Dollar verschlungen – angeblich hat Montréal erst vor ein paar Jahren abbezahlt. Das olympische Radrennstadion daneben hat sich seit dem Umbau in ein Umweltmuseum jedoch rentiert: Als **Biodôme** lockt es jährlich 1,5 Mio. Besucher in seine vier mit Affen, Krokodilen, Luchsen, Bibern und Pinguinen bevölkerten Vegetationszonen (4777, av. Pierre-de-Coubertin, tgl. 9–17, Sommer bis 18 Uhr, Erw. 22 $, Kinder 5–17 J. 11 $, unter 4 J. frei).

Jardin Botanique de Montréal 26

4101, rue Sherbrooke Est, tgl. 9–18 Uhr, Erw. 22 $, Kinder 11 $
Nicht verpassen sollte man den vom Parc Olympique durch die Rue Sherbrooke getrennten **Jardin Botanique de Montréal.** Trotz des nordischen Klimas in Québec ist er einer der schönsten botanischen Gärten der Welt – und einer der größten dazu. Zehn riesige Gewächshäuser, gut zwei Dutzend Themengärten auf über 70 ha Land und insgesamt über 22 000 Blumenarten machen den Besuch zu einem Fest für die Sinne. Besonders empfehlenswert: der chinesische Garten mit seinen zierlichen Pagoden und Goldfischteichen. Zum Garten gehört auch ein großes

Insektarium mit Schmetterlingen, Spinnen und Käfern aus allen Kontinenten. Zusammen mit Olympiastadion und Biodôme kann er mit einem Ticket besucht werden.

Mont-Royal

Als Höhepunkt und krönenden Abschluss des Montréalbesuchs sollte man noch den Namensgeber der Stadt erklimmen, den **Mont-Royal** (Aktiv unterwegs S. 261). Weit und breit ist *la montagne*, wie ihn die Montréaler trotz seiner dürftigen 250 m Höhe liebevoll nennen, die einzige Erhebung, und allein schon deswegen musste Jacques Cartier einst von oben die ›königliche‹ Aussicht loben. Seit dem 19. Jh., als der seinerzeit weltberühmte Landschaftsarchitekt Frederick Law Olmsted den **Parc du Mont-Royal** 27 schuf, ist der Gipfelbereich als Stadtpark vor weiterer Bebauung geschützt. Die Ostflanke krönt das monumentale **Croix du Mont-Royal**, eine 1924 errichtete Nachbildung des Kreuzes, das Stadtgründer Maisonneuve 1642 an genau dieser Stelle aufstellte. Nachts wird es beleuchtet und strahlt weit über die Stadt hinaus.

Aussichtspunkte

Vom Ende der Rue Peel führt heute ein steiler Fußweg die Bergflanke hinauf zum 1932 erbauten **Chalet du Mont-Royal**, vor dem eine weitläufige Aussichtsterrasse zum Panoramablick einlädt: Zum Greifen nah ragen die Bürotürme von Centre-Ville in den Himmel. Dahinter wälzt sich breit der Südarm des St.-Lorenz-Stroms Richtung Atlantik, ganz im Süden kann man gerade noch die Richtung Vermont strebenden Appalachen ausmachen. Das aus dem Häusermeer ragende Olympiastadion im Osten sieht man im Übrigen vom schönen **Belvédère Camilien Houde** aus. Dazu folgt man den Wegweisern vor dem Chalet du Mont-Royal durch dichten Wald und vorbei an steil abfallenden Klippen.

Lac aux Castors

An der Rückseite des Chalet schlängeln sich Wege durch die Parkanlagen zum künstlichen **Lac aux Castors**, dem Bibersee. Der Name bezieht sich auf die alten Biberdämme, auf die man bei den Bauarbeiten stieß. Je nach Jahreszeit kann man auf dem See Tretboot fahren oder Schlittschuh laufen, danach stopft das Restaurant Le Pavillon etwaige Löcher im Magen.

Friedhöfe

Auf dem rückwärtigen Plateau des Berges erstrecken sich übrigens die riesigen Friedhöfe Montréals. Sie sind viel mehr als Begräbnisstätten. Im Sommer, vor allem aber während der Laubfärbung im Herbst, bieten sie herrliche Spaziergänge durch idyllische Alleen aus Apfel- und japanischen Kirschbäumen, vorbei an aufwendigen, in duftende Blumenbeete gebetteten Gruften und endlosen Reihen schöner Grabsteine, auf denen Auswanderer-Geschichten aus 200 Jahren verewigt sind. Der 1852 eröffnete **Cimetière Mont-Royal** ist spätestens seit dem Welterfolg des »Titanic«-Films von 1998 ein beliebtes Touristenziel. Hier liegen u. a. die Gräber der Montréaler Titanic-Opfer (tgl. 8–20 Uhr, www.mountroyalcem.com, Métro-Station Édouard Montpetit). Hier und auf dem **Cimetière Notre-Dame-des-Neiges** (www.cimetierenddn.org) fanden aber auch viele Prominente ihre letzte Ruhe.

Oratoire St-Joseph 28

3800, ch. Queen Mary, www.saint-joseph.org, tgl. 7–20.30 Uhr, Eintritt frei, Métro-Station Côte des Neiges

Am Nordwesthang des Berges wartet noch eine letzte Attraktion – ein Schrein für gläubige Wallfahrer und Katholiken, wie es die Québecer bis heute in der Mehrzahl sind. Das gigantische **Oratoire St-Joseph**, erbaut zwischen 1924 und 1966, ist alljährlich das Ziel von rund 2 Mio. Pilgern, die aus ganz Nordamerika anreisen, um in dem mit seiner gewaltigen Kuppel insgesamt 154 m hohen Gotteshaus Trost und vielleicht auch Heilung zu finden. Dass ihre Gebete durchaus erhört werden, bezeugen die mit Krücken dekorierten Säulen im Eingangsportal – nicht wenige Kranke konnten nach dem Besuch plötzlich wieder laufen.

Adressen

Infos
s. S. 240.

Übernachten

Grande Dame – **Ritz-Carlton Montréal 1 :** 1228, rue Sherbrooke Ouest, Tel. 514-842-4212, 1-800-363-0366, www.ritzcarlton.com. Gilt seit einem Jahrhundert als bestes Hotel der Stadt. Hier steigen Filmstars und Politiker ab. In dem 1911 eröffneten und um einen neomodernistischen Anbau erweiterten Traditionshotel verbrachte schon Liz Taylor die Flitterwochen mit ihrem Richard, nahmen John Lennon und Yoko Ono während ihres berühmten »Bed-in« den Antikriegssong »Give peace a chance« auf. Exzellenter Service, ausgezeichnete Restaurants. DZ ab 400 $.

Urbane Eleganz – **Vogue Hotel Montréal Downtown 2 :** 1425, rue de la Montagne, Tel. 514-285-5555, 1-877-625-2064, www.loewshotels.com. Zentral gelegenes Luxushotel, die elegant eingerichteten Zimmer verfügen über Flachbildfernseher und iPod-Dockingstation. Restaurant mit Buntglasdecke im Stil eines Pariser Bistros. DZ 220–460 $.

Helle Zimmer – **Hotel de Paris 3 :** 901, rue Sherbrooke Est, Tel. 514-522-6861, 1-800-567-7217, www.hotel-montreal.com. Intimes kleines Stadthotel in viktorianischer Villa am Rand von Centre-Ville. Alle Zimmer mit Bad und WC. 170–310 $.

Bezahlbar – **Fairfield by Marriott Montréal Downtown Hotel 4 :** 1199, rue Berri, Tel. 514-845-9236, www.marriott.com. Modern, unprätentiös und sachlich: zweckgerichtete Wohnlichkeit im Quartier Latin. DZ 120–280 $.

Mittendrin – **Auberge SaintIo Montréal: 5 :** 1030, rue Mackay, Tel. 514-843-3317, www.hostellingmontreal.com. In zentraler Lage, neben Drei- bis Acht-Bett- auch Doppelzimmer. Ab 30 $/Pers. im Schlafsaal, im DZ ab 112 $.

Am Stadtrand – **Camping Alouette 6 :** Highway 20, Exit 105, 3449 de l'Industrie, in St-Mathieu-de-Beloeil, Tel. 450-464-1661, 1-888-464-7829, www.campingalouette.com. Verkehrsgünstig gelegen mit Busverbindung zur Downtown, 150 Stellplätze, 50 Zeltplätze, alle Serviceleistungen, Aktivitäten. Stellplätze ab 40 $ pro Nacht.

Essen & Trinken

Die höchsten Konzentrationen guter Restaurants sind an **Boulevard St-Laurent** und **Rue St-Denis** nördlich der Rue Sherbrooke, im Kreuzungsbereich von Rue St-Denis und Avenue Mont-Royal sowie an der **Avenue Laurier** am Ostrand von Outremont zu finden. Die Küchen aller Nationalitäten sind vertreten, oft kreativ variiert. Preiswert und gut sind die Lokale (oft griechisch oder portugiesisch) im Kreuzungsbereich von **Rue Prince-Arthur** und Boulevard St-Laurent. In diesem Abschnitt ersparen sich manche Restaurants die teure Alkohollizenz und machen mit dem Schild »Apportez votre vin« darauf aufmerksam. Die Montréaler bringen dann eine Flasche aus einem Laden der staatlichen *Société des alcools du Québec (SAQ)* mit und lassen sie sich im Restaurant kredenzen. Die traditionelle *cuisine québécoise* wird kaum noch serviert. Dem Gourmet dagegen wird eine reiche Auswahl geboten.

Konstant hohes Niveau – **Restaurant Europea 1 :** 1227, rue de la Montagne, Tel. 514-398-9229, https://jeromeferrer.ca, Mo–Fr 18–21.30, Sa 18–22, So 18–21.30 Uhr. Hier serviert man kreative französische Küche. 7-Gänge-Menü 95 $, 12-Gänge-Menü 150 $.

Populär – **Milos 2 :** 5357, av. du Parc, Tel. 514-272-3522, www.estiatoriomilos.com, Mo–Fr 12–24, Sa, So 18–24 Uhr. Fisch und Salate stammen von den besten Märkten, Fischern und Bauern Québecs. Top-Grieche der Stadt. Vorspeisen 20–38 $, Hauptspeisen 45–76 $.

Starker Gastro-Pub – **Maison Publique 3 :** 7420, rue Marquette, Tel. 514-507-0555, www.maisonpublique.com. Reichhaltige Speisekarte mit viel kalorienreicher Kost. Legendäre Gänseleberpastete, tolle Pasta mit Schweinefleischragout. Vorspeisen 14–29 $, Hauptspeisen 27–51 $.

Beste Desserts – **Renoir 4 :** 1155, rue Sherbrooke Ouest, Tel. 514-788-3038, www.restaurant-renoir.com, tgl. 18–22.30 Uhr. Modernes Restaurant im Hotel Sofitel. Zeitgemäße, frankokanadische, kalifornisch inspirierte Küche mit marktfrischen lokalen Produkten. Schöne Terrasse. Vorspeisen 18–31 $, Hauptspeisen 36–49 $.

Centre-Ville

Hier kocht der Nachwuchs – **Restaurant de l'ITHQ** 5 : 3535, rue St-Denis, Tel. 514-282-5155, www.ithq.qc.ca/hotel, Frühstück Mo–Fr 7–9.30, Sa, So 7.30–10.30, Lunch Mo–Fr 12–13.30, Dinner Di–Sa 18–21 Uhr. Im Restaurant der renommiertesten Kochschule Montréals servieren die Schüler französisch inspirierte Gourmetgerichte. Vorspeisen 11–17 $, Hauptspeisen 26–39 $.

Lebhaft – **Wienstein & Gavino's Pasta Bar Factory** 6 : 1434, rue Crescent, Tel. 514-288-2231, www.wgmtl.com, So–Mi 11–23, Do–Sa 11–24 Uhr. Zweistöckiger Restaurant-Hangar. Yuppie-Treff, leckere Pizzen und Pastagerichte. Vorspeisen 7–23 $, Hauptspeisen 26–41 $.

Bewährt – **L'Express** 7 : 3927, rue St-Denis, Tel. 514-845-5333, www.restaurantexpress.com, Mo–Fr 8–3, Sa 10–3, So 10–2 Uhr. Eines der erfolgreichsten Bistro-Restaurants. Mit langer Theke, gut gelaunten uniformierten Kellnern und Edith Piaf-Chansons aus den Lautsprechern. Vorspeisen 11–22 $, Hauptspeisen 17–36 $.

Legendär – **Schwartz's Delicatessen** 8 : 3895, blvd. St-Laurent, Tel. 514-842-4813, www.schwartzsdeli.com, So–Do 8–12.30, Fr 8–13.30, Sa 8–14.30 Uhr. Seit bald 80 Jahren Institution in Sachen *smoked meat* (Rauchfleisch). Täglich stehen lange Schlangen vor dem einfachen Lokal. 13–26 $.

Charmantes Relikt – **La Binerie Mont-Royal** 9 : 367, av. du Mont-Royal Est, Tel. 514-285-9078, www.labineriemontroyal.com, Di–Fr 6–14, 17–21, Sa 7.30–15, 17–21, So 7.30–15 Uhr. Hausmannskost der deftigen *cuisine québécoise*. Vorspeisen 6–21 $, Hauptspeisen 15–24 $.

Einkaufen

Wichtigste Einkaufsstraße in Centre-Ville ist die **Rue Ste-Cathérine.** Hier befinden sich die über- und unterirdischen Shopping Malls und Kaufhäuser wie das Centre Eaton, Les Ailes de la Mode, Ogilvy und La Baie. Im westlichen Straßenabschnitt gibt es viele Hipster-Ketten, u. a. Banana Republic (Nr. 777) und Urban Outfitters (Nr. 1246). Nicht zu vergessen die **Ville Souterraine** mit ihren Tunneln und Passagen, in denen sich Läden und Restaurants aneinanderreihen, z. B. an der Place Bonaventure/Place Ville-Marie, im Complexe Desjardins oder Les Cours Montréal. **Souvenirläden** finden sich insbesonders in der Altstadt an der Rue St-Paul. Dazwischen gibt's auch zahlreiche **Kunsthandwerksläden** und **Galerien.** An der Rue St-Denis zwischen Rue Sherbrooke und Avenue Mont-Royal warten vor allem kleine **Schmuckläden** und unabhängige Boutiquen.

Bienenstock – **Centre Eaton** 6 : 705, rue Ste-Cathérine Ouest, Mo–Fr 10–21, Sa 10–18, So 11–17 Uhr. 130 Geschäfte auf vier Etagen, 23 Mio. Besucher jährlich, 2018/19 umfassend renoviert. Unterirdische Verbindungen zu weiteren Konsumschleusen.

Nationale Institution – **La Baie** 1 : 585, rue Ste-Cathérine Ouest, Mo–Mi 9.30–18, Do–Fr 9.30–21, Sa 9.30–17, So 12–17 Uhr. Das achtstöckige Kaufhaus der Hudson's Bay Company ist seit 100 Jahren die verlässliche Einkaufsadresse der Montréaler.

Tipp

POUTINE ESSEN

Was dem Bochumer die Currywurst, ist den Québécois *Poutine,* eine Cholesterinbombe aus Pommes Frites und Cheddar-Käsestückchen, die in warmer brauner Bratensoße schwimmen. Hat man sich erst einmal daran gewöhnt, schmeckt Poutine gar nicht übel. In der Provinz ist es so populär, dass man es sogar auf der Speisekarte von McDonalds findet. Der beste Ort, um Poutine zu versuchen, ist **La Banquise** (994, rue Rachel Est, Tel. 514-525-2415, www.labanquise.com, 24 Std. geöffnet). Hier werden über 30 Poutine-Versionen serviert, mit Namen wie »L'Obelix«, »La Shootout« und »B.O.M.« (Bacon, Onion, Merguez). Bon appétit!

Adressen

Als »One-Stop-Shop« konzipierte Lifestyle-Boutique in der Rue St-Paul: Neben Mode und Accessoires findet man hier auch Wohndesign und Kunstwerke

Coole Outfits – **Complexe Les Ailes** 2 : 677, rue Ste-Cathérine Ouest, www.complexeles ailes.com, Mo, Di und Sa 10–18, Mi–Fr 10–21, So 11–17 Uhr. Gestylter Konsumpalast im ehemaligen Kaufhaus Eaton mit direkter Verbindung zur Ville Souterraine.

Accessoires – **Les Promenades de la Cathédrale** 3 : 625, rue Ste-Catherine Ouest, www.promenadescathedrale.com, Mo–Mi 10–18, Do, Fr 10–21, Sa 10–17, So 12–17 Uhr. Mehrgeschossiges Einkaufszentrum unter historischer Kirche, im Atrium finden oft Konzerte und Ausstellungen statt.

Young Fashion – **Simon's** 4 : 977, rue Ste-Cathérine Ouest, www.simons.ca, Mo–Mi 10–18, Do, Fr 10–21, Sa 10–17.30, So 11–17.30 Uhr. Urban Wear zu vernünftigen Preisen.

Très élegant – **Holt Renfrew** 5 : 1300, rue Sherbrooke Ouest, www.holtrenfrew.com, Mo–Mi 10–18, Do–Fr 10–21, Sa 9.30–17, So 12–17 Uhr. Montréaler Institution für betuchte Kunden. Mode internationaler Designer.

Das Auge shoppt mit – **Ogilvy** 6 : 1307, rue Ste-Cathérine, www.ogilvycanada.com, Mo–Mi 10–18, Do, Fr 10–21, Sa 9.30–18.30, So 11–18 Uhr. Montréals nobelstes Kaufhaus.

Centre-Ville

Montréal, c'est cool – das gilt besonders während des Jazzfestivals

Abends & Nachts

Montréal ist die Party-Hauptstadt Kanadas, darin sind sich alle Reisejournalisten und -portale einig. Das Nachtleben der Stadt konzentriert sich an mehreren Punkten der Centre-Ville. Seit Jahrzehnten ein Synonym für Nightlife und Partys sind die Bars, Restaurants, Pubs und Discos an der **Rue Crescent** und im Kreuzungsbereich von Rue Crescent und **Rue Maisonneuve**. An der **Rue St-Denis** zwischen Rue Sherbrooke und Rue Ste-Cathérine reihen sich Bars, Bistros und Klubs aneinander. Nachts ist auch an der **Rue Ste-Cathérine** etwas los, vor allem im Abschnitt zwischen Boulevard St-Laurent und Rue St-Denis, der wegen seiner Sexshops hauptsächlich von amerikanischen Collegeboys frequentiert wird. Trendige Etablissements – Discos, Lounges und Klubs – finden sich vor allem am **Boulevard St-Laurent** zwischen Rue Sherbrooke und Avenue Mont-Royal. Die Restaurants und Kneipen an der **Avenue Mont-Royal** haben der auf den Mont Royal zulaufenden Straße während der letzten Jahre den Ruf als hippe *city destination* eingebracht. Positiv ist zudem, dass man sich in der Stadt auch am Abend sicher fühlen kann – über Nepp oder ein nächtlicher Überfall sind kaum zu befürchten. Ein weiterer Pluspunkt sind die Öffnungszeiten: Kneipen und Klubs haben bis 3 Uhr morgens und länger geöffnet.

Livemusik

Echte Live-Atmosphäre – **Club Soda** **1**: 1225, blvd. St-Laurent, Tel. 514-286-1010, www.clubsoda.ca. Eine der beliebtesten Konzerthallen der Stadt. Internationale wie lokale Künstler, auch viele Newcomer.

Indie-Szene – **Casa del Popolo** **2**: 4873, blvd. St-Laurent, Tel. 514-284-3804, www.casadelpopolo.com, tgl. Montréals Top Joint für Indie-Acts hat schon Bands wie Arcade Fire, Buck 65 und Moldy Peaches auf die Beine geholfen.

Adressen

Spaß pur – **Club 6/49** 3 : 1112, rue Ste-Cathérine, Tel. 514-927-2572, www.club649.com, Do–Sa 22–3 Uhr. Tagsüber Salsa-Kurse, nachts heißer Salsa-Tanzschuppen.

Jazz klassisch – **Quai des Brumes** 4 : 4481, rue St-Denis, Tel. 514-499-0467, www.quaidesbrumes.ca, tgl. 14–3 Uhr. Nikotinvergilbtes Jazz-Bistro, hat in der internationalen Fangemeinde Legendenstatus.

Schön schummerig – **Upstairs** 5 : 1254, rue Mackay, Tel. 514-931-6808, www.upstairsjazz.com, tgl. 18–2 Uhr. Jeden Tag Blues und Jazz, auch lokale Bands.

Zum Abtanzen – **New City Gas** 6 : 950, rue Ottawa, Tel. 514-879-1166, www.newcitygas.com. Multifunktionaler Event-Hangar mit Disko und Livemusikbühnen. Gute Action!

Musik ganz nah – **Café Campus** 7 : 57, rue Prince-Arthur, Tel. 514-844-1010, www.cafecampus.com, tgl. 15–2 Uhr. Studentenkneipe mit Rock Acts.

Legendäre Punker-Grotte – **Foufounes Électriques** 8 : 87, rue Ste-Cathérine, Tel. 514-844-5539, www.foufouneselectriques.com, tgl. 15–3 Uhr. Die legendäre Punk-Höhle ist heute ein bisschen zahmer, bringt aber noch immer wilde Bands auf die Bühne.

Bars/Discos

Fusion pur – **Blue Dog Motel** 9 : 3958, blvd. St-Laurent, Tel. 514-845-4258, tgl. 9.30–3 Uhr. HipHop, Rock und Electro in ungewöhnlich kuscheligem Ambiente.

Alle Tribes – **Club Unity** 10 : 1171, rue Ste-Cathérine Est, Tel. 514-523-2777, www.clubunity.com, Fr 21.30–3, Sa 22–3 Uhr. Hipper Gay Klub auf zwei Ebenen; die besten DJs der Stadt legen hier auf.

Raum für alles – **Ausgang Plaza** 11 : 6524 rue St-Hubert, Tel. 514-312-1585, www.ausgangplaza.com. Multifunktionaler Raum mit tollen Nachbarschaftsvibes. Ausstellungen, Meetings, Livemusik und die beste Dance Action in diesem Teil der Stadt. Veranstaltungskalender s. Website.

Gute Action – **MTELUS** 12 : 59, rue Ste-Cathérine, Tel. 514- 492-1775, www.mtelus.com, Fr, Sa 22–3 Uhr. Größter Tanzboden der Stadt, oft Livemusik.

Institution – **Sir Winston Churchill Pub** 13 : 1459, rue Crescent, Tel. 514-288-3414, www.swcpc.com, tgl. 11.30–3 Uhr. Mehrere Bars, Tanzfläche, ›reiferes‹ Publikum. Immer gute Stimmung.

Für Jazz- und Whiskyfreunde – **Bootlegger** 14 : 3481 Blvd. St-Laurent, Tel. 438-383-2226, www.barbootlegger.com. Ideal zum Abhängen in guter Gesellschaft. Die Cocktails und Live Acts im Bootlegger sind die besten in der Stadt – sagen so manche.

Tanz & Theater

Ballett und Modern Dance, Konzerte, französische und englische Theaterproduktionen – die Kulturszene Montréals ist ein getreues Abbild ihrer vielfältigen Gesellschaft. Hinzu kommen etliche Festivals das ganze Jahr über. Über die aktuellen Spielpläne informieren Online-Plattformen wie MTL Blog (www.mtlblog.com), Midnight Poutine (www.midnightpoutine.ca) und www.tourisme-montreal.org/Blog. Neben den unten aufgeführten Bühnen gibt es noch viele kleinere Theater, sodass täglich eine Auswahl unter mindestens 30 Darbietungen besteht. Kartenvorverkauf und Infos auch im Büro von Infotouriste (s. S. 240).

Kulturzentrum – **Place des Arts** 15 : 175, rue Ste-Cathérine, Tel. 514-842-2112, www.placedesarts.com/index.en.html. Montréals kulturelles Epizentrum umfasst sechs Veranstaltungshallen, allen voran die Salle Wilfred-Pelletier, Heimat der Montrealer Symphoniker mit rund 3000 Plätzen, und das Maison symphonique de Montréal mit 1900 Plätzen.

Jüdisches Theater – **Segal Centre** 16 : 5170, ch. de la Côte-Ste-Catherine, Tel. 514-739-2301, www.segalcentre.org. Englische und jiddische Theaterproduktionen.

Frankophone Bühne – **Théâtre du Nouveau Monde** 17 : 84, rue Ste-Cathérine Ouest, Tel. 514-866-8668, www.tnm.qc.ca. Klassische und moderne Aufführungen auf Französisch.

Termine

Festival Transamériques: 3 Wochen Ende Mai bis Mitte Juni, www.fta.ca. Zeitgenössische, oft experimentelle und neue Horizonte eröffnende Theaterproduktionen mit unter-

Centre-Ville

schiedlichen Spielorten im gesamten Stadtgebiet von Montréal.
Tour de l'Île: 1. Sa im Juni, www.velo.qc.ca/fr/accueil. Montréals größte Radlerparty. Bis zu 30 000 Radfahrer nehmen alljährlich an einer 50 km langen Rundfahrt über die Île de Montréal teil.
L'International des Feux Loto-Québec: Ende Juni–Ende Juli, Sa und Mi. Zehn 30-minütige Feuerwerke der besten Pyrotechniker der Welt. Auf der Île-Ste-Hélène. Vieux-Montréals bester Logenplatz.
Festival International de Jazz de Montréal: 13 Tage Ende Juni–Anfang Juli, www.montrealjazzfest.com. Über 400 heiße Konzerte, draußen und drinnen. Nicht länger nur dem Jazz gewidmet, wird im Quartier des Spectacles rund um die Place des Arts auch Salsa, World Music, Rock und sogar Tangomusik gespielt.
Les Nuits d'Afrique: 10 Tage Mitte Juli, www.festivalnuitsdafrique.com. Rund um den Boulevard St-Laurent feiern mehr als 500 Musiker und Tänzer aus Afrika und der Karibik ihr kulturelles Erbe.
Juste pour Rire/Just for Laughs: 2 Wochen Mitte Juli, www.hahaha.com. Montréals berühmtes Comedy-Festival zieht bekannte Stand-up-Komiker wie Tim Allen, Rowan Atkinson (»Mr. Bean«) und David Hyde Pierce an. Daneben gibt es auch Improvisations-Theater.
Montréal World Film Festival: 11 Tage Ende Aug./Anfang Sept., www.ffm-montreal.org. Nur wenig Hollywood: Kanadas ältestes Filmfestival zeigt Filme aus aller Welt.
Pop Montréal: 5 Tage Ende Sept., Anfang Okt., www.popmontreal. com. Festival der Independent-Szene der Stadt und ganz Nordamerikas.
Le Festival du Nouveau Cinema: 10 Tage Mitte Okt., www.nouveaucinema.ca. Veranstaltungen und ausgewählte Kinos zeigen die neuesten Trends in Sachen Film und neue Medien.

Verkehr

Flugzeug: Der **Aéroport international Pierre-Elliott-Trudeau** (Tel. 514-633-3333, 1-800-465-1213, www.admtl.com) liegt in Dorval im Westen der Île de Montréal und wird von allen großen Airlines angeflogen. Zu den Hotels in Centre-Ville sind es etwa 20 km. Die meisten der großen Hotels der Innenstadt unterhalten für ihre Gäste kostenlose Shuttleverbindungen, die je nach Verkehrslage 40 bis 50 Min. für die Strecke benötigen. Den preiswertesten Service bietet die Société de Transport de Montréal (STM): Ihr Express Bus 747 (einfaches Ticket 10 $) verkehrt rund um die Uhr zwischen Flughafen und mehreren Zielen in der Downtown (www.stm.info). Teurer und nicht unbedingt schneller als der Bus sind Taxis. Für die Fahrt ins Zentrum sollte man nicht mehr als 50 $ rechnen.
Bahn: Die Züge der **VIA Rail** (Tel. 1-888-842-7245, www.viarail.ca) fahren vom Bahnhof **Gare Centrale** in Centre-Ville ab (935 Rue de la Gauchetière Ouest, Tel. 514-989-2626). Die Zugreise nach Toronto dauert 4–6 Std., nach Québec 3 Std. Weitere Verbindungen führen auf die Gaspé-Halbinsel, nach Atlantik-Kanada und nach New York.
Bus: Greyhound Canada (Tel. 1-800-661-8747, www.greyhound.ca) verbindet Montréal mit den USA. Der Busbahnhof **Gare d'autocars de Montréal** ist 24 Std. geöffnet (1717 Rue Berri, Tel. 514-842-2281).
Mietwagen: Alle großen Mietwagengesellschaften unterhalten einen Schalter am Flughafen.
Fortbewegung in der Stadt: Für den Besucher ist die **Métro** (s. Thema S. 252) die beste und billigste Art, Montréal kennenzulernen. Sie bedient mit vier Linien und 66 Stationen den größten Teil der Île de Montréal. Ergänzt wird sie durch ein dichtes Netz von **Bussen.** Für Touristen, die nur kurz in der Stadt sind und bequem alle Sehenswürdigkeiten abklappern möchten, empfehlen sich die Ein- bzw. Dreitagespässe, die für Bus und Métro gelten. Das 24-Std.-Ticket kostet 10 $, ein Pass für drei aufeinanderfolgende Tage 19 $. Die Alternativen sind die wiederaufladbare **Chipkarte OPUS** (Minimum 6 $) oder eine einfache, am selben Tag zu benutzende Rückfahrkarte *(billet aller et retour)* für 6 $. Infos zu Liniennetz, Tarifsystem und Fahrplänen unter www.stm.info.

Adressen

Aktiv

MONT-ROYAL – BESTEIGUNG VON MONTRÉALS HAUSBERG

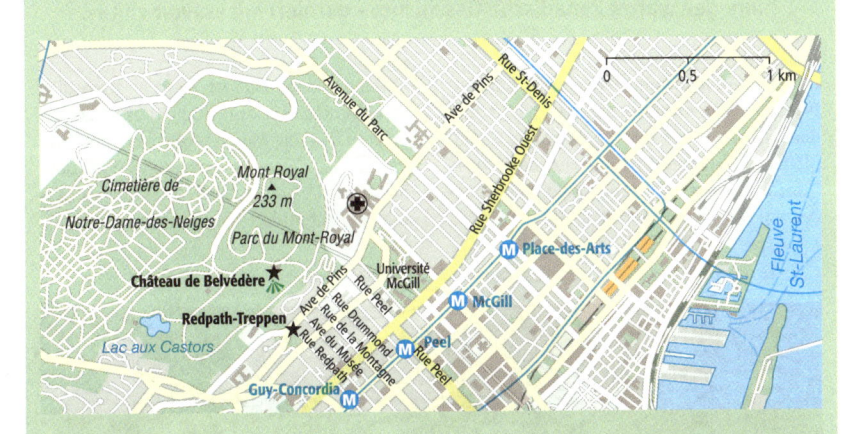

Tour-Infos
Start: Rue Peel (Nordende) oder Redpath-Treppen
Dauer: 90 Min. bis zum Belvedere

Wichtige Hinweise: Im Sommer ausreichend Trinkflüssigkeit mitnehmen – die Tour auf den Hausberg ist eine schweißtreibende Angelegenheit.

Montréals Hausberg bietet trotz seiner geringen Höhe reizvolle, kreuz und quer über seinen Rücken verlaufende Wanderwege. Einen schönen, mitunter recht anstrengenden Nachmittag verspricht der Trail am Ende der auf den Mont-Royal zulaufenden **Rue Peel**. Mit Treppen und Serpentinen arbeitet er sich hinauf zum Château de Belvédère.

Aber viele Wege führen auf den Berg: Von der Downtown aus enden nördlich der Avenue Docteur Penfield (weiter westlich) außerdem gleich vier Straßen – Redpath, du Musée, de la Montagne und Drummond – in Sackgassen, sodass man die an der **Avenue des Pins** beginnenden Pfade und Treppen den Berg hinauf nur zu Fuß erreicht. Die **Redpath-Treppen** sind die schönsten. Noch im unteren Drittel des Berges wird der Hauptweg erreicht, der sich über die Schulter des Berges empor arbeitet. Dort beginnt eine über 200 Stufen zählende Treppe bis hinauf zum **Belvédère Château du Mont-Royal,** von wo aus man einen fantastischen Blick über die gesamte Downtown genießt. Montréals Namensgeber ist der ruhende Pol im Häusermeer der Stadt und traditionell das beliebteste Ziel für Spaziergänger, Jogger, Walker und Radfahrer. Ein künstlicher See, der **Lac aux Castors** (Biber-See), lockt im Sommer Sonnenanbeter an seine Ufer sowie Familien und Freundesgruppen zum Picknick. Im Winter drehen sich alle Aktivitäten auf dem gerade 233 m hohen Berg um Schnee: Skilangläufer, Schneeschuhwanderer und Schlittenfahrer kommen dann auf ihre Kosten.

Ausflüge in die Umgebung

Spektakuläre Naturschauspiele kann das Umland von Montréal zwar nicht bieten. Dafür gibt es bereits zwei Autostunden nördlich der Stadt Kanada à la française – mit dichten Wäldern und nacktem Granit, Elchen, Bibern, herrlichen Seen und Klasse-Restaurants. Südlich von Montréal hingegen wartet kanadische Geschichte – garniert mit »savoir vivre«.

Das bis zu 1000 m hohe Bergland der **Laurentides,** der Laurentinischen Berge, gehört zum Kanadischen Schild, der sich als größte Granitplatte der Welt wie ein riesiges Hufeisen um die Hudson Bay legt und dabei Labrador und Québec fast völlig und Ontario zum Teil bedeckt.

Ganz anders dagegen sieht es südöstlich von Montréal aus. Am Südufer des St.-Lorenz beginnt bald die **Montérégie,** ein Farm- und Seengebiet mit einer bewegten Vergangenheit. Mitten hindurch fließt der Richelieu, dessen Tal jahrhundertelang nicht nur Verkehrs-

Farbenprächtiger Herbst in den Laurentides – die dritte Jahreszeit muss nicht trüb sein

weg zwischen Nord und Süd, sondern auch militärisches Aufmarschgebiet für Irokesen, Franzosen, Engländer und Amerikaner war. Trutzige Forts und Blockhäuser erinnern daran.

Nach Südosten steigt das gepflegte Farmland dann allmählich an, um in den mittelgebirgsartigen Appalachen der **Cantons de l'Est** ihren Abschluss zu finden. Früher hieß die Region Eastern Townships, wegen der aus den unabhängig gewordenen USA geflohenen Loyalisten, die sich um 1800 hier niederließen und ihre Häuser und Dörfer wie daheim im Neuengland-Stil erbauten. Für die Montréaler bedeuten diese Namen Wandern und Kanufahren, Segeln, Windsurfen oder einfach Faulenzen in einem Chalet am See oder in einem der vielen Country Inns. Am Wochenende zieht es darum die halbe Stadt aufs Land. Dass man sich am Zielort gegenseitig auf die Füße tritt, ist jedoch kaum zu befürchten. Selbst im ›dicht besiedelten‹ Süden Kanadas gibt es Platz genug.

Laurentides

Karte: S. 265

Die vor über 10 000 Jahren von den abfließenden Gletschern mit dem letzten Schliff versehene, felsige Berglandschaft der **Laurentides** hat mit dem fast 1000 m hohen **Mont-Tremblant** ihre höchste Erhebung und ist der Abenteuerspielplatz outdoorbegeisterter Montréaler. Den Tourismus erträgt diese Region mit stoischer Gelassenheit. Die hübschen Städtchen, die als elegante Sommerfrischen der Reichen begannen, lassen sich auch heute nicht von den am Wochenende einfallenden Großstadttwens verrückt machen. Nach wie vor steht hier die Kirche mit der silbern glänzenden Spitze im Dorf, umgeben von hübschen Holzhäuschen mit geschnitzten Giebeln und umlaufenden Terrassen. Neonreklamen oder Hochhäuser gibt es kaum, dafür jede Menge hölzerner Hinweisschilder – und eine so hohe Dichte erstklassiger Restaurants, wie man sie in Europa eigentlich nur aus dem Elsass kennt.

Saint-Sauveur-des-Monts und Sainte-Adèle ▶ J 9

Das erste dieser kleinen Schmuckstücke an der Autoroute 15, der großen Ausfallstraße nach Norden, ist **Saint-Sauveur-des-Monts** 1. Hochwertige Boutiquen, Kunsthandwerksläden und ein reges Nachtleben mit Jazz- und Bluesmusikern aus ganz Nordamerika und natürlich gute Restaurants: Saint-Sauveur ist eine flotte Mischung aus verrückter Künstlerkolonie und deutschem Luftkurort. An schönen Sommerwochenenden wird es jedoch voll.

Auch in **Sainte-Adèle** 2 am Lac Rond findet man Künstler. In geschmackvoll eingerichteten Galerien entlang der Hauptstraße trifft man sie persönlich, inmitten ihrer Werke. Weniger kommerziell geht es dagegen im schläfrigen **Val-David** 3 am Fuß des Felsenbuckels Mont-Césaire zu. Künstlerkneipen und Terrassenrestaurants verbreiten Bohème-Atmosphäre und helfen beim Entschleunigen.

Ausflüge in die Umgebung

Sainte-Agathe-des-Monts
▶ J 9

In **Sainte-Agathe-des-Monts** 4 hingegen tummelt sich seit jeher der Geldadel. Ein Blick auf die prächtigen Sommerresidenzen kanadischer Industrieller am Lac de Sable sind allein schon die Anfahrt wert. Von hier aus nordwärts kommt auch die Natur zu ihrem Recht. An der Straße rund um den See zweigt ein kleiner Seitenweg geradewegs ab in die Wildnis und endet in einem Naturschutzgebiet mit dem Namen **Parc éco Laurentides.** Bis zu 15 km lange Trails führen bergauf und bergab rund um den fotogenen **Lac Cordon** und zwei weitere Seen (5000, ch. du Lac Caribou, Saint-Faustin-Lac-Carré, www.ctel.ca, Mo–Fr ab 9, So ab 8 Uhr bis Sonnenuntergang, Erw. 10 $, Kinder unter 18 Jahren frei).

Parc national du Mont-Tremblant ▶ J 8

Die Bergstation auf dem **Mont-Tremblant** ist vom Lac Cordon bereits gut erkennbar. Der höchste Berg der Laurentides (968 m), in den letzten 20 Jahren zum Whistler Ostkanadas ausgebauter Ganzjahres-Spielplatz, ist im Winter eines der beliebtesten Skigebiete des Ostens. Im Sommer ist die Bergregion ein Dorado für Mountainbiker und Wanderer. Im Activity Centre des Resorts gibt es coole Seilrutschen und Klettersteige, und Besucher mit etwas mehr Kondition können sich ihren Adrenalinschock beim Abseilen von hohen Felswänden holen (www.tremblantactivities.com). Auch Wassersportler können sich in diesem Wildnisgebiet austoben: Der **Parc national du Mont-Tremblant** 5 verfügt über rund 500 teils miteinander verbundene Seen, ein gutes Revier auch für Kanu-Novizen. Es gibt einen Kanuverleih am Lac Monroe und es stehen einfache Campingplätze zur Verfügung.

Infos

Association touristique des Laurentides: 14142, rue de la Chapelle, Mirabel, Tel. 450-436-8532, 1-800-561-6673 (Zimmerreservierung), www.laurentides.com. Verschickt Hotel- und Restaurantverzeichnisse, erledigt Zimmerbuchungen.

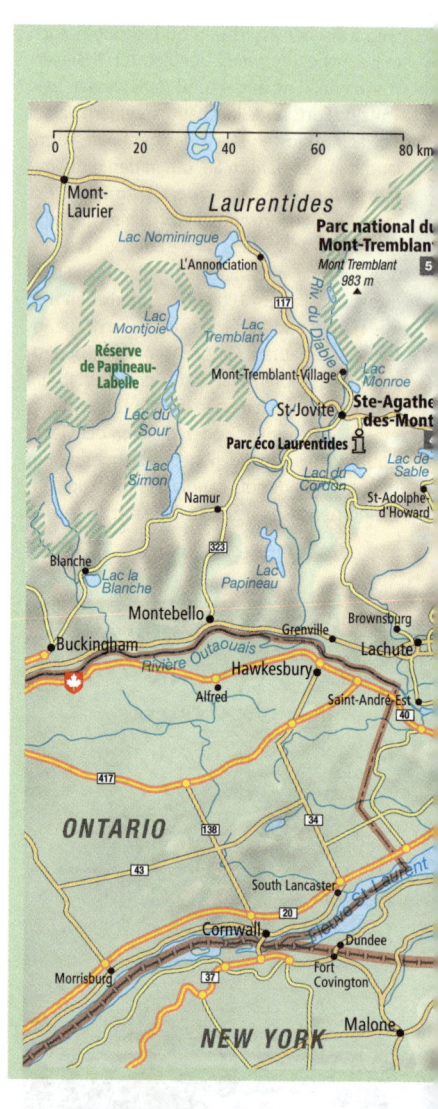

Übernachten

Hotellerie und Gastronomie sind, nicht zuletzt auch der Nähe zu Montréal wegen, durchweg bemerkenswert gut.

... in Saint-Sauveur:

Angenehm – **Manoir Saint-Sauveur:** 246, ch. du Lac-Millette, Tel. 450-227-1811, 1-800-361-0505, www.manoir-saint-sauveur.com.

Laurentides

Umgebung von Montréal

Gepflegtes, sportlich ausgerichtetes Hotel zu Füßen eines populären Vier-Jahreszeiten-Resorts. Spa, Indoor-Pool und Sauna, Gourmet-Buffet. DZ 170–390 $.

… in Val-David:

Idyllisch – **Auberge du Vieux Foyer:** 3167, 1er Rang Doncaster, Val-David, Tel. 819-322-2686, 1-800-567-8327, www.aubergeduvieux foyer.com. Freundliche, helle Zimmer, elegant-rustikale Cottages, Spa und Fine Dining, im Sommer beheizter Pool, Leihräder. Urlaub total. DZ 140–270 $.

… in Mont-Tremblant:

Schnuckelig – **Le Couvent B & B:** 137, rue du Couvent, Tel. 819-425-8608, www.lecou vent.com. Ländliche Gemütlichkeit im Dorf

»Der Saft läuft!«

Die Tage werden länger, die Temperaturen steigen: Der Winter verabschiedet sich, der Frühling naht. Dies ist die Ahornsirupzeit in Québec. Mit Kind und Kegel ziehen die Québécois in die Wälder, um in den traditionellen Zuckerhütten frischen Ahornsirup und die deftigen Gerichte der Cuisine québécoise zu genießen.

Die Familien in den Großstädten Montréal und Québec City haben alle noch Verwandte draußen auf dem Land. Jetzt ist die Zeit, sie zu besuchen. Man packt die Kinder in den Wagen und fährt hinaus in die Wälder, wo bestimmt irgendein Vetter eine Sucrerie hat, eine Hütte, in der Ahornsirup eingekocht wird. Dort bleibt man übers Wochenende oder gleich die ganze Woche, hilft beim Saftsammeln, feiert Partys und freut sich, dass die ganze Familie wieder einmal zusammen ist.

Niemand weiß genau, wer den Sirup ›erfand‹. Jedenfalls haben die Ureinwohner in Südostkanada ihn seit Urzeiten verwendet. Wahrscheinlich wurde er durch Zufall entdeckt. Vielleicht fällte jemand einen Baum, Saft lief aus der Rinde und kam an seine Hände, an die Lippen. Es schmeckte süß. Später bemerkten die Ureinwohner, dass der Saft durch Verdunstung dicker und noch süßer wurde. Schließlich kochten sie ihn, und voilà – fertig war der Ahornsirup. Die Ureinwohner machten noch eine weitere Entdeckung. Durch die einseitige Ernährung mit Fleisch im Winter erkrankten viele von ihnen an ›Frühlingsfieber‹, wie sie den Skorbut nannten – außer denen, die den Vitamin-C-reichen Ahornsaft tranken. Die weißen Siedler übernahmen den Sirup als Süßstoff und Heilmittel, und weil Zucker aus den britischen Kolonien der Karibik sehr teuer war, verwendeten sie den Sirup auch in vielen Kochrezepten. Die Herstellung entwickelte sich zu einer richtigen Industrie.

Ahornsirup wird ausschließlich in Nordamerika hergestellt, da nur dort der Zuckerahorn wächst, und zwei Drittel der Produktion kommen aus der Provinz Québec. Hunderte von kleinen Hütten liegen in den Ahornwäldern verstreut, und von Mitte März bis Ende April herrscht emsiges Treiben. Manche Hersteller kleckern nicht, sondern klotzen – mit Vakuumpumpen wird der Saft von den Bäumen abgesaugt und über lange Plastikschläuche zur Hütte geleitet.

Meist aber sind es Familienbetriebe, die mit Hilfe der Verwandten die Bäume anbohren, den klaren Saft in Eimer tropfen lassen und ihn dann zur Hütte tragen. Dort wird die Flüssigkeit, die zu 95 % aus Wasser besteht, in flachen Metallschüsseln eingekocht. Man braucht etwa 40 Liter Ahornsaft, um einen Liter Sirup zu erhalten. Nach vielen Stunden ist es dann so weit, und es gibt immer ein großes Hallo bei den Kindern, wenn der erste Bottich fertig ist. Mit einer Schöpfkelle tropft der Vater dann etwas von der klebrigen Masse in den Schnee vor der Hütte. Man lässt den Sirup erstarren, steckt ein Stöckchen hinein und kann dann den ersten Ahornsirup-Lutscher des Jahres genießen. Nach der harten Tagesarbeit gibt es abends in der Hütte ein kräftiges Essen mit vielen traditionellen Sirupgerichten. Und die ganze Großfamilie feiert das Ende des Winters.

Karl Teuschl

Mont-Tremblant. Vermietet auch Hütte und Apartment. DZ 110–190 $.

Essen & Trinken

... in Sainte-Adèle:
Intim schmausen – **À l'Express Gourmand:** 31, rue Morin, Ste-Adèle, Tel. 450-229-1915, lexpressgourmand.ca, Mi–So ab 17 Uhr. Saisonale, sorgfältig zubereitete und mit französischen Weinen fein abgestimmte Gerichte in urgemütlicher Atmosphäre. Vorspeisen 8–16 $, Hauptgerichte 22–41 $.

... in Saint-Sauveur:
Urig – **Crêperie la Gourmandise Bretonne:** 396, rue Principale, Tel. 450-227-5434, www.creperiesaintsauveur.com. Crêpes in allen Größen und mit jedem erdenklichen (süßem oder auch pikantem) Belag. Vorspeisen 6–10 $, Hauptspeisen 15–28 $.

... in Val-David:
Einfach (und) gut – **Station B:** 2489 rue de l'Eglise, Val-David, Tel. 819-320-0062. Große weite Welt im kleinen Dorf, mit Tapas, Halloumi, *Terrine de foie,* Hamburgern und Entenconfit. Einfach gut! Vorspeisen 8–12 $, Hauptgerichte 26–31 $.

Einkaufen

Zum Shoppen eignet sich **Saint-Sauveur** am besten. Am Stadtrand liegen, dem Look der Stadt angepasst, viele Factory Outlets, die Textilien (Lévis, Nautica, Patagonia etc.), Haushaltswaren und Schmuck anbieten. An der Rue Principale in **Sainte-Agathe** wartet ein paar schöne Galerien, die Werke lokaler Künstler anbieten. Auch in **Val-David** gibt es kleine ›Ateliers‹ mit Publikumsverkehr.

Abends & Nachts

Das Nachtleben der Laurentides findet in Saint-Sauveur und Mont-Tremblant statt. In **Saint-Sauveur** dreht sich nachts alles um die gewundene Hauptstraße Rue Principale. Eine von vielen guten Musikkneipen ist das Salazar (194 rue Principale, St-Sauveur, Tel. 450-744-0807) mit Billardtischen, langer Theke und Livemusik. Internationaler – der Ort liegt auch im Fadenkreuz der New Yorker – geht es nachts in **Mont-Tremblant** zu. Hier gibt es auf engstem Raum Bars, Lounges, Musikkneipen und Diskotheken. Empfehlenswert ist das **Le P'tit Caribou,** eine immer wieder zur besten Bar Ostkanadas gewählte Kneipe mit Livemusik und Tanz mitten im Village (125, ch. de Kandahar, Tel. 819-681-4500, www.ptitcaribou.com).

Verkehr

Von Montréal aus gelangt man auf der Autoroute 15 in die Laurentides.

Montérégie und Cantons de l'Est

Karte: S. 265

Im Südosten Montréals begegnen dem Besucher bei einer Tagestour französische Lebensfreude und der diskrete Charme von ›Good Old England‹. Die abwechslungsreiche Region bietet eine leicht verdauliche Mischung aus Natur, Geschichte und Kultur. Große Weinfelder und Apfelplantagen erwarten den Besucher in der **Montérégie,** enge Täler und herausgeputzte Städtchen voller Erinnerungen an Neuengland bezaubern in den **Cantons de l'Est.** Dazu sind wehrhafte Forts und historische Schlachtfelder zu besuchen, und abends kann man in urgemütlichen Landgasthöfen absteigen.

Fort Chambly ▶ K 9

Fort Chambly, Fort Saint-Jean und Fort Lennox, alle entlang der Route 223 im Tal der strategisch wichtigen Rivière Richelieu, sind die steinernen Zeugen der turbulenten ersten 150 Jahre Kanadas. Sie schützten zunächst Neufrankreich vor den Irokesen und Briten und später Britisch-Nordamerika vor den Amerikanern. Das älteste ist **Fort Chambly** in **Chambly** [6]. 1665 errichteten französische Soldaten hier ein hölzernes Fort, um Montréal den Rücken gegen die mächtigen Irokesen freizuhalten. 1711 entstand angesichts der Bedrohung durch die Briten die heutige Festung, ein wuchtiges, bastionsartiges Kastell mit Zinnen und Schießscharten, das auf zwei Seiten vom Richelieu umspült wird und als nationale Gedenkstätte unter Denkmalschutz

Ausflüge in die Umgebung

steht (2, rue de Richelieu, Chambly, April–Mai, Anfang Sept. bis Okt. Mi–So, Juni–Anfang Sept. tgl. 10–17 Uhr, Erw. 8,50 $, Kinder frei).

Fort Lennox ▶ K 10
1, 61e av. St-Paul, Tel. 450-291-5700, Mitte Mai–Ende Juni tgl. 10–17, Ende Juni–Ende Sept. tgl. 10–18 Uhr, Okt. nach Vereinbarung, Erw. 7,80 $, Kinder gratis

Hinter der Industriestadt Saint-Jean-sur-Richelieu gelangt man auf der Route 223 bei Saint-Paul-de-l'Île-aux-Noix zur ›Nüsse-Insel‹, zur **Île aux Noix,** die wie eine natürliche Zollstation mitten im Richelieu liegt und den breiten Fluss in zwei schmale, leicht kontrollierbare Arme teilt. Kein Wunder, dass hier ein Fort errichtet wurde, zumal auch die Mündung des tief in die USA reichenden Lake Champlain nur noch wenige Kilometer entfernt ist. So kontrollierte zuerst ein französisches, dann ein britisches Fort den Nord-Süd-Verkehr. Nach dem Krieg von 1812 errichteten die Briten aus Angst vor den Amerikanern auf der Insel das heute noch erhaltene **Fort Lennox** 7 , eine imposante Anlage aus Wassergräben und mächtigen Wällen.

Blockhaus de Lacolle ▶ K 10
1, rue Principale, St-Paul-de-l'Île-aux-Noix

Letzte Festung vor der Staatsgrenze ist das **Blockhaus de Lacolle** 8 nahe der Kreuzung Route 202/221, eine der wenigen noch existierenden Festungen im Blockhaus-Stil. 1781 von den Briten zusammengezimmert, wehrte die Besatzung von hier aus so manchen nicht in Geschichtsbüchern verzeichneten Vorstoß amerikanischer Kommandos ab. Schießscharten, Spuren von Kugelhagel und Pfeilspitzen im Gebälk zeugen von wilden Zeiten.

Stanbridge East und Québecs Weinstraße ▶ K 9/10
Das verschlafene **Stanbridge East** 9 an der Route 202 mit seinem *village green,* dem alten Dorfanger, und dem weidenverhangenen Löschteich ist danach eine Beruhigung für das Auge. Einen Besuch lohnt das **Musée de Missisquoi** in einer Mühle, eine mit authentischen Möbeln, Hausrat und Kleidungsstücken bestrittene Ausstellung über das Leben der Loyalisten vor 200 Jahren (2, rue River, www.museemissisquoi.ca, Ende Mai–Mitte Okt. tgl. 11–16.30 Uhr, Erw. 10 $, Kinder 3 $).

Zurück in die Gegenwart geht es von hier aus auf der Route 202 nach Cowansville und Dunham, dem **Chemin des Vignobles.** Eine Weinstraße? Québec hat doch eigentlich ein eher nordisches Klima ... Und doch, sie gedeihen, die Weinstöcke, an denen die Trauben für Weiß- und selbst Rotweine hängen: ›Sonnenlöcher‹ sorgen für ein Mikroklima mit mehr Sonnentagen als im Rest der Provinz. Ein rundes Dutzend Winzer nutzt das aus, und so bedecken seit Anfang der 1980er-Jahre nicht mehr nur Tomaten- und Kartoffelfelder, sondern ausgedehnte Weinfelder die sanften Hügel dieser Gegend. Hübsche Schilder laden den Durchreisenden zur *dégustation,* zur Weinprobe, ein, und tatsächlich brauchen die hier im hohen Norden Nordamerikas produzierten Weine sich nicht vor der Konkurrenz aus Kalifornien zu verstecken (www.laroutedesvins.ca).

Abbaye de St-Benoît-du-Lac und Mansonville ▶ L 9
Auch die nächste Station verblüfft – mit gregorianischen Gesängen sowie herrlichem Käse und Cidre. Hinter den bis zu 1000 m hohen Monts Sutton, durch die sich die Route 243 windet, liegt über dem Lac Memphremagog die **Abbaye de Saint-Benoît-du-Lac** 10 (www.abbaye.ca). Die Bauherren der Abtei, Benediktinermönche aus Nordfrankreich, setzten ihre Abtei 1912 in eine Postkartenidylle aus grünen Wiesen, blauen Bergen und stillen, tiefblauen Wassern, die während der herbstlichen Farbenpracht besonders schön anzusehen ist. Der von den heute rund 50 Mönchen hergestellte Käse ist in ganz Québec begehrt.

Landschaftsfotografen kommen auch in **Mansonville** 11 , etwas weiter südlich am Highway 243, auf ihre Kosten. Das verträumte Städtchen könnte auch südlich der Grenze liegen, präsentiert es mit einer überdachten Brücke, acht Kirchen und einer prächtigen runden Scheune doch einen ansehnlichen Querschnitt durch die Architektur Neuenglands.

Montérégie und Cantons de l'Est

Am Lag Memphrémagog ▶ L 9

Die Benediktiner und die Nachfahren der Loyalisten genießen die friedvolle Idylle übrigens nicht allein: Die Kunde vom Geheimtipp **Lac Memphrémagog** 12 ist längst bis Hollywood gedrungen. Erster aus der Gilde der berühmten Kinohelden war Donald Sutherland, der hier ein prachtvolles Sommerdomizil erwarb. Andere prominente Neusiedler sind, Gerüchten zufolge, Sylvester Stallone und Madonna. Doch ein zweites Beverly Hills entsteht hier nicht. Die Stars wollen ihre Ruhe und verbergen ihre Anwesen meist hinter hohen Hecken.

Am Nordende des Lac Memphrémagog liegt der Ferienort **Magog** 13 . Überragt wird das Städtchen vom 900 m hohen **Mont-Orford,** einem Ski-Mekka im Winter und Wander-Dorado im Sommer. Der Blick von der hoch oben gelegenen Aussichtsterrasse über den 42 km langen See lohnt die Kraxelei. Im Rücken des Berges erstreckt sich der **Parc national du Mont-Orford,** ein kleines, aber feines Natur- und Erholungsgebiet mit kristallklaren Seen und stillen Wanderwegen.

Valcourt ▶ L 9

Zurück nach Montréal sind es von hier aus über die Autobahn 10 gut 2,5 Std. Ein lohnender Abstecher führt nach **Valcourt** 14 , wo sich das **Musée de l'Ingéniosité** ausschließlich mit Schneemobilen befasst. Joseph-Armand Bombardier baute schon als junger Mann seinen ersten Motorschlitten, indem er einen Ford-T-Motor auf seinen Hundeschlitten montierte und von einer lebensgefährlichen Luftschraube am Heck antreiben ließ. Das erste kommerzielle Schneemobil folgte 1937, 1959 erblickte das ›Ski-Doo‹, der in aller Welt bekannte Motorschlitten, das Licht der Welt. Heute ist der Bombardier-Konzern ein Global Player (1001, av. J.-A.-Bombardier, www.museebombardier.com, Di–So 10–17 Uhr, Erw. 12 $, Kinder 8 $).

Infos

… in Brossard:
Tourisme Montérégie: 8940, blvd. Leduc, südöstlich von Montréal (▶ K 9), Tel. 866-496-0069, www.tourisme-monteregie.qc.ca. Verschickt Broschüren, hilft bei Routenplanung und bei der Reservierung von Unterkünften.
… in Sherbrooke:
Tourisme Cantons de l'Est: 20, rue Don-Bosco Sud, Sherbrooke, Tel. 800-355-5755, www.cantonsdelest.com. Assistiert bei der Routenplanung.

Übernachten

… in Magog:
Schnuckelig – **Auberge Château du Lac:** 85, rue Merry Sud, Tel. 819-868-1666, 1-888-948-1666, www.lechateaudulac.com. Elegantes kleines Inn am See, Zimmer im French-Empire-Stil. Das angeschlossene Restaurant serviert französische Küche. DZ 130–220 $.

Schöner schlafen – **À l'Ancestrale:** 200, rue Abbott, Tel. 819-847-5555, www.ancestrale.com. Romantisches B & B mitten im Ort. Die fünf Zimmer haben so verheißungsvolle Namen wie »L'inoubliable« (›Die Unvergessliche‹) oder »La Rêveuse« (›Die Träumerin‹). DZ 100–150 $, interessante Package Deals.

Essen & Trinken

… in Magog:
Brauereirestaurant – **Microbrasserie La Memphré:** 12, rue Merry Sud, Tel. 819-843-3405, www.microbrasserielamemphre.com, Mo–Fr 11.30–24, Sa, So 12–1 Uhr. Unkomplizierte Kneipe mit eigener Kleinbrauerei. Burger, Sandwiches, Pastagerichte. Vorspeisen 5–22 $, Hauptspeisen 19–33 $.

Schöne Aussichten – **Bistro 4 Saisons:** 4940, ch. du Parc, Orford, Tel. 819-847-2555, https://espace4saisons.com/en/bistro. Das Auge isst mit, nicht nur beim Blick auf die schönen Appalachen. Auch Gerichte wie Kalbsleber und Rindfleischspieß mit Couscous-Tabbouleh sind echte Hingucker. Und schmecken! Vorspeisen 12 –16 $, Hauptspeisen 25–32 $.

Einkaufen

In **Magog** konzentrieren sich die meisten Geschäfte in der **Rue Principale.** Das Angebot umfasst neben den üblichen Verdächtigen auch Antiquitäten aus der Umgebung und Kunstgalerien. **Art-en-Soi** (Nr. 416) verkauft Dekoartikel *fait au Québec*.

Laurentides
St-Lorenz-Strom
Gaspé-Halbinsel
Ville de Québec
Trois-Rivières

Kapitel 4

Québec

»Bienvenue au Québec« steht auf dem Schild neben dem Highway, der jetzt »Autoroute« heißt, und daneben flattert unübersehbar das Lilienbanner der Bourbonen im Wind: Der aus Ontario kommende Reisende wird charmant willkommen geheißen. 80 % der Bevölkerung sprechen Französisch.

Québec, mit über 1,5 Mio. km² die größte der kanadischen Provinzen, ist die französische Version des Riesenlandes. Fast fünf Mal so groß wie Deutschland, wohnen hier nur 8,7 Mio. Menschen, und zwar fast ausschließlich im fruchtbaren St.-Lorenz-Tiefland im Süden der Provinz. Mit anderen Worten: 90 % Québecs sind kaum oder gar nicht besiedelt. Der klassische Kanada-Traum – See, Hütte, Bären und Biber – geht deshalb auch hier in Erfüllung.

Kebec (›wo der Fluss enger wird‹) nannten die Algonquin sprechenden Ureinwohner jene Stelle am St.-Lorenz-Strom, an der Samuel de Champlain 1608 die Wiege Französisch-Nordamerikas aufstellte. Heute beherbergt das St.-Lorenz-Tiefland mit der polyglotten Millionenstadt Montréal und der stadtmauerbewehrten Provinzhauptstadt Québec zwei der ungewöhnlichsten Städte Nordamerikas. Hinzu kommen eine moderne Landwirtschaft und zukunftsorientierte Industrien in beiden. Nördlich vom Strom beginnt der Kanadische Schild, das bedeutet Holzwirtschaft, Papier- und Zellstoffindustrie sowie Wasserkraftwerke, die die Provinz und große Teile der Ostküste mit Strom versorgen.

Québec hat viele Gesichter. Im St.-Lorenz-Tiefland ländlich-bäuerlich, erinnert die Provinz in den alten Eastern Townships an Neuengland und zwischen Trois-Rivières und Québec an das alte Neufrankreich. Die raue Côte-Nord und die Gaspé-Halbinsel könnten dagegen auch in Neufundland liegen. Eines gilt jedoch für alle Regionen: Die Wildnis beginnt gleich hinter der Stadtgrenze.

Die von den Briten aus Nova Scotia und New Brunswick
vertriebenen Akadier stellten ihre bunten Häuschen
auf die grünen Matten der Îles-de-la-Madeleine

Auf einen Blick: Québec

Sehenswert

Ville de Québec: Die Hauptstadt der Provinz Québec ist die Wiege der französischen Kultur in Nordamerika (s. S. 274).

Charlevoix: Künstler und Lebenskünstler machten die Berglandschaft am Nordufer des St.-Lorenz-Stroms zum Synonym für Bohème und Genießen (s. S. 296).

Gaspé-Halbinsel: Die herbe Schöne am St.-Lorenz-Golf ist mit ihren kleinen Fischerhäfen und ihrem unwegsamen Inneren ein Paradies für Naturfreunde und Outdooraktivisten (s. S. 306).

Schöne Routen

Chemin du Roy: Der parallel zur Autoroute 20 den St.-Lorenz-Strom begleitende Königsweg führt durch einige der ältesten Dörfer Nordamerikas (s. S. 292).

Route 362: Die an der Steilküste des Kanadischen Schilds klebende Küstenstraße durchquert eine der schönsten Landschaften der Provinz (s. S. 297).

Route 138 von Godbout nach Sept-Îles: Mit ihren vielen spektakulären Ausblicken auf den Strom ist diese Tour entlang der rauen Nordküste einer der schönsten Roadtrips im Osten (s. S. 302).

Route 132 von La Martre nach L'Anse au Griffon: Dieser Abschnitt der zerklüfteten Nordküste der Gaspé-Halbinsel hält leicht mit dem viel berühmteren Cabot Trail auf Cape Breton Island mit (s. S. 316).

Unsere Tipps

Grosse-Île: Kanadas Pendant zu Ellis Island in New York City lässt die Mühsal und die Gefahren der Einwanderung vor 180 Jahren Revue passieren (s. S. 306).

Château Bahia bei Pointe-à-la-Garde: In dieser rustikalen Variante von Neuschwanstein kann man Schlossherr für eine Nacht spielen (s. S. 322).

Îles-de-la-Madeleine: Der aus sieben Inseln bestehende Archipel ist ein Idyll mit grünen, sanft gerundeten Hügeln und endlosen gelben Sandstränden (s. S. 323).

Von jeher eine Inspiration für Künstler: die herbstliche Farbpalette im Charlevoix

Aktiv

Kayaking im Parc national du Bic: Diese Paddeltour konfrontiert nicht nur mit den Elementen in Form von Wind, Wasser und Wellen, man begegnet auch Kormoranen und neugierigen Robben. Mit etwas Glück kreuzt sogar ein Wal den Weg (s. S. 311).

Stairmaster Mont-Albert: Steil, steiler, am steilsten – der Mont-Albert und die übrigen Gipfel der unwegsamen Monts Chic-Chocs auf der Gaspé-Halbinsel sind veritable Trekking-Paradiese, die allerdings selbst konditionsstärksten Wanderern einiges abverlangen (s. S. 317).

⊕ Ville de Québec

▶ L 8

Die einzige Stadtmauer nördlich von Mexiko macht unmissverständlich klar: Diese Stadt ist anders. Québec, die Hauptstadt und Namensgeberin der Provinz, ist nicht nur eine der schönsten Städte auf dem Kontinent, sondern auch die Wiege der französischen Kultur in Nordamerika und ein Symbol frankokanadischen Selbstbewusstseins.

Québec ist bis heute die französischste Stadt Kanadas. Es ist zugleich die Hochburg der Separatisten, die seit nunmehr gut 50 Jahren mehr oder weniger lautstark die Unabhängigkeit ihrer Provinz fordern. Liebenswert provinziell ist die über 400 Jahre alte Metropole an der Mündung der Rivière St-Charles in den St.-Lorenz-Strom trotz aller Stürme dennoch geblieben – auch bei mittlerweile rund 840 000 Einwohnern und der politischen Führungsrolle als Hauptstadt der größten Provinz Kanadas.

Und auch trotz des internationalen Touristenstroms: Das dörfliche Umland, aus dem die meisten Bewohner der Stadt erst in den letzten 50 Jahren zuwanderten, prägt den hiesigen Lebensrhythmus auch weiterhin. Man trifft sich zum Plausch mit den Nachbarn auf den Balkonen, an der Straße oder im Café und geht sonntags in die Kirche. Ein Nachtleben, das diesen Namen verdient, hat erst die letzte Generation in Schwung gebracht. Mittlerweile brauchen die Tanzschuppen, Bars und Restaurants an der Grande Allée oder an der Rue Saint-Jean den Vergleich mit Montréal nicht mehr zu scheuen. Geht es in amerikanischen Gourmet-Magazinen wieder einmal um die kanadische Küche, stehen die Restaurants von Québec City oft ganz oben auf der Liste.

»La vieille capitale«, die alte Hauptstadt, wie die Québécois liebevoll ihre Stadt nennen, besteht aus zwei höchst unterschiedlichen Teilen: Draußen vor den Stadtmauern pulsiert dichter Verkehr durch eine moderne, eher amerikanisch wirkende City mit Shopping Malls, Bürobauten und Parkplätzen. Drinnen im ummauerten **Vieux-Québec**, der verwinkelten Altstadt, verläuft das Leben gemächlicher – auch wenn sich hier der Tourismus konzentriert. Dazu Geschichte auf jedem Quadratmeter: Nirgends sonst auf dem Kontinent wurden auf so engem Raum so viele für Nordamerika bedeutsame Entscheidungen getroffen wie hier. 1985 wurde Vieux-Québec von der UNESCO als erste Stadt Nordamerikas zum Welterbe erklärt – eine Entscheidung, die man bei einem Bummel durch die engen Gassen schnell verstehen wird.

Geschichte der ›alten‹ Hauptstadt

Die Ureinwohner nannten den Ort *kebec,* was so viel wie ›wo der Fluss enger wird‹ bedeutet. Samuel de Champlain, der Geograf und visionäre Vater Neufrankreichs, erkannte den strategischen Wert dieser Stelle sofort und ließ 1608 zu Füßen des hohen Felsens Cap Diamant ein hölzernes Fort errichten: die Habitation de Québec. Im Verlauf des 17. Jh. entwickelte sich die kleine Siedlung zum Nervenzentrum Neufrankreichs und Umschlaghafen eines Pelzhandelsimperiums, das um 1730 bis zu den Rocky Mountains und hinab nach Louisiana reichte. Der französische Gouverneur residierte hier, die Jesuiten legten hier den Grundstein für die Hochburg der römisch-katholischen Kirche in Nordamerika. Den Engländern gelang die Eroberung der Stadt im Jahre 1759 – nach mehreren vergeblichen Versuchen. Nach dem verlorenen Siebenjährigen Krieg musste Frankreich 1763 im Frieden von Paris fast alle Besitzungen in Nordamerika aufgeben. Neufrankreich, das sich zu diesem Zeitpunkt bis zu den Großen Seen und zum Mississippi-Delta ausdehnte, fiel an das britische Empire.

Unter den Briten erlebte die Stadt eine Blütezeit als Holzumschlagplatz. Bald lebten mehr Anglophone als Frankophone in der Stadt, doch um 1900 sog das boomende Montréal die Anglos landeinwärts, und 1920 waren nur noch 10 % der Bewohner englischsprachig. Heute ist Québec City *partout français* und dank der ›Wachstumsindustrie‹ Regierung und Verwaltung eine blühende Metropole, deren mauerbewehrtes Vieux-Québec einen festen Platz im Herzen aller Québécois hat.

Die **Altstadt,** die ebenso gut irgendwo in Nordfrankreich stehen könnte, ist absolut fußgängerfreundlich. Alle Sehenswürdigkeiten, Restaurants und auch das Nachtleben liegen innerhalb der Stadtmauern oder nur wenige Schritte außerhalb. Nur für Ausflüge in die Umgebung braucht man ein Auto. Um der ›Wiege Neufrankreichs‹ gerecht zu werden, sollte man einen Aufenthalt von mindestens zwei Tage einplanen – und wegen der vielen Treppen eine gute Kondition und bequemes Schuhwerk mitbringen. Denn Vieux-Québec besteht aus einer Oberstadt, der **Haute-Ville,** die hoch oben auf dem Cap Diamant thront, und einer Unterstadt, der **Basse-Ville,** deren Häuschen sich auf dem schmalen Uferstreifen zusammendrängen.

Vieux-Québec: Haute-Ville

Cityplan: S. 277

La Citadelle [1]

Côte de la Citadelle, www.lacitadelle.qc.ca, Mai–Okt. tgl. 9–17, sonst 10–16 Uhr, geführte Touren stündlich, Erw. 16 $, Kinder 11–17 J. 6 $
Eine alte Touristenweisheit besagt, dass sich der beste Ausblick immer dort bietet, wo

Eine schöne Aussicht bieten die Wälle der alten Zitadelle am St.-Lorenz-Strom

Québec City Map

Water bodies:
- Rivière Saint-Charles
- Estuaire de la Rivière Saint-Charles
- Bassin Louise
- Fleuve Saint-Laurent

Districts:
- BASSE-VILLE
- HAUTE-VILLE

Key landmarks:
- Pont Samson
- Gare Intermodale
- Busstation
- Gare du Palais
- Old Post Office
- Espace 400e Bell
- Musée naval de Québec
- Quai St. André
- Parc d'Artillerie
- Place Royale
- Jardin St-Roch
- Québec Convention Centre
- Parc de l'Esplanade
- Place George V
- Parc des Champs-de-Bataille
- Promenade des Gouverneurs
- Parc Notre-Dame de la Garde
- Promenade de la Pointe-à-Carcy

Streets (selection):
- 9e Av., 7e Av., 5e Av., 3e Av., 2e Rue, 1re Rue
- Rue Saint-Honoré
- Rue des Sables
- Rue Monseigneur-Gauvreau
- Rue de la Drave
- Pont Dorchester
- Rue de la Chapelle
- Rue Saint-François Est
- Bd. Charest Est
- Rue Jean-Lesage
- Rue Sainte-Marguerite
- Rue Saint-Roch
- Rue Samson
- Rue de l'Ancien-Chantier
- Côte du Palais
- Rue St. Thomas
- Rue St. Paul
- Rue des Remparts
- Rue de l'Université
- Rue Saint-Jacques
- Rue Christie Harnel
- Rue Sainte-Famille
- Côte de la Montagne
- Rue Saint-Pierre
- Rue Dalhousie
- Rue Saint-Jean
- Rue Saint-Stanislas
- Rue du Trésor
- Rue Saint-au-Matelot
- Rue d'Auteuil
- Rue des Glacis
- Rue Sainte-Ursule
- Terrasse Dufferin
- R. du Petit-Champlain
- Rue du Marché-Champlain
- Côte d'Abraham
- Rue Sainte-Madeleine
- Autoroute Dufferin
- Rue Saint-Louis
- Av. Ste-Geneviève
- Av. Saint-Denis
- Côte de la Citadelle
- Rue Sainte-Marie
- Rue Sainte-Claire
- Rue Saint-Gabriel
- Rue Sutherland
- Rue Saint-Michel
- Rue de la Chevrotière
- Rue Saint-Augustin
- Bd. René Lévesque-Est
- Grande Allée Est
- Grande Allée Ouest
- Rue de Claire-Fontaine
- Av. Wilfrid Laurier
- Av. George VI
- Av. du Cap-Diamant
- Av. Tachê
- Place Montcalm
- Av. Brland
- Av. Garneau
- Av. Ontario
- Rue Champlain
- Bd. Champlain

Veerboot naar Lévis →

0 — 200 — 400 — 600 — 800 m

Ville de Québec

Sehenswert
1. La Citadelle
2. Parc des Champs-de-Bataille/Plaines d'Abraham
3. Musée National des Beaux Arts du Québec
4. Terrasse Dufferin
5. Place d'Armes
6. Musée du Fort
7. Basilique-Cathédrale Notre-Dame-de-Québec
8. Séminaire de Québec/ Musée de l'Amérique francophone
9. Musée des Ursulines
10. Cathédrale de la Sainte-Trinité
11. Parc d'Artillerie
12. Maison Jacquet
13. Hôtel du Parlement
14. Funiculaire
15. Église Notre-Dame-des-Victoires
16. Rue du Petit-Champlain
17. Centre d'Interprétation de Québec
18. Musée de la Civilisation

Übernachten
1. Fairmont Le Château Frontenac
2. Manoir Victoria
3. Hotel Cap Diamant
4. Au Château Fleur de Lys
5. Relais Charles Alexandre
6. Hotel Le Concorde
7. Auberge Internationale de Québec
8. Hotel Terrasse Dufferin
9. KOA Québec City

Essen & Trinken
1. Le Saint-Amour
2. Café Le St-Malo
3. Restaurant-Pub d'Orsay
4. Le Lapin Sauté
5. Café du Monde
6. Le Cochon Dingue

Einkaufen
1. Le Grand Marché

Abends & Nachts
1. Bistrot Pape-Georges
2. Dagobert
3. Pub Saint-Alexandre
4. Le Sacrilège
5. Grand Théâtre de Québec
6. Palais Montcalm
7. Théâtre Le Capitole

Kanonen stehen. In Québec City ist dies **La Citadelle**, eine der größten Festungen Nordamerikas, hoch über Stadt und Strom. Das berühmte Château Frontenac, Québecs skylineprägende Hotellegende, wirkt zum Greifen nah. Unterhalb der mächtigen, grasbewachsenen Erdwälle fließt gemächlich der St.-Lorenz-Strom, um am Horizont die historische Île d'Orléans zu umarmen. 1400 km ist die Stadt noch vom Atlantik entfernt, und doch mischt sich hier bereits Salzwasser in die dunkle Flut. Im Winter wird die Macht des Ozeans augenfällig: Erst knirschen und mahlen die Eisschollen, ganz wie es sich gehört, flussabwärts. Sieht man Stunden später wieder hin, geht's im selben Tempo andersherum. Die Flut ist da.

1608 befestigte Champlain diesen Flaschenhals am **Cap Diamant,** wo der Strom zu einem – wenn auch noch rund 800 m breiten – Fluss wird. Québec wurde der Schlüssel zum Kontinent und war die nächsten 200 Jahre mehrmals heiß umkämpft. Erst nach dem Krieg von 1812 hörte das territoriale Gezerre in Nordamerika auf; *la citadelle* errichteten die vorsichtigen Briten auf den Grundmauern der französischen Festung dann doch noch. 1832 war die sternförmige Bastion fertig, aber eine Feuertaufe blieb ihr erspart. Militärisch genutzt wird die Festung auch heute noch: Das 22. Regiment der kanadischen Armee ist hier stationiert. Die »Van Doos« sind nicht nur wegen ihrer Tapferkeit berühmt, sondern auch für ihre farbenprächtige Wachablösung. Pünktlich um 10 Uhr jeden Morgen tritt im Sommer (24. Juni –1. Mo im Sept.) die Garde an – und bietet eine recht paradoxe Aufführung: Schwere Bärenfellmützen über knallroten Uniformen exerzieren in superbritischer Exaktheit zu französischen Kommandos – die britische Festung wird nämlich heute von den Nachkommen Neufrankreichs verteidigt. Einstündige geführte Touren erklären den Festungsalltag gestern und heute. Außerdem gibt es noch ein kleines Museum, das historische Militaria beherbergt.

Ville de Québec

Strahlend weiß und von Licht durchflutet: Der Erweiterungsbau des Musée des Beaux-Arts ist eine Kampfansage an alle Museumsmüde

Parc des Champs-de-Bataille 2

835, av. Wilfrid-Laurier, www.ccbn-nbc.gc.ca, tgl. 9–17.30 Uhr, Eintritt frei

Hinter der Zitadelle bzw. stromaufwärts liegen die legendären **Plaines d'Abraham.** Unterhalb der Festung führt ein schöner Spazierweg, die Promenade des Gouverneurs, dorthin. Auf dem heute **Parc des Champs-de-Bataille** genannten Areal, einem stillen Park mit Baumbeständen und Denkmälern, entschied sich 1759 das Schicksal Französisch-Nordamerikas. Damals zwang der nahende Winter den britischen General Wolfe nach dreimonatiger, ergebnisloser Belagerung zu einem Husarenstück: In der Nacht zum 13. September führte er 5000 Mann über steile Ziegenpfade vom Flussufer auf die Plaines d'Abraham genannten Felder vor den Stadtmauern und provozierte seinen Gegner General Montcalm zur offenen Feldschlacht. Gerade einmal 15 Minuten dauerte das Schießen, dem auch beide Generäle zum Opfer fielen, dann war das Schicksal Neufrankreichs besiegelt. Welche Sprache heute in Kanada gesprochen würde, hätte Montcalm gesiegt, mag man bei einem Spaziergang durch diesen 107 ha großen Park überlegen. Der für viele Québécois noch immer bitterste Tag ihrer Geschichte ist jedenfalls bis heute im kollektiven Bewusstsein verankert: Das Motto der Provinz, »je me souviens« (»Ich erinnere mich«, ziert jedes Nummernschild. Vorgeschichte und Hergang der Entscheidungsschlacht sind im **Maison de la découverte des plaines d'Abraham** dokumentiert.

Musée National des Beaux-Arts du Québec 3

179, Grande Allée Ouest, www.mnbaq.org, Juni–Mitte Sept. tgl. 10–18, Mi bis 21, sonst Di–So 10–17, Mi bis 21 Uhr, Erw. 25 $, Kinder 13–17 J. 7 $

Da passt es gut, dass im Westteil des Parks, im großen, modern ausgebauten **Musée National des Beaux-Arts,** heute die Kunstschätze der Provinz aufbewahrt werden – vor allem natürlich Kunst aus Québec selbst. Fein ziseliertes Silberbesteck und weitere 27 000 Artefakte aus der Kolonialzeit sind dort ebenso zu bewun-

Vieux-Québec: Haute-Ville

dern wie Avantgarde-Installationen zeitgenössischer Québecer Künstler. Sehenswert sind vor allem die Gemälde von Cornelius Krieghoff, der das Landleben des frühen 19. Jh. im Bild festhielt, und die Werke Théophile Hamels, der als offizieller Maler der Kolonialverwaltung viele Prominente seiner Zeit porträtierte.

Terrasse Dufferin und Château Frontenac

Zurück in die Haute-Ville von Vieux-Québec: Treppen führen von der Zitadelle hinab zu den Türmen und Giebeln der Altstadt, wo von der **Terrasse Dufferin** 4 , einer breiten und 671 m langen Promenade am Klippenrand des Cap Diamant, der Blick über die grünspanigen Dächer der Basse-Ville und den Strom hinüber zur Schwesterstadt Lévis schweift. Ausgrabungsarbeiten haben hier die Reste alter, aus den 1620er-Jahren stammender Befestigungsanlagen zutage gefördert, die heute besichtigt werden können. Auf dieser Klippe stand nämlich einst der Palast des Gouverneurs von Neufrankreich, der allerdings im Jahre 1834 abbrannte. An der gleichen Stelle steht heute eines der meistfotografierten Hotels der Welt: das **Château Frontenac** 1 . Es wurde 1893 im damals modischen, den Loire-Schlössern entlehnten Château-Stil begonnen und erst 30 Jahre später vollendet. Roosevelt und Churchill planten hier 1943 ihre Strategien im Krieg gegen Deutschland, US-Präsident Richard Nixon erholte sich hier von Watergate. Die übrigen VIPs können auf Fotos in einem Seitenraum der Lobby bewundert werden.

Place d'Armes 5

An der Nordostecke des Hotels hat man dem Stadtgründer Samuel de Champlain ein Denkmal gesetzt. Der Vater von *Nouvelle France* blickt kühn landeinwärts, quer über den alten Exerzierplatz der Stadt, die **Place d'Armes**. Einst wurden hier die Soldaten des Königs gedrillt, heute herrscht emsiges Touristentreiben um das **Monument de la Foi** in der Mitte des Platzes. Das 1916 enthüllte Denkmal mit Brunnen erinnert an die Ankunft der Recollet-Mönche im Jahre 1615. In den rot gedeckten alten Häusern ringsum sind Restaurants, Cafés und auch die Touristeninformation der Provinz untergebracht.

Musée du Fort 6

10, rue Ste-Anne, www.museedufort.com, April–Ende Okt. tgl. 10–17, übrige Zeit Do–So 11–16 Uhr, Erw. 9 $, Kinder unter 10 Jahren frei

Gegenüber vom Château Frontenac dokumentiert das **Musée du Fort** in einem multimedialen Schlachten-Diorama die insgesamt sechs Belagerungen Québecs wie auch die am Ende fatale Niederlage von General Montcalm. Für die Québecer Schuljugend gehört das patriotische Spektakel mit Schlachtengebrüll und Kanonendonner vom Band zum Pflichtprogramm im Geschichtsunterricht.

Basilique-Cathédrale Notre-Dame-de-Québec 7

16, rue de Buade, https://notredamedequebec. org, Mo–Fr 7–16, Sa 7–18, So 8–18 Uhr, Messen Mo–Fr 8 und 12, Sa 8 und 17, So 9.30, 11.30 und 17 Uhr, Museum und Krypta 5 $

Durch die kurze **Rue du Trésor,** in der sich Straßenkünstler und Souvenirverkäufer drängen – Montparnasse lässt grüßen –, gelangt man zur herrlichen **Basilique-Cathédrale Notre-Dame-de-Québec.** Das neoklassizistische Gotteshaus mit dem lichten Innenleben, dem vergoldeten Altar und den drei gewaltigen Casavant-Orgeln ist für viele Québécois ebenfalls ein Symbol der frankokanadischen Präsenz in Nordamerika: Nachdem sie 1759 während der englischen Belagerung zerbombt worden und mehrmals abgebrannt war, wurde die 1647 begonnene Steinkirche jedes Mal noch schöner aufgebaut. In der Krypta – es gibt geführte Touren – ruhen 900 prominente Québecer, darunter auch François de Laval (1623–1708), der erste Bischof Québecs. Laval herrschte damals über die größte Diözese der Welt: Seine Priester missionierten zwischen den Großen Seen und dem Golf von Mexiko.

Séminaire de Québec/Musée de l'Amérique francophone 8

2, côte de la Fabrique, www.mcq.org/fr/informations/maf, Do–So 10–17 Uhr, Erw. 10 $, Kinder unter 11 Jahren frei

Winterkarneval in Québec City

Fünf Monate lang Schnee und Eiseskälte: Mitteleuropäern klappern schon beim bloßen Gedanken daran die Zähne. Doch die Bewohner von Québec tauen dann erst richtig auf. Bei minus 20 Grad veranstalten sie Umzüge, tanzen ausgelassen auf den Straßen und machen mit Feuerwerken die Nacht zum Tage.

Typischer Fall von Massenhysterie ob eines zu langen Winters? Oder haben sich die Sambaschulen aus Rio gar hierher verirrt? Weder noch. Was den Brasilianern der Carnaval do Rio ist und den Baslern die Fasnacht, das ist den Québécois seit über 100 Jahren der *Carnaval d'hiver*, der Winterkarneval. Die ersten zehn Tage im Februar heizen sie dem Winter kräftig ein: Sie zittern nicht unter seinem Regiment, sondern machen ihn mit Eisskulpturen und fröhlichen Wettbewerben zum Komplizen. Und beim traditionellen Schneebaden im Badeanzug dreht man ihm gar eine Nase.

Wer sich ganz besonders wohl fühlt, der geht aufs Eis. Schon die Altvorderen überquerten den teils vereisten St.-Lorenz-Strom per Ruderboot, Brücken gab es damals ja noch keine. Nahrungsmittel, Post und der neueste Klatsch wurden so zur Nachbarstadt Lévis und auch auf die Île d'Orléans transportiert. Dabei blieb so mancher für immer im tückischen Treibeis. Heute lockt der Winterkarneval Besucher aus aller Welt nach Québec, und das Bootsrennen am zweiten Sonntag ist der sportliche Höhepunkt des närrischen Treibens.

Wenn das Treibeis leise knirschend an der Hafenmauer entlangkratzt und sich draußen auf dem Strom zu bizarren Skulpturen auftürmt, nehmen die Nachfahren der legendären Coureurs des bois in leichten Fiberglasbooten den Kampf mit den Elementen auf. Einzige Regel: Jedes Team muss drüben in Lévis anschlagen und danach auf dem schnellsten Wege zurückkommen. Wie, das bleibt der Mannschaft selbst überlassen. Dass es bei der grimmigen Kälte um weit mehr geht als um Preisgelder, liegt auf der Hand. Es geht um Kraft und Können, Ruhm und Ehre: Fußballfeldgroße Eisplatten driften im Fluss, krachen aneinander, zerquetschen alles, was sich ihnen in den Weg stellt.

Die Steuermänner der Ruderteams müssen ein Gefühl für die Bewegungen des Eises haben: Eine Öffnung zum Rudern kann schon im nächsten Augenblick verschwunden sein. Für die Teams heißt es rudern, was das Zeug hält und solange es nur eben geht, dann aussteigen und das Boot über brüchige Eisschollen bis zum nächsten Wasserloch ziehen, wieder einsteigen und weiterrudern. Manche Mannschaften haben sowohl einen Steuermann mit Übersicht als auch Glück und schaffen die Strecke in weniger als einer Stunde. Andere dagegen haben Pech, sitzen bald erschöpft im Treibeis fest und müssen dann vom bereit stehenden Eisbrecher eingesammelt werden.

Für die dick vermummten Zuschauer am Ufer ist das Rennen vor der weltberühmten Kulisse des Château Frontenac ein Riesenspektakel. Kaum einer friert, dafür gehen die Gemütswogen zu hoch. Wer trotzdem fröstelt, hält sich an Caribou. Die hochprozentige Mischung aus Cognac und Rotwein lässt die Kälte schnell vergessen. Verabreicht wird das nur zum Carnaval d'hiver konsumierte Getränk in Weingläsern, aber so mancher Familienvater führt es ebenfalls mit sich. Nicht in der Flasche, versteht sich – der Genuss von Alkohol in der Öffentlichkeit

In Feierlaune trotz Minusgraden: Leicht geschürzte Karnevalsjecken zeigen dem Winter die kalte Schulter

ist in Kanada verboten –, sondern vorzugsweise wohlgetarnt im roten, innen hohlen Kinderspazierstock aus Plastik (Canne du carnaval), der überall für einige Dollar zu haben ist. So lässt sich das stundenlange Warten auf die auf Eisrutschen und in Schneeburgen herumtobenden Kleinen am besten überstehen.

Herrscher über die muntere Zwei-Wochen-Narretei in Québec ist im Übrigen der Bonhomme Carnaval, eine 2 m große Kreuzung aus Clown und Schneemann und das beliebte Maskottchen des tollen Treibens. Bonhomme Carnaval führt die Paraden an und residiert in dem 20 m hohen Schloss aus Eis und Schnee, das eigens für die zehn Tage des Festes gegenüber dem Provinzparlament errichtet wird.

Ein weiterer Höhepunkt ist der Schneeskulpturenwettbewerb, zu dem Mannschaften aus über 30 Ländern anreisen. Mit Kettensägen, Bohrern und Spachteln rücken sie riesigen Schneeblöcken zu Leibe und schaffen Kunstwerke, von denen man sich wünscht, sie würden ewig halten. Und in den nur 20 Autominuten von Québec City entfernten Bergen von Sainte-Anne-des-Monts tummeln sich die Pistenfans, jagen Schlittenhundegespanne durch weiße Winterlandschaften. Nicht der Winter hat Québec im Griff, sondern umgekehrt. Kein Wunder also, dass ein Lied des Chansonniers Gilles Vigneault zur inoffiziellen Nationalhymne Québecs wurde. Es beginnt so: »Mon pays c'est l'hiver« – »Mein Land ist der Winter«.

Ausgebildet wurden Lavals Missionare im **Séminaire de Québec** nebenan. Die 1663 von Laval gegründete Priesterakademie, eine trutzig wirkende, im 17. und 18. Jh. um einen Innenhof gebaute Insel abendländischer Zivilisation, war die Vorläuferin der 1852 gegründeten Université Laval, der ersten frankophonen Universität Nordamerikas. Ein Rundgang durch dieses den Kurs Neufrankreichs einst erheblich mitbestimmenden Nervenzentrums vermittelt einen Eindruck vom Machtgefüge im Ancien Régime.

Besondere Beachtung verdienen dabei die reich geschmückte **Chapelle Monseigneur Olivier Briand** mit Reliquien aller wichtigen Märtyrer Nordamerikas und die ebenfalls hier untergebrachte, den frankophonen Enklaven in Nordamerika gewidmete **Musée de l'Amérique francophone**. Interessant ist hier die Dokumentation der Wege jener Frankokanadier, die nach der Eroberung nach Westen zogen, um sich im Gebiet der heutigen USA niederzulassen. Seit 2022 finden umfangreiche Umbauten und Erweiterungen statt, Ziel ist ein neuer Museumskomplex auf dem Gelände. Mehrere Ausstellungen wurden deshalb vorübergehend ins Musée de la Civilisation (s. S. 284) überführt.

Musée des Ursulines [9]

12, rue Donnacona, www.polecultureldes ursulines.ca, Anf. Sept.–23. Juni Mi–So 10–17, sonst tgl. 10–18 Uhr, Erw. 7 $, Jugendliche unter 17 J. frei

Darüber hinaus besitzt die Oberstadt neben der angenehmen Atmosphäre zum Flanieren, den vielen Bistros und Straßenrestaurants mit rotweiß karierten Tischdecken eine ganze Reihe weiterer, vor allem historischer Sehenswürdigkeiten. Das kleine **Musée des Ursulines** im Ursulinenkonvent von 1639 – hier leben und beten noch heute 60 Nonnen – entführt in die Anfangszeit der Kolonie. Die Schwestern, 1639 angekommen und Gründerinnen der ersten Mädchenschule Nordamerikas, kümmerten sich damals so lange um die Erziehung der zum Heiraten nach Neufrankreich gekommenen *filles du roi*, bis das Los den in Waisenhäusern, Gefängnissen und Bordellen aufgelesenen jungen Mädchen einen Ehemann bestimmt hatte. Einen Blick verdient auch die 1736 fertiggestellte Kapelle des Konvents, in der Général Montcalm begraben liegt.

Cathédrale de la Sainte-Trinité [10]

31, rue des Jardins, www.cathedral.ca, Ende Mai–Ende Juni, Sept.–Mitte Okt. tgl. 10–17, Juli/ Aug. 9–20 Uhr

Nahebei steht an der Rue des Jardins die **Cathédrale de la Sainte-Trinité** von 1804. Die älteste außerhalb Großbritanniens gebaute anglikanische Kathedrale wurde nach dem Vorbild der Londoner Kirche Saint-Martin-in-the-Fields errichtet und erinnert an das britische Kapitel der Stadtgeschichte: Die Sitze für die Royals werden noch immer freigehalten. Ihr schmuckloses Inneres steht im krassen Gegensatz zur Opulenz der katholischen Kirche.

Befestigungsanlagen – Les Remparts

Sein mittelalterliches Antlitz verdankt Vieux-Québec dem für die Romantik schwärmenden Gouverneur Lord Dufferin (1872–1878). Der gebürtige Ire bewahrte Mauern und Bastionen vor dem Abriss – weshalb Besucher heute auf den Stadtmauern zur Zitadelle wandern und herrliche Blicke auf Stadt und Strom genießen. Die Festungsanlagen, die man sieht – Stadtmauer, Tore, Feldschanzen – stammen von den Briten und wurden errichtet, um die Amerikaner von weiteren Invasionsversuchen abzuhalten; der erste scheiterte 1776 vor Québec.

Wie Québec im frühen 19. Jh. ausgesehen hat, zeigt im Besucherzentrum des **Parc d'Artillerie** [11] ein Landschaftsmodell im Maßstab 1 : 300 (175, rue de L'Espinay, Nähe Dauphine Redoubte, Anfang Mai–Anfang Sept. tgl. 10–18, Anfang Sept.–Mitte Okt. 10–17 Uhr, Erw. 8,50 $, Kinder unter 17 J. frei).

Selbst den Hunger, der bei so viel Geschichte zwangsläufig aufkommt, kann man in einem historischen Gemäuer stillen: Das **Maison Jacquet** [12] in der Rue St-Louis ist das älteste noch erhaltene Wohnhaus der Stadt (Baujahr 1675) und als Restaurant Aux

Anciens Canadiens eine gute Adresse für traditionelle *cuisine québécoise* (s. S. 285).

Grande-Allée

Vor allem im Westteil der Altstadt blieb die Befestigungsmauer, die von der kanadischen Nationalparkverwaltung aufwendig restauriert wurde, gut erhalten. Durch die zinnenbewehrte **Porte Saint-Louis,** das schönste der Stadttore, kommt man aus der Altstadt zum prunkvollen Sitz der Québecer Provinzregierung, dem **Hôtel du Parlement** 13 (1045, rue des Parlementaires). In dem 1886 im Empire-Stil erbauten Palast residiert die *Assemblée Nationale,* hier werden alle die Provinz betreffenden Entscheidungen getroffen, die – wenn die separatistische *Parti Québécois* gerade am Ruder ist – oft auch den Rest Kanadas unmittelbar betreffen. Die Ahnengalerie rund um das Hauptportal, eine Reihe von Nischen mit Statuen bedeutender Politiker aus Québec, wird nachts beleuchtet und wirkt dann besonders eindrucksvoll. Südlich von diesem Gebäude, in dessen Gartenanlagen auch eine Statue des charismatischen René Lévèsque, dem bis heute populärsten Politiker aus Québec, steht, beginnt die **Grande-Allée** ihren Lauf nach Westen. Sie gilt als die Restaurantmeile der Stadt: Vormals die Wohnstraße der anglophonen Oberschicht, ist sie heute ein Ziel für Feinschmecker aus ganz Nordamerika.

Basse-Ville

Cityplan: S. 277

War die Haute-Ville einst der Oberschicht – Adligen, Priestern, Regierungsbeamten – vorbehalten, so lebten die damals zur Unterschicht gerechneten Handwerker, Händler, Seeleute und Tagelöhner unten am Fluss in der engen Basse-Ville. Hier herrschte von Anfang an Platzmangel, mehrfach musste Neuland aufgeschüttet werden. Nach der Eroberung bauten die Briten hier Lagerhäuser und Kontore, im Uferbereich wurde das Holz für England gestapelt. Die Dampfschifffahrt beendete dann die Blütezeit des Holzumschlagsplatzes, und erst

Volksnahe Version der Pariser Champs-Elysées: Québecs Grande-Allée

Ende der 1960er-Jahre begann ein bis heute andauerndes Restaurierungsprogramm, das die Unterstadt optisch auf den Stand von 1720 zurückversetzte – nur schöner.

Für den Weg in die Unterstadt hat man zwei Möglichkeiten: Entweder nimmt man die steile, nicht ganz zu Unrecht *Escalier Casse-Cou* (›Genickbruch-Treppe‹) genannte Treppe, die sich um die Felsen von Cap Diamant windet, oder den **Funiculaire** 14 . Beide, die Treppe und dieses Mittelding aus Fahrstuhl und Zahnradbahn, beginnen auf der Terrasse Dufferin und eröffnen schöne Blicke auf die Unterstadt (Terrasse Dufferin, www.funiculaire.ca, tgl. 9–21 Uhr, 4 $ pro Person).

Église Notre-Dame-des-Victoires 15

32, rue Sous-Le-Fort, tgl. 9–17 Uhr
Nirgendwo wird der europäische Charakter der Stadt deutlicher als zwischen den bretonisch anmutenden Gemäuern um die **Place-Royale,** wo einst Champlains *habitation* stand. Kühles Mauerwerk umfängt den Besucher in der 1688 erbauten **Église Notre-Dame-des-Victoires** auf der Südseite des Platzes. Der Name der Kirche erinnert an die Siege über die Briten. Das überwiegend in Weiß und Gold gehaltene Innere mit dem von einer mittelalterlichen Burg inspirierten Altar ist überraschend nüchtern. Von der Decke hängt das Modell eines Segelschiffes herab. Es handelt sich um die »Brézé«, die 1665 der von der mächtigen Irokesen-Liga bedrängten Kolonie das kampfstarke Regiment Carignan zu Hilfe brachte.

Rue du Petit-Champlain 16

Eine Attraktion von ganz anderer Art ist die **Rue du Petit-Champlain,** eine enge, romantische Gasse mit gemütlichen Restaurants, Kunsthandwerksläden und Juwelieren. Im 19. Jh. ein heruntergekommenes Elendsquartier, ist es heute eine der Hauptattraktionen der Stadt. Der Touristenrummel vermittelt jedoch ein falsches Bild: Hinter den Postkartenansichten abgebenden Fassaden leben noch immer Menschen, floriert heute wieder eine vitale Nachbarschaft: Morgens treffen sich die – sprichwörtlichen – alten Männer zum Pfeifchen an der Ecke, während Hausfrauen die Croissants zum Frühstück einkaufen.

Centre d'Interprétation de Québec 17

100, quai St-André, Anfang Mai–Anfang Sept. tgl. 10–17, sonst 12–16 Uhr, Erw. 4 $, Kinder 2 $
Bevor man von der Rue Petit-Champlain aus mit dem Funiculaire zurück zur Terrasse Dufferin in der Oberstadt rattert, sollte man noch ein paar Schritte Richtung St.-Lorenz-Strom machen. Hier gibt es die Gelegenheit, noch mehr über die bewegte Vergangenheit Neufrankreichs zu erfahren. Das von Parks Canada betriebene **Centre d'Interprétation de Québec** arbeitet die Geschichte des Hafens, der lange als Umschlagplatz für Pelze und Holz florierte, wissenschaftlich-nüchtern auf.

Musée de la Civilisation 18

85, rue Dalhousie, www.mcq.org/fr/informations/mcq, Di–So 10–17 Uhr, Erw. ab 15 $, Kinder unter 17 J. 7 $, unter 5 J. frei
Ein Muss für Geschichtsfreunde ist das **Musée de la Civilisation,** das moderne, von Moshe Safdie entworfene und sich dennoch nahtlos ins mittelalterliche Erscheinungsbild einfügende Stadtmuseum. In zehn permanenten Ausstellungen bringt es die Kultur und Alltagskultur von Stadt und Provinz kreativ auf den Punkt.

Infos

Office du Tourisme de Québec: 835, av. Wilfrid-Laurier, Tel. 418-783-1608, www.ahrq.ca. Ist bei der Reisevorbereitung behilflich. Vor Ort nützlich ist deren Büro **Centre Infotouriste** gegenüber dem Château Frontenac (12, rue Ste-Anne, Tel. 1-877-783-1608, www.quebec-cite.com, Ende Juni–Anfang Sept. tgl. 9–18, sonst tgl. 9–17 Uhr).

Übernachten

Hoher VIP-Faktor – **Fairmont Le Château Frontenac** 1 : 1, rue des Carrières, Tel. 418-692-3861, 1-866-540-4460, www.fairmont.com/frontenac. Gediegene Plüsch- und Massivholz-Atmosphäre im denkmalgeschützten Eisenbahnhotel von 1893 (s. auch S. 279). Allerbeste Lage mit atemberaubenden Blick über den St.-Lorenz-Strom, elegantes Restaurant. DZ 220–510 $.

Herrlich altmodisch – **Manoir Victoria** 2 : 44, côte du Palais, Tel. 418-692-1030, 1-800-463-6283, www.manoir-victoria.com. Stilvolles Nobelhotel am Rand der Altstadt mit Spa, Fitnessraum, Innenpool und zwei Restaurants. DZ 245–400 $.

Intim – **Hotel Cap Diamant** 3 : 39, av. Ste-Geneviève, Tel. 418-694-0313, www.hotelcapdiamant.com. Gemütliche Pension mit einem charmanten, mehrere Jahrhunderte umspannenden Sammelsurium an Möbeln. DZ 130–250 $.

Très charmant – **Au Château Fleur de Lys** 4 : 15, av. Ste-Geneviève, Tel. 418-694-1167, 1-877-691-1884, www.chateaufleurdelys.com. Ruhige Frühstückspension in einem historischen Haus zwischen Zitadelle und Zentrum. Viktorianisch eingerichtete Zimmer. DZ 140–280 $.

Günstige Lage – **Relais Charles Alexandre** 5 : 91, Grande-Allée Est, Tel. 418-523-1220, www.relaischarlesalexandre.com. Stilvolles Backsteingebäude mit Eichenböden und Kaminen, der Frühstücksraum fungiert zugleich als Kunstgalerie. DZ 120–170 $.

Für den Überblick – **Hotel Le Concorde** 6 : 1225, cours du Général de Montcalm, Tel. 418-647-2222, www.hotelleconcordequebec.com. Modernes Hochhaushotel mit 400 Zimmern und Suiten an der Grande-Allée; schöne Ausblicke bietendes Drehrestaurant hoch über der Stadt. DZ 140–270 $.

Sauber und freundlich – **Auberge Internationale de Québec** 7 : 19, rue Ste-Ursule, Tel. 418-694-0755, 1-866-694-0950, www.cisq.org. Große Jugendherberge in der Altstadt. Bett in 8er-Schlafsaal 32 $, Zwei-Bett-Zimmer ab 97 $.

Einnehmend – **Hotel Terrasse Dufferin** 8 : 6, pl. Terrasse Dufferin, Tel. 418-694-9472, www.terrassedufferin.net. Hübsche Hotelpension in einem viktorianischem Bürgerhaus mit direktem Zugang zur Terrasse Dufferin und schönem St.-Lorenz-Blick. DZ 90–220 $.

Tipp

SEHEN, WAS CHAMPLAIN EINST SAH

Die Stelle, wo der Strom eng wird. Die steilen Felsen, von denen aus sich das Tor nach Nordamerika gut schützen ließ. Und die Frachter (die sah Champlain natürlich nicht!), die auf Augenhöhe bis nach Chicago im Herzen des Kontinents ziehen … Auf der 2,5 km langen **Promenade Samuel de Champlain** vom Quai des Cageux bis nach Sillery erholt man sich nicht nur gut, man bekommt auch einen Eindruck von der immensen strategischen Bedeutung Québecs.

Gut geführter Campingplatz – **KOA Québec City** 9 : 684, ch. Olivier, St-Nicolas, Tel. 418-831-1813, 1-800-562-3644, http://koa.com/campgrounds/quebec-city. Der große Campingplatz mit Swimmingpool befindet sich am Südufer des St.-Lorenz-Stroms, etwa eine halbe Autostunde westlich der Stadt.

Essen & Trinken

Die wichtigsten Restaurantmeilen liegen in der Altstadt zwischen Château Frontenac und Rathaus sowie an der Rue St-Jean, der Côte de la Fabrique und – vor den Toren der Stadt – an der Grande-Allée.

Romantisch – **Aux Anciens Canadiens** 12 : 34, rue St-Louis, Tel. 418-692-1627, www.auxancienscanadiens.qc.ca, tgl. 12–22 Uhr. In dem ältesten erhaltenen Wohnhaus der Stadt (Baujahr 1675) serviert man traditionelle *cuisine québécoise,* Spezialitäten wie die Fleischpastete *tourtière,* Erbsensuppe und Zuckerkuchen mit Ahornsirup. Vorspeisen 10–23 $, Hauptgerichte 33–46 $.

Ville de Québec

Klasse für sich – **Le Saint-Amour** 1 : 48, rue Ste-Ursule, Tel. 418-694-0667, www.saint-amour.com, Mo–Fr 11.30–14, 18–22, Sa 17.30–22, So 18–22 Uhr. Französische Gourmet Cuisine, tonangebend in der Stadt. Hervorragende Weinkarte. Vorspeisen 18–38 $, alle Hauptgerichte 54 $.

Traditionsreich – **Café Le St-Malo** 2 : 75, rue St-Paul, Tel. 418-692-2004, Juli–Sept. tgl. 11.30–16.30, 17–23, sonst bis 22.30 Uhr. Kein Risiko in der Unterstadt: Traditionelle *cuisine française* mit *foie gras*, Fischsuppe *bouillabaisse* und frittiertem Kalmar. Vorspeisen 8–30 $, Hauptspeisen 29–42 $.

Verlässlich – **Restaurant-Pub d'Orsay** 3 : 65, rue Buade, Tel. 418-694-1582, www.dorsayrestaurant.com, tgl. 11.30–3 Uhr. Großes, gediegen eingerichtetes Lokal mit breitem Angebot von Spaghetti bis hin zu Québecer Küche und Meeresfrüchten. Vorspeisen 6–28 $, Hauptspeisen 20–36 $.

Mit Aussicht – **Le Ciel** 6 : 1225, cours du Général-de-Montcalm (Hotel Le Concorde), Tel. 418-640-5802, www.cielbistrobar.com, Mo–Mi 11.30–22, Do, Fr 11.30–23, Sa 9–23, So 9–22 Uhr. Traditionelle französische Küche mit regionalen Produkten der Saison. Vorspeisen 8–21 $, Hauptspeisen 28–38 $.

Rustikales Ambiente – **Le Lapin Sauté** 4 : 52, rue du Petit-Champlain, Tel. 418-692-5325, www.lapinsaute.com, Mo–Do 11–22, Fr 11–23, Sa 9–23, So 9–22 Uhr. Gemütliches Restaurant nahe der Place-Royale. Spezialisiert auf Wildgerichte, vor allem Hasenbraten. Vorspeisen 7–35 $, Hauptspeisen 22–32 $.

Makelloser Service – **Café du Monde** 5 : 84, rue Dalhousie, Tel. 418-692-4455, www.lecafedumonde.com, Mo–Fr 11.30–23, Sa, So 9.30–23 Uhr. Bistro-Restaurant mit Klassikern wie *steak et frites* und *moules marinière*. Vorspeisen 7–14 $, Hauptspeisen 27–36 $.

Lounge des jeden Winter auf Zeit errichteten »Hôtel de la Glace«: Der Begriff »Chillen« gewinnt hier eine ganz neue Bedeutung

Adressen

Macht Spaß – **Le Cochon Dingue** 6 : 46, blvd. Champlain, Tel. 416–692–2013, www.cochondingue.com, tgl. 8–22 Uhr. Leger-junge französische Küche in kleinem Café in der Altstadt. Gute Quiches, leckere Desserts. Vorspeisen 5–15 $, Hauptspeisen 18–30 $.

Ungewöhnlich – **Le Parlementaire** 13 : Hôtel du Parlement, Tel. 418-643-6640, www.assnat.qc.ca/LeParlementaire, Lunch Mo–Fr 11.30–14 Uhr. Der schöne Beaux-Arts-Saal im Parlement ist eigentlich die ›Kantine‹ der Abgeordneten, aber auch für Besucher offen. *Fine cuisine,* Reservierung erforderlich. 3-Gänge-Menü 35 $ (bei über 100 Gästen), 38 $ (bei 50–100 Gästen).

Einkaufen

Shopping bzw. *magasiner* ist der beliebteste Zeitvertreib in Québec. Gelegenheit dazu gibt es mehr als genug. In der Basse-Ville konzentrieren sich die **Souvenirläden** und **Kunsthandwerksgeschäfte** an der Rue Petit-Champlain. Die meisten Läden verkaufen Hochwertiges. In der Haute-Ville verbreitert sich das Angebot auf Textilien, Bücher, Antiquitäten und Kunstobjekte. Wer Gebrauchsgegenstände oder Lebensmittel für die Reise sucht, sollte die Kaufhäuser und großen Shopping Center am Boulevard Laurier im Vorort **Ste-Foy** aufsuchen.

Reiseproviant – **Le Grand Marché** 1 : 250, section M, blvd. Wilfrid-Hamel, Tel. 418-692-2517, www.legrandmarchedequebec.com, Mo–Fr 9–18, Sa, So 9–17 Uhr. Frisches Obst und Proviant für die Weiterreise kann man in der überdachten Markthalle erstehen, wo Bauern aus dem Umland ihre Erzeugnisse zum Verkauf anbieten.

Abends & Nachts

Gepflegt – **Bistrot Pape-Georges** 1 : 8, rue Cul-de-Sac, Tel. 418-692-1320, www.papegeorges.ca, Mo–Mi 16–3, Do–So 12–3 Uhr. Gemütliche Weinbar mit Entertainment, Blues, Chanson, Folk, leichtes Menü (Käse aus Québec, geräucherter Lachs etc.).

Let's party – **Dagobert** 2 : 590, Grande-Allée Est, Tel. 418-522-0393, www.dagobert.ca, tgl. 21–3 Uhr. Die Tanzschuppen-Institution der Hauptstadt. Top-40. Livekonzerte, an Wochenenden ist es hier immer voll.

Immer voll – **Pub Saint-Alexandre** 3 : 1087, rue St-Jean, Tel. 418-694-0015, www.pubstalexandre.com, tgl. 10–3 Uhr. Beliebter Pub mit über 200 Biersorten aus aller Herren Länder. Livemusik.

Angesagt – **Le Sacrilège** 4 : 447, rue St-Jean, Tel. 418-649-1985, www.lesacrilege.com, tgl.12–3 Uhr. Québecs beliebteste Kneipe liegt gegenüber einer kleinen Kirche, verfügt über einen kleinen Innenhof und lässt nachts nicht nur die Puppen tanzen, sondern veranstaltet auch Kunstausstellungen und »Hockey night«-Abende.

Theater

Theateraufführungen sind meist in französischer Sprache. In den kleinen Theatern und auch in zahlreichen Bars finden oft Chansonabende statt. Gravitationszentren des Nachtlebens sind die **Rue St-Jean** und die **Grande Allée-Est** etwas außerhalb der Stadtmauern.

Großevents – **Grand Théâtre de Québec** 5 : 269, blvd. René-Lévesque Est, Tel. 418-643-8131, www.grandtheatre.qc.ca. Haus des Québecer Symphonieorchesters und des Theaterensembles Théâtre de Québec. Breite Veranstaltungspalette, das Spektrum reicht von schwarzafrikanischen Popgruppen bis hin zu klassischem Ballett.

Unkonventionell – **Palais Montcalm** 6 : 995, pl. d'Youville, Tel. 418-641-6040, www.palaismontcalm.ca. Französisch- und englischsprachige Theateraufführungen, Konzerte, Kunstausstellungen.

Grande Dame – **Théâtre Le Capitole** 7 : 972, rue St-Jean, Tel. 418-694-4444, www.lecapitole.com. Historisches Theater von 1903, in dem heute vor allem Musicals, Revuen und Konzerte aufgeführt werden. Angeschlossenes Restaurant.

Aktiv

Sightseeing per Kleinbus – **Québec Bus Tour:** 17 rue du Fort, Québec, St-Jean, Île d'Orléans, Tel. 418-829-2588, https://quebecbustour.com. Englischsprachige Kleinbustouren durch die Stadt, zu den Montmo-

rency-Fällen und auch zur historischen Île d'Orléans.
Schiffsrundfahrten – **Croisières AML, »MV Louis Jolliet«:** Quai Chouinard, 10, rue Dalhousie, Tel. 866-856-6668, www.croisieres aml.com. 90-minütige Schiffsrundfahrten auf dem St.-Lorenz-Strom, auch Exkursionen zur Île d'Orléans und Dinnerkreuzfahrten.

Termine

Carnaval de Québec: 16 Tage Ende Januar bis Mitte Februar, www.carnaval.qc.ca. Das größte und berühmteste Festival der Stadt ist zugleich der größte Winterkarneval der Welt und findet bereits seit 1894 statt (s. auch Thema S. 280).

Festival d'été de Québec: 11 Tage Anfang Juli, www.infofestival.com. Die besten Musiker aus Québec, Kanada und dem Rest der Welt stehen an zehn Punkten der Stadt auf der Bühne und verwandeln Québec mit rund 200 Konzerten in eine riesige Live-Performance.

Les Grands Feux Loto-Québec: 3 Wochen Ende Juli bis Mitte August, www.lesgrandsfeux.com. Mehrere Länder schicken ihre besten Feuerwerker, die mittwochs und samstags nach Einbruch der Dunkelheit den Himmel über den Chûtes Montmorency anmalen.

Les Fêtes de la Nouvelle France: 5 Tage Anfang August, www.nouvellefrance.qc.ca. Neufrankreichs Geschichte zum Anfassen inszeniert, von kostümierten Musikern, Schauspielern und Statisten, die in der Altstadt ihrem – damaligen – Alltag nachgehen und die Place-Royale mit Ziegen und Hühnern in eine Zeitmaschine verwandeln.

Verkehr

Flugzeug: Der **Aéroport international Jean-Lesage** (Tel. 418-640-3300, www.aeroportdequebec.com) liegt 16 km vor der Stadt und wird von Air Canada, Air Transat, Westjet und verschiedenen amerikanischen Airlines angeflogen. Taxen und die Busse des RTC verkehren zwischen Airport und Innenstadt.
Bahn: Die Züge der VIA Rail (Tel. 1-888-842-7245, www.viarail.ca) verkehren vom Gare du Palais (450, rue de la Gare-du-Palais, Tel. 1-888-842-7245) nach Montréal und dann weiter Richtung Gaspé-Halbinsel und New Brunswick.
Bus: Vom Busbahnhof Gare du Palais (320, rue Abraham-Martin, Tel. 418-525-3000) aus bedienen Busse die gesamte Provinz.
Mietwagen: Alle großen Mietwagenfirmen sind mit Schaltern am Flughafen präsent.

Ausflüge in die Umgebung

Vor den Toren der Hauptstadt gibt es viele kleine Orte, an denen die Zeit stehengeblieben zu sein scheint. Hübsche Holzhäuschen mit Veranda und geschwungenem Dach, die sogenannten *petites canadiennes,* säumen den Weg, zusammen mit den kleinen Restaurants, die hier *Bar-Resto* heißen und deren Besitzer im Namen auftauchen, wie »Chez Ginette« oder »Chez P'tit-Jean«. Hier auf dem Land ist die Hauptstadt – die von Québec – weit weg und die des ganzen Landes ein eher vager Begriff. Neufrankreich scheint nur zu schlafen, und die schönsten Eindrücke von diesem friedvollen Fragment Québec lassen sich auf einer eintägigen Fahrt zur Côte de Beaupré und hinüber zur Île d'Orléans sammeln. Der Besuch der **Côte de Beaupré** nimmt einen guten Vormittag in Anspruch. Vor allem für die Chûtes Montmorency sollten, wenn man die Treppe hinauf zur Abbruchkante ›bezwingen‹ und Spaß mit den neuen Klettersteigen und der Seilrutsche über die Fälle haben will, mindestens vier Stunden veranschlagt werden. Der Besuch der gegenüber im Strom liegenden **Île d'Orléans** lässt sich dann am Nachmittag absolvieren.

Côte-de-Beaupré

Man verlässt die Stadt auf der Route 440, um dann über die Avenue d'Estimauville zur gemächlicheren Route 360 zu wechseln. In europäischer Manier windet sich die Straße die Hänge am Nordufer des St.-Lorenz entlang.

Schon um 1634 entstanden hier die ersten *seigneuries,* die Adelsgüter Neufrankreichs. Als Lehnsherren warben die *seigneurs*

Ausflüge in die Umgebung

unter den verarmten Bauern Nordfrankreichs um *habitants,* um Siedler für ihre Ländereien in der Neuen Welt. Diese verschuldeten sich bei ihnen für die Überfahrt und mussten ihnen dafür nach der Ankunft in Québec ihre Arbeitskraft zur Verfügung stellen. Andererseits war der *seigneur* verpflichtet, in Notzeiten für seine Schutzbefohlenen zu sorgen. Heute erinnern noch die langen, rechteckigen Felderstreifen an die damalige Felderteilung.

Beauport und Umgebung ▶ L 8

Beauport ist mit seinen schmucken Häuschen ein beliebter Vorortwohnsitz der Québécois. Interessant ist hier das architektonische Potpourri, das viktorianische Einflüsse mit der frühen normannischen Bauweise vermischt und auch die traditionelle Detailverliebtheit der Einheimischen zeigt. Charakteristisch ist das Sägezahnmuster der Einzelhäuser an der Avenue Royale: Unabhängig vom Straßenverlauf weisen die Häuserfronten alle nach Süden – eine frühe Einsicht der Pioniere, dass im Winter eine breite Südfront die Sonneneinstrahlung besser nutzt.

Am Rand des Städtchens gibt sich der sonst dezent im Hintergrund bleibende Kanadische Schild dramatisch: Bei den **Chûtes Montmorency** an der Route 138/Avenue Royale endet die älteste Gesteinsformation der Welt abrupt als knapp 100 m hohe Abbruchkante und lässt die Wasser der Rivière Montmorency in wilden Kaskaden 83 m in die Tiefe stürzen. Per Gondel, Zahnradbahn, Seilrutsche und langer, steiler Fußgängertreppe kann man diesem gewaltigen Wasserfall von oben und unten zu Leibe rücken und dabei eine fantastische Aussicht auf den Strom genießen. Wer im Winter kommt, sollte die Kamera bereithalten: Die Gischtwolke des 12 km östlich von Québec gelegenen Wasserfalls ist dann zu einem 20 m hohen, strahlend weißen Zuckerhut gefroren, der zum Eisklettern einlädt und übermütig kreischende Kinder auf seinen Hängen schlittenfahren lässt (2490, av. Royale, ganzjährig geöffnet, Erw. 18 $, Kinder bis 17 J. frei, Gondel Erw. 15 $, Kinder 6–17 J. 7 $, bis 6 J. frei, Seilrutsche Erw. 29 $, Klettersteige Erw. ab 37 $).

Sainte-Anne-de-Beaupré und Umgebung ▶ M 7

Als das ›Lourdes Neufrankreichs‹ wird die **Basilique Sainte-Anne-de-Beaupré** oft bezeichnet. Seit aus Seenot errettete Schiffer 1658 hier eine der Hl. Anna geweihte Kapelle errichteten und sich schon bald die ersten Wunder einstellten, strömen Pilger von nah und fern herbei. 1934 wurde die mächtige Basilika mit den 90 m hohen Doppeltürmen und 200 bemalten Oberlichtern geweiht, die heute das Ziel von jährlich 1,5 Mio. Wallfahrern aus aller Welt ist (10018, av. Royale, www.sanctuairesainteanne.org, tgl. 7–21 Uhr).

Rings um die fünfschiffige Kirche tobt ein skurriler Pilgerrummel mit schrillen Devotionalienläden, einem Wachsfigurenkabinett und einem 1895 aus München importierten Monumentalwerk religiösen Kitsches: das **Cyclorama de Jérusalem** mit seinem 110 m messenden Rundgemälde zum Thema Jerusalem während der Zeit der Kreuzzüge. Ende 2018 wurde es, nach anhaltender Besucherebbe, endgültig geschlossen, äußerlich beeindruckend ist es jedoch noch immer. Nur im Winter wird der Pilgerrummel durch den Skizirkus am nahen **Mont Sainte-Anne** abgelöst, einem der beliebtesten Skiberge Québecs.

Naturverbundener sind die beiden anderen Attraktionen der Côte-de-Beaupré. Der **Grand Canyon des Chûtes Sainte-Anne** 6 km weiter wirkt auf den ersten Blick zwar weniger dramatisch als die Chûtes Montmorency und schon gar nicht so spektakulär wie sein Namensvetter in Arizona. Beim Näherkommen wird er jedoch angesichts seiner drei, in bis zu 74 m Höhe über den tosenden Wassermassen schlingernden Hängebrücken und seinen kreuz und quer über die Schlucht gespannten Ziplines zur Herausforderung für das Nervenkostüm: Einer Statistik zufolge weigert sich jeder sechste Besucher schlichtweg, die Brücken zu überqueren (206, Route 138, www.canyonsa.qc.ca, 1. Mai–23. Juni tgl. 9–17, 24. Juni–Labour Day 9–18, Labour Day–3. Oktoberwoche 9–17 Uhr, Erw. 14 $, Kombi Hängebrücken/Ziplines Erw. 25 $, Kinder 6–17 J. 20 $).

Unweit von hier, in der **Réserve nationale de Faune du Cap-Tourmente** am sumpfigen

Uferstreifen des Stroms, kann man auf einem schönen, insgesamt etwa 20 km langen Wegenetz im Frühjahr und Herbst Zehntausende rastender Schneegänse beobachten. Die Zugvögel stärken sich an den Wattpflanzen um das Kap für die Weiterreise. Die in V-Formation fliegenden weißen Vögel kündigen den Beginn des Sommer bzw. Winters in Québec an (570, ch. du Cap-Tourmente, tgl. 8.30–17 Uhr, Erw. 6 $, Kinder unter 12 Jahren frei).

Infos
Office du Tourisme de Québec: s. S. 284

Übernachten
… in Beaupré:
Rustikale Eleganz – **Auberge La Camarine:** 10947 Bd. Ste-Anne, Tel. 418-827-5703, 1-800-567-3939, www.camarine.com. Hübsches, zwischen Strom und Mont-Sainte-Anne gelegenes Hotel mit preisgekröntem Gourmetrestaurant, im Winter flackert im Speisesaal ein Kaminfeuer, im Sommer sitzt man auf der Außenterrasse. DZ mit Frühstück 150–290 $.

Essen & Trinken
An der Route 360 liegen viele einfache Essstuben und außerdem Schnellrestaurants.

Île d'Orléans ▶ M 7/8

In Sichtweite der Fälle führt eine moderne Brücke hinüber auf den runden, grünen Rücken der **Île d'Orléans.** Wie ein Pfropfen sitzt die komplett unter Denkmalschutz stehende, 34 km lange Insel im Mündungstrichter des St.-Lorenz-Stroms. Jacques Cartier landete hier 1535, und nach der Gründung Québecs 1608 wurde das fruchtbare Eiland als Erstes besiedelt und urbar gemacht. Die bäuerliche Landidylle der frühen Tage Neufrankreichs hat sich bis heute gehalten, daran konnte auch die 1935 zum Festland geschlagene Brücke nichts ändern. Man fährt in pastoraler Ruhe durch Erdbeerfelder und Obstgärten, am Wegesrand kleine Bauerndörfer, die – natürlich – nach katholischen Heiligen benannt sind und von denen einige zu den schönsten Dörfern der Provinz gerechnet werden.

Die Route 368 führt als Ringstraße um die Insel und bietet immer wieder schöne Ausblicke über den Fluss und die gegenüberliegenden Ufer. Marmelade und Äpfel, bunte Steppdecken, selbstgebackenes Brot und Ahornsirup werden an kleinen Straßenständen feilgeboten. Vor allem drei der Örtchen verdienen einen näheren Blick:

Saint-Laurent war im 19. Jh. ein blühendes Zentrum des Schiffsbaus. An die 20 Schiffsbauerfamilien zimmerten hier die *chaloupes* zusammen, breite Boote mit flachem Kiel, maßgeschneidert für die rauen Bedingungen auf dem Strom. Heute erinnert der **Parc Maritime de Saint-Laurent** an der Stelle der einstigen Werft an diese Zeit. In rekonstruierten Bootshäusern ist das einfache Handwerkszeug der Bootsbauer zu sehen, Fotos dokumentieren das Leben der Inselbewohner vor 120 Jahren (120, ch. de la Chalouperie, www.parcmaritime.ca, Juni–Okt. tgl. 10–17 Uhr, Erw. 7 $, Kinder 13–17 J. 4 $, bis 13 J. frei).

In **Saint-Jean** leben seit Generationen viele der auf dem St.-Lorenz arbeitenden Lotsen. Stilles Zeugnis von ihrer oft lebensgefährlichen Tätigkeit legt der Friedhof ab, wo viele Tragödien auf liebevoll gepflegten Grabsteinen verewigt wurden. Neben den hübschen, mit maritimen Motiven dekorierten Häuschen lohnt vor allem das **Manoir Mauvide-Genest** einen zweiten Blick: 1734 von einem reichen Kaufmann erbaut, ist es eines der schönsten Beispiele französischer Kolonialarchitektur (1451, ch. Royal, www.manoirmauvidegenest.com, Besichtigung nur im Rahmen von Führungen nach Reservierung (Tel. 418-829-2630), Mai–Ende Okt. tgl. 10–17 Uhr, Erw. 8 $, Kinder unter 12 Jahren frei). Vom Aussichtsturm an der Ostspitze der Insel bei **Saint-François** hat man einen herrlichen Blick auf den St.-Lorenz-Strom.

Sainte-Famille wartet mit einer der schönsten Kirchen Neufrankreichs auf: Die 1748 vollendete **Église de la Sainte-Famille** besticht durch das neoklassische Innere und ein Bildnis der Heiligen Familie. Das Gemälde wird dem Récollet-Mönch Frère Luc zugeschrieben, der die Kolonie 1670 besuchte (3915, ch. Royal).

Ausflüge in die Umgebung

Weltenbummler auf Durchreise: Im Herbst versammeln sich Tausende von Schneegänsen am Cap-Tourmente

Infos
… in Saint-Pierre-de-l'Île d'Orléans:
Tourisme Île d'Orléans: 490, côte du Pont, Tel. 418-828-9411, 1-866-941-9411, www.iledorleans.com.

Übernachten
… in St-Laurent:
Romantisch – **Auberge L'Île Flottante:** 7127 ch. Royal, Tel. 418-828-9476, https://ileflottante.com. Fünf richtig schnuckelige Zimmer in einem alten Holzhaus, Stil »Canadienne«, ein urgemütliches Chalet am Fluss und aufmerksame Gastgeber: Man will am liebsten ein paar Tage anhängen. DZ 100–150 $.

… in Sainte-Pétronille:
Elegant – **Auberge La Goeliche:** 22, ch. du Quai, Tel. 418-828-2248, 1-888-511-2248, www.goeliche.ca. Neues Gasthaus auf alten Grundmauern, mit gutem Restaurant *(cuisine française)*, Pool und tollem Blick auf Québec. DZ 140–210 $.

Essen & Trinken
… in Saint-Laurent:
Kulinarisches Erlebnis – **Moulin de St-Laurent:** 6436 ch. Royal, Tel. 418-829-3888, www.moulinstlaurent.qc.ca, tgl. 11.30–14.30 und 17.30–20.30 Uhr. Herzhafte *cuisine régionale* in einer alten Mühle mit Terrasse im Freien neben einem kleinem Wasserfall. Empfehlenswert: *Filet mignon*. Vorspeisen 9–16 $, Hauptspeisen 22–32 $.

Einkaufen
Antiquitäten – Die Île d'Orléans ist bekannt für ihre guten **Antiquitätenläden,** die zumeist an der Route 368 liegen.

Aktiv, Termine
Radfahren – Die Route 368 (70 km) wird als Radlerroute immer beliebter – auch dank der bei Familien beliebten **Tour de l'Île d'Orléans** jährlich Anfang Juni (1449, ch. Royal, St-Laurent, www.autourdelile.com).

Am St.-Lorenz-Strom Richtung Atlantik

Die 1400 km lange Route 138 führt entlang der Nordküste bis (fast) nach Labrador und bringt einen so zum – gefühlten – Ende der Welt. Die Wiege Neufrankreichs und entlegene Montagnais-Siedlungen, Leuchttürme, Wale und Seevogelkolonien: Der St.-Lorenz-Strom ist dabei immer und überall zu sehen.

»Ah, le fleuve!« Im Kollektivbewusstsein der Québécois ist der breit und mächtig dem Atlantik entgegenstrebende **St.-Lorenz-Strom** eine feste Größe. Ihn vermissen sie im Ausland zuerst, und Heimkehrer atmen bei seinem Anblick tief durch, fühlen sie sich doch erst wieder zu Hause, wenn sie sein glitzerndes Band am Horizont auftauchen sehen. Bis heute ist der St.-Lorenz-Strom, wie der rege Schiffsverkehr nach dem 3700 km entfernten Lake Superior beweist, zudem das wirtschaftliche Rückgrat der Provinz.

Die attraktive Mischung aus kanadischer Wildnis und frankokanadischer Geschichte macht die Tour entlang seiner nördlichen Gestade zu einer unvergesslichen Reise, für die man mindestens eine Woche veranschlagen sollte. Dazu müssen jedoch von Montréal aus zunächst die beiden langweiligen Autoroutes 20 (auf dem Südufer) und 40 (auf dem Nordufer) zurückgelegt werden. Von Trois-Rivières an sollte man auf der parallel zur Autoroute 40 verlaufenden Route 138 weiterreisen. Sie folgt dem alten **Chemin du Roy,** dem 1731 bis 1737 von Québec nach Montréal gebauten ›Königsweg‹. Diese erste Allwetterstraße Kanadas verkürzte damals die bis dahin zu Wasser zurückgelegte Reise auf vier bis viereinhalb Tage – per Pferdekutsche, im Winter per Pferdeschlitten. Sie war 280 km lang und 7,4 m breit und verfügte über 24 (später 29) Poststationen (www.lecheminduroy.com).

Auf dem Chemin du Roy nach Québec

Karte: S. 294

Trois-Rivières ▶ L 8

Die zweitälteste Stadt der Provinz Québec (142 000 Einw.), **Trois-Rivières** 1 , 1634 an der Mündung der Rivière de la Mauricie gegründet, brachte einige der berühmtesten Entdecker Nordamerikas (u. a. Radisson, de la Vérendrye, des Groseilliers) hervor. Im 18. und 19. Jh. wuchs die Stadt zu einem bedeutenden Holzumschlagplatz und einem Zentrum der Papierherstellung heran. Die Papierindustrie ist bis heute der größte Arbeitgeber: Das Papier fast aller kanadischen und der meisten amerikanischen Zeitungen kommt von hier. Die Schlüsselindustrie der Stadt wird im modernen **Boréalis – Centre d'histoire de l'industrie papetière** am Ufer des Stroms vorgestellt (200, av. des Draveurs, www.borealis3r.ca, Ende Mai–Anfang Okt. tgl. 10–18, sonst 10–17 Uhr, Erw. 18 $, Kinder unter 6 Jahren frei).

Danach lohnt ein Spaziergang durch die Altstadt, wobei die Kuppel des **Monastère des Ursulines** als Orientierungspunkt dient. Das 1982 in seinen Mauern eingerichtete Museum erinnert an die harte, leider oft übersehene Pionierarbeit dieses Nonnenordens (734, rue des Ursulines, www.musee-ursulines.qc.ca,

Auf dem Chemin du Roy nach Québec

März–April Mi–So 13–17, Mai–Ende Okt. Di–So 10–17 Uhr, sonst nach Vereinbarung, Erw. 7 $, Kinder unter 17 Jahren frei).

Über Grandes-Piles zum Parc national de la Mauricie ▶ K 8

Vor der Zeit der großen Holzlaster gelangten die geschlagenen Stämme im Frühjahr auf der Rivière de la Mauricie in die Sägewerke von Trois-Rivières. Der Abstecher auf der Route 55 nach Norden führt hinauf auf den Kanadischen Schild und passiert in dem alten Holzfällernest **Grandes-Piles** 2 (400 Einw.) das **Musée du Bucheron.** Hier wurden am Flussufer historische Gebäude – Unterkünfte, Kantinen und Werkstätten – zu einem typischen Holzfällercamp aus jener Zeit zusammengestellt (780, 5e Av., https://villa gedubucheron.com, Juni–Okt. Mi–So 10–17, Erw. 15,50 $, Kinder 7 $).

Gegenüber auf dem Westufer des Flusses wurde der Holzeinschlag jedoch schon vor dem Zweiten Weltkrieg eingestellt.1970 erklärte Ottawa 536 km² dieser für den Kanadischen Schild typischen Wildnis zum **Parc national de la Mauricie** 3 (www.pc.gc.ca/mauricie). Durch den Süden des Parks führt die Route Panoramique, eine 62 km lange, die beiden Haupteingänge miteinander verbindende Straße mit schönen Aussichtspunkten auf Seen, Wälder und Felskuppen. Aussteigen lohnt sich vor allem am 20 km langen **Lac Wapizagonke,** der tief unterhalb einer hölzernen Aussichtsterrasse liegt. Kanu- und Hikingtrails jeder Länge ziehen sich kreuz und quer durch die Wildnis, eine Herausforderung für begeisterte Naturfreunde. Die meisten sind kurze Wildnisspaziergänge. Andere wiederum sind nur konditionsstarken Wanderern zu empfehlen. So arbeitet sich der **Sentier Les Deux-Criques** 17 km über Felsbrocken und durch dichtes Unterholz und erfordert mehrmals auch das Überqueren reißenden Wildwassers. Den Norden des Parks durchquert der 75 km lange, in vier Tagen zu bewältigende **Sentier Laurentien,** ein herrlicher Trail durch einen der schönsten Abschnitte des Kanadischen

Vor lauter Bäumen den Wald nicht mehr sehen – diese Redewendung könnte im Mauricie-Nationalpark erfunden worden sein

Am St.-Lorenz-Strom Richtung Atlantik

Schilds. Auch Paddeltouren durch das schöne Wildnisgebiet sind ein Genuss.

Von Cap-de-la-Madeleine bis Deschambault ▶ L 8

Kleine Holzhäuser mit Veranden und Schaukelstühlen, unverhältnismäßig große Kirchen und Presbyterien und das Kruzifix im Vorgarten: Das kosmopolitische Montréal liegt auf einem anderen Stern. Seit hier 1888 eine Marienstatue die Augen öffnete, strömen alljährlich Tausende frommer Pilger zum 1964 direkt am Flussufer fertiggestellten Schrein **Sanctuaire Notre-Dame-du-Cap**, einer achteckigen Basilika mit 80 m hohem, konischem Turm im 34 000-Einwohner-Städtchen **Cap-de-la-Madeleine** 4 (626, rue Notre-Dame Est, www.sanctuaire-ndc.ca, tgl. 8.30–20 Uhr).

Sakrales dominiert auch im 1639 gegründeten 900-Seelen-Städtchen **Batiscan** 5. Das **Vieux Presbytère de Batiscan,** eine Priesterresidenz des frühen 19. Jh., ist mit Kolonialmöbeln eingerichtet. Ein ›echter‹ Curé erzählt Geschichten aus dem Alltag des ersten Priesters (340, rue Principale, https://presbyterebatiscan.recitsquifontjaser.com, Mai–Juni, Sept.–Okt. tgl. 10–17, Juli/Aug. 10–18 Uhr, Erw. 5 \$, Kinder unter 6 Jahren frei).

Wie gemalt wirkt **Deschambault** 6 hoch über dem allmählich schmaler werdenden Strom: Der Chemin du Roy windet sich hier durch einen verwinkelten Stadtgrundriss, vorbei an bis zur Straße reichenden Häuschen, einer schönen, doppeltürmigen Kirche und einem 1815 dahinter in einem kleinen Park errichteten Presbyterium.

Noch mehr ländliches Neufrankreich in **Portneuf, Cap Santé** und **Neuville,** dazwischen immer wieder schöne Blicke auf den Strom und die noch aus dem *ancien régime* stammende seigneurale Felderteilung: bis zu 300 m breite und mehrere Kilometer lange Felderstreifen, die der meist adlige Landbesitzer *(seigneur)* an mittellose Neuankömmlinge *(habitants)* verpachtete mit der Auflage, diese urbar zu machen. Mit einem Ende berühren die Felder den Strom, den damals einzigen Verkehrsweg. Hier errichtete der Bauer sein Haus. Pro Jahr machte er einen halben Hektar Wildnis urbar, oft mit seiner

Auf dem Chemin du Roy nach Québec

Hände Arbeit, ohne Zugtiere, um am Ende seines entbehrungsreichen Lebens 10 ha Land bewirtschaften zu dürfen.

In **Cap-Santé** 7 vermittelt **Le Vieux Chemin à Cap-Santé,** ein kommentierter, von den kanadischen Tageszeitungen zu den schönsten Spaziergängen des Landes erhobener Rundgang, einen guten Eindruck von der Atmosphäre Neufrankreichs. Kolonialhäuser aus Stein und Holz säumen die Allee, und eine unverhältnismäßig große, doppeltürmige Kirche wacht bis heute über das fotogene Idyll.

Infos

… in Shawinigan:
Tourisme Mauricie: 1882, rue Cascade, Tel. 819-536-3334, 1-800-567-7603, www.tourismemauricie.com, Mo–Fr 8.30–12, 13–16.30 Uhr. Hier hilft man mit Karten, Broschüren, Hotel- und Restaurantverzeichnissen sowie mit praktischen Tipps bei der Routenplanung.
Chemin du Roy Website: www.lechemindu roy.com. Zweisprachige Website mit Hintergrundinformationen und ergiebigen Links zu weiteren Themen.

… in La Tuque:
Pourvoiries Mauricie: 3703, blvd. Ducharme, Tel. 1-877-876-8824, https://pourvoiriesmau ricie.com. Die über 50 erfahrenen Ausrüster dieser Organisation sind dabei behilflich, den Traum vom einsamen Blockhaus oder dem Angeltrip in die Wildnis zu verwirklichen.

Übernachten

… in Trois-Rivières:
Sofort einnehmend – **Auberge du Lac Saint-Pierre:** 10911, rue Notre-Dame Ouest (Autoroute 40, Abfahrt Pointe-du-Lac), Tel. 819-377-5971, 1-888-377-5971, www.auber gelacst-pierre.com. Hübsches Resort-Hotel am Ufer des Vogelschutzgebiets Lac St-Pierre am St.-Lorenz-Strom. Großzügige Zimmer, lichtdurchflutete Lobby. Hervorragendes Gourmetrestaurant, saisonaler Außenpool, Räder zum Ausleihen. DZ 150–350 $ ohne Frühstück.

… in Grand-Piles:
Schön altmodisch – **Auberge Le Bome:** 720, 2e Av., Tel. 819-538-2805, 1-800-538-2805, www.bome-mauricie.com. Zehn gemütliche,

Am St.-Lorenz-Strom Richtung Atlantik

Tipp

BIERPROBE GEFÄLLIG?

Wie wäre es mit einem »Ambrée de Sarrasin«? Einem »Blonde d'Épeautre«? Oder dürfte es eher ein »Claire Fontaine« sein? **Les Bières de la Nouvelle France** ist eine von inzwischen einer ganzen Reihe erfolgreicher *microbrasseries* in Québec, die seit den frühen 1990er-Jahren erfolgreich in die Phalanx der Dünnbier produzierenden Megabrauereien eingebrochen sind. Zum Besuch gehört ein geführter Rundgang durch die Brauerei, eine *dégustation* (Bierprobe) und der Besuch des Biermuseums **Economusée de la Bière** (Microbrasserie Nouvelle France, 90, Rivière aux Écorces, St-Alexis-des-Monts (▶ K 8), 70 km nördlich von Trois-Rivières, Tel. 819-265-4000, https://microbrasserienouvellefrance.com, tgl. geöffnet, Mo-Fr ab 11, Sa, So ab 8 Uhr, Eintritt frei).

individuell eingerichtete Zimmer in einem schönen alten Haus am Flussufer, italienisch-französische Küche, Speisesaal mit Kamin, Whirlpool, Bar. DZ 140–175 $ mit Frühstück.
… in Saint-Jean-des-Piles:
Ideale Basis – **Aux Berges du Saint-Maurice:** 2369, rue Principale, Tel. 819-538-2112, 1-800-660-2112, www.cdit.qc.ca/absm. Rustikale Holzlodge 2 Min. vom Parkeingang entfernt an der Route 55. Einfache, freundliche Zimmer. Bietet Bärenbeobachtung an. DZ 60–100 $, mit Frühstück.

Essen & Trinken
… in Grand-Mère:
Heimelig – **Restaurant Le St-Antoine:** 3651, Ste-Flore Rd., Tel. 819-538-6421, tgl. ab 17 Uhr. Wohnzimmeratmosphäre und solide Küche mit französischen und italienischen Anklängen. Räucherlachs, Steak Tartar, Escargots, Pizza, Pasta. Vorspeisen 19 $, Hauptspeisen 17–32 $.
… in Trois-Rivières:
In bester Stimmung – **Le Buck: Pub Gastronomique:** 142 rue Saint-Francois Xavier, Tel. 819-519-2825, Mo-Fr 17–21, Sa 17–22, So 9–14 Uhr. Saisonale Küche mit Produkten aus der Umgebung von Trois-Rivières, mit jovialer Atmosphäre im alten Stadtzentrum. Besonders empfehlenswert: alle Wildgerichte. Vorspeisen 4–19 $, Hauptspeisen 27–48 $.

Aktiv
Wandern und Kanufahren – Der **Parc national de la Mauricie** bietet schöne Trails und Paddelstrecken. **Kanu- und Kajakverleih:** An den Seen Étang Shewenegan, Lac Wapizagonke und Lac Édouard (702, 5e Rue, Shawinigan, Tel. 819-538-3232, Kanu 52 $/Tag, Kajak 47 $/Tag).

Charlevoix

Karte: S. 294
Der Strom und die Berge. Weite Täler, nackte Kuppen. Berge, die ins Wasser fallen, Dorfidyllen mit Veranda. Und immer wieder: dieses Licht, das spätnachmittags zauberhafte Pastelltöne an den Himmel malt. Auf die Côte de Beaupré folgt das **Charlevoix**, eine der schönsten Landschaften Québecs. 1988 von der UNESCO zum World Biosphere Reserve geadelt, denn mit dem **Parc national des Grands-Jardins**, in dem die südlichste Karibuherde der Welt lebt, dem **Saguenay-Fjord** und den höchsten Felswänden östlich der Rockies im **Parc régional des Hautes-Gorges** verfügt das Charlevoix über einzigartige Naturschauspiele. Landwirtschaft war kaum möglich zwischen den über 1000 m hohen Bergen, man wurde Fischer, Holzfäller und später Schiffsbauer, schuf die *Goélettes*, gedrungene Schoner, und wickelte damit im 19. Jh. den Frachtverkehr ab. Damals entdeckten betuchte Anglomontréaler, Bostoner und New Yorker das Charlevoix als Sommerfrische. In **La Malbaie** entstanden feine Cottages und Grandhotels mit eigener Dampfschiffverbindung.

Charlevoix

Baie-Saint-Paul ▶ M 7

Mit den Reichen kamen die Künstler. Sie ließen sich vom hier besonders zarten Licht inspirieren und machten aus dem Charlevoix eine Landschaft, deren Namen heute ein Synonym für Kunst, Boheme und Genießen ist. Eine ihrer größeren Kolonien wurde das von hohen Bergen umrahmte Städtchen **Baie-Saint-Paul** 8 (7500 Einw.) in der gleichnamigen Bucht. Cafés, Restaurants und Bistros gravitieren hier um erstklassige Museen und Galerien. Ein Muss ist das vor allem einheimische Künstler ausstellende **Musée d'art contemporain** (23, rue Ambroise-Fafard, www.macbsp.com, Anfang Juni–Anfang Sept. tgl. 10–17 Uhr, Erw. 10 $, Kinder unter 12 Jahren frei).

Das **Carrefour Culturel Paul-Médéric** schräg gegenüber ist ein Begegnungszentrum: Besucher können hier Künstlern bei der Arbeit zusehen (4, rue Ambroise-Fafard, www.baiestpaul.com/carrefour, Jan.–Mai Do–So 10–17, Juni–Mitte Okt. tgl. 10–17, Ende Okt.–Dez. Do–So 10–17 Uhr, Eintritt frei).

Hinzu kommt ein Dutzend kleinerer Galerien, die man auf dem schönen **Circuit des Galeries d'Art** besuchen kann. Besonders interessant ist das **Maison René Richard.** Das Haus des Trappers und Malers René Richard war dazumal ein Künstlertreff: Neben Québecer Größen wie Clarence Gagnon und Marc-Aurèle Fortin gingen hier auch Maler der Group of Seven (s. S. 62) aus und ein (58, rue St-Jean-Baptiste, Tel. 418-435-5571, tgl. 9.30–18 Uhr oder nach Vereinbarung).

Parc national des Grands-Jardins ▶ M 7

In Baie-Saint-Paul zweigt die Route 381 landeinwärts ab zum **Parc national des Grands-Jardins** 9 . Bald übernehmen Berge mit nackten Granitkuppen und düstere Schwarzkiefernwälder die Regie. Der 1981 für die bedrohte Karibuherde eingerichtete Nationalpark schützt 310 km^2 windgepeitschter Hochplateaus. Außer den kanadischen Rentieren hausen hier Elche, Luchse und Schwarzbären. Zugänglich über die Ortschaft Saint-Urbain, bietet der Park ein gut ausgebautes Netz aus 30 km Wanderwegen, von denen der schönste der zu einem Meteorkrater führende **Sentier Mont du Lac-des-Cygnes** ist. Seit 2014 können sich Schwindelfreie beim Klettern auf einer Via Ferrata ihren Nervenkitzel holen. Naturfreunde können in einfachen Hütten übernachten oder ihr Zelt auf gepflegten Campingplätzen aufschlagen (25, blvd. Notre-Dame, Clermont, Tel. 418-439-1227, www.sepaq.com, Ende Mai–Mitte Okt., Erw. 9,25 $, Kinder bis 17 Jahre frei).

Saint-Joseph-de-la-Rive ▶ M 7

Zurück am St.-Lorenz-Strom, fährt man zum 50 km entfernten La Malbaie am besten auf der alten Küstenstraße 362 weiter. Die Südküste ist von der auf hohen Klippen balancierenden Straße nur noch als dunkle Linie zu erkennen. Es folgen einige der schönsten Dörfer der Provinz. **Saint-Joseph-de-la-Rive** 10 etwa, ein verschlafenes Idyll mit 200 Einwohnern, ist nur auf einer extrem abschüssigen Zubringerstraße erreichbar. Unten stehen auf handtuchbreitem Küstenstreifen bunte Holzhäuschen, von vergangenen Zeiten träumend, als Saint-Joseph ein Schiffsbauzentrum war. Im **Musée maritime de Charlevoix** erinnern zwei aufgedockte *goélettes* an die Zeit der Schoner auf dem Strom (305, rue de l'Église, www.museemaritime.com, Mitte Mai–Mitte Okt. tgl. 9–17 Uhr, sonst nach Vereinbarung, Erw. 12 $, Kinder unter 5 Jahren frei).

Schräg gegenüber produziert die 1965 gegründete **Papeterie Saint-Gilles** mittels Techniken des 18. Jh. mit Blüten versetztes Qualitätspapier (304, rue Félix-Antoine Savard, www.papeteriesaintgilles.com, Führungen nach Anmeldung unter Tel. 418-635-2430).

La Malbaie ▶ M 7

Ein Golfplatz mit grandioser Aussicht auf die ›schlechte Bucht‹ kündigt **La Malbaie** 11 (9000 Einw.) an, das traditionsreiche Resortstädtchen an den Hängen des hier dramatisch in den St.-Lorenz-Strom stürzenden Kanadischen Schilds. 1608 musste Namensgeber Samuel de Champlain, von der Ebbe überrascht, hier eine Zwangspause einlegen, aber später kamen andere freiwillig, um in eleganten Cottages oder im 1899 erbauten **Fairmont**

Am St.-Lorenz-Strom Richtung Atlantik

Die prachtvolle Laubfärbung im Herbst ist einer der Gründe, warum sich im Charlevoix schon immer viele Maler niederließen

Manoir Richelieu den Sommer zu verbringen – für Liebhaber alter Grandhotels ist das französisch inspirierte Manoir ein Muss. Selbst das in den 1990er-Jahren hinzugefügte Casino de Charlevoix harmoniert mit der Anlage. Von den umliegenden Bergen zu maßvoller Entwicklung gezwungen, ist das mit **Pointe-au-Pic** und **Cap-à-l'Aigle** zusammengelegte La Malbaie bis heute ein reizvolles Erholungsziel.

Parc national des Hautes Gorges-de-la-Rivière-Malbaie ▶ M 6

4, rue Maisonneuve, Clermont, Tel. 418-439-1227, 418-439-1228, www.sepaq.com, Erw. 8,60 $, Kinder bis 17 Jahre frei

La Malbaie ist ein guter Ausgangspunkt für Touren in den **Parc national des Hautes Gorges** 12 . Bis zu 800 m tiefe Schluchten, herrliche ein- und mehrtägige Trails, auf denen man alle Vegetationszonen Ostkanadas an einem Tag durchmessen kann, und ein gemütlich durch die Schluchten schipperndes Ausflugsboot machen diesen 224 km² großen Park zu einem lohnenden Ziel für Naturfreunde und Fotografen. Eine besondere Herausforderung ist der den Park durchquerende **Sentier de La Traversée de Charlevoix**, ein 100 km langer Trail, für den mehrere Tage veranschlagt werden müssen. Den Park von oben überschauen kann man vom 9 km langen, mitunter sehr steilen **Sentier L'Acropole des Draveurs.**

Abstecher zum Parc national du Saguenay ▶ M 6

Zurück auf der Küstenstraße 138, nimmt das hübsche **Port-au-Persil** 13 (230 Einw.) einmal mehr das Tempo aus der Fahrt. Das sich in Gebirgsfalten schmiegende Idyll über dem

nen 100 km langen Fjord hinterlassen, durch den heute die vom Lac Saint-Jean her kommende Rivière Saguenay dem Strom zufließt.

Der 283 km² große **Parc national du Saguenay** 15 schützt den schönsten Abschnitt dieses Naturschauspiels. 14 Tageswanderungen aller Schwierigkeitsgrade und auf Klettersteigen die Felswände nahe der Vertikalen erleben (im Sektor Baie-Éternité) sind im Park möglich. Besonders reizvoll: der **Sentier La Statue,** ein 7 km langer steiler Trail zu einer Marienstatue 500 m über dem Fjord. Der Weg beginnt beim Besucherzentrum bei Rivière Éternité, übernachten kann man in einfachen Hütten oder auf Campingplätzen (91, rue Notre-Dame, Rivière-Éternité, Tel. 418-272-1556, www.sepaq.com, Erw. 9,25 $, Kinder bis 17 Jahre frei).

Infos

… in La Malbaie:
Tourisme Charlevoix: 495, blvd. de Comporté, Tel. 418-665-4454, 1-800-667-2276, www.tourisme-charlevoix.com. Bietet viele praktische Tipps zum Charlevoix.

Übernachten

… in Baie-Saint-Paul:
Niedlich – **Aux Petits Oiseaux:** 30, rue Fafard, Tel. 418-760-8288, www.auxpetitsoiseaux.ca. Hübsches B & B aus der Zeit um 1900, mit viel Liebe zum Detail eingerichtete Zimmer. DZ 100–220 $ mit Frühstück.
Mittendrin – **Gîte Fleury:** 102, rue St-Joseph, Tel. 418-435-3668, www.gitefleury.com. Schnuckeliges B & B im alten Herzen der Stadt mit einfachen, aber liebevoll dekorierten Zimmern. DZ 80–110 $.
… in La Malbaie:
Sympathisch – **Auberge des Falaises:** 250, ch. de Falaises, Tel. 418-665-3731, 1-800-386-3731, www.aubergedesfalaises.com. Charmantes Hotel über dem Strom. Verspielt eingerichtete Zimmer mit Blick aufs Wasser. Gourmetrestaurant mit *cuisine régionale.* DZ pro Person 100–350 $, interessante Packages!
… in La Malbaie-Point-au-Pic:
Klassiker – **Fairmont Le Manoir Richelieu:** 181, rue Richelieu, Tel. 418-665-3703, www.

Strom ist bekannt für seine Ateliers und Galerien, allen voran die **Poterie de Port-au-Persil,** eine Töpferei mit Shop, Ausstellungsräumen und Café mit tollem Blick (1001, rue St-Laurent, Tel. 418-638-2349, www.poteriedeportaupersil.com, Mai–Mitte Okt. tgl. 9.30–17.30 Uhr).

In **Saint-Siméon** legen die Autofähren nach Rivière-du-Loup (s. S. 309) an der Südküste ab. Am Saguenay-Fjord ist das Charlevoix zu Ende. Kurz davor liegt in einer weiten Bucht die alte Holzfällersiedlung **Baie-Sainte-Cathérine** 14, wo von Juni bis Oktober Walbeobachtungsschiffe und Ausflugsdampfer in den Fjord ablegen. Zugleich ist der Hafen die Tür ins Hinterland. Von dort aus schlängelt sich die Route 170 durch bergige Kleinräumigkeit zum norwegisch anmutenden Saguenay-Fjord. Bis zu 460 m tief haben sich die Gletscher der letzten Eiszeit hier in den Granit gegraben und ei-

fairmont.com/richelieu-charlevoix. Traditionsreich und sehr nobel: Schlossähnliches 400-Zimmer-Hotel mit herrlichem Blick auf den St.-Lorenz-Strom. DZ 200–400 $.

... in La Malbaie-Cap-à-l'Aigle:
Unterwegs zu Hause – **Auberge La Mansarde:** 187, rue St-Raphael, Tel. 418-665-2750, 1-888-577-2750, www.aubergelamansarde.com. Schöne alte Auberge mit im Sommer verschwenderisch blühendem Garten. Helle, freundliche Zimmer, von regionalen Produkten bestimmte Speisekarte. DZ 90–140 $ mit Frühstück.

Essen & Trinken

... in Baie-Saint-Paul:
Exquisit – **Le Mouton Noir:** 43, rue Ste-Anne, Tel. 418-240-3030, www.moutonnoirresto.com, 24. Juni–Anf. Sept. Mi–So 17.30–22 Uhr. Französische Küche in intimer Atmosphäre, gute Lammgerichte. Patio mit schönem Blick auf die Bucht. Vorspeisen 9–17 $, Hauptspeisen 31–59 $.

Mitten im Ort – **Le Saint Pub/Microbrasserie Charlevoix:** 2, rue Racine, Tel. 418-240-2332, www.saint-pub.com, tgl. 11.30–24 Uhr. Uriger Brauerei-Pub. Deftige Gerichte und Starkbiere mit verheißungsvollen Namen wie »Vache folle« und »Dominus vobiscum«. Vorspeisen 9–18 $, Hauptspeisen 16–22 $.

... in La Malbaie:
Spitze – **Vices Versa:** 216, rue St-Étienne, Tel. 418-665-6869, www.vicesversa.com, Di–Sa 18–21 Uhr. Hervorragendes kleines Restaurant mit unprätenziöser Küche, die gut und schmackhaft sein will – nicht mehr und nicht weniger. Wechselnde Drei-Gänge-Menüs, um 80 $.

... in La Malbaie–Pointe-au-Pic:
Unkonventionell – **Café de la Gare:** 100, ch. du Havre, Tel. 418-665-4272, tgl. 11.30–23 Uhr. Geradlinige Küche: *Steak et frites,* Muscheln und Salate. Am Pier, mit tollem Blick auf den Strom. Vorspeisen 8–15 $, Hauptspeisen 29–42 $.

Einkaufen

Gemälde, Drucke, Skulpturen und ideenreiches Kunsthandwerk: Im Charlevoix bedeutet Shopping Dekoratives für daheim einzukaufen. Die meisten Galerien und Workshops warten in Baie-Saint-Paul, u. a. die **Galerie d'art Yvon Desgagnés,** die vor allem Bilder Québecer Künstler verkauft (1, rue Forget, www.galeriedartyvondesgagnes.com, tgl. 9.30–18 Uhr). Ungewöhnliche Mitbringsel aus Qualitätspapier findet man in der Papeterie Saint-Gilles in Saint-Joseph (s. S. 297).

Käse – Die Theke biegt sich fast unter der Last köstlicher Käsesorten aus dem Charlevoix. Die **Laiterie Charlevoix** bietet neben Cheddar in allen denkbaren Variationen weniger bekannte Sorten wie Fleurmier an, einen zwischen Brie und Camembert angesiedelten Weichkäse, und Le Migneron, bekannt für seinen Nussgeschmack. Darüber hinaus hat die Laiterie die Produkte weiterer Käsehersteller des Charlevoix im Angebot (Baie-Saint-Paul, 1167, blvd. Monseigneur de Laval, Tel. 418-435-2184, http://laiteriecharlevoix.com, Ende Juni–Anfang Sept. tgl. 8–17.30, sonst Mo–Fr 8–17.30, Sa, So 9–17 Uhr).

Aktiv

Wandern – Hiking – in Form von Tagestouren oder mehrtägigen Trips – wird im Charlevoix großgeschrieben: Das Wildnisgebiet **Parc national des Grands-Jardins** bietet reichlich Auslauf. Der Königsweg der Wanderwege durch die Region ist der über 100 km lange Wanderweg **La Traversée de Charlevoix**. Wer diesen durch alle Ökosysteme Ostkanadas führenden Trail unter die Stiefel nimmt, führt Verpflegung für sieben Tage mit sich, schläft entweder im eigenen Zelt oder bucht die Übernachtungen in einigen der insgesamt zwölf Hütten und Cottages am Wegesrand (La Traversée de Charlevoix, 841, rue Saint-Édouard, C. P. 171, Saint-Urbain, QC Canada G0A 4K0, Tel. 418-639-2284, www.traverseedecharlevoix.qc.ca).

Walbeobachtung – **Croisières AML:** 162, Route 138, Baie-Sainte-Cathérine, Tel. 1-866-856-6666, www.croisieresaml.com, Juni–Anfang Okt. Croisières AML bringt seine Gäste auf dreistündigen oder ganztägigen Touren mit kleinen Schiffen und Zodiac-Schlauchbooten hinaus zu Beluga-, Finn- und Buckelwalen. Eine andere, zweistündige Tour führt den Saguenay-Fjord hinauf (Juli–Anf. Sept.). Erw. ab 100 $, Kinder 5–12 J. 70 $, 2–4 J. 30 $.

Côte-Nord

Karte: S. 294

Die Côte-Nord, die ›Nordküste‹ des St.-Lorenz-Stroms, reicht vom Saguenay-Fjord bis zum über 800 km entfernten Natashquan. Für Abenteuerlustige reicht sie sogar noch weiter: Hinter Natashquan beginnt die straßenlose Basse-Côte-Nord, ein rauer, weitere 500 km langer Küstenstreifen, der von gerade einmal 6000 Menschen in einem Dutzend Siedlungen bewohnt wird und nur per Schiff oder Flugzeug erreichbar ist. Regelmäßige Flugverbindungen bestehen ab Sept-Îles und Havre-Saint-Pierre. Wer das Auto mitnehmen und in Blanc Sablon an der Grenze zu Labrador mit der Fähre nach Neufundland übersetzen will, muss sich in Sept-Îles auf dem Versorgungsschiff »Nordik Express« einschiffen.

Die Côte-Nord ist ebenso Wildnis wie Lebensgefühl. Erstere beginnt gleich neben der Route 138. Letzteres erfährt man sich auf dieser Tour an den Rand des bewohnten Kanada. Die Geschichte der Region erzählt von baskischen Walfängern im 16. Jh. und von französischen, akadischen und neufundländischen Fischern bis zum Ende des 19. Jh. Im 20. Jh. kamen die Holz- und Paperindustrie, dann die Schwerindustrie, die das Eisenerz des Nordens per Bahn zu den Umschlaghäfen Sept-Îles und Port-Cartier schaffte. In den 1960er-Jahren gann der ganze Stolz der Provinz: Die Elektrizitätsgesellschaft Hydro Québec bändigte mit Staudämmen und Wasserkraftwerken die Seen und Flüsse des Nordens und produziert hier seitdem den Strom für die Provinz und Teile der USA. Handfeste Gründe für diesen Road-Trip: gute Chancen Wale zu sehen (13 Walarten ziehen zwischen Juni und Oktober stromaufwärts), Seevogelkolonien, Lachsangeln, Seakayaking und – gastfreundliche Einheimische.

Tadoussac und Grandes-Bergeronnes ▶ M/N 6

Mit der Autofähre überquert man von Baie Sainte-Cathérine aus den Saguenay-Fjord. Vom Strom wie ein gewaltiges Tor aussehend, ist er mit seinen bis zu 460 m hohen Felswänden ein Relikt der letzten Eiszeit. Am gegenüberliegenden Ufer errichtete im Jahre 1600 der Pelzhändler Pierre Chauvin den ersten Handelsposten in Nordamerika. Heute ist der rekonstruierte **Poste de Traite Chauvin** eine der Sehenswürdigkeiten von Tadoussac (157, rue du Bord de l'eau, Ende Mai–Mitte Juni, Anfang Sept.–Mitte Okt. tgl. 10–18, Mitte Juni–Anfang Sept. tgl. 9.30–18.30 Uhr, Erw. 5 $, Kinder 3 $).

Der hübsche 1000-Einwohner-Ort **Tadoussac** 16 (www.tadoussac.com), der sich fotogen in eine Felsenbucht im Mündungsbereich des Fjords schmiegt, ist ein populärer Ferienort und besitzt mit dem schönen **Hotel Tadoussac,** dessen rotes Dach weithin sichtbar ist, ein äußerst fotogenes Wahrzeichen. Da sich die Wale im Sommer in der krill- und planktonreichen Fjord-Mündung vollfressen, wurde Tadoussac ein Synonym für Walbeoachtung: Ausflugsdampfer und Schlauchboote transportieren täglich Tausende hinaus zu den friedlichen Meeressäugern. Mehr über die Wale und die Tierschutzsituation erfährt man im Besucher- und Forschungszentrum **Centre d'Interprétation des Mammifères Marins (CIMM)** (108, rue de la Cale Sèche, Mitte Mai–Mitte Juni, Okt. tgl. 12–17, Mitte Juni–Ende Sept. 9–20 Uhr, Erw. 15 $, Kinder unter 17 Jahren frei).

Dort erfährt man auch, dass der Rummel an der Oberfläche den Walen nicht gut tut: Die Walbeobachtung vom Boot aus verkürzt die Tauch- und damit auch die Fresszeiten. Dies wiederum wirkt sich negativ auf ihre Fortpflanzung aus. Wal-freundlich kann man die Kolosse der See jedoch auch von Land aus beobachten. Ein schöner Punkt dafür folgt gleich hinter Tadoussac.

Vom **Centre d'Interprétation et d'Observation du Cap-de-Bon-Désir** in **Grandes-Bergeronnes** 17 führt ein kurzer Spaziergang auf die felsige, weit in den Strom ragende Landzunge. Bis auf 50 m können die Wale hier herankommen (13, ch. du Cap-de-Bon-Désir, tgl. Mitte Juni–Mitte Okt.).

Manic-5

Nach stundenlanger Fahrt fast ohne Gegenverkehr wirkt das sehr urbane **Baie-Comeau**

Am St.-Lorenz-Strom Richtung Atlantik

(22 000 Einw.) fast wie ein Schock. Die größte Stadt der Nordküste wuchs um eine Papierfabrik herum, aber für den Besucher ist dies eher nebensächlich: Auf der Route 389 erreicht man nach knapp 200 km das Wasserkraftwerk **Manic-5** [18]. Es gehört zum Complexe Manic-Outardes, der die Wasserkraft der beiden Flüsse in 7000 Megawatt Strom verwandelt und in 735 000-V-Hochspannungsleitungen nach Montréal jagt. Manic-5 bietet geführte Touren durch die Hightech-Landschaft 100 m tief im Granit und zu den gigantischen Turbinen an (www.hydroquebec.com/visitez/cote_nord/manic-5.html, Ende Juni–Ende Aug. tgl. um 9, 11, 13.30 und 15.30 Uhr, Eintritt frei). Die Besichtigung des 141 m hohen und 1314 m langen Daniel-Johnson-Dammes, eines kolossalen Monuments für die Unterwerfung der Natur, mag eher nachdenklich stimmen.

Von Godbout nach Sept-Îles
▶ O 5

Die **Route 138** serviert dden Strom hinter Baie-Comeau auf dem Silbertablett. Geschwungene Buchten mit waldgesäumten Sandstränden schieben sich vors Objektiv, und nur ganz selten stört ein Frachter weit draußen den Eindruck immer weltfernerer Abgeschiedenheit. Besonders fotogen sind das in einer Senke liegende **Franquelin**, eine kleine Holzfällersiedlung, und das nur wenig größere 400-Seelen-Fischerdorf **Godbout** [19], wo die Autofähre aus Matane am jenseitigen Ufer des St.-Lorenz anlegt. Historisch Interessierte halten des winzigen **Musée amérindien et Inuit** wegen an. Das in einem schönen alten Haus untergebrachte Museum zeigt vor allem Inuit-Skulpturen, Malereien getaufter ›Missionsindianer‹ und Fotos anderer Ureinwohner der Region aus dem 19. Jh. (134, ch. Pascal Comeau, Mitte Juni–Ende Sept. tgl. 9–22 Uhr, kleine Spende).

Nächster Stopp: Der **Phare de Pointe-des-Monts** [20]. 1830 erbaut und längst automatisiert, ziert der rot-weiß gestreifte, zu den ältesten Leuchtfeuern Nordamerikas zählende Leuchtturm zahllose Poster und Broschüren. Und er erinnert nachdrücklich daran, dass sich hier lange der berüchtigtste Schiffsfriedhof der Nordküste befand. Gleich 16 Schiffe und 1000 Mann verlor z. B. General Walker 1711, als er unterwegs nach Québec mit einer Flotte aus eben jenen 16 Schiffen in einen Sturm geriet und vor der Île-aux-Oeufs havarierte. Die haarsträubenden Details dieser Katastrophe, die die Eroberung Neufrankreichs um 40 Jahre verschob, erfährt man im kleinen **Musée Louis-Langlois** in **Pointe-aux-Anglais** [21] (2088, rue Mgr. Labrie, Mitte Juni–Mitte Aug. tgl. 9–17 Uhr, Eintritt frei).

Danach kommen der farblose Umschlaghafen Port-Cartier und die 25 000-Einwohner-Stadt **Sept-Îles** [22], der Verwaltungssitz dieses Küstenabschnitts. Von hier aus führt eine Eisenbahnlinie ins rohstoffreiche Hinterland. In Schefferville und weiter nördlich wird Eisenerz abgebaut und in langen Zügen zur Küste transportiert.

Die letzten 200 Kilometer bis Natashquan ▶ G/H 2/3

Hinter Sept-Îles erinnert das Bild zusehends an Neufundland. Übersichtliche, auf felsigem Untergrund stehende Dörfer setzen Akzente an der immer einsameren Küste, windschiefe Bootshäuser, Bojen- und Hummerreusenstapel gleiten vorbei. Besonders fotogen ist **Rivière-au-Tonnerre** [23], ein strahlend weißes, auf den nackten Fels gesetztes Ensemble einfacher Häuschen, die sich um eine um 1900 erbaute Kirche scharen wie Küken um eine Henne.

Wenig später kommen die ersten Inseln der **Réserve de parc national de l'Archipel-de-Mingan** [24] in Sicht. Beste Basis für Exkursionen in den aus 40 unbewohnten Inseln bestehenden Park ist **Havre-Saint-Pierre** [25]. In der Frontier-Atmosphäre der kleinen Hafenstadt verladen Hebekräne Autos und Container auf das Postschiff »Nordik Express«. Wassertaxis bringen unrasierte Camper zu den Inseln hinaus. Der Nationalpark ist seit ein paar Jahren das erklärte Dorado der Hochseekajaker. Sein Markenzeichen, die bizarren, bis zu 4 m hohen Kalksteinsäulen, stehen wie Wachposten auf vielen der In-

Mit ihrem bunten Schnabel und dem frackartigen Gefieder wirken sie wie Clowns: Papageientaucher in der Réserve de parc national de l'Archipel-de-Mingan

selstrände. Walbeobachtung in den glasklaren Küstengewässern, Seehunde, drollige Papageientaucher und Seeschwalben machen auch das Wandern auf vier der Inseln zum Genuss (1010, promenade des Anciens, Tel. 418-538-3331, www.pc.gc.ca, Juni–Sept. tgl., Erw. 6,25 $, Kinder frei).

Hinter Havre-Saint-Pierre vermischen sich Tundra und Küste zu herb-schönem Niemandsland. Je weiter man vorstößt in diese verlassene Gegend, desto kosmopolitischer wird sie: Englisch, akadisches Französisch und Montagnais sind ebenso häufig zu hören wie Französisch – Erinnerungen an die Besiedlung durch Fischer aus Neufundland und Nova Scotia. Im winzigen **Baie-Johan-Beetz** 26 steht das von den Einheimischen ›le château‹ genannte **Maison Johan-Beetz,** das Haus eines Belgiers, den um 1900 Liebeskummer hierher verschlug und der sich dann kämpferisch für die Interessen der von reichen Kaufleuten abhängigen Fischer einsetzte. Heute eine einfache Unterkunft, besticht es noch immer durch die großen Fenster, die alle Räume zu jeder Tageszeit mit Licht versorgen (Tel. 418 365 5021, www.baiejohanbeetz.com, DZ 65 $).

In **Natashquan** 27 schließlich ist die Route 138 zu Ende. Der ›Platz, wo sie Bären jagen‹ ist als Geburtsort des populären Chansonniers Gilles Vigneault in ganz Québec ein Begriff. Einfache Häuser kleben auf dem nackten Fels, vor der Küste markieren rote Bojen im kabbeligen Wasser die Standorte der Hummerkäfige. Die Einheimischen erzählen auch gerne selbst, was man im **Centre d'Interprétation Le Bord du Cap** über den harten Alltag der Fischer erfahren kann (32, ch. d'En Haut, Ende Juni–Anfang Sept. tgl. 10–17 Uhr, Erw. 5 $, Kinder gratis).

Am St.-Lorenz-Strom Richtung Atlantik

Infos
… in Baie-Comeau:
Tourisme Côte-Nord Manicouagan: 337, blvd. LaSalle, Bureau 304, Tel. 418-294-2876, 1-888-463-0808, www.tourismecote-nord.com/en. Das Büro vertritt den Küstenabschnitt zwischen Tadoussac und Godbout und hilft schnell und professionell bei der Routenplanung.

… in Sept-Îles:
Association touristique régionale de Duplessis: 312, av. Brochu, Tel. 418-962-0808, 1-888-463-0808, www.tourismecote-nord.com/en. Vertritt die Küste von Godbout bis Blanc Sablon, hält gute Karten bereit und hilft bei der Reiseorganisation.

Übernachten
… in Tadoussac:
Historische Schönheit – **Hotel Tadoussac:** 165, rue du Bord de l'Eau, Tel. 418-235-4421, 1-800-561-0718, www.hoteltadoussac.com. Elegant und gemütlich zugleich, mit hervorragendem Restaurant. DZ 125–310 $ inklusive Frühstück.

Intim – **Auberge Maison Gagné:** 139, rue du Bateau-Passeur, Tel. 418-235-4526, 1-877-235-4526, www.aubergemaisongagne.ca. Freundliches Haus hoch über dem Strom mit liebevoll eingerichteten Zimmern. DZ 100–170 $, mit Frühstück.

Einfaches Hostel – **Auberge de jeunesse de Tadoussac:** 158, rue du Bateau-Passeur, Tel. 418-235-4372, www.ajtadou.com. Hübsche Jugendherberge mit Freizeitangebot, u. a. Kayaking. 31–77 $.

… in Baie-Comeau:
Überraschend elegant – **Hotel Le Manoir:** 8, av. Cabot, Tel. 418-296-3391, 1-866-796-3391, www.manoirbc.com. Das vornehmste Hotel jenseits von Tadoussac: Modernes Haus im Château-Stil. DZ 130–210 $.

… in Baie-Trinité:
Rustikal – **Gîte du Phare de Pointe-des-Monts:** 1937, ch. du Vieux Phare (Pointe-des-Monts), Tel. 418-939-2332, 1-866-3694083,

Zeugt vom missionarischen Eifer der Jesuiten: die Chapelle des Indiens in Tadoussac

Côte-Nord

www.pointe-des-monts.com. Option für Selbstversorger. 17 gemütliche, komplett eingerichtete Hütten mit Küche, Bad und WC. Kleines Restaurant, tgl. 8–20 Uhr. Hütte 90–165 $ für 2 Pers. pro Tag.

… in Sept-Îles:
Zuverlässig – **Hotel Gouverneur Sept-Îles:** 666, blvd. Laure, Tel. 418-962-7071, 1-888-910-1111, www.gouverneur.com. Renoviertes Haus der kanadischen Mittelklasse-Hotelkette. In dem modernen Bau stehen große, zweckmäßig eingerichtete Zimmer zur Verfügung. DZ 100–170 $, mit Frühstück.

… in Natashquan:
Wohltuend gastfreundlich – **Auberge La Cache:** 183, ch. d'En Haut, Tel. 418-726-3347, 1-888-726-3347. Überraschender Komfort am Ende der Welt. Gepflegtes Haus mit gutem Restaurant und überaus freundlichen Besitzern. DZ 140–210 $.

Essen & Trinken

… in Tadoussac:
Wie bei Muttern – **La Bolée:** 164, rue Morin, Tel. 418-235-4750, tgl. 11.30–22 Uhr. Hübsche Crêperie im Herzen der Stadt. Französische Küche, vor allem Seafood. Vorspeisen 6–11 $, Hauptspeisen 16–25 $.

… in Baie-Comeau:
Jovialer Treff – **Restaurant Bar Le Blues:** 48, pl. Lasalle (im Le Grand Hotel), Tel. 418-296-2212, www.legrandhotel.ca/resto-bar.html, tgl. 7.30–22 Uhr. Populäres Restaurant mitten in der Stadt, ordentliche Steaks und Pizzen, häufig Livemusik. Vorspeisen 6–15 $, Hauptspeisen 18–47 $.

… in Sept-Îles:
Mediterrane Überraschung – **Café chez Sophie:** 495, av. Brochu, Tel. 418-968-1616, tgl. 8-20.30 Uhr. Am ›gefühlten‹ Ende der Welt ein Inselchen mit vom Mittelmeerraum beeinflusster Küche. Vorspeisen 7–24 $, Hauptspeisen 22–35 $.

… in Havre-Saint-Pierre:
Hummer satt – **Chez Julie:** 1023, rue Dulcinée, Tel. 418-538-3070, tgl. 16–22 Uhr. Kalorienreiche *cuisine québécoise,* dazu Meeresfrüchte, Hühnchen und Steaks. Vorspeisen 5–14 $, Hauptspeisen 16–41 $.

Aktiv

Walbeobachtung – Die besten Aussichtspunkte, die es ermöglichen, von der Küste aus verschiedene Walarten zu sichten, befinden sich in Grandes-Bergeronnes und in Les Escoumins. Walbeobachtungstouren werden überall dort organisiert, wo die Walpopulationen im Sommer hoch sind: Vor Tadoussac, Pointe-des-Monts, Sept-Îles und Havre-Saint-Pierre.

Seekajaktouren – **Kayak du Paradis:** 4, ch. Émile-Bouilianne, Les Bergeronnes, Tel. 418-232-1027, www.campingparadismarin.com. Auf den geführten Kajaktouren vor dem Cap du Bon Désir kann man mit etwas Glück Walen begegnen – ein unvergessliches Erlebnis (70 $/Person).

Outdoorspielplatz – **Base de Plein Air Les Goélands:** 816, Route 138, Port-Cartier, Tel. 418-766-8706. Jurte für die Nacht reservieren (es gibt auch einfach Mehrbett- und Doppelzimmer) und im Kajak hinaus auf den St.-Lorenz-Strom!

Termine

… in Tadoussac:
Festival de la Chanson: 4. Juniwoche, www.chansontadoussac.com. Bei dem populären Festival treten Québecer Musikgrößen auf.

… in Baie-Comeau:
Symposium de peinture: Juni/Juli, www.sympobaiecomeau.ca. Maler aus ganz Nordamerika lassen sich bei ihrer Arbeit über die Schulter schauen.

Verkehr

Fähre: Die Gesellschaft **Relais Nordik** betreibt das Fracht- und Passagierschiff »Nordik Express«, das von April bis Januar einmal wöchentlich die Städte Rimouski, Sept-Îles, Port-Menier, Havre-Saint-Pierre, Natashquan, Kegaska, La Romaine, Harrington Harbour, Tête-à-la-Baleine, La Tabatière, Saint-Augustin und Blanc-Sablon bedient (17, av. Lebrun, Rimouski, Tel. 418-723-8787, 1-800-463-0680, www.relaisnordik.com). Auskünfte zu den Fahrplänen und Tarifen der Fähren über den St.-Lorenz-Strom erhält man unter Tel. 1-877-562-6560.

✤ Gaspé-Halbinsel

Karibus ziehen durch die Tundra. Wale pflügen durch die Fluten, Basstölpel vollführen Bruchlandungen. Autoradios geben ihren Geist auf – so weit weg von allem ist man auf der rauen Gaspé-Halbinsel. Die Route 132 dorthin folgt der geschichtsträchtigen Südküste des St. Lorenz. Und begleitet dabei die Wandlung der Provinz von mild nach wild.

Die **Gaspé-Halbinsel** hätte das Zeug zu einem nordamerikanischen Outdoor-Dorado. Das bergige Innere menschenleer und so unzugänglich, dass dort noch in den 1930er-Jahren neue Seen entdeckt wurden, bietet sie Wanderern, Trekkern, Anglern und Jägern überreichlich Auslauf. Ihre dünn besiedelte Küste ist so fotogen wie die von Cape Breton Island, ihre kleinen Hotels und B & Bs sind genauso freundlich wie die in Neufundland.

Aber ach, zum Ganzjahres-Spielplatz à la Whistler oder Mont-Tremblant will es einfach nicht reichen. Die in Québec ›Gaspésie‹ genannte Halbinsel trifft jedoch keine Schuld. Ihr Malheur ist leicht erklärbar: Sie liegt einfach zu weit weg! Zu weit weg von Montréal und Québec, um als Wochenendziel für die Großstädter in Frage zu kommen, zu weit entfernt auch von der Route Richtung Osten, die mit Wohnmobil reisende europäische Besucher gern einschlagen, wenn sie Nova Scotia und Neufundland anvisieren. Und so ist die Gaspé-Halbinsel ein Geheimtipp geblieben, der von all jenen angesteuert wird, die raue Ursprünglichkeit lieben, einfache, aber herzliche Gastfreundschaft wertschätzen und auf langen Wanderungen durch menschenleere Wildnis wieder zu sich finden wollen.

Der Weg dorthin führt durch zwei weitere Bilderbuchlandschaften: die Regionen **Chaudière-Appalaches** und **Bas-Saint-Laurent**. Sie erstrecken sich von Québec bis zum Beginn der Gaspé-Halbinsel bei Sainte-Flavie. Der Besucher hat zwei Möglichkeiten: Entweder er folgt der alten Küstenstraße Route 132, oder aber er nimmt die schnellere Autoroute 20 und unterbricht die Reise für kurze Abstecher an den Strom. So oder so wird ihm der allmähliche Szenenwechsel nicht verborgen bleiben. Der wie dazumal von der seigneuralen Felderteilung geprägte Küstenstreifen wird zusehends schmaler und kapituliert schließlich vor den Ausläufern der Appalachen, die am Ende kaum genug Platz für die Straße übrig lassen. Die Tourismuswerbung bezeichnet die Route 132 nicht umsonst als »Route des Navigateurs«: Baskische Walfänger segelten zuerst stromaufwärts, dann kamen Cartier und die Franzosen, gefolgt von britischen Invasionsflotten, und schließlich die Auswandererschiffe mit unterernährten Immigranten aus Irland und Osteuropa. Sie alle haben an der Südküste ihre Spuren hinterlassen, sei es in den Namen, in denen oft baskische Wurzeln stecken, sei es in der Architektur, sei es im Genpool, aus dem immer wieder Québécois namens MacIntosh oder O'Hara mit roten Haaren und grünen Augen auftauchen.

Chaudière-Appalaches

Karte: S. 309

Grosse-Île ▶ M 7

Die zum Archipel des Îles-aux-Grues gehörende Felseninsel **Grosse-Île** **1** war einst das Ellis Island Kanadas. Zwischen 1832 und 1937 durchliefen etwa 4 Mio. europäische Einwanderer, oft in miserablem Gesundheits-

Chaudière-Appalaches

zustand, die dortige Quarantänestation. Für die meisten, auf deren Schiffen Infektionskrankheiten festgestellt worden waren, war die 40-tägige Isolation auf der Insel nicht mehr als eine lästige Pflichtübung. Ein großes keltisches Kreuz erinnert jedoch daran, dass für viele der Traum vom Neuanfang schon zu Ende war, bevor er richtig begonnen hatte. So gingen zwischen 1835 und 1850 Zehntausende, vor allem irische Einwanderer auf der Insel an Cholera und Typhus elend zugrunde. Familien wurden auseinandergerissen, Hunderte von Waisenkindern blieben zurück. Sie wurden von frankophonen Familien adoptiert, durften jedoch ihre Nachnamen behalten – der Grund für die bunte Vielfalt in den hiesigen Telefonbüchern!

Heute ist die **Quarantänestation** eine von Parks Canada verwaltete Gedenkstätte. Guides führen durch die Desinfektionsanlagen, durch das Spital und hinauf zum Hotel für die Passagiere der Ersten Klasse – auf Klassenzugehörigkeit wurde auch während der mehrwöchigen Quarantänezeit Wert gelegt (110, rue de la Marina, Berthier-sur-Mer, Tel. 418-259-2140, 1-888-476-7734, Anfang Mai–Mitte Okt., Erw. 88 $, Kinder 13–17 J. 60 $, 5–12 J. 40 $, ab Berthier-sur-Mer mit Croisières Lachance, Abfahrten 9.45 und 13 Uhr).

Montmagny ▶ M 7

Das 12 000 Einwohner zählende Städtchen **Montmagny** 2 ist ein angenehmer Stop-Over. In einigen seiner schönen Häuser aus dem Ancien Régime, vor allem an den Straßen St-Jean-Baptiste und Saint-Thomas, haben sich Cafés, Restaurants und nette kleine Boutiquen eingemietet. Vogelfreunde wissen, dass der hiesige Küstenstreifen auf der Fluglinie der Schneegänse liegt und im Frühjahr und Herbst von diesen als Rastplatz genutzt wird. Vor allem der Küstenstreifen in Sichtweite des **Centre des Migrations** (53, av. du Bassin Nord) färbt sich dann dank der hier landenden Schnee- und Kanadagänse braun und weiß.

Montmagny ist darüber hinaus passionierten Akkordeonspielern ein Begriff: Im schönen **Manoir Couillard-Dupuis** arbeiten die besten Akkordeonbauer Kanadas an den Stradivaris der Branche (301, blvd. Taché, Anfang Juni–Mitte Sept. tgl. 10–16 Uhr, sonst Mo–Fr, Erw. 8 $, Kinder 12–16 J. 2 $, Kinder bis 11 J. frei).

L'Islet-sur-Mer ▶ M 7

Die Modernisierung machte auch vor der Schifffahrt auf dem Strom nicht halt. Ein Berufszweig ist aber noch immer gefragt: der des Lotsen. Seit über 300 Jahren bugsieren ortskundige Lotsen stromaufwärts fahrende Schiffe um die sich ständig verlagernden Untiefen im St.-Lorenz-Strom herum. Der Beruf pflegte in manchen Familien von Generation zu Generation weitergegeben zu werden. Berühmt für seine Lotsenfamilien ist das hübsche 1800-Einwohner-Städtchen **L'Islet-sur-Mer** 3 . Hier bereitet das hochinteressante **Musée maritime du Québec** die vom Strom geprägte, nicht selten dramatische Geschichte der Küste auf. Neben einer dem hier geborenen gleichnamigen Arktisforscher gewidmeten Ausstellung im Pavillon Joseph-Elzéar Bernier zeigt das Museum im Außenbereich auch Schiffe: einen Eisbrecher und das historische Tragflächenboot »Bras d'Or«. In der Chalouperie werden verschiedene Bootsbautechniken demonstriert (55, ch. des Pionniers Est, www.mmq.qc.ca, Okt.–Mai Di–Fr 10–12, 13.30–16, Juni–Sept. tgl. 9–18 Uhr, Erw. 18 $, Kinder 6 –17 J. 11 $).

Saint-Jean-Port-Joli ▶ M 7

Weithin sichtbare Kirchtürme signalisieren auch in diesem Küstenabschnitt den enormen Stellenwert, den die Kirche einst in Québec genoss. Sakrale Kunst wurde entsprechend schon immer groß geschrieben. **Saint-Jean-Port-Joli** 4 , ein lang gestrecktes 3500-Einwohner-Städtchen, gilt als die Holzschnitzer-Hauptstadt der Provinz. Kunsthandwerksläden mit Blick nach hinten in die Ateliers säumen die durch den Ort führende Route 132. 250 besonders schöne Holzskulpturen wurden im **Musée des Anciens Canadiens** zusammengetragen (332, av. de Gaspé Ouest, www.museedesancienscanadiens.com, 15. Mai–26. Juni tgl. 9–17.30, 27. Juni–30. Aug 8.30–20, 1. Sept.–18. Okt. 8.30–17.30 Uhr, Erw. 8 $, Kinder 3 $).

Gaspé-Halbinsel

Infos
… in Saint-Nicolas (▶ L 8):
Tourisme Chaudière-Appalaches: 800, Autoroute Jean-Lesage (Autoroute 20), Tel. 418-831-4411, 1-888-831-4411, www.chaudiereappalaches.com.

Übernachten, Essen
… in Montmagny:
Liebenswert – **La Maison Rousseau:** 100, rue Saint Jean Baptiste Est, Tel. 418-241-2888, www.lamaisonrousseau.com. Süßer träumen in diesem alten Haus von 1852! Neun heimelige, individuelle Zimmer laden zum längeren Verweilen ein. Im Restaurant des Hauses wird französisch gekocht. DZ 130–330 $.
Zentral – **Hotel Centre-Ville:** Blvd. Taché Est, Tel. 418-248-3623, 877-948-3623, www.hotelmotelcentreville.com. Angenehmes Stadthotel im Zentrum, mit gutem Restaurant. Organisiert Bootsexkursionen zu den vorgelagerten Inseln. DZ mit Frühstück 80–140 $.

Essen & Trinken
… in Montmagny:
Exotisch – **La Couvée:** 105, ch. des Poirier (im Hotel L'Oiselière), Tel. 418-248-9520, www.oiseliere.com. Zum tropisch bepflanzten Atrium des Hotels geöffnetes Restaurant. Sorgfältig zubereitete Fisch- und Fleischgerichte. Dreigängige Menüs zu variierenden Preisen. Vorspeisen 7–8 $, Hauptspeisen 20–48 $.
… in Saint-Jean-Port-Joli:
Unterhaltsam – **Théâtre de La Roche à Veillon:** 547, av. de Gaspé Est, Tel. 418-598-7409, www.rocheaveillon.com/theatre, Mitte Mai–Sept. Mo–Fr 8–22, Sa, So 7–22 Uhr. Rustikale Esshalle mit Seafood und traditionellen, mit Ahornsirup zubereiteten Québecer Gerichten. Drei Gänge zum Einheitspreis von 35 $.

Einkaufen
Die originellsten Mitbringsel verspricht ein Bummel durch die Boutiquen und Galerien an der Avenue de Gaspé im Schnitzerstädtchen **Saint-Jean-Port-Joli.** Von traditionellen Marienstatuen bis zu avantgardistischen Kreationen aus Holz ist hier alles zu haben. Einen Besuch lohnen v. a. die **Galerie Nicole Deschênes Duval** (532, av. de Gaspé Ouest, www.nicoledeschenesduval.com, Mai–Anfang Nov. tgl. 9–20, sonst tgl. 9–17 Uhr) mit ihren schönen Kinderstatuen und **Bourgault Sculpture,** wo man die Werke traditioneller Herrgottschnitzer bestaunen kann (326, av. de Gaspé Ouest, Juni–Okt. 8.30–21 Uhr).

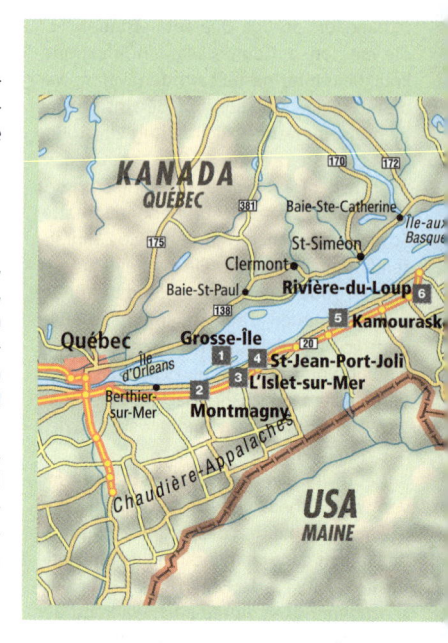

Aktiv
Kreuzfahrten auf dem St.-Lorenz-Strom – **Croisières Lachance,** 110, rue de la Marina, Tel. 418-692-1752, www.croisiereslachance.com. Neben Touren nach Grosse-Île auch weitere Trips, darunter Exkursionen zu den Seevogelkolonien der Îles-aux-Grues.

Termine
… in Montmagny:
Festival de l'Oie Blanche: 1. und 2. Woche im Okt., www.festivaldeloie.qc.ca. Der Einfall der Schneegänse auf ihrem Flug nach Süden wird mit Konzerten und Wettbewerben jeglicher Art sowie einem Jahrmarkt gefeiert. Zum Rahmenprogramm gehören natürlich auch Vorträge und Vogelbeobachtungsex-

Gaspé-Halbinsel

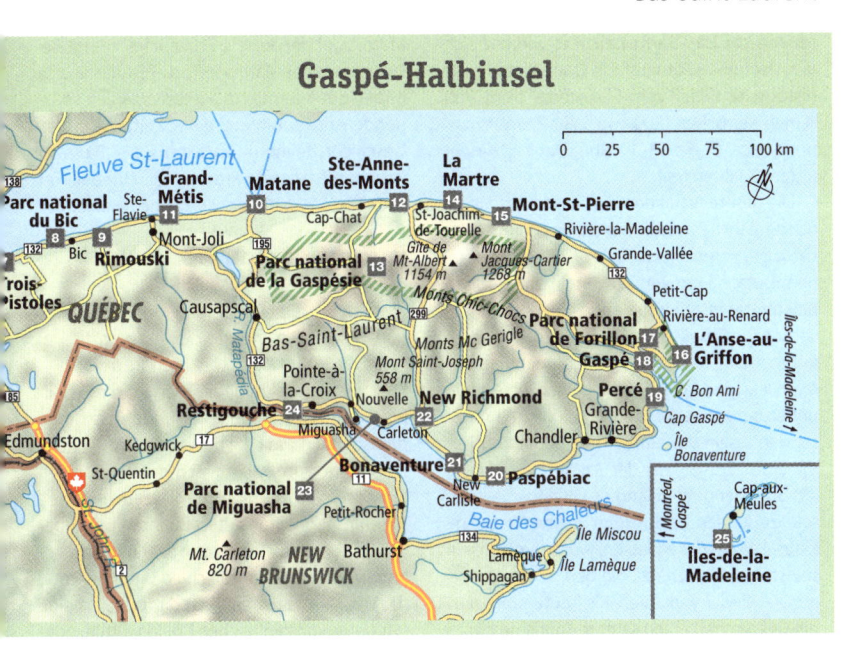

kursionen, die unter der Leitung erfahrener Ornithologen stattfinden.

Bas-Saint-Laurent

Karte: oben

Kamouraska ▶ M 7

Am nun schon fast 10 km breiten St.-Lorenz-Strom sind die Uferterrassen noch weitläufig, fruchtbare Felder ziehen sich dahin. Erst an den sanft ansteigenden Hügelkuppen beginnt der Wald. Auf den vielen kleinen Inseln im Strom brüten zahlreiche Seevogelarten, sonnen sich Seehunde auf flachen Felsen. Das 700-Seelen-Dorf **Kamouraska** 5 – der Name bedeutet in der Sprache der Ureinwohner ›Schilf am Uferrand‹ – wurde als *seigneurie* schon 1674 gegründet und war bereits vor 100 Jahren eine beliebte Sommerfrische. Über die Landesgrenzen hinaus bekannt wurde die wunderschöne Gemeinde – viele der alten Holzhäuser tragen das hier entstandene, leicht geschwungene Kamouraska-Dach – durch den gleichnamigen Roman der Québecer Schriftstellerin Anne Hébert. »Kamouraska« erzählt die Geschichte eines Mordes im Jahre 1839. Schuldgefühle und Freiheitsdrang geben sich darin im Geist der Täterin Elizabeth ein dramatisches Stelldichein. Die 300-jährige Stadtgeschichte wird im **Musée régional de Kamouraska** dokumentiert (69, av. Morel, www.museekamouraska.com, Juni–Mitte Sept. tgl. 9–17, sonst Mo–Fr 9–17, Sa, So 13–16.30 Uhr, Erw. 10 $, Kinder 7–17 J. 4,50 $, bis 7 J. frei).

Rivière-du-Loup ▶ N 6

An Wattlandschaften und weit in den Strom reichenden Aalreusen vorbei geht es nach dem auf einer Terrasse über der Straße thronenden **Rivière-du-Loup** 6 (20 000 Einw.). Der 1673 als Seigneurie eines reichen Pelzhändlers gegründete Ort ist ein wichtiger Verkehrsknotenpunkt: Neben der Fähre nach Saint-Siméon (s. S. 299) biegt hier auch die Route 185 zu den Atlantik-Provinzen (s. S. 330) ab. Gründe zum Aussteigen oder gar zur Übernachtung bietet die Stadt gleich mehrere. Das hervorragende

Gaspé-Halbinsel

Musée du Bas-Saint-Laurent widmet sich u. a. der frühen Fotografie in Québec und zeigt historische Bilder vom St.-Lorenz-Strom und seinen Menschen (300, rue Saint-Pierre, www.mbsl.qc.ca, Di–So 13–17 Uhr, Erw. 7 $, Kinder unter 12 Jahren frei).

Die größte Attraktion der Stadt führt Sie jedoch aus ihr heraus: die **Îles du Bas-Saint-Laurent**. Der vorgelagerte Archipel besteht aus einem Dutzend nur von Seevögeln und Robben bewohnter Inseln und gehört der Société Duvetnor. Die Gesellschaft wurde 1970 von einem international renommierten Biologen namens Marc Jean Bédard gegründet, um die bis dahin unberührten, insgesamt rund 500 km² umfassenden Inseln vor einem dort geplanten Terminal für Erdgas aus der Arktis zu schützen. Mit Spendengeld gelang es Duvetnor, alle Inseln zu kaufen und in den Kaufvertrag eine Klausel einsetzen zu lassen, wonach die Inseln selbst dann geschützt bleiben, sollte Duvetnor sie wieder verkaufen. Bis heute praktiziert die Gesellschaft einen sanften Tourismus: Vom Hafen aus organisiert sie ein- und mehrtägige Exkursionen zu den Kormoran- und Lummenkolonien, wobei auch Begegnungen mit den verschiedenen Walarten, darunter die schneeweißen Belugawale, nicht ungewöhnlich sind. Unvergesslich ist die Übernachtung im historischen, in ein urgemütliches B & B verwandelten Leuchtturm auf der felsigen Île du Pot-à-l'Eau-de-Vie (s. S. 311).

Trois-Pistoles ▶ N 6

Weiter stromabwärts öffnet man ein eher unbekanntes Kapitel kanadischer Geschichte. Die dem Städtchen **Trois-Pistoles** 7 vorgelagerte **Île-aux-Basques** war im 16. Jh. eine von baskischen Walfängern betriebene Walverarbeitungsstation. Jeden Sommer überquerten ihre Fangflotten den Atlantik, um in den Grand Banks vor Neufundland oder auf dem St.-Lorenz-Strom den Walen nachzustellen. Denn Walöl, einst so wertvoll wie Gold, erleuchtete damals die gute Stube. An der flachen Südseite der Île aux Basques, wo sich die erlegten Wale besser an Land ziehen ließen, fand man Reste mächtiger Steinöfen, in denen damals das Walfett zerkocht wurde. Ein Motorboot der Société Provancher bringt Besucher von der Marina in Trois-Pistoles aus hinüber, gut informierte Guides erzählen spannende Anekdoten aus einer Zeit, die in den Geschichtsbüchern höchstens als Fußnote vorkommt (Sócíete Provancher, Québec, Tel. Tel. 418-554-8636, www.provancher.org).

Parc national du Bic ▶ N 6

3382, Route 132, Tel. 418-736-5035, www.sepaq.com, Shuttle Service Juni–Ende Aug. Erw. 8 $ hin und zurück, Kinder gratis, Park Erw. 9,25 $, Kinder bis 17 Jahre frei

Kurz vor Rimouski signalisieren rund geschliffene, viel nackten Fels zeigende Inselberge den schönen **Parc national du Bic** 8 . Der nur 33 km² große Park schützt ein für den Strom typisches Biotop mit Feuchtgebiet, felseninsel-gesprenkelten Buchten und über 300 m hohen Küstenbergen. Der hier 5 m betragende Gezeitenunterschied saugt bei Ebbe das Wasser aus dem Park und produziert eine fotogene, von zahlreichen Prielen durchzogene Wattlandschaft.

Robben- und Seevogelkolonien können von der Marina des malerischen Ortes **Bic** per Kajak besucht werden (s. Aktiv unterwegs S. 311). Tageswanderungen führen zu Aussichtspunkten mit Blick auf den Strom. Der von einem Shuttlebus bediente, 350 m hohe **Pic Champlain** bietet fantastische Ausblicke auf den Nationalpark und die vorgelagerten Inseln.

Rimouski ▶ N 6

In **Rimouski** 9 , dem Verwaltungszentrum der Region, ist das **Musée Empress of Ireland,** ein Teil der Pointe-au-Père Site historique maritime am Ortsausgang Richtung Gaspé, einen Besuch wert. Das in einem modernen Gebäude gegenüber vom alten Leuchtturm untergebrachte Museum befasst sich vor allem mit der Havarie der »Empress of Ireland«. 1914 sank das Schwesterschiff der »Titanic« mit mehr als 1000 irischen Einwanderern an Bord im Nebel nach einer Kollision mit einem norwegischen Frachter vor der Küste. Gezeigt werden Wrackteile, Gepäckstücke und Schaubilder der Katastrophe, die sich in nur 15 Minuten abspielte. Einen Steinwurf entfernt liegt das 90 m

Aktiv

KAYAKING IM PARC NATIONAL DU BIC

Tour-Infos
Start: am Pier im Parc national du Bic (an der Route du Portagee)
Dauer: 5 Std.
Veranstalter: Aventures Archipel, Route 132, Le Bic, Parc national du Bic, Tel. 418-736-5035, www.aventuresarchipel.com. Drei- bis vierstündige geführte Kajaktouren vor der Küste. 80 $/Pers.
Wichtige Hinweise: Während die See in der Bucht meist ruhig ist, gibt es gleich jenseits der Inseln Seegang.

Mit Szenen wie diesen ist beim Paddeln in Bic zu rechnen: Die Wellen drücken das Kajak gegen die Felsen und heben es auf Augenhöhe mit ein paar Kormoranen, die das sich ankündigende Drama mit freundlichem Desinteresse verfolgen. Schwitzend und fluchend schafft man es am Ende doch irgendwie, von dem dunkel dräuenden Felsen wegzukommen. Aus dem Besuch der **Île du Massacre,** wo die Mi'kmaq einst einen Trupp feindlicher Irokesen ausgelöscht haben, wird des Seegangs wegen nichts.

Wenig später, auf offener See im Ausgang der Bucht **Anse au Doucet,** entschädigt eine Begegnung der dritten Art für diese Enttäuschung. Rings um das Kajak tauchen neugierige **Seehunde** auf. Wie Korken, plopp, plopp, durchstoßen sie die Wasseroberfläche und nehmen die Paddler eine Weile in Augenschein. Dann gehen sie plötzlich wie auf Kommando auf Tauchstation, und wenige Sekunden später weiß man warum. Nur wenige Meter vor dem Bug brodelt plötzlich das Meer, und ein mächtiger, muschelübersäter Rücken pflügt durch die Wellen. Salzwasser, vermischt mit dem Dunst unverdauter Mageninhalte, weht als feiner Sprühregen zu den Paddlern hinüber: Die Form der Atemfontäne weist das enorme Wesen aus der Tiefe als **Buckelwal** aus. Zweimal noch kommt er an die Oberfläche, dann taucht er wieder ab, wobei er eine glatte Spur an der Wasseroberfläche hinterlässt .... Das Kajak erschließt Inseln und Eilande, unzugängliche Buchten und Strände.

lange U-Boot »Onondaga«. Es wurde im Jahr 2000 nach über 30 Dienstjahren ›pensioniert‹ und kann besichtigt werden (1000, rue du Phare, Anfang Juni–Anfang Okt. tgl. 9–18 Uhr, Erw. 26 $ für alle Ausstellungen, Kinder 15,25 $).

Infos
... in Rivière-du-Loup:
Tourisme Bas-Saint-Laurent: 480, rue Lafontaine, Tel. 418-867-1272, 1-800-563-5268, www.bassaintlaurent.ca. Sehr informative Website.

Übernachten
... in Rivière-du-Loup:
Traumhaft – **Phare de l'Île du Pot à l'Eau-de-Vie:** Société Duvetnor, 200, rue Hayward, Tel. 418-867-1660, www.duvetnor.com. Eine Nacht im Leuchtturm kostet ab 320 $/Person für die erste Nacht, jede weitere Nacht 260 $ pro Person im DZ, im Preis eingeschlossen sind außer dem Bootstransfer von Rivière-du-Loup auch zwei Mahlzeiten und ein Imbiss sowie eine Bootstour und ein geführter Ausflug.

... in Bic:
Romantisch – **Auberge du Mange Grenouille:** 148, rue Ste-Cécile, Tel. 418-736-5656, www.aubergedumangegrenouille.qc.ca, Anfang Mai–Ende Okt. Gekonnt zwischen Kitsch und Fin de Siècle jonglierendes Refugium. Zimmer mit Marienstatuen und Nippes vollgestellt. Ausgezeichnetes Restaurant mit französischer Küche. DZ 110–240 $.

Essen & Trinken
... in Bic:
Üppige Portionen – **Auberge du Vieux Bicois:** 134, rue Jean-Romuald-Bérubé, Tel. 418-736-1241, www.levieuxbicois.com, tgl. 17.30–22 Uhr. Das Restaurant dieser schönen Auberge bietet solide französische Küche. Besonders gut sind die Lamm- und Fischgerichte. Vorspeisen 6–9 $, Hauptspeisen 18–32 $.

... in Trois-Pistoles:
Zünftiges Allerlei – **Cantine d'Amours:** 66, rue Notre-Dame Est, Tel. 418-851-3337, www.cantinedamours.com, tgl. 11–20 Uhr. Poutine in vielen Varianten, Hamburger, Smoked Meat, Garnelen und Jakobsmuscheln, Salate. Und immer tolle Stimmung. Vorspeisen 6–15 $, Hauptspeisen 10–31 $.

... in Rimouski:
Schöner Meerblick – **Restaurant du Phare – Place Lemieux:** 1560, rue du Phare, Tel. 418-724-2888, www.placelemieux.com, tgl. 7.30–13.30, 17.30–22 Uhr. Einfaches Seafood-Restaurant neben dem Leuchtturm. Vorspeisen 9–12 $, Hauptspeisen 10–43 $.

Einkaufen
Shopping im Bas-Saint-Laurent heißt Stöbern in Antiquitäten- und Kunsthandwerksläden, vor allem in **Kamouraska, Bic** und **Rivière-**

Der Blick ist unbezahlbar, aber nicht unerschwinglich: Übernachtungsgästen steht der Turm des Phare de l'Île du Pot à l'Eau-de-Vie jederzeit als Ausguck offen

du-Loup. Schnitzer, Maler und Töpfer der Region produzieren einzigartige Mitbringsel.
… in Kamouraska:
Schmuck – **Pierre Brouillette:** 88, av. Morel, Tel. 418-308-0559, www.pierrebrouillettejoaillier.com, tgl. 10–17 Uhr. Ringe, Armreifen und Halsketten aus dem Atelier von Pierre Brouillette und weiteren Künstlern der Umgebung, dazu viele modische Accessoires.
Formenvielfalt – **Atelier Dipylon:** 125, Rang du Petit Village, Ende Juni–Mitte Sept. tgl. 11–19 Uhr. Keramik von Künstlern aus Québec und Ontario.
… in Bic:
Kreativ – **Boutique Au Mange Grenouille:** 2545, Route 132 Est, Tel. 418-736-0100, Mitte Juni–Dez. Mo-Sa 9.30–17 Uhr. In dieser hübschen kleinen Boutique stellen talentierte Kreative der Region aus, die Palette reicht dabei von Duftkerzen bis zu originellen Ponchos.

… in Trois-Pistoles:
Käse – **Fromagerie des Basques:** 69, Route 132 Ouest, Trois-Pistoles, Tel. 418-851-2189, www.fromageriedesbasques.ca, tgl. 8–22 Uhr. Die Käserei fängt die Aromen dieser schönen Region mit fantastischen Käsesorten ein, u. a. mit dem nur hier hergestellten Weichkäse Notre-Dame-des-Neiges. Kleines Restaurant.

Aktiv
Die Allgegenwart des Stroms bestimmt auch das Freizeitprogramm: **Kreuzfahrten, Walbeobachtung** und **Kajaktouren** sind die beliebtesten Aktivitäten. Auch zum Radfahren eignet sich der Parc national du Bic: Insgesamt nur 15 km lang, dafür aber umso schöner sind die vier Radwege in dem bergigen Naturgebiet direkt an der Küste. Radverleih am Besucherzentrum im Park.
… in Rivière-du-Loup:
Wale beobachten – **Croisières AML:** 200, rue Hayward, Marina, Tel. 1-866-856-6668, www.croisieresaml.com. Walbeobachtungstouren.
Inselhüpfen – **Société Duvetnor:** 200, rue Hayward, Tel. 418-867-1660, www.duvetnor.com. Zusätzlich zur Übernachtung im Leuchtturm (s. S. 311) werden auch Tagestouren im Archipel angeboten – per Boot und zu Fuß zu Robben- und Seevogelkolonien.
… in Rimouski:
Kayaking – **Aventures Archipel:** Route 132, Parc national du Bic, s. Aktiv unterwegs S. 311.

Verkehr
Fähre: Die Autofähre von Rivière-du-Loup nach Saint-Siméon an der Nordküste verkehrt von Mitte Juni bis Ende Januar mehrmals täglich, Fahrtdauer 65 Min. (Info-Tel. 418-862-5094, Reservierung nur für Busse unter www.traverserdl.com), Restaurant an Bord.

Nordküste

Karte: S. 309
»La Gaspésie« – in Québec bedeutet das viel Wildnis und wenige Menschen, knorrige Einheimische und Hummer zu Schleuderpreisen. Allerdings bedeutet es auch die höchs-

Gaspé-Halbinsel

te Arbeitslosenrate der Provinz. Seit dem Zusammenbruch der Kabeljaufischerei Anfang der 1990er-Jahre halten sich die rund 120 000 ›Gaspésiens‹ mit Holzwirtschaft, Hummerfischerei und etwas Tourismus über Wasser. Ihre Siedlungen liegen fast ausnahmslos an der Küste.

Das Innere, ein absolut unübersichtliches Scherenschnittmuster aus V-förmigen Tälern und bis zu 1300 m hohen Bergen, ist zu unwegsam, um besiedelt zu werden. Nur eine Straße führt hindurch, die Route 299. Einziges Hotel im Inneren ist die Gîte de Mont-Albert im Parc national de la Gaspésie. Auf der Küstenstraße Route 132 umrundet man dieses wilde Niemandsland wie auf einer Umlaufbahn: Die ›Tour de la Gaspésie‹ ist 800 km lang und kann besonders an der Nordküste durchaus mit dem wesentlich berühmteren Cabot Trail auf Cape Breton Island (s. S. 425) mithalten.

Matane und Grand-Métis
▶ O 5

Sainte-Flavie und der nüchterne Fischerhafen **Matane** 10 konkurrieren um den Titel ›Tor zur Gaspé-Halbinsel‹. Wichtig ist indes nur der **Poste d'observation pour la Montée du Saumon de l'Atlantique** in Matane, wo man während der Lachswanderung durch unter Wasser angebrachte Schaufenster die Lachse beim Erklimmen der Lachsleitern beobachtet und Wissenswertes über die Wanderzüge dieser muskulösen Schwimmer erfährt (260, av. St-Jerôme, Mitte Juni–Anfang Sept. tgl. 7.30–21.30, Anfang–Ende Sept. tgl. 8–20 Uhr, Erw. 3 $, Kinder frei).

Zuvor passiert man jedoch in dem Örtchen **Grand-Métis** 11 die **Jardins de Métis.** Ihnen sollte man ruhig zwei Stunden widmen. In dem rauen maritimen Klima erwartet man eigentlich alles andere als einen der schönsten botanischen Gärten Nordamerikas. 1886 erwarb Lord George Stephen, der erste Präsident der Canadian Pacific Railway, das Land und errichtete eine luxuriöse Angel-Lodge. 1918 schenkte er das Anwesen seiner Nichte Elsie Reford, die das bis dahin unberührte Stück Natur in einen herrlichen Blumengarten verwandelte. Heute sind hier üppige Rhododendren, Azaleen und mehr als 1000 weitere einheimische und importierte Arten zu bewundern (200, Route 132, Grand-Métis, www.jardinsdemetis.com, Juni tgl. 8.30–17, Juli/Aug. 8.30–18, Sept./Okt. tgl. 8.30–17 Uhr, Erw. 22 $, Kinder unter 13 Jahren frei).

Infos
... in Sainte-Flavie:
Association touristique régionale de la Gaspésie: 1020, blvd. Jacques-Cartier, Mont-Joli, Tel. 418-775-2223, www.tourisme-gaspesie.com.

Übernachten
... in Matane:
Mit Meerblick – **Hotel-Motel Belle Plage:** 1310, rue Matane, Tel. 418-562-2323, 1-888-244-2323, www.hotelbelleplage.com. Schöne Unterkunft in privilegierter Lage direkt am Wasser. DZ 90–210 $.

Essen & Trinken
... in Sainte-Flavie:
Hummer – **Capitaine Homard:** 180, Route de la mer, Tel. 418-775-8046, www.capitainehomard.com, Mai-Anf. Sept. tgl. ab 16 Uhr. Wie der Riesenhummer am Straßenrand schon vermuten lässt, geht es hier nur um eines: Hummer in allen Variationen. Vorspeisen 6–18 $, Hauptgerichte 16–68 $.

... in Matane:
Zum Sonnenuntergang – **Hotel-Motel Belle Plage:** s. o., tgl. 7–10, 11.30–14, 17.30–22 Uhr. Essen mit Blick auf den Strom. Kreativ zubereitete Fisch- und Seafood-Gerichte. Vorspeisen 17–36 $, Hauptgerichte 36–49 $.

Termine
... in Grand-Métis:
Festival international de jardins de Métis: Ende Juni–Anfang Oktober, https://www.festivalinternationaldejardins.com. Landschaftsgärtner aus Kanada und der ganzen Welt stellen ihre Kreationen vor, die in Zusammenarbeit mit zeitgenössischen Künstlern und Designern entstehen.

Nordküste

Tipp

CENTRE D'ART MARCEL GAGNON

Keine Zombies, sondern ein Werk namens »Le Grand Rassemblement« des in Québec populären Künstlers Marcel Gagnon: 80 Figuren tauchen aus den Fluten auf und gehen in schweigender Prozession an Land. Im dazu gehörigen Centre d'Art Marcel Gagnon gibt es weitere, mit »le fleuve« in Zusammenhang stehende Kunstwerke regionaler Künstler zu sehen. Ein nettes Café-Restaurant hält Spezialitäten und täglich frisches Backwerk bereit (564, Route de la Mer, Sainte-Flavie, Tel. 866-775-2829, www.centredart.net, tgl. 7.30–22 Uhr, Restaurant: Frühstück ab 7.30, Lunch 11–14, Dinner bis 21 Uhr).

Verkehr
Fähre: Matane–Baie-Comeau, Tel. 418-562-2500, 877-787-7483, www.traversiers.com/en/home.

Sainte-Anne-des-Monts und Parc national de la Gaspésie ▶ P 5

Hinter Matane rücken die unwirtlichen Erhebungen der **Monts Chic-Chocs** näher an die Küste heran. Bei Cap-Chat lassen sie der Route 132 nur noch einen handtuchbreiten Streifen übrig. Das Asphaltband schlängelt sich über die immer steiler ins Wasser abfallenden Klippen von Bucht zu Bucht. In jedem Einschnitt liegt fotogen ein winziger Ort mit 20 bis 30 bunten Holzhäuschen, ein oder zwei Kirchlein, fünf Feuerhydranten und einem Café: Nach den zeitraubenden Serpentinen Anlass für eine Pause zu Füßen steil aufragender Felsen. Im 5000-Einwohner-Städtchen **Sainte-Anne-des-Monts** 12 empfiehlt sich der Abstecher ins Innere der Halbinsel. Wer nicht gern wandert, kann sich am Pier im **Exploramer,** einem Fauna und Flora gewidmeten Besucherzentrum, vor Aquarien mit lebenden Schalentieren und bizarr aussehenden Meeresbewohnern die Zeit vertreiben (1, rue du Quai, www.exploramer.qc.ca, Anf. Juni–Mitte Okt. tgl. 9–17 Uhr, Erw. 18,90 $, Kinder unter 5 Jahren frei).

Bereits hinter dem letzten Haus ist man von steil aufragenden Bergen umgeben. Bis auf knapp 1300 m reichen die Gipfel, aber die baumlosen Häupter dieser Rauhreiter, deren Baumgrenze bei 1000 m liegt und auf denen der Schnee bis in den Juni hinein liegenbleibt, lassen sie höher erscheinen. Auf den Trails des 802 km^2 großen **Parc national de la Gaspésie** 13 kann man die außergewöhnliche Pflanzen- und Tierwelt der Chic-Chocs-Berge am besten genießen. Während der letzten Eiszeit war das Gebiet nicht vergletschert, daher haben sich viele prähistorische Pflanzenarten erhalten. Zahlreiche, zwischen einem und 17 km langen Trails stehen zur Verfügung, darunter auch solche, die nur konditionsstarken Wanderern zu empfehlen sind (s. Aktiv unterwegs S. 317). Auf den Plateaus der beiden höchsten Berge, dem **Mont-Albert** (1154 m) und **Mont-Jacques-Cartier** (1268 m), kann man zudem die einzige südlich des St.-Lorenz-Stroms lebende Karibuherde sehen. Im Übrigen ist dies die einzige Region Nordamerikas, in der man alle drei einheimischen Huftierarten, Karibu, Hirsch und Elch, am selben Tag beobachten kann – vor allem auf den jeweils einen vollen Tag in Anspruch nehmenden Besteigungen von Mont-Albert und Mont-Jacques-Cartier.

Infos
Parc national de la Gaspésie: 1981, Route du Parc, Sainte-Anne-des-Monts, Tel. 418-763-7494, www.sepaq.com/pq/gas. Gute zweisprachige Onlinepräsenz der SEPAQ mit Tipps und Preisen für Aktivitäten (Hiking, Paddeln etc.).

Übernachten
… in Sainte-Anne-des-Monts:
Boutique-Überraschung – **Hotel & cie:** 90 Blvd. Sainte Anne Ouest, Tel. 418-763-3321, www.hoteletcie.com. Gefühlte Lichtjahre von Mon-

Gaspé-Halbinsel

tréal entfernt erwartet man kein urbanes Hotel und doch: Mit seinen durchdesignten Zimmern, viele davon im Motelstil mit eigenem Parkplatz, und einem hervorragenden Restaurant ist das Hotel & cie eine tolle Basis für Trips ins Hinterland. DZ 130–210 $.

Preiswert – **Auberge Internationale Sainte-Anne-des-Monts:** 295, 1ère Av. Est, Tel. 418-763-7123, www.hostelworld.com. In einer ehemaligen Schule untergebrachtes ordentliches Jugendhotel. Schlafsäle und Privatzimmer, Restaurant. Bett im Schlafsaal ab 30 $, Privatzimmer ab 70 $.

… im Parc national de la Gaspésie:
Traumhaft – **Gîte du Mont-Albert:** Route 299, Tel. 418-763-2288, www.sepaq.com, geöffnet Mitte Juni–Ende Okt., Ende Dez.–Ende April. Komfortables Sporthotel zu Füßen des Mont-Albert. Gutes Restaurant. Betreibt ferner 25 Hütten und eine Campsite. DZ ab 140 $/Pers., verschiedene Pakete.

Essen & Trinken

… in Sainte-Anne-des-Monts:
Schöne Überraschung – **La Broue dans l'Toupet:** 90 Blvd. Sainte Anne Ouest, Tel. 418-763-3321, www.hoteletcie.com. Hervorragende Fisch- und Fleischgerichte, die man in dieser Qualität nur in der Großstadt erwarten würde. Vorspeisen 8–19 $, Hauptgerichte 28–44 $.

Fast immer voll – **Pub Chez Bass:** 170, 1ère Av. Ouest, Tel. 418-763-2613, www.chezbass.com, tgl. 18–23 Uhr. Gaspesianischer Pub in der Auberge Chez Bass. Pubgerichte, englisches und lokales Bier. Vorspeisen 7–19 $, Hauptspeisen 22–38 $.

… im Parc national de la Gaspésie:
Einziges Lokal weit und breit – **Gîte du Mont-Albert** (s. o.): Im Speisesaal der Gîte werden raffinierte Fisch- und Wildgerichte sowie eine hervorragende Weinkarte offeriert. Vorspeisen 8–24 $, Hauptspeisen 24–44 $.

Aktiv

Outdooraktivitäten – Der **Parc national de la Gaspésie** bietet Outdooraktivitäten vom Feinsten: ein- und mehrtägige Wanderungen, Kanutouren auf dem Lac Cascapédia – hier gibt es einen Kanuverleih – und Angeln in einem Dutzend dafür vorgesehener Seen (Angelscheine in der Gîte du Mont-Albert).

Von La Martre nach L'Anse-au-Griffon ▶ P/Q 5

Dieser Abschnitt ist landschaftlich der spektakulärste der Nordküste. Vielfach in den Fels gesprengt, arbeitet sich die **Route 132** zwischen dem kabbeligen Wasser des weißmützten St.-Lorenz-Golfs und grauen Felswänden unbeirrt nach Osten. Die winzigen Nester erinnern an neufundländische Outports: einfache Holzhäuser ohne Garten, ein Laden, ein Pier, zerbeulte Trucks. Im 300-Seelen-Nest **La Martre** 14 lohnt der feuerrote, 1906 erbaute Leuchtturm hoch über dem Meer das Aussteigen. Im ebenso kleinen **Mont-Saint-Pierre** 15, das auf der Bühne eines gewaltigen Amphitheaters mit bis zu 400 m hohen Rängen liegt, sollte man sich nicht wundern, wenn plötzlich ein Drachenflieger vor dem Auto niedergeht. Von Juni bis September ist der Ort ein Zentrum der kanadischen Hangglider. Fotogene Leuchttürme bewachen auch die Küstenkanten vor **Madeleine** und **Pointe-à-la-Renommé**. Wie hart der Alltag der Fischer vor 160 Jahren war, davon gibt das **Manoir Le Boutillier** in L'Anse-au-Griffon 16 einen Eindruck (578, blvd. Griffon, www.lanseaugriffon.ca, Mitte Juni–Anfang Okt. tgl. 9–17 Uhr, Erw. 10 $, Kinder unter 12 Jahren frei).

Parc national de Forillon ▶ Q 5

122, blvd. Gaspé, Gaspé, Tel. 418-368-5505, 1-888-773-8888, www.pc.qc.ca/forillon, Erw. 8,50 $, Kinder frei

Der höchste Leuchtturm Kanadas kündigt – stilecht – den landschaftlichen Höhepunkt der Gaspésie an. Das 38 m hohe Leuchtfeuer des 500-Einwohner-Dorfes Cap-des-Rosiers zeigt auf die im Süden aufragenden Klippen des **Parc national de Forillon** 17. Fast 200 m hoch steigen diese aus dem Atlantik auf. Wal- und Seevogelbeobachtung von hohen Felsnestern aus, Angeln und Wandern auf stillen Trails schaffen in dem 244 km² großen Park ein rundes Freizeitprogramm. 200 Vogelarten, darunter sich senkrecht in die Fluten stürzende Kormorane und wie Raketen umherschwir-

Nordküste

Aktiv

STAIRMASTER MONT-ALBERT, PARC NATIONAL DE LA GASPÉSIE

Tour-Infos
Start: Gîte du Mont-Albert
Länge: 17,4 km
Dauer: 7–9 Std.
Schwierigkeitsgrad: Die Besteigung ist extrem anstrengend: Da der Mont-Albert steil ansteigt, sind die 870 Höhenmeter auf gerade drei Trailkilometern zu überwinden.
Wichtige Hinweise: Eingelaufene Wanderstiefel, vier gefüllte Wasserflaschen und mehrere Schichten warme und wetterfeste Bekleidung gehören zur Grundausrüstung. Auf jeden Fall im Besucherzentrum oder im Internet (www.sepaq.com) den genauen Wetterbericht für das Gebiet erfragen.

Die Besteigung des Mont-Albert ist Trekking der Spitzenklasse! Man steigt ununterbrochen an, erst durch Laub-, dann durch Nadelwald und schließlich führt die Strecke durch hochalpines Krummholz. Klare Gebirgsbäche werden überquert, bis ein Hochplateau erreicht ist, über das der Wind aus Labrador pfeift. Es ist kahl, abgesehen von einigen mit Moos bewachsenen Flecken. Der Blick von hier oben über die **Monts Chic-Chocs** ist fantastisch und reicht im Westen über die runden Gipfel, von denen gut zwei Dutzend 1000 m erreichen, hinweg bis zum blauen Band des St.-Lorenz-Stroms. Nichts wächst hier oben außer ein paar an den Extremstandort angepassten Moosen und Pflanzen, die sonst erst 2000 km weiter nördlich vorkommen.
Dann geht es zwischen den beiden Gipfeln **Mont Jacques-Cartier** (1268 m) und **Mont-Albert** (1154 m) durch eine Schlucht wieder steil abwärts. Der **Ruisseau du Diable,** der Teufelsbach, weist den Weg, in kleinen Kaskaden von einem ausgewaschenen Felsbassin ins nächste stürzend und an warmen Tagen zu einem erfrischenden Fußbad einladend. Mit etwas Glück erblickt man im Schatten des weiter südlich aufragenden gewaltigen Monolithen **Mont Olivine** (567 m) die kleine, etwa 130 Tiere zählenden Karibuherde, die im Nationalpark lebt – die südlichste in ganz Kanada.

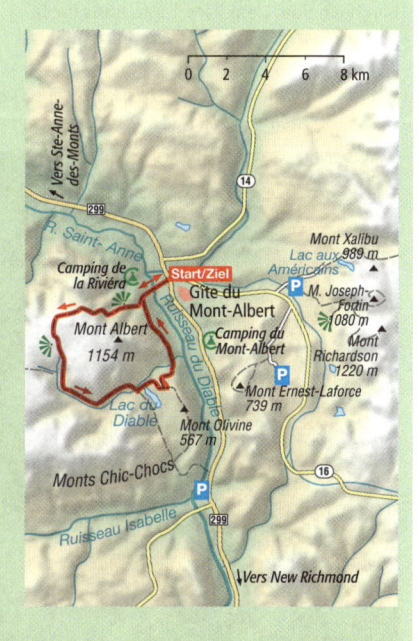

Gaspé-Halbinsel

rende Papageientaucher, wurden hier gezählt, und auf den insgesamt über 70 km langen Wanderwegen im Nationalpark kann man mit etwas Glück Schwarzbären, Elchen, Kojoten, Stachelschweinen und Füchsen begegnen.

Der schönste der Trails ist der zum Cap Gaspé. Er beginnt bei Grande-Cave, einem detailgetreu rekonstruierten Fischerdorf des frühen 19. Jh., und folgt der Südküste bis zu einem hübschen Leuchtturm auf einer Klippe 150 m über dem Atlantik. Ein anderer Trail endet am Observatoire Mont Saint Alban hoch über dem Park. Beste Basis für Tagestouren in dieses schöne Wildnisgebiet ist Cap-des-Rosiers, wo es eine Handvoll einfacher Unterkünfte gibt. Im Park stehen Campingplätze bereit.

Übernachten, Essen
... in Mont-Saint-Pierre:
Meeresblick – **Hotel Motel Mont-Saint-Pierre:** 60, rue Prudent-Cloutier, Tel. 418-797-2202, www.hotelmontsaintpierre.com, tgl. 7–21 Uhr. Das Hotel (DZ 70–110 $) bietet einen schönen Speisesaal mit Blick auf den Strom. Auf der Karte stehen natürlich Fisch und Meeresfrüchte, sorgfältig zubereitet und liebevoll präsentiert. Vorspeisen 5–8 $, Hauptspeisen 10–22 $.

Während die Sonne letzte wärmende Strahlen schickt, beginnt das Lagerfeuer zu knistern – perfektes Ende für einen erlebnisreichen Tag im Forillon-Nationalpark

... in Cap-des-Rosiers:
Blick mit Leuchtturm – **Hotel-Motel Le Pharillon:** 1293, blvd. de Cap-des-Rosiers, Tel. 418-892-5200, 1-877-909-5200, www.hotel-motel-lepharillon.com. Die einfache, saubere Herberge unmittelbar am Wasser liegt zwei Autominuten vom Parkeingang entfernt. DZ 90–110 $ mit Frühstück.

Termine
... in Mont-Saint-Pierre:
Fête du Vol Libre: 3 Tage Ende Juli, www.tourisme-mont-saint-pierre.com. Die besten Drachenflieger aus ganz Nordamerika treffen sich hier zum direkten Vergleich – und zur ausgelassenen Beach Party danach.

Gaspé ▶ Q 5
Gaspé 18 , die Hauptstadt der Halbinsel, ist eine eher nüchterne Angelegenheit, doch aus drei Gründen interessant. So ist der kleine Regionalflughafen der 15 000-Einwohner-Stadt ein gutes Sprungbrett zu den noch zu Québec gehörenden Îles-de-la-Madeleine (s. S. 323). Die beiden anderen haben mit der Geschichte zu tun. So zeigt das moderne **Musée de la Gaspésie** als Fischereimuseum nicht nur Taue und Netze, sondern auch die Schattenseiten der Fischerei – Ausbeutung, Arbeitslosigkeit, Abwanderung, Isolation von den Bevölkerungszentren, kritisch aufgearbeitet bis in die Gegenwart. Das moderne **Monument Jacques Cartier** vor dem Eingang, ein Ensemble aus sechs bronzenen Dolmen, erinnert an den französischen Seefahrer, der hier zuerst seinen Fuß auf kanadische Erde setzte und Kanada für Frankreich reklamierte (80, blvd. Gaspésie, Anfang Juni–Ende Okt. tgl. 9–17, sonst Mi–Fr 10–17, Sa, So 12.30–17 Uhr, Erw. 20 $, Kinder 5 $).

Der Name der Gaspé-Halbinsel geht auf das Mi'kmaq-Wort *gespeg* zurück. Dies und mehr über die traditionelle Lebensweise der Ureinwohner der Gaspésie lernt man nicht weit von hier im neuen **Site d'interprétation de la culture Micmac de Gespeg**, einem vom Stamm der Mi'kmaq (Micmac) geführten Besucherzentrum (783, blvd. Pointe-Navarre, www.gespeg.ca, Mitte Juni–Mitte Sept. tgl. 9–17 Uhr, Erw. 11,75 $, Kinder 7–17 Jahre 9,25 $).

Percé ▶ Q 5
Der östlichste Punkt der Gaspé-Halbinsel ist zugleich auch der Höhepunkt der ›Tour de la Gaspésie‹. **Percé 19 ,** einst Fischerdorf und Künstlerkolonie und heute der meistfotografierte Ort der Halbinsel, konzentriert sich beiderseits der Route 132, die, gesäumt von Hotels, Motels, Restaurants und Andenkengeschäften, die Hauptstraße gibt. Es wird zwar noch etwas Krabbenfischerei betrieben, doch das Geschäft mit den Fremden ist längst die Haupteinnah-

Gaspé-Halbinsel

mequelle für die 4000 Bewohner. Tatsächlich wird die lange Anreise fürstlich belohnt.

Ein Bummel durch die mit Kunsthandwerkläden gesäumten Straßen und die neue, hölzerne Promenade den Strand entlang lassen die Hektik der Großstädte endgültig vergessen. Die neueste Attraktion des Ortes ist der fantastische, Ende 2017 eröffnete **Géoparc mondial UNESCO de Percé** (180 rte. 132 Ouest, Percé, Tel. 418 782 5102, www.geoparcdeperce.com, TEKTONIK tgl. 9–17 Uhr, Rest wechselnde Zeiten, Erw. ab 18, 50 $, Kinder unter 6 Jahren frei), eine Summe von Attraktionen und Aktivitäten rund um 500 Mio. Jahre spektakulärer geologischer Vergangenheit in diesem Teil der Halbinsel. Zunächst führt das Multimedia-Event TEKTONIK mitten hinein in die für alle Sinne aufwendig animierte Entstehung von Percé. Auf einem gut 18 km langen Netz aus schönen Wanderwegen den 320 m hohen Hausberg Mont Ste-Anne hinauf kann man anschließend über 20 geologisch interessante Stellen inspizieren. Höhepunkt der Wanderung – man kann sich ebenso per Shuttle direkt dorthin bringen lassen – ist die grandiose, mit Glasboden ausgestattete Aussichtsplattform hoch über Percé. Dort befindet sich auch ein kleiner Imbiss mit Bar. Wenige Schritte entfernt wartet zudem eine tolle Zipline. Die ursprüngliche Berühmtheit von Percé rührt jedoch woanders her: Zwei halbmondförmige Buchten sorgen mit den dazugehörigen Klippen für eine spektakuläre Lage. Dazwischen reckt sich der gewaltige **Rocher-Percé** ins Meer hinaus, ein 90 m hoher und 438 m langer Monolith aus rosa Kalkstein mit einem 30 m hohen Felsentor am Ende. Bei Ebbe kann man über eine Sandbank trockenen Fußes hinüberlaufen, sollte aber tunlichst den Gezeitenwechsel im Auge behalten!

Der Felsen, angeblich nach den Niagarafällen das meistfotografierte Naturspektakel Kanadas, ist jedoch nur der eine Teil des Naturparks **Parc national de l'Île-Bonaventure-et-du-Rocher-Percé.** Der andere ist die vorgelagerte **Île-Bonaventure,** mit ihren bis zu 100 m hohen Klippen ein geschütztes Brutrevier für nahezu 250 000 Seevögel, darunter rund 60 000 Basstölpel, die größte Kolonie dieser Art in ganz Nordamerika. Bis auf wenige Meter kommt man an diese eleganten Flieger heran und kann sich davon überzeugen, dass sie ihren Namen wegen der wahrhaft tölpelhaften Landung zu Recht tragen (4, rue du Quai, Percé, Anleger Wassertaxi, Tel. 418-782-2240, www.sepaq.com, Ende Mai–Anf. Okt.).

Infos

Office de tourisme du Rocher-Percé: 9, rue du Quai, Tel. 418-782-2258, http://routeduro cherperce.com, Ende Mai–Anfang Sept. Mo–Fr 8–21, sonst 8–17 Uhr.

Übernachten

Einfach liebenswert – **Hotel La Normandie:** 221, Route 132 Ouest, Tel. 418-782-2112, 1-800-463-0820, www.normandieperce.com. Mitte Mai–Anf. Okt. Traditionsreiches, modernisiertes Strandhotel mit Blick auf den Rocher-Percé. Gutes Restaurant. DZ 140–290 $.

Unkompliziert – **Hotel Motel Fleur de Lys:** 247, Route 132, Tel. 418-782-5380, 1-800-399-5380, www.fleurdelysperce.com. Mitten im Ort. Lichte Zimmer im Haupthaus, preiswertere im Motel. DZ 90–170 $.

Essen & Trinken

Institution für Fisch – **La Maison du Pêcheur:** 155, pl. du Quai, Tel. 418-782-5331, Juni–Okt. tgl. 11.30–22.30 Uhr. Täglich fangfrischer Hummer. Auch Steaks und Pizza, in maritimem Ambiente mit an der Wand aufgehängten Fischernetzen und Bojen. Vorspeisen 7–21 $, Hauptspeisen 19–69 $.

Meerblick – **Café de l'Atlantique:** im gleichen Haus wie La Maison du Pêcheur (s. o.), Mitte Juni–Anfang Sept. tgl. 7–1 Uhr. Bestes Frühstück in Percé, abends Livemusik. Vorspeisen 5–9 $, Hauptspeisen 14–24 $.

Einkaufen

Percé ist *das* Einkaufsparadies der Gaspé-Halbinsel. Von billigen Souvenirläden bis hin zu teuren Schmuck- und Kunsthandwerksgeschäften wird entlang der durch den Ort strebenden Route 132 vieles geboten. Sehenswert ist u. a. die **Galerie La Maisonart**, die Werke von John Wiseman ausstellt, dem berühmtesten Sohn der Stadt (826, Route 132,

Tel. 418-782-2047, www.johnwiseman.net, Juni–Okt. tgl. 9–18 Uhr).

Aktiv
Wal- und Seevogelbeobachtung – **Les Bateliers de Percé:** 162, Route 132, Tel. 418-782-2974, 1-877-782-2974, www.lesbateliersdeperce.com, Mitte Mai–Okt. Bootstouren zur Île Bonaventure, Erw. 45 $, Kinder 22 $. Auch Bootsexkursionen zu Seehunden, Walen und Seevogelkolonien, Erw. 80 $, Kinder 6–12 J. 40 $.

Verkehr
Flugzeug: Montréal–Gaspé–Îles de la Madeleine, Air Canada Jazz, Tel. 1-888-247-2262, www.flyjazz.ca.

Südküste

Karte: S. 309
Hinter Percé wendet sich die Route 132 wieder gen Westen, doch welch ein Kontrast zur oft so schroffen Nordküste! Die Berge werden runder und treten zusehends in den Hintergrund. Die Landschaft wird wieder lieblicher und das Klima milder, im Sommer ist das Wetter sogar überraschend warm. Nicht von ungefähr nannte Cartier diese weitläufige Bucht zwischen der Gaspé-Halbinsel und New Brunswick **Baie des Chaleurs** (Bucht der Hitze). Heute bessert Landwirtschaft das Einkommen der Hiesigen auf, von der Fischerei allein kann hier niemand mehr leben.

Paspébiac ▶ Q 6
Im 19. Jh. war das Fischen noch einträglicher: An die große Zeit der Jerseymen, der von der englischen Kanalinsel Jersey eingewanderten Fischer, erinnert die **Site Historique du Banc-de-Pêche-de-Paspébiac** in **Paspébiac** 20, ein rekonstruiertes Fischerdorf mit Fischverarbeitungsanlage, Werkstätten und Wohnhäusern. Uneingeschränkter Herrscher der Fischer war der Jerseyman Charles Robin, dessen »Robin Company« mit Geschäftssinn und Skrupellosigkeit im frühen 19. Jh. die gesamte Fischerei im St.-Lorenz-Golf sowie auf Cape Breton Island monopolisierte (76, rue du Banc, https://sitepaspebiac.ca, Juni–Ende Sept. tgl. 9–17 Uhr, Erw. 15 $, Kinder unter 6 Jahren frei).

Bonaventure ▶ P 6
Tradition läuft an der Baie des Chaleurs jedoch nicht nur auf Fisch hinaus. Das **Musée Acadien du Québec** in **Bonaventure** 21 ist den Akadiern gewidmet, jenen französischsprachigen Siedlern, die im Laufe des 17. Jh. das Land um die weiter südlich gelegene Bay of Fundy urbar gemacht hatten. 1755 wurden sie – insgesamt weit über 10 000 Menschen – von den siegreichen Briten in einer bis dahin beispiellosen Aktion zusammengetrieben und systematisch in alle Himmelsrichtungen verstreut (s. S. 44).

Manchen Akadiern gelang aber die Flucht und sie ließen sich an der **Baie des Chaleurs** nieder. Hier gründeten sie *L'autre acadie,* ›das andere Akadien‹, wo sie ihrer Sprache, einem weichen, melodischen Französisch, ihren Sitten und Gebräuchen und vor allem ihrer Fahne, der Trikolore mit dem goldenen Leitstern im oberen Winkel, treu bleiben konnten. »L'autre acadie« heißt auch die Ausstellung hier im **Musée Acadien.** Sie birgt zahlreiche Alltagsgegenstände und Erbstücke und zeichnet die bis nach Louisiana reichende Diaspora der Akadier auf großen Schaubildern nach (95, av. Port Royal, www.museeacadien.com, Mo–Sa 9–12, 13–16, So 13–16.30 Uhr, Erw. 15 $, Kinder unter 5 Jahren frei).

Von New Richmond nach Restigouche ▶ P 6
Auch die anglophonen Loyalisten haben an der Baie des Chaleurs ihr kulturelles Zentrum. Im 4000-Einwohner-Städtchen **New Richmond** 22 erinnert die **Site patrimonial de la Pointe-Duthie,** ein liebevoll gepflegtes Museumsdorf, an die Königstreuen, die nach der amerikanischen Unabhängigkeit aus Maine nach Kanada übersiedelten (351, blvd. Perron Ouest, www.gaspesianvillage.org, Ende Juni–Anfang Sept., Erw. 10 $, Kinder 5 $).

Noch viel weiter zurück in die Vergangenheit geht es bei **Carleton.** Der **Parc national de Miguasha** 23 gilt Fossilienexperten als einer der besten Fundorte der Welt. Im Schie-

Gaspé-Halbinsel

Tipp

CHÂTEAU BAHIA – SCHLOSSHERR FÜR EINE NACHT

Jean Roussy war früher Lehrer im benachbarten New Brunswick. Irgendwann kehrte er dem Schulstress den Rücken und baute sich kurz hinter **Pointe-à-la-Garde** (▶ P 6), 500 m von der Route 132 landeinwärts, sein ganz persönliches Märchenschloss. Das **Château Bahia** – Roussy nennt es wegen gewisser Ähnlichkeiten gern auch ›Neuschwanstein 2‹ – taucht in dem dichten Laubwald so unvermutet auf, dass man sich die Augen reibt. Es besteht ganz aus Holz und sieht mit seinen schlanken, von leuchtend roten Dächern gekrönten Türmen tatsächlich aus wie die rustikale Version der Bleibe des exzentrischen Bayernkönigs. 16 Jahre lang baute Roussy, lediglich mit der Unterstützung von Roussy senior, an seinem Traum – weil er schon immer mal in einem Schloss wohnen wollte. Für eine Nutzung als Hotel war das Château Bahia – der zweite Name erinnert an die zweite große Liebe des Schlossherrn – zunächst eigentlich nicht vorgesehen.

Inzwischen gebietet Hotelier Roussy über 22 Zimmer, einen langen Bankettsaal, sieben Türmchen und vier sechsstöckige Türme. Das beste Zimmer, einen achteckigen Adlerhorst ganz oben im höchsten Turm, hat er selbst bezogen. Kaum groß genug für ein Bett ist der Raum, doch der Rundumblick auf die Bay und das wilde Landesinnere ist grandios. Reich zu werden ist nicht sein Ziel, nur die Rechnungen will Roussy bezahlen können. Eine Übernachtung in diesem ›Schlosshotel‹ ist daher erschwinglich – und ein großer Spaß. Ganz so, wie sein Schöpfer es ursprünglich vorgesehen hatte (Auberge du Chateau Bahia, Château Bahia, 152, blvd. Perron, Pointe-à-la-Garde, Tel. 418-788-2048, www.chateaubahia.com, Mai–Okt., 35–160 $ inkl. zwei Mahlzeiten).

fer der Steilküste wurden zwei Dutzend neue Fischarten, meist aus dem Devon vor rund 300 Mio. Jahren, entdeckt, darunter ein mit Kiemen und Lungen ausgestattetes Exemplar, das als *missing link* für Furore sorgte und heute im Museum zu bewundern ist (231, Route Miguasha Ouest, Mai–Anf. Juni Mo–Fr 9–12, 13–16.30, Anfang Juni–2. Okt. tgl. 9–17, bis Ende Okt. Mo–Fr 9–12, 13–16.30 Uhr, Erw. 10,20 $, Kinder unter 17 Jahren frei).

Hinter **Pointe-à-la-Croix** wendet sich die Route 132 landeinwärts und folgt dem Tal der Rivière Matapédia, einem bei Sportanglern beliebten Lachsfluss, nordwärts zurück zum St.-Lorenz-Strom.

Bevor man die Gaspé-Halbinsel verlässt, sollte man in **Restigouche** 24 dem **Lieu historique national du Canada de la Bataille-de-la-Restigouche** einen Besuch abstatten. Das kleine Museum über der hier in die Bucht mündenden Rivière Restigouche erinnert an die kläglich gescheiterte französische Flotte, die 1760 Neufrankreich den noch keineswegs fest im Sattel sitzenden Briten wieder entreißen sollte. Von britischen Fregatten wurde sie jedoch im Mündungsbereich des St.-Lorenz-Stroms entdeckt. Die Franzosen setzten sich in die flachen Gewässer am Ende der Baie des Chaleurs ab, in der Annahme, die schweren britischen Kriegsschiffe könnten ihnen hierher nicht folgen. Ein Irrtum: Die Briten schossen die Schiffe der Franzosen mühelos in Grund und Boden. Augenzeugenberichte und Tagebucheinträge hauchen dieser Fußnote der Geschichte Leben ein und regen zum Philosophieren an. Denn – was wäre wohl gewesen, wenn die kleine französische Flotte es geschafft hätte? (Route 132, Pointe-à-la-Croix, Ende Juni–Ende Sept. tgl. 9–17 Uhr, Erw. 4,25 $, Kinder frei).

Infos
Tourisme Baie-des-Chaleurs: s. Tourisme Gaspésie S. 314

Übernachten
… in Carleton:
Ideal zum Ausspannen – **Hostellerie Baie-Bleue:** 482, blvd. Perron, Tel. 418-364-33 55, 1-800-463-9099, www.baiebleue.com. Freundlich geführtes Badehotel, mit schönem privaten Badestrand vis-à-vis und beheiztem Außenpool. DZ 110–190 $.

… in Bonaventure:
Praktisch – **Motel Grand-Pré:** 118, av. de Grand-Pré, Tel. 418-534-2053, 1-888-858-8757, www.motelgrandpre.com. Modernes Motel am Wasser mit Bar, Restaurant um die Ecke. DZ 120–190 $.

Essen & Trinken
… in Carleton:
Schön altmodisch – **Le St-Honoré:** 527, blvd. Perron, Tel. 418-364-7618, tgl. 17.30–21 Uhr. Gediegene »cuisine québécoise« mit Foie gras en trois façons, Ente und Filet Mignon sowie Crème brulée zum Nachtisch. Köstlich! Vorspeisen 8–14 $, Hauptspeisen 18–31 $.

… in New Richmond:
Zwei Alternativen – **Hotel Le Francis:** 210 Ch. Pardiac, Tel. 418-392-4485, www.hotelfrancis.qc.ca, Di, Mi 17–21.30, Do–Sa 17–22 Uhr. Modernes Hotel mit solidem Pub und gemütlichem Gourmetrestaurant. Verfeinerte regionale Küche, Fisch- und Wildgerichte. Vorspeisen 5–18 $, Hauptgerichte 22–33 $.

Aktiv
Das flache Wasser der Bay und die schmalen, aber sandigen **Strände** laden im Sommer zum Baden und Sonnen ein. Die schönsten Gaspésie-Strände liegen rund um **Carleton.**

Îles-de-la-Madeleine
▶ S 6

Karte: S. 309

Québecs schönster Abstecher führt an den Rand des Nordatlantiks und belohnt die Besucher mit 300 km langen Sandstränden, dem wärmsten Badewasser nördlich der Carolinas und jeden Tag frischem Hummer zum Abendessen. Die **Îles-de-la-Madeleine** 25 in dem sich zum Golf weitenden St.-Lorenz-Strom sind das vielleicht ungewöhnlichste Stück Kanada.

Viele Tonnen Hummer werden hier von rund 300 Fischern in jeder Saison aus dem Wasser gehievt. Nicht alle sind so groß wie der im Museum, aber dicke Brocken von 5 oder 6 kg Gewicht sind nicht selten. Im Hafen des Hauptorts der Inseln, **Grande-Entrée,** warten sie kistenweise auf ihren Bestimmungsort. Ihre Reise geht nach Philadelphia, Boston, New York und Montréal, zu den besten Gourmetadressen – wenn sie nicht vor Ort verspeist werden.

Später am Nachmittag lässt die Aktivität im kleinen Hafen nach, und er sieht wieder aus wie ein friedliches Postkartenidyll, gemalt in honigwarmen Farben. Dabei würde man hier, an der Schwelle zum kalten Nordatlantik, alles andere erwarten, nicht jedoch die statistisch meisten Sonnentage im Osten Kanadas, bunt bemalte Holzhäuser und eine lebensfrohe Bevölkerung.

Vom **Butte du Vent,** ihrem höchsten Hügel bei L'Étang du Nord, gibt sich der Archipel dem Betrachter in seiner ganzen, fast lasziven Schönheit preis. Sechs Inseln – **Havre-Aubert, Cap-aux-Meules, Havre-aux-Maisons, Île-aux-Loups, Grosse-Île** und **Grande-Entrée** – schmiegen sich aneinander, umhüllt von einem Teppich aus langgestreckten Sanddünen mit Fransen aus Meeresschaum, die unermüdlich ihre Rundungen aus rotem Sandstein liebkosen. Die **Île d'Entrée,** die siebte Insel, schaut dem sündhaft schönen Schauspiel von jenseits der Baie de Plaisance zu: Aschenputtel im Inselparadies, aber mit dem 174 m hohen **Big Hill** der beste Ort für fotografierende Voyeure.

Ebenso lebensfroh wie die Natur haben sich die 15 000 Madelinots hier eingerichtet. Die französischsprachigen Nachfahren der einst vor den Briten aus den Provinzen Nova Scotia und New Brunswick hierher geflohenen Akadier stellten ihre Häuschen, jeden Bebauungsplan ignorierend, mitten in die Wiesen hinein oder auf die Hügel. Dort strahlen sie in allen Farben um die Wette: Knallrot, Knallgelb, Knallgrün, Knallblau und auch mal Knallviolett.

Das Meer ist überall zu sehen, vor dem einzigen Supermarkt im Hauptort Cap-aux-Meules wie von den zahlreichen hübschen Herbergen und B&Bs der Inseln. Und von der fast 100 km langen Straße, die durch den Archipel führt, sowieso. Meist weht feiner Sand von den Dünen über den Asphalt und knirscht in den Radkästen. Man atmet tief durch und schaltet einen Gang herunter.

Musée de la Mer

Im **Musée de la Mer** auf der Île du Havre-Aubert ist eine von den Inselbewohnern zusammengetragene Ausstellung zur Geschichte des Archipels und seiner Bevölkerung zu sehen (1023, Route 199, Cap Gridley, Île du Havre-Aubert, Juli/Aug. tgl. 9–17, sonst Mo–Fr 9–12, 13–17 Uhr, Erw. 10 $, Kinder 6–17 Jahre 5 $).

Infos

... in Cap-aux-Meules:
Tourisme Îles-de-la-Madeleine: 128, ch. Principal, Tel. 418-986-2245, 1-877-624-4437, www.tourismeilesdelamadeleine.com. Jan.–Anfang Juni Mo–Fr 9–12, 13–17, Juni tgl. 9–17, Juli–20. Aug. 7–20, Ende Aug.–Ende Sept. 8–20, Okt.–Dez. Mo–Fr 9–12, 13–17 Uhr.

Übernachten

... in Cap-aux-Meules:
Mit Spa und Sauna – **Hotel Château Madelinot:** 485, ch. Principal, Tel. 1-418-986-2211, 1-855-986-2211, www.tourismeilesdelamadeleine.com. Schönes Hotel im Cottage-Stil mit tollem Ausblick. Kleiner Pool, Kieselstrand in der Nähe, Restaurant mit ausgezeichnetem Essen. DZ 120–210 $.

Unkomplizierte Unterkunft – **Auberge Madeli:** 485, ch. Principal, Tel. 418-986-2211, 1-855-986-2211, www.tourismeilesdelamadeleine.com. Moderne Unterkunft, Restaurant, Swimmingpool, Bowlingbahn. DZ 120–200 $.

Essen & Trinken

... in Île-aux-Cap-aux-Meules:
Die Nr. 1 auf den Inseln – **Gourmande de Nature:** 1912, ch. de l'Étang-du-Nord, Tel. 418-986-6767, www.gourmandedenature.com, Mi 10–17, Do–Sa 10–20 Uhr. Die Speisekarte ist von der französischen, portugiesischen und kalifornischen Küche inspiriert und bietet Gerichte wie Kabeljau-Ricotta und einen dekonstruierten, in einer Jakobsmuschel servierten Käsekuchen. Mittag- und Abendessen, Verkauf von lokalen Gourmetprodukten. Vorspeisen 18–22 $, Hauptspeisen 32–46 $.

Aktiv

Was Besucher hier machen, wenn sie nicht nur zum Relaxen kommen? Da sind 300 km Sandstrände und eine Wassertemperatur mit bis zu 21 °C im Hochsommer. Wer nicht baden und sich sonnen will, der kann auf den Dünen von Insel zu Insel reiten. Outfitter in Cap-aux-Meules bieten Tauchtouren in unterseeischen Grotten, Tagestrips zu den Robben- und Seevogelkolonien auf der unbewohnten Île de Brion an und verleihen auch Mountainbikes, Segelboote und Surfbretter.

Aktivzentrum – **La Salicorne:** 377, Route 199, Grande-Entrée, Tel. 418-985-2833, www.salicorne.ca. Hotel und Aktivzentrum unter einem Dach, bietet u. a. geführte Kajaktouren zu den roten Klippen und den Old-Harry-Höhlen.

Kitesurfing – **Aerosports:** 1390, ch. Lavernière, Étang-du-Nord, Tel. 418-986-6677, www.aerosports.ca. Kitesurfing vom Feinsten. Kurse für Anfänger und Fortgeschrittene, Leih-Equipment für Könner.

Verkehr

Flugzeug: Air Canada Jazz (Tel. 1-888-247-2262, www.flyjazz.ca) fliegt von Montréal, Québec und Gaspé aus regelmäßig die Îles-de-la-Madeleine an.

Fähre: Autofähren von **Traversier CTMA** verkehren von Souris (Prince Edward Island) nach Cap-aux-Meules (Îles-de-la-Madeleine), Tel. 1-888-986-3278, www.traversierctma.ca.

Îles-de-la-Madeleine: schöne Sandstrände und Hummer zu Schleuderpreisen

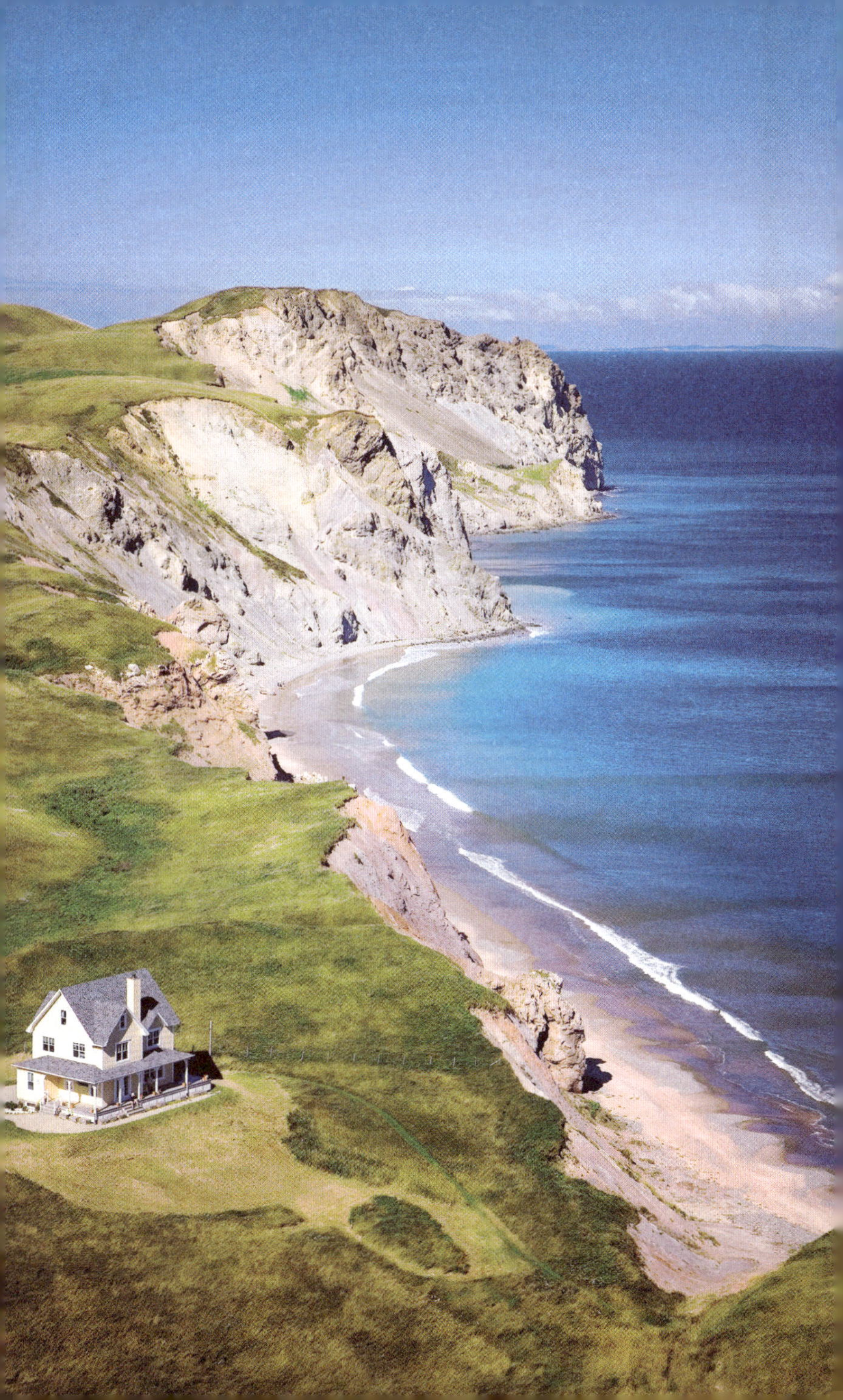

Edmundston
Fredericton
Saint John
Bay of Fundy
Prince Edward Island
Charlottetown
Atlantischer Ozean

Kapitel 5

New Brunswick und Prince Edward Island

New Brunswick ist als einzige Provinz Kanadas offiziell zweisprachig. Etwas mehr als ein Drittel der Bevölkerung spricht Französisch, vor allem in der akadischen Küstenregion am St.-Lorenz-Strom, von Shediac bis Caraquet. Die beiden Städte Saint John und Fredericton sowie das Landesinnere werden von den britischen Traditionen der Loyalisten bestimmt. Trotz ausgeprägter kultureller Gegensätze scheinen sich die beiden Bevölkerungsgruppen doch viel besser zu verstehen als im benachbarten Québec.

Das Binnenland wird von einem weiten Plateau eingenommen, das mit Sümpfen, Seen und dichten Wäldern bedeckt ist. Von Anglern einmal abgesehen erstreckt sich das touristische Interesse jedoch überwiegend auf die Küstenregion. Die über 2200 km lange Küstenlinie reicht von der Baie des Chaleurs im Norden der Provinz bis zur Bay of Fundy, in der zweimal täglich der gewaltigste Gezeitenwechsel der Erde stattfindet – 16 m und mehr beträgt an manchen Orten der Unterschied zwischen Ebbe und Flut.

Prince Edward Island ist die kleinste kanadische Provinz. Dank des fruchtbaren Bodens und des milden Klimas ist die Landwirtschaft hier der wichtigste Wirtschaftsfaktor. Touristisch noch nicht überlaufen, hat sich der ›Garten im St.-Lorenz-Golf‹ seinen ländlichen Charme bewahrt. Fast 80 % der Menschen sind englischer Abstammung mit deutlich schottischem Einschlag. Der Anteil der Akadier, wie die Nachfahren der französischen Siedler genannt werden, beträgt rund 17 %. Ihr altfranzösischer Dialekt und die reiche Folklore sind bis heute lebendig, besonders in der Gegend um Mont-Carmel, Abrams Village und Miscouche.

Auch als Spiegelung noch ein Schmuckstück:
der hölzerne Leuchtturm von Souris

Auf einen Blick: New Brunswick und Prince Edward Island

Sehenswert

Saint John: Britische Tradition kann man auf dem Loyalist Trail mit historischen Gebäuden und dem quirligen Old City Market erleben (s. S. 334).

St. Andrews und Fundy-Inseln: Dem malerischen Städtchen (s. S. 342) ist eine Reihe von Inseln (s. S. 339) vorgelagert, von denen jede ihren ganz eigenen Charakter besitzt.

✽ **Bay of Fundy:** Die steile Felsenküste bietet die spektakulärsten Gezeiten der Welt, die bei Ebbe bizarre Felsformationen freigeben (s. S. 343).

Hopewell Cape: Wie riesige Blumentöpfe ragen die Flowerpot Rocks bei Ebbe aus dem Meeresboden – ein ungewöhnlicher Anblick (s. S. 346).

Schöne Routen

Entlang des Saint John River: Auf der Fahrt von Fredericton nach Saint John bieten sich immer wieder schöne Ausblicke auf den mäandernden Fluss (s. S. 334).

Bay of Fundy und Akadierküste: Grandiose Küstenlandschaften, gewürzt durch akadische Cuisine und Kultur (s. S. 348).

Central Coastal Drive: Rote Sandsteinklippen und grüne Giebel (s. S. 358).

North Cape Coastal Drive: Im Land der Akadier und Mi'kmaq (s. S. 363).

Points East Coastal Drive: Windzerzauste Salzmarschen, riesige Sanddünen, malerische Fischerdörfer und Leuchttürme (s. S. 365).

Unsere Tipps

King's Landing Historical Settlement: Das Museumsdorf bei Fredericton zeigt, wie königstreue englische Siedler und Pioniere vor über 200 Jahren lebten (s. S. 330).

Le Village Historique Acadien: Einige Kilometer außerhalb von Caraquet wird das Leben der französischen Siedler und Fischer im 18. und 19. Jh. dargestellt (s. S. 353).

West Point Lighthouse: An der Südwestspitze von Prince Edward Island kann man in einer alten Leuchtturmanlage nächtigen (s. S. 365).

Lebendes Farmmuseum: das Orwell Corner Historic Village

Aktiv

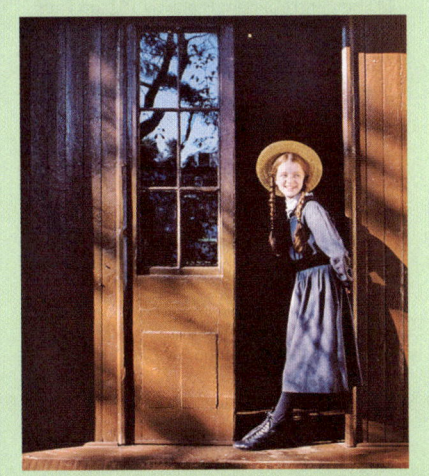

Auf dem Coastal Trail von Herring Cove bis Point Wolfe: Wanderung entlang der Fundy-Steilküste zu einem mit Felsblöcken übersäten Strand (s. S. 345).

Claire Fontaine Trail im Kouchibouguac National Park: Tour durch akadischen Mischwald mit Ausblicken auf Fluss, Lagune und Salzmarschen (s. S. 351).

Greenwich Dunes Trail: Auf Boardwalks durch mit Schilf bewachsenes Feuchtland zu einem von mächtigen Wanderdünen gesäumten Sandstrand (s. S. 369).

New Brunswick

Abseits der Touristenströme hat die Atlantikprovinz New Brunswick besonders Naturfreunden viel zu bieten: bizarre Felsküsten, geformt durch gewaltige Gezeitenströme, feinsandige Strände, bunt gemischte Laubwälder und malerische Inseln. In den stilvollen Seebädern und historischen Städtchen vermischt sich das kulturelle Erbe von Franzosen, britischen Loyalisten, Schotten und Iren.

New Brunswick gehört zu den touristisch weniger entdeckten Provinzen Kanadas, obwohl man hier fast alles findet, was das Urlauberherz begehrt. Freunde maritimen Ambientes kommen besonders auf ihre Kosten – die Provinz wird an drei Seiten vom Meer umspült und hat eine Küstenlinie von fast 2300 km. Zwar ist die Bay of Fundy zum Baden meistens zu kalt, entschädigt aber dafür mit großartigen Landschaften und spektakulären Gezeiten. Die nördlichen Küsten bieten weite, fast unberührte Strände mit Wassertemperaturen um 20° C. Im Landesinnern erstrecken sich Hügel mit ausgedehnten Laubwäldern, durchzogen von den großen Flusssystemen des Saint John und des Miramichi – ein Dorado für Jäger und Angler und eine Augenweide zur Laubfärbung im Herbst.

Entlang des Saint John River ▶ N–P 7/8

Karte: S. 338

Auf dem Trans-Canada Highway 2 von Québec kommend, stößt man wenige Kilometer hinter der Provinzgrenze bei **Edmundston** 1 auf den Saint John River, die uralte Handelsroute der indigenen Völker, Pelzhändler und Jesuiten zur Bay of Fundy. Die Stadt ist von riesigen Waldgebieten umgeben und Mittelpunkt der florierenden Holzindustrie der Provinz. Hier und nicht im Westen Kanadas gab es die ersten *lumberjacks* in den typischen rot-schwarz karierten Flanellhemden. Auch die in ganz Nordamerika erzählten Legenden über den mythischen Holzfäller Paul Bunyan, der Berge versetzt und Flüsse umgeleitet haben soll, sind hier in der Region Madawaska entstanden. Im breiten fruchtbaren Tal des Saint John River überwiegt dann grünes Farmland, Siedlungsgebiet der Loyalisten, die nach der amerikanischen Revolution eine neue Heimat in New Brunswick fanden. 270 km sind es von Edmundston bis Fredericton, 370 km bis Saint John an der Bay of Fundy.

In **Grand Falls** 2 ist mitten im Ort ein 23 m hoher Wasserfall zu bewundern. Bei **Hartland** 3 lohnt es sich, den Highway 2 zu verlassen und auf dem Highway 103 am Fluss entlangzufahren. Hier gibt es die mit 391 m längste *covered bridge* der Welt zu sehen. 1901 erbaut und 1921 mit Holzplanken überdacht und verkleidet, ist sie sicher die interessanteste unter New Brunswicks überdachten Brücken. Ein Infocenter informiert über das als National Historic Site geschützte Bauwerk.

King's Landing Historical Settlement ▶ P 8

Route 2, Exit 253, 35 km westl. von Fredericton, Tel. 506-363-4999, www.kingslanding.nb.ca, Mitte Juni–Anf. Okt. Mi–So 10–17 Uhr, Erw. 24 $, Kinder 6–15 Jahre 16 $

Kurz vor Fredericton kann man eine Zeitreise ins frühe 19. Jh. unternehmen. Im **King's Landing Historical Settlement** 5 wurde am Ufer des Saint John eine Siedlung der Loyalisten detailgetreu wieder aufgebaut. Ein Großteil der 60 historischen Gebäude wurde bei einem Stausee-Projekt am Saint John River westlich von Fredericton gerettet. Über 100 Bewohner in zeitgenössischen Kostümen ›leben und arbeiten‹ im Museumsdorf. Da wird mit Ochsengespannen gepflügt, in der mit Wasserkraft betriebenen Sägemühle werden dicke Baumstämme zerschnitten, aus der Hufschmiede klingen Hammerschläge, Vieh wird versorgt, und am Fluss ankert ein altes Holzschiff aus dem Jahr 1830. Nur schade, dass man all die faszinierenden Dinge im General Store nicht kaufen kann. Wenn man sich gründlich umsehen möchte, sollte man einen ganzen Tag einplanen. Für Kinder werden besondere Programme angeboten. Im **King's Head Inn** kann man kräftige Pionierkost probieren.

Fredericton ▶ P 8

Cityplan: S. 333; **Karte:** S. 338
Das englisch geprägte Städtchen **Fredericton** 6 (58 000 Einw.) an den Ufern des Saint John River ist Regierungssitz der Provinz New Brunswick. Fein getrimmte Parkanlagen, ehrwürdige Villen, von stattlichen Ulmen beschattete Straßen und zahlreiche historische Häuser bestimmen das Stadtbild.

Vor mehreren Hundert Jahren stand auf dem Boden Frederictons bereits ein Dorf der Ureinwohner, auch die Franzosen hatten sich hier schon niedergelassen. Ste. Anne nannten sie ihre Siedlung, die 1760 von den Engländern niedergebrannt wurde. Erst 1784 gründeten Sir Thomas Carleton und seine königstreuen Gefolgsleute Fredericton. Bereits ein Jahr später entstand das King's College. Die Stadt zeigte sich aufgeschlossen, Künstler und Wissenschaftler fanden hier ihre Förderer, sodass sie noch heute Poet's Corner, ›Kanadas Dichterecke‹, genannt wird. Außerdem gibt es viele Kunsthandwerksläden. Mitte September wird in Fredericton das Harvest Jazz and Blues Festival mit kanadischen und internationalen Künstlern gefeiert.

Tipp

ABENTEUER IN DEN BAUMWIPFELN – ZIPLINING

Ziplining verspricht Abenteuer in den Baumkronen für Jung und Alt – es sei denn, man hat Höhenangst. Seilbahnen, wackelige Hängebrücken und Plankenstege, Taue und Leitern verbinden die Plattformen und Podeste in den Baumwipfeln. Die Angelegenheit ist in höchstem Maße aufregend – aber nicht gefährlich, denn man ist bei diesem Unterfangen mit gepolsterten Gurten an Hüfte und Schulter gesichert. Während man sich von Baumkrone zu Baumkrone hangelt oder hoch über dem Boden freischwebend an einem Seil von einer Plattform zur anderen rast, lernt man den Wald von einer ganz anderen Seite kennen. Dabei kann man sich Schwierigkeitsgrad und Geschwindigkeit aussuchen (Aerial Adventure – TreeGo Mactaquac, 1439, Route 105, Mactaquac, 20 km westl. Fredericton am **Mactaquac Provincial Park** 4 , Tel. 506-363-4440, 1-877-707-4646, www.treegomoncton.com, Mai–Okt., Erw. 38 $, Kinder 13–17 Jahre 32 $, 7–12 Jahre 23 $). Auch in Moncton und in Cape Enrage 10 Min. vom Fundy National Park sind Zipline-Abenteuer möglich (Cape Enrage Adventures, 650 Cape Enrage Road, Waterside, Tel. 506-887-2273, www.capeenrage.ca). Weitere Informationen unter www.ziplinerider.com.

City Hall 1
397 Queen St., Tel. 506-460-2041, www.fredericton.ca, Mai–Okt. kostenlose Führungen
Hauptstraße in Downtown Fredericton ist die Queen Street. Hier steht auch die schmucke viktorianische **City Hall** aus dem Jahr 1876. Das

stilvolle Backsteingebäude mit Uhrturm und Springbrunnen auf dem Vorplatz, heute eine National Historic Site, hat in der Vergangenheit auch schon als Gefängnis und Opernhaus gedient. Eine kleine Ausstellung informiert über die Geschichte des Städtchens.

Historic Garrison District 2

Der **Fredericton Military Compound,** Stadtpark und National Historic Site, dominiert die Innenstadt Frederictons. Hier erinnern die imposanten Gebäude am **Officers' Square** zwischen Carleton und Regent Street an die militärische Bedeutung vergangener Zeiten. Heute sind hier keine Soldaten mehr stationiert, aber Touristen können sich noch an farbenfrohen Paraden auf dem Platz und am Wachwechsel vor dem Guard House erfreuen – ganz nach britischer Tradition, mit roten Uniformen und Bärenfellmützen (Mitte Juli–3. Augustwoche 11 und 16 Uhr, Di und Do auch 19 Uhr). In den ehemaligen **Soldier's Barracks** von 1827 hat man einen Raum originalgetreu wieder hergerichtet, um zu zeigen, wie die einfachen Soldaten damals lebten (463 Queen St., Tel. 506-460-2837, www.historicgarrison district.ca, Anf. Juli–Anf. Sept. 10–17 Uhr, sonst telefonisch erfragen).

An der Nordostseite des Officers' Square ist in einem Backsteingebäude, das früher den Offizieren als Quartier diente, das **York-Sunbury Historical Society Museum** untergebracht. Hier wird die Geschichte Frederictons von der Besiedlung durch die Mi'kmaq bis heute dargestellt (571 Queen St., Tel. 506-455-6041, www.frederictonregionmuseum.com, Juli/Aug. 10–17, April–Juni und Sept.–Okt. Mi–Sa 13–16 Uhr, 6 $).

Legislative Assembly Building 3

706 Queen St., Tel. 506-453-2506, https://legnb. ca, 21. Juni–Ende Aug. Mo–Fr 9–17 Uhr, sonst Mo–Fr 9–16 Uhr, Eintritt frei, kostenlose Führungen

Sehenswert in Fredericton ist auch das **Legislative Assembly Building** an Queen und St. John Street, ein imposantes Sandsteingebäude, in dem das Provinzparlament tagt. Die Parlamentsbibliothek besitzt ein Exemplar des 1820 gedruckten, aufwendig handkolorierten Vogelbuchs von James Audubon.

Beaverbrook Art Gallery 4

703 Queen St., Tel. 506-458-2028, www.bea verbrookartgallery.org, Mo–Sa 10–17, So, Fei 12–17 Uhr, Spende erbeten

Gegenüber in der **Beaverbrook Art Gallery** sind neben hervorragenden Sammlungen kanadischer auch Meisterwerke europäischer Künstler – u. a. von Lucas Cranach d. Ä. und Botticelli – ausgestellt.

Christ Church Cathedral 5

803 Brunswick St., http://cccath.ca

Ein paar Schritte weiter steht die mächtige **Christ Church Cathedral** aus dem Jahr 1845, eine der schönsten gotischen Kirchenbauten Kanadas. ›The Green‹ werden die Parkanlagen am Flussufer genannt. Ein mehrere Kilometer langer Uferspaziergang bietet schöne Ausblicke und führt an malerischen viktorianischen Reihenhäusern vorbei.

Boyce Farmer's Market 6

665 George St., www.frederictonfarmersmar ket.ca, Sa 7–13 Uhr

Der quirlige **Boyce Farmer's Market** an der George Street zwischen Regent und St. John Street findet immer samstagmorgens statt. Hier gibt's frisches Gemüse, Obst, Eingemachtes und Kunsthandwerk aus der Region.

Old Burial Ground 7

Eingang 500 Brunswick St., frei zugänglich

Auf dem **Old Burial Ground** zwischen Brunswick und Regent Streets wurden von 1787 bis 1886 die ersten Siedler Frederictons bestattet: Loyalisten, britische Soldaten, Verwaltungsbeamte, prominente und normale Bürger. Die Grabsteine zeigen einen Querschnitt der damaligen Gesellschaft.

Infos

Tourism Fredericton: 371 Queen St., Suite 101, Tel. 506-460-2041, 1-888-888-4768, www.tourismfredericton.ca. Visitor Centre 397 Queen St./Ecke York St., Tel. 506-460-

Fredericton

Sehenswert
1. City Hall
2. Historic Garrison District
3. Legislative Assembly Building
4. Beaverbrook Art Gallery
5. Christ Church Cathedral
6. Boyce Farmer's Market
7. Old Burial Ground

Übernachten
1. Crowne Plaza – Lord Beaverbrook Hotel
2. The Carriage House Inn
3. By the River B & B
4. Hartt Island RV Resort

Essen & Trinken
1. Brewbaker's

Einkaufen
1. Botinicals Gift Shop

Abends & Nachts
1. Dolan's Pub

Aktiv
1. Small Craft Aquatic Centre
2. The Wolastoq Boat Tours, Regent Street Wharf
3. Savage's

2129, Mitte Mai–3. Juni-Woche und Anf. Sept.–Anf. Okt. tgl. 10–17, Ende Juni–Ende Aug. tgl. 10–18 Uhr.

Übernachten

Stilvoll – **Crowne Plaza – Lord Beaverbrook Hotel** 1 : 659 Queen St., Tel. 506-455-3371, 1-800-7181-3656, www.cpfredericton.com. Zentral in der Innenstadt gelegen, mit schönem Blick über den Saint John River, Indoorpool, mehrere Restaurants. DZ 170–240 $.

Mit opulentem Frühstück – **The Carriage House Inn** 2 : 230 University Ave., Tel. 506-452-9924, www.carriagehouse-inn.net. Große viktorianische Villa in der Downtown, B & B mit 10 komfortablen, stilvoll eingerichteten Zimmern, Bad. DZ 132–152 $.

Komfortabel am Fluss – **By the River B & B** 3 : 301 Woodstock Rd., Tel. 506-454-5602, https://bytheriverbnb.ca. Acht geschmackvoll eingerichtete Zimmer in historischer Villa in Innenstadtnähe, sehr gutes Frühstück. 135–197 $.

Camping – **Hartt Island RV Resort** 4 : etwa 7 km westl. von Fredericton am Trans-Canada Highway, Tel. 506-462-9400, 1-866-462-9400, www.harttisland.ca, geöffnet Mai–Okt. Attraktiver Campingplatz in schöner Lage am Fluss, besonders für Kanu- und Kajakfreunde zu empfehlen. Es gibt markierte Wander- und Fahrradwege und alles erforderliche Gerät kann gemietet werden. RV 85 $, Zelten 65 $, Kajak 15 $/Pers., Kanu 20 $/2 Pers., jeweils pro Stunde, pro Tag 75–100 $.

Essen & Trinken

Ausgezeichnete Küche – **Brewbaker's** 1 : 546 King St., Tel. 506-459-0067, www.brewbakers.ca, Mo 11.30–21, Di–Do 11.30–22, Fr 11.30–23,

Sa 17–23, So 17–21 Uhr. Leckere Pasta und Pizza aus dem Steinofen, Weinbar, Dachterrasse. Lunch 12–15 $, Dinner 23–34 $.

Einkaufen

Originell – **Botinicals Gift Shop 1**: 610 Queen St., Tel. 506-454-6101, 1-877-450-6101, Mo–Fr 10–18, Sa 10–16 Uhr. Sehr originelles Kunsthandwerk aus New Brunswick.

Abends & Nachts

Stimmungsvoll – **Dolan's Pub 1**: 349 King St., Tel. 506-454-7474, www.dolanspub.ca, Di, Mi 11.30–1, Mi–Sa 11.30–2 Uhr. Beliebtes Lokal mit gutem Live-Entertainment: Das Spektrum reicht von Folk über Blues bis Jazz.

Aktiv

Kanutouren, Windsurfen – **Small Craft Aquatic Centre 1**: 83 Brunswick St., Tel. 506-460-2260, www.secondnatureoutdoors.com, Juni–Sept. Kanu, Kajak und Windsurfing, Verleih und Touren.

Bootstour – **The Wolastoq Boat Tours 2**: 11 Carleton St., Regent Street Wharf, Tel. 506-471-8680, 506-472-9956, www.wolastoqboattours.com. Rundfahrten auf dem Saint John River, im Sommer tgl. 4 Abfahrten, Erw. 25 $, Schüler und Senioren 19 $.

Radverleih – **Savage's 3**: 441 King St., Tel. 506-457-7452, www.sbcoutlet.com, Mo–Fr 9–18, Sa 10–17, So 12–16 Uhr. Fahrräder für Kinder und Erwachsene; Mountainbike 50 $/Tag.

Kanuverleih – **Hartt Island RV Resort 4**: s. Übernachten S. 333.

Von Fredericton nach Saint John ▶ P 8/9

Karte: S. 338

Von Fredericton nach Saint John sollte man die längere, aber viel reizvollere Route 102 durch das Flusstal des Saint John River wählen. Immer wieder bieten sich dort schöne Ausblicke über den breiten mäandernden Fluss mit seinen Inseln. Segeljachten ziehen vorbei, und ab und zu sieht man ein Hausboot oder Kajakfahrer – ein ideales Wassersportrevier, auch für Anfänger geeignet. Bei Evandale sollte man sich mit der alten Kabelfähre ans andere Ufer übersetzen lassen. Die Fähre ist 24 Stunden in Betrieb und die Überfahrt dauert nur wenige Minuten. Ein kostenloses Vergnügen, das nur noch selten in Nordamerika zu finden ist.

Im hübschen Ort **Gagetown 7**, 55 km südöstlich von Fredericton, gibt es das **Queens County Court House,** ein Gerichtsgebäude von 1836, in dem heute ein Museum untergebracht ist, zu besichtigen (69 Front St., Tel. 506-488-2483, www.queenscountyheritage.com, Mitte Juni–Mitte Sept. 10–17 Uhr, 3 $). Der Ort ist auch für seine Kunsthandwerksläden und Künstlerstudios bekannt. Und schließlich ist die Region um Gagetown für Ornithologen von besonderem Interesse: Sie können hier in den Marschen, Wäldern und an den Flussufern rund 150 Vogelarten beobachten. Zum Gagetown Island gelant man mit dem Kanu.

Saint John ▶ P 9

Cityplan: rechts; **Karte:** S. 338

Saint John 8 (75 000 Einw., im Großraum 130 000) an der Mündung des gleichnamigen Flusses in die Bay of Fundy ist eine Hafenstadt mit ausgedehnten Industrieanlagen, Trockendocks und Ölterminals. In den letzten Jahren wurde viel modernisiert, man baute ein neues Convention and Trade Centre und verband Business District und Waterfront mit einem Skywalk. Trotz umfangreicher Modernisierungen konnte die Stadt sich ihr historisches Flair bewahren. Die heruntergekommenen Lagerhäuser an der Waterfront hat man zu wahren Schmuckstücken restauriert. Hier sind Cafés, Geschäfte und Restaurants untergebracht.

Stehen geblieben sind auch die meisten der zahlreichen imposanten Backsteingebäude aus dem 19. Jh. Vom King's Square blickt man die vielleicht kürzeste und steilste Hauptstraße einer kanadischen Stadt hinunter – bis zu der kleinen Bucht, in der im Mai 1783 sieben Schiffe mit den Flüchtlingen der amerikanischen Revolution an Bord vor Anker gingen. Über 3000 dem englischen König

Saint John

Sehenswert
1. Barbour's General Store
2. Market Square
3. Imperial Theatre
4. Old City Market
5. Loyalist House
6. Loyalist Burial Ground
7. Trinity Anglican Church
8. Carleton Martello Tower
9. Fort Howe
10. Reversing Falls Rapids

Übernachten
1. Hilton Saint John
2. Homeport Historic Inn
3. Rockwood Park Campground

Essen & Trinken
1. Grannan's Seafood Restaurant
2. East Coast Bistro

Einkaufen
1. Brunswick Square
2. Handworks Gallery

Abends & Nachts
1. Saint John Ale House

---

treu ergebene Loyalisten kamen damals an und machten aus der kleinen englischen Pioniersiedlung, die wenig mehr war als ein Fort aus Baumstämmen in der Wildnis, eine blühende Stadt. Schon zwei Jahre später wurde Saint John als Kanadas erste Stadt eingetragen – mit allen Stadtrechten. Im 19. Jh. kamen überwiegend schottische und irische Einwanderer nach Saint John.

Die britische Tradition wird in Saint John hochgehalten. Jedes Jahr im Juli wird während der Loyalist Days die Landung der Königstreuen inszeniert. Dann weht der Union Jack, man kleidet sich in Kostüme des 18. Jh. und veranstaltet farbenprächtige Paraden.

Auch sonst erinnert vieles an die Vergangenheit, besonders auf dem **Loyalist Trail,** der über eine Länge von 5 km durch das Herz der Stadt führt und die historisch interessantesten Gebäude verbindet. Fast alle können besichtigt werden.

Ausgangspunkt für einen Stadtbummel ist die **King Street** mit backsteingepflasterten Bürgersteigen und alten Straßenlaternen. Sie führt von der Waterfront zum King's Square in der Stadtmitte.

Barbour's General Store 1
10 Market Square, Tel. 506-324-4644, 506-658-2990, Juni–Okt. Do–Sa 10–18, So 12–18 Uhr, Eintritt frei, Spende erbeten, mit Coffee Shop, Gift Shop und Schaltern von Tourveranstaltern

Am Market Slip, wo die Loyalisten landeten, findet man im **Barbour's General Store** das typische Warenangebot eines Gemischtwarenladens des Jahres 1860. Im hinteren Teil wurden ein Barber Shop aus dem 19. Jh. sowie ein Dentist Office und eine alte Apotheke nachgebildet. Nach einem Brand im Januar 2022 ist das Gebäude bis auf Weiteres geschlossen.

Daneben steht das **Little Red Schoolhouse,** ein altes Schulgebäude, das wie der General Store aus dem ländlichen New Brunswick hierher transferiert wurde.

Market Square 2
1 Market Sq, NB Museum, Tel. 506-643-2300, www.nbm-mnb.ca, Mo–Mi und Fr 9–17, Do 9–21, Sa 10–17, So 12–17 Uhr, Erw. 10 $, Kinder 6 $, zzt. wegen Renovierung geschlossen

Auf der anderen Seite der King Street befinden sich die restaurierten Lagerhallen des **Market Square** mit attraktiven Geschäften, Straßencafés und Restaurants. In dem Komplex neben der Public Library ist auch das **New Brunswick Museum** untergebracht, das zuvor im ältesten Museumsgebäude Kanadas an der Douglas Avenue residierte. Neben Kunstausstellungen, naturkundlichen Exponaten und Displays zeigt man auch Artefakte aus der maritimen Geschichte von Stadt und Provinz – man erfährt viel über die Zeiten, als die ›Schiffe aus Holz waren und die Männer aus Eisen‹.

Imperial Theatre 3
12 King's Sq., Tel. 506-674-4100, www.imperialtheatre.ca, Juli/Aug. Mo–Fr 10–17 Uhr

Sehenswert ist auch das **Imperial Theatre** am King's Square. In dem schön restaurierten Vaudeville-Theater von 1913 finden Theater-, Ballett-, Opernaufführungen und Konzerte statt. Tagsüber werden im Sommer geführte Touren geboten.

Old City Market 4
47 Charlotte St., Tel. 506-658-2820, www.sjcitymarket.ca, Mo–Fr 7.30–18, Sa 7.30–17 Uhr

Im großen Backsteingebäude des **Old City Market** von 1876 erinnert die Dachkonstruktion an die gewölbten Spanten eines Schiffsrumpfs. Hier herrscht lebhaftes Treiben wie anno dazumal. Einige Stände werden seit Generationen von derselben Familie betrieben. Neben den üblichen Delikatessen, Meeresfrüchten, Obst und Gemüse werden auch kunsthandwerkliche Erzeugnisse und Spezialitäten wie *dulse,* ein getrockneter rötlicher Seetang von recht zäher Konsistenz, angeboten.

Loyalist House 5
120 Union St./Germain St., Tel. 506-652-3590, www.loyalisthouse.com, Mitte Mai–Juni Mo–Fr 10–17, Juli–Mitte Sept. 10–17 Uhr, sonst nach Absprache, 5 $

Das **Loyalist House,** ein schön restauriertes, 1810–17 erbautes Bürgerhaus an der Union Street, ist als ältestes Gebäude der Stadt heute eine National Historic Site. Es befand sich über fünf Generationen in Familienbesitz und wurde vom großen Brand von 1877 verschont. Führer der New Brunswick Historical Society erklären die Einrichtung.

Loyalist Burial Ground 6
Sidney/Ecke King Sts., frei zugänglich

An die gepflegten Anlagen des King's Square schließt sich der **Loyalist Burial Ground** an. Die Grabsteine des alten Pionierfriedhofs gehen bis auf das Jahr 1784 zurück. Gleich daneben steht das Old Court House mit seinem bemerkenswerten Treppenhaus.

Trinity Anglican Church 7
115 Charlotte St., Tel. 506-693-8558, www.trinitysj.com, Mo–Fr 8.30–12.30 Uhr

Südwestlich vom King's Square liegt die Trinity Royal Preservation Area mit schönen viktorianischen Häusern und der **Trinity Anglican Church.** Sie fiel dem Brand von 1877 zum Opfer, wurde aber wieder aufgebaut. Im Altar-

Saint John

Ob beim Shoppen, Kaffeetrinken oder einfach nur Schauen – im Old City Market kann man sich nicht nur an regnerischen Tagen gut die Zeit vertreiben

raum ist ein königliches Wappen des Hauses Hannover zu sehen, das Loyalisten aus dem Bostoner Rathaussaal gerettet hatten.

Carleton Martello Tower und Fort Howe

Außerhalb der Innenstadt lohnen zwei Verteidigungsanlagen einen Besuch, vor allem wegen des Panoramablicks auf Stadt und Hafen. Der **Carleton Martello Tower** 8 auf der anderen Seite des Flusses sollte die Stadt im Krieg von 1812 vor amerikanischen Angriffen schützen. Zu besichtigen sind das Pulvermagazin und die Unterkünfte. In Kostüme des 19. Jh. gekleidetes Personal des historischen Nationalparks erklärt die Anlagen (Fundy Drive/ Whipple Street, Tel. 506-636-4011, www.pc.gc.ca/eng/lhn-nhs/nb/carleton/index.aspx, Turm wegen Renovierungsarbeiten bis auf Weiteres geschl.). **Fort Howe** 9 **,** ein Blockhaus an der Magazine Street, wurde 1778 zur Verteidigung der Stadt gegen amerikanische Freibeuter er-

richtet. Bei dem heutigen Bau handelt es sich um eine Rekonstruktion, von dem felsigen Kap, auf dem er steht, bietet sich jedoch ein schöner Panoramablick.

Reversing Falls Rapids 10

200 Bridge Rd., Tel. 506-642-4400, www.disco versaintjohn.com/places/reversing-rapids, Mitte Mai–Mitte Okt. 8–20 Uhr

Die **Reversing Falls Rapids** an der Mündung des Saint John River demonstrieren zweimal täglich auf eindrucksvolle Weise, wie die Fundy-Flut den mächtigen Fluss ›rückwärts‹ über die Stromschnellen drängt. Für eine kurze Zeit zwischen Ebbe und Flut ist das Wasser dann ruhig, die einzige Gelegenheit zur Passage für Boote vom Fluss in den Hafen und umgekehrt. Im **Reversing Falls Visitor Centre** erfährt man mehr über das Naturphänomen, von hier oder von der Aussichtsplattform (Skywalk) hat man den besten Blick.

New Brunswick

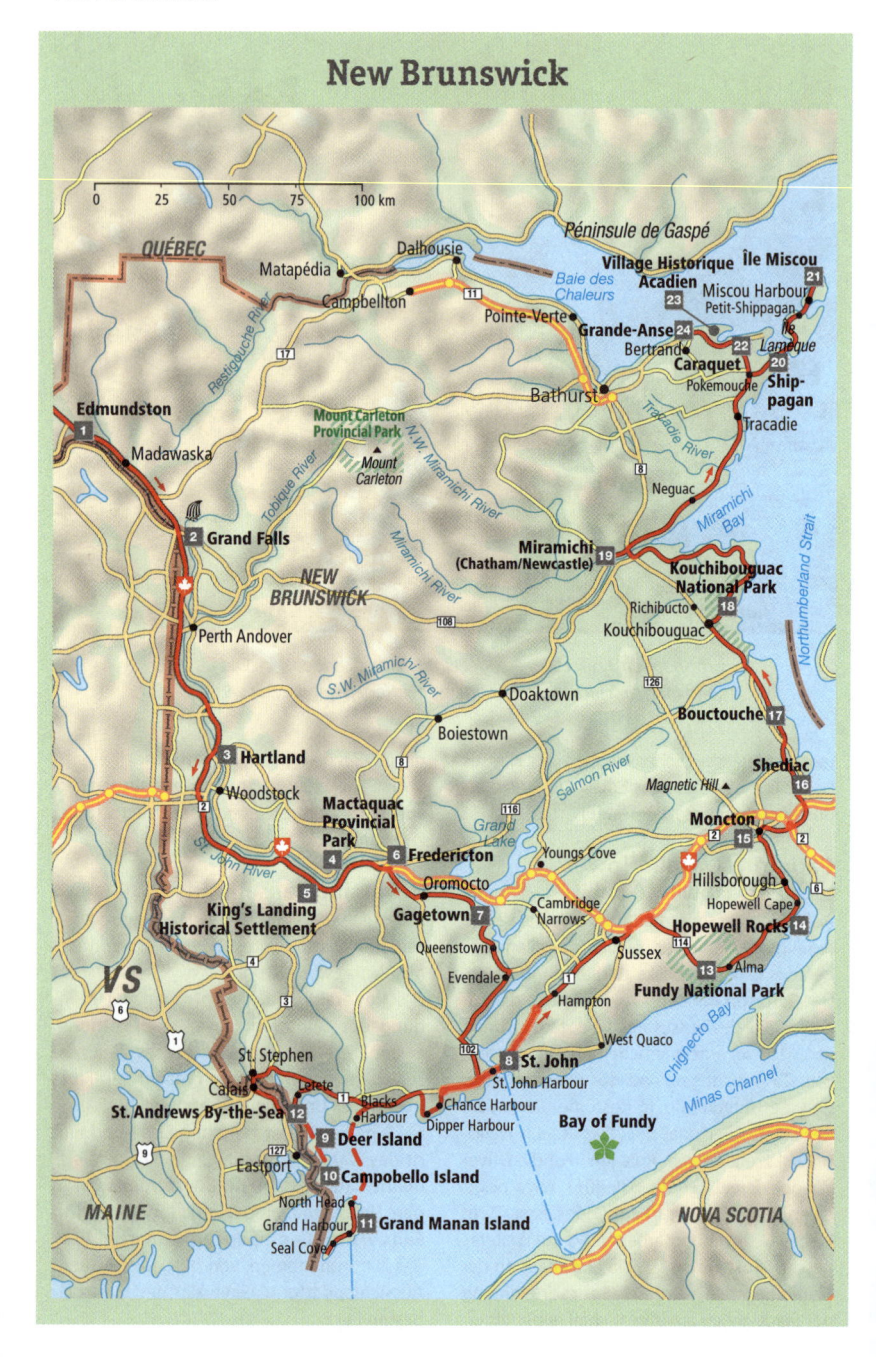

Infos

St. John Shoppes of City Hall Visitor Information Centre: City Hall, 15 Market Square, Tel. 506-658-2855, 1-866-463-8639, www.discoversaintjohn.com.

Saint John Throughway Visitor Information Centre: 1509, Route 1 West, Tel. 506-658-2940, 1-866-463-8639, www.discoversaintjohn.com. Mai–Okt. tgl. 9–18 Uhr.

Übernachten

Viereinhalb Sterne am Hafen – **Hilton Saint John 1 :** 1 Market Sq., Tel. 506-693-8484, 1-800-445-8667, www.3hilton.com. Bewährtes Kettenhotel mit Blick über Hafen und Stadt; Indoorpool, Entertainment in der »Brigantine Bar«, Restaurant »Turn of the Tide Dining Room«, sonntags empfehlenswertes Buffet. Dinner ab 20 $, DZ 140–240 $.

Stilvoll-elegant – **Homeport Historic Inn 2 :** 80 Douglas Ave., Tel. 506-672-7255, 1-888-678-7678, www.homeportinn.ca. Schön gelegenes Bed & Breakfast in der Nähe der Downtown und der Reversing Falls mit Blick über Hafen und Stadt, Zimmer in zwei historischen Villen von 1858, stilvoll eingerichtet, hervorragender Service. DZ ab 134 $.

Camping – **Rockwood Park Campground 3 :** 10 Lake Drive S., Tel. 506-658-4455, www.rockwoodpark.ca. Mehr als 200 Stellplätze, meistens mit allen Anschlüssen, wenige Minuten von der Downtown, Park und See bieten Gelegenheit zum Wandern, Golfen, Schwimmen und Bootfahren.

Essen & Trinken

Delikates aus dem Meer – **Grannan's Seafood Restaurant 1 :** 1 Market Sq., Tel. 506-634-1555, www.grannangroup.com. Beliebtes Fischrestaurant mit Terrasse, Lunch und Dinner, besonders lecker sind die Seafood Chowder. Dinner 27–47 $.

Franko-kanadische Bistroküche – **East Coast Bistro 2 :** 60 Prince William St., Tel. 506-696-3278, www.eastcoastbistro.com. Kleine, täglich wechselnde Speisekarte mit saisonalen Produkten, feine Fisch- und Fleischgerichte, Desserts, alles hausgemacht. Reservierung empfohlen. Hauptgerichte 23–30 $.

Einkaufen

Shopping Mall – **Brunswick Square 1 :** King/Germain Sts., Tel. 506-658-1000, www.brunswicksquare.ca, Mo–Sa 9.30–18 Uhr. Mall mit vielen Boutiquen.

Hochwertig – **Handworks Gallery 2 :** 12 King St., Tel. 506-631-7626, www.handworks.ca, Mo–Sa 10–17.30 Uhr. Schmuck, Keramik, Kunst und Kunsthandwerk aus der Provinz.

Abends & Nachts

27 Biersorten und mehr – **Saint John Ale House 1 :** 1 Market Sq., Tel. 506-657-2337, www.saintjohnalehouse.com, So–Do 11.30–22, Fr, Sa 11.30–2 Uhr. Sehr gute Küche, Cocktails und Wein, mehrmals im Monat Live-Entertainment.

Die Bühne der Stadt – **Imperial Theatre 3 :** King's Square, Tel. 506-674-4100, www.imperialtheatre.nb.ca. Theater, Ballett, Oper und Konzerte. Kartenverkauf an der Theaterkasse (Mo–Fr 10–17 Uhr).

Verkehr

Fähre: Bay Ferries, 170 Digby Ferry Rd., Tel. 506-649-7777, 1-877-762-7245, www.nfl-bay.com. Fähre zwischen Saint John und Digby in Nova Scotia, Überfahrt 2,5 Std., im Sommer mehrmals in der Woche 2 x tgl. Hin- und Rückfahrt Erw. mit Auto 89 $, Kinder bis 13 Jahren 66 $, Fußgänger 22 $.

New Brunswicks Süden

Karte: s. S. 338

Inseln in der Bay of Fundy: Deer Island und Campobello Island

Von Saint John in westlicher Richtung führt der Highway 1 die Fundy-Küste entlang bis nach St. Stephen an der Grenze zum US-Bundesstaat Maine. Dabei lohnen sich immer wieder kurze Abstecher zu kleinen Fischerdörfern wie **Chance Harbour, Dipper Harbour** und **Blacks Harbour.**

Hier am Südzipfel New Brunswicks liegt vor der Passamaquoddy Bay ein idyllisches Inselrevier. Die größeren Inseln sind Deer

New Brunswick

Island, Campobello und Grand Manan. Um Campobello und Deer Island stritten sich die USA und England noch Jahrzehnte nach der amerikanischen Revolution, bis in den 1840er-Jahren beide New Brunswick zugesprochen wurden. Autofähren verbinden die Fundy-Inseln mit dem Festland. Die 20-minütige Überfahrt von Letete nach **Deer Island** 9 ist kostenlos. Die kleine Insel ist wild, ursprünglich und bislang wenig besucht. Sie bietet einen 14 ha großen Naturpark mit weiten Stränden.

Von Deer Island aus besteht eine kostenpflichtige Fährverbindung nach **Campobello Island** 10, wo neben anderen wohlhabenden Amerikanern auch der frühere Präsident Roosevelt eine Sommerresidenz unterhielt. Das von beiden Staaten gemeinsam verwaltete Anwesen im Roosevelt International Park lohnt eine Besichtigung (Hwy 774, Welshpool, Tel. 506-752-2922, www.fdr.net, Ende Mai–Mitte Okt. 8–20 Uhr, frei).

Im **Herring Cove Provincial Park** an der Ostküste von Campobello gibt es neben einem 9-Loch-Golfplatz auch Wanderwege, einen Strand und Campingmöglichkeiten. Campobello ist von Maine aus auch über eine Brücke zu erreichen.

Infos

Internet: www.deerisland.nb.ca. Offizielle Tourismus-Website von Deer Island mit Hinweisen zu Unterkünften, Restaurants, Fährverbindungen usw.

Übernachten

… auf Deer Island:

Cottages mit Meerblick – **Richardson Lookout Cottages:** 78 Richardson Rd., Richardson, Tel. 506-754-1368, https://richardsonlookout.wixsite.com. 3 gemütlich eingerichtete Cottages mit 1 bzw. 2 Schlafräumen und Sonnendeck bzw. Loggia, ganzjährig, 125 $ für 2 Pers.

Aktiv

… auf Deer Island:

Seekajaktouren – **Seascape Kayak Tours:** 40 NW Harbour Branch Rd., Richardson, Tel. 506-747-1884, 1-866-747-1884, www.seascapekayaktours.com. Geführte Halb- und Ganztagestouren mit dem Seekajak in den geschützten Gewässern um Deer Island und St. Andrews, auch für Anfänger geeignet; dabei können häufig auch Wale, Delfine und Weißkopfseeadler beobachtet werden, Lunch am Beach ist inbegriffen. Mai–Okt., Tagestour (6–7 Std.) 165 $, Halbtagestour (3–4 Std.) 85 $, Sunset paddle (2 Std.) 65 $.

… auf Campobello Island:

Wale sehen und mehr – **Capt. Riddle's Sea-Going Adventures:** 727 Friars Bay Beach, Welshpool, Tel. 506-752-9897, 1-877-346-2225, capnriddle@yahoo.com. Walbeobachtungstouren in der Bay of Fundy, außer den Giganten der Meere gibt es Delfine, Seehunde, Seevögel, Leuchttürme, und oft auch Fischer bei der Arbeit an ihren Stellnetzen zu sehen. Juni–Okt. Erw. und Kinder 40 $.

Verkehr

Fähre: East Coast Ferries, Lord's Cove, Tel. 506-747-21-59, www.eastcoastferries.ltd.com. Fähre zwischen Lord's Cove auf Deer Island und Campobello Island sowie von Lord's Cove nach Eastport in Maine, USA. Auto mit Fahrer 16 $, weitere Person 5 $.

Grand Manan Island ▶ P 9/10

Grand Manan Island 11 ist die größte der Inseln weit draußen in der Bay of Fundy. Weniger als 2400 Einwohner leben hier; ihre Haupterwerbsquelle ist auch heute noch Fang und Verarbeitung von Fisch, Hummer und anderen Meeresfrüchten. Eine weitere Einnahmequelle ist *dulse,* ein rötlich-purpurnes essbares Seegras, das bei Ebbe an den Küsten geerntet wird.

Die abgeschiedene Insel, zwei Stunden vom Festland entfernt, ist ein Paradies für Maler, Fotografen, Naturliebhaber und Individualisten. Steile Klippen ragen auf der Westseite aus dem Meer, entlang der Ostküste führt eine Straße durch malerische Fischerdörfer, wo sich auf den Molen die Netze und Hummerfallen stapeln. Dazwischen gibt es einsame Buchten, in denen Fischerboote zu den *weirs* (an langen Stangen kreisförmig angelegte Netze) hinaustuckern. Immer wie-

New Brunswicks Süden

Die am Hafen aufgestapelten Reusen verraten es: Hauptfang auf der Fischerinsel Deer Island ist der Hummer

der laden langgestreckte Strände zum Wandern im Wattenmeer ein, Bootstouren und Exkursionen ermöglichen das Beobachten von Walen, Seehunden und Seevogelkolonien. Die Region um die Fundy-Inseln ist ein Tummelplatz für ein halbes Dutzend verschiedener Walarten. Wanderer können die Insel auf einsamen Trails durchstreifen, und für Sporttaucher gibt es mehrere Wracks zu entdecken.

Da Grand Manan recht flach ist und auf den Seitenstraßen der Route 776 auch nicht viel Autoverkehr herrscht, eignet sich die Insel hervorragend für Ausflüge mit dem Rad, das man bei **Adventure High** in North Head mieten kann (s. Aktiv s. S. 342).

Infos

Visitor Information Centre: North Head, Route 776, Tel. 506-662-3442, 1-888-525-1655, www.grandmanannb.com.

Übernachten

Hafenatmosphäre – **Compass Rose Heritage Inn:** 65 Route 776, Tel. 506-662-3563, www.adventurehigh.com. Fünf Zimmer in einem gepflegten Haus in der Nähe des Fähranlegers. Hier findet sich auch das beste Restaurant im ganzen Ort. DZ 109–165 $ inkl. Frühstück.

Schöne Kapitänsvilla – **Marathon Inn:** North Head, 19 Marathon Lane, Tel. 506-662-8488, 1-888-660-8488, www.hotelmarathon.com. Historische Kapitänsvilla mit Ausblick über den Hafen, Pool, Restaurant, Fischspezialitäten (nur Frühstück und Dinner). Den Gästen des Hauses stehen auch eine Küche und ein Grillplatz zur Verfügung. DZ 80–112 $.

Camping – **The Anchorage Provincial Park Campground:** Seal Cove, Tel. 506-662-7022, https://www.parcsnbparks.info/en/parks/the-anchorage-provincial-park-2020167,

New Brunswick

Mai–Okt. Campground in schönem Provinzpark mit Panoramablick auf die Bucht.

Aktiv

Bootsexkursionen – **Sea Watch Tours:** 2476 Route 776, Grand Manan, Tel. 506-662-8552, 1-877-662-8552, www.seawatchtours.com. Halbtägige Exkursionen zum Beobachten von Walen und Seevögeln. 85 $.

Fahrrad- und Kajakverleih – **Adventure High:** 83 Route 776, North Head, Tel. 506-662-3563, 1-800-732-5492, www.adventure high.com. Halber Tag 18 $, ganzer Tag 25 $. Wer sich lieber auf dem Wasser fortbewegt, kann hier auch eine Exkursion mit dem Kajak buchen (60–110 $).

Verkehr

Fähre: Zwischen Blacks Harbour auf dem Festland und North Head auf Grand Manan verkehren Autofähren von **Coastal Transport,** Tel. 506-662-3724, www.coastaltrans port.ca. Fahrtdauer 90 Min., Erw. 12 $, Kinder 6 $, Auto 36 $.

St. Andrews By-the-Sea ▶ P 9

St. Andrews By-the-Sea 12 an der Passamaquoddy Bay ist mit seinen rund 2000 Einwohnern zwar nur ein kleiner, aber einer der schönsten Ferienorte an der Atlantikküste. Im Mittelpunkt steht der imposante weißrote Bau des **Algonquin Hotel,** ein traditionsreiches Resort mit gepflegten Anlagen aus der Zeit der großen Eisenbahnhotels. St. Andrews war schon im 19. Jh. ein Ferienort für gut Betuchte, auch der Eisenbahnbaron Van Horne hat sich hier sein schlossähnliches Anwesen errichtet. Dennoch hat sich St. Andrews seinen Charakter als Fischerort bewahrt.

Sehenswert sind die zahlreichen historischen Häuser. Über die Hälfte der schön gepflegten Gebäude in der Stadt stammt aus dem 19. Jh. Nach der amerikanischen Revolution flüchteten viele Loyalisten aus den Siedlungen in Maine hierher. Da der Weg über die Bay of Fundy nur kurz war, brachten sie ihre Holzhäuser Stück für Stück auf ihren Schiffen gleich mit. Viele dieser Häuser stehen noch immer in St. Andrews. Flaniermeile der Stadt ist die **Water Street** mit prächtigen Gebäuden, Cafés, Restaurants sowie zahlreichen Geschäften und Studios für Kunsthandwerk.

Im Visitor Centre ist ein Plan für einen Rundgang durch den Ort erhältlich. Besonders interessant sind das **Charlotte County Court House,** eines der ältesten noch in Gebrauch befindlichen Gerichtsgebäude Kanadas, sowie das **Old Gaol,** das ehemalige Stadtgefängnis gleich nebenan (123 Frederick St., Tel. 506-529-4248, www.ccarchi ves.ca, Juli–Sept. Mi–So 10–17, April–Juni, Okt. Mo–Fr 10–16 Uhr, Eintritt frei). Sehenswert sind auch die **Greenock Church** und das **Sheriff Andrews House** von 1820, wo Studenten in historischen Kostümen durch die Räume führen (63 King St., Tel. 506-529-5080, Juni–Aug. tgl. 10–18 Uhr, Eintritt frei).

Das **Ross Memorial Museum** zeigt Kunst und Antiquitäten (188 Montague St., Tel. 506-529-5124, www.rossmemorialmuseum. ca, Juni–Anfang Sept. Mi–So 9.30–16.30 Uhr, Spende), und im Aquarium des **Huntsman Marine Science Centre** gibt es interessante Displays zur Meeresbiologie zu sehen. Das Becken mit Meeresgetier zum Anfassen ist besonders bei Kindern beliebt. Das alte Gebäude des Aquariums wurde 2011 abgerissen und durch einen großzügigeren Neubau ersetzt, der sich **Huntsman Fundy Discovery Aquarium** nennt (1 Lower Campus Rd., www.huntsmanmarine.ca, Tel. 506-529-1200, Mitte Mai–Mitte Okt. tgl. 10–17 Uhr, Erw. 14,95, Kinder 4–7 Jahre 9,95 $).

Im hübsch gelegenen **Wild Salmon Nature Centre** am Chamcook Creek, ca. 6 km außerhalb an der Route 127, kann man den Lachsen in ihrem natürlichen Lebensraum beim Laichen zuschauen und sich u. a. über ihr Wanderverhalten informieren (Chamcook Lake Rd., Route 127, Tel. 506-529-1384, www. asf.ca/about-atlantic-salmon/wsnc, die Wiedereröffnung ist für 2023 geplant).

Ein beliebtes Ausflugsziel ist der **Kingsbrae Garden** oberhalb des Ortes, einst Teil des alten Kingsbrae Arms Estate, bis die Anlage 1998 in einen 11 ha großen öffentlichen Park mit über 2000 Arten und einem akadischen Küstenwald integriert wurde. Im Gartencafé kann man beim Lunch den schönen Blick auf die Bucht genießen (220 King St., Tel. 506-529-3335, 1-866-566-8687, www.kingsbraegarden.com, Mitte Mai–Okt. 9–18 Uhr, Erw. 17 $, Kinder 13 $).

Infos

St. Andrews Welcome Centre: 24 Reed Ave., Tel. 506-529-3556, www.tourismnewbrunswick.ca, Mitte Juni–Anfang Sept. Mo–Sa 9–18, So 10–16 Uhr.
St. Andrews Chamber of Commerce: 24 Reed Ave., P. O. Box 89, Tel. 506-529-3555, www.standrewsbythesea.ca.

Übernachten, Essen

Grandhotel der Eisenbahnära – **Algonquin Resort St. Andrews By-the-Sea:** 184 Adolphus St., Tel. 506-529-8823, 1-855-529-8693, www.algonquinresort.com, Mai–Sept. Etwas erhöht über der Ortschaft gelegenes Ferienhotel der Canadian-Pacific-Eisenbahngesellschaft, Golf, Tennis, Park um den schlossartigen Bau, Restaurants. Von der Marriott-Gruppe übernommen und nach umfassender Renovierung wieder eröffnet. DZ ab 190 $ (HS).
Im alten Stadtkern – **Treadwell Inn:** 129 Water St., Tel. 506-529-1011, 1-888-529-1011, www.treadwellinn.com. B-&-B-Inn von 1820 mit Hafenblick, stilvoll eingerichtet, einige Zimmer haben Hot Tubs und Kitchenette, in der Bar gibt es Lunch und Dinner. Dinner ab 15 $, DZ NS ab 160 $, HS ab 180 $, mindestens 2 Nächte.
Gediegener Charme – **Tara Manor Inn:** 559 Mowat Drive, Tel. 506-529-3304, 1-800-691-8272, www.taramanor.ca. Landhaus in ruhiger, gepflegter Parkanlage etwas außerhalb des Ortes, von den Zimmern im obersten Stockwerk genießt man einen schönen Blick, Pool, Restaurant. DZ ab 135 $, Cottage 250 $.

Essen & Trinken

Ambitionierte, junge Küche – **Savour in the Garden Restaurant:** 220 King St., Tel. 506-529-4055, www.kingsbraegarden.com/dining. In diesem Restaurant im Kingsbrae Garden werden exzellente kreative Gerichte serviert.
3-Gänge-Menü 35–45 $. Frühzeitige Reservierung empfohlen!
Deutsche Gastlichkeit – **Europa Inn & Restaurant:** 48 King St., Tel. 506-529-3818, www.europainn.com. Von einem deutschen Ehepaar geführtes Restaurant mit internationaler Küche; selbst gemachte Eisspezialitäten. DZ 110–150 $. Dinner ab 14 $.

Aktiv

Walexkursionen im Zodiac – **Fundy Tide Runners:** 16 King St. (Wharf), Tel. 506-529-4481, www.fundytiderunners.com, Juni–Sept. 8 x tgl. 2-stündige Touren zwischen 10 und 19 Uhr, Mai und Okt. 1 x tgl. Touren mit dem Zodiac-Boot, Beobachtung von Walen, Delfinen und Seehunden. Erw. 88 $, Kinder bis 12 Jahre 72 $.
Walexkursionen im Segelkutter – **Jolly Breeze Tall Ship Whale Adventures:** 4 King St. (Wharf), Tel. 506-529-8116, 1-866-529-8116, www.jollybreeze.com. Juli/Aug. 9, 12.45 und 16.30 Uhr, Sept.–Mitte Okt., 1 bzw. 2 x tgl. 3,5-stündige Walbeobachtungstouren in der Bay of Fundy auf einem traditionellem Segelkutter; Frühstück bzw. Lunch inbegriffen, an Bord Bar und Snackverkauf. Erw. 79 $, Kinder bis 14 Jahre 55 $.

❋ Bay of Fundy

▶ P/Q 9

Karte: S. 338

16 m und mehr beträgt an manchen Orten an der Bay of Fundy der Unterschied zwischen Ebbe und Flut – der höchste Tidenhub der Welt. Schuld daran ist die sich zur Spitze hin abflachende, trichterförmige Beschaffenheit der Bucht. Hier stauen sich die Wassermassen, die zweimal am Tag vom Atlantik in die Bay drücken. Sie entsprechen in etwa der Wassermenge, die sich täglich aus sämtlichen Flüssen der Welt in die Ozeane ergießt. An den haushohen, muschelverkrusteten Bootsanlegern werden die Schiffe während der Gezeiten wie von einem Fahrstuhl herauf- und heruntergetragen. Pech für den

New Brunswick

Seemann, der beim Vertäuen seines Bootes diese Naturgewalten nicht bedacht hat.

Fundy National Park ▶ Q 8

130 km nordöstlich von Saint John, über die Highways 1 und 114 zu erreichen, liegt der 206 km² große **Fundy National Park** 13. Mit ausgedehnten Wäldern und Sümpfen, Biberteichen, Flusstälern und Wasserfällen sowie der zerklüfteten Küste gehört er zu den landschaftlich reizvollsten Gebieten der Provinz. Dank guter Unterkünfte sowie schöner Wander-, Kanu- und Kajakrouten eignet er sich auch für einen längeren Aufenthalt. Zum Schwimmen ist die Bay of Fundy meistens zu kalt, da bietet der Saltwater Pool, ein beheiztes Meerwasserschwimmbecken unterhalb des Park-Info-Centre, eine gute Alternative (Sommer 11–18.30 Uhr, 3 $).

Das Informationszentrum des Parks befindet sich in **Alma,** hier gibt es auch mehrere Übernachtungsmöglichkeiten. Der Fundy National Park ist neuerdings auch Dark Sky Preserve (DSP). Die Lichtverschmutzung *(light pollution)* ist hier so gering (und soll noch weiter reduziert werden), dass man den nächtlichen Sternenhimmel besonders gut erforschen kann.

Infos
... in Alma:
Fundy National Park: Tel. 506-887-6000, www.pc.gc.ca. Info-Centre am Eingang des Nationalparks.

Übernachten
... in Alma:
Direkt am Strand – **Alpine Motor Inn:** 8591 Main St., Tel. 506-887-2052, 1-866-887-2052, www.alpinemotorinn.ca. Beliebtes Haus, der Strand liegt vor der Tür, 500 m zum Eingang des Nationalparks. Hauptsaison DZ 125–160 $.
Komfortabel – **Parkland Village Inn:** 8601 Main St., Tel. 506-887-2313, 1-866-668-4337, www.parklandvillageinn.com. Schön eingerichtete Zimmer und Suiten in einem Motel direkt am Wasser, einige mit Blick auf die Fundy Bay. DZ ab 135 $.

... im Fundy National Park:
Nette Ferienhäuser – **Vista Ridge Cottages:** 41 Foster Rd., Unit 4, Tel. 506-887-2808, 1-877-887-2808, www.fundyparkchalets.com. Ganzjährig vermietet werden 29 hübsch am Wald gelegene, schlichte Cabins mit Küche und Bad, im Sommer auch Wohnmobile mit Elektroanschluss. In der Nähe liegen das Info-Centre des Fundy National Park und ein Golfplatz. Cabins 150 $, RV 125 $.
Camping – **Fundy N. P. Campgrounds:** Reservierung Tel. 506-887-6000, 1-877-737-3783, www.pccamping.ca. Campen ist im Nationalpark auf vier Plätzen möglich; Reservierungen kosten 11 $ extra, sind aber nur an Wochenenden im Juli und Aug. nötig.

Essen & Trinken
... in Alma:
Leckeres aus dem Meer – **Tides:** Restaurant im Parkland Village Inn (Adresse s. Übernachten, links). Spezialitäten: Atlantiklachs, Hummer und Kammmuscheln, Lunch und Dinner, schöner Blick aufs Meer und den Fishermen's Wharf. ab 15 $.
Hier essen die Einheimischen – **Harbourview Market and Restaurant:** 8598 Main St., Tel. 506-887-2450. Fischrestaurant, Coffee Shop und Ladengeschäft, Breakfast, Lunch und Dinner, ab 8 $.

Aktiv
... im Fundy National Park:
Outdooraktivitäten – Geführte Touren, Wattwanderungen, 80 km Hiking Trails, Golf, Kanufahren; Anmeldung und Informationen beim Info-Centre des Nationalparks in Alma.
Seekajaktouren – Ein ganz besonderes Abenteuer wartet an der Fundy-Küste mit ihren steil aufragenden Klippen und bizarren Sandsteinformationen. Hier lassen sich versteckte, von den mächtigen Gezeiten ausgewaschene Höhlen und einsame Strände mit dem Seekajak erkunden. Dies mit einem gemieteten Kajak auf eigene Faust zu unternehmen, ist nicht ratsam. Die gigantischen Gezeitenströme und ständig wechselnden Wetterbedingungen erfordern neben gründlicher Zeitplanung auch gute Kenntnisse des Reviers, um nicht abge-

Bay of Fundy

Aktiv

AUF DEM COASTAL TRAIL VON HERRING COVE BIS POINT WOLFE

Tour-Infos
Start: Herring Cove Rd., Fundy National Park
Länge: 5–7 km
Dauer: 1–4 Std.
Schwierigkeitsgrad: leicht bis mittelschwer
Infos: Fundy National Park, Alma, Tel. 506-887-6000, www.pc.gc.ca.

Der **Herring Cove Beach Trail** ist Teil des Coastal Trail, eines Küstenwanderwegs entlang der Fundy-Steilküste (leicht bis moderat, einige steile Abschnitte). Der etwa 0,5 km lange Rundweg, für den man etwa eine halbe Stunde benötigt, führt vom Endpunkt **Herring Cove Road** hinunter zu dem mit Felsbrocken übersäten Strand und einer von den Gezeitenströmen ausgewaschenen Höhle. Will man sich nicht mit dieser kurzen Wanderung begnügen und jetzt zum Ausgangspunkt zurückkehren, folgt man dem Coastal Trail in südwestlicher Richtung zum **Matthews Head** (ca. 1,8 km einfache Strecke). Für diese Wanderung sollte man sich etwa 1–1,5 Std. Zeit nehmen. Der abwechslungsreiche Trail führt durch Küstenwälder und über altes Farmland und bietet unterwegs immer wieder schöne Ausblicke auf spektakuläre Küstenformationen und die Bay of Fundy.

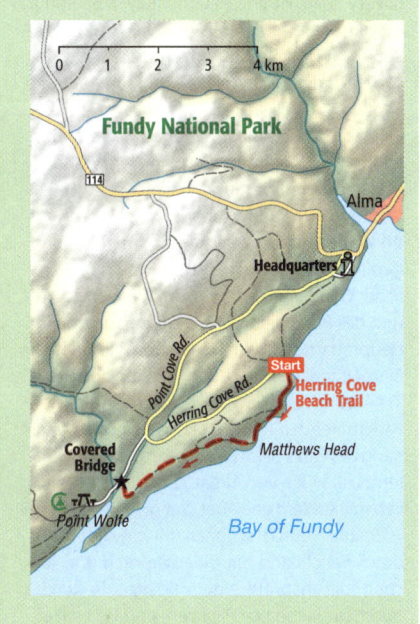

Von Matthews Head führt der Coastal Trail über weitere 5 km (ca. 2–2,5 Std) nach **Point Wolfe.** Der größte Teil dieser Strecke verläuft durch relativ ebenes bewaldetes Terrain, ab und zu den Blick auf die Bay of Fundy freigebend. Nach einer Wiese im Wald steigt der Trail wieder an und führt zu einem Aussichtspunkt mit großartigem Blick auf die Bay und den **Squaw's Cap,** ein Felsen, der wie ein gigantischer Blumentopf aus dem Wasser ragt. Danach geht es abwärts, ein kleiner Bach wird überquert und ca. 1 km, bevor der steile Abstieg zum Point Wolfe beginnt, führt der Trail durch einen uralten Bestand von mächtigen Rotfichten, ein für den akadischen Wald typischer Baum, der nur im temperierten Klima von Kanadas maritimen Provinzen sowie im US-Bundesstaat New York gedeiht.

New Brunswick

trieben oder bei Ebbe weit draußen auf dem Trockenen liegen zu bleiben. Also überlässt man die Planung am besten den Experten und genießt das Kajakabenteuer auf einer geführten Tour: **Fresh Air Adventure**, 16 Fundy View Dr., Alma, Tel. 506-887-2249, 1-800-545-0020, www.freshairadventure.com, Touren von unterschiedlicher Länge, Ende Mai–Mitte Sept. tgl., 60–175 $. Man trifft sich beim historischen, 160 Jahre alten Kayaking Centre in Alma, kurz vor der Brücke zum Nationalpark; **Baymount Outdoor Adventures**, 131 Discovery Road, Hopewell Cape (Kayak Building, Lower Site), Tel. 506-734-2660, 1-877-601-2660, www.baymountadventures.com, 1,5- bis 2-stündige Touren (ca. 4 km), Juni–Anfang Sept. tgl., 70–72 $. Die Exkursion mit dem Seekajak kann auch mit anderen geführten Aktivitäten von Baymount Outdoor, wie Wander- und Radtouren, verbunden werden.

Wandern – Im Fundy National Park gibt es rund **40 Wanderwege.** Alle sind gut markiert und gepflegt, die meisten auch für weniger sportliche Wanderer geeignet. Im Besucherzentrum des Parks beim Nordwesteingang und im Hauptquartier in Alma bekommt man detaillierte Unterlagen. Der Rundweg **Caribou Plain Trail** (4 km, ca. 1–1,5 Std.) liegt an der durch den Park führenden Route 114, vom Nordwesteingang des Parks beim Wolfe Lake etwa 9 km entfernt (ca. 11 km von Alma). Er ist auch für Familien mit Kindern geeignet, gut gekennzeichnet und führt durch schönen Mischwald sowie durch Feuchtland mit Biberdämmen und Teichen, die man auf einem Boardwalk durchquert. Die vielseitige Pflanzen- und Tierwelt erklären informative Tafeln. Mit etwas Glück sieht man auch Biber und Elche. Ein etwa 500 m langer Rundweg am Anfang des Trails ist auch für Rollstuhlfahrer geeignet.

... in Hopewell Hill:

Trailreiten – **Broadleaf Guest Ranch:** 5526 Rte. 114, Hopewell Hill (ca. 15 km südl. Hopewell Cape, vor dem Abzweig der Route 915), Tel. 506-882-2349, 1-800-226-5405, www.broadleafranch.com. Trailritte unterschiedlicher Länge (30 Min/35 $, 6 Std./180 $) durch Marschland, Wälder und am Strand entlang; auch in Kombination mit Kanufahren, Mountainbiking, Hiking (ab 50 $); Übernachtung in Hütten sowie Camping möglich.

Hopewell Rocks ▶ Q 8

Tel. 1-877-734-3429, www.thehopewellrocks. ca, Erw. 14 $, Kinder 5–18 Jahre 8 $

Ein eindrucksvolles Ergebnis der Fundy-Gezeiten sind die **Hopewell Rocks** 14 bei **Hopewell Cape.** In Jahrtausenden haben die auf- und abströmenden Wassermassen hier eine bizarre Landschaft von Höhlen und Steinskulpturen aus dem Fels gewaschen. Hauptattraktion sind die **Flowerpot Rocks,** die bei Ebbe wirklich wie riesige Blumentöpfe ausse-

Bay of Fundy

hen. Während der Flut, die hier im Durchschnitt 11 m steigt, ragen sie dann nur noch als kleine Inseln über die Wasseroberfläche.

Im **Interpretive Centre** neben dem Hauptparkplatz des Parks erklärt eine multimediale Ausstellung die Geologie der Fundy-Küste und die Auswirkung der Riesengezeiten. Angeschlossen ist auch ein Restaurant, in dem man sich vor oder nach der Wattwanderung stärken kann. Auf verschiedenen Trails erreicht man die Aussichtspunkte des Parks. Eine steile eiserne Treppe führt die Steilküste hinunter zum Strand. Bei Ebbe kann man auf dem bloß gelegten Küstenstreifen wandern, die ausgewaschenen Höhlen und die Sockel der ›Blumentöpfe‹ von Nahem betrachten und in den stehen gebliebenen Tümpeln allerlei Meeresgetier wie Seeanemonen und Muscheln finden.

Die Wanderung auf dem Meeresboden ist nur drei Stunden vor und zwei Stunden nach Niedrigwasser möglich. Den Gezeitenplan des Interpretive Centre sollte man bei einer Strandwanderung beachten und an den rechtzeitigen Aufstieg denken – die Flut steigt unglaublich schnell, und das 16 m hoch. Besonders im Juli und August herrscht oft Hochbetrieb, dann genießt man die grandiose Landschaft besser am frühen Morgen.

Spiel der Gezeiten bei den Hopewell Rocks: Bei Flut kann man um die Sandsteinfelsen herumpaddeln, die sich bei Ebbe bis zu 15 m hoch vor einem auftürmen

Der Bohlenwanderweg im Irving Eco-Centre macht mit einer seit der Eiszeit unverändert gebliebenen Dünenlandschaft vertraut

Akadier-Küste

Karte: S. 338

Moncton ▶ Q 8

Moncton 15 ist mit 80 000 Einwohnern (Großraum 150 000 Einw.) New Brunswicks zweitgrößte Stadt und mit seinem großen frankophonen Bevölkerungsanteil das quirlige Herz von L'Acadie, wie auch Restaurants, Museen, Musik, Theater und Festivals zeigen. Hier befindet sich zudem die einzige frankophone Hochschule der Provinz, die Université de Moncton, nördlich vom Zentrum. Die im Clément Cormier Building auf dem Campus untergebrachte **Galerie d'Art Louise-et-Reuben-Cohen** informiert über die 400-jährige Geschichte und Kultur der akadischen Siedler in Atlantik-Kanada (Tel. 506-858-4088, http://www.umoncton.ca/umcm-maum, Juni–Sept. Mo–Fr 10–16, Sa, So 13–16, im Winter Di–Fr 13–16, Sa, So 13–16 Uhr, Spende erbeten).

Resurgo Place heißt der 2014 eröffnete Komplex, der jetzt das Moncton Museum, das Transportation Discovery Centre sowie das Visitor Centre beherbergt. Das **Moncton Museum** konzentriert sich mehr auf die Geschichte der Stadt und zeigt parallel dazu wechselnde Kunstausstellungen. Die Fassade im Eingangsbereich ist der einzige Überrest der alten City

Akadier-Küste

Infos
Tourism Information Centre: Resurgo Place, 20 Mountain Rd., Tel. 1-800-651-0123, www.tourismnewbrunswick.ca.

Übernachten, Essen
Modern und komfortabel – **Delta Beauséjour:** 750 Main St., Tel. 506-854-4344, 1-888-890-3222, www.marriott.com/hotels/travel/yqmdr-delta-hotels-beausejour.com. Monctons großes Hotel mit komfortablen Zimmern, mehreren Cafés und Restaurants – darunter The Windjammer im Ambiente der frühen Luxusdampfer (Spezialität ist Seafood), eine Reservierung ist hier erforderlich. DZ ab 184 $.

Stilvoll auf Monctons Weingut Nr. 1 – **Magnetic Hill Winery Bed & Breakfast:** 860 Front Mountain Rd., Tel. 506-394-9463, www.magnetichillwinery.com. Geschmackvolle Zimmer in gepflegtem Haus aus dem 18. Jh., Veranda mit Blick über Moncton, kostenlose Weinprobe. DZ 119–129 $.

Abends & Nachts
Brauereilokal – **Pump House Brewery:** 131 Mill Rd., Tel. 506-854-2537, www.pumphousebrewery.ca, So–Mi 11.30–23, Do–Sa 11.30–24 Uhr. Der urige Pub gehört zu einer Mikrobrauerei, deren Braukessel zugleich als Dekoration dienen. Zum Bier gibt es deftige Speisen. Ab 10 $.

Shediac ▶ Q 8
Shediac 16 macht durch eine riesige Hummerskulptur am Ortseingang unmissverständlich klar, dass man es ernst meint mit dem Anspruch, die Hummerhauptstadt der Welt zu sein. Um die leckeren Schalentiere dreht sich hier folglich alles, Restaurants bieten Lobster Dinner an und Anfang Juli feiert die Stadt das Lobster Festival mit Kunst, Entertainment und Hummer satt (Tel. 506-532-1122, www.shediac.ca).

Etwas außerhalb der Stadt liegt der **Parlee Beach Provincial Park** mit kilometerlangen feinen Sandstränden. Hier gibt es exzellente Bademöglichkeiten, da im Sommer die Wassertemperatur bis zu 24 °C erreichen kann –

Hall (20 Mountain Rd., Tel. 506-856-4383, www.resurgo.ca/moncton-museum, Mo–Sa 10–17, So 12–17 Uhr, 12 $).

Im **Transportation Discovery Centre** wird die Bedeutung von Schiffsbau, Eisenbahn und und Luftfahrt für die Entwicklung Monctons erläutert. Nebenan steht das restaurierte **Free Meeting House** von 1821, das älteste erhaltene Gebäude der Stadt.

Im **Bore View Park** lässt sich die *tidal bore*, die Gezeitenflutwelle auf dem Petitcodiac River, beobachten. Zumindest in den Sommermonaten ist sie aber bei Weitem nicht so dramatisch, wie sie die Tourismuswerbung gerne beschreibt.

New Brunswick

wärmer geht es in Atlantik-Kanada nicht (Highway 133, 13 $ pro Auto).

Bouctouche ▶ Q 7

Der 2500-Einwohner-Ort **Bouctouche** 17 an der Mündung des gleichnamigen Flusses hat außer akadischem Charme und einem lebhaften Farmers' Market dem Besucher zwei Top-Sehenswürdigkeiten zu bieten. Da wären zum einen die ›flüsternden‹ Dünen von **La dune de Bouctouche,** die sich über 12 km erstrecken und nur einen knapp 2 km breiten Zugang zur Bucht frei lassen. Auf einem Plankensteg kann man die Dünenlandschaft erwandern, die zum Teil als **Irving Eco-Centre** unter Naturschutz steht (Tel. 506-743-2600, 1-888-640-3300, www.villedebouctouche.ca/nj/en/j-k-irving-centre, Ende Mai–Ende Sept. tgl. 10–18 Uhr, frei).

Die zweite Attraktion ist der auf einer kleinen Insel in der Bucht gelegene Themenpark **Le Pays de la Sagouine**, ein rekonstruiertes akadisches Dorf, in dem akadische Geschichte, Kultur und Cuisine geboten werden. Bei der Gestaltung hat man sich am preisgekrönten Bestseller »La Sagouine« von Antonine Maillet orientiert. Die 1929 in Bouctouche geborene Schriftstellerin hat zahlreiche Romane geschrieben, die sich mit der akadischen Kultur beschäftigen. So gehören natürlich auch Aufführungen ihrer Bühnenstücke zum festen Programm des Parks, ebenso wie Dinner Theatre (Tel. 506-743-1400, 1-800-561-9188, www.sagouine.com, Erw. 23 $, Kinder 17 $).

Kouchibouguac National Park
▶ Q 7

Visitor Reception Centre 186 Highway 117, Tel. 506-876-2443, Mitte Mai–Mitte Juni 9–17, Mitte Juni–Anf. Sept. 8.30–20, Anf. Sept.–Mitte Okt. 9–17 Uhr, Parkgebühr Ende Mai–Mitte Sept. Erw. 8,50 $, Kinder frei, Nebensaison Erw. 4,25 $.
Der 240 km² große **Kouchibouguac National Park** 18 liegt im Mündungsgebiet von mehreren Flüssen. Das Natur- und Vogelschutzgebiet mit dichten Wäldern, Mooren, Salzmarschen, Lagunen und Dünen bietet auch 26 km Sandstrände – ein beliebtes Freizeitrevier zum Campen, Baden, Wandern, Muschelsuchen, Radfahren und Kanufahren. Man sollte rechtzeitig einen Campingplatz reservieren (s. S. 352).

Erschlossen wird das Gebiet durch zehn Wanderwege von 0,5–11 km Länge, wobei nur drei über 3 km lang sind, wie der **Claire Fontaine Trail** (s. Aktiv unterwegs S. 351). Alle sind leicht zu laufen. Einige sind gut ausgeschilderte Naturlehrpfade, aber auch auf den nicht markierten Wegen kann man sich nicht verlaufen. Daneben durchziehen über 50 km Radwege den Park. Außerdem bieten mehrere Flüsse, Buchten und Lagunen beste Wassersportmöglichkeiten.

Kellys Beach Boardwalk ist die beliebteste und mit 1,2 km hin und zurück eine der kürzesten Wanderungen im Park. Dieser Naturlehrpfad führt vom Parkplatz über Stege und schwimmende Brücken zu den Barriere-Inseln und meerseitigen Stränden mit den großen Dünen. Dabei durchquert man Wald, Salzmarschen, Lagune und Dünen. Entstehung, Fauna und Flora dieser so unterschiedlichen Lebensräume wird auf Tafeln erklärt.

Der **Salt Marsh Trail** ist ein 750 m langer Rundweg (Trailhead an der Parkstraße, etwa 1 km nördl. von der Mündung des Major Kollock Creek), der auf Holzstegen den Küstenwald und die angrenzenden Salzsümpfe durchquert. Hier hat man einen bezaubernden Blick auf die in der Ferne liegenden Dünen. Besonders im Herbst bieten die wechselnden Farben der unterschiedlichen Lebensräume ein buntes und fotogenes Panorama.

Übernachten

… in Shediac:
Zentral und schön restauriert – **Maison Tait House:** 293 Main St., Tel. 506-532-4233, www.taithouseshediac.com. Charmantes Landhaus mit komfortablen Zimmern und schöner Inneneinrichtung. Zimmer nach hinten ruhiger. Gutes Restaurant im Haus, Bar. DZ 129–179 $.
… im Parlee Beach Provincial Park:
Camping – **Parlee Beach P. P. Campground:** Hwy 133, Exit 37, Tel. 506-533-3363, https://parcsnbparks.ca, Ende Mai–Anfang Sept. Schöne Campsite in Strandnähe, 195 Plätze, man sollte

Akadier-Küste

Aktiv

CLAIRE FONTAINE TRAIL IM KOUCHIBOUGUAC NATIONAL PARK

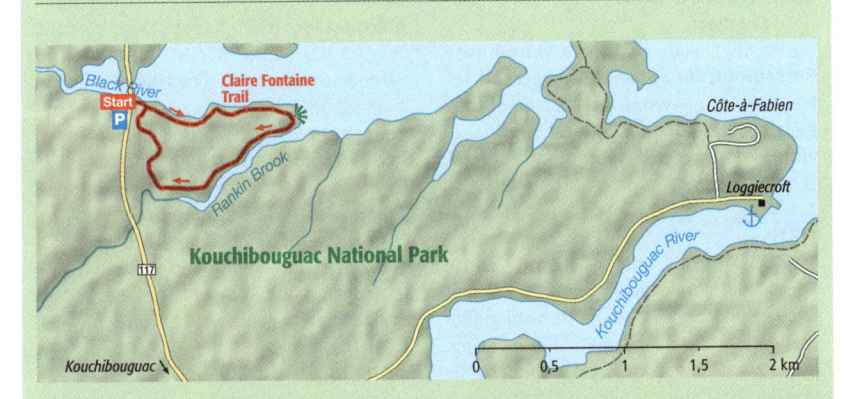

Tour-Infos
Start: Kouchibouguac National Park
Dauer: 1–2 Std.
Infos und Ausrüstungsverleih: Kouchibouguac National Park, Visitor Reception Centre, 186, Route 117, Kouchibouguac, Tel. 506-876-2443, 1-888-773-8888, www.pc.gc.ca/kouchibouguac; Ryans Rental Centre, South Kouchibouguac (Ryans day-use area zwischen Campground und Kellys Beach), Tel. 506-876-8918. Ryans Rental Centre verleiht Verschiedenes: von Fahrrädern (10 $/Std., 45 $/Tag) über Kanus und Kajaks bis hin zu Ruderbooten (ab 15 $/Std, 80 $/Tag).

Der **Claire Fontaine Trail** ist ein 3,5 km langer Rundweg in einem abgelegeneren Teil des Nationalparks, er befindet sich ungefähr 9,5 km nördlich vom Besucherzentrum am Highway 117. Der Trail ist leicht in einer bis 1,5 Std. zu erwandern. Festes Schuhwerk ist hier ratsam, da der Pfad mitunter steinig und von Wurzeln durchzogen ist. Auch sumpfige Stellen gibt es auf dem Rundweg, wobei die feuchtesten aber von der Parkverwaltung mit Plankenstegen überbrückt wurden.

Der Trail folgt im Wesentlichen dem Steilufer des Rankin Brook und des Black River und führt durch typischen sekundären akadischen Mischwald mit Zedernzypressen, Rotahorn, Schwarzfichten, Balsamtannen, Espen und Birken. Auch von den sonst selten gewordenen Weymouthkiefern sind hier noch wahre Prachtexemplare zu bewundern. Unterwegs bieten sich immer wieder schöne Ausblicke auf Fluss und Salzmarschen und häufig sind Fischadler in den Lüften und Kanu- und Kajakfahrer auf dem Wasser zu beobachten. Etwa auf halbem Weg, an der Spitze der Halbinsel, hat man einen schönen Blick auf die Lagune.

New Brunswick

bis mittags eintreffen oder über https://parcs nbparks.ca/plagelarlee vorab online buchen.
... im Kouchibouguac National Park:
Camping – **Kouchibouguac National Park Campground:** Tel. 506-876-2443, Reservierung 1-877-737-3783, www.pc.gc.ca. Stellplätze mit und ohne Stromanschluss, es können auch Hütten und mit dem Nötigsten ausgestattete Zelte gemietet werden. Reservierung 11,50 $.

Essen & Trinken
... in Shediac:
Nettes Fischlokal – **Paturel's Shorehouse Restaurant:** 86 Cap Bimet, Legere Street, Tel. 506-532-4774, www.paturelrestaurant.com. Beliebtes Restaurant mit Meerblick, Spezialität Hummer, Lachs, Shrimps und Scallops. Dinner ab 20 $.

Aktiv
Outdoor-Ausrüster – **Ryans Rental Centre:** South Kouchibouguac, im Besucherzentrum am Parkeingang. Die nötige Ausrüstung (Ruderboote, Schwimmwesten, Fahrradhelme etc.) sowie Unterlagen über die Wanderwege und die angebotenen Outdoor-Aktivitäten.
Geführte Kanutouren – **Voyageur Canoe Marine Adventure:** Kouchibouguac, Cap Saint-Louis Wharf, Tel. 506-876-2443, www.salutcanada.ca. Unter der sach- und geschichtskundigen Führung eines Park-Rangers paddelt man in kleinen Gruppen von 4–9 Pers. auf den Spuren der Mi'kmaq und der frühen Siedler und Voyageurs durch die Lagune zwischen der Mündung des Kouchibouguacis River und den Barriere-Inseln. Unterwegs kann man Kegelrobben und eine Kolonie Flussseeschwalben beobachten (Mitte Juni–Anf. Sept. 8.30 Uhr, englischsprachig Mo und Do, französischsprachig Mi und Sa. Reservierung und Bezahlung bis 14 Uhr am Vortag im Besucherzentrum des Nationalparks, 35 $).

Miramichi ▶ Q 7
Die beiden Städtchen Newcastle und Chatham wurden unter dem Namen **Miramichi** [19] zusammengeschlossen. Newcastle besitzt viele historische Kirchen, und in den Parkanlagen am Ritchie Wharf an der Waterfront erinnern Displays an die große Schiffsbauer-Ära. Sehenswert ist auch die **St. Michael's Basilica,** ein imposanter Sandsteinbau, der das Flusspanorama dominiert (10 Howard St., Chatham, 8–16 Uhr).

Von Miramichi führt der Highway 11 rund um die Akadier-Peninsula nach Tracadie und nach Caraquet (s. u.).

Übernachten
Geschmackvoll eingerichtet – **Governor's Mansion Inn:** 62 St. Patrick's Drive (Nelson), Tel. 506–622-3036, 1-877-647-2642, www.governorsmansion.ca. Freundliche Zimmer in zwei schönen historischen Villen etwas außerhalb der Stadt am Fluss, die größeren haben ein eigenes Bad. DZ 100–180 $.
Camping – **Enclosure Campground:** 8 Enclosure Rd., 10 km südl. von Miramichi am Hwy 8, Tel. 506-622-0680, 1-800-363-1733, www.enclosurecampground.ca. Schön gelegen mit Strand, Wanderwegen, Restaurant und beheiztem Pool. 28–32 $.

Shippagan ▶ Q 6
Vor der Weiterfahrt nach Caraquet an der Baie des Chaleurs bietet sich ab Pokemouche ein Ausflug nach Shippagan und zur Île Lamèque und Île Miscou an. In **Shippagan** [20] gewährt das **Aquarium and Marine Centre** einen hervorragenden Einblick in die maritime Flora und Fauna der Region und informiert über die Tradition und Techniken des Fischfangs gestern und heute. Im oberen Teil des Gebäudes wurde ein kleines Zentrum für Meeresforschung eingerichtet (100, rue de l'Aquarium, Tel. 506-336-3013, www.aquariumnb.ca, Juni–Sept. 9–17 Uhr, 9,15 $).

Die Île Lamèque ist über einen Damm zu erreichen. Von dort geht es über eine Brücke zur **Île Miscou** [21]. Hier sind weite einsame Sandstrände und der älteste aus Holz errichtete Leuchtturm der Maritimes zu entdecken.

Caraquet ▶ Q 6
Der Name der Stadt leitet sich von einem Mi'kmaq-Wort her, das eine Stelle bezeichnet, an der zwei Flüsse zusammenfließen. Cara-

Akadier-Küste

quet 22 ist das Zentrum einer florierenden Verarbeitungsindustrie für Meeresfrüchte an der Baie des Chaleurs. Jedes Jahr bringen die Boote des kleinen Hafenstädtchens Tausende Tonnen Hummer und Krebse an Land, und einige hundert Bewohner des Ortes sind damit beschäftigt, den Fang zu kochen, aus der Schale zu nehmen und zu säubern. Anschließend werden die delikaten Meeresfrüchte in alle Teile Nordamerikas verschickt. Außerhalb der Fangsaison sieht man die hölzernen Reusen zu großen Stapeln neben den Stegen aufgetürmt. Der Ort ist aber auch das kulturelle Zentrum der Akadier-Küste. Das **Musée Acadien de Caraquet** vermittelt einen guten Einblick in die 250-jährige Geschichte der Akadier in New Brunswick (15, blvd. St-Pierre, Tel. 506-726-2682, www.museecaraquet.ca, Juni–Aug. Mo–Sa 9–17, Sept. 10–16, ganzjährig So 13–17 Uhr, 3 $).

Der 15. August, Mariä Himmelfahrt, ist seit 1884 offizieller akadischer Feiertag in der Region. Als Höhepunkt eines einwöchigen Festivals wird der **Acadia Day** in Caraquet mit Gottesdiensten, Segnung der Fangflotte, viel Folklore und Tintamarre, einer farbenprächtigen Karnevalsparade, gefeiert.

Infos
La Chambre de Commerce de Caraquet: 39, blvd. St-Pierre Ouest, Tel. 506-727-2931, https://chambregrandcaraquet.com.

Übernachten, Essen
Historisches Boutiquehotel – **Hotel Paulin:** 143, blvd. St-Pierre Ouest, Tel. 506-727-9981, 1-866-727-9981, www.authentikcanada.com. Historisches Hotel, seit 1912 in Familienbesitz, gemütlich mit schönen Möbeln und Messingbetten eingerichtet, gutes Restaurant mit frischen Meeresfrüchten und altfranzösischen Gerichten. Dinner ab 18 $, DZ 195–315 $.

Akadischer Charme – **L'Heureux Hasard B & B:** 791, blvd. des Acadiens, Bertrand (westlich von Caraquet), Tel. 506-727-6485, www.lheureux-hasard.com. Hübsche Zimmer in einem alten akadischen Farmhaus, reichhaltiges Frühstück. DZ 95–110 $ (vorübergehend geschlossen).

Termine
Festival Acadien de Caraquet: Anfang August, www.festivalacadien.ca. Zweiwöchiges Festival mit Konzerten und Theateraufführungen. Höhepunkte sind das große Tintamarre-Straßenfest am 15. August sowie die feierliche Segnung der Fischereiflotte durch katholische Priester.

Village Historique Acadien
▶ Q 6

Ein paar Kilometer außerhalb von Caraquet in Richtung Grande-Anse liegt das Museumsdorf **Le Village Historique Acadien** 23 mit über 40 Häusern. Nicht minder lebendig und farbenfroh als im Loyalistendorf King's Landing (s. S. 330) wird hier das Leben der Akadier in der Zeit von 1780 bis 1890 dargestellt. An die 100 ›Einwohner‹ in historischer Tracht demonstrieren überlieferte Handwerkskünste. Durch die Restaurierung des akadischen *aboiteaux*, eines Systems von Entwässerungskanälen und Deichen, wird aus den Salzmarschen wieder fruchtbares Ackerland gewonnen und in traditioneller Weise bewirtschaftet.

Das hervorragende Restaurant **La Table des Ancêtres** serviert ein authentisch akadisches Menü mit herzhaften Suppen, würzigen Ragouts und frischen Meeresfrüchten (5, rue du Pont, Bertrand, Tel. 506-726-2600, 1-877-721-2200, www.villagehistoriqueacadien.com, Anf. Juni–Mitte Sept. 10–17.30 Uhr, Erw. 22 $, Kinder 16 $.

Baie des Chaleurs ▶ Q 6
Grande-Anse 24, ein kleiner Ort auf den Klippen der Baie des Chaleurs, hat außer schönen Ausblicken über die Bucht auch eine außergewöhnliche Kulturstätte zu bieten. Das frühere Musée des Papes wird umstrukturiert und nennt sich nun **Musée des Cultures Fondatrices.** Der Schwerpunkt liegt auf den ersten Siedlern der Region – den akadischen Siedlern, den Einwanderern aus Schottland, Irland und England sowie den Mi'kmaq und Maleseet – und ihren Kulturen (184, rue Acadie, Tel. 506-732-3003, www.museedescultuesfondatrices.com, Ende Juni–Ende Aug., tgl. 10–17 Uhr, 8 $).

Prince Edward Island

›Garten im Golf‹ oder ›Kanadas Dänemark‹ wird die kleinste kanadische Provinz auch genannt. Eingebettet in den St.-Lorenz-Golf und durch die vorgelagerten Felsenküsten von Neufundland und Nova Scotia vor den rauen Atlantikstürmen geschützt, hat die Insel ein mildes Klima und ist mit ihren weiten Stränden, zerzausten Salzmarschen, schroffen Klippen und sanften Hügeln landschaftlich besonders reizvoll.

Die Provinz **Prince Edward Island** – kurz P.E.I. genannt – umfasst eine halbmondförmige Insel von ca. 6000 km² Fläche, 225 km Länge und zwischen 6 und 60 km Breite. Zwar ist die Insel kein spektakuläres Reiseziel – wer dramatische Natur sucht, findet die eher in Nova Scotia und Neufundland – aber reizvoll sind die Landschaften auf Prince Edward Island allemal. Sie bieten ein Kaleidoskop von Kontrasten und Farben: Himmel und Wasser von tiefem Mittelmeerblau, weite Sandstrände in Weiß und Rosa, leuchtend rote Erde und Klippen, sattgrünes Weideland, unterbrochen von Wäldern. Die zahlreichen kleinen Fischerdörfer mit Namen wie **Rustico, Bay Fortune** und **Mont-Carmel** sind nicht weniger malerisch: aufgespannte Netze vor verwitterten Holzschuppen, alte Häuser mit abblätternder Farbe, manchmal auch ein verfallendes Boot im Garten. Und wenn nicht gerade Fangsaison ist, stapeln sich überall die Hummerfallen mit ihren bunten Markierungsbojen.

Fischfang ist auf Prince Edward Island nach wie vor einer der Haupterwerbszweige. Entsprechend preiswert sind Austern und Hummer überall zu haben – ob man sie im Restaurant bestellt oder direkt vom Fischer kauft. Ein Strandpicknick mit gegrilltem Fisch oder Hummer kann man bei seiner Reise also einplanen. Eine Spezialität der Insel sind die *lobster suppers,* die häufig auch von den Kirchengemeinden veranstaltet werden. Das Dekor ist zwar in der Regel eher einfach, die Atmosphäre aber umso herzlicher – man kommt mit den Einheimischen leicht ins Gespräch. Hummer gibt es das ganze Jahr über fangfrisch. Die Saison dauert zwar nur ein paar Monate, ist aber in den einzelnen Regionen zeitversetzt. Viele Hummerfischer haben in Küstennähe einen *lobster pond,* eine Art Reuse, in der sie einen Teil ihrer Hummerernte aufbewahren.

Anreise

Erreichen kann man Prince Edward Island mit dem Flugzeug, der Autofähre oder mit dem Pkw auch über die große Confederation Bridge von Cape Tormentine in New Brunswick nach Borden-Carleton im Südwesten der Insel. Die Fährverbindung besteht zwischen Caribou (Nova Scotia) und Wood Islands im Südosten (im Sommer alle 90 Min.). Die Überfahrt dauert etwa 45 Min.

Seit die imposante **Confederation Bridge** über die Northumberland Strait im Sommer 1997 fertiggestellt wurde, ist das 14 km lange Bauwerk zu einer Sehenswürdigkeit für sich geworden. Ebenso beeindruckend wie der Blick auf die leuchtend weißen mächtigen Pfeiler und Brückenbögen ist die Aussicht vom höchsten Punkt der Brücke auf die hügelige grüne Insel. Die Fahrt über die Confederation Bridge ist mautpflichtig. Bezahlen muss man aber erst, wenn man die Insel verlässt (Return-Ticket 50,25 $).

Charlottetown

Inselrundfahrten

Karte: S. 362

Um autofahrenden Besuchern die Erschließung der Insel zu erleichtern, hat das Fremdenverkehrsamt mehrere Rundstrecken *(scenic drives)* mit verschiedenfarbigen Hinweisschildern markiert. Der **North Cape Coastal Drive** (280 km, s. S. 363) mit einem Leuchtturm als Symbol führt um den Nordwestteil der Insel. Der **Central Coastal Drive** (253 km, s. S. 358) umrundet das Queens County im Zentrum. Hier liegen einige der schönsten Strände und auch der P.E.I. National Park. Der Central Coastal Drive heißt im Nordabschnitt Green Gables Shore Drive und wird auf Schildern mit einem grünen Giebel symbolisiert. Entlang der Südküste nennt er sich Red Sand Shore Drive und ist durch rote Sandsteinklippen gekennzeichnet. Der **Points East Coastal Drive** (375 km, s. S. 365) mit dem Seestern-Symbol schließlich windet sich durch das Kings County entlang der zerklüfteten Ostküste, um über die Dünenlandschaften im Nordosten wieder nach Charlottetown zurückzuführen.

Bei den Rundfahrten lohnen sich Abstecher: zu abgelegenen Stränden, kleinen Holzkirchen und idyllischen Forellenbächen. Sorge, dass man sich verfährt, braucht man kaum zu haben, denn nach kurzer Zeit führt jeder Feldweg wieder auf einen Highway.

Charlottetown ▶ R 7

Cityplan: S. 357; **Karte:** S. 362

Die Hauptstadt **Charlottetown** **1** ist mit ca. 44 000 Einwohnern ein eher verträumtes Provinzstädtchen mit ruhigen, baumumsäumten Straßen. Gegründet wurde die Siedlung 1720 von den Franzosen, die sie Port-La-Joye nannten. 1755 brannten die Engländer das Fort nieder, ergriffen Besitz von der Insel und deportierten viele der französischen Akadier. Zwar kamen die Franzosen noch einmal und bauten das Fort wieder auf. Nach dem Frieden von 1763 wurde die Insel endgültig England zugesprochen und die Hauptstadt erhielt den Namen Charlottetown. Der Ort war von Anfang an der Haupthandelsplatz der Kolonie und so entstanden bald zahlreiche stattliche öffentliche Gebäude und große Steinkirchen. Britisch ist das Ambiente geblieben. Noch heute prägen zahlreiche Gebäude aus viktorianischer Zeit das Stadtbild. Die Innenstadt ist überschaubar und leicht zu Fuß zu erschließen.

Province House **1**

165 Richmond St., Tel. 902-566-7626, www.pc.gc.ca, geplante Wiedereröffnung im Frühjahr 2023

Das **Province House,** ein Sandsteingebäude von 1847, ist Sitz des Parlaments und als National Historic Site Charlottetowns ganzer Stolz. Hier trafen sich 1864 die Väter der Konföderation der britischen Nordamerikaprovinzen, 15 Abgeordnete aus New Brunswick, Nova Scotia und P.E.I., und gründeten die Maritime Union – die Geburtsstunde Kanadas.

Confederation Centre of the Arts **2**

145 Richmond St., Tel. Museum 902-628-1864, Festival Theatre 902-566-1267, www.confedera

---

> **Tipp**
>
> ### P.E.I. AKTIV
>
> **Sonnenbaden** und **Schwimmen** sind natürlich die Hauptattraktionen auf P.E.I. Die schönsten **Strände** der Insel findet man bei Cavendish und Brackley Beach im Norden und bei Souris an der Ostküste. In vielen Inselhäfen wartet auf Angler das Abenteuer des **Hochseefischens.** Gefangen werden Makrelen, Kabeljau und als absoluter Höhepunkt Thunfische, von denen in den Küstengewässern schon Weltrekordexemplare von über zehn Zentnern Gewicht erbeutet wurden.

Prince Edward Island

tioncentre.com, Mitte Mai–Anfang Okt. tgl. 10–17, sonst Mi–Sa 11–17, So 13–17 Uhr, frei, Confederation Chamber Juli/Aug. Mo–Sa 9–17, So 12–17 Uhr, sonst Mo–Sa 11–15 Uhr, Eintritt frei

Einen ultramodernen Kontrast zu den historischen Backsteingebäuden bildet nebenan das **Confederation Centre of the Arts** mit seinen Kristall- und Chromskulpturen. ›The Centre‹, wie es schlicht genannt wird, umfasst vier Theater, die Bibliothek der Provinz und ein Kunstmuseum, das zu den besten Kanadas zählt, weiterhin im Obergeschoss einen Nachbau der Confederation Chamber. Im Centre finden alljährlich die Aufführungen des Charlottetown Festival statt. Höhepunkt ist stets das Musical »Anne of Green Gables«, nach einem Kinderbuch von Lucy Maud Montgomery, der berühmtesten Schriftstellerin der Insel (Tickets 29–60 $). Der Roman handelt von einem Waisenmädchen »mit dem Herzen auf dem rechten Fleck«, das um 1900 auf Prince Edward Island schließlich doch sein Glück findet.

St. Pauls Anglican Church und St. Dunstan's Basilica

In der Nachbarschaft sind zwei Kirchen sehenswert: Die **St. Paul's Anglican Church** 3 von 1896 – die älteste Kirchengemeinde der Insel, denn die erste Kirche wurde an der gleichen Stelle schon um 1769 gebaut. Ein paar Straßen weiter in Richtung Hafen steht die imposante **St. Dunstan's Basilica** 4 mit ihren im Stil der Neogotik erbauten Türmen. Sie ist eine der größten Kirchen Kanadas und der Sitz der römisch-katholischen Diözese.

Confederation Landing Park 5

Vom Province House führt die **Great George Street,** eine National Historic Area mit alten Häusern, zur restaurierten Waterfront mit dem **Confederation Landing Park.** Hier gingen die ›Väter der Konföderation‹ 1864 an Land. An das Datum erinnern im Sommer vor der **Founder's Hall** die Confederation Players, kostümierte Darsteller, mit Aufführungen und einem geführten Stadtbummel (Di–So 10 Uhr, 20 $). Die Founder's Hall wird heute als Markthalle mit Einkaufsständen und als Food Court mit diversen Fast-Food-Angeboten genutzt (Founder's Food Hall and Market, 6 Prince St., Tel. 902-367-3187, www.foundersfoodhall.com. Mo–Do 10–18, Fr/Sa 10–20, So 12–17, Winter Mi–Sa 11–18, So 12–17 Uhr).

Peake's Wharf 6

Gleich daneben am **Peake's Wharf** gibt es mehrere Restaurants am Wasser und im Sommer einen Nachtklub, an der Waterfront haben sich zudem mehr als 20 Shops und Veranstalter von Bootstouren angesiedelt. An den Wochenenden gibt es abends häufig auch Livemusik.

Fort Amherst/Skmaqn-Port-La-Joye National Historic Site 7

Highway 19, Tel. 902-67566-7050, www.pc.gc.ca, Mitte Juni–Mitte Okt. 9–17 Uhr, Eintritt frei

Auf der anderen Seite des Charlottetown Harbour, über die Highways 1 und 19 in ca. 30 Min. zu erreichen, liegt bei **Rocky Point** die **Fort Amherst/Skmaqn-Port-La-Joye National Historic Site.** Sie erinnert an die erste französische Siedlung und das spätere britische Fort. Geblieben sind nur die 200 Jahre alten Erdwälle. Ein Interpretive Centre gibt Aufschluss über die frühe Geschichte der Insel; man findet ein hübsches Plätzchen fürs Picknick mit Blick auf den Hafen von Charlottetown.

Infos

Tourism P.E.I.: 6 Prince St., Tel. 902-368-4444, 1-800-463-4734, www.tourismpei.com.
Discover Charlottetown: 151 Great George St., Tel. 902-629-1864, www.discovercharlottetown.com, Mo–Fr 9–17 Uhr.
Prince Edward Island National Park: 2 Palmers Lane, Tel. 902-672-6350, 1-888-773-8888, www.pc.gc.ca.

Übernachten

Historische Eleganz – **Rodd Charlottetown Hotel** 1 **:** 75 Kent/Pownal Sts., Tel. 902-894-7371, 1-800-565-7633, www.roddvacations.com. Renoviertes Backsteingebäude im georgianischen Stil mit schön geschnitzter Holzeinrichtung, Dachgarten, Indoorpool, Restaurant. DZ ab 218 $.

Schönes Ambiente – **Duchess of Kent Inn** 2 **:** 218 Kent St., Tel. 902-566-5826, 1-800-665-

Charlottetown

Sehenswert
1. Province House
2. Confederation Centre of the Arts
3. St. Paul's Anglican Church
4. St. Dunstan's Basilica
5. Confederation Landing Park
6. Peake's Wharf
7. Fort Amherst/Skmaqn-Port-La-Joye National Historic Site

Übernachten
1. Rodd Charlottetown Hotel
2. Duchess of Kent Inn
3. Cornwall/Charlottetown KOA

Essen & Trinken
1. Mavor's
2. Lobster on the Wharf

Einkaufen
1. Victoria Row

Aktiv
1. Peake's Wharf Boat Tours
2. Emerald Isle Carriage Tours
3. MacQueen's Island Tours

5826, www.bbcanada.com./5155html. B & B mit großzügigen Zimmern in hübschem Stadthaus von 1875, zentral. DZ ab 115 $.

Campingplatz – **Cornwall/Charlottetown KOA** 3 : Route 248, nahe Highway 1, Cornwall, 9 km westl. von Charlottetown, Tel. 902-566-2421, www.koa.com/campgrounds/cornwall, geöffnet Mitte Juni–Anfang Sept. Schöner Platz am West River Inlet, eigener Strand, Pool, Aktivitäten.

Essen & Trinken

Bistro-Atmosphäre – **Mavor's** 1 : 145 Richmond St., Tel. 902-628-6107, Do–Sa 11–23 Uhr. Café und Restaurant im Confederation Centre of the Arts, vielseitiges Menü, leckere Kleinigkeiten und Meeresfrüchte. Dinner ab 22 $.

Hummer und mehr – **Lobster on the Wharf** 2 : 2 Prince St., Waterfront, Tel. 902-368-2888, www.lobsteronthewharf.com, nur Mai–Okt. tgl. 12–22 Uhr. Beliebtes Fischrestaurant am Hafen. Dinner ab 17 $.

Einkaufen

Shoppingmeile – **Victoria Row** 1 : Der zentrale Abschnitt der Richmond Street zwischen Queen Street und Great George Street ist im Sommer eine Fußgängerzone. In den historischen Gebäuden sind kleine Geschäfte, Boutiquen und Studios sowie Restaurants und Cafés untergebracht.

Erlebnishungrige Gemüter zieht es in Charlottetown zur Peake's Wharf – und an Sommerwochenenden gibt es sogar Livemusik

Aktiv

Bootstouren mit der »Fairview« – **Peake's Wharf Boat Tours** 1 : 1 Great George St., im alten Hafen, Tel. 902-5394-2222, www.peakeswharfboattours.ca. 2,5-stündige Touren zur Seehundbeobachtung und Hummerfang-Exkursionen Juli/Aug. 10 und 15 Uhr, Erw. 56–64 $, auch Abend- und Sonnenuntergangsfahrten, maximal 35 Pers.

Kutschfahrten – **Emerald Isle Carriage Tours** 2 : 6 Prince St., Tel. 902-313-1000, www.emeraldislecarriagetours.com. 30- oder 60-minütige Rundfahrten durch das historische Charlottetown. 60–135 $ pro Kutsche, 30-minütige Horse-Bus-Tour ab Founders' Hall, 20 $.

Fahrradverleih und mehr – **MacQueen's Island Tours** 3 : 430 Queen St., Tel. 902-368-2453, www.macqueens.com. Es werden Fahrräder vermietet und organisierte Touren angeboten. Ab 40 $ pro Tag.

Termine

Charlottetown Festival: Mitte Juni–Oktober. Konzerte, Theateraufführungen und Musicals (u. a. »Anne of Green Gables«, »Evangeline«, »Bittergirl«) im Confederation Centre of the Arts, Tel. 902-628-1864, www.confederationcentre.com, www.discovercharlottetown.com, Tickets ab 29 $.

Central Coastal Drive

Karte: S. 362

In der Inselhauptstadt Charlottetown beginnt und endet die 253 km lange Rundstrecke des **Central Coastal Drive.** Der nördliche Abschnitt, der **Green Gables Shore Drive,** ist mit einem grünen Giebel im Piktogramm gekennzeichnet. Der südliche Abschnitt verläuft auf den Highways 19 und 10 entlang der

Central Coastal Drive

Südküste durch grünes Hügelland mit roten Klippen, Dünenstreifen und zahlreichen Badebuchten. Die leuchtend rote Erde, deren intensiver Farbton durch den hohen Gehalt an Eisenoxid hervorgerufen wird, sieht man übrigens überall auf der Insel – ein überaus hübscher Kontrast zu den sattgrünen Wiesen. Dementsprechend heißt dieses Teilstück **Red Sands Shore Drive** und zeigt die roten Sandsteinklippen auf den Hinweisschildern.

Prince Edward Island National Park ▶ R 7

In Richtung Norden führt der Blue Coastal Heron Drive auf der Route 15 durch fruchtbare Marschen zum **Prince Edward Island National Park** 2, eine 40 km lange, buchtenreiche Küstenlandschaft am St.-Lorenz-Strom mit roten Sandsteinklippen, Wäldern, Teichen, Dünen und Sandstränden. In Stanhope, Rustico Island und Cavendish gibt es Campingplätze (Parkeintritt 8,50 $).

Wander- und Fahrradwege durchziehen den Nationalpark. Cavendish im westlichen Teil des Schutzgebiets hat sechs Trails mit insgesamt 15 km, die sich der Wanderer jedoch überwiegend mit Radfahrern teilen muss. Dalvay besitzt vier Wanderwege und den 10 km langen Gulf Shore Way, den sich ebenfalls Wanderer und Radfahrer teilen. Im separaten Greenwich-Teil des Parks gibt es drei Wanderwege (s. Aktiv unterwegs S. 369).

Im Ostteil des Nationalparks, nicht weit von Stanhope, liegt einer der besten Golfplätze der Insel und in **Dalvay-by-the-Sea** 3 ein historisches Hotel mit herrlichem Strand. Der 1895 im viktorianischen Stil erbaute Landsitz eines Ölmagnaten lohnt den Besuch schon der exzellenten Küche wegen (s. u.).

Infos

Prince Edward Island N. P. Information Centre: in Cavendish (s. S. 362), im Greenwich Interpretation Centre (s. S. 368).

Übernachten, Essen

Alles vom Feinsten – **Dalvay-by-the-Sea:** P.E.I. National Park, Tel. 902-672-2048, 1-888-366-2955, www.dalvaybythesea.com, Ende Mai–Mitte Sept. Traditionsreiches Kurhotel an einem kleinen See im Nationalpark, Bootsverleih, Badestrand, Tenniscourts und Golfplatz, stilvolles Restaurant mit Fischspezialitäten vom Holzkohlengrill. Lunch 11.30–14 Uhr, Dinner 17–21 Uhr, 27–42 $, DZ inkl. Frühstück ab 279 $.

Rustico Bay ▶ R 7

Rings um die **Rustico Bay** 4 liegen Fischerorte, in denen man gelegentlich an der Mole frische Krabben und Hummer kaufen kann.

Durch seine zentrale Lage eignet sich **Brackley Beach** als Basis für Touren in den nahen Nationalpark. Der kilometerlange, feinsandige Strand des Ortes gehört zu den schönsten der Insel. Er ist auch für Familien mit kleinen Kindern bestens geeignet.

In **Rustico** mit seinen viktorianischen Häusern steht neben der St. Augustine's Church ein kleines Backsteingebäude, das 1864 erbaute **Farmers' Bank of Rustico Museum.** Die ehemalige Sparkasse, Kanadas erste und kleinste, ist heute National Historic Site und Museum. Zu den ausgestellten Exponaten gehören auch persönliche Gegenstände von Georges-Antoine Belcourt (1803–1874), ihrem Gründer (2188 Church Rd., Tel. 902-963-3168, www.farmersbank.ca, Juni–Sept. Di–So 10–17 Uhr, 7 $).

North Rustico Harbour ist ein malerischer kleiner Fischerort mit einem schön restaurierten Hafenkai und einem alten Leuchtturm. Im **Rustico Harbour Fisheries Museum** ist ein typisches Hummerfangboot ausgestellt und es wird die Geschichte des Fischfangs auf der Insel erklärt. Auch die Mi'kmaq sind Thema (318 Harbourview Dr., Tel. 902-963-3799, Mitte Mai–Sept. 9.30–17.30 Uhr, Spende). Im Blue Mussel Café am Hafen gibt es leckere Fischspezialitäten. Bei North Rustico beginnt der vielleicht schönste Abschnitt des Nationalparks, die Cavendish-Küste mit ihren Felsenufern und bis zu 30 m hohen roten Sandsteinklippen (vorübergehend geschlossen).

Übernachten, Essen

… in Brackley Beach:

Familiengerecht in Strandnähe – **Shaw's Hotel:** 99 Apple Tree Rd., Tel. 902-672-2022,

Prince Edward Island

Bootsschuppen in New London an der Malpeque Bay – ein guter Anlass, sich endlich einmal näher mit der Panoramafunktion der Kamera zu befassen

www.shawshotel.ca. Historisches Hotel, seit 1860 in Familienbesitz, 500 m vom Strand, 16 hübsch eingerichtete Zimmer und 25 Cottages, DZ ab 162 $, Cottage ab 210 $; Restaurant: Dinner Juli/Aug. 17.45–21.30, Juni, Sept. 18–20 Uhr, ab 24 $.

Essen & Trinken

... in North Rustico Harbour:

Nette Atmosphäre – **Blue Mussel Café:** 312 Harbourview Dr., Tel. 902-963-2152, www.bluemusselcafe.com, Mai–Okt. 11.30–20 Uhr. Kleines Restaurant am Wharf, man kann auch draußen sitzen, der Schwerpunkt der Karte liegt auf Meeresfrüchten. Ab 24 $.

Hummer und mehr – **Fisherman's Wharf Lobster Suppers:** Pier 15, Route 6, Tel. 902-963-2669, http://fishermanswharf.ca. Saalähnliches Restaurant mit Massenbetrieb, im Preis von 40–50 $ (je nach Größe) ist ein Hummer und freie Wahl am Buffet mit Fischsuppe, Muscheln, diversen warmen Gerichten, Salaten und Nachtisch inbegriffen.

Einkaufen

... in Brackley Beach:

Kunst und feine Küche – **Dunes Studio Gallery & Cafe:** Rte. 15, Tel. 902-672-2586, www.dunesgallery.ca, Mai–Okt. 9–21 Uhr, im Sommer bis abends. Mehrstöckiges Gebäude mit imposanter Glasfront zum Meer, wo über 70 Künstler und Kunsthandwerker der Insel ihre Arbeiten von Töpferwaren bis hin zu Skulpturen, Schmuck, Fotos und Gemälden ausstellen, im Café/Restaurant (Tel. 902-672-1883) kann man gut speisen (Gerichte ab 17 $).

Aktiv

... in North Rustico:

Exkursionen und Ausrüstungsverleih – **Outside Expeditions:** 370 Harbourview Dr., Tel. 902-963-3366, 1-800-207-3899, www.getoutside.com, Mitte Mai–Mitte Okt. Geführte Seekajaktouren im Nationalpark und in anderen Inselrevieren, Exkursionen, auch mit Wandern, Radfahren und Camping; Kurse, Verleih von Paddelbooten, Seekajaks, SUP-Boards

und Rädern, Kajaktour 90 Min. 55 $, 2 Std. 65 $, Ganztagestour 150 $.
Hochseefischen – **Aiden's Deep-Sea Fishing:** 54 Harbourview Dr., Tel. 902-963-3522, www.peifishing.com. Angeln auf hoher See, Exkursionen, auch Hummerverkauf.

Von Cavendish zur Malpeque Bay ▶ R 7

Am Westende des Parks trifft man bei **Cavendish 5** auf das **Green Gables House.** Das weiße Farmhaus mit den grünen Giebeln inspirierte die Schriftstellerin Lucy Maud Montgomery zu ihrem berühmten, 1908 erschienenen Roman »Anne of Green Gables«. Das aus dem 19. Jh. stammende Gebäude wurde restauriert und der Romanhandlung entsprechend eingerichtet. Es avancierte zur Kultstätte der ›Anne‹-Fangemeinde (Route 6, Tel. 902-963-7874, www.gov.pc.ca/en/lhn-nhs/pegreengables, Mai–Okt. tgl. 9–17 Uhr, Erw. 8,50 $, Kinder frei). Die Autorin veröffentlichte nach diesem Bestseller noch weitere Romane, die meist auf Prince Edward Island spielen. Ein paar Kilometer weiter westlich in New London steht das schlichte Geburtshaus der Autorin.

An der Küste entlang führt der Scenic Drive weiter über French River und Park Corner nach Malpeque. Ein paar Kilometer nördlich von dem kleinen Ort gelangt man zum **Cabot Beach Provincial Park 6** . Der 140 ha große Park liegt inmitten einer großartigen Landschaft auf einer in die Bucht hineinragenden Landspitze mit Sandstränden und Felsformationen. Der Provinzpark bietet einen beaufsichtigten Badestrand und Campingmöglichkeiten (s. Übernachten).

In **Indian River 7** , noch ca. 10 km weiter südlich, lohnt die wunderschön restaurierte **St. Mary's Church** einen Besuch. In der historischen Kirche, die eine hervorragende Akustik hat, finden während der Sommermonate mehrmals in der Woche Musik-Workshops und klassische Konzerte statt (Tel. 902-836-3733, 1-866-856-3733, www.indianriverfestival.com).

Prince Edward Island

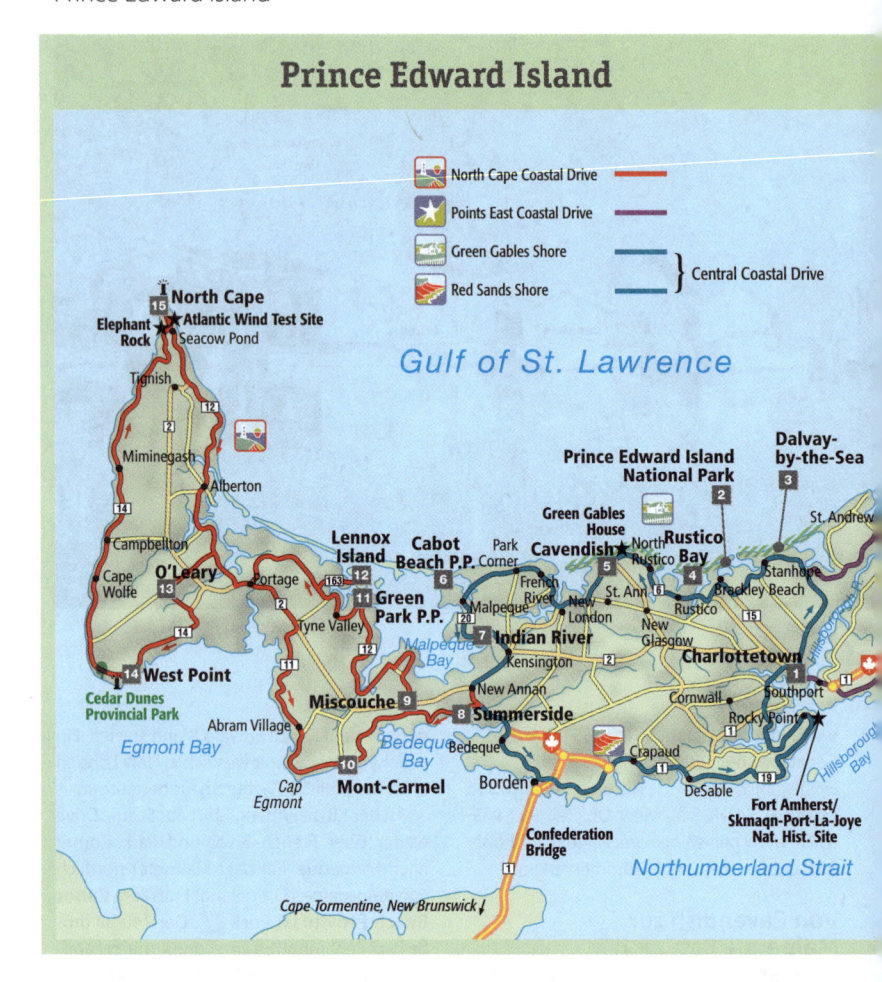

Infos

... in Cavendish:
Prince Edward Island N. P. Information Centre: Route 6/13, Tel. 902-963-7830, www.princeedwardisland.ca, Anf. Juni–Mitte Sept. tgl. 9–17 Uhr. Hier bekommt man Informationen zum Nationalpark.

Übernachten

... im Cabot Beach Provincial Park:
Camping – **Cabot Beach P. P. Campground:** Tel. 902-836-8945, 1-877-445-4938, www.tourismpei.com, Juni–Mitte Sept. Neben 160 Stellplätzen sind auf dem weitläufigen Platz auch alle Einrichtungen vorhanden, u. a. ein Waschsalon und ein Laden. Strände und Wanderwege in der Nähe.

Aktiv

... in Malpeque:
Kajaktouren und Bootsvermietung – **Malpeque Bay Kayak Tour:** 449 Malpeque Rd., Tel. 902-439-8785, 1-866-582-3383, www.peikayak.ca, Mitte Juli–Ende Aug. Geführte Kajakexkursionen (ab 55 $) und Verleih von Booten für individuelle Touren.

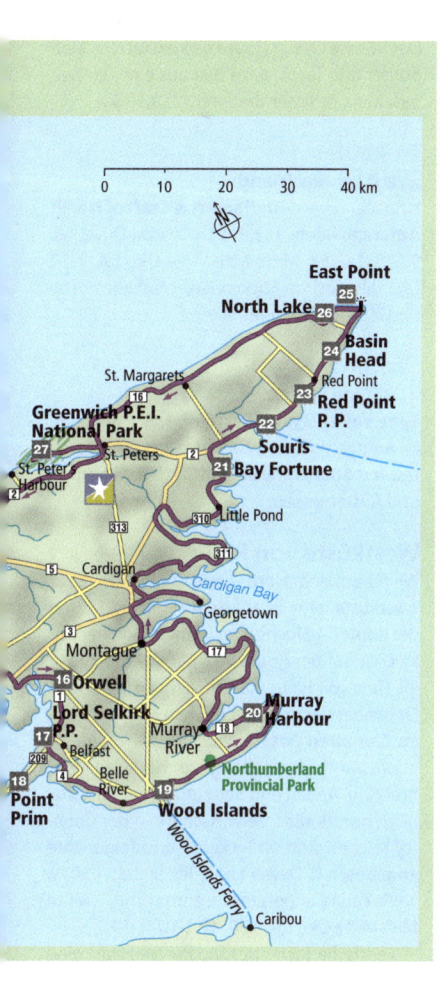

North Cape Coastal Drive

Prince Edward Island. Seine schmucken Villen erinnern an die große Zeit der Schiffsbauer und Silberfuchszüchter, die einst den Reichtum der Stadt begründeten.

Heute sind Fischfang und Tourismus die Haupterwerbsquellen. Läden und Restaurants säumen **Spinnaker's Landing,** den Boardwalk am Ufer. Das Visitor Centre ist im Nachbau eines Leuchtturms untergebracht, der einen schönen Blick über die Bedeque Bay bietet.

Infos
Summerside Visitor Centre: 124 Heather Moyse Dr., Tel. 902-888-8364, 1-877-734-2382, www.exploresummerside.com.

Übernachten
Gut und preiswert – **Clark's Sunny Isle Motel:** 720 Water St. East, Tel. 902-436-5665, 1-877-683-6824, www.sunnyislemotel.com. Gepflegte Anlage mit hübschem Garten, nett eingerichtete Zimmer. DZ 94–105 $.

Termine
Lobster Carnival: 2. Juliwoche. Buntes Straßenfest mit Hummeressen.

Akadierland ▶ R 7
Bei **Miscouche** 9 beginnt die Region Évangéline, das Siedlungsgebiet der Akadier. Hier weht neben der kanadischen Fahne die Trikolore mit dem gelben Akadierstern, und die kleinen Fischerdörfer werden von imposanten katholischen Kirchen dominiert. Man merkt, dass hier ein Menschenschlag lebt, der sich dem Mutterland der Vorfahren noch eng verbunden fühlt, man spricht Englisch und Französisch. Das **Musée Acadien de l'Île-du-Prince-Édouard** in Miscouche dokumentiert die Folklore der Akadier und informiert über die französische Besiedlung der Insel von den Anfängen 1720 bis in die Gegenwart (Tel. 902-432-2880, www.museeacadien.org/an, tgl. 10–17 Uhr, 4,50 $).

Schon von Weitem sind die Türme der Notre-Dame-du-Mont-Carmel in **Mont-Carmel** 10 zu sehen. An Sonntagen ist die Kathedrale für die heilige Messe geöffnet, sonst

North Cape Coastal Drive

Karte: oben

Summerside ▶ R 7
An der schmalsten Stelle der Insel, bei **Summerside** 8, beginnt der etwa 280 km lange **North Cape Coastal Drive,** der eine Achterschleife um das westliche Prince Edward Island beschreibt. Das Hafenstädtchen ist mit 15 000 Einwohnern der zweitgrößte Ort auf

Prince Edward Island

fragt man im gegenüberliegenden Musée Religieux um Erlaubnis, die Kirche zu besichtigen (4810, rue de l'Hôtel de Ville Tel. 902-854-8092, Juli/Aug. 10–18 Uhr).

Westliche Malpeque Bay ▶ R 7

Die Malpeque Bay ist Feinschmeckern bekannt durch die Malpeque-Austern. Hier wurden die unscheinbaren Schalentiere, die sich durch besondere Haltbarkeit und ihren vorzüglichen Geschmack auszeichnen, zuerst gefunden. Heute werden sie überall in den Küstengewässern der Insel gezüchtet.

Im **Green Park Provincial Park** 11 mit seiner Marschlandschaft und Gezeiten-Pools gibt es nicht nur einen schönen Campingplatz. Hier lohnt das **Green Park Shipbuilding Museum & Yeo House** einen Besuch. Das schön restaurierte und originalgetreu eingerichtete historische Herrenhaus des Schiffsbauers James Yeo besitzt eine Kuppel, von der er die Arbeiten auf der Werft beobachtete. Von hier oben blickt man über die weitläufigen Anlagen bis zur Malpeque Bay. Im Museum hinter dem Haus wird der Schiffsbau auf der Insel erklärt (360 Green Park Rd., Tel. 902-831-7947, Juni Mo–Fr 14–16, Juli/Aug. Mo–Sa 10.30–17.30 Uhr, 6 $).

Ein Abstecher auf der Route 163 nach **Lennox Island** 12 im Nordwesten der Malpeque Bay führt zur **Lennox Island Indian Reservation.** Hier leben rund 40 Familien vom Stamm der Mi'kmaq. Ausgrabungen ergaben, dass die Mi'kmaq bereits vor mehreren tausend Jahren auf Prince Edward Island lebten und jagten. Sie nannten die Insel Abegweit – ›Land, von den Wellen gewiegt‹.

Im Reservat gibt es ein kleines Museum, das **Mi'kmaq Cultural Centre,** und man kann traditionelles Kunsthandwerk der Ureinwohner, z. B. mit Stachelschweinborsten verzierte Körbchen, kaufen (8 Eagle Feather Trail, Tel. 902-831-2779, www.lennoxisland.com).

Essen & Trinken

... in Tyne Valley:
Beliebt bei Einheimischen – **Backwoods Burger – Craft Beer Cookhouse:** 1327 Porthill Station Rd., Tel. 902-831-2992, tgl. 16–20 Uhr. Das frühere Oyster House serviert jetzt leckere Burger und Tacos, dazu Bier aus einer einheimischen Craftbeer-Brauerei. Ab 8,50 $.

Einkaufen

... auf Lennox Island:
Kunsthandwerk – **Indian Art & Craft of North America:** Route 163, North Coastal Drive, Tel. 902-831-2653, Mitte Mai–Mitte Okt. tgl. 9–19 Uhr. Mokassins, Stickereien, Masken, Körbe und Mi'kmaq-Töpferarbeiten.

Termine

... in Tyne Valley:
Tyne Valley Oyster Festival: 1. Wochenende im August, www.tvoysterfest.ca. Buntes Volksfest mit Straßenmusik und Tänzen, Hummer- und Austernessen.

Westküste von P.E.I.

Weiter auf dem North Cape Coastal Drive zur Westküste geht es auf dem Highway 12 und der Route 14. Doch zuvor lohnt ein kleiner Abstecher auf der Route 142 nach **O'Leary** 13 ins Herz von P.E.I.s ›Kartoffelland‹. Hier finden Liebhaber der unentbehrlichen Knollenfrucht im **Canadian Potato Museum** eine wirklich interessante Ausstellung zu Herkunft, Verbreitung, Anbau und Bedeutung der Kartoffel nicht nur für die Inselwirtschaft. In der Country Kitchen werden leckere Kartoffelgerichte angeboten (1 Dewar Lane, Tel. 902-859-2039, www.canadianpotatomuseum.com, Mitte Mai–Mitte Okt. tgl. 9.30–17.30 Uhr, 10 $).

Landschaftlich besonders reizvoll sind **Cap-Egmont** und **Cape Wolfe** an der Westküste mit ihren roten Sandsteinklippen und einsamen Stränden. Bei **West Point** 14 hat man im 1875 errichteten schwarz-weißen **Leuchtturm** ein kleines Museum eingerichtet, das über die Geschichte der Leuchttürme auf der Insel informiert. Der angrenzende **Cedar Dunes Provincial Park** mit seinem schönen Strand bietet Gelegenheit zum Baden, Picknick und Camping.

Bei Fahrten auf den Küstenstraßen sieht man nach einem Sturm manchmal die Strände mit einer Art Seetang übersät. Früher war das häufig der Fall. Dann herrschte dort em-

Points East Coastal Drive

siges Treiben, mit Schaufeln und Körben wurden Pferdefuhrwerke oder auch Kleinlastwagen mit dem Gewächs beladen. Für die Fischer war das ein lukratives Nebengeschäft. Den Rückgang dieses Phänomens kann man sich nicht so recht erklären – jedenfalls lohnt sich die Ernte kaum noch. Aus dem **Irish Moss,** so heißt die grünbraune Seepflanze, wird ein wertvoller Extrakt gewonnen, der in der Industrie vielseitige Verwendung findet. Auch das Irish Moss Interpretive Centre in Miminegash wurde inzwischen geschlossen. An den Stränden zwischen **Miminegash** und **Seacow Pond** hat man noch am ehesten Gelegenheit, das Schauspiel der Irish-Moss-Ernte zu beobachten.

Übernachten
... in West Point:
Im Leuchtturm nächtigen – **Historic West Point Light House Inn & Museum:** R. R. 3 (am Highway 14), Tel. 902-859-3605, 1-800-764-6854, www.westpointharmony.ca. Freundliches B & B Inn mit 13 Zimmern in einer alten Leuchtturmanlage; günstige Wochentarife. DZ ab 169 $.
... im Cedar Dunes Provincial Park:
Camping – **Cedar Dunes Provincial Park Campground:** Tel. 902-859-8785, www.tourismpei.com/provincial-park/cedar-dunes, Mitte Juni–Anf. Sept. Provinzpark mit Campsite, schöner Strand zum Schwimmen, Freizeitmöglichkeiten.

Essen & Trinken
Nettes Familienrestaurant – **The Catch Kitchen & Bar:** 159 Cedar Dunes Park Rd., West Point, Tel. 902-859-3541. Fisch- und Fleischgerichte in großer Auswahl, Hummer und Meeresfrüchte, Hamburger. Schöner Blick auf den Hafen und die Northumberland Strait. Gemäßigte Preise.

North Cape ▶ R 7
Am windverwehten **North Cape** 15, dem nördlichsten Punkt der Insel, ist Kanadas längstes Riff mit bizarren Felsformationen zu bewundern. Leider ist die bekannteste, ›Elephant Rock‹, vor einigen Jahren in einem Wintersturm größtenteils zerstört worden. Auf der Atlantic Wind Test Site erforscht man Energiegewinnung durch Windräder. Zum Komplex gehört das Interpretive Centre and Aquarium, wo man einiges über die örtliche Geschichte, Windkraft und Turbinen und über Meeresflora und -fauna erfährt (Route 12, Tel. 902-882-2991, 5 $).

Übernachten
Rustikal mit schönem Blick – **Island's End Motel:** Route 12, 42 Doyle Rd., Tignish, Tel. 902-882-3554, www.islandsendmotel.com. Ruhig gelegenes Motel mit schönem Blick über den Golf von Sankt Lorenz, 7 Zimmer. DZ 125–150 $.

Essen & Trinken
Tolle Aussicht – **Wind & Reef Restaurant:** Route 12, Tel. 902-882-3535. Fischrestaurant mit Blick über den Golf und die Northumberland Strait, frische Meeresfrüchte, aber auch Steaks, Rippchen und Geflügel. Dinner ab 12 $.

Points East Coastal Drive

Karte: S. 362

Von Orwell nach Souris ▶ S 7/8
Der **Points East Coastal Drive,** durch ein blau umrandetes Quadrat mit Seestern markiert, ist mit 375 km der längste der *scenic drives*. Er folgt der Zickzacklinie des östlichen Inselteils von der Hillsborough Bay bis zum East Point durch einen Flickenteppich grünen Farmlandes mit Wäldern, Flüssen, verträumten Fischerdörfchen und Stränden. Besonders reizvoll ist die zerklüftete Nordküste, der an einigen Stellen Sandbänke vorgelagert sind. Ohne Abkürzungen sollte man für diese Tour zwei Tage einplanen.

Bei **Orwell** 16 am Highway 1 lohnt ein lebendes Farmmuseum, das **Orwell Corner Historic Village,** einen Besuch. Hier wird gezeigt, mit welchen Methoden und Gerät-

Im Orwell Corner Historic Village feiert Anne of Green Gables fröhliche Auferstehung

schaften die schottischen Siedler des 19. Jh. Landwirtschaft betreiben. Neben traditionellem Farmhaus und Scheunen, Postamt, Schule, Kirche und Mühle gibt es auch einen besonders schön restaurierten General Store zu besichtigen. Keltische Musik und Tänze stehen des Öfteren auf dem Programm und Ende August findet das viel besuchte **Gaelic Folkways Festival** statt (98 Macphail Parkroad Vernon RR 2, Tel. 902-651-8515, https://orwellcorner.wpcomstaging.com, Juni Mo–Fr 8.30–16.30, Juli/Aug. tgl. 8.30–16.30 Uhr, Erw. 9,95 $, Kinder bis 17 Jahre 5,50 $, in der Nebensaison günstiger).

Der **Lord Selkirk Provincial Park** 17 an der Orwell Bay bietet zwar keine guten Möglichkeiten zum Schwimmen, aber man kann Muscheln suchen, wandern und auch gut campen. Von der Kreuzung der Highways 1 und 209 ist es nicht weit nach **Point Prim** 18. Hier steht am Ende der Straße der älteste Leuchtturm der Insel, 1846 gebaut. Von der Spitze des 25 m hohen Turms genießt man einen schönen Panoramablick (Tel. 902-659-2768, Juli/Aug.).

Bei **Wood Islands** 19 befindet sich das Terminal, von dem die Fähren nach Nova Scotia ablegen. Hier bietet sich ein Besuch des **Wood Islands Lighthouse & Interpretive Museum**

Geschichte der Region (Juli–Labour Day tgl. 9–18 Uhr), und in mehreren Läden wird vor Ort hergestelltes Kunsthandwerk angeboten.

Übernachten

… im Lord Selkirk Provincial Park:
Camping – **Lord Selkirk Provincial Park Campground:** Tel. 902-659-2794, Juni–Sept. Alle Einrichtungen sind vorhanden, mit Pool und Restaurant.

Termine

… im Lord Selkirk Provincial Park:
Highland Games: 1. Augustwochenende. Dudelsackwettbewerbe, traditionelle schottische Athletikwettkämpfe, Hummeressen.

Verkehr

… in Wood Islands:
Fähre: Verbindung zwischen Wood Islands, P.E.I. und Caribou, Nova Scotia (75 Min.) mit **Northumberland Ferry,** Wood Islands Ferry Dock, Tel. 902-566-3838, 1-877-635-7245, www.ferries.ca. Mai–Mitte Dez., Fußgänger 22 $, Auto 84 $, Camper 114–135 $ hin und zurück, gezahlt wird bei der Rückfahrt.

Nach Souris ▶ S 7

Etwa 15 km vor Souris, im winzigen Ort **Bay Fortune** [21], gibt es ein Country Inn mit einem gemütlichen Restaurant, das Inn at Bay Fortune, das zu den besten Kanadas zählt.

Souris [22] ist ein Ort mit alter Fischer- und Schiffsbautradition. Schon im 17. Jh. ankerten hier französische Fischer aus der Normandie. Und noch heute lebt der 1400-Seelen-Ort von Hummern, Krabben und den verschiedenen Küstenfischen der Region. Inns, Restaurants und Kunstgewerbeläden erfüllen die Wünsche der Besucher. Souris ist eine gute Basis für Ausflüge in die Umgebung. Man kann auch Räder und Kajaks mieten und Bootsausflüge zum Basin Head unternehmen (ab 30 $).

Von Souris besteht von April bis Januar eine Fährverbindung zu den 134 km entfernten, landschaftlich sehr reizvollen **Îles de la Madeleine** im St.-Lorenz-Golf. Die Überfahrt dauert rund 5 Std. (www.tourismeilesdelamadeleine.com; s. S. 323).

an. In den nach Themen eingerichteten Räumen des historischen Leuchtturms aus dem Jahr 1876 wird ein Einblick in Fischerei, Fährverkehr und das tägliche Leben der Region geboten (Tel. 902-962-3110, Eintritt frei).

Von den Klippen des **Northumberland Provincial Park,** ein paar Kilometer weiter östlich, hat man einen schönen Blick auf das Meer mit den großen Fähren. **Murray Harbour** [20] ist ein geschäftiger Fischerort, von dem täglich Boote zu Hochseeangel-Exkursionen auslaufen. Ein kleines Museum in einem Blockhaus gewährt mit historischem Mobiliar und landwirtschaftlichen Gerätschaften Einblicke in die

Prince Edward Island

Infos
Visitor Information Centre: 95 Main St., Tel. 902-687-7030, 1-800-463-4734, Juni–Mitte Okt. 9–17 Uhr.

Übernachten
Gemütlich-elegant in toller Lage – **The Inn at Bay Fortune:** Route 310, 15 km südlich von Souris, Tel. 902-687-3745, 1-888-687-3745, www.innatbayfortune.com, Juni–Mitte Okt. Gemütliches B & B Country Inn mit exzellentem Restaurant. Dinner ab 31 $, DZ ab 285 $ inkl. Gourmet-Frühstück.

Motelzimmer oder Leuchtturmsuite – **Lighthouse and Beach Motel:** 51 Sheep Pond Rd., Tel. 902-687-2339, 1-800-689-2339, www.lighthouseandbeachmotel.ca. Das hübsche Motel steht neben dem Leuchtturm, ca. 3 km außerhalb von Souris. 400 m bis zum Strand, auch Zimmer im Leuchtturm mit schönem Blick aufs Meer. Mitte Juni–Mitte Sept. DZ inkl. Frühstück 125–225 $, Lighthouse Keeper's Suite 700 $ pro Woche.

Essen & Trinken
Die Nr. 1 auf der Insel – **The Inn at Bay Fortune:** s. o.

Von Souris zum East Point
▶ S 7

Von Souris bis zum East Point erstrecken sich einige der schönsten Strände und Dünenlandschaften der Insel – gewaltige Gebirge aus weißem pulvrigem Sand, als wäre ein Stück Sahara mit einer Riesenschaufel hierhin versetzt worden, Tümpel und windzerzauste Salzmarschen, bizarres Treibgut und Ruinen alter Molen. Der **Red Point Provincial Park** 23 umschließt einen Teil dieser faszinierenden Landschaft und bietet Camping- und Picknickplätze.

Ein paar Kilometer weiter führt eine Seitenstraße vom Highway 1 zum **Basin Head** 24. Hier findet man *singing sands*, Dünen, auf denen die besondere Struktur der Sandkörner beim Gehen ein quietschendes Geräusch verursacht. **Das Basin Head Fisheries Museum** liegt auf einem Felsen hoch über dem Atlantik. Zum Museum gehören Räucherschuppen und Bootshaus sowie ein Meerwasseraquarium. Ausstellungsgegenstände und Fotos geben Einblick in das Leben der Küstenfischer damals und heute (Route 16, 10 km östlich von Souris, im Sommer Tel. 902-357-7233, im Winter Tel. 902-368-6600, www.peimuseum.com, Juni–Aug. 9.30–17, Sept. Do–Mo 9.30–17 Uhr, 5 $).

Übernachten
Camping – **Red Point Provincial Park Campground:** Tel. 902-357-3075, geöffnet 25. Juni–3. Augustwoche. Schöner Campingplatz am Strand, 58 Stellplätze, Spielplatz, Picknick, Schwimmen, Wandern.

East Point ▶ S 7
Auf der Landspitze des East Point warnt ein Leuchtturm die Fischer vor einem gefährlichen Felsenriff. Das **East Point Lighthouse** 25 gehört zu den ältesten der Insel und ist der einzige noch ›bemannte‹ Leuchtturm (Tel. 902-357-2106, www.eastpointlighthouse.com, Juni–Sept. tgl. 10–18, Hochsaison 9–19 Uhr, Führung 6,90 $). Bei den Seefahrern ist die Nordküste berüchtigt. Hunderte von Schiffbrüchen haben sich hier schon ereignet, und noch immer erzählt man sich vom unheilvollen Oktober des Jahres 1851, als der ›Yankee Gale‹, ein Sturm von bis dahin nicht gekannter Windstärke, über 50 Schiffe zerschellen ließ.

In **North Lake** 26 trifft man auf Sportfischer aus aller Welt, die sich Petri Heil wünschen, wenn es auf Fang von Riesen-Thunfisch geht. Von North Lake führt der Points East Coastal Drive bis St. Peters, wo die Route 313 zum Visitor Centre des **Greenwich Prince Edward Island National Park** 27, dem dritten Teil des Prince Edward Island National Park, abzweigt (Greenwich Interpretation Centre, 59 Wild Rose Rd., Tel. 902-672-6350, www.pc.gc.ca/pei, Mitte Juni–5. Sept. tgl. 10–17 Uhr, Park ganzjährig geöffnet).

Greenwich hat einen hervorragenden Strand und Wanderdünen, die nach und nach den angrenzenden Wald begraben. Markierte Wanderwege führen durch das empfindliche Ökosystem von Dünen und Feuchtgebieten (s. Aktiv unterwegs S. 369).

GREENWICH DUNES TRAIL

Tour-Infos
Start: Greenwich, Prince Edward Island National Park
Länge: 1,3–4,5 km (hin und zurück)
Dauer: 1–2 Std.
Schwierigkeitsgrad: leicht
Infos: Prince Edward Island National Park, Greenwich Interpretation Centre, s. S. 368

Der Prince Edward Island National Park erstreckt sich über eine rund 40 km lange, aber nur 26 km² große Küstenlandschaft entlang des St.-Lorenz-Stroms im Norden der Insel. Eine recht abwechslungsreiche Szenerie mit leuchtend roten Sandsteinklippen, Wäldern, Teichen, Sandstränden und Dünen. Am schönsten ist das Wandern im weniger besuchten östlichen Greenwich-Teil des Nationalparks. Hier findet man an der Spitze einer Halbinsel, die die St. Peters Bay vom St. Lorenz-Golf trennt, einen weiten Strand und ein faszinierendes Ökosystem mit Feuchtgebieten und mächtigen Wanderdünen. Die Region hat auch eine interessante Kulturgeschichte. Archäologen fanden in den letzten Jahrzehnten zahlreiche Gegenstände, die eine Besiedelung über einen Zeitraum von 10 000 Jahren belegen – von den Ureinwohnern, den Mi'kmaq, bis zu den frühen europäischen Siedlern. Das moderne Interpretive Centre zeigt hierzu Displays und bietet auch Hintergrundmaterial für die Lehrpfade.

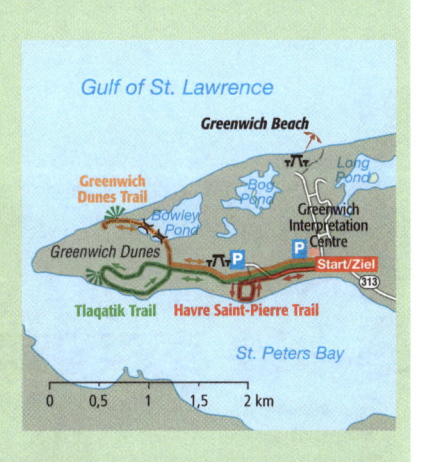

Vom Parkplatz beim Interpretive Centre gelangt man zu den drei miteinander verbundenen, gut beschilderten Wanderwegen: Auf dem **Havre Saint-Pierre Trail** (1,3 km) hat man schöne Ausblicke über die St. Peters Bay und kann den Muschelfischern bei der Arbeit zuschauen. Der von diesem Weg abzweigende Rundweg **Tlaqatik Trail** (4,5 km) ist der Kulturgeschichte der Region gewidmet. Zur Nordküste der Peninsula kann man die Wanderung fortsetzen über den **Greenwich Dunes Trail** (4,5 km) durch Wälder und Wiesen, über Boardwalks, ein System von Holzbrücken und schwimmenden Plankenstegen, über einen Teich und mit Schilf bewachsenes Feuchtland. Hier kann man auf kurzen Seitenpfaden die eigentliche Attraktion des Parks, eine einzigartige Küstenlandschaft mit mächtigen **Parabeldünen** erkunden. Diese bogenförmigen Dünen, deren mittlerer Teil sich schneller bewegt als ihre durch Vegetation befestigten Seitenarme, wandern bis zu 4 m pro Jahr. Dabei verschlingen sie ganze Wälder, deren bizarr aufragende Baumskelette sie später wieder freigeben. Das einzigartige Ökosystem mit seltener Flora und Fauna wurde 1995 unter Schutz gestellt und 1998 in den Prince Edward Island National Park eingegliedert.

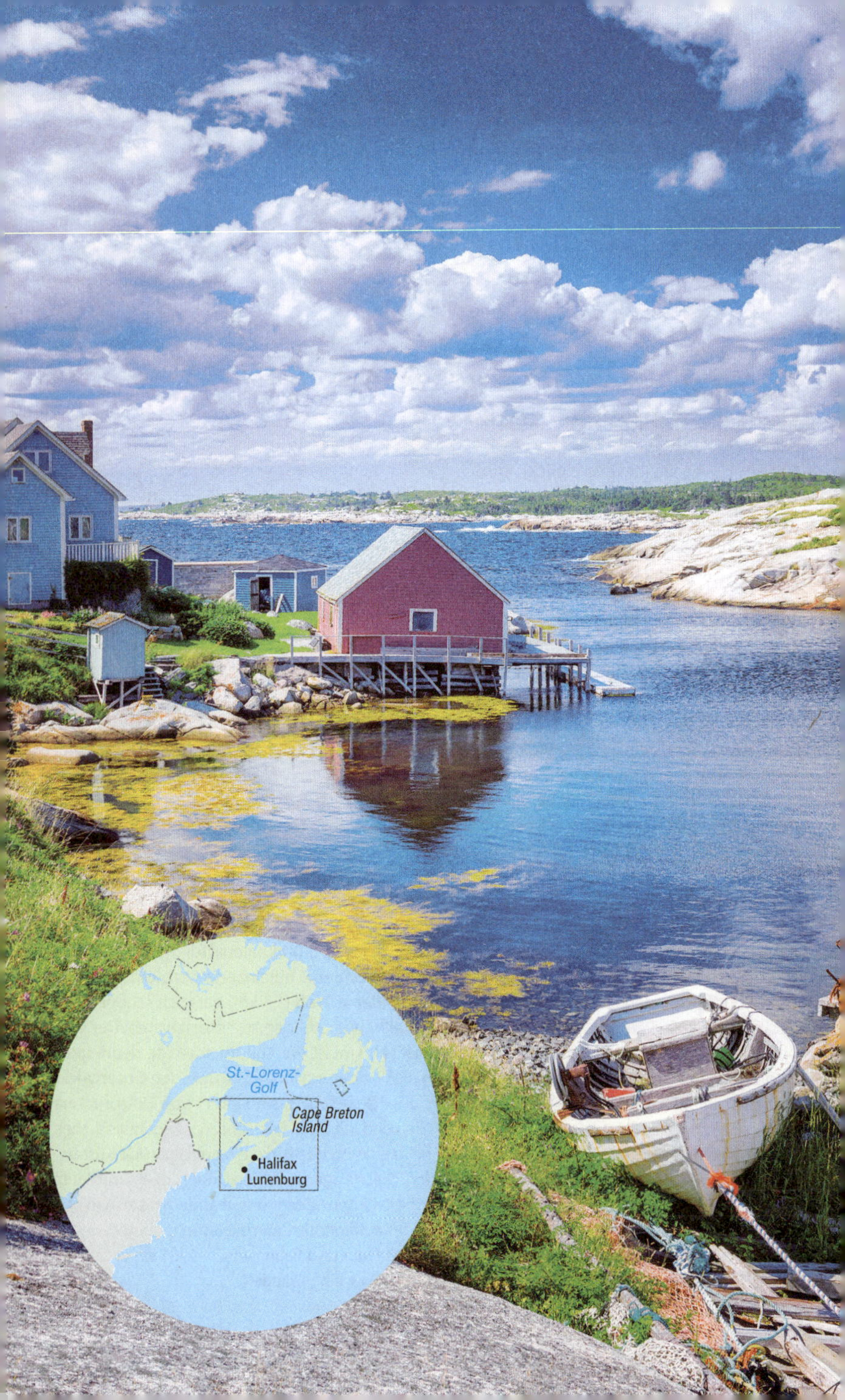
St.-Lorenz-Golf
Cape Breton Island
Halifax
Lunenburg

Kapitel 6

Nova Scotia

Auf der Landkarte gleicht Nova Scotia einem Riesenhummer. Mit einer Küstenlinie von mehr als 10 000 km Länge erstreckt sich die Halbinsel über 600 km vom Yarmouth-Leuchtturm an der Bay of Fundy bis zum Hochland Cape Bretons im Nordosten der Provinz. Nur eine 24 km breite Landenge, der Isthmus von Chignecto, verbindet Nova Scotia mit dem Festland. Auch heute noch sorgt das Meer für den Lebensunterhalt vieler, aber durch Überfischung sind die Erträge zurückgegangen, sodass die Einnahmen aus dem Fremdenverkehr immer wichtiger werden.

So vielfältig wie die Landschaft sind die Menschen hier. Denn außer den Loyalisten aus den Neu-England-Kolonien gab es sechs große Gruppen von Siedlern: Franzosen, Engländer, Deutsche, Schotten, Iren und Schwarze, die im Gefolge der Loyalisten kamen. Und natürlich die Ureinwohner, die Mi'kmaq. Wahrscheinlich haben schon die Wikinger um das Jahr 1000 n. Chr. die Küsten von Nova Scotia gesehen, und viele Historiker glauben, dass auch Giovanni Caboto 1497 bei Cape Breton landete, um den Kontinent für die britische Krone zu beanspruchen.

Bereits Anfang des 16. Jh. fischten Portugiesen und Franzosen vor diesen Küsten, und 1521, fast 100 Jahre bevor die Pilgerväter ihren Fuß auf Plymouth Rock in Neu-England setzten, gründeten die Portugiesen vermutlich bei Ingonish ein Fischerdorf. Die Franzosen waren dann die Ersten, die in größerem Umfang das Land, das sie ›Acadie‹ nannten, besiedelten. 1605, zwei Jahre nachdem de Champlain seine erste Reise den St.-Lorenz-Strom hinauf unternahm, gründeten Kolonisten unter Führung von Sieur de Monts die Siedlung Port Royal als Pelzhandelsposten. Als Nächstes kamen die Schotten, die die Region zum Gedenken an ihre Heimat Nova Scotia nannten.

Weckt bei allen Glücksgefühle, die mit »Ferien auf Saltkrokan«
groß wurden: Kanadas Vorzeige-Fischerdorf Peggy's Cove mit
seinen bunten Häuschen auf glatt geschliffenen Granitfelsen

Auf einen Blick: Nova Scotia

Sehenswert

Peggy's Cove: In dem pittoresken Fischerdorf thront Kanadas bekanntester Leuchtturm über hausgroßen Felsbrocken (s. S. 388).

⭐ **Lunenburg:** Der gesamte Ort mit seiner historischen Hafenansicht wurde zum UNESCO-Welterbe erklärt (s. S. 392).

Shelburne: Das Städtchen mit seinen schön restaurierten Bürgerhäusern aus dem 18. und 19. Jh. war kurze Zeit das größte urbane Zentrum Nordamerikas (s. S. 399).

🍀 **Cape Breton Island:** In der schroff-schönen Landschaft des Cape Breton Highlands National Park fühlt man sich ins schottische Hochland versetzt (s. S. 422).

Schöne Routen

Lighthouse Route: Leuchttürme und pittoreske kleine Fischerdörfer säumen die Küstenstraße von Halifax nach Yarmouth (s. S. 388).

Evangeline Trail: Von Yarmouth nach Grand Pré durch Akadierland (s. S. 403).

Glooscap und Sunrise Trail: Rund um das Minas-Becken beeindrucken Wattlandschaften, einsame Strände und Bergschluchten mit verborgenen Wasserfällen (s. S. 410, 415).

Marine Drive: Beeindruckende Uferlandschaften und uralte Grabstätten der Ureinwohner säumen die kurvenreiche Küstenstraße von Halifax nach Cape Breton (s. S. 418).

Cabot Trail: Die 300 km lange Rundtour um den Nordwesten von Cape Breton Island zählt zu den Höhepunkten einer Nova-Scotia-Reise (s. S. 425).

Unsere Tipps

Walbeobachtung auf dem Digby Neck: Die 74 km lange Nehrung in der Bay of Fundy bietet gute Gelegenheiten zum Whale Watching (s. S. 405).

Annapolis Royal: Der Anfang des 18. Jh. gegründete Ort war 100 Jahre lang die Hauptstadt der französischen Akadie und hat noch heute viel historisches Flair (s. S. 406).

Akadische Tradition in Chéticamp: In dem lebendigen Fischer- und Bauernort schlägt das Herz des frankophonen Cape Breton. Von vielen Häusern grüßt der gelbe Akadierstern und die Restaurants bieten akadische Spezialitäten (s. S. 432).

Ausflug nach McNab's Island: Mitten in der Hafenpassage, in Sichtweite der geschäftigen Downtown von Halifax, liegt McNab's Island mit schönen Wanderwegen, historischem Fort und Vogelschutzgebieten (s. S. 384).

Kanutour im Kejimkujik National Park: Die bewaldete Seenlandschaft mit Flüssen und Riedgrassümpfen ist ein Paradies für Kanusportler, Wanderer und Angler (s. S. 398).

Ritt auf der Gezeitenwelle: Wildwasserspaß auf der mächtigen Flutwelle, die sich zweimal am Tag mit erstaunlicher Geschwindigkeit den Shubenacadie River flussaufwärts wälzt (s. S. 411).

Kap-Wanderung – Cape Smokey Trail: Klippenwanderung im Cape Smokey Provincial Park auf Cape Breton Island – Ziel ist der Stanley Look Off mit herrlichem Panoramablick über die South Bay (s. S. 428).

Halifax

▶ R 9

Halifax, Hauptstadt sowie kulturelles und wirtschaftliches Zentrum der Provinz Nova Scotia, liegt näher an Europa als jeder andere größere Hafen Nordamerikas südlich von Neufundland – eine faszinierende Mischung von Neu und Alt mit modernen Hochhäusern in der Downtown und einer quirligen Fußgängerzone in den restaurierten Hafenanlagen.

Die Passagiere der Kreuzfahrtschiffe genießen das schöne Hafenpanorama vom Wasser aus. Fast ebenso beeindruckend ist der Blick von der Angus L. MacDonald-Brücke, die **Halifax** (ca. 200 000 Einw., Großraum ca. 440 000) mit Dartmouth (knapp 100 000 Einw.) auf der anderen Seite der Bucht verbindet. Der riesige Naturhafen mit hochmodernen Containereinrichtungen, in dem auch die Atlantikflotte der kanadischen Marine stationiert ist, bleibt auch dann offen, wenn Eis den Zugang zum St.-Lorenz-Seeweg versperrt.

Geschichte

Gegründet wurde Halifax 1749 von Colonel Edward Cornwallis. In den nächsten Jahren kamen über 2500 Siedler aus England und auch deutsche Untertanen des englischen Königs Georg aus dem Braunschweigischen, die man mit dem Versprechen auf freies Siedlungsland und wohl auch mit gewissem Druck für das entbehrungsreiche Unternehmen gewonnen hatte. Der hervorragende, leicht zu verteidigende Naturhafen war ausschlaggebend für die Standortwahl. Die neue britische Niederlassung sollte vor allem ein militärisches Gegengewicht zur französischen Festung Louisbourg auf Cape Breton Island sein, und so wurde Halifax mit seinem Festungsberg von den Engländern zu einem der strategisch wichtigsten Stützpunkte in Nordamerika ausgebaut.

Der fast ganz vom Wasser umgebene Stadtkern zeigt mit schimmernden Hochhäusern, die sich indes für nordamerikanische Verhältnisse eher bescheiden ausnehmen, modernen Luxushotels und eleganten Geschäften durchaus kosmopolitische Züge. Dennoch hat Halifax sich seinen historischen Charme bewahrt, wie ein Bummel durch die schön restaurierten Straßenzüge unterhalb des Festungsberges zeigt, wo neben prächtigen öffentlichen Gebäuden auch attraktive Geschäfts- und Wohnhäuser aus dem 18. Jh. zu finden sind. Die Stadt ist überschaubar und lädt zum Bummeln ein, es gibt weitläufige, gepflegte Parks, und die Sehenswürdigkeiten sind bequem zu Fuß zu erreichen. Ein Einkaufsbummel ist auch bei schlechtem Wetter kein Problem: In der Downtown sind Hotels, Geschäfte, Restaurants und Einkaufszentren durch überdachte Überwege miteinander verbunden. Auch mit dem Auto kommt man in der Stadt gut zurecht.

Downtown

Cityplan: S. 376

Das Geschäftszentrum von Halifax liegt nur einen Steinwurf vom Hafen entfernt. Gewohnt wird *uptown*, also auf dem Berg hinter der alten Zitadelle. Hier liegen auch die großen Parkanlagen und die wichtigsten Universitäten der Stadt. Das halbe Dutzend Hochschulen mit über 30 000 Studenten sorgt nicht zuletzt auch dafür, dass sich in Halifax die lebhafteste Entertainment- und Kneipenkultur Atlantik-Kanadas entwickelt hat. Amerikanische Musikfachzeitschriften loben immer

Downtown

Die Old Town Clock sollte der örtlichen Garnison den Schlendrian austreiben

wieder die aktive Musikszene der Stadt. Geboten werden traditionelle Folk Music, Jazz, Blues, Rock, Country und Grunge – alles vom Feinsten. Halifax ist eine 200 Jahre alte Hafenstadt und hat auch ein entsprechend lebhaftes Nachtleben, das sich besonders im Viertel um die Grand Parade und in den Historic Properties am Hafen konzentriert. Die Haligonians nennen ihre Stadt gern das ›San Francisco des Nordens‹. Nicht ganz zu Unrecht. Denn da gibt es die an die Golden Gate Bridge erinnernde Brücke über die Narrows nach Dartmouth, die pittoresken historischen Hafenanlagen und die steil den Berg hinaufführenden Straßen, von denen sich immer wieder schöne Ausblicke aufs Wasser bieten.

Halifax Citadel 1

Tel. 902-426-5080, www.pc.gc.ca/lhn-nhs/ns/halifax/index.aspx, ganzjährig tgl. 9–17 Uhr, Erw. 12,50 $, Kinder frei

Der Stolz der Haligonians ist die sternförmige **Halifax Citadel** auf dem Citadel Hill, die als Herzstück des alten Forts die Stadt überragt. Vom Festungsberg aus bietet sich ein schöner Panoramablick über Stadt und Hafen. Mit dem Bau der Erdbefestigungen hatte man schon 1749, gleich bei der Gründung der Siedlung, begonnen. Damals schützte ein hölzernes Fort gegen Überfälle der Mi'kmaq, die die britische Landnahme nicht kampflos hinnehmen wollten. 1826–1856 wurde das trutzige Fort in seiner heutigen Form vollendet. Die Abschreckung hat vorzüglich funktioniert – kein Kanonenschuss musste zur Verteidigung abgefeuert werden. Seit 1956 ist der Citadel Hill eine National Historic Site und einer der meistbesuchten historischen Parks in Kanada. Alles wurde authentisch restauriert: von den bezogenen Feldbetten in den Kasematten bis zur Beschriftung der Pulverfässer im Magazin, die allerdings kein Schießpulver mehr enthalten. Pulverdampf gibt es täglich nur noch einmal, und zwar mit gebührendem militärischen Zeremoniell: Punkt zwölf Uhr kracht ein Kanonenschuss. Die Besatzung des Forts wird heute von Studenten der Universitäten von Halifax gestellt. Sie exerzieren mit Schottenrock und

Halifax

Sehenswert

1. Halifax Citadel
2. Old Town Clock
3. Halifax Public Gardens
4. Nova Scotia Museum of Natural History
5. Spring Garden Road
6. Old Burying Ground
7. Nova Centre
8. St. Paul's Anglican Church
9. Province House
10. Art Gallery of Nova Scotia
11. Purdy's Wharf
12. Historic Properties
13. Metro Transit Ferry
14. Cable Wharf
15. Maritime Museum of the Atlantic
16. Brewery Market
17. Canadian Museum of Immigration at Pier 21
18. Little Dutch Church
19. Quaker Whaler House
20. Black Cultural Centre for Nova Scotia
21. Fairview Cemetery
22. Bedford Institute of Oceanography
23. Shearwater Aviation Museum
24. Fisherman's Cove
25. McNab's and Lawlor Islands Provincial Park

Übernachten

1. Halifax Marriott Harbourfront Hotel
2. Hotel Halifax
3. Lord Nelson Hotel
4. Halifax Waverley Inn
5. Halifax Heritage House Hostel

Essen & Trinken

1. The Press Gang Restaurant & Oyster Bar
2. Five Fishermen
3. Gio
4. The Bicycle Thief
5. Salty's on the Waterfront

Einkaufen

1. Halifax Folklore Centre
2. Zwicker's Gallery
3. Jennifer's of Nova Scotia

Abends & Nachts

1. Niche Lounge
2. The Maxwell's Plum
3. The Dome
4. The Grafton Street Dinner Theatre
5. Lower Deck ›Good Time Pub‹
6. Neptun Theatre
7. Dalhousie University Arts Centre

Aktiv

1. Ambassatours
2. The Trail Shop
3. I Heart Bikes

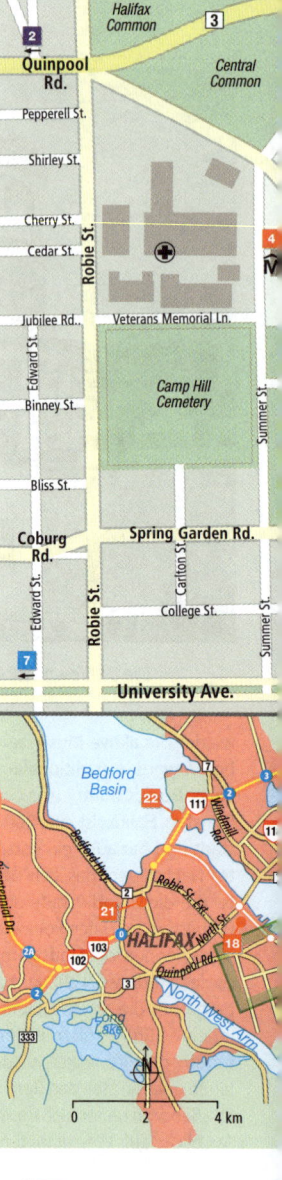

Dudelsack für die Kameras der Touristen. Ein Museum und eine audiovisuelle Präsentation informieren über die Geschichte der Zitadelle. Auf den weiten Rasenflächen des ›Hill‹ finden schottische Volksfeste, Konzerte und alljährlich das große Tattoo, ein traditionelles Militärspektakel mit Paraden und Musik, statt.

Old Town Clock 2

Als ›Goldenes Zeitalter‹ erlebte die Stadt die Jahre zwischen 1794 und 1800, in denen Edward, Herzog von Kent, als Oberbefehlshaber der englischen Truppen von Nordamerika in Halifax residierte. Während dieser Zeit entstanden zahlreiche öffentliche Bauten, darunter architektonische Kostbarkeiten wie das Government House an der Barrington Street, und Halifax gewann ein aristokratisches Fluidum, das dem postrevolutionären Boston oder New York abging. Edward, für den Pünktlichkeit und Disziplin von allergrößter Bedeutung waren, schenkte der Stadt bei seinem Abschied einen Uhrturm am Fuß des Festungsberges. Dabei soll er die Absicht gehabt haben, den Soldaten der örtlichen Garnison ihre Trödelei auszutreiben. Die **Old Town Clock** gehört heute zu Halifax wie der Eiffelturm zu Paris oder das Empire State Building zu New York.

Halifax

Halifax Public Gardens [3]
5665 Spring Garden Rd., Tel. 902-456-4552, www.halifaxpublicgardens.ca, Mai–Nov. tgl. 8 Uhr bis 30 Min. vor Sonnenuntergang, sonst 8–16 Uhr

Südwestlich vom Festungsberg, zwischen Sackville Street und Spring Garden Road, liegen die **Halifax Public Gardens**. Angelegt wurden sie 1753, damals noch zum Privatvergnügen eines reichen Bürgers. Der schönste Park der Stadt mit den ältesten viktorianischen Gärten Nordamerikas lohnt einen Besuch. Sonntags gibt es Konzerte, Brautpaare schießen Hochzeitsfotos, Kinder füttern die Enten, und am schmiedeeisernen Zaun stellen Straßenkünstler ihre Bilder aus.

Nova Scotia Museum of Natural History [4]
1747 Summer St., Tel. 902-424-7353, https://naturalhistory.novascotia.ca, tgl. 9–16.30 Uhr, Nov.–Mitte Mai Mo geschl., Erw. 6,30 $, Kinder 4,05 $, mit Shop

Eine Straße weiter nördlich gelangt man zum **Nova Scotia Museum of Natural History,** in dem Geschichte und Natur Nova Scotias dargestellt werden. Zu sehen gibt es 11 000 Jahre alte Ausgrabungsfunde einer Siedlung, 30 000 Jahre alte Mastodonknochen, die auf Cape Breton gefunden wurden, ein Walskelett sowie Gegenstände der frühen akadischen Siedler und der Mi'kmaq.

Spring Garden Road [5]
Die **Spring Garden Road** ist Halifax' Flaniermeile. Ein Bummel in Richtung Hafen führt durch den lebhaftesten Einkaufsbezirk der Stadt mit eleganten Geschäften, Straßencafés, Restaurants, Pubs und Jazzklubs. Weitere Künstler-Cafés, Bars und internationale Restaurants, die vor allem von Studenten besucht werden, findet man dann in der Umgebung von Granville, Grafton und Blowers Street.

Old Burying Ground [6]
1541 Barrington St., www.oldburyingground.ca

Auch Halifax' erster Friedhof, der **Old Burying Ground,** liegt an der Spring Garden Road. Benutzt wurde er von 1749 bis 1843. Bilder, Symbole und Inschriften der alten Grabsteine geben manchen Aufschluss über die ersten Jahre der Stadt. Personen, die Geschichte machten, liegen hier begraben, so auch General Robert Ross, der im Krieg von 1812 mit britischen Truppen die Residenz des amerikanischen Präsidenten in Washington in Brand setzte. Um die Brandflecken zu beseitigen, strich man damals das Sandsteingebäude mit weißer Farbe an – und nannte es fortan das ›Weiße Haus‹.

Nova Centre [7]
Market St., 902-405-9999, www.novacentre.ca

Ende 2017 eröffnete das Nova Centre im Herzen der Stadt, ein futuristischer Komplex mit drei Hochhaustürmen. Neben Büros, Wohnraum und Geschäften umfasst er ein Luxushotel und das neue Convention Centre, weiterhin Grafton Place, eine Shopping-Arkade. Mit geschätzten Kosten von 500 Mio. $ ist das Centre das größte Bauprojekt Nova Scotias und verleiht dem Innenstadtbereich ein völlig neues Gesicht.

St. Paul's Anglican Church [8]
1749 Argyle St., www.stpaulshalifax.org

Unterhalb des Citadel Hill, um Argyle, Barrington, Granville und Hollis Street, liegt der älteste Teil der Stadt mit einigen der schönsten historischen Gebäude. Ältestes Bauwerk in Halifax ist die **St. Paul's Anglican Church** an der Grand Parade, zwischen Argyle und Barrington Street. Sie wurde 1750 als Englands erste Kathedrale in Übersee und erste protestantische Kirche in Kanada errichtet. Am anderen Ende der Grand Parade, einem schön angelegten Platz, liegt das viktorianische Rathaus von Halifax.

Province House [9]
1726 Hollis St., Tel. 902-424-4661, www.nslegislature.ca, im Sommer Mo–Fr 9–16.30, Sa, So 9–16, sonst Mo–Fr 9–16 Uhr, Eintritt frei

An der Hollis Street steht das **Province House,** erbaut zwischen 1811 und 1818. Seit 1819 ist das Province House Nova Scotias Regierungsgebäude und eine National Historic Site. Der majestätische Sandsteinbau ist eines der schönsten Beispiele georgianischer Kolonial-Architektur vom Beginn des 19. Jh.

Der englische Autor Charles Dickens verglich es mit Londons Westminster – »nur durch das andere Ende eines Teleskops gesehen«.

Art Gallery of Nova Scotia 10

1723 Hollis und Cheapside Sts., Tel. 903-424-5280, www.artgalleryofnovascotia.ca, Di, Mi, Fr, Sa, So 10–17, Do 10–21 Uhr, Erw. 12 $, Kinder 5 $

Auf der anderen Seite der Hollis Street befindet sich im alten Postgebäude von 1864 die **Art Gallery of Nova Scotia.** Besonders interessant ist die Sammlung regionaler Volkskunst. Gemälde und Kunsthandwerk von Künstlern aus Nova Scotia sind im Shop auch zu erwerben. Ein Café sorgt für das leibliche Wohl.

Waterfront

Cityplan: S. 376

Halifax' schön restaurierte historische Hafenanlagen sind der vielleicht attraktivste Teil der Stadt. Bei den meisten Restaurants kann man auch draußen sitzen, mit Blick aufs Wasser und die Fußgängerzone des **Halifax Harbourwalk,** der sich ganz am Hafen entlangzieht. Oder man nimmt eines der kleinen preiswerten Passagierfährboote, um auf die andere Seite nach Dartmouth zu gelangen. Allein die Aussicht auf das Panorama von Halifax lohnt die Fahrt. Auch von **Purdy's Wharf** 11 am Anfang des Harbourwalk ist ein fotogener Blick auf die Waterfront möglich.

Historic Properties 12

1869 Upper Water St., frei zugänglich

Die andere Hauptattraktion der Stadt neben dem Citadel Hill sind die **Historic Properties** am Hafen. Das 1813 gebaute **Privateer's Warehouse** ist das älteste Gebäude der Anlage. Dieser Teil der Waterfront war das Zentrum von Halifax' blühendem Seehandel mit Boston, Westindien, England und China. Als in den 1960er-Jahren die Kais mit den alten Backsteingebäuden der ehemaligen Kontore und Lagerhallen, in denen früher Trockenfisch, Felle, Rum und Melasse gelagert wurden, dem Bau einer Schnellstraße geopfert werden sollten, rebellierten geschichtsbewusste Bürger. Sie stoppten das Projekt, und die Stadt restaurierte die zum Teil noch kopfsteingepflasterten Gassen. Heute beherbergen die historischen Hafengebäude Kneipen, Boutiquen, Buch- und Kunstgewerbeläden sowie Restaurants.

Am **Privateers Wharf** herrschte besonders während der britisch-amerikanischen Kriege im 18. und 19. Jh. Hochbetrieb, wenn die *privateers* mit den gekaperten amerikanischen Handelsschiffen anlandeten und die Lagerhäuser mit reicher Beute füllten. Die auf eigene Rechnung unter englischer Flagge segelnden Freibeuter waren der Schrecken der amerikanischen Flotte von Cape Cod bis Florida. Besonders berüchtigt war die »Liverpool Packet«. Ihr draufgängerischer Kapitän Joseph Barrs kaperte bis zum Ende des Krieges 1814 über 50 Yankee-Schiffe und verhalf sich und dem Eigner des Seglers, Enos Collins, zu immensem Reichtum. Als dieser 1871 starb, war er der vermögendste Mann in Kanada.

Metro Transit Ferry 13

Gleich neben den Historic Properties befindet sich der Terminal der **Metro Transit Ferry.** Im Gebäude ist auch ein Visitor Centre untergebracht. Die Fähre nach Dartmouth verkehrt seit 1752, damals noch als Ruderboot mit Segel, und ist damit Kanadas älteste maritime Fährverbindung. Die Fahrt ist ein preiswertes Vergnügen, das man sich nicht entgehen lassen sollte. Man erlebt den Hafen von seiner fotogensten Seite: mit Blick auf die Waterfront und Dartmouth, die beiden Brücken und George's und McNab's Island in der Hafenmündung.

Cable Wharf 14

Ein paar Schritte weiter kommt man zum **Cable Wharf,** einem auf Stelzen errichteten blauen Gebäude, das weit in den Hafen hineinragt. Hier legten die Kabelverleger-Schiffe an, die einst die ersten Telefonverbindungen über den Atlantik nach Europa schufen. Heute beginnen hier verschiedene Exkursionen und Hafenrundfahrten, und es gibt einen Fischmarkt, Restaurants und Läden mit Andenken und Kunsthandwerk.

Halifax

Maritime Museum of the Atlantic [15]

1675 Lower Water St., Tel. 902-424-7490/91, https://maritimemuseum.novascotia.ca, Sommer tgl. 9.30–17.30, Di bis 20, Winter Di–Sa 9.30–17, So 13–17 Uhr, Erw. 9,55 $, Kinder 5,15 $

Mehr über die goldene Zeit der christlichen Seefahrt, als Neu-Schottlands Segler in den Häfen der Welt noch Flagge zeigten, erfährt man im **Maritime Museum of the Atlantic.** Galionsfiguren alter Windjammer, die Prunk-Barkasse von Königin Victoria, komplette Einrichtungen von Kajüten, Werkzeug und das Sortiment eines Schiffsausrüsters, Schiffsmodelle, alles, was mit Kanadas Salzwassertradition zu tun hat, wird hier gehortet. Besonders interessant sind die Ausstellungen über Schiffswracks und Rettung aus Seenot. Sogar Gegenstände aus dem Wrack der »Titanic« sind zu sehen.

Eine weitere beeindruckende Ausstellung informiert über die Halifax Explosion vom 6. Dezember 1917, bei der ein großer Teil der Stadt verwüstet, über 2000 Menschen getötet und 9000 verletzt wurden. An jenem Unglückstag kollidierte im Hafen von Halifax ein belgisches Versorgungsschiff mit einem französischen Munitionsschiff, das danach Feuer fing und in die Luft flog. Noch 80 km entfernt gingen Scheiben zu Bruch, und Teile des Schiffes wurden in einem Umkreis von über 5 km in der Umgebung verstreut. Die Wirkung der Explosion wurde erst 1945 von der Hiroshima-Bombe übertroffen.

Zum Museumskomplex gehören auch zwei Schiffe mit schwimmenden Ausstellungen: die **»Sackville«,** eine Korvette aus dem Zweiten Weltkrieg, und die **»Acadia«,** Kanadas erstes hydrographisches Forschungsschiff. Beide können am Dock besichtigt werden. Eine Ausstellung über die Franklin-Expedition wird nach den Funden der beiden Forschungsschiffe weiter ausgebaut.

Brewery Market [16]

Ein paar hundert Meter weiter auf der Lower Water Street gelangt man zum **Brewery Market,** wo die **Alexander Keith's Nova Scotia Brewery,** Nordamerikas älteste noch in Betrieb befindliche Brauerei, seit 1836 ihr wohlschmeckendes Ale braut. Der Hauptbetrieb der Brauerei befindet sich zwar in der Oland Brewery, nördlich der Downtown, aber im historischen Brauhaus werden immer noch besondere Biere nach traditionellem Braurezept hergestellt, die man in der »Stag's Head Tavern« dann auch probieren kann. Personal in historischen Kostümen erklärt den Betrieb, es gibt ein Besucherzentrum und einen Brauereiladen (1496 Lower Water St., Tel. 902-455-1474, 1-877-612-1820, www.alexanderkeithsbrewery.com, Anf.ang Juni–Ende Okt. Mo–Sa 12–19.30, So 12–17, sonst Fr, Sa 12–17.30 Uhr, Führung mit Verkostung und Entertainment 26 $).

Der Komplex besteht aus mehreren schön restaurierten Backsteingebäuden mit einem Labyrinth von Säulengängen und heute teilweise mit Glas überdachten Innenhöfen. Man kann sich gut vorstellen, wie hier vor 100 Jahren mit Holzfässern beladene Pferdefuhrwerke über das Kopfsteinpflaster klapperten, um die Tavernen der Stadt und die Segelschiffe in den nahen Docks mit frisch gebrautem Ale zu versorgen. Heute sind in dem Gebäudekomplex außer der Brauerei vor allem Büros, Geschäfte und Restaurants untergebracht.

Am Samstag findet auf dem Gelände ein **Farmers' Market** statt, ein farbenfrohes Ereignis, bei dem man außer frischem Obst und Gemüse und einem leckeren Imbiss auch Kleinkunst und Kunsthandwerk erstehen kann. Straßenmusikanten, Jazz- und Folklore-Bands tragen zur Unterhaltung bei (Historic Farmers' Market, www.halifaxbrewerymarket.com, Sa 8–13 Uhr). Der historische Markt fand zuerst 1750 statt und ist damit der älteste noch heute abgehaltene in Nordamerika.

Seit 2010 ist es hier bedeutend ruhiger geworden, nachdem ein Großteil der Farmer und Händler, um den Platzmangel am alten Standort zu beheben, in das umgebaute alte Kraftwerksgebäude am Pier 20 umzog. Von hier bietet sich ein schöner Blick auf den Hafen und George's Island. Der **Halifax Seaport Farmers' Market** ist täglich geöffnet (961 Marginal Rd./Pier 20, Tel. 902-492-4043, www.halifaxfarmersmarket.com, Mai–Dez. Sa 8–14, So 10–14 Uhr).

Pier 21

Bummelt man die Hafenpromenade weiter in südlicher Richtung, vorbei am Tall Ships Quay, gelangt man zum **Pier 21** mit dem riesigen Cruise Ship Terminal. Wo heute Kreuzfahrtschiffe anlegen, gingen zwischen 1928 und 1971 über 1 Mio. Immigranten, Flüchtlinge und heimatlose Kinder an Land, und für Hunderttausende kanadischer Soldaten begann hier die Fahrt zu den europäischen Fronten des Zweiten Weltkriegs. Mit Ausstellungen, Multimedia-Präsentationen und Veranstaltungen erklärt das **Canadian Museum of Immigration at Pier 21** [17] Geschichte und Schicksale der Einwanderer, Flüchtlinge und Soldaten. Die Ausstellung schließt auch die moderne Einwanderung ein. Ein Research Centre hält für Interessierte Passagierlisten, historische Fotos und Dokumente bereit (1055 Marginal Rd., Tel. 902-425-7770, www.pier21.ca, tgl. 9.30–17 Uhr, Erw. 15,50 $, Kinder 10,25 $).

Nach Dartmouth

Cityplan: S. 376
Dartmouth ist ein Wohn- und Gewerbegebiet auf der Halifax gegenüberliegenden Seite des Hafens. Auch wenn es nicht viele Sehenswürdigkeiten zu bieten hat, lohnt es sich allein der grandiosen Aussicht halber auf die andere Seite des Hafens zu fahren – für ein paar Dollar mit der Fähre oder mit dem Auto über die Angus L. MacDonald Bridge. Dazu sollte man die Brunswick Street nehmen.

Little Dutch Church [18]

2393 Brunswick/Gerrish Sts., Tel. 902-423-1059
Etwa 1 km vor der Abfahrt zur Brücke nach Dartmouth steht Kanadas erste lutherische Kirche, die **Little Dutch Church** mit dem angrenzenden Pionierfriedhof. Die unscheinbare kleine Holzkirche wurde bereits 1756 von deutschen Siedlern gebaut. Dutch bedeutet in diesem Fall nicht ›holländisch‹, sondern ›deutsch‹. In der Kirche werden ab und zu noch Gottesdienste abgehalten. Eine Besichtigung muss zuvor telefonisch vereinbart werden.

Quaker Whaler House [19]

57 Ochterloney St., Tel. 902-464-2253, www.historicplaces.ca, Juni–Aug. Mi–Sa 10–17 Uhr, Spende erbeten
In Dartmouth lohnt ein Besuch des **Quaker Whaler House** nahe der Dartmouth Ferry an der Waterfront. Es wurde 1785 von Quäkern aus Nantucket gebaut, die in Dartmouth eine Walfangflotte errichteten. Im Sommer vermittelt im Stil der damaligen Zeit gekleidetes Personal einen lebendigen Eindruck vom alltäglichen Leben einer Quäkerfamilie. Im hübschen Kräutergarten hinter dem Haus ist auch Platz für ein Picknick.

Black Cultural Centre for Nova Scotia [20]

10 Cherry Brook Rd., Cherry Brook, Tel. 902-434-6223, www.bcc.com, Mo–Fr 9.30–16.30, bis Ende Okt. auch Sa 12–16 Uhr, 6 $

Das **Black Cultural Centre for Nova Scotia** informiert mit Ausstellungen und einem umfangreichen Archiv über die Geschichte und Kultur der schwarzen Bevölkerung in der Region und in Nordamerika. Zum vielseitigen Programm gehören auch Theater, Tanz und Musikdarbietungen. Man erfährt, dass der erste Schwarze in Nova Scotia, Mattieu Da Costa, schon 1606 an Land ging. Nach der amerikanischen Revolution kamen 1782 Tausende schwarzer Loyalisten, um in Nova Scotia ein neues Leben zu beginnen.

Fairview Cemetery [21]

3720 Windsor St.
Wer sich außer für Meereskunde auch für die »Titanic« interessiert, wählt für die Fahrt nach Dartmouth nicht die Angus L. MacDonald-Brücke, sondern die etwas weiter nördlich den Eingang zum Bedford Basin überspannende MacKay Toll Bridge (Gebühr 1 $). Unterwegs kann man den **Fairview Cemetery** besuchen, wo über 100 Opfer des »Titanic«-Unglücks bestattet wurden. Inschriften auf den Grabsteinen erinnern an die tragischen Schicksale. Ein Grabstein trägt neben der Nr. 227 die Aufschrift J. Dawson. Sie lieferte die Inspiration zur Figur des Jack Dawson in James Camerons »Titanic«-Verfilmung.

Bedford Institute of Oceanography 22

1 Challenger Dr., Tel. 902–426-2373, BIO Tour Guides Tel. 902-426-4306, www.bio.gc.ca, Mai–Aug. Mo–Fr 9–17 Uhr, Eintritt frei

Das **Bedford Institute of Oceanography** am Baffin Boulevard, gleich hinter der Brücke am Ufer des Bedford Basin, ist ein weltweit anerkanntes Institut für Meeresforschung und Kanadas größte Einrichtung dieser Art. Außerdem ist es durch seine Dokumentationen über die »Titanic« bekannt und damit auch zu einer Besucherattraktion geworden. Mit Ausstellungen und Führungen wird über die Arbeit des Instituts und die faszinierende Welt der Ozeane informiert. Besonders interessant ist das Modell des gesunkenen Ozeanriesen auf dem Meeresboden. Man kann eine simulierte Schiffsbrücke betreten und im Schautank des **Sea Pavilion** Meerestiere anfassen.

Eastern Passage

Von Dartmouth aus führt die Route 322 in südwestlicher Richtung am Ufer der **Eastern Passage** entlang, der Wasserstraße zwischen Dartmouth und McNab's Island. Man fährt vorbei an wenig attraktiven Industrieanlagen, einer Ölraffinerie und der kanadischen Luftwaffenbasis Shearwater, bevor man das malerische Fischerdorf Fisherman's Cove erreicht.

Shearwater Aviation Museum 23

34 Bonaventure Ave., 12 Wing Shearwater, Tel. 902-720-1083, www.shearwateraviation

Halifax ist eine Stadt, die von und mit dem Meer lebt – Schauplatz des maritimen Lebens ist die Waterfront

museum.ns.ca, Juni–Aug. Mo–Fr 10–17 Uhr, Spende erbeten

Am Eingang des Stützpunkts können Fans im **Shearwater Aviation Museum** etwa ein Dutzend restaurierte Flugzeuge, Uniformen, Ehrenabzeichen und andere Memorabilia der Luftwaffengeschichte besichtigen. Ein großes Diorama zeigt die »HMCS Bonaventure«, Kanadas letzten Flugzeugträger.

Fisherman's Cove und McNab's Island

Doch das Ziel der Fahrt ist **Fisherman's Cove** 24 . Das malerische kleine Fischerdorf ist schon über 200 Jahre alt. Mit seinen bunten Fischerbooten und Häusern, zu denen sich heute auch Galerien, Kunsthandwerksläden, Boutiquen und Fischrestaurants gesellen, ist es ein beliebtes Ausflugsziel von Touristen und Einheimischen. Dennoch ist Fisherman's Cove immer noch eine *working fishing town*, wo die Boote mit frischem Fang die Restaurants versorgen. Gleich am Anfang des Ortes informiert ein vor ein paar Jahren eröffnete **Fisherman's Cove Heritage Centre** über die Geschichte des Fischerdorfes. Hauptsächlich ist es jedoch ein Standort für alle möglichen Events wie Hochzeiten, Partys etc. (Government Wharf Road, Tel. 902-465-6093, Mai–Sept. tgl. 12–18 Uhr, Eintritt frei). Man kann von Eastern Passage über die Government Wharf Road durch den Ort fahren, schöner ist es aber, ihn zu Fuß zu erkunden und auf dem 1 km langen Boardwalk durch grasbewachsene Dünen zu schlendern, immer wieder mit schönem Ausblick auf den Hafen von Halifax und McNab's Island.

Von Fisherman's Cove gelangt man mit einer kleinen Fähre zum **McNab's and Lawlor Islands Provincial Park** 25 mit Stränden und ruhigen Wanderwegen (s. Aktiv unterwegs S. 384).

Infos

Nova Scotia Tourism: Halifax Waterfront Boardwalk at Sackville Landing, Tel. 902-424-4248, 902-424-0610, 1-800-565-0000, www.novascotia.com, https://downtownhalifax.ca. Weiteres Informationsbüro am Flughafen.

Übernachten

Schickes Hotel, historische Umgebung – **Halifax Marriott Harbourfront Hotel** 1 : 1919 Upper Water St., Tel. 902-421-1700, 1-800-943-6760, www.halifaxmarriott.com. Zentral gelegenes Hotel am Hafen, beliebt bei Geschäftsreisenden, mit Indoorpool und Restaurants. DZ ab 280 $.

Attraktiv mit schönem Hafenblick – **Hotel Halifax** 2 : 1990 Barrington St., Tel. 902-425-6700, 1-888-890-3222, www.hotelhalifax.ca. Hotelturm im Zentrum der Stadt über dem Scotia Square, mit schönem Ausblick über Hafen und Stadt; Swimmingpool und Restaurant (Dinner 12–37 $). DZ ab 154 $.

Komfortabel, aufmerksamer Service – **Lord Nelson Hotel** 3 : 1515 South Park St., Tel.

Aktiv

AUSFLUG NACH MCNAB'S ISLAND

Tour-Infos

Fähre: McNab's Island Ferry, von Dartmouth, **Fisherman's Cove** 24, Eastern Passage, Tel. 902-465-4563, 1-800-326-4563, www.mcnabsisland.com. Pro Person 20 $ für Hin- und Rückfahrt, Fahrtzeit etwa 5 Min.
Dauer: Halbtages- bis Tagesausflug
Wichtiger Hinweis: Da es auf der Insel keine Verpflegungsmöglichkeiten gibt, Picknick und Getränke nicht vergessen.
Weitere Informationen: Friends of McNabs Island Society, www.mcnabsisland.com; Department of Natural Resources, Camping-Reservierungen unter Tel. 902-861-2560.

In Blickweite der geschäftigen Downtown Halifax liegt das 400 ha große **McNab's Island** 25 wie ein großer Pfropfen in der Hafenpassage. Die überwiegend mit Ahorn, Birken und Rotfichten bewaldete Insel ist etwa 5 km lang und 1,5 km breit und seit 2002 mit den benachbarten Inseln ein Provinzpark, McNab's & Lawlor Islands Provincial Park. Als National Historic Site wird das 1889 errichtete **Fort McNab** von Parks Canada verwaltet. Die Festung war einst die mächtigste Verteidigungsanlage von Halifax. Die Insel ist bei Vogelkundlern beliebt, über 200 Vogelarten wurden gezählt. Auch Rehe, Kaninchen und Kojoten lassen sich gelegentlich blicken.

Mit der kleinen Fähre von Fisherman's Cove setzen häufig Fahrgäste über, die ihre Mountainbikes mit auf die Insel nehmen. Dort gibt es keine Autos, aber über 20 km idyllischer Wander- und Fahrradwege führen zu Stränden, einem Leuchtturm und den Ruinen alter Forts aus mehreren Jahrhunderten.

Früher war McNab's Island ein wichtiger Teil des britischen Festungssystems, über 100 Kolonialsoldaten und ihre Angehörigen lebten dort. In viktorianischer Zeit wurde von einem Landbesitzer ein Ziergarten mit zahlreichen exotischen Pflanzen angelegt. Heute sind die Gärten der ehemaligen Siedlungsstätten verwildert und die Insel ist ein stilles Naturparadies geworden. Doch im Juli und August kann es am Beach und auf einigen Wanderwegen auch recht lebhaft zugehen.

Adressen

> Von den verfallenen Befestigungsanlagen schweift der Blick über die Bucht von **Hangman's Beach.** Der Strandname erinnert heute daran, dass die Engländer in Kolonialzeiten hier Deserteure aufhängten und als Warnung für andere Seeleute am Galgen baumeln ließen.
> Nicht weit vom Hangman's Beach steht ein fotogener Leuchtturm auf einer schmalen, vom Wasser überspülten felsigen Landzunge. Noch vor wenigen Jahren konnte man den Turm trockenen Fußes über einen Damm erreichen, doch im Jahr 2003 zog ein schwerer Hurrikan über McNab's Island hinweg und riss neben uralten Bäumen und Vogelkolonien auch den Damm zum **Mauger's Beach Lighthouse** mit sich fort.
> Von **Fort Ives** auf einer mit Wildblumen bewachsenen Hügelkuppe am Nordende der Insel hat man einen schönen Bick auf das Panorama von Halifax.

902-423-6331, 1-800-565-2020, www.lordnelsonhotel.ca. Elegantes, altes Hotel am Stadtpark mit 320 Zimmern, ruhige Lage. DZ ab 219 $.

Charmantes B & B – **Halifax Waverley Inn** 4 : 1266 Barrington St., Tel. 902-423-9346, 1-800-565-9346, www.waverleyinn.com. B & B-Hotel mit stilvollen Antiquitäten und berühmten Gästen; auch Oscar Wilde war hier zu Gast. DZ 135–190 $ (im Dezember 2022 noch nicht wieder eröffnet).

Günstig und zentral gelegen – **Halifax Heritage House Hostel** 5 : 1253 Barrington St., Tel. 902-422-3863, www.hihostels.ca. Zentrale Lage nahe Citadel Hill. 30–68 $ (im Dezember 2022 noch nicht wieder buchbar).

Essen & Trinken

Fine Dining – **The Press Gang Restaurant & Oyster Bar** 1 : 5218 Prince St., Tel. 902-423-8816, www.thepressgang.net, So–Mi 17–22, Do–Sa 17–24 Uhr, Fr, Sa Livemusik, Reservierung empfohlen. Stilvolles Restaurant in einem der ältesten Gebäude der Stadt; Seafood, Steaks, Geflügel, Wild, umfangreiche, erlesene Weinkarte, Dinner 38–46 $.

Seafood und maritimes Ambiente – **Five Fishermen** 2 : 1740 Argyle St., Tel. 902-422-4421, www.fivefishermen.com. Traditionsreiches Fischlokal, Grill auf zwei Ebenen in historischem Gebäude, Downstairs Grill, Restaurant und Austernbar im Obergeschoss tgl. 17–22 Uhr (Happy Hour 16–18 Uhr). 28–55 $.

Einfallsreiche Küche – **Gio** 3 : 1725 Market St., im Prince George Hotel, Tel. 902-425-1987, www.giohalifax.com, Mi–Sa 17–22 Uhr. Elegante, angenehme Atmosphäre, Pasta, Chowder, Fisch- und Fleischgerichte, leckere Suppen und Salate. Lunch 12–16 $, Dinner 25–42 $.

Lebhafte Atmosphäre – **The Bicycle Thief** 4 : 1475 Lower Water St., Tel. 902-425-7993, https//bicyclethief.ca, tgl. 11.30–23 Uhr. Beliebtes Lokal an der Waterfront, kanadische Küche mit italienischem Touch, auch vegetarische und vegane Gerichte. Lunch 20–26 $, Dinner 20–40 $.

Mit Panoramablick – **Salty's on the Waterfront** 5 : 1877 Upper Water St., Historic Properties, Tel. 902-423-6818, www.saltys.ca, tgl. 11.30–21 Uhr. Breites Angebot, schöner Blick über den Hafen, große Terrasse. Lunch/Dinner 11–30 $.

Einkaufen

Pilgerziel für Musikliebhaber – **Halifax Folklore Centre** 1 : 1528 Brunswick St., Tel. 902-422-6350, www.halifaxfolklorecentre.ca, Mo–Mi, Fr 11–17.30, Sa 11–17 Uhr. Ein ganz besonderer Musikladen in einem 130 Jahre alten viktorianischen Gebäude. Instrumente, Noten, Bücher und originelle Geschenke.

Kunstgalerie – **Zwicker's Gallery** 2 : 5415 Doyle St., Tel. 902-423-7662, www.zwickersgallery.ca, Di–Fr 9–17, Sa 10–17 Uhr. Älteste Kunstgalerie Kanadas; exzellente Sammlung kanadischer und europäischer Malerei, Lithographien und alte Landkarten.

Kunsthandwerk – **Jennifer's of Nova Scotia** 3 : 5635 Spring Garden Rd., Tel. 902-425-3119, www.jennifers.ns.ca, April-Dez. tgl. 9.30–18 Uhr, sonst kürzere Öffnungszei-

Halifax

ten. Qualitätvolles Kunsthandwerk von über 125 Künstlern aus der Provinz Nova Scotia.

Abends & Nachts

Lounge und Tanzbar – **Niche Lounge** 1 : 1505 Barrington St., Tel. 902-423-6632, www.nichelounge.com. Frühstück, Lunch, Dinner, Bier, Wein und Cocktails, Di, Mi 16–22, Do–Sa 16–24 Uhr. Unmittelbar angrenzend Pacifico Dancebar Do–Sa bis 1 Uhr.

Über 60 Biere – **The Maxwell's Plum** 2 : 1600 Grafton Street, Tel. 902-423-5090, www.themaxwellsplum.com, tgl. 11–2 Uhr. English Pub, leckere Kleinigkeiten, herzhafte Sandwiches und Burger. 7–15 $.

Fünf Musikbars unter einem Dach – **The Dome** 3 : 1739 Argyle St., Tel. 902-414-9486, www.thedome.ca, Do–Sa 22–3.30 Uhr. Enorm populäre Disco und Restaurant.

Besonderes Dinner-Erlebnis – **The Grafton Street Dinner Theatre** 4 : 1741 Grafton St., Tel. 902-425-1961, www.graftonstdinnertheatre.com, Di–So 18.30 Uhr. Musik, Shows und Unterhaltung bei einem gepflegtem Dinner (61 $).

Essen, Trinken, Unterhaltung – **Lower Deck ›Good Time Pub‹** 5 : Privateers Warehouse, Historic Properties, 1887 Upper Water St., Tel. 902-425-1501, www.lowerdeck.ca. Restaurant, Entertainment, Bier und Musik auf zwei Stockwerken.

Musik und Theater – **Neptune Theatre** 6 : 1593 Argyle St., Tel. 902-429-7070, www.neptunetheatre.com. Spielort der größten professionellen Theatergruppe in Atlantik-Kanada. Mix aus klassischen Stücken und Werken kanadischer Autoren. Oft auch Folk und Rock. Ab 33 $.

Kunst und Musik vom Feinsten – **Dalhousie University Arts Centre** 7 : 6101 University Ave., Tel. 902-494-3820, 1-800-874-1669, https://dal.ca/dept/arts-centre.html. Musicals, Tanz und Theaterstücke in den großen Sälen des Rebecca Cohn Auditorium und Sir James Dunn Theatre. Eintritt erfragen.

Aktiv

Sightseeing – **Ambassatours** 1 : 6575 Bayne St., Tel. 902-420-1015, www.ambassatours.com, www.mtcw.ca. Stadtrundfahrten in Halifax mit britischem Flair, Hafenrundfahrten, Whale Watching, Dinner Cruise mit der »Harbour Queen«; Ausflüge nach Peggy's Cove und Lunenburg; Abfahrt von den Historic Properties.

Kanuverleih – **The Trail Shop** 2 : 6112 Quinpool Rd., Tel. 902-423-8736, www.trailshop.com. Reparatur und Vermietung von Kanus, Kajaks, Zelten, Schlafsäcken und Fahrrädern, Verkauf von Büchern und Landkarten.

Radverleih – **I Heart Bikes** 3 : 1475 Lower Water St., Tel. 902-406-7774, https://iheartbikeshfx.com. Verkauf, Reparatur und Vermie-

Adressen

tung von Fahrrädern, große Auswahl verschiedener Fahrradmodelle, auch E-Bikes, ab 25 $.

Termine
Nova Scotia International Tattoo: Ende Juni/Anfang Juli, www.nstattoo.ca. In einem viertägigen farbenfrohen, geräuschvollen Festival wird britische Militärtradition mit Paraden und Musikkapellen, historischen Re-enactments, Böllerschießen und verschiedenen Wettbewerben zelebriert. Die Mitwirkenden kommen aus über 20 Ländern und locken mehr als 2 Mio. Zuschauer in die riesige Metro Center Arena.

Verkehr
Flugzeug: Vom Halifax International Airport: (Highway 102, rund 40 km nördlich der Downtown, www.hiaa.ca) Direktflüge in alle Atlantikprovinzen. Der Airport Express verkehrt zu den Hotels in Downtown (28 $).
Bahn: Vom Bahnhof (1161 Hollis Street) verkehrt u. a. ein Nachtzug (23 Std.) nach Montréal (1 x tgl. Mi und So); Infos: www.viarail.ca.
Busse: ab Busbahnhof (neben dem Bahnhof).
Stadtverkehr: Zum Linienverkehr von MetroTransit im Stadtgebiet von Halifax gehören neben Stadtbussen die Fähren nach Dartmouth (www.halifax.ca/transit).

An der Cable Wharf docken heute statt Kabellegern Ausflugsboote an

Rundreisen in Nova Scotia

Nova Scotia ist äußerst vielfältig: Auf relativ kleinem Raum findet man unberührte Wildnis, grandiose Klippen, grünes Weideland, goldgelbe Badestrände, einsame Buchten und von mächtigen Gezeiten geprägte Uferstreifen, an denen Freizeit-Schatzsucher nach Halbedelsteinen Ausschau halten. Vor der Südküste ziehen Wale vorbei und in malerischen Fischerorten bringen Hummerfischer ihren Fang ein.

An manchen Sommertagen in **Nova Scotia** erinnern die klare Luft und das tiefblaue Wasser ans Mittelmeer. Andere Tage wiederum sind in so sanfte und perlig-silbrige Töne getaucht, dass die vorgelagerten Inseln im Dunst über dem Horizont versinken. An der Südküste hat man oft den Eindruck, als seien Farbenverkäufer durch die verschlafenen kleinen Hafennester mit ihren spitztürmigen weißen Kirchen gezogen: Wie bunte Kleckse in Grün, Gelb, Türkis, Blau, Korallenrot und Rosa sehen die in leuchtenden Farben angestrichenen Holzhäuschen dann auf den grauen Felsen aus.

Touristisch ist Nova Scotia in sieben Gebiete aufgeteilt. Für jede dieser Regionen hält das Tourismusbüro der Provinz ausführliches Material bereit. Die verschiedenen Trails, eher Autowanderwege, sind mit Symbolen ausgeschildert. Entlang der Südküste mit ihren vielen Fischerdörfern und Leuchttürmen führen **Lighthouse Trail** und **Marine Trail;** durch das Akadier-Land an der Nordküste verläuft der **Evangeline Trail;** rund um das Minas Basin führt der **Glooscap Trail;** an der Northumberland Strait mit ihren schönen Stränden zieht sich der **Sunrise Trail** entlang. Die Insel Cape Breton weist gleich mehrere schöne Routen auf, wobei zu den interessantesten der **Cabot Trail** und der **Bras d'Or Trail** gehören. Muss man eine Wahl treffen, wenn nur wenige Tage zur Verfügung stehen, sollte man sich auf Lighthouse, Evangeline und Cabot Trail konzentrieren.

Auf der Lighthouse Route nach Lunenburg
▶ R 9/10

Karte: S. 400

Westlich von Halifax, auf dem Highway 3 und seinen Nebenstraßen, verläuft die **Lighthouse Route** entlang der zerklüfteten und von unzähligen Buchten zerschnittenen Südküste. Diese ausgeschilderte Strecke ist eine der schönsten Routen in Nova Scotia. Ihren Namen erhielt sie von den vielen **Leuchttürmen,** die hier noch mehr als anderswo zu finden sind. Der raue, unberechenbare Nordatlantik und tückische Nebel hatten immer wieder katastrophale Folgen, besonders für die nicht mit den Küsten Neu-Schottlands vertrauten Seefahrer. Über 3000 Wracks zeugen davon. Kein Wunder, dass es in der Provinz über 1000 Leuchttürme und Seewarnzeichen gibt. Mit Nebel muss man auch als Autofahrer rechnen, im Frühjahr mehr als im Spätsommer, und morgens eher als am Nachmittag. Oft ist es aber gerade nebliges oder raues Wetter, das den kleinen **pittoresken Fischerdörfern** den besonderen Reiz verleiht.

Peggy's Cove ▶ R 9
In **Peggy's Cove** 1 (rund 35 Einw.) an der St. Margaret's Bay, eine knappe Stunde von Halifax entfernt, ragt Kanadas wohl bekanntester **Leuchtturm** empor: in leuchtendem Rot-Weiß und mitten in einem Ge-

Auf der Lighthouse Route nach Lunenburg

birge mächtiger Felsblöcke – wie von einem gigantischen Meeresgott durcheinander gewürfelt und von den Brechern glattgewaschen. Dahinter drängen sich die schmucken, buntfarbigen Holzhäuschen um den kleinen Fischerhafen mit seinen verwitterten Stegen und Schuppen, vor denen Hummerfallen gestapelt sind und Netze trocknen. Die Felsbrocken sind vor 10 000 Jahren von den Gletschern der letzten Eiszeit liegen gelassen worden. Die blank geschliffene Granitbasis ist über 400 Mio. Jahre alt.

Die rustikale Idylle von Peggy's Cove ist ein beliebtes Motiv für Maler und Fotografen aus aller Welt, die hier auch eine kleine **Künstlerkolonie** gebildet haben. Überregionale Bekanntheit erlangt William deGarthe (1907–1983), dessen Ölgemälde mit Schiffsmotiven in einer Galerie an der Hauptstraße zu bewundern sind. Der Leuchtturm ist nicht mehr bemannt, bis vor wenigen Jahren war darin ein kleines Postamt untergebracht. Heute kann man die Postkarten im Restaurant abgeben. Während der Sommersaison reichen die Parkplätze des weniger als 40 Seelen zählenden Ortes kaum aus. Wie Ameisen schwärmen Touristen über die sonnenheißen Felsen. Wenn die ersten Herbststürme blasen, wird es wieder ruhiger: eigentlich die schönste Zeit für einen Besuch. Während der Hauptsaison sollte man frühmorgens vor den Tourbussen dort sein.

Aber nicht überall an der Südküste Nova Scotias hat der Tourismus die Seeromantik so im Griff wie in Peggy's Cove. Es gibt Dutzende Fischerdörfer, die mit ihren farbenfrohen Häusern ebenso malerisch sind, wo die Luft kräftig nach Salz, Seetang und Fisch riecht und aus den Kuttern an der Mole Dorsch, Makrelen oder auch Hummer purzeln. Oft bietet sich Gelegenheit zu einem Klön mit den Fischern, die dann schon mal ein kräftiges Garn spinnen. An *tall stories* mangelt es in dieser Gegend mit ihrer abenteuerlichen Vergangenheit wirklich nicht. In der St. Margarets Bay waren Piraten und Freibeuter zu Hause, und während der Prohibition wurden die Schiffe nach Neu-England mit schwarz gebranntem Rum und Whisky beladen.

Übernachten
Mit Blick auf die Margaret's Bay – **Clifty Cove Motel:** 8444 Peggys Cove Rd., Tel. 902-823-3178, 1-888-254-3892, http://cliftycovemotel.com. 11 Zimmer im kleinen Fischerort Indian Harbour, der nur 2 Fahrminuten von Peggy Cove's Leuchtturm entfernt liegt. DZ ab 189 $.

Chester ▶ R 9
Chester 2 (1600 Einw.) an der Mahone Bay wurde 1760 von Siedlern aus Neu-England gegründet. Über 100 Jahre lang war die Bucht mit ihren 365 Inseln ein Eldorado für Schmuggler und Freibeuter, die hier ideale Verstecke fanden. Heute ist der Ort vor allem als Seglerparadies bekannt. Höhepunkt der Saison ist die jeden August stattfindende Chester Race Week, die größte Regatta in Atlantik-Kanada.

Vom Government Wharf in Chester kann man mit der Personenfähre zum 9 km entfernten **Big Tancook Island** übersetzen (Tel. 902-275-7885, Mo–Fr 7–17.30, Sa 13–19, So 10–18 Uhr, Tancook Recreational Center, Tel. 902-228-2927, www.southshoreconnect.cioc.ca, ca. 45 Min. inkl. Fahrrad, das man sich in Lunenburg leihen kann, hin und zurück 7 $). Auf der Insel gibt es idyllische Wanderwege und auch ein kleines Visitor Centre sowie ein Heimatmuseum, ein Café und ein Bed & Breakfast. Auf Graves Island, das ein paar Kilometer nordöstlich von Chester über einen Damm zu erreichen ist, bietet ein Provincial Park Campingmöglichkeiten.

Infos
Bluenose Coast: Chester Municipal Chamber of Commerce, 4171 NS Trunk 3, Tel. 902-275-4802, www.atlanticchamber.ca.

Übernachten
Schöner Blick auf die Mahone Bay – **Gray Gables Oceanside B & B:** 19 Graves Island Rd., Tel. 902-275-2000, www.graygables.ca. Ca. 3 km vom Ort entfernt auf einem Hügel gelegen mit schönem Blick auf den Graves Island Provincial Park; stilvoll eingerichtete, großzügige Zimmer, Veranda. DZ 145–159 $.

Rundreisen in Nova Scotia

Essen & Trinken
Maritimes Dekor – **The Rope Loft:** 36 Water St., Tel. 902-275-3430, www.ropeloft.com. Beliebtes Fischrestaurant mit schönem Blick auf den Bootshafen, breites Angebot an Gerichten: leckere Burger, Hähnchen, Lamm, Steaks, Meeresfrüchte. Ab 10 $.

Termine
Chester Race Week: Mitte August. Größte Segelregatta in Atlantik-Kanada.

Ross Farm Living Heritage Museum ▶ R 9
4568 Highway 12, New Ross, Tel. 902-689-2210, 1-877-689-2210, https://rossfarm.novascotia.ca, Mai–Aug. Di–So 9.30–16.30, Sept.–Nov. Mi–So 9–16 Uhr, Erw. 10 $, Kinder bis 17 Jahre 4 $

Ein kleiner Abstecher auf dem Highway 12 führt zum etwa 30 km entfernten **Ross Farm Living Heritage Museum.** Auf der detailgetreu restaurierten Farm mit Wohn- und Wirtschaftsgebäuden aus dem frühen 19. Jh. zeigt man die Entwicklung der Landwirtschaft in Nova Scotia seit 1817. Tierhaltung, landwirtschaftliche und handwerkliche Aktivitäten – alles ist so wie vor rund 200 Jahren, faszinierend zuzuschauen, mit vielen schönen Fotomotiven.

Oak Island ▶ R 9
Die **Mahone Bay** kann mit den legendären Piratengewässern der Karibik durchaus konkurrieren. 1813 explodierte in der Bucht das Piratenschiff »Young Teazer«. Noch heute soll in stürmischen Nächten das Geisterschiff, in Flammen gehüllt, in der Bucht kreuzen. Namen wie Murderer's Point und Sacrifice Island erinnern an die wilde Vergangenheit. Und seit 1795 wird auf dem nahe gelegenen, über einen Damm erreichbaren **Oak Island** 3 nach einem legendären Schatz gesucht. Manche der unermüdlichen Schatzgräber vermuten, dass hier das Piratengold des berüchtigten Captain Kidd vergraben ist – bei der Tiefe, in die man bereits vorgedrungen ist, eher unwahrscheinlich. Andere, wie Dan Blankenship, der seit Jahrzehnten auf der Insel gelebt und gegraben hat, glauben, dass hier vor Jahrhunderten der Templerorden in einem raffinierten System von Tunneln und Schächten riesige Schätze verbergen ließ. Unsummen sind bereits in das Unternehmen ›Schatzsuche‹ investiert worden. Man führte Bohrungen durch und trieb Schächte bis in 55 m Tiefe. Außer einigen Münzen, Holzkohle, Kokosfasern und rätselhaften Eichenholzplatten hat man bisher jedoch nichts nach oben bringen können. Ein halbes Dutzend Menschenleben hat die Schatzsuche bereits gekostet. Immer wieder drang Seewasser in den Schacht und verhinderte weitere Grabungen. Seit Frühjahr 2007 hat sich ein amerikanisches Konsortium am Unternehmen ›Oak Island‹ beteiligt –

Auf der Lighthouse Route nach Lunenburg

Sommer an der Mahone Bay – das Leben verlagert sich aufs Wasser, und auch der Vierbeiner muss mit

mit Hilfe von Hightech und 10 Mio. Dollar soll das Mysterium nun endlich gelöst werden.

Inzwischen hat die Provinzregierung den neuen Insel-Eigentümern die Lizenz zu weiteren Grabungen verweigert. Aber vielleicht ist das letzte Wort noch nicht gesprochen. Die Gefolgsleute des verstorbenen Dan Blankenship hängen jedenfalls immer noch ihrem Traum nach.

Mahone Bay ▶ R 10

Mahone Bay 4 grüßt schon von Weitem mit seinen drei malerischen Kirchen an der Uferstraße, Trinity United Church, St. John's Lutheran und St. James Anglican Church, deren Spiegelbilder vom ruhigen Wasser der Bucht reflektiert werden – sicher eines der meistfotografierten Motive der Provinz. Nur die **St. James Anglican Church** ist für Besichtigungen geöffnet (14 Parish St., 902-624-8614, Juli/Aug. Mo–Do 9–13 Uhr). Jedoch werden an manchen Freitagen auch in den anderen Kirchen klassische Konzerte veranstaltet (Info im Visitor Centre, Tel. 902-624-8327, www.townofmahonebay.ca).

Die engen Straßen des Ortes sind von zahlreichen historischen Gebäuden mit Galerien und Kunstgewerbeläden, Restaurants und Cafés gesäumt. Man kann Ruderboote und Kajaks mieten und die einsamen Strände und Buchten der Bay erkunden. Im goldenen Zeitalter der Segelschiffe war die

Rundreisen in Nova Scotia

Stadt ein Zentrum des Schiffbaus. An der Waterfront demonstriert man die Techniken des Holzbootbaus und lässt ein Schiff vom Stapel. Über Schiffsbautradition und Pionierzeit informiert das kleine **Settler's Museum,** das in einem über 150 Jahre alten Holzhaus an der Hauptstraße untergebracht ist (578 Main St., Tel. 902-624-6263, https://mahonebaymuseum.com, Mai–Sept. Di–Sa 10–16 Uhr, Eintritt frei).

Übernachten, Essen

Schöne ruhige Lage – **Oak Island Resort and Conference Centre:** Western Shore, Highway 103, zwischen Chester und Mahone Bay, 902-627-2600, 1-800-565-5075, www.oakislandresort.ca. Hotel und voll eingerichtete Ferienhäuser in schöner Lage am Wasser, Restaurant (vorübergehend geschlossen), eigener Bootshafen, Verleih von Kajaks und Paddelbooten. DZ 179–199 $.

Stilvoll und zentral – **Mahone Bay B & B:** 558 Main St., Tel. 902-624-6388, 1-866-239-6252, www.mahonebedandbreakfast.com. Historisches Haus im Ortszentrum. Vier hübsch mit Antiquitäten eingerichtete, komfortable Zimmer, schöne Veranda mit Meerblick, leckeres Frühstück. DZ ab 160 $.

Essen & Trinken

Hafenblick und einfallsreiche Küche – **Rebecca's Restaurant:** 249 Edgewater St., Tel. 902-531-3313, www.rebeccasrestaurant.ca. Beliebtes Lokal mit Terrasse, Kleinigkeiten, Burger, Pasta, Fisch, auch vegetarische und vegane Gerichte, gelegentlich Musikdarbietungen. Hauptgerichte 8–15 $.

Aktiv

Kajaktouren – **East Coast Outfitters:** 2017 Lower Prospect Rd., Lower Prospect (zwischen Halifax und Peggy's Cove), Tel. 902-852-2567, 1-877-852-2567, www.eastcoastoutfitters.com. Kajaktouren in den ruhigen Gewässern der Mahone Bay, entlang felsiger Küsten und schöner Inselstrände; während der Fahrt können Delfine, Seeadler und Haubentaucher beobachtet werden. Exkursionen, Kurse für verschiedene Könnensstufen und Verleih.

★ Lunenburg ▶ R 10

Karte: S. 400

Hinter dem weiten Bogen der Mahone Bay liegt **Lunenburg** (2400 Einw.), ein bildschönes ruhiges Hafenstädtchen mit einer langen Fischerei-, Seefahrer- und Schiffsbautradition, das zunehmend vom Tourismus entdeckt wird. Entsprechend ist das Angebot von Kunstgalerien, Museen und Restaurants. Sanft zum Hafen hinunter abfallend, erstreckt sich schachbrettartig das Netz der schmalen baumgesäumten Straßen. Der gesamte Kern des Städtchens ist zum UNESCO-Welterbe erklärt worden. Die Häuser leuchten in kräftigem Blau, Gelb, Rot und Grün. Besonders die alten **Kapitänsvillen** sind mit Erkern, Türmchen und Balustraden reich verziert und bis ins Detail bemalt: Lunenburg ist berühmt für seine **Holzarchitektur.**

Im **Hafen** ist der Mastenwald der Rahsegler und Schoner längst verschwunden. Aber noch immer kommen große Segelschiffe aus aller Welt – zu einem Freundschaftsbesuch oder zur Ausbesserung ins Dock. Denn in Lunenburg leben auch heute noch Segelmacher und Zimmerleute, die die alte Kunst des Holzschiffbaus beherrschen, obwohl die neuen Fischkutter aus Stahl bestehen und mit modernstem Gerät ausgerüstet sind.

Eine große Fangflotte und moderne Verarbeitungsanlagen haben die Stadt zu einem der wichtigsten Fischereihäfen der amerikanischen Atlantikküste gemacht. Wie überall in den Atlantikprovinzen gibt es aber auch hier Probleme. Auf Jahre hinaus reduzierte Fangquoten für Kabeljau und Heilbutt haben die Hochseefischerei in eine schwere Krise gestürzt. Hummerfang und Küstenfischerei können diese Verluste nicht ausgleichen.

Geschichte

Schon in der Mitte des 17. Jh. ankerten an der Küste bei Lunenburg französische Seefahrer. Die Siedlung entstand aber erst 100 Jahre später, als im Auftrag des englischen Königs, Georg II. aus dem Hause Hannover, deutsche und Schweizer Protestanten ins Land gebracht wurden – als Gegengewicht zum französischen

Einfluss in anderen Regionen Québecs und Neu-Schottlands. Im Lunenburger Stadtarchiv zeigt man stolz die alten Einwanderungslisten. 1700 Wagemutige waren es, die in den Jahren 1751 bis 1753 hier ihre neue Heimat suchten. Die Mehrzahl der Neuankömmlinge stammte aus dem deutschen **Lüneburg.** Deutsch wird heute in Lunenburg zwar nicht mehr gesprochen, aber die Erinnerung ist noch da. Auf dem alten **Friedhof** tragen viele Grabsteine **deutsche Inschriften** in gotischen Lettern, und in der Umgebung gibt es Siedlungen, die New Germany und West Berlin heißen.

1750 erschien in Deutschland die erste Proklamation über die Möglichkeit zur Einwanderung in diesen Teil der ›Neuen Welt‹. Man versprach fruchtbare Böden, reiche Fischgründe und eine günstige Lage, um Handel zu treiben. Dazu wurden pro Person 25 ha Land, Haushalts- und Landwirtschaftsgeräte, 500 Ziegelsteine und ein Posten Nägel für den Hausbau, Waffen, Munition sowie zehn Jahre Steuererlass geboten. Nicht alle Versprechungen erfüllten sich. Die felsigen Hänge um die Malagash Bay boten den ersten Siedlern, die als Farmer gekommen waren, nur kargen und mühsam erarbeiteten Lebensunterhalt. So wandte man sich bald dem Fischfang zu, und die Lunenburger begründeten ihren Ruf als hervorragende Seeleute, Fischer und Schiffsbauer.

»Bluenose II«

Tel. 902-634-8483, 1-855-640-3177, https://bluenose.novascotia.ca

In Lunenburg wurde 1921 die berühmte »Bluenose« gebaut, die, obwohl als Schoner für den Hochseefischfang auf den Grand Banks vor Neufundland vorgesehen, fast zwei Jahrzehnte alle Regatten an der Ostküste Amerikas gewann. Das Bild dieses schnellsten und erfolgreichsten Seglers vor Nordamerikas Küsten ziert die Rückseite der kanadischen 10-Cent-Münze. Die **»Bluenose II«**, ein detailgetreuer Nachbau, lief 1963 auf der Lunenburger Werft Smith and Ruland vom Stapel und ist heute als Wahrzeichen Nova Scotias ein Publikumsmagnet.

Wenn das Schiff im Hafen ankert, lässt man die Gangway für Touristen zur Besichtigung herunter. Auch zweistündige Segeltouren sind dann möglich. Heimathafen der »Bluenose II« ist Lunenburg. Während der Sommersaison ist der Segler häufig auf Tour und besucht verschiedene Häfen in Atlantik-Kanada, am häufigsten Halifax. Den Reiseplan erfährt man bei Nova Scotia Tourism und unter der kostenfreien Bluenose-Telefonnummer.

Lunenburg Academy

Nicht nur die Waterfront hat architektonisch interessante Gebäude zu bieten. Die imposante, rotweiß leuchtende **Lunenburg Academy** thront wie eine Burg auf dem Gallows Hill. Das dreistöckige Holzgebäude wurde 1895 errichtet und ist mit Erkern und Türmen ein prächtiges Beispiel für die viktorianische Architektur des ausgehenden 19. Jh. Die Academy ist das älteste Schulgebäude Nova Scotias und erfüllt heute noch ihre Funktion als Grundschule für rund 165 Schüler.

»Eastern Star«

Tel. 902-634-3535, 1-877-386-3535, www.novascotiasailing.com, Erw. 50 $, Kinder 25 $

So attraktiv die Tour mit der »Bluenose II« auch ist – das Schiff ist mitunter wochenlang nicht im Hafen, und wenn, dann sind die Tickets schnell ausverkauft. Hat man also kein Glück mit der »Bluenose«, muss man trotzdem nicht auf eine zünftige Segeltour verzichten. Die **»Eastern Star«** ist eine in klassischer Holzbauweise entstandene, 15 m lange Ketsch, die während des Sommers bis zu viermal am Tag zu 2-stündigen Fahrten vor der Küste Lunenburgs aufbricht.

Fisheries Museum of the Atlantic

68 Bluenose Dr., Tel. 902-634-4794, https:// fisheriesmuseum.novascotia.ca, Mitte Mai– Anf. Okt. tgl. 9.30–17 Uhr, Erw. 14,50 $, Kinder 6–17 Jahre 3,50 $

Das **Fisheries Museum of the Atlantic** ist in den leuchtend roten Holzgebäuden einer ehemaligen Fischverarbeitungsanlage am Hafen untergebracht. Ausstellungen und Filmvorführungen zeigen die Entwicklung der Fischerei von Nova Scotia und auf dem Festlandsschelf. Zum Museum gehören auch ein hervorragendes großes Meeresaquarium und zwei historische Schiffe. Der Schoner »Theresa E. Connor«, einer der letzten alten *saltbanker*, und der ausgediente Trawler »Cape Sable« erinnern an Lunenburgs große Zeit der Hochseefischerei.

Blue Rocks

Ein paar Kilometer östlich von Lunenburg am Ende der Peninsula kommt man zum kleinen, wenig touristischen Fischerdorf **Blue Rocks** mit einfachen, bunt gestrichenen Holzhäusern, manche mit einem aufgebockten Boot davor, verwittert und mit abblätternder Farbe von harten Einsätzen zeugend. In Reihen gestapelte Hummerfallen mit ihren bunten Schwimmern und aufgespannte Fischnetze vervollständigen das maritime Ambiente.

Ovens Natural Park ▶ R 10

Tel. 902-766-4621, www.ovenspark.com
Auf der gegenüberliegenden Seite der Bucht, die über die Route 332 zu erreichen ist, lohnt ein Ausflug zum **Ovens Natural Park** 5. Dort führt ein landschaftlich reizvoller Wanderweg zu eindrucksvollen Höhlen in der

Lunenburg ist eine Stadt, die Farbe bekennt – um Anpassung an lokale Bräuche bemühte Urlauber unterstützen sie dabei nach Kräften

Lunenburg

Steilküste. Hier wurde 1861 Gold gefunden. Spuren aus dieser Zeit sind noch an verschiedenen Stellen im Park zu sehen, und ein kleines Museum informiert über den Goldrausch in Neu-Schottland. Man kann auch selbst sein Glück beim Goldwaschen versuchen. Zum Ovens Natural Park gehört außerdem ein hübscher Campingplatz.

Infos
Lunenburg Visitor Information & Campground Registration Centre: Blockhouse Hill Rd., Lunenburg, NS B0J 2C0, Tel. 902-634-3656, -888-615-8100, www.marinerking.com, www.lunenburgns.com, Ende Mai–Ende Sept. tgl. 9–17 Uhr.

Übernachten
Luxuriöses Inn – **The Mariner King Inn:** 15 King St., Tel. 902-905-8509. B & B Inn, 4 Zimmer in einer georgianischen Villa, stilvoll eingerichtet; gutes Restaurant, Gartenterrasse. DZ 145–190 $.

Zentral und komfortabel – **Lunenburg Arms Hotel & Spa:** 94 Pelham St., Tel. 902-640-4040, www.eden.travel/lunenburg. Frisch renoviertes Haus in zentraler Lage, elegante und komfortable Zimmer und Suiten, zur Hafenseite mit tollem Ausblick; Continental Breakfast, gutes Restaurant im Hause. DZ ab 129 $.

Komfortables B & B plus Segeltörn – **Sail Inn B & B:** 99 Montague St., Tel. 902-579-7601, 1-877-386-3535, www.sailinn.ca. Restaurierte Kapitänsvilla am Hafen, nahe beim Fisheries Museum, nett eingerichtete geräumige Zimmer, alle mit Küchenzeile und Hafenblick, Gourmet-Frühstück, im Sommer kostenlose Segeltour mit der »Eastern Star« jeweils um 11 Uhr. DZ 115–145 $.

Camping – **Ovens Natural Park:** Route. 332 (15 Min. außerhalb), Tel. 902-766-4621, www.ovenspark.com, Mitte Mai–Ende Sept. Cottages und Campground in schöner Lage, mit Restaurant, Bootstouren zu den Meereshöhlen. Cabins 84–205 $. **Lunenburg Board of Trade Campground:** 11 Blockhouse Hill Rd., Tel. 902-634-8100, 1-888-615-8305, www.lunenburgns.com, geöffnet Mitte Mai–Mitte Okt. 36–60 $.

Essen & Trinken
Meeresfrüchte im passenden Ambiente – **Old Fish Factory Restaurant:** Im Fisheries Museum, 68 Bluenose Drive, Tel. 902-634-3333, 1-800-533-9336, http://oldfishfactory.com, tgl. 11–21 Uhr. Originell eingerichtetes Fischrestaurant mit schöner Aussicht über den Hafen. Lunch 8–18 $, Dinner 19–37 $.

Beliebt und preiswert – **The Savvy Sailor Café:** 100 Montague St., Tel. 902-640-7245, www.thesavvysailor.ca, Juni–Mitte Sept. Mi-Mo 8–22 Uhr. Direkt beim »Bluenose«-Anleger mit Terrasse über dem Hafen, netter Service, hervorragendes Frühstück und leckere Kleinigkeiten. Ab 8 $.

Aktiv

Segeltörns – **»Bluenose II«**, Tel. 902-634-8483, 1-855-640-3177, https://bluenose.nova scotia.ca. Segeltouren (2 Std.) auf dem Nachbau des legendären, aufwendig restaurierten Schoners. **Star Charters**, Kartenverkauf am Fisheries Museum, Tel. 902-634-3535, 1-877-386-3535, www.novascotiasailing.com, Juli/Aug. 10.30, 12.30, 14.30 und 16.30 Uhr, Abfahrtszeiten für Juni, Sept./Okt. erfragen. Fahrten mit der 15-m-Ketsch »Eastern Star«. Erw. 50 $, Kinder 25 $.
Sightseeing – **Lunenburg Walking Tours:** Waterfront, Tel. 902-521-6867, www.lunen burgwalkingtours.com, 25 $. Geführte Rundgänge durch den historischen Ortskern.
Wale beobachten – **Lunenburg Whale Watching:** Fisheries Museum Wharf, Tel. 902-527-7175, www.novascotiawhalewatching.com, Exkursionen zur Beobachtung von Walen, Seelöwen und Seevögeln, Mitte Juni–Mitte Sept. 8.30, 11.30, 14.30 und 17.30 Uhr, 75 $.
Hafen- und Angeltouren – **Heritage Fishing Tours:** Waterfront, Tel. 902-640-3535, 1-877-386-3535, 902-634-3537 (Nov.–Mai), www.boattour.ca. 45-minütige Hafentouren mit einem kleinen Fischerboot, auch Angeltouren sind möglich (Juni–Okt.). 30–45 $.
Fahrradverleih – **Lunenburg Bike Shop:** 169 Montague St., Tel. 902-521-6115, https://lu nenburgbikeshop.com, Mi–Sa 10–16 Uhr. Touren- und Sporträderverleih, Service, ganzer Tag 40 $, Woche 200 $, E-Bikes ganzer Tag 75 $.

Termine

Nova Scotia Folk Art Festival: Anfang August, www.nsfolkartfestival.com. Ein Geheimtipp für Sammler: Ausstellung, Verkauf und Versteigerungen von Kunsthandwerk aus Nova Scotia.
Lunenburg Folk Harbour Festival: Anfang/Mitte August, www.folkharbour.com. Auftritte der bekanntesten Folk- und Country-Gruppen aus Nova Scotia beim Fisheries Museum.

Auf der Lighthouse Route bis Yarmouth

Karte: S. 400

Kejimkujik National Park
▶ Q 10

Kurz vor Liverpool führt der Highway 8 quer über die Insel nach Annapolis Royal – eine gute Verbindung, wenn man den **Kejimkujik National Park** 6 besuchen möchte. Der im Landesinneren liegende Hauptteil des Nationalparks umfasst ein etwa 380 km^2 großes Wildnisgebiet 40 km südlich von Annapolis Royal und 70 km nördlich von Liverpool. Der weitaus größte Teil dieser bewaldeten Seenlandschaft mit zahlreichen Flüssen und Riedgrassümpfen ist nur mit dem Kanu oder für Backcountry-Trekker zu erreichen.

Schon die Ureinwohner hatten hier ihre Lagerplätze und Kejimkujik bildete das Zentrum der traditionellen Kanurouten zwischen der Bay of Fundy und der Atlantikküste. Noch heute zeugen **Petroglyphen** von der vergangenen Kultur der Mi'kmaq. Die in den weichen Stein der Felswände an den Seeufern geritzten Felszeichnungen zeigen Männer und Frauen in traditioneller Kleidung sowie Jagdszenen. Die Nationalparkverwaltung veranstaltet geführte Wanderungen, auf denen die Petroglyphen besichtigt werden können. ›Kedschi‹, wie der Park allgemein genannt wird, ist vor allem ein Paradies für Kanuten (s. Aktiv unterwegs S. 398) und Angelsportler, bietet aber auch gute Bade- und Campingmöglichkeiten. Im September und Oktober leuchtet der Mischwald des Parks in bunten Herbstfarben.

Trails im Nationalpark

Es gibt über ein Dutzend **Wanderwege** von wenigen hundert Metern bis 6 km. Alle sind gut gepflegt und leicht zu erwandern und Brücken und Holzstege machen auch die Feuchtgebiete zugänglich.

Einen sehr guten Überblick erhält man schon auf dem **Mersey Meadow Loop,** ein nur 300 m langer Planken-Rundweg direkt

Auf der Lighthouse Route bis Yarmouth

am Eingang des Parks, auf dem acht informative Tafeln die heimische Tierwelt vorstellen. Hier beginnt auch der **Beech Grove Trail,** ein 2,2 km langer Rundweg (1,5 Std.). Der Lehrpfad führt um einen Drumlin, einen von Gletschern geformten Hügel, und dann weiter durch dicht bewaldete Uferbereiche am Mersey River.

Der **Peter Point Trail** (3 km hin und zurück, 1–2 Std.) führt auf eine weit in den Lake Kejimkujik hineinragende Landzunge. Dabei durchquert er verschiedene Lebensräume: Altbestände von Zuckerahorn, Hemlocktannen und Rotahorn sowie Uferzonen mit einer Vielfalt von Wasserpflanzen. Auf dieser Wanderung bieten sich auch gute Möglichkeiten, Vögel zu beobachten.

Auf dem **Hemlocks and Hardwood Trail,** einem 6 km langen Rundweg (ca. 2,5 Std.), gelangt man durch akadischen Mischwald auch in einen alten Bestand von mächtigen, über 300 Jahre alten Hemlocktannen.

Der **Mersey River Trail** (7 km hin und zurück, 2–3 Std.) führt durch schöne Rot- und Silberahornbestände am Ufer des Mersey entlang und bietet neben reizvollen Flusspanoramen auch die Möglichkeit, seltene Schmuckschildkröten zu beobachten. Dieser Wanderweg ist besonders im Herbst mit seiner leuchtenden Farbenpracht eine wahre Augenweide.

Infos

Kejimkujik National Park Visitor Centre: Route 8, Kejimkujik Scenic Drive, Maitland Bridge, Tel. 902-682-2772, www.pc.gc.ca, Mitte Mai–Ende Okt. Mo–Fr 8.30–16.30, Fr bis 19, Sa, So bis 18 Uhr, Juli/Aug. tgl. bis 20 Uhr. Geführte Touren, Kanu- und Radverleih, Parkeintritt Erw. 6,25 $, Kinder frei, Angellizenz 10,25 $/Tag.

Wichtiger Hinweis: Bei mehrtägigen *Backcountry*-Exkursionen ist zur eigenen Sicherheit eine An- und Abmeldung im Büro der Parkverwaltung Pflicht.

Übernachten

Camping – **Kejimkujik National Park Campground:** in der Jeremys Bay, www.pc.gc.ca. Toiletten und Duschen.

Aktiv

Fahrrad- und Bootsverleih – **Liverpool Adventure Outfitters**: s. Aktiv unterwegs S. 398. Fahrräder 35 $/Tag.

Liverpool ▶ R 10

Liverpool [7]**,** ein 2500-Einwohner-Städtchen an der Mündung des Mersey River, 65 km von Lunenburg entfernt, erlebte seine Blütezeit im 19. Jh., als große Clipper die Meere durchpflügten. In einem einzigen Jahr liefen hier 30 große Segler vom Stapel. Zum Reichtum der Stadt trugen auch ihre Kapitäne bei, die als Freibeuter des englischen Königs die Schiffe der Spanier, Franzosen und später auch der abtrünnigen Amerikaner kaperten und deren Draufgängertum gefürchtet war. Die Stadt wurde deshalb auch ›Port of Privateers‹ genannt. Die vielen schönen Holzhäuser zeugen noch heute vom Glanz vergangener Zeiten. Das liebevoll restaurierte **Perkins House** wurde 1766 von dem berüchtigten Freibeuter Simeon Perkins errichtet. Jetzt ist es ein Museum und informiert über ihn und die Freibeuterei (105 Main St., Tel. 902-354-4058, https://perkinshouse.novascotia.ca, Juni–Mitte Okt. Mo–Sa 9.30–17, So 13–17 Uhr, Spende erbeten).

In einem alten Schulgebäude ist das **Rossignol Cultural Centre** untergebracht, eine Mischung von zwei Kunstgalerien und fünf kleinen Museen, einschließlich einer Trapperhütte, einem historischen Drugstore und einem ›outhouse‹-(Toilettenhäuschen)-Museum. Da das Sherman Hines Museum of Photography geschlossen wurde, wird jetzt hier eine kleine Ausstellung mit Aufnahmen des bekannten Fotografen Sherman Hines gezeigt (205 Church St., Tel. 902-354-3067, www.rossignolculturalcentre.com, Mitte Mai–Mitte Okt. Di–So 10–17 Uhr, 5 $).

Dem Highway 3 auf der Lighthouse Route folgend, gelangt man über die Abfahrt 24 zum historischen Fischerdorf **Lockeport.** Der sichelförmige Sandstrand zierte einmal die kanadischen 50-Dollar-Noten. In der **Locke Family Streetscape** stehen fünf Gebäude aus der Zeit von 1836 bis 1876 unter Schutz, die mit der Familie des Stadtgründers Jonathan Locke in Zusammenhang stehen.

Aktiv

KANUTOUR IM KEJIMKUJIK NATIONAL PARK

Tour-Infos
Start: Mersey River Bridge am Ende der südlichen Parkstraße
Länge: 6–8 km (einfache Strecke)
Dauer: 3–4 Std.
Schwierigkeitsgrad: leicht
Infos: Kejimkujik National Park Visitor Centre, s. S. 397.

Geführte Touren und Bootsverleih: Liverpool Adventure Outfitters, 4003 Sandy Cove Road (HY 3), Tel. 902-354-2702, www.liverpool adventureoutfitters.com, im Sommer Di–Fr 10–16, Sa 12–16 Uhr, Kanus und Kajaks 50 $, Fahrräder 35 $ pro Tag, Tagestouren 139 $, Halbtagestouren 89 $. Ausrüstungsverleih; Shuttle-Service möglich.

Die ruhigen Seen und Fließgewässer machen den Kejimkujik National Park zu einem der besten Kanureviere Atlantik-Kanadas, ob für ein- oder zweistündige ›Schnuppertouren‹ oder mehrtägige Entdeckungsreisen. Die meisten Gewässer sind miteinander verbunden oder durch kurze Portagen zu erreichen, sodass sich schöne Routen zusammenstellen lassen. Die Parkverwaltung hat gutes Kartenmaterial, auf dem die Wildniscampingplätze an den Ufern vermerkt sind, ebenso wie die Kanurouten. Sie sind auf dem See durch nummerierte farbige Bojen markiert, sodass man leicht zurückfindet. Das Wasser auf dem großen See kann bei Wind recht unruhig werden kann, weswegen unerfahrene Kanuten in Ufernähe paddeln oder einen der kleineren Seen oder Wasserläufe wählen sollten.

Auf der Lighthouse Route bis Yarmouth

Eine schöne, leicht zu paddelnde Tagestour ist die Strecke von der **Mersey River Bridge** am Ende der südlichen Parkstraße durch den Lake George vorbei am langgestreckten **Hemlock Island** in den **Lake Kejimkujik,** wo Biber und Eistaucher *(loon)* zu Hause sind. Portagen sind auf dieser Kanutour nicht zu bewältigen. Wenn man möchte, lässt sich die Tour auch zu einem mehrtägigen Wildnisabenteuer ausdehnen, denn gleich am Beginn des Lake Kejimkujik findet man am Westufer mehrere schöne Campsites für Kanufahrer.

Infos
Im Internet: www.queens.ca.

Übernachten, Essen
Für jeden etwas, netter Service – **Lanes Privateer Inn:** 27 Bristol Ave., Tel. 902-354-3456, 1-800-794-3332, www.lanesprivateerinn.com. Historisches Bed-&-Breakfast-Gästehaus mit 27 angenehmen Zimmern, von denen die meisten einen schönen Blick auf den Fluss oder Hafen bieten; im 200 Jahre alten Gebäude sind außer einem Pub auch ein Buchladen mit Café und ein gutes Restaurant untergebracht. Dinner 15–28 $, DZ 130–175 $.

Termine
Privateer Days: Ende Juni/Anfang Juli, Tel. 902-354-4500, www.privateerdays.ca. Im Fort Point Lighthouse Park wird mit Aufführungen und historischen Kostümen an die große Freibeuterzeit erinnert.

Kejimkujik National Park Seaside ▶ R 10
Rund 25 km südlich von Liverpool liegt der **Kejimkujik National Park Seaside 8**, der maritime Teil des Kejimkujik National Park (s. S. 396) mit einsamen wildromantischen Küstenlandschaften. Viele bedrohte Vogelarten wie der Gelbfuß-Regenpfeifer haben hier ein Refugium gefunden. Der Park hat keine Einrichtungen und Camping ist hier nicht erlaubt. Beim **Willis Lake** in **Southwest Port Mouton** führt ein 5 km langer Wanderweg zur **Black Point Beach** und einige Kilometer weiter auf der Route 103 zweigt bei **Port Joli** eine unbefestigte Straße zum Park ab. Vom Parkplatz der St. Catherines Road führt ein 2 km langer Trail zum **St. Catherine's River Beach**.

Shelburne ▶ Q 10
Von verflossener Glorie träumt auch das kleine Städtchen **Shelburne 9** (1700 Einw.) mit seinen sorgfältig restaurierten Bürgerhäusern aus dem 18. und 19. Jh.; für einen kurzen Augenblick in der Geschichte war es das größte urbane Zentrum Nordamerikas. Gegründet 1783 von 3000 königstreuen Loyalisten, die vor den Wirren der amerikanischen Revolution flohen, hatte die Stadt bereits vier Jahre später über 16 000 Einwohner; die meisten von ihnen waren Angehörige der Bürgerklasse Neu-Englands. Aber sie waren wohl nicht geschaffen für das Leben an Nova Scotias rauer Küste – schon bald begann ein neuer Exodus, und 1816 zählte Shelburne weniger als 400 Seelen.

Im **Historic District** an der Dock Street sind in den schönen alten Holzhäusern drei sehenswerte Museen untergebracht: Das **Ross Thomson House,** 1784 gebaut, ist der einzige noch erhaltene Loyalist General Store; seine Regale sind mit vielen Gegenständen aus der Kolonialzeit bestückt (Charlotte Lane, Tel. 902-875-3219, https://rossthomson.novascotia.ca).

Das **Shelburne County Museum** zeigt Ausstellungen zur Seefahrtsgeschichte der Region und man kann Kanadas älteste Feuerlöschausrüstung von 1740 besichtigen (20 Dock St./Maiden Lane, Tel. 902-875-3219).

Im **Dory Shop Museum,** einer ehemaligen Werft, werden traditionelle Bootsbautechniken vorgeführt (11 Dock St., Tel. 902-875-3219, https://doryshop.novascotia.ca). Shelburnes historische Kulisse ist auch bei Film- und Fernsehproduzenten gefragt, 4 $.

Als neues Museumsprojekt wurde 2015 das **Black Loyalist Heritage Centre** eröffnet. Es liegt etwa 7 km nördlich von Shelburne auf dem Gelände der Birchtown National Historical Site. Es erzählt die wechselvolle Geschichte der hier 1783 angelandeten Loyalisten, die damals die größte Gruppe freier Schwarzafrikaner außerhalb Afrikas war, sowie auch die Geschichte anderer schwarzer Siedlungen in Nova Scotia. Auf dem **Heritage Trail** können historische Gebäude wie das Old Schoolhouse, die Saint Paul's Church und das Pithouse besichtigt werden, ebenso wie der alte Loyalisten-Friedhof (119 Old Birchtown Rd., Birchtown, Tel. 902-875-1310, https://black loyalist.novascotia.ca, Erw. 9,20 $, Kinder bis 17 Jahre 5,75 $).

Infos

Shelburne Tourist Bureau: 43 Dock St., Tel. 902-875-4547, https://shelburnens.ca, Mitte Mai–Mitte Okt. 10–18 Uhr.

Übernachten

Mit üppigem Frühstück – **The Cooper's Inn:** 36 Dock St., Tel. 902-875-4656, 1-800-688-2011, www.thecoopersinn.com. 7 Zimmer und eine Suite in historischem B & B Inn in der Historic Waterfront Area, dazu ein hübscher Garten und viel Atmosphäre. DZ 140–190 $.

Auf der Lighthouse Route bis Yarmouth

Ruhig und freundlich – Wildwood Motel: Minto St., Tel. 902-875-2964, 1-800-565-5001. Am Highway 3 etwas außerhalb des Stadtzentrums. Großzügig geschnittene Zimmer, einige davon auch mit Kitchenette ausgestattet, sehr freundliche Atmosphäre. DZ 85–95 $.

Camping – The Islands Provincial Park: Highway 3, 5 km westl. von Shelburne, Tel. 902-875-4304, http://parks.novascotia.ca/content/islands. Hübscher Park mit einfachen Campingmöglichkeiten ohne Anschlüsse, geöffnet Mitte Juni–Anfang Okt.

Essen & Trinken

Zum Draußensitzen – Charlotte Lane Café: 13 Charlotte Ln., Tel. 902-875-3314, www.charlottelane.ca, Mai–Mitte Dez. Do–So 11.30–14.30, 17–20, Mi 17–20 Uhr. In einem historischen Gebäude zwischen Water und Dock Street. Die Speisekarte umfasst neben Klassikern auch asiatisch inspirierte Gerichte. Vorspeisen 8–12 $, Hauptgerichte 16–22 $.

Termine

Shelburne County Lobster Festival: Juni, www.shelburnecountylobsterfestival.com.

Fest zum Ende der Hummersaison mit Lobster-Essen, Musik und Tanz.

Cape Sable Island ▶ Q 11

Bei Barrington führt ein 1200 m langer Damm nach Cape Sable Island hinüber. **Clark's Harbour** 10 ist ein alter, unverfälschter Fischerort, in dem um 1900 die Cape-Islander-Boote zuerst gebaut wurden. Diese kleinen, enorm seetüchtigen Fischkutter, meist zum Hummerfang benutzt, gehören heute zum Standard für diese Region des Nordatlantiks. Cape Sable markiert Nova Scotias südlichsten Punkt und ist als Schiffsfriedhof berüchtigt. Das Bergen von Strandgut war hier ein lohnendes Geschäft und ein willkommenes Zubrot für so manchen Fischer. Relikte aus dieser Zeit sind im **Archelaus Smith Museum** im kleinen Ort Centreville zu sehen (Tel. 902-745-3361, 1. So im Juli–letzter Sa im Aug. Mo–Sa 10.30–16.30, So 13.30–16.30 Uhr, Eintritt frei). Auf einer vorgelagerten Sandbank steht das **Cape Lighthouse**, mit 31 m der höchste Leuchtturm von Nova Scotia.

Pubnicos ▶ Q 10/11

Etwa 40 km nördlich von Cape Sable Island erreicht man altes akadisches Siedlungsgebiet, die Pubnicos. In einem halben Dutzend Ortschaften um den langgestreckten **Pubnico Harbour** 11 leben einige hundert Familien von Fischfang und Landwirtschaft. Zwar gibt es seit einigen Jahrzehnten elektrischen Strom, und auch die Fischkutter sind heute modernisiert, doch ansonsten scheint die Zeit stehen geblieben zu sein: In vielen Pubnico-Küchen duftet es nach selbst gebackenem Brot, und manchmal wird noch mit dem Ochsengespann gepflügt. Traditionsbewusst lässt man die akadische Fahne wehen – die Trikolore mit goldenem Stern auf blauem Grund –, und an den Briefkästen entlang der Straße sind Namen wie D'Entremont, Amirault, und D'Eon zu lesen. Warum diese Menschen vor über 300 Jahren Frankreich verlassen haben, um sich in dieser wilden Gegend häuslich niederzulassen, weiß man nicht so genau. Es waren auch keine armen Leute, die hier ein besseres Leben begründen wollten; einige waren sogar Aristokraten wie Philippe D'Entremont, der 1653 die einzige französische Baronie des alten Akadien etablierte.

In West Pubnico lohnt der Besuch des **Village Historique Acadien.** Das pittoreske, liebevoll rekonstruierte historische Dorf am Hafen mit Leuchtturm, Fischerhäusern, Schmiede und akadischem Friedhof vermittelt einen Eindruck vom akadischen Lebensstil in der Zeit vom 17. bis 19. Jh. (Tel. 902-762-2530, 1-888-381-8999, https://levillage.novascotia.ca. Anf. Juni–Ende Sept. Mo–Fr 9–17 Uhr, 10 $).

Gelegenheit zur Ahnenforschung bietet das **Musée des Acadiens** gegenüber der Feuerwehr (Tel. 902-762-3380, www.museeacadien.ca, Mitte Mai–Aug. Mo–Fr 9–17 Uhr, 4 $).

Yarmouth ▶ Q 10

Yarmouth 12 , mit knapp 8000 Einwohnern die größte Stadt im Westen von Nova Scotia, blickt auf eine 250 Jahre alte Seefahrer- und Schiffsbautradition zurück. Aus dieser Zeit stammen auch viele der großen Kapitänshäuser mit hohen Räumen, Mahagonimöbeln und Porzellan aus dem Orient. Ein typisches Merkmal dieser Architektur ist die Balustrade auf dem Dach. Nicht ganz grundlos wurde sie *widow's walk* genannt, ›Witwen-Ausguck‹, denn oft genug schauten hier die zurückgebliebenen Ehefrauen vergeblich nach den Schiffen ihrer Männer aus.

Das **Yarmouth County Museum** gibt Zeugnis von der Ära der großen Windjammer und ihrer stolzen Kapitäne. Neben einer großen Sammlung von Schiffsgemälden werden Ausstellungen über die akadische und englische Besiedlung der Region gezeigt (22 Collins St., Tel. 902-742-5539, www.yarmouthcountymuseum.ca, Juni–Sept. Mo–Sa 9–17, Okt.–Mai Di–Sa 14–17 Uhr, 5 $).

Liebhaber alter Leuchttürme werden die auch landschaftlich reizvolle Fahrt zum Ende der Peninsula unternehmen, um die **Historic Cape Forchu Lightstation** zu besichtigen. Rund um das Kap bieten sich schöne Ausblicke auf die Felsenküste.

Infos
Visitor Information Centre: 228 Main St., Tel. 902-742-5033, www.yarmouthandacadianshores.com, Juni–Okt.

Übernachten
Historischer Charme mit Komfort – **Lakelawn B & B and Motel:** 641 Main St., Tel. 902-742-3588, 877-664-0664, www.lakelawnmotel.com. Ausgezeichnetes gepflegtes Motel und Bed & Breakfast in historischem Gebäude nahe dem Fährterminal, ruhig, freundliches Ambiente. DZ 129–179 $.

Modernes Hotel – **Rodd Grand Yarmouth:** 417 Main St., Tel. 902-742-2446, 888-205-7322, www.roddvacations.com. Gepflegtes Hotel nahe dem Stadtzentrum und der Fähranlegestelle; Restaurant. DZ ab 125 $.

Camping – **Campers Haven:** Highway 3, 5 km östl. von Yarmouth, Tel. 902-742-4848, www.campershavencampground.com. Pool, Aufenthaltsraum mit Kamin.

Essen & Trinken
Schlicht, aber hervorragendes Essen – **Jo-Anne's Quick 'n Tasty:** Highway 1, Dayton, 4 km nordöstl. von Yarmouth, Tel. 902-742-6606. Beliebtes Restaurant im Stil eines 1950er-Jahre-Diners, leckere Burger und Pasteten, Chowder und Meeresfrüchte, Spezialität: warme Hummer-Sandwiches. 6–20 $.

Evangeline Trail nach Annapolis Royal

Karte: S. 400
Von Yarmouth folgt der **Evangeline Trail** (Highway 1) der Fundy-Küste. Die Route führt durch altes akadisches Siedlungsgebiet. Longfellows episches Gedicht »Evangeline« beschreibt eindrucksvoll die tragische Geschichte der Vertreibung der französischen Siedler durch die Engländer im Jahre 1755. Nach langen Wanderungen im östlichen Nordamerika kehrten schließlich viele Akadier zurück in ihre alten Siedlungsgebiete. Ihre Nachfahren sind bis heute der alten Kultur treu geblieben. Nach etwa 50 km beginnt vor Cape St. Mary die French Shore, La Côte Acadienne, an der die meisten der neu-schottischen Akadier der Region leben. Wie Perlen an einer Schnur reihen sich auf den nächsten 40 km bis St. Bernard ein Dutzend kleiner Orte, dominiert von imposanten Kirchtürmen und den blau-weiß-roten Fahnen mit dem gelben Akadierstern auf den öffentlichen Gebäuden.

Meteghan und Pointe de l'Eglise (Church Point) ▶ P 10
Meteghan 13 ist ein geschäftiger Fischerhafen mit einem interessanten Museum in einem alten akadischen Wohnhaus, **La Vieille Maison,** das einen guten Eindruck vom Lebensstil akadischer Familien vermittelt (Highway 1, Tel. 902-645-2389, Juli/Aug. 9–19, Juni und Sept. 10–18 Uhr).

In **Pointe de l'Eglise (Church Point)** 14 befindet sich die einzige französischsprachige Hochschule Nova Scotias, die Université Sainte-Anne.

Hauptattraktion des Ortes ist die zwischen 1903 und 1905 errichtete **Église de Sainte-Marie** (St. Mary's Church), die größte und höchste Holzkirche Nordamerikas. Der 56 m hohe Turm wurde mit 40 t Felsenballast versehen, um den starken Seewinden zu trotzen. In der Kirche zeigt ein kleines Museum Fotos, Dokumente und religiöse Gegenstände. Hier finden auch manchmal Theateraufführungen statt (Tel. 902-769-2378).

Termine
Festival Acadien de Clare: Ende Juli–Mitte August, Tel. 902-769-0832, www.festivalacadiendeclare.ca. Größtes Festival der frankophonen Bevölkerung Atlantik-Kanadas, 14 Tage mit viel Musik, Tanz, Theater und kulinarischen Events.

Digby ▶ Q 9
Digby 15 (2150 Einw.), ein attraktiver Fischerort an der Annapolis Bay, ist Heimathafen einer der größten Kammmuschelfangflotten der Welt. Kein Wunder, dass in den Restaurants des Ortes die *scallops* an erster Stelle der Delikatessen stehen; im August sind die leckeren

Muscheln sogar Mittelpunkt eines großen Festivals, der **Digby Scallop Days**. Der Hafen ist immer einen Besuch wert, und das **Admiral Digby Museum** in einem Wohnhaus aus georgianischer Zeit zeigt Fotos und Sammlungen zu Digbys maritimer Geschichte (95 Montague Row, Tel. 902-245-6322, http://admiraldigby museum.ca, Mitte Juni–Aug. Mo–Fr 10–16 Uhr, Eintritt frei, Spende erbeten).

Zwischen Digby und Saint John (New Brunswick) verkehrt mehrmals täglich die große Autofähre »Princess of Acadia«. Digby eignet sich gut als Basis für Ausflüge in die Umgebung.

Infos
Digby Visitor Centre: 110 Montague Row, Tel. 902-245-5714, www.digby.ca, www.digby area.ca.

Übernachten
Luxus in schöner Parkanlage – **The Pines Golf Resort:** Shore Rd., Tel. 902-245-2511, 1-800-667-4637, www.digbypines.ca, Ende Mai–Mitte Okt. Traditionsreiches, elegantes Grandhotel im Stil eines Herrenhauses, liegt inmitten einer sehr schönen Parkanlage; Golf, Tennis; gepflegtes Restaurant. Dinner 25–38 $. DZ 125–245 $, Cottages 274–374 $.
Viktorianisches Gasthaus mit Garten – **Summers Country Inn:** 16 Warwick St., Tel. 902-245-2250, www.summerscountryinn.ca. Historisches B-&-B-Gasthaus am Hafen mit 11 Zimmern, 5 davon mit separatem Eingang, 2 mit Kitchenette, alle mit Bad. DZ 109–129 $.
Camping – **Jaggar's Point Oceanfront Camping:** 57 Cross Rd., am Highway 1, 11 km östlich von Digby, Tel. 902-245-4814, 902-247-1860, www.jaggarspoint.ca. Schöner Campingplatz am Strand des Annapolis Basin. 41–70 $, Cabins 115 $.

Essen & Trinken
Meeresfrüchte mit Hafenblick – **Fundy Restaurant:** 34 Water St., Tel. 902-245-4950, 1-866-445-4950, www.fundyrestaurant.com. Fischrestaurant am Hafen mit schönem Blick über die Fischerboote, Spezialität des Hauses sind *scallops* in allen erdenklichen Variationen. 17–24 $.

Termine
Scallop Days: Anfang–Mitte August, Tel. 902-308-9445, www.digbyscallopdays.ca. Festival der Scallop-Flotte mit Wettbewerben, farbenprächtigem Umzug, Musik und kulinarischen Events.

Verkehr
Fähre: Bay Ferries, Route 303, Digby Fährhafen, an der Mündung des Annapolis Basin, Tel. 902-245-2116, 1-877-762-7245, www.ferries.ca/nb-ns-ferry. Autofähre von Digby nach Saint John, New Brunswick.

Digby Neck ▶ P 10
Außerordentlich reizvoll ist ein Tagesausflug auf der Route 217 zum **Digby Neck** 16, einer 74 km langen Nehrung mit malerischen Fischerorten wie Sandy Cove, Mink Cove und Little River, einsamen Küstenstrichen und Seevogelkolonien. Der Spitze sind zwei kleine Inseln vorgelagert. Autofähren verbinden East Ferry mit Tiverton auf **Long Island** und Freeport mit Westport auf **Brier Island** (stündlich rund um die Uhr). Die kurzen Überfahrten sind ein kleines Erlebnis und kosten zusammen hin und zurück 7 $. Bei **Tiverton** führt ein Küsten-Trail zu bizarren Basaltsäulen am Meer. Der **Balancing Rock** ist ein beliebtes Fotomotiv (s. Abb. S. 405). Bei Brier Island ist dann das Ende des Digby Neck erreicht. Die Insel in der Bay of Fundy ist ein Vogelparadies und bietet auch gute Möglichkeiten zum Wandern und Beobachten von Walen. Im Sommer werden von **Westport** aus Exkursionen zur Beobachtung von Walen und Seevögeln angeboten. Für den Ausflug sollte man sich Zeit nehmen und eine Übernachtung auf Brier Island einplanen. Ist eine Whale-Watching-Tour reserviert, auf jeden Fall vorher anrufen, ob sie stattfindet oder schlechtes Wetter einen Strich durch die Rechnung macht.

Übernachten
... auf Brier Island:
Schöne ruhige Lage auf einer Klippe – **Brier Island Lodge:** Tel. 902-839-2300, 1-800-662-8355, www.brierisland.com. Zimmer mit Meerblick; gutes Restaurant. DZ 129–189 $.

Evangeline Trail nach Annapolis Royal

Balancing Rock bei Tiverton – kippt er schon oder steht er noch?

Aktiv
... auf Brier Island:
Walexkursionen – **Brier Island Whale and Seabird Cruises**: 223 Water St., Westport, Tel. 902-839-2995, 1-800-656-3660, www.brierislandwhalewatch.com. Exkursionen mit Boot und Zodiac unter wissenschaftlicher Leitung; Walbeobachtungstouren in der Bay of Fundy. Erw. 50–70 $, Kinder bis 14 Jahre 28–46 $.

... auf Long Island:
Wale beobachten – **Freeport Whale and Seabird Tours,** Highway 217 West, Freeport, Tel. 902-839-2177, 1-866-866-8797, www.whalewatchersnovascotia.ca. Schiffstour zur Beobachtung von Walen und Seevögeln; Tickets sind bei Lavena's Catch Café erhältlich.

Nach Annapolis Royal ▶ Q 9

Von Digby lohnt ein Abstecher landeinwärts über Smith's Cove nach Bear River. Der kleine Hafenort **Smith's Cove** bietet gute Übernachtungs- und Campingmöglichkeiten und ein kleines Heimatmuseum im Old Meeting House von 1832.

Bear River [17] **,** ein hübscher Ort am gleichnamigen Fluss mit teils auf Stelzen stehenden alten Häusern, ist als Künstlerkolonie bekannt. Auch hier gibt es ein kleines **Heimatmuseum.** Außerdem wird eine gute Auswahl an Kunsthandwerk angeboten, sowohl von örtlichen Künstlern wie vom nahe gelegenen Mi'kmaq-Reservat (www.bearriver.ca, www.bearriverfirstnation.ca).

Rundreisen in Nova Scotia

In **Clementsport** 18 ist eines der ältesten Museen in Nova Scotia zu besichtigen. Das **Old Saint Edward Loyalist Church Museum** ist in einer original erhaltenen Loyalisten-Kirche aus dem Jahr 1788 untergebracht. Vom angrenzenden historischen Friedhof aus bietet sich ein schöner Panoramablick über das Annapolis Basin (34 Old Post Rd., Mitte Juni–Aug.).

Übernachten
... in Smith's Cove:
Mit viktorianischem Charme – **Harbourview Inn:** 25 Harbourview Rd., Tel. 902-245-5686, 877-449-0705, www.theharbourviewinn.com, Mitte Mai–Mitte Okt. Ruhig gelegen, strandnah, schöne Zimmer und Suiten, Pool, gutes Frühstück. DZ 144–169 $.

Annapolis Royal ▶ Q 9

Karte: S. 400
Für **Annapolis Royal** 19 sollte man sich etwas mehr Zeit lassen. Die Anfänge des Ortes, in dem heute etwa 500 Einwohner leben, liegen im frühen 17. Jh. Unter dem Namen Port Royal war die Siedlung 100 Jahre lang Hauptstadt der französischen Akadie. Im Jahr 1710 nahmen die Engländer dann das Fort endgültig ein, fortan hieß die Siedlung Annapolis Royal.

Der hübsche Ort mit seinen gepflegten Anlagen hat noch viel historisches Flair aus dieser Zeit bewahrt. Die Annapolis Royal Historical Association hat in ihrer Broschüre »Stroll through the Centuries«, »Wanderung durch die Jahrhunderte«, die historischen Gebäude des Ortes hervorgehoben, die größtenteils entlang der St. George Street stehen. Die interessantesten sind: das **De Gannes-Cosby House** von 1708, ältestes Holzhaus Kanadas, das **Adams-Ritchie House** von 1712, das **Farmer's Hotel** von 1710 und das **O'Dell Inn Museum** (ca. 1869). Auch geführte Touren durch Guides in historischen Kostümen werden von der Society angeboten (Tel. 902-532-3034, www.tourannapolisroyal.com, Mo, Mi, Do 14 Uhr, Erw. 10 $, Kinder bis 18 Jahre 5 $).

Fort Anne National Historic Site
St. George St., Tel. 903-532-2397, www.pc.gc.ca/eng/lhn-nhs/ns/fortanne/index.aspx, Juni und Sept. Di–Sa 9–17.30, Juli/Aug. tgl. 9–17.30 Uhr, außerhalb der Saison unregelmäßig geöffnet, 3,90 $

In der **Fort Anne National Historic Site,** inmitten einer Parkanlage am Fluss gelegen, sind noch die Befestigungsanlagen des 18. Jh., Erdwälle, das steinerne Pulvermagazin und die alten Kanonen des englischen Forts zu sehen. Im britischen Offiziersquartier dokumentiert ein **Museum** die Regionalgeschichte.

Annapolis Royal Historic Gardens
441 St. George St., Tel. 902-532-7018, www.historicgardens.com, Mai/Juni, Sept/Okt. tgl. 9–17, Juli/Aug. 9–18 Uhr, Erw. 16 $, Kinder bis 18 Jahre frei

Auch ein Besuch der **Annapolis Royal Historic Gardens** mit ihren schönen Spazierwegen lohnt sich. Auf 4 ha Fläche gibt es diverse Themengärten. Besonders hübsch sind der **Victorian Garden** im englischen Stil und der **Acadian Garden,** der einen Einblick in den Alltag der frühen Siedler bietet.

Annapolis Tidal Generating Station
236 Prince Albert Rd., Tel. 902-532-0502, www.nspower.ca, Besichtigung Mitte Mai–Mitte Okt. tgl. 10–18 Uhr, Führungen nach telefonischer Voranmeldung, Eintritt frei

Seit Anfang der 1980er-Jahre erzeugt die **Annapolis Tidal Generating Station** für rund 10 000 Menschen elektrischen Strom. Um den Tidenhub der Bay of Fundy für die Erzeugung sauberer Energie zu nutzen, wurde hier am Annapolis River ein Gezeitenkraftwerk errichtet, das erste und bisher einzige in Nordamerika. Im Kraftwerk am Damm über den Annapolis River kann man in den Sommermonaten im **Interpretive Centre** den Effekt von Ebbe und Flut beobachten und Wissenswertes über das Projekt erfahren.

Inzwischen mehren sich jedoch auch kritische Stimmen. Nach zehnjährigem Betrieb

Port Royal – Frankreichs Neue Welt

Anfang des 17. Jh. segelte eine kleine Gruppe französischer Abenteurer unter Führung von Samuel de Champlain und Pierre Dugua, Sieur de Monts, in die geschützte Bucht von Annapolis. Hier gründeten sie 1605, noch vor der ersten permanenten Siedlung der Engländer in Virginia, ihre Kolonie, die sie ›Acadie‹ nannten.

In wenigen Wochen errichteten die Franzosen die wichtigsten Gebäude der neuen Siedlung Port Royal an der Annapolis Bay. Um den rechteckigen Innenhof mit einem Brunnen reihten sich die rustikalen, aus rohen Stämmen gezimmerten Palisadenbauten, unter ihnen das Gouverneurshaus, die Unterkunft für den Priester, eine Schmiede, eine Bäckerei, das Haus des Apothekers, die Wache für die Soldaten und ein Lagerhaus, wo die Ureinwohner ihre Pelze eintauschten. Das Fort war gegen Angriffe gut geschützt, was aber eigentlich nicht nötig war, denn die hier lebenden Mi'kmaq waren friedlich. Man richtete sich diesmal zwar besser als bei einem ersten Siedlungsversuch am St.-Croix-Fluss auf den Winter ein, dennoch starben in den kalten Monaten zwölf Männer an Skorbut.

Pierre Dugua war bereits im Herbst 1605 nach Frankreich zurückgesegelt und ließ die Kolonie unter der Führung von Pontgravé zurück. Im Sommer 1606 brachte die »Jonas« aus Frankreich Entsatz und Versorgungsgüter. Man bereitete sich auf den kommenden, wahrscheinlich wieder langen und harten Winter vor. Um für Ansporn und gute Stimmung in der Kolonie zu sorgen, ließ man sich etwas Besonderes einfallen: So gründeten Gouverneur Jean de Poutrincourt und die prominenteren Mitglieder unter den Kolonisten, Champlain, Pontgravé, Biencourt, der Apotheker Louis Hébert, der Arzt Daniel Hay und Marc L'Escarbot, ein junger Rechtsanwalt aus Paris, den Ordre de Bons Temps, den ›Orden der guten Zeiten‹.

Die Mitglieder des Ordens verpflichteten sich, einmal wöchentlich für die Gemeinschaft ein Festmahl auszurichten, das wohl auch heute noch einen französischen Gourmet entzücken würde. Da gab es gerösteten Biberschwanz, Elchbraten, Gänsebrust und Lachs – was eben die Wildnis an Köstlichkeiten zu bieten hatte. Dem besten Jäger des Tages wurde eine Kette verliehen, man hielt Reden, musizierte und spielte Theater. L'Escarbot schrieb Kanadas erstes Theaterstück »Le Théâtre de Neptune«. Im Frühjahr 1607 baute man mit großen Erwartungen die Siedlung weiter aus, man begann Landbau in den Niederungen des Annapolis River zu betreiben und die Region zu erforschen.

Unterdessen standen die Dinge in Paris schlecht für den Sieur de Monts. Ihm wurde das Monopol für den Nordamerika-Handel entzogen und mit dem nächsten Schiff aus Frankreich kam die Order an Poutrincourt, die Kolonie umgehend aufzugeben und mit allen Männern zu verlassen. Man verabschiedete sich von den indigenen Freunden und in den nächsten beiden Jahren blieb Port Royal unbewohnt.

Bauernmarkt in Wolfville – auch in Kanada folgt man dem Trend zu lokal produziertem Essen

des Kraftwerks haben Wissenschaftler beim historischen Fort Anne eine fortschreitende Erosion des Flussufers festgestellt. Es ist möglich, dass Damm und Kraftwerk Ursache des Problems sind. Ein riesiges Gezeitenkraftwerk mit einem Netz von 128 ähnlichen, quer über die Bay of Fundy verlaufenden Turbinen steckt wegen möglicher Umweltprobleme noch immer in einer Planungsphase; nach neueren Berichten gibt es aber durchaus noch – oder wieder – Chancen für das Projekt.

Port Royal National Historic Site [20]

Route 1 nach Granville Ferry, Tel. 902-532-2898, www.pc.gc.ca/lhn-nhs/ns/portroyal/index.aspx, Mitte Mai–Anfang Okt. tgl. 9–17 Uhr, 4 $

10 km weiter auf der anderen Seite des Annapolis Basin wurde 1938 mit der Errichtung der **Port Royal National Historic Site** begonnen. Die historisch getreue Nachbildung der ersten Port Royal Habitation von 1605 wurde in traditionellen Handwerkstechniken nach den ursprünglichen Plänen Champlains ausgeführt. Der Pelzhandelsposten mit den um einen Innenhof angeordneten Blockhäusern erinnert an mittelalterliche Bauernhöfe in der Normandie. Unterkünfte, Lagerräume, Küche, Schmiede, Bäckerei, Kapelle und Gouverneursquartier sind authentisch eingerichtet. Parkpersonal, im Stil des 17. Jh. gekleidet, sorgt für die richtige Atmosphäre.

Das ursprüngliche Fort von Port Royal bestand nur einige Jahre, denn schon 1613 wurde es von englischen Truppen aus Jamestown zerstört, aber der Zustrom von Siedlern aus Frankreich hielt an, und man baute das Fort zwei Jahrzehnte später wenige Kilometer flussaufwärts beim heutigen Annapolis Royal wieder auf (s. Thema S. 407).

Von Port Royal geht es weiter auf dem Highway 1 durch das landschaftlich reizvolle Annapolis Valley. Das fruchtbare Tal hat mehr Sonnentage als der Rest der Provinz und ist besonders im Mai und Juni zur Apfelblüte ein wahres Fest fürs Auge.

Infos
Annapolis Royal Visitor Centre: 24 Drury Lane, Tel. 902-532-5454, www.annapolisroyal.com/visitor-information, Juni–Mitte Okt. geöffnet.

Übernachten, Essen
Alter Landgasthof – **Garrison House Inn:** 350 St. George St., Tel. 902-532-5750, 1-866-532-5750, http://garrisonhouse.ca. Historisches Gebäude mit Blick auf die bezaubernden Anlagen der Fort Anne National Historic Site und sieben liebevoll eingerichteten Zimmern. Auch sehr empfehlenswertes Restaurant. Nachmittagstee; Dinner 14–27 $, DZ 125–165 $.

Bestes Haus am Platz – **Queen Anne Inn:** 494 Upper St. George St., Tel. 902-532-7850, 1-877-536-0403, http://queenanneinn.ns.ca. Elegantes viktorianisches Herrenhaus in einer gepflegten Parkanlage mit zwölf schönen, unterschiedlich eingerichteten Zimmern und Suiten. DZ je nach Saison und Größe 119–189 $.

Camping – **Cove Oceanfront Campground:** Parker's Cove, Tel. 902-532-5166, 1-866-226-2683, www.oceanfront-camping.com, Mitte Mai–Ende Okt. Schöner Campingplatz an der Bay of Fundy mit beheiztem Pool und Kinderspielplatz, Café. 44–120 $.

Essen & Trinken
Frische kreative Küche – **The Bistro East:** 274 St. George St., Tel. 902-532-7992, http://bistroeast.com, Di–Sa 16–20 Uhr. Zentral gelegen mit Blick auf das Annapolis Valley. Meeresfrüchte, leckere Fisch- und Fleischgerichte. Gelegentlich Livemusik. Ab 16 $.

Einkaufen
Markt – Jeden Samstag findet zwischen 8 und 13 Uhr am Annapolis Wharf ein **Farmer's & Trader's Market** statt, lebhaft und bunt, mit einem vielfältigen Angebot von frischem Obst und Gemüse aus der Umgebung über hausgemachtes Gebäck bis zu Handarbeiten und Flohmarktartikeln.

Auf dem Evangeline Trail nach Halifax

Karte: S. 400

Wolfville ▶ R 9
Wolfville 21 (4200 Einw.) am Südwestzipfel des Minas Basin ist ein hübsches Universitätsstädtchen mit baumgesäumten Straßen und prächtigen viktorianischen Villen. Der Ort wurde Mitte des 18. Jh. von Pflanzern aus Neu-England gegründet. Im Visitors Bureau ist eine ›Heritage Home Walking Tour‹-Broschüre erhältlich, in der die historischen Gebäude erklärt werden. Eines der schönsten ist das 1815 erbaute **Randall House** an der Main Street, das von der Historical Society als Museum betrieben wird. Beim Hafen am Ende der Front Street sind die alten Deichanlagen der Akadier aus dem 17. Jh. zu sehen.

Von Wolfville lohnt ein kleiner Ausflug zur **Blomidon Peninsula,** die wie ein großer Haken in das Minas Basin ragt. Von den 180 m hohen roten Sandsteinklippen hat man einen schönen Blick über das Wasser, es gibt eine Reihe von Wanderwegen und man kann bei Ebbe auch am Strand laufen (dabei unbedingt die Gezeiten beachten!).

Übernachten, Essen
Prachtvolle Residenz – **Blomidon Inn:** 195 Main St., Tel. 902-542-2291, 1-800-565-2291, www.blomidon.ns.ca. Elegantes Haus aus dem 19. Jh. In herrlicher Gartenanlage, antikes Mobiliar, Zimmer, Suiten und Cottage; traditionelle Küche des Annapolis Valley. Dinner 28–42 $, DZ 159–269 $.

Camping – **Blomidon Provincial Park Campground:** Tel. 902-582-7319, 1-888-544-3434, www.novascotiaparks.ca/parks/blomidon.asp. 20. Mai– 3. Sept. Schöner Campingplatz im 760 ha großen Provinzpark am Minas Basin mit Plätzen im Wald; auf dem Areal beginnen mehrere schöne Ausblicke bietende Wanderwege entlang der eindrucksvollen roten Sandsteinklippen.

Grand Pré National Historic Site
▶ R 9

Highway 1, 5 km östl. Wolfville, Tel. 902-542-3631, 1-866-542-3631, http://www.pc.gc.ca/eng/lhn-nhs/ns/grandpre/index.aspx, 20. Mai–Anf. Okt. tgl. 9–17 Uhr, 8,50 $

Etwas weiter, östlich der Deiche, liegt der kleine Ort Grand Pré, der 1680 von französischen Siedlern aus Port Royal gegründet wurde. Hier erinnern in den gepflegten Anlagen der **Grand Pré National Historic Site** 22 eine 1922 im französischen Stil erbaute Gedächtniskirche und die Bronzestatue der literarischen Heldin Evangeline an die Vertreibung der Akadier durch die Engländer nach 1755. In der Kirche, die nicht für Gottesdienste genutzt wird, ist eine Ausstellung über das Leben und Schicksal der Akadier zu sehen. Am Ort der heutigen Gedächtniskirche wurde damals die Deportationsorder verlesen. Der nahe **Evangeline Beach** bietet gute Bademöglichkeiten.

Übernachten, Essen

Historisches Inn mit Motel – **Evangeline Inn and Motel:** 11668 Hwy. 1, Tel. 902-542-2703, 1-888-542-2703, www.evangelineinncafe.com. Übernachten in hübschen Motelzimmern oder – stilvoller – im Elternhaus des ehemaligen kanadischen Premierministers Sir Robert Borden. Zur Ausstattung gehören Pool und Café. Breakfast und Lunch ab 7 $, Übernachtung ab 125 $.

Windsor und Mount Uniacke
▶ R 9

In **Windsor** 23 ist die **Fort Edward National Historic Site** einen Besuch wert. Hier war einer der Sammelpunkte während der Akadier-Vertreibung. Ein 1750 errichtetes Blockhaus, das älteste Gebäude dieser Art in Kanada, ist Teil des ursprünglichen Forts. Displays erläutern die bewegte Geschichte der Anlage (67 Fort Edward St., Tel. 902-798-2639, www.pc.gc.ca/eng/lhn-nhs/ns/edward/contact.aspx. Juli/Aug. Di–Sa 9–17 Uhr, Führungen Juli/Aug., Eintritt frei).

Die letzte einen Stopp lohnende Sehenswürdigkeit auf dem Weg nach Halifax ist der **Uniacke Estate Museum Park** in **Mount Uniacke** 24. Der prächtige Landsitz von 1817 mit original erhaltener Einrichtung ist eines der schönsten Beispiele spätgeorgianischer Architektur in Atlantik-Kanada (758 Main Rd., Tel. 902-866-0032, https://uniacke.novascotia.ca, Juni–Sept. Di–So 10–16 Uhr, 3,90 $).

Auf dem Glooscap Trail ums Minas Basin

Karte: S. 400

Um das Minas Basin, einen Teil der Bay of Fundy, führt der **Glooscap Trail** durch Wattlandschaften, Bergschluchten mit verborgenen Wasserfällen und hübschen Dörfern, deren Bewohner schon seit 200 Jahren mit den Riesengezeiten leben, bei denen der Wasserspiegel täglich um 16 m steigt und sinkt. Hier an den Ufern des Minas-Beckens herrschte Glooscap, der mystische Gott der Mi'kmaq, über die ›Kinder des Lichts‹, bevor der weiße Mann kam. Seinen magischen Kräften wurde der enorme Tidenhub zugeschrieben, der bei Flut die Flüsse rückwärts fließen lässt. Glooscaps Zauber war auch verantwortlich für die Halbedelsteine, die hier im Watt und in den Sandsteinklippen stecken. Nach der Sage der Ureinwohner hat er die funkelnden Mineralien als ein Geschenk für seine Großmutter auf den Stränden verstreut.

Shubenacadie ▶ R 9

Zum Glooscap Trail bei Truro sind es von Halifax knapp 100 km, auf dem Highway 102 in weniger als 1,5 Stunden zu fahren. Wer die Kraft des mächtigen Fundy-Gezeitenstroms näher kennenlernen möchte, sollte jedoch den Highway 102 beim Exit 10 in **Shubenacadie** 25 verlassen.

Auf dem Glooscap Trail ums Minas Basin

Aktiv

RITT AUF DER GEZEITENWELLE

Tour-Infos
Start: Shubenacadie Tidal Bore Rafting Park
Anfahrt: Halifax, Highway 102 North bis Exit 10 (ca. 45 Min.), beim Stoppschild links abbiegen, dann 10 km bis Urbania.

Infos und Buchung: Urbania, Tel. 902-400-0104, 1-800-565-7238, www.raftingcanada.ca, Mai–Okt. Schutzkleidung, Schwimmweste und Gummistiefel werden den Besuchern gestellt. Touren 70–95 $.

Wir gleiten in Zodiac-Schlauchbooten auf den trägen ockerfarbenen Fluten des **Shubenacadie River** dahin. Nova Scotias größter Fluss scheint eher sanft und wenig aufregend. Die Szenerie ist idyllisch, sattgrüne Wälder säumen die Ufer, hin und wieder rostfarbene Steilufer und Sandsteinformationen. Über uns kreist ein Weißkopfseeadler und auf den hohen Bäumen am Ufer sind Horste der majestätischen Vögel zu entdecken. Ab und an treiben wir an Sandbänken vorbei, die wie Inseln aus dem Wasser ragen. Bei einer mitten im Fluss liegenden Sandinsel springen wir auf den Strand. Wir warten auf die *tidal bore,* die mächtige **Gezeitenwelle,** die sich zweimal am Tag den Fluss mit erstaunlicher Geschwindigkeit hochwälzt. Eben noch konnte man flussabwärts nur eine dünne weiße Linie beobachten, Minuten später sehen wir, wie unsere Sandinsel zunehmend schrumpft und das Wasser uns die Füße umspült. Wir springen in die Boote, der Spaß kann beginnen.
Die **Zodiacs,** von kräftigen Motoren getrieben, fahren vor der Flutwelle flussaufwärts. Dann halten die Bootsführer Ausschau nach der ›richtigen‹ Stelle. Wo vorhin noch zahlreiche Sandbänke aus dem Wasser ragten, haben sich schäumende Strudel und mächtige Wellen gebildet, gegen die sich das Zodiac-Schlauchboot jetzt anstemmen muss und dabei wie ein Wildpferd bockend auf und nieder tanzt. Alle halten sich krampfhaft an dem wie eine Reling um das Boot gespannten Seil fest, kreischen und juchzen. Das Wasser schlägt über uns zusammen und trotz der gelben Gummianzüge sind wir klitschnass. Jedes Mal füllt sich das Boot mit Wasser, wird jedoch durch eine automatische Lenzpumpe wieder geleert. Da die Wirbel mit dem steigenden Wasser verschwinden, wendet das Boot und schießt wieder flussaufwärts, um bei der nächsten Sandbank auf die sich erneut auftürmende Welle zu warten. Dieses Spiel wiederholt sich einige Male, bis wir schließlich durchnässt, aber begeistert wieder am Anleger des **Tidal Bore Rafting Park** festmachen.
Die Intensität dieses feuchten Abenteuers hängt vom jeweiligen Höchststand der Gezeiten ab. Das Phänomen einer *bore* oder Gezeitenwelle gibt es nur an wenigen Stellen weltweit. Die Welle entsteht an der Mündung eines relativ flachen Flusses in einen **Meeresarm mit extrem hohem Tidenhub.** Wenn die Flut in die Bay of Fundy drückt, steigt das Wasser in den Seitenarmen in ca. 3,5 Std. auf bis zu 16 m an. Die Mündung des Shubenacadie River in die Cobequid Bay liegt am Ende eines solchen ›Trichters‹. Bei zunehmender Flut schiebt sich das Meerwasser über das Wasser des Flusses, wobei sich an den Sandbänken des Flussbetts durchaus mehrere Meter hohe Wellen und Turbulenzen bilden können. Da es sich aber nicht um ein Wildwasser mit felsigen Stromschnellen handelt, besteht bei diesem nassen Vergnügen für Tourteilnehmer keine Verletzungsgefahr.

Rundreisen in Nova Scotia

Nach weiteren 10 km kann man in **Urbania** auf dem Shubenacadie River mit Zodiacs auf der *tidal bore* reiten, einer Welle, die entsteht, wenn die einlaufende Flut schäumend flussaufwärts drängt. Es ist ein beeindruckendes Erlebnis, zu sehen, wie durch den Tidenhub ein kleines Flüsschen zum mächtigen Strom mit Wellen und Strudeln wird (s. Aktiv unterwegs S. 411).

Im **Shubenacadie Provincial Wildlife Park** mit seinen weitläufigen Anlagen leben über 30 kanadische Säugetier- und 65 Vogelarten. Hier bieten sich gute Gelegenheiten, auch Tiere wie Elche, Bären, Luchse, Wölfe, Kojoten und Berglöwen, die in freier Wildbahn sonst eher selten zu sehen sind, zu beobachten und zu fotografieren. Den Park betreibt die Provinzregierung, die ausdrücklich betont, dass hier keine gefangenen Wildtiere zur Schau gestellt, sondern nur in nordamerikanischen Zoos geborene sowie verwaiste und nicht mehr auszuwildernde Tiere gehalten werden (Highway 102, Exit 11, Stewiacke, Tel. 902-758-2040, http://wildlifepark.novascotia.ca, Mitte Mai–Mitte Okt. 9–18.30 Uhr, Erw. 4,75 $, Kinder bis 17 Jahre 2 $).

Übernachten
... in Urbania:
Am Gezeitenfluss – **Shubenacadie Tidal Bore Rafting Park:** am Highway 215 N (ca. 10 km vom Highway 102), Tel. 902-400-0104, 1-800-565-7238, www.raftingcanada.ca, Mai–Okt. Im Wald gelegene, geräumige Cottages. Ab 159 $.

Aktiv
... in Urbania:
Rafting – **Shubenacadie Tidal Bore Rafting Park:** Adresse s. Unterkünfte. Fahrten mit Zodiac-Schlauchbooten auf der Gezeiten-Flutwelle (s. Aktiv unterwegs S. 411).

Truro ▶ R 8
In **Truro** 26, über die Routen 215 und 236 zu erreichen, lässt sich ebenfalls das Phänomen der Gezeitenwelle beobachten. Hier bewegt sie sich den Salmon River hinauf. Im Interpretive Centre an der Route 236 erfährt man mehr über die Entstehungsbedingungen der *tidal bore*. Im **Colchester Historical Society Museum** werden neben heimatkundlichen Ausstellungen auch solche zur Naturgeschichte der Region gezeigt (29 Young St., Tel. 902-895-6284, http://colchesterhistoreum.ca, Juni–Aug. Di–Fr 10–16, Sa 10–15 Uhr, 5 $).

Übernachten, Essen
Komfortables Kettenhotel – **Holiday Inn:** 437 Prince St., Tel. 1-866-238-8235. Geschmackvoll ausgestattet, mit vielen Annehmlichkeiten, Indoor-Salzwasserpool, Fitnessraum, im Hause das »Bistro on Prince«. DZ ab 175 $.

Economy und Five Islands
▶ R 8

Von Truro bis Parrsboro führt der Highway 2 durch eine reizvolle hügelige Landschaft. Beim kleinen Ort **Economy** 27 kann man bei Ebbe gut Muscheln sammeln. Von der River Philip Road führt ein 3,5 km langer Trail zu den malerischen Economy Falls. Man kann sie von oben betrachten oder über eine Holztreppe zum Fuß der Fälle hinabsteigen. Im Interpretation Centre von Economy erfährt man mehr über die Gegend.

Ein paar Kilometer weiter bietet der über 600 ha große **Five Islands Provincial Park** gute Picknick-, Camping- und Wandermöglichkeiten. Am Strand kann man mit etwas Glück Halbedelsteine finden und der 5 km lange Red Head Trail belohnt mit schönen Ausblicken über Meer und Inseln.

Parrsboro ▶ R 8/9
Bei **Parrsboro** 28, mit 1500 Einwohnern größter Ort am Minas-Becken, wurde von amerikanischen Forschern 1985 der bisher größte Fossilienfund in Nordamerika gemacht. Mehr als 100 000 Skelettteile buddelten sie aus den Sandsteinfelsen. »Überall ragten in der Gegend Knochen heraus«, berichtete der Biologe Neil Shubin. Die zum Teil 325 Mio. Jahre alten Versteinerungen stammen von Dinosauriern, Krokodilen, Haien und Fischen der Urzeit. Unter den bedeutendsten Fundstücken sind Schädel- und

Kieferknochen einer seltenen Reptilienart, die in der Evolution den Übergang zu den Säugetieren bildet.

Im **Fundy Geological Museum** sind faszinierende Sammlungen dieser Funde zu bewundern, des Weiteren kann man Modelle der urzeitlichen Landschaften betrachten. Informiert wird auch über die Mineralien und Halbedelsteine dieser Region. Geologische Exkursionen entlang der Strände ergänzen das Angebot. Alljährlich im August veranstaltet das Museum das Rockhound Round-Up – *rockhounds* heißen die Fossiliensammler, Schatzsucher der speziellen Art. 1500 fossile Dinosaurierabdrücke sowie die umfangreiche Mineraliensammlung eines langjährigen Hobbygeologen aus Parrsboro werden übrigens zurzeit für eine Ausstellung aufbereitet (162 Two Islands Rd., Tel. 902-254-3814, 1-866-856-3466, https://fundygeological.no vascotia.ca, 18. Mai–Ende Okt. Mi–Mo 10–17, im Winter Mo–Sa 10–16 Uhr, Erw. 8,50 $, Kinder 6–17 Jahre 6 $).

Auch Wanderer kommen in Parrsboro auf ihre Kosten. Außer Strandwanderungen bieten sich schöne Trails im Inland an: 5 km westlich des Ortes führt ein 6 km langer Pfad zu den **Ward's Falls,** Wasserfällen in einem durch Brücken erschlossenen Canyon. Nördlich von Parrsboro am Highway 2 an der Newville Road führt ein Wanderweg zu den **Jeffers Brook Falls.** Zum ersten von fünf Wasserfällen sind es etwa 4 km; möchte man alle erkunden, ist es etwa die doppelte Strecke (hin und zurück).

Infos

Parrsboro Information Centre: 162, Two Islands Rd., Tel. 902-254-3266, www.noviasco tia.com. Karten und Broschüren.

Übernachten

Gepflegtes Bed & Breakfast – **Gillespie House Inn:** 358 Main St., Tel. 902-254-3196, 1-877-901-3196, www.bbcanada.com/6488.html. 7 großzügige Zimmer in zentral gelegenem historischen Country Inn. Reichhaltiges Frühstück. DZ 114 $.

Camping – **Glooscap Park and Campground & RV:** 5 km südöstl. von Parrsboro, Tel. 902-254-2529, www.novascotia.com, Mitte Mai–Ende Sept. Camping mit Blick auf die Bay. Ab 27 $.

Essen & Trinken

Mit Hafenblick – **Harbour View Restaurant:** 476 Pier Rd., Tel. 902-254-3507. Restaurant mit schönem Blick, Meeresfrüchte, Lobster Dinner, selbst gebackene Kuchen. 16–30 $.

Termine

Rockhound Round-Up: Mitte August, im Fundy Geological Museum, Tel. 1-866-856-3466, https://fundygeological.novascotia. ca/gemshow. Vom Fundy Geological Museum ausgerichtetes großes Treffen der *rock hounds*, der Mineralienfreunde, die an den Stränden nach Amethysten, Achaten, Jaspis und Onyx suchen. Dabei wird gezeigt, wie man Halbedelsteine bearbeitet; es gibt Exkursionen sowie einen Markt für Kunsthandwerk, Ausstellungen und Verkauf, Bootstouren sowie Konzerte und viele andere Veranstaltungen.

Fundy Shore Scenic Route

Karte: S. 400

Von Parrsboro nach Amherst bieten sich zwei Routen an: Die kürzere auf dem Highway 2 führt durch das Landesinnere, sie ist im Herbst besonders hübsch, wenn die rotgefärbten Blätter der riesigen Blaubeerfelder die hügelige Landschaft erglühen lassen. Aber noch reizvoller ist die Fundy Shore Scenic Route (Highway 209). Sie folgt der wildromantischen Küste des Minas Channel und der Chignecto Bay. Auch hier lassen sich Riesengezeiten beobachten. Die Region um **Advocate Harbour** 29 und **Cape d'Or** ist besonders schön, empfehlenswert für Trekker der **Cape Chignecto Provincial Park** mit den höchsten Klippen von Nova Scotia. Trails von über 50 km Länge durchziehen hier die Landschaft. Auch Vogelbeobachtung und Kayaking ist möglich.

Eisenbahnfans schweben hier auf Wolke Sieben: Das Train Station Inn in Tatamagouche bietet Unterkunft in alten Waggons

Bei **Joggins** 30 haben Gezeitenströme 300 Mio. Jahre alte versteinerte Bäume, Pflanzen und Reptilien in den 50 m hohen Sandsteinklippen freigelegt. Ein 15 km langer Küstenabschnitt mit den Fossilienklippen wurde als UNESCO-Welterbe geschützt. Das **Joggins Fossil Centre** zeigt Versteinerungen und veranstaltet im Sommer Exkursionen (100 Main St., Tel. 902-251-2727, 1-888-932-9766, www.jogginsfossilcliffs.net, Mai–Okt. tgl. 10–17 Uhr, Museum/Exkursion ab 10–25 $).

Übernachten, Essen
... auf Cape d'Or:
Im Leuchtturm – **Lightkeeper's Guesthouse:** Tel. 902-670-8314, www.capedor.ca, Mai–Okt. Kleines Gästehaus in altem Leuchtturmwärterhaus auf den Klippen von Cape d'Or hoch über der Bay of Fundy, 4 Zimmer, alle mit Blick aufs Meer, davon eins mit eigenem Bad, Lesezimmer, Restaurant (Mi geschl.) mit spektakulärem Blick; als Spezialität werden Meeresfrüchte in allen Variationen angeboten. Dinner 12–30 $, DZ 150 $.

TRAIN STATION INN IN TATAMAGOUCHE

Das **Train Station Inn** in Tatamagouche ist mit Abstand das originellste Hotel, in dem man übernachten kann. Ursprünglich ein Bahnhofsgebäude, ist es heute ein Hotel, in dem die Zimmer ehemalige **Original-Eisenbahnwaggons** sind, die in liebevoller Kleinarbeit restauriert wurden. Jeder Waggon ist anders und es ist nicht nur für Eisenbahnfans ein großartiges Gefühl, in solch einem Ambiente zu übernachten. Auch wenn die ältesten Waggons an die 100 Jahre alt sind, muss man nicht auf modernen Komfort verzichten: Alle Zimmer sind mit eigenem Bad, Fernseher etc. ausgestattet. Die Ausstattung umfasst auch WLAN, doch um dieses Angebot zu nutzen, muss man gelegentlich erst den richtigen Platz auf dem Gelände suchen, um einen guten Empfang zu haben.

Das Frühstück bekommt man im **Bahnhofsgebäude,** in einem zwar etwas engen, aber ebenfalls mit viel Liebe zum Detail ausgestatteten Raum, der fast schon ein Museum der Eisenbahngeschichte darstellt. Lunch und Dinner werden im **Dining Car** serviert. Ein absolutes Muss für alle Eisenbahnfreunde, die in die Gegend kommen! (Train Station Inn, 21 Station Rd., Tel. 902-657-3222, 1-888-724-5233, www.tatatrainstation.com, Lunch 15–18 $, Dinner 17–32 $, DZ 159–199 $).

Auf dem Sunrise Trail nach Cape Breton

Karte: S. 400

Von Amherst führt der **Sunrise Trail** an Nova Scotias Nordküste entlang bis nach Cape Breton. Landschaftlich weniger spektakulär als andere Routen, bietet Nova Scotias Sonnenküste doch viele schöne Buchten und einsame Strände. Einige der besten sind bei den Orten **Northport, Heather Beach, Pugwash, Tatamagouche** und **Brule** zu finden. Vor allem hat das Meerwasser hier an der Northumberland Strait viel wärmere Temperaturen als an allen anderen Küsten der Provinz – ideal für einen Badeaufenthalt.

Rundreisen in Nova Scotia

Amherst und Tatamagouche
▶ R 8

In **Amherst** 31 lohnt ein Bummel entlang der Victoria Street mit ihren schönen historischen Bauten. Das **Cumberland County Museum** zeigt eine informative Ausstellung über die frühe Besiedelung der Region durch die Akadier (150 Church St., Tel. 902-667-2561, https://cumberlandmuseum.net, April–Okt. Mo–Fr 9–16.30 Uhr, 3 $).

In **Tatamagouche** 32 erfährt man im **Sunrise Trail Museum** (Margaret Fawcett Norrie Heritage Centre) Interessantes über die Geschichte der Region, von der Kultur der Mi'kmaq und der akadischen Siedler bis zur Holz- und Fischindustrie der letzten 100 Jahre (39 Creamery Rd., Tel. 902-657-3449, www.creamerysquare.ca, Juni Sa 9–16, Juli/Aug. So–Fr 10–17, Sa 9–16 Uhr, 6 $ für alle Museen im Heritage Centre).

Ein paar Kilometer weiter südlich, bei **Balmoral Mills** an der Route 256, ist in einem malerischen Tal die Balmoral Grist Mill zu besichtigen. Es gibt ein hübsches Plätzchen fürs Picknick, und man kann dabei zusehen, wie in der historischen Wassermühle Getreide gemahlen wird (544 Peter Macdonald Rd., Tel. 902-657-3016, https://balmoralgristmill.novascotia.ca, Juni–Sept. Mi–So 9.30–16.30 Uhr, Erw. 4 $).

Übernachten
… in Tatamagouche:
Bestes Preis-Leistungs-Verhältnis – **Dolan's Inn & Suites:** 3 Pine St., Tel. 902-396-8986, 1-888-734-8514. In historischem Haus, nette Zimmer mit antiken Möbeln, moderne Badezimmer, alle Annehmlichkeiten. DZ ab 119 $.

Pictou ▶ S 8

Pictou 33 verdankt seine zentrale Stellung dem Trans-Canada Highway, und ein paar Kilometer nördlich legt bei Caribou die Fähre nach Prince Edward Island ab. Der geschäftige Ort mit seinen knapp 4000 Einwohnern hat eine lange Fischer- und Schiffsbautradition und für Nova Scotia auch eine historische Bedeutung. An dieser Stelle nämlich brachte der holländische Dreimaster »Hector« am 15. September 1773 die erste Gruppe schottischer Highlanders, 33 Familien und 25 unverheiratete Männer aus Loch Broom in Schottland, an Land. Der **Hector Heritage Quay** mit seinen historischen Gebäuden am Hafen erinnert an den Beginn der schottischen Einwanderung, die den Charakter der Provinz geprägt hat. Mit traditionellen Techniken wurde hier auch eine authentische Nachbildung des historischen Einwanderer-Segelschiffs von 1773 gebaut. In der alten Schmiede auf dem Quay kann man bei der Arbeit zusehen. Im **McCulloch Heritage House Museum & Genealogy Centre** gleich nebenan erfährt man mehr über die schottische Besiedlung (86 Haliburton Rd., Tel. 902-485-4563, www.mccullochcentre.ca, im Sommer Mo–Sa 9.30–17.30, So 13–17.30 Uhr, sonst Mo–Fr 9–17 Uhr, 5 $).

Das **Northumberland Fisheries Museum** an der Caladh Avenue zeigt Ausstellungen zu Nova Scotias Fischereiflotte. Auch ein Hummer-Fangboot ist zu besichtigen (21 Caladh Ave., Tel. 902-485-8925, https://northumberlandfisheriesmuseum.ca, im Sommer Mo–Sa 10–18 Uhr, Spende erbeten).

Einige Kilometer außerhalb, auf der anderen Seite der Bucht, erinnert die **Loch Broom Log Church,** eine 1778 aus schlichten Baumstämmen gebaute Kirche, an die schottische Herkunft der ersten Siedler.

Infos
Nova Scotia Visitor Information Centre: Pictou Rotary, Pictou Exit, Tel. 902-485-8540, www.townofpictou.ca, Mitte Mai–Mitte Dez.

Übernachten, Essen
Schöner Landgasthof mit Blick – **Braeside Inn:** 126 Front St., Tel. 902-485-5046, 1-800-613-7701, www.braesideinn.com. Country Inn mit 18 Zimmern in einer schönen Lage; Restaurant mit Atmosphäre und hübschem Blick über den Pictou-Hafen. Dinner 26–30 $, DZ 149–189 $.
In der historischen Downtown – **The Scotsman Inn:** 78 Coleraine St., Tel. 902-485-1433, www.scotsmaninn.com. Umfassend restauriertes, familiäres Hotel. DZ 150–170 $ inkl. Frühstück.

Auf dem Sunrise Trail nach Cape Breton

Camping – **Caribou and Munroe's Island Provincial Park:** 2119 Three Brooks Rd., Highway 6, 10 km nördl. von Pictou, Tel. 1-888-544-3434, http://novascotiaparks.ca/parks/caribou.asp, 15. Juni–8. Okt. Campingplatz mit 95 Plätzen, Strand.

Essen & Trinken
Syrisch-kanadisch – **Alladin:** 85 Caladh Ave., Tel. 902-921-8615, https://alladin-syrian-canadian-restaurant-square.site, tgl. 10–20 Uhr. Kleines preiswertes Lokal, Essen auch zum Mitnehmen, sehr freundliche Inhaber. 8–14 $.

Termine
Pictou Lobster Carnival: Anfang Juli, http://pictoulobstercarnival.ca. Parade der Hummerfischer, Wettfahrten der Hummerboote, ›Muschelknacken‹, Musik und Meeresfrüchte.
Festival of Summer Sounds: Anfang Juli–Ende August. Shows, Musik (auch schottische) und Dinnertheater im deCoste Centre.

Hector Festival: Mitte September. Festival zur Erinnerung an die Ankunft der schottischen Siedler mit einer in historischen Kostümen nachvollzogenen Landung ihres Schiffes »Hector«.

Verkehr
Fähre: Northumberland Ferries, Rte. 106, Caribou Fähranleger, Tel. 902-626-2550, 1-877-762-7245, www.ferries.ca. Fährverbindung von Caribou (20 km nordöstl. von Pictou) nach Wood Islands auf P.E.I., 5–6 x tgl., 84 $.

Cape George ▶ S 8
Die Strecke um das **Cape George** nach Antigonish ist der wohl reizvollste Teil des Sunrise Trail. Schöne Seeblicke und Hochlandszenen bieten einen Vorgeschmack auf den legendären Cabot Trail auf Cape Breton Island. Beim **Arisaig Provincial Park** mit Wander- und Picknickgelegenheit sind Fossilien im Sedimentgestein der Küste zu finden.

Hector Heritage Quay in Pictou – wenn in Nova Scotia an etwas kein Mangel herrscht, dann sind es Leuchttürme

Rundreisen in Nova Scotia

Antigonish ▶ S 8

Antigonish 34 ist mit 4800 Einwohnern wirtschaftlicher Mittelpunkt der Region und ein Zentrum schottischer Kultur in Nova Scotia. Schon seit 1861 finden hier im Juli die großen Highland Games statt. Beim Exit 32 des Highway 104 gibt es ein Nova Scotia Visitor Centre.

Das **Antigonish Heritage Museum** in einer alten Eisenbahnstation zeigt historische Fotos und andere Exponate zur Pioniergeschichte der Region (20 E. Main St., Tel. 902-863-6160, www.antigonishheritage.org, Juli–Aug. Di–Sa 10–16, sonst Di–Fr 10–16 Uhr). Das immer noch genutzte **County Court House** an der Main Street ist eine National Historic Site.

Übernachten, Essen

Komfortabel, ruhig, zentral – **Maritime Inn:** 158 Main St., Tel. 902-863-4001, 1-888-662-7484, www.maritimeantigonish.ca. 31 Zimmer, im »Main Street Café & Lounge« gibt es Meeresfrüchte und leckere Rippchen (tgl. 8–22 Uhr, 16–19 $). DZ 162–177 $.

Essen & Trinken

Gemütlich – **Brownstone Café:** 244 Main St., Tel. 902-735-3225, http://brownstonecafe.ca, Mo–Sa 11–21 Uhr. Burger, Wraps, Pizzen, Fisch- und Fleischgerichte, mit Außenterrasse. 14–27 $.

Termine

Highland Games: Anfang Juli, Tel. 902-863-4275, www.antigonishhighlandgames.ca. Traditionelle schottische Sportwettkämpfe mit Steinwerfen, Baumstamm-Schleudern, Paraden und Dudelsackmusik.

Auf dem Marine Drive nach Cape Breton

Karte: S. 400

Östlich von Halifax/Dartmouth verläuft der **Marine Drive** (Highways 7, 211, 316) entlang der Südküste der Insel. Bis Canso sind es 320 km – auf jeden Fall eine ganze Tagestour, aber man übernachtet besser in Liscombe Mills oder Sherbrooke. Wie die ›Leuchtturmroute‹, nur erheblich weniger befahren und besiedelt, verbindet die kurvenreiche Küstenstraße zahlreiche kleine Fischerdörfer. Dabei führt die Strecke immer wieder durch dichte Wälder, Feuchtwiesen und beeindruckende Uferlandschaften mit zahlreichen vorgelagerten Inseln. Größere Orte gibt es nicht, auch keine großen Hotels und Resorts. Dafür lassen sich unberührte Natur und das einfache Leben genießen, und viele preiswerte und gemütliche Inns, Motels und Restaurants laden zur Rast ein. Für Geschichtsbewusste sind in den verträumten Dörfern historische Kirchen, Friedhöfe und uralte Begräbnisstätten der Mi'kmaq zu entdecken. Die Region bietet einige der besten Strände und Forellengewässer der Provinz, und auch Kanuten finden mehr als genug zum Paddeln geeignete Reviere.

Von Lawrencetown nach Ship Harbour ▶ R/S 9

Bei **Lawrencetown** 35, nur wenige Minuten von Dartmouth entfernt, versammeln sich die Surfer am felsigen Strand, um auf den bis zu 3 m hohen Wellen zu reiten. Wer sein Surfboard nicht dabeihat, mietet es im örtlichen Surfshop und den Anzug dazu, denn das Wasser hat auch im Sommer selten mehr als 15 °C. Endlose Strände mit großen Sanddünen und ein Vogelschutzgebiet findet man bei **Martinique Beach.** Beide Strandorte wie auch Clam Harbour, Taylor Head und Tor Bay haben hübsche Provinzparks mit Freizeit- und Picknickmöglichkeiten.

In **Musquodoboit Harbour** 36, mit knapp 900 Einwohnern einer der wenigen größeren Orte dieser Küste, wurden in einer alten CNR-Eisenbahnstation ein kleines **Railway Museum** und das Tourist Information Centre eingerichtet (Main Street, Route 7, Nähe Kreuzung Route 357, Tel. 902-889-2689, www.mhrailwaymuseum.com, Juli, Aug. Mi–So 10–16–16 Uhr).

Bei **Jeddore Oyster Pond** ist das Fisherman's Life Museum zu besichtigen. Im restaurierten Fischerhaus mit Garten erhält man einen guten Eindruck vom Alltagsleben eines typischen neu-schottischen Küstenfischers

Auf dem Marine Drive nach Cape Breton

im 19. Jh. (10309 Hwy 7, Tel. 902-889-2053, http://fishermanslife.novascotia.ca, Juni Mi–So 9–16 Uhr, Juli–Sept. Di–So 9–16 Uhr, Erw. 4 $, Kinder bis 17 Jahre 2,75 $).

Bei **Ship Harbour** sieht man von der Straße aus auf dem Meer Tausende weiße Bojen eines großen Aquakulturprojekts. Sie markieren die *collectors*, Netze, in denen an der Wasseroberfläche große Muscheln gezüchtet werden. Die **Aquaprime Mussel Ranch** in Ship Harbour ist die größte Muschelfarm Nordamerikas. Man kann bei der Ernte der Schalentiere zusehen, es gibt ein Infozentrum und man kann für ein paar Dollar ein Pfund frische Muscheln kaufen (14108 Highway 7, Tel. 902-845-2993, http://fishchoice.com, Mo–Fr 8–16 Uhr, vorübergehend geschlossen).

Übernachten
… in Murphy's Cove:
Camping – **Murphy's Camping on the Ocean:** 308 Murphy's Rd., zwischen Ship Harbour und Tangier, Tel. 902-772-2700, www.murphyscamping.ca, geöffnet Mitte Mai–Mitte Okt. Schöne Plätze auf einer graswachsenen Landzunge, von Wald und Wasser umgeben; zu den Aktivitäten gehört u. a. das Graben nach Muscheln. 48–54 $.

Aktiv
Kanufahren – **Murphy's Camping on the Ocean:** Adresse s. o. Verleih von Kanus und Booten. Geführte Bootstouren ab 44 $, Trailer-Miete 90 $.

Tangier ▶ S 9

In **Tangier** 37 lohnt ein Besuch bei der dänischen Einwandererfamilie Krauch, die hier seit fast 60 Jahren eine **Fischräucherei** betreibt. Wen der beißende Rauch nicht stört, der kann dabei zusehen, wie Makrelen, Aale, Forellen und Lachse nach Willy Krauchs Spezialrezept geräuchert werden. Die Delikatessen werden auf Wunsch auch in alle Welt verschickt. Frisch aus dem Ofen schmecken sie natürlich am besten.

Auch für Freizeitaktivitäten ist in Tangier gesorgt. Ausrüster bieten Gerät und geführte Kajaktouren entlang der Südküste an, denn die Region ist ein hervorragendes Revier für Kanuten und Kajakpaddler. Das Gewirr von über 200 Inseln von Tangier bis zur Mündung des St. Mary's River ist reich an verborgenen Lagunen, Höhlen und einsamen Stränden, an denen es von essbaren Muscheln wimmelt. Leuchttürme, verlassene Häuser und alte Schiffswracks bieten Eindrücke, die sich eng mit den verwunschenen Geschichten und Legenden der Küstenbewohner verbinden.

Übernachten
Historisches Fischerhaus – **Paddlers Retreat:** 84 Mason's Point Rd., Tel. 902-772-2774, 1-877-404-2774, www.coastalnovascotia.ca. Bed & Breakfast in historischem Fischerhaus, 4 Zimmer, ideal für Wassersportler (auch Anfänger). DZ 65–105 $.

Einkaufen
Frischer geht's nicht – **Willy Krauch & Sons:** 60 Saulnierville Road, Saulnierville, Tel. 902-772-2188, 1-800-758-4412, www.willykrauch.com. Traditionsreiche Fischräucherei der Familie Willy Krauch. Geräucherte Fischspezialitäten für unterwegs oder zum sofortigen Verzehr am Picknicktisch vor der Räucherei.

Aktiv
Kanutouren – **Coastal Adventures:** Adresse s. Paddlers Retreat, oben. Geführte Kanu- oder Kajaktouren, Kurse und Verleih. Touren 85–130 $, Verleih Kanu/Kajak ab 55 $.

Liscomb Game Sanctuary und Liscomb Mills ▶ S 9

Spry Harbour (180 Einw.) ist typisch für die kleinen Fischerdörfer an der Südostküste. Gleich hinter dem Ort bietet der reizvolle **Tailor Head Provincial Park** mit Strand und schönen Küstentrails gute Gelegenheit zum Picknicken und Wandern. In **Spry Bay,** dem nächsten kleinen Ort, sind zwei historische Kirchen zu bewundern. Wildnisabenteuer warten dann im **Liscomb Game Sanctuary** 38, über die Route 374 bei Sheet Harbour zu erreichen. Das über 500 km^2 große Naturschutzgebiet ist von einem Netz von Flüssen und Seen durchzogen, nicht nur Le-

Rundreisen in Nova Scotia

bensraum für Elch, Rehwild, Moschusratte und Nerz, sondern auch ein ausgezeichnetes Revier für Hiker, Angler und Kanuten.

An der Küste bei **Liscomb Mills** 39, etwa auf halbem Wege nach Cape Breton, betreibt die Provinzregierung die **Liscombe Lodge** (s. Übernachten, Essen), einen bewaldeten, idyllisch am Liscomb River gelegenen Komplex mit Haupthaus und zwei Dutzend komfortablen Blockhütten und Chalets, Innenpool, Sauna und Fitnesscenter. Schöne Wander- und Radwege, Flüsse und Seen zum Angeln und Bootfahren lassen keine Langeweile aufkommen. Die Unterkunft eignet sich bestens als Ausgangsbasis für Entdeckungsfahrten in der Region.

Übernachten, Essen
… in Liscomb Mills:
Komplettes Urlaubspaket – **Liscombe Lodge:** 2884 Hwy 7, Tel. 902-779-2307, 1-800-665-6343, www.liscombelodge.ca. Schöne Lodge mit Cottages und Chalets am Wasser, Radverleih, Bootscharter; hervorragendes Restaurant – Spezialität: Lachs, nach Mi'kmaq-Art in der Grube zubereitet. DZ ab 179 $.

Sherbrooke ▶ S 8
Bei Liscomb führt der Highway 7 ins Landesinnere nach **Sherbrooke** 40, einem kleinen Hafenort am St. Mary's River mit einer langen und interessanten Geschichte. Französi-

In Sherbrooke Village kann man eine Reise ins 19. Jh. unternehmen – als Zeitmaschine fungiert die Pferdekutsche

Auf dem Marine Drive nach Cape Breton

sche Siedler zog es schon 1655 in die Region, und der Pelzhändler LaGiraudière gründete hier einen Handelsposten. Um 1800 kamen dann schottische und englische Siedler, angezogen vom Holzreichtum der Region und von den Lachsen, die es im Überfluss gab. Sie sind auch heute noch so zahlreich, dass der 200-Seelen-Ort zum Mekka für Lachsangler geworden ist.

Die eigentliche Attraktion des Ortes ist **Sherbrooke Village** mit seinen 30 historischen Gebäuden aus der Boomzeit um 1860. Damals war Sherbrooke ein florierendes Zentrum für Fischfang, Schiffsbau und Holzindustrie. Als dann auch noch Gold gefunden wurde und 19 Bergbaugesellschaften in die Region kamen, begann das zwei Jahrzehnte dauernde ›Goldene Zeitalter‹ des Ortes.

Beeindruckt von der großen Anzahl noch intakter Gebäude, die schon in der Zeit um 1860 errichtet wurden, begann die Provinzregierung 1969 mit der Restaurierung des Ortes. Anders als bei den meisten ›lebenden Museen‹, für die man historische Gebäude zu einem Dorf zusammentrug, wurden hier die Gebäude am Standort restauriert und für die Öffentlichkeit zugänglich gemacht. Zum historischen Dorf gehören zwei Kirchen, Schulgebäude, Apotheke, Postamt, Gefängnis, Versammlungshalle, Schmiede, Druckerei sowie andere Werkstätten und Wohnhäuser.

Alles ist noch in Betrieb wie vor 150 Jahren. An die 50 Bürger in Kostümen der Zeit sorgen für authentische Atmosphäre. Ein paar Oldtimer wohnen sogar noch hier und sind, auf einer Bank vor ihrem Häuschen sitzend, einem Schwatz durchaus nicht abgeneigt (Hwy 7, Tel. 902-522-2400, 1-888-743-7845, https://sherbrookevillage.novascotia.ca, Anfang Juni–Mitte Okt. tgl. 9.30–17 Uhr, Erw. 19,95 $, Kinder 7,95 $).

In Sherbrooke muss man sich entscheiden, ob man den schnelleren Weg nach Cape Breton über die Highways 7 und 104 nimmt oder auf dem Marine Drive weiterfährt. Dann hat man noch einmal so viele Fischerorte – und Kurven – vor sich und sollte besser in Liscomb Mills oder Sherbrooke übernachten.

Übernachten, Essen

Familienfreundlich – **Sherbrooke Village Inn:** 7975 Hwy. 7, Tel. 902-522-2228, 1-888-743-7845, https://sherbrookevillageinn.com. Mit Kitchenette ausgestattete Motelzimmer und Cottages. Der Unterkunft angeschlosse ist ein preiswertes Fischrestaurant (Mai–Okt.). Dinner 10–20 $, DZ 125 $, Studios 159 $, Cabins 139 $.

Ruhige angenehme Unterkunft – **Daysago B & B:** 15 Cameron Road, 902-328-7600. Chalet in ruhiger ländlicher Umgebung. 85–100 $ mit gutem Frühstück, Chalet 100 $.

Camping – **Rivers's Edge Camping:** 150 Hospital Rd., Tel. 902-328-2517. Familienfreundlich, Zelt 25 $, RV 30–45 $.

✿ Cape Breton Island

Cape Breton Island, der nordöstlichste Teil Neu-Schottlands, hat viele Gesichter: schottische Highlandtraditionen auf dem Ceilidh Trail, akadischer Nationalstolz und französische Lebensfreude auf dem Fleur-de-Lis Trail, malerische Fischerdörfer, weite Sandstrände und der Cabot Trail, eine der schönsten Küstenstraßen der Welt.

Man vermutet, dass John Cabot im Jahre 1497 mit seinem winzigen Schiff »Matthew« bei **Cape Breton** die nordamerikanische Küste erreichte. Die Franzosen folgten und errichteten die Feste Louisbourg; später besiedelten Schotten und Engländer die Insel. Auch die Ureinwohner, die Mi'kmaq, leben noch in mehreren Reservaten. Cape Breton ist weitaus weniger dicht besiedelt als der Rest Nova Scotias, nur knapp 100 000 Menschen leben auf der Insel – und diese überwiegend in der Region um Sydney und Glace Bay.

Die beiden Höhepunkte einer Cape-Breton-Reise sind zweifellos die Fahrt auf dem **Cabot Trail** (s. S. 425), eine rund 300 km lange Rundstrecke, die um den gesamten nördlichen Teil der Insel führt, sowie der Besuch der rekonstruierten Festungsstadt **Louisbourg** (s. Thema S. 436), Kanadas größter historischer Nationalpark. Küstenstriche mit graufroten Steilufern, weiße Felsen, weite feinsandige Strände, dazwischen Fischerdörfer, die sich zwischen Berge und Meer schmiegen, Inselchen, die immer wieder in der Gischt verschwinden, und schimmernde Seen, umgeben von Wäldern, über denen Weißkopfseeadler kreisen, machen den Cabot Trail zu einer der schönsten Straßen des nordamerikanischen Kontinents.

Zwischen Mabou und Inverness am Küsten-Highway 19 und Baddeck am Ufer des **Bras d'Or** (s. S. 434) liegt das Herz des schottischen Cape Breton Island. Hier wird noch Gälisch gesprochen, und man pflegt die alten Highland-Traditionen mit Folklore und Wettkämpfen. Besonders eindrucksvoll, wenn bei den Highland Games im Sommer bärenstarke Männer im Kilt mit Stein- und Bäumeschleudern ihre Kräfte messen. Dem herzlichen Willkommensgruß »Ciad Mile Failte!« (»Tausendmal willkommen!«) begegnet man auf der Insel überall.

Weiter nördlich an der Westküste, in der Region um **Chéticamp** (s. S. 432), und auch am **Fleur-de-Lis Trail** entlang der Südküste, von Louisbourg bis zur **Isle Madame** (s. S. 439) liegen die Siedlungsgebiete der Akadier. Hier weht die blau-weiß-rote Fahne mit dem gelben Akadierstern und man hört noch hier und dort altertümliches Französisch.

Vom Canso Causeway nach Whycocomagh

Karte: S. 424

Vom Nova-Scotia-Festland erreicht man Cape Breton Island über den **Canso Causeway** 1 , einen 66 m tiefen Damm, der bei Port Hastings über die Meerenge von Canso nach Cape Breton Island führt. Im Visitor Centre von **Port Hastings** (s. S. 423) kann man sich über Cape Breton Island informieren. Die 85 km bis Baddeck, wo der Cabot Trail offiziell beginnt, legt man am schnellsten auf dem Highway 105 (Trans-Canada Highway) zurück.

In **Whycocomagh** 2 (▶ T 8) bietet ein Provinzpark neben Picknickeinrichtungen auch gute Campingmöglichkeiten (Stellplätze mit und ohne Anschlüsse, 27–60 $, auch Jurten). In der Sprache der Mi'kmaq bedeutet das Wort Whycocomagh ›Beginn des Wassers‹. Vom Park aus führt ein nur etwa 1 km langer,

Nordische Schönheit mit Traumkurven – die Rede ist vom Cabot Trail

aber mitunter etwas steiler Trail auf den Salt Mountain, von dem man einige sehr schöne Ausblicke auf den Bras d'Or Lake hat. Dann folgt der Highway 105 dem St. Patrick's Channel und nach einer Fahrt von rund 40 km ist **Baddeck** (s. S. 426) erreicht.

Infos

… in Port Hastings:
Provincial Visitor Centre: East of the Causeway, 1-902-625-4201, https://tourismns.ca/port-hastings-visitor-information-centre, Mai–Okt. Karten und Informationen über Cape Breton Island.

Ceilidh Trail

Karte: S. 424
Hat man für Cape Breton etwas mehr Zeit, lohnt zuvor noch der Abstecher auf dem Küsten-Highway 19 über Craigmore, Judique, Mabou und Inverness. Hier verläuft der **Ceilidh Trail** durch hügeliges Farmland mit reizvollen Ausblicken aufs Meer – altes schottisches Siedlungsgebiet, die Heimat bekannter gälischer Musikanten und Folkloresänger. In einigen der pittoresken Orte finden auch traditionelle Musikveranstaltungen und Festspiele statt. Ein Ceilidh (ausgesprochen ›Kaylie‹) war in der gälischen Kultur in Schottland und Irland eine gesellige Zusammenkunft der Dorfjugend mit Volkstanz und Fiedelmusik. Die Nachfahren der Einwanderer des 18. Jh. haben diese Tradition in Nova Scotia, besonders auf Cape Breton Island, aufrechterhalten und überlieferte Stilelemente von Musik und Tanz weiterentwickelt. Heute erfreut sich gälischer Pop und Folk größter Beliebtheit, wobei die virtuos gespielte Fiedel dominiert.

Mabou ▶ T 7

Im Städtchen **Mabou** 3 unterhält die Mabou Gaelic and Historical Society ein kleines Museum und Kulturzentrum: **An Drochaid** (›Die Brücke‹, Highway 19, Tel. 902-945-2311, www.mabouvillage.com/contact.html, Di–Sa 10–17, So 12–17 Uhr). Sehenswert ist das

Cape Breton Island

Mabou Harbour Lighthouse mit einer Ausstellung von Fotos und Gegenständen aus der Region.

An der Route 19 zwischen Mabou und Inverness kann man das hübsch am Fuß der Mabou Highlands gelegene **Glenora Inn & Distillery** besichtigen. Hier wird Nordamerikas einziger Single Malt Whisky hergestellt. Im angeschlossenen Glenora Pub kann man den edlen Tropfen dann bei gälischer Folklore probieren (Adresse s. u.)

Übernachten, Essen

Whisky von der Quelle – **Glenora Inn & Distillery:** Glenville, 9 km nördl. von Mabou, Tel. 902-258-2662, 1-800-839-0491, www.glenoradistillery.com, Mitte Juni–Okt. Schön gelegenes Country Inn mit angeschlossener Whisky-Distillery, Brennereibesichtigung 9–17 Uhr (7 $); im Glenora Pub gibt es Frühstück (7–10 Uhr), Lunch (12–15 Uhr) und Dinner (17–21 Uhr), nachmittags und abends mit Live-Entertainment, Übernachtungsgästen stehen geräumige Zimmer und Chalets zur Verfügung. DZ ab 258 $.

Inverness ▶ T 7

Bei **Inverness** 4 stößt der Highway 19 nach rund 30 km wieder an die Küste. Mit etwa 1400 Einwohnern ist die ehemalige schottische Bergarbeitersiedlung der größte Ort am Highway 19. Es gibt einen schönen Badestrand und gute Wandermöglichkeiten in der Umgebung. Die Geschichte des Kohlebergbaus wird im **Inverness Miners Museum** dargestellt. Der Kurator des Museums arrangiert nach telefonischer Voranmeldung auch Touren zur alten Mine und zu nahe gelegenen Fossilien-Fundstätten (62 Lower Railway St., Tel. 902-258-3822, www.inverness-ns.ca/inverness-miners-museum.html, Mitte Juni–Okt. Mo–Fr 9–17 Uhr).

Bei **Margaree Harbour** trifft die Route 19 auf den Cabot Trail, auf dem man in nördlicher Richtung über Chéticamp zum Cape Breton Highlands National Park fahren kann. Alternativ gelangt man in südlicher Richtung fahrend durchs **Margaree Valley** (s. S. 433) nach Baddeck.

Übernachten, Essen

Gemütliches komfortables Inn – **The Duncreigan Country Inn:** 11411 Nova Scotia 19 Trunk, Tel. 902-945-2207, 1-800-840-2207, www.duncreigan.ca. Ganzjährig geöffnet, 8 Zimmer, z. T. mit Hafenblick und Whirlpool. Frühstücksbuffet. »Red Shoe Pub« mit gutem Essen (ab 16 $) und gälischer Musik in der Nähe. DZ 165–215 $.

Beliebter Musik-Pub – **The Red Shoe Pub:** 11573 Route 19, Tel. 902-945-2996, www.redshoepub.com, Juni–Mitte Okt. tgl. 12–21 Uhr. Leckere kleine und größere Gerichte mit Fisch und Fleisch, auch Pasta. Gälische Musik live.

Übernachten

Camping – **MacLeod's Beach Campsite:** Rte. 19 in Dunvegan, 16058 Central Ave., ca. 10 km nördl. von Inverness, Tel. 902-258-2433, www.macleods.com. Schön angelegter Campingplatz an der Bucht mit Panoramablick, eigenem Badestrand, Wandermöglichkeiten. 45–60 $.

Termine

Broad Cove Concert: Letzter So im Juli. St. Margaret's Parish Grounds in Broad Cove (3 km nördl. von Inverness), www.broadcoveconcert.ca. Populärstes schottisches Musikfestival in Cape Breton.

Ceilidh: jeden Donnerstagabend im Juli und Aug. Schottische Tänze und Musik in der Inverness Fire Hall.

Auf dem Cabot Trail nach Chéticamp

Karte: links

Am alten Courthouse, dem Gerichtsgebäude in Baddeck, beginnt offiziell die rund 300 km lange Rundstrecke des **Cabot Trail.** Hier hat man die Wahl, die Tour links oder rechts herum zu beginnen – das Panorama ist in jedem Fall überwältigend. Als der Cabot Trail 1932 vollendet wurde, verband er die kleinen isolierten Fischerdörfer des rauen Nordzipfels der Insel mit einer schmalen, abschnittsweise ungeteerten Straße, die oft in abenteuerlichem Schwung entlang der felsigen Küste führte. Damals wurde Reisenden der Rat erteilt, die Strecke unbedingt von Chéticamp beginnend nach Ingonish zu fahren – denn nur auf der Innenseite der Fahrbahn befand man sich in sicherem Abstand zu den steil ins Meer abfallenden Klippen. Heute kann man die Straße problemlos in beiden Richtungen befahren. Der Trail ist zwar immer noch kurvenreich, aber breit ausgebaut und bequem zu fahren. Fährt man jetzt entgegen dem Uhrzeigersinn, kann man oft bequemer auf die Parkplätze der Aussichtspunkte abbiegen, die meist an der der Küste zugewandten Straßenseite liegen.

Baddeck ▶T 7

Baddeck 5, ein 800-Einwohner-Ort am Ufer des Bras d'Or Lake, war früher ein geschäftiges Bootsbau-Zentrum. Auch heute noch wird der Jachtsport großgeschrieben, und für den Besucher sind etliche Charter- und Segeltörns möglich. Mittelpunkt des Treibens ist der **Government Wharf,** der Anleger für die zahlreichen Boote und Segeljachten. Vom Wharf kann man mit der kostenlosen Fähre zur nur ein paar hundert Meter vom Festland entfernten **Kidston Island,** einer bewaldeten Insel mit Badestrand, Wanderwegen und einem Leuchtturm, übersetzen.

Die **Alexander Graham Bell National Historic Site** erinnert an den großen Erfinder und Humanisten Alexander Graham Bell, der hier die letzten 37 Jahre seines Lebens den Sommer verbrachte. Der gebürtige Schotte gilt neben Philipp Reis als Erfinder des Telefons. Er wurde außerdem bekannt durch seine Experimente auf dem Gebiet der Medizin, der Landwirtschaft sowie der Luftfahrt- und Marinetechnik. Auf seinem Landsitz ›Beinn Bhreagh‹, was auf Gälisch so viel bedeutet wie ›schöner Berg‹, liegt Bell begraben. Im Museum können umfangreiche Sammlungen von Fotos und persönlichen Gegenständen Bells sowie zahlreiche seiner Erfindungen – u. a. ein Nachbau des Tragflügelbootes HD-4, das 1919 einen Geschwindigkeitsweltrekord (110 km/h) aufgestellt hat – und natürlich seine ersten Telefone besichtigt werden (Chebucto St., Tel. 902-295-2069, www.pc.gc.ca/en/lhn-nhs/ns/grahambell, 20. Mai–Ende Okt. tgl. 9–17 Uhr, Erw. 8,50 $, Kinder frei).

Übernachten, Essen

Wellnesshotel in schöner Lage – **Inverary Resort:** Highway 105, Exit 8, 368 Shore Rd., Tel. 902-295-3500, 1-800-565-5660, http://inveraryresort.com. Gemütliches Ferienhotel am nördlichen Ufer des Bras d'Or Lake, Indoor-Pool, Café; gepflegte Küche, Drinks und Livemusik bietet das neue Lakeside Landing Restaurant, eigene Marina. DZ ab 257 $.

Historisches Inn – **Telegraph House:** 479 Chebucto St., Tel. 902-295-1100, 1-888-263-9840, www.telegraphhouse.travel. Großes Inn aus der Mitte des 19. Jh., in dem schon Alexander Graham Bell häufig übernachtete, stilvoll eingerichtete Zimmer, einige mit Balkon und Jacuzzi, dazu kommen weitere moderne Motelzimmer in einem Nebengebäude, Bibliothek, Patio, Frühstück, Lunch und Dinner, regionale Spezialitäten, Meeresfrüchte, Geflügel, Steaks, Pasta. Dinner ab 24 $, DZ ab 150 $.

Camping – **Bras d'Or Lakes Campground:** Hwy 105, Exit 7 und 8 (5 km westl. von Baddeck), Tel. 902-295-2329, 902-239-595-5558 (im Winter), www.brasdorlakescampground.com. Pool, Shop. Ab 42 $.

St. Ann's ▶T 7

In **St. Ann's** 6, 20 km nordwestlich von Baddeck, kann man im **Gaelic College of Celtic Arts and Crafts** außer der Sprache auch die traditionellen Handwerkskünste, die Tänze, Lieder und das Dudelsackpfeifen der Hochlandschotten lernen (Tel. 902-295-3411). Das **Great Hall of the Clans Museum** des College zeigt Ausstellungen über die schottische Geschichte und Kultur, Thema ist unter anderem auch die große Einwanderung aus den schottischen Highlands. Im Campus Shop des Gaelic College kann man sich mit Kilts und Tartans stilecht schottisch

Auf dem Cabot Trail nach Chéticamp

einkleiden (51779 Cabot Trail, Tel. 902-295-3411, www.gaeliccollege.edu, Mitte Mai–Anf. Okt. Mo–Fr 9–17 Uhr, Juli–Sept. mittags Ceilidhs, 15 $ inkl. Mittagessen, ganzjährig Mi 19.30 Uhr Ceilidhs, 10 $).

Termine
Gaelic Mod – Féis A' Mhòid: August. Veranstaltungen im Gaelic College. Großes keltisches Kulturfestival.

Celtic Colours: Mitte Oktober. In vielen Orten der Insel, www.celtic-colours.com. Gälisches Volksfest mit vielen Konzerten, Tanzvorführungen und anderen Veranstaltungen. Cape Breton zeigt sich in dieser Zeit in den buntesten Herbstfarben.

Cape Smokey ▶ T 7
Nach knapp 20 km verläuft der Cabot Trail entlang der malerischen St. Ann's Bay, verschwindet eine kurze Strecke landeinwärts, ab Indian Brook windet sich die Straße dann entlang der rauen Küstenlinie durch kleine Fischerdörfer wie North Shore, Breton Cove, Skir Dhu und Wreck Cove. In engen Haarnadelkurven geht es hinauf und hinab zum **Cape Smokey** 7, einer 366 m hohen Landzunge.

Von einem Aussichtspunkt im **Cape Smokey Provincial Park** hat man einen herrlichen Panoramablick – wenn ›Old Smokey‹ nicht gerade seinem Namen Ehre macht und von Nebelwolken umhüllt ist. Ein 5 km langer Trail führt zum Stanley Point an der Spitze des Kaps (s. Aktiv unterwegs S. 428).

Übernachten
Direkt am Cabot Trail – **Wreck Cove Wilderness Cabins:** R. R. 1 Englishtown (bei Wreck Cove, 20 km südlich von Ingonish) Tel. 902-929-2800, 1-877-929-2800, www.capebretonsnaturecoast.com. Zwei komplett eingerichtete rustikale Cottages direkt am Trail; der Senior des Anwesens, Mike Crimp, hat früher Seekajaktouren organisiert und kennt sich auch mit den Hiking Trails der Region bestens aus. Ab 150 $.

Strand auf Cape Breton Island – der Weg zum Urlaubsglück erweist sich hier manchmal als steinig

Cape Breton Island

Aktiv

KAP-WANDERUNG
AUF DEM CAPE SMOKEY TRAIL

Tour-Infos
Start: Trailhead an der Nordseite des Parkplatzes im Cape Smokey Provincial Park am Cabot Trail etwa 13 km südlich von Ingonish Beach,
Länge: 10 km (hin und zurück)
Dauer: 3–5 Std.
Schwierigkeitsgrad: moderat mit einigen steilen Abschnitten, der Höhenunterschied beträgt 180–275 m

Ziel der Wanderung auf der 366 m hohen Landzunge ist der Aussichtspunkt **Stanley Point** im **Cape Smokey Provincial Park** mit herrlichem Panoramablick – wenn ›Old Smokey‹ nicht gerade seinem Namen Ehre macht und von Nebelwolken umhüllt ist. Deshalb sucht man sich für die Wanderung am besten einen klaren Tag aus (Wetterbericht für Ingonish erfragen).
Der Trail führt in den ersten 30 Min. abwärts ins Landesinnere, um eine tief eingeschnittene Senke zu umgehen. Anschließend steigt der Weg wieder an und verläuft dann über das **Cape Smokey Plateau** entlang der Steilküste, wo die Granitklippen 280 m tief zum Meer abfallen – Vorsicht, nicht zu nahe an die Klippenkante gehen und unbedingt hinter den Zäunen bleiben! Unterwegs gibt es immer wieder Aussichtspunkte, von denen sich herrliche Blicke bieten: An klaren Tagen sieht man fast bis zum mehr als 50 km entfernten Sydney und Glace Bay. Am Ende des Trails, am **Stanley Point Look-Off,** schweift der Blick über die South Bay mit der Keltic Lodge bei Ingonish. Nicht selten kann man Weißkopfseeadler und Habichte beobachten, die über den Klippen schweben und dabei die Aufwinde nutzen.
Der Trail ist im allgemeinen gut begehbar, es gibt aber ein paar morastige und auch zugewachsene Abschnitte, auf denen man nur langsam vorankommt. Ab und an bilden umgestürzte Bäume Hindernisse. Ein paar Felsbrocken kurz vor dem Stanley Look-Off lassen sich gut überwinden. Feste Schuhe sind ein Muss und lange Hosen ebenso, wenn man zerkratzte Schienbeine und Waden vermeiden möchte.

Auf dem Cabot Trail nach Chéticamp

Cape Breton Highlands National Park ▶ T 7

Der **Cape Breton Highlands National Park** ist ursprüngliche Natur mit bis zu 500 m hohen, überwiegend mit Balsamkiefern, Tannen, Birken und Ahorn bewaldeten Bergen, wo Schwarzbär, Elch, Biber und Luchs leben, mit ausgedehnten Feuchtgebieten, Bächen, Flüssen, Wasserfällen und Seen, über denen Weißkopfseeadler kreisen – eine Landschaft, deren wilde Schönheit ein Autofahrer auf dem Cabot Trail nur in Ausschnitten zu sehen bekommt. Das richtige Gefühl für diesen einzigartigen, fast 1000 km^2 großen Nationalpark bleibt dem Wanderer und Trekker vorbehalten, der sich den Park auf rund 30 Trails und Wanderwegen erschließen kann. Die Trails (s. Aktiv S. 430) sind gut unterhalten, und wo Boardwalks aus Holzplanken angelegt sind, um empfindliche Vegetation zu schützen, sollte man unbedingt auf diesen bleiben.

Ingonish Beach 8 zählt nur rund 600 Einwohner, ist aber dennoch das touristische Zentrum der Nordwestküste Cape Bretons und mit seinem schönen Strand auch der einzige Badeort im Gebiet des Nationalparks. Es gibt mehrere Hotels, Motels, Restaurants, Kunstgalerien und Kunsthandwerksläden. Neben einem Jachthafen bietet der sich rund um die Bucht erstreckende Ort auch einen hervorragenden Golfplatz (s. Aktiv S. 430) sowie ein geheiztes Meerwasserschwimmbad. Etwas weiter liegt das Gelände der **Keltic Lodge** auf einer schmalen Landzunge, die westlich von Ingonish weit ins Meer hinausragt. Beim Parkplatz der Keltic Lodge beginnt ein Wanderweg (4 km hin und zurück, Höhe 30 m, 1,5–2 Std.) zum **Middle Head**, wo Seevögel und manchmal auch Wale beobachtet werden können. Der Trail führt durch Mischwald und Grasland über eine weit ins Meer ragende Landzunge. Unterwegs erklären mehrere Tafeln Flora und Fauna sowie die Geschichte des Fischfangs in der Region. An der felsigen Spitze angelangt, bieten sich schöne Ausblicke auf Cape Smokey zur Rechten und Ingonish Island zur Linken. Im Visitor Centre des Nationalparks erhält man Informationsmaterial über Wanderungen und andere Freizeitmöglichkeiten im Park (Mitte Mai–Mitte Okt. 9–17, Juli/Aug. 8.30–19 Uhr, Tagespass 7,80 $).

Bei Ingonish Beach erreicht der Cabot Trail den **Cape Breton Highlands National Park** 9. Der 950 km^2 große Nationalpark an der Nordostspitze von Cape Breton zwischen Atlantik und St.-Lorenz-Golf ist der älteste der Atlantikprovinzen. Ein Hochland mit rauen Küstenformationen, Wäldern, windzerzausten Tundren, Mooren, Seen und Wildnisgebieten, in denen Weißkopfseeadler, Elche, Schwarzbären und Wildkatzen leben. Über 200 km Wanderpfade und viele Bäche und Flüsse machen den Park zum Dorado für Trekker und Angler (kürzere Wanderungen s. o., Middle Head Trail, und Aktiv S. 430).

Infos
Cape Breton Highlands National Park: Tel. 902-224-2306, www.pc.gc.ca/eng/pn-np/ns/cbreton/index.aspx. Kleines Visitor Centre (Ingonish) mit Kartenmaterial und Infos über Geologie, Flora und Fauna sowie Aktivitäten im National Park; großes Visitor Centre mit Buchgeschäft in Chéticamp (s. S. 433). Beide Visitor Centres sind Mitte Mai–Okt. geöffnet, Frühjahr und Herbst 9–17, Sommer 8.30–19 Uhr. Tagespass Sommer 8,50 $, Kinder frei.

Übernachten, Essen
... in Ingonish Beach:
Wellnesshotel im Nationalpark – **Keltic Lodge Resort & Spa:** Tel. 902-285-3400, 1-800-565-0444, www.kelticlodge.ca. Resorthotel in schöner Lage nahe dem Cape Breton Highlands Nationalpark; Golf, Strand, Tennis; Arduaine Restaurant und Bar: elegant mit Panoramablick über die Highlands, 11–22 Uhr, Bar-Service ab 12 Uhr, Lunch 22–35 $, Dinner 30–50 $; Frühstück ist inbegriffen. Übernachtung mit Golf 505 $ für 2 Pers., DZ ab 286 $.

Übernachten
Camping – **Ingonish Campground:** an der Lagune beim Golfplatz, Tel. 902-224-2306, Ende Juni–Aug. Schön gelegene Anlage mit 50 Stellplätzen, wahlweise mit/ohne Stromanschluss. 18,75–40,75 $.

Cape Breton Island

... in Ingonish:
Schöne Lage am Meer – **Sea Breeze Cottages and Motel:** 8 km nördl. vom Parkeingang, Tel. 902-285-2879, 1-888-743-4443, www.seabreezens.com. Zimmer, Cottages und Chalets, Einkaufsmöglichkeiten und Restaurants sind in der Nähe, Kinderspielplatz. DZ ab 279 $.
Camping – **Broad Cove Campground:** nördl. von Ingonish im Cape Breton Highlands National Park, Tel. 902-224-2306, 1-877-737-3783, Mitte Mai–Anfang Okt. 260 Plätze, teilweise mit Anschlüssen, Strand. In der Nähe beginnen mehrere Wanderwege. 26–100 $.

Aktiv
Golf – **Highland Links Golf:** 3 km nördlich von Ingonish Beach, Tel. 1-866-404-3224, https://golfcapebreton.com. Der Platz wird weltweit zu den Top-100-Plätzen gezählt. Green Fees 70 $.
Wandern – Die unten aufgeführten **Wanderwege** starten am Cabot Trail, der durch den Nationalpark führenden Straße. Sie sind in der Karte des Nationalparks eingezeichnet, die man in den Besucherzentren erhält (die Kilometerangaben beziehen sich auf Hin- und Rückweg bzw. Rundweg).
L'Acadien Trail: Trailhead Parkplatz des Chéticamp Campground am Eingang des National Parks, 9 km Rundweg, moderat, Höhenunterschied 0–363 m, 3–4 Std. Der ständig auf und ab führende Trail verläuft zur Hälfte entlang eines Baches, des Robert Brook. Vom höchsten Punkt bieten sich schöne Panoramablicke.
Skyline Trail: Trailhead French Mountain am Cabot Trail (ca 10 km nördl. von Chéticamp), 9,2 km, leicht, Höhenunterschied 320–400 m, 2–3 Std. Wunderschöne Panoramablicke auf die wilde Felsenküste und den sich vom Meer ins Landesinnere windenden Cabot Trail. Besonders eindrucksvoll ist die Aussicht am Ende des Wanderwegs, wo ein hölzerner Plankenweg mit 280 Treppenstufen zu einer Aussichtsplattform hinaufführt. Von den Aussichtspunkten lassen sich häufig vorbeiziehende Wale beobachten.

Neils Harbour ▶ T 6/7
Bis zum Fischerdorf **Neils Harbour** [10] folgt der Cabot Trail der sanft geschwungenen Atlantikküste mit schönen Stränden, dann verläuft die Straße landeinwärts. Auf dem schönen Picknickplatz ›Neil Brook‹ kann man direkt am Wasser rasten. Als Alternative bietet sich bei Neils Harbour dann die kleine Nebenstrecke zum White Point an der Spitze des Kaps an. Von dort führt die Alternativroute an der Küste entlang, bis sie kurz vor South Harbour wieder an den Highway stößt.

Rund um Cape North ▶ T 6
Am Fischerort **Cape North** [11] erreicht der Cabot Trail den nördlichsten Punkt. An dieser Stelle soll John Cabot 1497 mit seinem Schiff »Matthew« gelandet sein und den Boden

Auf dem Cabot Trail nach Chéticamp

Neils Harbour – ein guter Ort, um frischen Hummer zu essen

der ›Neuen Welt‹ betreten haben. Der **Cabot's Landing Provincial Park** an der Straße nach Bay St. Lawrence mit Picknickplätzen und schönem Sandstrand erinnert mit einem Denkmal an den historischen Landgang. Von hier führt ein Trail zum 440 m hohen **Sugar Loaf Mountain.** Der Abstecher zum gleichnamigen Kap lohnt sich. Die Strecke nach Bay St. Lawrence und Meat Cove ist nicht nur landschaftlich sehr reizvoll. Man kann einsame kleine Buchten und malerische Fischerdörfer erkunden, an schönen Stränden wandern und Exkursionen zum Beobachten von Seevögeln und Walen unternehmen.

Im 16 km entfernten **Bay St. Lawrence** 12 sind alle Serviceeinrichtungen vorhanden. Beim Bummel durch den Hafen kann man den Fischern beim Entladen des Fangs zusehen und vom Anleger mit dem Motorschiff oder einer Segeljacht hinausfahren, um Wale zu beobachten. Ein paar Kilometer vor Bay St. Lawrence führt eine auf der letzten Hälfte unbefestigte Nebenstrecke zu den kleinen Fischerdörfern **Capstick** und **Meat Cove** 13. Dort gibt es auf der Steilküste direkt über dem Meer einen Campingplatz.

Übernachten

… in Cape North:

Historisches Bed & Breakfast Inn – **Four Mile Beach Inn:** R. R. 1 Cape North, Aspy Bay, Tel. 902-383-2120, 1-877-779-8275, www.fourmilebeachinn.com, Juni–Okt. An der Straße nach Bay St. Lawrence, gemütlich und stilvoll eingerichtet, historischer General Store, Lesezimmer, schöne Veranda. DZ 112–169 $.

Cape Breton Island

Aktiv

... in Cape North:
Geräteverleih – **Four Mile Beach Inn**: Adresse s. o. Exkursionen sowie Vermietung von Fahrrädern, Kajaks und Kanus.

... in Bay St. Lawrence:
Walbeobachtungstouren – **Captain Cox's Whale Watching,** 3384 Bay St. Lawrence Wharf, Tel. 902-383-2981, 1-888-346-5556, www.captcoxwhalewatch.ca, Mitte Juli–Sept. 65 $. **Oshan Whale Cruise,** Tel. 902-383-2883, 1-877-383-2883, www.oshan.ca, Juli–Sept, 10.30, 13.30, 16.30 Uhr. 2–2,5-stündige Walbeobachtungstouren und Hochseeangeln. Erw. 45 $, Kinder 25 $.
Kajak- und Radvermietung – **Cabot Trail Adventures:** 299 Shore Rd., Dingwall, Tel. 1-902-383-2552, 1-888-616-1689, www.kayakingcapebreton.ca. Fahrrad-, Kajak- und Kanu-Vermietung (2 Std. 35 $, ganzer Tag 45 $, Fahrrad pro Tag 45 $, halbtägige Touren 85 $) sowie mehrtägige Seekajak-Exkursionen.

Pleasant Bay ▶ T 7

Nach Cape North führt der Cabot Trail durch das idyllische Tal des Aspy River, in dem die bunt gestrichenen Farmhäuser wie Farbkleckse wirken. Danach klettert die Straße an Schluchten entlang in die Berge des Hochlandes. Hier beginnt der vielleicht schönste Teil des Cabot Trail. Wildromantische Küstenformationen folgen, und es gibt immer wieder schöne Aussichtspunkte. Von der Bergstraße schweift der Blick an klaren Tagen weit über das Meer bis zu den Magdalen Islands im St.-Lorenz-Golf.

Bei **Pleasant Bay** 14 führt der Cabot Trail wieder ans Meer. Ansehen sollte man sich hier das **Whale Interpretive Centre,** wo die Walarten, die in den Gewässern um Nova Scotia anzutreffen sind, beschrieben und dargestellt werden. Im offenen Aquarium des Zentrums erlebt man die Meeresfauna der Region (Tel. 902-224-1411, https://whale-interpretive-center.business.site, Juni–Mitte Okt. 9–17 Uhr, Erw. 5 $, Kinder 3,50 $).

Übernachten

Preiswerte Herberge – **Cabot Trail Hostel:** 23349 Cabot Trail, Tel. 902-224-1976, https://cabottrailhostel.com. Einziges Hostel für Trekker am Cabot Trail, Schlafsaal, Küchenbenutzung, Internetzugang. Bett im Schlafsaal 29 $, Privatzimmer 59 $.

Aktiv

Wale, Seehunde und mehr – **Capt. Mark's Whale and Seal Cruise:** Tel. 902-224-1316, 1-888-754-5112, www.whaleandsealcruise.com. Schiffs- und Zodiak-Touren Juni–Mitte Sept., 3 Abfahrten in der Hauptsaison, 60 $, Kinder bis 18 Jahre 40 $.

Chéticamp ▶ T 7

Bei Petit Etang verlässt man das Nationalparkgebiet und nach ein paar Kilometern ist man in **Chéticamp** 15, einem lebendigen Fischer- und Bauernort, mit rund 3000 Einwohnern der größte Ort an der Nordwestküste Cape Bretons. Die schmucken bunten Holzhäuser harmonieren schön mit dem Blau des Meeres und den sanftgrünen Hügeln des Hinterlandes. Hier schlägt das Herz des frankophonen Cape Breton, und von vielen Häusern und Fahnen leuchtet der gelbe Akadierstern auf blauem Grund. In den Restaurants gibt es akadische Spezialitäten und in den Pubs hört man Fiedelmusik mit einer ganz besonderen Mischung von akadischen und schottischen Stilelementen. Vom Government Pier am Hafen legen die Exkursionsschiffe zum Walebeobachten und Hochseeangeln bei den vorgelagerten Magdalen Islands ab.

Wie schon im Mittelalter in Frankreich wird auch hier der Tag, der die Hälfte der Fastenzeit markiert, also 20 Tage vor Ostern, gefeiert. Ähnlich wie beim Karneval gehören Kostüme, Masken, Musik und Tanz dazu. Im **Le Centre de la Mi-Carême** (51 Old Cabot Trail, Tel. 902-224-1016, www.micareme.ca/en, Juli–Mitte Okt. Mi–So 10–16 Uhr, Erw. 5 $, Kinder unter 5 Jahre frei) werden Verkleidungen und zahlreiche kunstvolle Masken gezeigt sowie die Geschichte erläutert. Das Dinner Theatre und das Maskenfestival finden im Juli statt.

Das akadische Kulturzentrum **Les Trois Pignons** in Chéticamp ist nicht zu übersehen. Das große Holzgebäude mit Erkern ist ganz in den leuchtenden blau-weiß-roten

Auf dem Cabot Trail nach Chéticamp

französischen Nationalfarben gehalten und am Mast vor dem Eingang weht stolz die Akadierflagge. Im Kulturzentrum findet man verschiedene Ausstellungen zur Siedlungsgeschichte von Chéticamp und zum Alltagsleben der Akadier, außerdem gibt es Kunstgegenstände und eine Sammlung der berühmten handgeknüpften Teppiche der Region zu sehen (Tel. 902-224-2642, www.lestroispignons.com, Mitte Mai–Mitte Okt. 8.30–17 Uhr, 7 $).

Infos
Cape Breton Highlands National Park Visitor Centre: 15584 Main St. Chéticamp, www.pc.gc.ca, Tel. 902-224-2306, 1-888-773-8888, Frühjahr und Herbst 9–17, Juli/Aug. 8.30–19 Uhr, Erw. 8,50 $, Kinder frei.

Übernachten
Geräumig und hübsch – **Ocean View Motel & Chalets:** 15569 Cabot Trail gegenüber Le Portage Golf Club, Tel. 902-224-2313, 1-877-743-4404, www.oceanviewchalets.com. Geräumige, hübsche Zimmer. DZ 140 $.

Akadische Gastlichkeit – **Chéticamp Outfitters Inn:** 13938 Cabot Trail, Tel. 902-224-2776, http://cheticampoutfitters.com. Gemütliches Bed and Breakfast mit schönem Blick auf Meer und Berge, Patio, Grillmöglichkeit, Fahrradverleih. DZ 85–125 $, Chalet 135–150 $.

Camping am Strand – **Plage St-Pierre Beach & Campground:** 635 Chéticamp Island Rd., Tel. 902-224-2112, 902-224-2642, 1-800-565-0000, www.plagestpierrebeachandcampground.com. Schöner Campingplatz an einem weiten Sandstrand, auf Chéticamp Island, über einen Damm zu erreichen, 94 Stellplätze, die meisten mit Anschlüssen, auch Cottage-Vermietung. 18,75–40,75 $.

Camping zwischen Fluss und Bergen – **Chéticamp Campground:** Cape Breton Highlands National Park, Tel. 902-224-2306, 1-888-773-8888, www.pc.gc.ca/eng/pn-np/ns/cbreton/index.aspx, Mitte Mai–Mitte Okt. Camping in der Nähe des Westeingangs des Nationalparks Cape Breton im bewaldeten Tal des Chéticamp River. Mit Visitor Centre. 18,75–40,75 $.

Aktiv
Wale beobachten – **Captain Zodiac Whale Cruise,** Government Wharf, Tel. 902-224-1088, 1-877-232-2522, www.novascotiawhales.com, Mitte Mai–Ende Okt. 12 und 15 Uhr. 2- bis 3-stündige Touren; die Walbeobachtung vom 9 m langen Zodiac-Schlauchboot kann bei etwas Wellengang zwar eine feuchte Angelegenheit werden, aber wasserfeste Thermo-Anzüge werden vom Veranstalter gestellt und Landratten werden auf den breiten Ponton-Booten nicht so schnell seekrank wie auf anderen Bootstypen, Whale Watching Erw. 69 $, Kinder bis 17 Jahre 59 $.

Keltisches – **Celtic Colours International Festival:** https://celtic-colours.com, 11.–19. Oktober. Über 50 Musikveranstaltungen (keltische Musik und Kultur) auf Cape Breton, auch in Cheticamp.

Termine
Festival de L'Escaouette: Ende Juli–Anfang August, www.cheticamp.ca. Akadisches Kulturfestival mit Volkstänzen, Paraden und Wettkämpfen.

Margaree Valley
Auf den nächsten 26 km hinter Chéticamp schlängelt sich der Cabot Trail entlang der Küste, berührt dabei mehrere kleine Fischerdörfer und bietet immer wieder schöne Ausblicke. In Margaree Harbour trifft der Cabot Trail auf eine andere Scenic Route, den Ceilidh Trail (s. S. 423). Der Cabot Trail führt weiter ins Landesinnere durchs Margaree Valley. Bis Baddeck sind rund 60 km zu fahren.

Im malerischen Fischerdorf **Margaree Harbour** 16 dümpeln an der Mole neben den traditionellen Hummerbooten auch die Ausflugsschiffe, mit denen man zur **Margaree Island National Wildlife Area** übersetzen kann. In dem vor der Küste gelegenen Naturschutzgebiet nisten in den Klippen Tausende von Seevögeln. Margaree Harbour besitzt weite Sandstrände mit hervorragenden Bademöglichkeiten.

Bei Margaree Forks fließen South West und North East Margaree River zusammen. Der weitverzweigte Margaree River mit seinen idyllischen Ufern gehört zu den besten Lachsflüssen Kanadas. Fangsaison ist im August und September. Im Ort gibt es Angelausrüster und Guides. Auch für Kanusportler bietet das Margaree Valley mit seinen verschwiegenen Bächen und Flussläufen ein idyllisches Revier. Im Margaree Salmon Museum mit Aquarium in **North East Margaree** 17 erfährt man alles über den Edelfisch, seine Gewohnheiten, historisch Wissenswertes und auch wie man ihn fängt (60 E. Big Intervale Rd., Tel. 902-248-2848, www.margareesalmonmuseum.ca, Ende Juni–Mitte Okt. 9–16, 50 $).

Übernachten, Essen
... in Margaree Harbour:
Herrlich gelegen – **Ocean Haven B & B:** 49 Old Belle Cote Rd., Belle Cote, Tel. 902-235-2329, www.oceanhaven.ca. Nahe Belle Cote Beach und Margaree Harbour, gemütliche Zimmer in einem alten Farmhaus, auch ein Ferienhaus mit Meerblick für 4 Pers., reichhaltiges Frühstück, Zimmer 110–125 $, Cottage 475 $ für 3 Tage.

... im Margaree Valley:
Ruhig in wunderschöner Umgebung – **Big Intervale Lodge:** 3719 Big Intervale Rd., Tel. 902-248-2275, 1-888-306-8441, www.bigintervale.net, Mai–Okt. Schön gelegene Lodge am Margaree River, 3 komfortable Blockhütten, Restaurant, Lachs- und Forellenangeln, Kanufahren, Wandern. Cottage 190 $, B & B 119 $.

Bras d'Or

Karte: S. 424
Der **Bras d'Or Lake** ist ein weit verzweigtes, 1165 km² großes Binnenmeer, nur durch zwei schmale Zugänge mit dem Atlantik verbunden. Ein fast nebelfreies Klima, warmes ruhiges Wasser, stille Buchten und idyllische Häfen machen den Bras d'Or zu einem der besten Jachtreviere in Nordamerika, beliebt bei Seglern aus aller Welt. Rund um den See führt der **Bras d'Or Lake Scenic Drive,** eine Küstenstraße mit ständig wechselndem Panorama von Seeblicken, Wäldern, Wiesen und verträumten Orten. Die Bras-d'Or-Region hat eine der höchsten Konzentrationen von Seeadlern auf dem Kontinent. An den Ufern sind seit jeher auch die Ureinwohner Cape Bretons, die Mi'kmaq, beheimatet. Heute leben sie in vier Reservaten: Whycocomagh, Wagmatcook, Eskasoni und Chapel Island im St. Peter's Inlet. Die Nachfahren der Ureinwohner mögen heute als Busfahrer, Waldarbeiter oder auf dem Bau arbeiten, aber viele sprechen noch die Sprache ihrer Vorväter, deren Folklore in jedem Sommer bei einem großen Festival auf Chapel Island im Süden des Bras d'Or wiederauflebt.

Wagmatcook Culture & Heritage Centre ▶T 7
10765 Highway 105, Tel. 902-295-2999, 1-866-295-2999, www.wagmatcook.com, tgl. 9–20 Uhr, 2 $, Aufführungen ab 8 $
Wer sich für die Kultur, Geschichte und Religion der Mi'kmaq interessiert, sollte ein paar Kilometer südlich von Baddeck am Ufer des Bras d'Or Lake das **Wagmatcook Culture & Heritage Centre** 18 besuchen. Historische Fotos zeigen, wie die Mi'kmaq gejagt, gefischt und gehandelt haben. Neben einem originalen Wigwam werden auch traditionelle Waffen, Werkzeuge, Körbe und Pelze gezeigt. Auch Vorführungen der alten Arbeitstechniken, Tanz und Musik sowie Geschichtenerzählen durch ihre spirituellen Führer werden von den Mi'kmaq angeboten. Handarbeiten kann man im kleinen Laden erstehen und im Clean Wave Restaurant auch einmal nach traditioneller Art zubereitete Mi'kmaq-Kost probieren, z. B. Wild, gegarten Lachs und Pfannenbrot (Mo–Fr 11–18 Uhr, ab 10 $).

Nova Scotia Highland Village Museum
4119 Route 223, 19 km östlich vom Highway 105, Exit 6, Tel. 902-725-2272, 1-866-442-3542, https://highlandvillage.novascotia.ca, Mitte Juni–Mitte Okt. tgl. 10–16,30 Uhr, 11 $
Weiter geht es entlang des St. Patrick's Channel, den man dann bei Little Narrows mit einer Kabelfähre überquert, die rund um die

Sydney und die Glace-Bay-Region

Uhr betrieben wird. In **Iona** 19 lohnt der Besuch des **Nova Scotia Highland Village Museum** in einer 17 ha großen Anlage mit herrlichem Blick über die Barra Strait. Das ›lebende‹ Museumsdorf besteht aus elf Gebäuden des 19. Jh., die aus der ganzen Provinz stammen und hier wieder aufgebaut wurden. Personal in historischen Kostümen bietet einen einfühlsamen Blick in die Geschichte und Kultur der schottischen Hochländer, die vor rund 200 Jahren auf die Insel kamen. Besonders sehenswert ist die Rekonstruktion eines Taigh Dubh Blackhouse, das zeigt, wie die Siedler vor der Auswanderung in Schottland lebten. Aktivitäten wie traditionelle gälische Musik- und Tanzdarbietungen, Kochen über offenem Feuer, Handarbeiten, Kerzenziehen und Färben bieten weitere Einblicke in den Alltag der schottischen Siedler vor 200 Jahren.

Sydney und die Glace-Bay-Region

Karte: S. 424
Auf dem Highway 223 oder 216 gelangt man von Iona über Eskasoni nach **Sydney** und **Glace Bay**. Die Region um die beiden großen Städte steht für das industrielle Cape Breton. Hier leben ca. 80 000 Menschen praktisch auf einem riesigen Kohlenfeld mit Grubenstollen, die sich bis weit unter das Meer erstrecken. Weil die Zechen geschlossen wurden, herrscht Massenarbeitslosigkeit, die höher ist als im Rest der Provinz, die ohnehin neben Neufundland eine der ärmeren Kanadas ist.

Sydney ▶ T/U 7

Die Industriestadt hat kaum Sehenswertes zu bieten – außer einigen historischen Gebäuden nördlich der Downtown, darunter die **St. Patrick's Church** von 1828. Als Museum informiert Cape Bretons älteste katholische Kirche mit Ausstellungen über die Stadtgeschichte (87 Esplanade, www.oldsydney.com/st-patricks-church-museum, im Sommer Mo–Fr 9–17 Uhr, Eintritt frei, Spende erbeten).

Infos
Sydney Visitor Information Centre: 74 Esplanade, Tel. 902-539-9876, www.cbisland.com, Juni–Mitte Okt. Buchung von Unterkünften und Aktivitäten.

Verkehr
Fähre: Marine Atlantic, Ferry Terminal, North Sydney, Tel. 902-794-5200, 1-800-341-7981, www.marineatlantic.ca. Fährverbindungen nach Neufundland: Port-aux-Basques (6 Std.), Argentia (16 Std.); Reservierung dringend zu empfehlen.

Glace Bay ▶ U 7

In **Glace Bay** 20 kann man unter dem **Miners' Museum** im Ocean Deeps Colliery, einem stillgelegten Bergwerk, einen kilometerlangen Stollen unter dem Meer besichtigen. Pensionierte Bergleute leiten die Führungen und geben fachkundige Erklärungen. Gleich nebenan, in den restaurierten Gebäuden des **Miners' Village,** sieht man, wie die Bergarbeiter in der Zeit zwischen 1850 und 1900 gelebt haben. Das gut ausgestattete moderne Museum direkt an der Atlantikküste wurde 1967 als Projekt für Kanadas Centennial eröffnet (17 Museum St., Tel. 902-849-4522, www.minersmuseum.com, Juni und Sept.–Mitte Okt. tgl. 10–18, Mitte Juli–Aug. Mi–So 10–18 Uhr, Eintritt Museum 8 $, Bergwerkstour 18 $ zusätzlich, mit Restaurant).

Die **Marconi National Historic Site** liegt in einem 2 ha großen Areal auf dem Table Head, einer Landzunge mit steil abfallenden Klippen. Sie erinnert an Guglielmo Marconis erste drahtlose Transatlantik-Verbindung im Jahr 1902. Das Lebenswerk des Erfinders ist in einem Museum mit Fotos, Modellen und historischen Exponaten dokumentiert (15 Timmerman St., Table Head, Tel. 902-842-2530 im Sommer, 902-295-2069, www.pc.gc.ca/eng/lhn-nhs/ns/marconi/index.aspx, Juli–Anfang Sept. 10–18 Uhr, Spende erbeten).

Der Schatz von Louisbourg

In der legendären Fortress of Louisbourg schlummern noch viele Geheimnisse. Beschäftigt man sich eingehender mit der Geschichte der französischen Festungsstadt aus dem 18. Jh., erfährt man von einem legendären Goldschatz, der sich hier befunden haben soll, bei der Einnahme der Festung aber nicht aufzutreiben war.

Historiker halten die große Anzahl von Artefakten aus dem 18. Jh., die bei der Restaurierung entdeckt wurde, für den wirklichen Schatz, glauben aber auch, dass des Königs Gold sehr wohl auf dem über 6000 ha großen Areal verborgen sein könnte. Die Nationalparkverwaltung hegte wohl dieselbe Vermutung und beauftragte Kanadas erfolgreichsten Schatzsucher, Alex Storm, mit Nachforschungen. Es gibt viele Versionen und Hinweise darauf, wo und wie die belagerten Louisbourger diesen Schatz versteckt haben könnten. Storm kennt sie alle, und seine Erfahrungen bei der erfolgreichen Suche nach der »Le Chameau«, die im Sommer 1725 vor Cape Bretons Küste verloren ging, könnten helfen, die Spur zu finden.

Die »Le Chameau«, ein mit 44 Kanonen bewaffnetes, schnelles Kriegsschiff des französischen Königs, befand sich auf der Fahrt von Frankreich nach Québec. An Bord waren 316 Mann, neben der Mannschaft auch hochrangige Militärs und politische Berater des Königs. Beladen war das Schiff mit kostbaren Waren – und einem Vermögen in Gold und Silber. Das Schiff versank mit Mann und Maus und keiner überlebte. Als die Kunde vom Verschwinden des Schiffes bei Kelpy Cove, südlich von Louisbourg, die Festung erreichte, begannen sofort die Bergungsarbeiten unter Leitung von Pierre Morpain, einem französischen Freibeuter. Mit den beschränkten Mitteln der damaligen Zeit war das ein schwieriges Unterfangen und man fand lediglich Wrackteile und ertrunkene Seeleute. Die wertvolle Fracht blieb unauffindbar.

Anfang der 1960er-Jahre entdeckten Alex Storm und seine Crew einige verstreut liegende Kanonen auf dem Meeresgrund. Sorgfältig wurde die Fundstelle kartografiert, und nach zahllosen Tauchgängen im eiskalten Wasser fand Storm schließlich die Schatzkammer des Schiffes. 1965 barg er aus dem Wrack außer gut erhaltenen Musketen, kostbaren Kristallgläsern und hauchdünnem Porzellan auch Gold- und Silbermünzen im Wert von einer halben Million Dollar. Im Louisbourg Marine Museum sind einige der geborgenen Gegenstände zu sehen (s. S. 437).

In der ersten Hälfte des 18. Jh., als der Hafen von Louisbourg zu den vier belebtesten Häfen der Neuen Welt gehörte, forderten Stürme und eine tückische Felsenküste einen hohen Zoll. So wurde der Atlantik bei Cape Breton zum Grab für zahllose Segelschiffe, allein in den Jahren zwischen 1713 und 1758 sind 26 Schiffswracks dokumentiert. Die meisten davon waren Fischerboote, aber 1758, während der 33 Tage dauernden Belagerung von Louisbourg durch die englische Flotte, gingen zahlreiche Kriegsschiffe verloren. Und vielleicht ist es mehr als nur eine Vermutung, dass die Louisbourger während der Belagerung versuchten, ihr Gold auf einem Schiff in Sicherheit zu bringen, und dass das Fluchtschiff zu den unglücklichen Opfern auf dem Meeresgrund gehört, die noch heute auf ihre Entdeckung warten.

Louisbourg National Historic Site ▶ U 7

Karte: S. 424
259 Park Service Rd., Tel. 902-733-3552, www.pc.gc.ca/eng/lhn-nhs/ns/louisbourg/index.aspx, 20. Mai–Mitte Okt. 9.30–17, danach Mo–Fr 9.30–16 Uhr, reduziertes Programm im Winter, Sommer Erw. 18,75 $, Kinder frei, in der Nebensaison 8 $

Nur 40 km weiter südlich auf dem Highway 22 bei Louisbourg gelangt man in eine ganz andere Welt. Hier in der **Louisbourg National Historic Site** 21 scheint ein Stück Frankreich der ›Neuen Welt‹ des frühen 18. Jh. auferstanden zu sein. 1961 entschloss sich die kanadische Regierung zu einem Arbeitsbeschaffungsprogramm besonderer Art: dem Wiederaufbau der alten bourbonischen Festungs- und Hafenstadt Louisbourg. Von den Franzosen zwischen 1700 und 1720 errichtet, war Louisbourg in Konkurrenz zu Boston und New York ein bedeutendes Handelszentrum und Fischereihafen. Zudem bildeten die wehrhaften Anlagen mit dem Château Saint Louis Frankreichs wichtigsten militärischen Stützpunkt in der Neuen Welt. Handelskonkurrenz, militärische Bedrohung und wohl auch die französische Lebensart waren ein Dorn im Auge der puritanischen Neu-Engländer. 1745 nahmen sie Louisbourg mit 8400 Mann und über 100 Schiffen zum ersten Mal ein. Die Stadt wechselte noch mehrmals den Besitzer, bis sie schließlich 1760 von den Engländern bis auf die Grundmauern geschleift wurde.

Das ursprüngliche Louisbourg bestand aus sieben Festungsanlagen und mehreren hundert Gebäuden. Mit einem Aufwand von rund 50 Mio. Dollar ist bis heute etwa ein Drittel der alten Stadt restauriert worden. Vom komfortablen Gouverneursquartier bis zum rauchgeschwängerten Fischerhaus ist alles originalgetreu bis ins Detail wiedererstanden. Und ebenso echt wirken die über 100 Bürger, Soldaten, Handwerker, Bauern und Fischer, die die Stadt heute bevölkern. Sie werden von Studenten und Einwohnern der Umgebung in der Kleidung des 18. Jh. dargestellt. Auf den kopfsteingepflasterten Straßen begegnet man Pferdefuhrwerken und buntröckigen Soldaten, die aus einer Taverne kommen, wo man nach dem Speisezettel von damals essen kann. Aus der Schmiede hallen Hammerschläge, in der Küferei werden Fässer mit Reifen versehen, und vor einer Fischerhütte breitet man gerade Fische auf Lattengerüsten zum Trocknen aus. Während in einer Küche der Braten auf dem Spieß begossen wird, sitzt in einer anderen das Gesinde am blankgescheuerten Mittagstisch. Man darf hereinkommen und den Leuten beim Essen zusehen.

Louisbourg Marine Museum

7548 Main St., Tel. 902-733-2252, http://cbmuseums.tripod.com/LMM.html, Juni–Ende Sept. Mo–Fr 10–20 Uhr, 2,50 $

Im heutigen Ort **Louisbourg,** ein paar Kilometer vom historischen Nationalpark entfernt, gibt es im **Louisbourg Marine Museum** eine faszinierende Ausstellung von Artefakten, die aus im 18. Jh. vor Louisbourg gesunkenen Schiffen geborgen wurden. Neben einem Sammelsurium von Schiffsmodellen und Artefakten aus Nova Scotias maritimer Geschichte zeigt eine Ausstellung über die Fischerei auf den Grand Banks Ausrüstungsgegenstände, wie sie in der Zeit von 1850 bis 1950 üblich waren. Ein **Salzwasseraquarium** beherbergt die Meeresfauna der felsigen Küsten Nova Scotias. Viele Ausstellungsstücke stammen aus der Sammlung des Abenteurers und Tauchers Alex Storm, der unter anderem das 1725 gesunkene Schatzschiff »Le Chameau« entdeckt hat.

Umgebung

Auch die Umgebung von Louisbourg ist recht hübsch. Die Fahrt auf dem **Havenside Drive** um die Hafenbucht zum **Leuchtturm** auf der anderen Seite wird mit einem schönen Blick über das Wasser auf die Befestigungsanlagen von Fort Louisbourg belohnt.

Übernachten

Viktorianische Atmosphäre – **Louisbourg Heritage House und Louisbourg Harbour**

Cape Breton Island

Inn: 7544 Main St., Tel. 902-733-3222, 1-888-888-8466, www.louisbourgheritagehouse.com, Juli–Ende Sept. B & B in viktorianischen Villen, schöne, individuell eingerichtete Zimmer mit Holzfußböden, einige mit Blick auf Hafen und Fort. DZ 140–190 $.

Nicht weit vom Fort – **Cranberry Cove Inn:** 12 Wolfe St., Tel. 902-733-2171, 1-800-929-0222, www.cranberrycoveinn.com. Stilvoll eingerichtetes B & B Inn in der Nähe des historischen Parks. DZ 109–169 $.

RV Park und Cottages – **Riverdale RV Park:** 9 Riverdale St., Tel. 902-537-2358, www.pecksandriverdale.com. Der Park liegt nur 5 Min. von der Louisbourg-Festung entfernt, Wanderwege, RV-Plätze 39 $, Cottages mit 2 Schlafräumen, Küche und Wohnzimmer 129 $.

Essen & Trinken

Essen wie vor 250 Jahren – **Hôtel de la Marine/Grandchamps's Tavern:** Fortress of Louisbourg, am Quay beim Frederic Gate, Tel. 902-733-3548, www.fortressoflouisbourg.ca, Juli–Thanksgiving 11–16 Uhr. In den beiden authentisch restaurierten Gasthöfen der Festung wird nach Rezepten des 18. Jh. gekocht. 9–17 $.

Termine

Louisbourg Playhouse: 11 Aberdeen St., Tel. 902-733-2996, 1-888--562-9848, www.louisbourgplayhouse.ca, Mitte Juni–Mitte Okt. 19.30 Uhr. Buntes Programm mit alten und neuen Stücken, Musikdarbietungen 24 $.

Auf dem Fleur-de-lis Trail nach St. Peter's
▶ T 8

Karte: S. 424

Von Louisbourg fährt man dann wieder zurück nach Sydney. Für die Rückfahrt zum Festland Nova Scotias bieten sich zwei Möglichkeiten: auf dem Highway 4 über East Bay und Ben Eoin entlang des Bras d'Or Lake, oder man folgt der Atlantikküste auf dem Fleur-de-lis Trail mit seinen pittoresken Fischerdörfern Gabarus, Fourchou und L'Archeveque. Der **Fleur-de-lis Trail** ist länger als die Strecke auf dem Highway, dafür ist sie einsamer und vor allem landschaftlich reizvoller.

Beide Strecken führen durch **St. Peter's** am St. Peter's Canal, der den Atlantik mit dem Bras d'Or Lake verbindet. Die nur ein paar Kilometer entfernte **Chapel Island Reserve** 22 ist eine der ältesten Mi'kmaq-Siedlungen der Provinz. Hier findet Ende Juli die St. Anne's Mission, ein spirituelles und kulturelles Festival der Mi'kmaq-Nation, statt (Tel. 902-535-3317, www.potlotek.ca).

Isle Madame ▶T 8

Karte: S. 424

Auf jeden Fall sollte man bei der Weiterfahrt auf dem Highway 4 einen Abstecher auf die abgeschiedene **Isle Madame** 23 machen. Die 42 km² große Hauptinsel des felsigen Archipels an der Südküste wurde nach Madame de Maintenon, der zweiten Frau Ludwigs XIV., benannt. Im 18. Jh., als Cape Breton Island noch zur französischen Krone gehörte, war dieses Gewirr von Buchten und Inseln ein Domizil für Schmuggler, die einen regen Handel mit Neu-England betrieben. In Orten wie Petit de Grat, Little Anse und D'Escousse spricht man noch das altertümliche Französisch der akadischen Vorfahren und Englisch mit starkem französischem Akzent.

Arichat

Arichat, eine der ältesten Siedlungen der Provinz, ist das Zentrum der Isle Madame. Heute hat der Ort kaum mehr 900 Einwohner, Mitte des 18. Jh. bestanden jedoch gute Handelsbeziehungen mit der Kanalinsel Jersey, und Anfang des 19. Jh. war Arichat eine blühende Hafenstadt. Sehenswert ist das **Le Noir Forge Museum,** eine Schmiede aus dem 18. Jh. (Tel. 902-226-9364, Juni-Aug. Di–Fr 10–17, Sept., Okt. 13–17 Uhr, Eintritt frei).

Mägde mit weißer Haube putzen das Tafelsilber: In der Festung Louisbourg wird der Alltag der ersten Siedler lebendig

Auyuittuq National Park
Cape Dorset
Hudson Bay
Labrador Sea
L'Anse aux Meadows
Gros Morne N. P.
St. John's
Channel-Port aux Basques

Kapitel 7

Newfoundland und Labrador, Nunavut

Neufundland ist noch immer ein Geheimtipp für Individualisten, Abenteurer und Naturliebhaber. Sie finden hier wilde Felsenküsten mit tief eingeschnittenen Fjorden, verwehte Moore und Hochebenen, Reviere für Elche, Schwarzbären und Karibus, einsame Leuchttürme und malerische Fischerdörfer. Auch wer dem Ruf des Nordens nach Nunavut folgt, erlebt überwältigende Landschaften. Er findet eine großartige Tierwelt und trifft auf Menschen, die fremdartig und doch beeindruckend gastfreundlich sind.

John Cabot segelte 1497 vor der Küste Neufundlands und brachte die Kunde vom unermesslichen Fischreichtum nach Europa, von da an verbrachten europäische Fischer die Sommermonate vor Neufundland. Etwa 100 Jahre später begann die Besiedlung durch die Engländer und es entstanden viele kleine Fischerdörfer. Wegen der starken Überfischung hat die kanadische Regierung die Fangquoten drastisch reduziert. Die Hoffnung der gut 500 000 Neufundländer liegt nun auf den riesigen Ölfeldern vor der Küste.

Nunavut wurde 1999 von den Northwest Territories abgetrennt und ist seitdem ein eigenständiges Territorium. Es erstreckt sich über fast 2 Mio. km², ein Fünftel der Gesamtfläche Kanadas. Hier leben nur 39 000 Menschen, ca. 85 % gehören zur Urbevölkerung der Inuit und Dene. Die lange Suche nach der Nordwestpassage öffnete die Arktis für Walfänger, Pelzhändler und Missionare und lockte später Abenteurer, Prospektoren und Geschäftsleute an. Der Bergbau wurde zur Haupteinnahmequelle und verdrängte Jagd und Fischerei.

Eisberg in Sicht – im Frühsommer lässt der Labrador-
Strom die weißen Kolosse ganz gemächlich an
der Küste Neufundlands vorbeidriften

Auf einen Blick: Newfoundland, Labrador und Nunavut

Sehenswert

St. John's und Avalon Peninsula: Leuchttürme, pittoreske Fischerdörfer, felsige Buchten und Seevogelkolonien säumen die wildromantische Küste (s. S. 444).

Bonavista Peninsula: Hier landete John Cabot 1497 mit der »Matthew«, und Trinity ist ein Schatzkästchen, das zur Hälfte unter Denkmalschutz steht (s. S. 468).

Gros Morne National Park: Von bewaldeten Bergen gesäumte Fjorde und schroffe Felsformationen aus der Frühzeit der Erde prägen das Bild (s. S. 484).

L'Anse aux Meadows: Rekonstruierte Häuser veranschaulichen die Lebensbedingungen in der ersten Wikingersiedlung Nordamerikas (s. S. 490).

Auyuittuq National Park: Der Park auf Baffin Island bietet mit seiner überwältigenden Bergwelt herrliche Trekking-Möglichkeiten (s. S. 503).

Schöne Routen

Rund um die Avalon Peninsula: Auf der Rundfahrt von St. John's nach Cape St. Mary's und Harbour Grace kommen Naturfreunde voll auf ihre Kosten (s. S. 453).

Auf dem Trans-Canada nach Channel-Port aux Basques: Viel Wildnis plus lohnende Abstecher zur Küste (s. S. 464).

Viking Trail: Auf dem einsamen Küsten-Highway 430 geht es von Deer Lake durch den Gros Morne National Park nach St. Anthony (s. S. 489).

Unsere Tipps

Cape Spear: Das pittoreske, häufig nebelumhüllte Kap mit den historischen Leuchtturmanlagen ist der östlichste Punkt Nordamerikas (s. S. 453).

Witless Bay Ecological Reserve: Auf den Witless Bay vorgelagerten Inseln nisten Millionen Seevögel, und in den Küstengewässern kann man Wale und vorbeitreibende Eisberge beobachten (s. S. 454).

Cape Dorset: Das Dorf ist berühmt für seine Künstler, die neben Schnitzereien auch Gemälde und Drucke mit traditionellen und modernen Motiven herstellen (s. S. 505).

Aktiv

Stiles Cove Path von Pouch Cove nach Flatrock: Hohe Klippen, Höhlen und dramatische Wasserfälle prägen diesen Abschnitt des spektakulären East Coast Trail entlang der Ostküste der Avalon Peninsula (s. S. 456).

Wanderung zur Cape St. Mary's Ecological Reserve: Das über einen Küstenpfad zugängliche Schutzgebiet bietet die seltene Gelegenheit, eine große Seevogelkolonie aus nächster Nähe zu erleben (s. S. 460).

Mit der Fähre entlang der Südküste Neufundlands: Die Schiffsreise führt zu malerischen kleinen Fischerdörfern, die als abgeschiedene *outports* nur von See aus erreichbar sind (s. S. 482).

Wanderung und Bootstour auf dem Western Brook Pond: Auf die kurze Wanderung zum Anleger folgt ein Bootsausflug in der beeindruckenden Fjordlandschaft des Gros Morne National Park (s. S. 486).

✤ St. John's und Avalon Peninsula

Im Vergleich zum Rest Neufundlands ist die Avalon Peninsula dicht besiedelt. Hier schlägt das Herz der Provinz in der geschäftigen Hauptstadt St. John's mit herrlichem Naturhafen, bunten Holzhäusern und ehrwürdigen Bauten aus der Kolonialzeit. An der wildromantischen Küste der Halbinsel reihen sich pittoreske Fischerdörfer, alte Festungen und Leuchttürme aneinander. In zerklüfteten Felswänden nisten Seevögel.

St. John's ▶ Y 4

Cityplan: S. 446; **Karte:** S. 458

Geschichte

St. John's – der Name der östlichsten Stadt Nordamerikas war schon auf den Karten des 16. Jh. verzeichnet. Viele Historiker meinen, dass John Cabot bereits im Sommer 1497 die Bucht erkundete. Genaue Angaben darüber fehlen jedoch in seinen Aufzeichnungen. Belegt ist, dass John Rut mit der »Mary of Guildford« 30 Jahre später in der Bucht ankerte. Die strategisch günstige Lage und der geschützte Naturhafen ließen rasch eine florierende Siedlung entstehen. Überwiegend Fischer aus Irland, Somerset und Devon siedelten hier, angelockt vom Fischreichtum der Küstengewässer und der Grand Banks. Wobei die englische Krone aber durchaus die militärische Bedeutung des perfekten Hafens erkannte. 1583 nahm Sir Humphrey Gilbert St. John's für Königin Elizabeth I. in Besitz.

Seit ihrer Gründung vor fast 500 Jahren hat die Stadt eine wechselvolle und abenteuerliche Geschichte erlebt: Überfälle durch Piraten, umkämpft von Holländern, Spaniern und Portugiesen, verheerende Brände und rauschende Feste, Eroberung durch die Franzosen, 1762 dann endgültige Einnahme durch die Engländer. Unter der Verwaltung der Briten entwickelte sich St. John's im 19. Jh. zu einem wohlhabenden Handels- und Fischereizentrum.

1919 schrieb die Stadt Fluggeschichte, als Captain John Alcock und Lieutenant Arthur Whitten-Brown von hier aus den ersten erfolgreichen Nonstop-Transatlantikflug starteten. Im Zweiten Weltkrieg war die Stadt wichtiger Stützpunkt für alliierte Konvois nach Europa. Heute hat St. John's (mit Umgebung) knapp 200 000 Einwohner und ist immer noch ein geschäftiger Hafen und Handelsplatz, obwohl der Niedergang der Fischerei die Stadt schwer getroffen hat. Trotz zahlreicher moderner Gebäude hat der historische Stadtkern seinen viktorianischen Charakter bewahrt.

Entlang der Water Street

Bei der **City Hall** 1 an der New Gower Street beginnt mit dem Kilometer ›0‹ der Trans-Canada Highway, der 7775 km weiter westlich in Victoria, British Columbia, endet. Parallel zur Gower Street verläuft die George Street, St. Johns Flaniermeile mit Restaurants und Pubs. Von hier sind es über die Adelaide Street nur wenige Fußminuten bis zur Water Street. Hier befindet sich auch das Tourismusbüro, wo man ausführliche Infos und Kartenmaterial erhält (s. S. 452). Am Hafen lernt man den Charakter der Stadt am besten kennen. Alle Sehenswürdigkeiten der Downtown lassen sich zu Fuß erreichen. **Water Street** und Duckworth Street sind die ältesten Straßen der Stadt. Beide verlaufen parallel zum Hafen und sind durch Treppen und Querstraßen miteinander verbunden. Über Jahrhunderte waren die Lagerhallen und Handelskontore Zentrum des Wirtschaftslebens der Stadt. Und auch heute sorgen hier zahlreiche Restaurants, Geschäfte und Boutiquen für lebhaftes Treiben, in den Pubs ertönt Livemusik von irischer Folklore bis Country und Rock. Mittelpunkt der Szene sind die **Murray Premises** 2 , ein stilvoll restaurierter Lagerhauskomplex an der Waterfront zwischen Beck's Cove und Bishops Cove, der ursprünglich in den 1840er-Jahren für die Fischhändler der Stadt errichtet wurde.

Newman Wine Vaults 3

436 Water St., Tel. 709-729-2627, www.seethesites.ca, Ende Mai–Anfang Okt. 9.30–17 Uhr, Erw. 6 $, Kinder 6–16 Jahre 3 $

Weiter westlich auf der Water Street, am Ende des Hafenbeckens, sind mit den aus Steinen gemauerten **Newman Wine Vaults,** heute eine Historic Site der Provinz, die letzten Überbleibsel einer alten Tradition zu sehen, die eher zufällig begann. 1679 lief ein mit Portwein beladenes Schiff der Weinhandelsfirma Newman & Co. auf der Flucht vor Piraten in den Hafen von St. John's ein. Da der Winter nahte, wurde die wertvolle Ladung erst einmal in einer Felskammer eingelagert, um sie im nächsten Jahr nach England zu bringen. Dort stellte man fest, dass sich die Qualität des edlen Tropfens durch die besondere Lagerung noch erheblich verbessert hatte. Newman & Co. begannen nun ihren Portwein auf die Transatlantikreise zu schicken, um ihn in neufundländischen Weinkellern reifen zu lassen. Bis in die 1890er-Jahre behielt Newman diese Tradition bei.

James J. O'Mara Pharmacy Museum 4

488 Water St., Tel. 709-753-5877, www.nlpb.ca/museum.html, Juli/Aug. tgl. 10–15 Uhr, sonst nach Voranmeldung, 3 $

Einen Block weiter erhält man im **James J. O'Mara Pharmacy Museum** in der sorgsam restaurierten Apothecary Hall einen faszinierenden Einblick in das Angebot einer Apotheke des 19. Jh. Die Einrichtung wurde um 1880 in England hergestellt.

Railway Coastal Museum 5

495 Water St. W., Tel. 709-570-2143, 866-600-7245, www.railwaycoastalmuseum.com, im Sommer tgl. 10–17, übrige Zeit Mi–So 10–17 Uhr, Erw. 8 $, Kinder 5 $

Das **Railway Coastal Museum** im alten Railway Terminal der Stadt zeigt die Bedeutung des Eisenbahnverkehrs für Neufundland vom Beginn 1898 bis zur letzten Fahrt eines Passagierzuges im Jahr 1969. Zu sehen sind historische Fotografien und interessante Memorabilia aus der großen Zeit der kanadischen Eisenbahn-Ära.

Anglican Cathedral of St. John the Baptist 6

16 Church Hill, Tel. 709-725-5677, https://ourcathedral.ca, Sommer Mo–Sa 10–16, So 12–16 Uhr, Führungen 8 $

Auf dem Church Hill über dem Hafen steht die **Anglican Cathedral of St. John the Baptist,** eines der schönsten Beispiele für gotische Kirchenarchitektur in Nordamerika und als National Historic Site ausgewiesen. Gebaut wurde die Kathedrale zwischen 1843 und 1885. Zur Anlage gehört auch ein kleines Museum und im Sommer kann man wochentags seinen Nachmittagstee im Cathedral Crypt Tea Room, der von Frauen der Gemeinde betrieben wird, einnehmen.

The Rooms 7

9 Bonaventure Ave., Tel. 709-757-8000, www.therooms.ca, Mai–Sept. Mo–Sa 10–17, So 12–17, Mi bis 21 Uhr, Okt.–April Mo geschl., Erw. 10 $, Kinder bis 16 Jahre 5 $

Auf dem Gelände des ehemaligen Fort Townsend hat man mit einem beeindruckenden Neubau ein neues kulturelles Zentrum geschaffen, das mit seiner modernen Architektur den traditionellen Stil der farbenfrohen neufundländischen Holzhäuser aufgreift. Unter dem schlichten Namen **The Rooms** sind hier die St. John's Art Gallery, die Provincial Archives und das Newfoundland Museum vereinigt. Das Museum bietet umfangreiche Sammlungen zur Naturgeschichte und zur maritimen Entwicklung der Provinz. Hier zeigt man vor allem Exponate der Ureinwoh-

St. John's

Sehenswert

1. City Hall
2. Murray Premises
3. Newman Wine Vaults Historic Site
4. James J. O'Mara Pharmacy Museum
5. Railway Coastal Museum
6. Anglican Cathedral of St. John the Baptist
7. The Rooms
8. Basilica of St. John the Baptist
9. Colonial Building
10. Government House
11. Commissariat House
12. St. Thomas Anglican Church
13. Johnson Geo Centre
14. Queen's Battery
15. Cabot Tower
16. Fort Amherst
17. Quidi Vidi
18. Quidi Vidi Battery Historic Site
19. C. A. Pippy Park

Übernachten

1. Murray Premises Hotel
2. Courtyard by Marriott St. John's
3. Blue on Water
4. Sheraton Hotel Newfoundland
5. Crossroads Inn and Suites
6. C. A. Pippy Trailer Park

Essen & Trinken

1. Saltwater
2. Chinched Bistro
3. Green Sleeves
4. Rocket Bakery and Fresh Foods

Einkaufen

1. Craft Council of Newfoundland & Labrador

Aktiv

1. Iceberg Quest Ocean Tours

Auch in Neufundland gar nicht mal so selten: Der Sommer zeigt sich in Geberlaune

ner: der Maritimen Archaischen Ureinwohner, Dorset, Beothuk, Mi'kmaq und Labrador-Inuit. Außerdem informieren Ausstellungen über die frühe Besiedelung durch die Europäer und den Lebensstil der Fischerdörfer und *outports*. Auch ohne Museumsbesuch ist allein der Blick vom lichtdurchfluteten Atrium über das Hafen- und Stadtpanorama ist den Eintritt wert.

Basilica of St. John the Baptist 8

200 Military Road, Tel. 709-754-2170, www.thebasilica.net, tgl. 8.30–16 Uhr, Juli/Aug. kostenlose Führungen

Gleich gegenüber, an der Ecke Military Road und Bonaventure Avenue, dominiert die **Basilica of St. John the Baptist** mit ihren beiden schlanken, 42 m hohen Türmen das Stadtbild. Die Kathedrale, von 1841 bis 1855 erbaut, ist eine National Historic Site. Sie ist für ihre Statuen und wunderschönen Deckenverzierungen aus Blattgold bekannt.

Colonial Building und Government House

50 Military Rd., Tel. 709-729-2669, www.govhouse.nl.ca

An der Military Road sind noch weitere beeindruckende Gebäude der Stadt zu finden: Das **Colonial Building** 9 mit seinem wuchtigen klassischen Säulenportal wurde um 1850 aus weißem irischem Kalkstein errichtet. Bis 1960 tagte dort die neufundländische Regierung. Im Keller war anfänglich auch die Newfoundland Savings Bank untergebracht. Im eleganten **Government House** 10 von 1824 befindet sich die Residenz des Lieutenant Governor. Das rote Sandsteingebäude wurde 1831 erbaut.

Commissariat House 11

11 King's Bridge Rd., Tel. 709-729-6730, www.seethesites.ca, 19. Ende Mai–Anfang Okt. 9.30–17 Uhr, Erw. 6 $, Kinder 6–16 Jahre 3 $, So Eintritt frei

St. John's

Etwas weiter östlich, an der King's Bridge Road, steht das originalgetreu restaurierte, im georgianischen Stil errichtete **Commissariat House** von 1818/1819. Früher die Verwaltung des Militärpostens, ist das Gebäude heute eine Provincial Historic Site. Personal in historischen Kostümen zeigt Besuchern die im Stil des frühen 19. Jh. eingerichteten Räume.

St. Thomas Anglican Church 12
8 Military Rd., Tel. 709-576-6632,
www.st-thomaschurch.com
Gleich daneben steht die hübsche **St. Thomas Anglican Church** von 1836. Die beiden Gebäude gehören zu den wenigen, die von den großen Bränden im 19. Jh. verschont blieben. Sie wurde als Garnisonskirche erbaut. Über der Tür prangt ein schmiedeeisernes Hannoveranerwappen.

Signal Hill
Das Wahrzeichen St. John's ist der **Signal Hill,** Kanadas zweitgrößter historischer Nationalpark. Der strategisch wichtige Hügel ist heute eine National Historic Site mit Picknickmöglichkeiten. Von der Kuppe, fast 180 m hoch über den Narrows, dem 200 m breiten Hafeneingang, hat man einen großartigen Blick auf den Naturhafen und über die terrassenartig angelegten Straßenzüge der Stadt mit den umgebenden grünen Hängen und felsigen Bergen, wo sich an den engen Straßen die alten *clapboard*-Häuser mit ihren bunten Holzverschalungen drängen, überragt von den weißen Türmen der Basilika. Vor ein paar Jahren ist im Stadtpanorama noch ein anderer Blickfang dazugekommen, das farbenfroh gestaltete Museum The Rooms (s. S. 445).

Bereits 1704 wurde vom Signal Hill mit Flaggensignalen die Ankunft von Schiffen, Freund oder Feind, gemeldet. Auf einem Wanderweg erklären Tafeln die geschichtliche Bedeutung. 1762 kämpften englische und französische Truppen hier die letzte Schlacht des Siebenjährigen Krieges auf nordamerikanischem Boden.

Bevor man die Kuppe des Signal Hill erreicht, sieht man linker Hand das **Johnson Geo Centre** 13, ein futuristisches Gebäude, von dem nur die mit Glas ummantelte Eingangshalle sichtbar ist. Der weitaus größere Teil des Centre ist in den 550 Mio. Jahre alten Fels hineingebaut, wobei die Felswände als Anschauungsmaterial für eine Reise durch die faszinierende geologische Geschichte unseres Planeten im Allgemeinen und Neufundlands im Besonderen dienen. Eine interessante Ausstellung führt von der Urzeit bis zur heutigen Öl- und Gas-Exploration (175 Signal Hill Rd., Tel. 709-737-7880, 866-868-7625, www.geocentre.ca, tgl. 9.30–17 Uhr, Erw. 12 $, Kinder 5–17 Jahre 6 $).

Auch im **Signal Hill Interpretive Centre** gibt es ein kleines Museum. Ein paar Schritte weiter auf dem Gelände ist die **Queen's Battery** 14 zu besichtigen. Die 1796 errichteten Befestigungsanlagen wurden 1969 restauriert, einige der großen Geschütze sind noch zu sehen. Im Juli und August wird hier der **Signal Hill Tattoo** veranstaltet, ein historischer Zapfenstreich mit farbenprächtigen Drills und Salutschießen (Tel. 709-772-5367, www.signalhilltattoo.org, Mai–Okt. 10–18 Uhr, Tattoo: Sommer Mi, Do, Sa und So 11 und 15 Uhr, 10 $).

Unterhalb des Signal Hill erstreckt sich das ehemalige Fischerdorf **The Battery** mit seinen verwinkelten Gassen, die direkt zum Wasser führen.

Als man 1897 Queen Victorias 60-jähriges Thronjubiläum und zugleich die Landung von Giovanni Caboto vor 400 Jahren feierte, errichtete man auf der Kuppe den **Cabot Tower** 15, der noch bis 1958 als Signalturm diente. Guglielmo Marconi empfing hier 1901 die erste aus England drahtlos übermittelte transatlantische Nachricht. Eine Ausstellung im Turm informiert über die Anfänge der modernen Telekommunikation, und von der Aussichtsplattform bietet sich ein herrlicher Panoramablick über den Hafen und die Stadt.

Zum Meer hin sieht man die Küstenlinie und auf der anderen Seite der Narrows den Leuchtturm mit den Ruinen von **Fort Amherst** 16 – ein äußerst fotogenes Motiv. Er wurde 1810 als erster Leuchtturm Neufundlands von der Eng-

Tipp

WANDERN AUF DEM EAST COAST TRAIL

Der 300 km lange **East Coast Trail** (weitere 245 km sind geplant oder in Arbeit) verläuft entlang der spektakulären Ostküste der Avalon Peninsula, vorbei an wild zerklüfteten Steilklippen, aus dem Meer emporragenden Felsentoren und Felszinnen, Vogelschutzgebieten, Papageientaucherkolonien, Leuchttürmen, pittoresken Fischerdörfern und verlassenen Siedlungen, und mit etwas Glück und zur richtigen Zeit lassen sich auch vorbeitreibende Eisberge, Wale und Amerikas südlichste Karibuherde beobachten.

Der Trail beginnt in **Portugal Cove** nordwestlich von St. John's und soll in naher Zukunft in **Trepassey** ganz im Süden der Peninsula enden. Zur Zeit kann der East Coast Trail in 26 Abschnitten von rund 5–20 km erwandert werden – auch für weniger Sportliche ist etwas dabei. Freiwillige Helfer pflegen die gut beschilderten Wanderpfade. Meist folgt der Trail den traditionellen Wegen, die seit Urzeiten die Fischerdörfer entlang der Küste miteinander verbunden haben.

Einige der alten Siedlungen sind mittlerweile verlassen und nur die Überreste sind noch zu sehen. Ursache für ihren Niedergang ist vor allem das Fangverbot für Kabeljau Anfang der 1990er-Jahre, das auf einen Schlag 35 000 Neufundländer arbeitslos gemacht und zur Landflucht geführt hat. Dennoch, das maritime Ambiente ist geblieben, heute lebt man in den Fischerdörfern vom **Krabbenfang** und zunehmend auch vom **Tourismus**. Zahlreiche Bed-&-Breakfast-Unterkünfte, meist von Fischerfamilien betrieben, stehen den Wanderern entlang des East Coast Trail zur Verfügung. Auf Wunsch sorgt der Gastgeber auch für den Transport von und zu den Trailheads der jeweiligen Abschnitte.

Es gibt Organisationen, die ausführlich über den East Coast Trail informieren, Übernachtung und Transport arrangieren, Pauschalangebote für den kompletten Trail anbieten und zusätzliche Aktivitäten wie Bootsausflüge und Kajaktouren organisieren. Wanderführer und Kartenmaterial zu den einzelnen Trailabschnitten erhält man bei der **East Coast Trail Association** und im **Irish Loop Tourism Association Information Centre** (Foodland Plaza, Bay Bulls, Tel. 709-334-2609, https://nfldsata.wixsite.com/sata) sowie bei den **Heritage Shops** in der 158 Duckworth Street und der 309 Water Street in der Downtown St. John's.

Besonders empfehlenswerte Abschnitte: Für eine Tageswanderung eignet sich der 15 km lange **Stiles Cove Path** (s. Aktiv unterwegs s. S. 456). Einfach bis mittelschwer ist der 3,7 km lange **Blackhead Trail** (1,5 bis 2 Std.). Er beginnt in Blackhead beim Parkplatz am Ortsende. Der Trail führt durch ein Stück malerisch zerklüfteter Küstenlinie mit einigen von der Brandung ausgewaschenen Höhlen und bietet Gelegenheit zum Beobachten von Seevögeln. Er endet nahe dem Gelände der Cape Spear National Historic Site (s. auch S. 453).

Besonders faszinierend, aber auch recht anstrengend ist der 18 km lange ›Spout‹ **Path** mit einem wellengetriebenen Geysir auf halbem Weg, der bis zu 60 m über den Meeresspiegel hochschießt. Andere Wegabschnitte bestechen durch abwechslungsreiche Landschaft aus Klippen, felsigen Buchten, von Krummholz (Tuckamore) geprägten Wäldern, Wiesen und Sumpf.

Ausrüstung: Outfitters' Adventure Gear & Apparel, 220 Water St., St. John's, Tel. 709-579-4453, 1-800-966-9658, www.theoutfitters.nf.ca. Wanderkarten, Ausrüstung.
Übernachtung: Trail Connections (auch deutschsprachig), Point's East, 34 Sullivan's Loop, P. O. Box 286, Pouch Cove, NL, Canada A0A 3L0, Tel. 709-335-8315, www.trailconnections.ca, hier Buchung von B & B's und Shuttleservice.
Infos, Karten und Trailguides: The East Coast Trail Association, 50 Pippy Place, P. O. Box 8034, St. John's, NL, Canada A1B 3M7, Tel. 709-738-4453, www.eastcoasttrail.ca, Mo–Fr 10–16 Uhr.

lischen Garnison errichtet. Das Häuschen des Leuchtturmwärters wurde detailgetreu restauriert und dient heute als Museum.

Umgebung von St. John's

Cityplan: S. 446; **Karte:** S. 458

Quidi Vidi [17]

Nur ein paar Kilometer von der Downtown entfernt liegt an einem Meeresarm der kleine Fischerort **Quidi Vidi**. Er ist durch einen Kanal mit dem gleichnamigen See verbunden. Der Quidi Vidi Lake ist alljährlich Schauplatz der St. John's-Regatta, des ältesten Sportereignisses Nordamerikas.

Hier steht auch das **Mallard Cottage,** eines der ältesten Siedlerhäuschen in Nordamerika, heute eine Provincial und National Historic Site. In dem liebevoll restaurierten Gebäude wurde ein Restaurant eröffnet. Das Menü wechselt ständig und ist preiswert und gut, dazu wird Live-Entertainment geboten (8 Barrows Rd., Tel. 709-237-7314, www.mallardcottage.ca, Brunch Mi–So 10–15.30, Dinner Di–Sa 17.30–21 Uhr, So 10–17 Uhr, Dinner 14–33 $).

Einen Besuch wert ist auch das 2012 in den renovierten Tucker Premises eingerichtete Kulturzentrum **Quidi Vidi Village Artisan Studios** mit seinen Werkstätten und Künstlerateliers. In dem historischen Gebäude am Hafen sollen einheimische Kunsthandwerker gefördert werden (Tel. 709-570-2038, http://qvvstudios.ca, Mi–So 10–16 Uhr, Eintritt frei).

Quidi Vidi Battery Historic Site [18]

Am Ende der Park Road befindet sich die **Quidi Vidi Battery Historic Site,** die allerdings bis auf Weiteres für Besucher geschlossen ist. Die 1967 restaurierte Geschützstellung wurde 1762 von französischen Truppen errichtet, nachdem sie St. John's erobert hatten. Drei Monate später hatten die Engländer schon wieder das Sagen.

C. A. Pippy Park [19]

St. John's hat auch für Freizeitsportler und Naturliebhaber einiges zu bieten. Der **C. A. Pippy Park** ist mit 1340 ha der größte Naturpark der Stadt. Er bietet mit seinen Wäldern, Hügeln und Teichen neben schönen Wanderwegen Picknickmöglichkeiten, einen Golfplatz und einen großen Campingplatz.

Auf dem Parkgelände befindet sich die **Memorial University of Newfoundland,** die auch einige für Besucher interessante Institutionen unterhält. An erster Stelle ist hier der 38 ha große **Memorial University Botanical Garden** zu nennen, in dem man auf Lehrpfaden vor allem die einheimische Pflanzenwelt kennenlernen kann (306 Mount Scio Rd., Tel. 709-737-8590, www.mun.ca/botgarden/home, April–Juni Mi–So 10–17, Juli/Aug. tgl. 9–17 Uhr, Erw. 9 $, Kinder frei).

Im **Fluvarium** lässt sich die Unterwasserwelt eines Baches durch Glasfenster beobachten. Man kann die Flora und Fauna verschiedener Süßwasser-Habitate vergleichen. Fütterungszeit ist um 16 Uhr. Nach längeren Regenfällen lohnt sich der Besuch weniger, da das Wasser dann eher trübe ist (5 Nagle's Place, Tel. 709-754-3474, www.fluvarium.ca, Juli/Aug. tgl. 12–16.30, Sept./Okt. Mo–Fr 9–16.30, Sa, So 12–16.30 Uhr, Erw. 8 $, Kinder bis 14 Jahre 5 $).

St. John's und Avalon Peninsula

Infos

Information Centre: 348 Water St., Tel. 709-576-8106, www.stjohns.ca, Mo–Fr 9–16.30, Sa, So 12–16.30, Sommer 9–17 Uhr.
Qui Vidi Village Plantation: 10 Maple View Place, Tel. 709-570-2038.
East Coast Trail Association: Infos zum East Coast Trail, einem Wanderweg entlang der spektakulären Ostküste der Avalon Peninsula, beginnend bei Pouch Cove (s. S. 456). Adresse und Öffnungszeiten s. Tipp S. 450.

Übernachten

Mit Hafenblick – **Murray Premises Hotel** 1 : 5 Beck's Cove, Tel. 709-738-7773, 1-866-738-7773, www.murraypremiseshotel.com. In restaurierten historischen Lagerhäusern am Hafen; elegante, stilvolle Zimmer mit schönen Balkondecken und Kaminen. DZ ab 219 $.
In bester Lage – **Courtyard by Marriott St. John's** 2 : 131 Duckworth St., Tel. 709-722-6636, www.marriott.com. Attraktives Harbourfront-Hotel, viele Zimmer mit Hafenblick, aufmerksamer Service, gutes Restaurant. DZ ab 259 $.
Stilvolles Boutiquehotel – **Blue on Water** 3 : 319 Water St., Tel. 709-754-2583, 1-877-431-2583, www.blueonwater.com. Intimes kleines Hotel mit 11 elegant eingerichteten Zimmern, hell, modern und komfortabel, mit netter Bar und Restaurant. DZ ab 199 $.
Topadresse – **Sheraton Hotel Newfoundland** 4 : 115 Cavendish Square, Tel. 709-726-4980, 1-888-627-8125, www.marriott.com/sheraton/St_johns. Modernes Hotel mit allem Komfort, schöner Blick, zwei sehr gute Restaurants. DZ ab 160 $.
Moderner Komfort – **Crossroads Inn & Suites** 5 : 980 Kenmount Rd., Tel. 709-368-3191, https://crossroadsinnsuites.ca. Zwischen St. John's und Paradise gelegenes ansprechendes Motel. Modern eingerichtete Zimmer, z. T. mit Balkon, Suiten, auch mit Kitchenette, ab 119 $.
Camping – **C. A. Pippy Trailer Park** 6 : 15 Mount Scio Rd., Tel. 709-737-3669, www.pippypark.com. 216 Stellplätze im Pippy Park, weniger als 3 km von der Altstadt entfernt, alle Einrichtungen, hübsche Wanderwege, das Fluvarium liegt gleich gegenüber. 29–45 $.

Essen & Trinken

Vor allem Meeresfrüchte – **Saltwater** 1 : 320 Water St., Tel. 709-754-5670, www.saltwaterrestaurant.ca, tgl. 12–23 Uhr. Freundliches Ambiente, guter Service; Hummer, Krabben, Muscheln, alles superfrisch; Neufundland-Spezialitäten wie in der Pfanne gebratene Kabeljau-Zunge; genauso lecker auch Gegrilltes von Lamm, Rind, Schwein und Geflügel. Dinner 27–42 $.
Angesagt – **Blue on Water** 1 : 319 Water St. (Murray Premises), Tel. 709-754-2583, 1-877-431-2583, www.blueonwater.com, tgl. 11–23 Uhr. Trend-Restaurant, der Schwerpunkt der Karte liegt auf Seafood-Spezialitäten, alles superfrisch. 7–13 $, Dinner 25–38 $.
Kreativ und preiswert – **Chinched Bistro** 2 : 5 Bates Hill, Tel. 907-722-3100, www.chinched.com, Mi–Sa ab 17 Uhr. Feine frische Gerichte mit lokalen Erzeugnissen in freundlicher Bistro-Atmosphäre. Mehrfach ausgezeichnete Inhaber/Köche. 14–26 $.
Lecker essen und Entertainment – **Green Sleeves** 3 : 12–14 George St., Tel. 709-579-1070, www.greensleevespub.ca, Sa, So Brunch ab 11.30, tgl. 11.30–16 Uhr Lunch, Dinner 16–22 Uhr. Trubel im rustikalen Pub, gepflegteres Dinieren im Restaurant im Obergeschoss, man kann auf zwei Ebenen draußen sitzen, leckere Kleinigkeiten, Knuspriges vom Grill. Livemusik. Ab 8 $.
Café und Bäckerei – **Rocket Bakery and Fresh Foods** 4 : 294 Water St., 709-738-2011, http://rocketfood.ca, tgl. 8.30–18 Uhr. Restaurant, Bäckerei und Café in einem historischen Gebäude, zentral gelegen, preiswert und sehr populär; große Auswahl leckerer Gerichte und delikater Snacks, üppige Desserts und immer frische Backwaren. 6–10 $.

Einkaufen

Authentisches Kunsthandwerk – **Craft Council of Newfoundland & Labrador** 1 : 155 Water St., Tel. 709-753-2749, www.craftcouncil.nl.ca, Mo–Sa 10–17, So 12–17 Uhr. Galerie und Shop; große Auswahl an Kunsthand-

Östliche Avalon Peninsula

werk aus der Region; originelle Geschenke und Souvenirs.

Aktiv
Bootstouren – **Iceberg Quest Ocean Tours 1 :** Pier 6, 135 Harbour Dr., Tel. 709-722-1888, 1-866-720-1888, www.icebergquest.com. Schiffsexkursionen entlang der Küste, 4 x tgl., Erw. 75 $, Kinder bis 17 Jahre 45 $.

Termine
Signal Hill Tattoo: Juli/August. Mi, Do, Sa und So 11 und 15 Uhr, www.signalhilltattoo.org. Historischer Zapfenstreich, Demonstrationen in prächtigen Uniformen, Abfeuern alter Kanonen.
Wreckhouse International Jazz & Blues Festival: Sept., https://destinationstjohn.com. Konzerte mit Musikern aus der ganzen Welt.
Royal St. John's Regatta: Anfang Aug., www.stjohnsregatta.ca. Rudern auf dem Quidi Vidi Lake, ältester Sport-Wettbewerb in Nordamerika mit zigtausend Zuschauern, größte Outdoor-Party der Provinz.

Verkehr
Flugzeug: St. John's International Airport, Portugal Cove Rd., 15 Min. nordwestlich der Downtown, www.stjohnsairport.com. Täglich Direktflüge nach Halifax, Montréal, Toronto, St. Pierre und Michelon.

Östliche Avalon Peninsula

Karte: S. 458
Die Avalon-Halbinsel gehört mit malerischen Fischerdörfern, felsigen Buchten, mehreren historischen Nationalparks und einigen der interessantesten Vogelschutzgebiete zu den schönsten Regionen der Provinz.

Landschaftlich sehr reizvoll ist die Küstenstrecke auf der Route 30 und Route 20 von Logy Bay nach Pouch Cove, 20 km nördlich von St. John's. Die Siedlung ist eine der ältesten der Provinz. In **Logy Bay 1** unterhält die Memorial University of Newfoundland ein **Ocean Science Centre,** in dem man viele der Lebewesen, die die Meere der Provinz bevölkern, sehen und im *touch tank* auch anfassen kann. Von einer Beobachtungsplattform draußen lassen sich die Seehunde des Zentrums beobachten. Ein neues großes Meerwasseraquarium ist im Bau (Marine Lab Rd., Tel. 709-864-8100, www.mun.ca/osc).

Cape Spear ▶ Y 4
12 km südöstlich von St. John's liegt an der Route 11 die **Cape Spear Lighthouse National Historic Site 2 ,** ein oft nebelumhülltes Kap mit steil abfallenden Klippen. Wenn das Wetter mitmacht und man früh genug hinfährt, gehört man zu den ersten Menschen, die die Sonne über Nordamerika aufgehen sehen, dessen östlichsten Punkt das Kap bildet.

Fast 100 m über dem Meer ragt der 1835 errichtete Leuchtturm auf, das älteste noch in Betrieb befindliche Leuchtfeuer der Provinz. Der heute automatisch betriebene Leuchtturm und das ehemalige Wohnhaus sind als Museum zu besichtigen. Die angrenzenden Befestigungsanlagen aus dem letzten Weltkrieg, die deutsche U-Boote abwehren sollten, gehören ebenfalls zum historischen Park. Von hier bieten sich hübsche Ausblicke auf die Küsten, und mit etwas Glück sichtet man Wale und vorbeitreibende Eisberge (Tel. 709-772-2191, www.pc.gc.ca/eng/lhn-nhs/nl/spear/index.aspx, Ende Mai–Anfang Juni Mi–So 10–18, Juni–Mitte Okt. 10–18 Uhr, 8,50 $).

Petty Harbour ▶ Y 4
Nur wenige Kilometer weiter südlich liegen die Häuser des pittoresken kleinen Fischerorts **Petty Harbour 3** an einer Bucht, teils direkt am Hafen, teils an die felsigen Hänge geschmiegt. Sie leuchten in Farben von Pampelmusengelb über Himmelblau bis Zinnoberrot. Selbst die großen rostroten Holzgebäude der alten Fischfabrik wirken nicht störend – sie bilden einen reizvollen Kontrast zu den davor ankernden weißen Fischkuttern.

Im Hafen machen kleine Fischerboote an der Mole fest. Einige der Lachse werden von den Seeleuten gleich nach dem Ausladen ausgenommen, in rosarot glänzende Filetstücke zerlegt, schön säuberlich übereinandergeschichtet und für die abendliche Mahlzeit eingepackt. Die Fischer erzählen, dass es wegen der drastisch herabgesetzten Fangquoten kaum noch möglich ist, den ohnehin kargen Lebensunterhalt zu sichern. Und es trifft die Menschen hier besonders hart, weil es keine andere Arbeit gibt.

Bay Bulls und Witless Bay Ecological Reserve ▶ Y 5

Weiter auf der Route 10 beginnt der Irish Loop, eine Rundstrecke um den südöstlichen Teil der Avalon Peninsula: eine Tour durch Fischerdörfer und historische Siedlungsstätten. Man kann mehrere großartige Naturschutzgebiete besuchen, Wale und Seevogelkolonien mit Hunderttausenden Papageientauchern beobachten oder im Rahmen eines Aktivurlaubs den East Coast Trail erwandern (s. Tipp S. 450).

Bay Bulls (rund 1200 Einw.), gegründet 1583 und 1638 befestigt, gehört zu den ältesten Orten der Provinz. Bis 1796 wurde die Siedlung mehrfach von den Franzosen eingenommen. Vor der Küste liegt das Wrack der »HMS Sapphire« auf Grund, die vor Neufundland britische Fischereirechte verteidigen sollte. Um einer drohenden Kaperung durch die Franzosen zu entgehen, steckte der englische Kapitän das Schiff in Brand und versenkte es, er selbst entkam über Land. Das Wrack ist eine Provincial Historic Site.

Doch die eigentliche Attraktion von Bay Bulls und der Region ist die **Witless Bay Ecological Reserve** 4 auf mehreren Inseln vor der Küste. Rund 2,5 Mio. Vögel leben hier, vor allem Sturmvögel, Papageientaucher, Tordalken, Lummen und Möwen. Allein die Papageientaucher-Kolonie zählt 500 000 Vögel. Mit dem Schiff kann man die Inseln umfahren und dabei die Seevogelkolonien auf den steilen Klippen von Nahem sehen. Auf diesen von Bay Bulls startenden Exkursionen kann man auch Wale, überwiegend Buckelwale, sowie Orcas und Zwergwale beobachten. Im Frühsommer sieht man manchmal Eisberge, die an der Küste vorbeitreiben.

Aktiv
... in Bay Bulls:
Wale und Vögel beobachten – **Gatherall's Puffin and Whale Watch,** Tel. 709-334-2887, 1-800-419-4253, www.gatheralls.com. Tierbeobachtungsexkursionen mit großem Katamaran; Shuttle Service 23 $; **O'Brien's Whale & Bird Tours,** Tel. 709-753-4850, 1-877-639-4253, www.obriensboattours.com, Mai–Mitte Juni, Sept.–Mitte Okt. Bootstouren entlang der

Östliche Avalon Peninsula

Küste zur Beobachtung von Walen und Seevögeln, bis zu 4 x tgl. in der Hochsaison, auch Kajak-, Jet Boat- und Zodiaktouren, Erw. ab 65 $, Kinder und Jugendliche 30–35 $.

La Manche Provincial Park und Avalon Wilderness Reserve
▶ Y 5

Campen, Wandern und Kanupaddeln kann man im schönen Flusstal des **La Manche Provincial Park** 5 . Ein Wanderweg führt zum alten Dorf La Manche, das im Jahr 1966 nach einem verheerenden Sturm verlassen wurde. Heute sind nur noch die Fundamente und die rekonstruierte Hängebrücke zu sehen, die den auf beiden Seiten des Hafens verlaufenden Küstenwanderweg East Coast Trail (s. Tipp S. 450) verbindet. Beim kleinen Fischerdorf **Brigus South** führt eine Stichstraße in die **Avalon Wilderness Reserve** 6 ,

Der auf zerklüftetem Fels Wind und Wetter trotzende Leuchtturm am Cape Spear markiert den östlichsten Punkt des kontinentalen Nordamerikas

Aktiv

STILES COVE PATH VON POUCH COVE NACH FLATROCK

Tour-Infos
Start: St. Agnes-Parkplatz in Pouch Cove
Länge: 15 km
Dauer: 5–6 Std. (Tageswanderung)
Schwierigkeitsgrad: mittelschwer
Informationen, Ausrüstung, Übernachten: s. Tipp S. 450.
Wichtige Hinweise: Beim Wandern auf den Klippen direkt über dem Atlantik ist Vorsicht geboten, bei hohem Wellengang sollte man besser auch den Seitenpfad zum Georges Point meiden.

Der East Coast Trail beginnt bei **Portugal Cove,** nordwestlich von St. John's. Der zweite Abschnitt, **Stiles Cove Path,** wird geprägt von steilen, hohen Klippen, Höhlen und dramatischen Wasserfällen. Vom Pfad bieten sich fantastische Aussichten entlang der Küste. Wenn man nicht ganz so lange wandern möchte, bieten sich auch Einstiege in Shoe Cove, Stiles Cove oder Red Head. In **Shoe Cove** erreicht man einen der wenigen Strände dieser Region. Die Bucht wurde einst als Nothafen benutzt, wenn die Fischer von Pouch Cove von einem Sturm überrascht wurden.

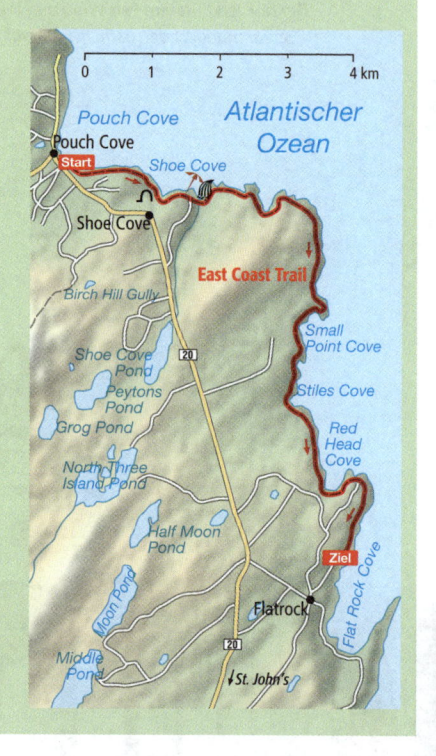

ein 868 km² großes Wildnisschutzgebiet. Es ist der Lebensraum für die südlichste Karibuherde Kanadas, zu der etwa 1000 Tiere gehören, und ein Paradies für Trekker, Angler und Kanuten. Der Zugang zu dem Schutzgebiet unterliegt allerdings besonderen Bestimmungen, es gibt kaum Infrastruktur, und man benötigt eine Wilderness Reserve Entry Permit (Infos unter www.gov.nl.ca/ecc/natural-areas).

Ferryland (Colony of Avalon)
▶ Y 5

Bei **Ferryland** 7 gründete Sir George Calvert (der spätere Lord Baltimore) 1621 die erste erfolgreiche Kolonie Neufundlands, die er nach König Artus Reich ›Avalon‹ nannte. Allerdings waren ihm und seinen Leuten die Winter dann doch zu rau und die Kolonisten zogen schließlich in südlichere Regi-

Östliche Avalon Peninsula

onen nach Maryland. Der Name aber blieb bestehen. Im Ort befindet sich heute eine Ausgrabungsstätte, die man auch besichtigen kann. Zur Site gehören drei historische Themengärten aus dem 17. Jh. und in einer rekonstruierten Küche wird gezeigt, wie das häusliche Leben vor 300 Jahren ablief. Man erfährt Interessantes über die erste Wasserspülung und kann über das älteste Kopfsteinpflaster des britischen Nordamerika gehen. Im **Colony of Avalon Interpretation Centre** wird die abenteuerliche Geschichte dieser Region erzählt und man darf den Wissenschaftlern bei der Arbeit mit den gefundenen Artefakten zuschauen (Tel. 709-432-3200, 1-877-326-5669, www.colonyofavalon.ca, Mitte Juni–Mitte Sept. tgl. 10.30–16.30 Uhr, Führungen Erw. 16 $, Kinder und Jugendliche 12 $).

Übernachten

Am Meer – **Dunne's B & B:** 386 Baltimore Dr., Ferryland, Tel. 709-432-2155, www.dunnesbnb.com, Mitte Mai–Mitte Nov. Freundliches Inn, hübsch eingerichtet und mit Panoramablick auf den Hafen und die Inseln, hilfsbereite Gastgeber, gutes Frühstück. DZ 120–140 $.

Essen & Trinken

Picknicken am Leuchtturm – **Ferryland Lighthouse Picnics:** Ferryland, Tel. 709-363-7456, www.lighthousepicnics.ca, Ende Mai–Sept. Mi–So 11.30–16.30 Uhr. Leckere Sandwiches, Currys, Meeresfrüchte, frisches Grün aus örtlichen Gärten und selbstgebackenes Brot und Kuchen. Ab 20 $.

Termine

Shamrock Festival: letztes Juliwochenende, www.ssfac.com. Irische Folklore mit jeder Menge Musik und der typischen Pub-Atmosphäre.

Cape Race ▶ Y 5

Bei **Portugal Cove** 8 führt eine rund 20 km lange Schotterstraße zur Küste nach **Cape Race** 9 . Starke Strömungen, Eisberge, häufiger Nebel und gefährliche Klippen haben der Region einen Ruf als Schiffsfriedhof eingetragen. Der 1856 errichtete Leuchtturm mit einer 20 t schweren Reflektorlinse ist einer der weltweit stärksten überhaupt. Wegen seiner Bedeutung für die Transatlantik-Schifffahrt und die frühe drahtlose Kommunikation wurde die Anlage zur National Historic Site erklärt. Die **Cape Race Marconi Wireless Station** empfing die Notrufsignale der weniger als 400 Meilen entfernt sinkenden »Titanic« und leitete die Nachricht an andere Stationen und Rettungsschiffe weiter. Die Marconi Station und das Leuchtturmwärterhaus können besichtigt werden.

In der **Mistaken Point Ecological Reserve** bei Long Beach wurden Abdrücke von ungewöhnlich vielen mehrzelligen fossilen Meerestieren aus dem Präkambrium gefunden. Die Mistaken Point Ecological Reserve gilt als eine der wichtigsten Fundstätten dieser Art in Kanada und wird von Wissenschaftlern aus aller Welt besucht. Mehrere Trails führen durch die von Wind und Wellen umtoste, felsige Küstenlandschaft.

Trepassey ▶ Y 5

Trepassey 10 diente wahrscheinlich baskischen Fischern im 16. Jh. als Basis. Der Ort machte am 18. Juni 1928 weltweit Schlagzeilen: Amelia Earhart startete hier als erste Frau zu einem 24-stündigen Flug über den Atlantik – diesmal allerdings noch als Passagierin mit den Piloten Wilmer Stulz und Slim Gordon. Erst vier Jahre später überflog sie den Atlantik in eigener Regie. Das kleine Stadtmuseum hat nur im Juli und August geöffnet und präsentiert neben Exponaten zur örtlichen Fischereigeschichte auch einige Ausstellungsstücke zu Amelia Earharts Transatlantikflug.

Von Trepassey führt eine Straße zur kleinen Fischersiedlung St. Shott's und der Cape Pine Historic Site, dem südlichsten Punkt von Neufundland.

Übernachten, Essen

Solide und freundlich – **Edge of the Avalon Inn & Restaurant:** an der Route 10, Tel. 709-438-2934, www.edgeoftheavaloninn.com,

St. John's und Avalon Peninsula

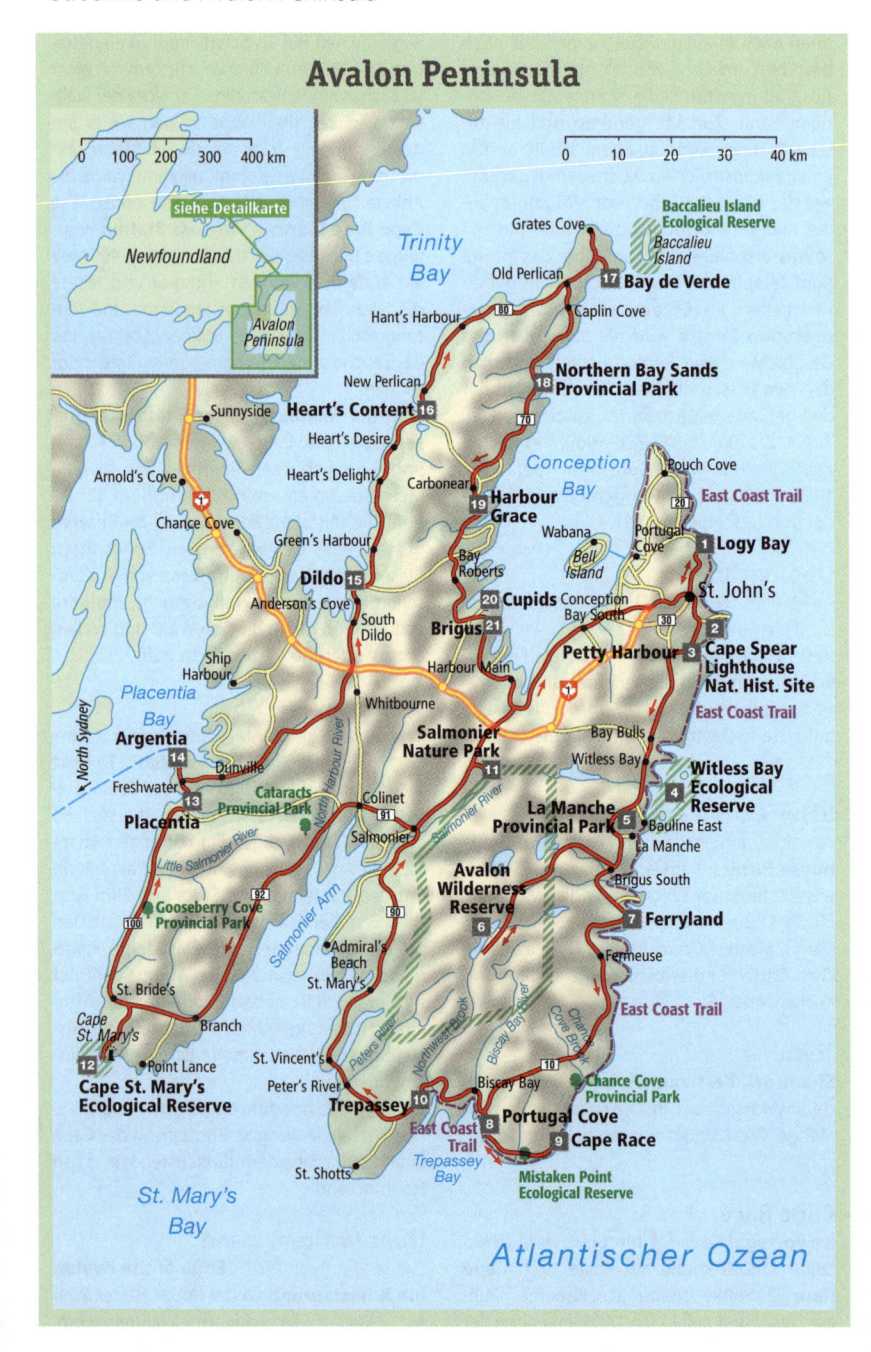

Mitte Mai–Mitte Nov. Geräumige Zimmer, eines mit Kitchenette, Restaurant mit verglaster Veranda und schönem Panoramablick, Fischgerichte, empfehlenswertes Frühstück. Dinner ab 15 $, DZ ab 149 $.

Salmonier Nature Park ▶ Y 5

Bei Salmonier führt die Route 90 landeinwärts zum **Salmonier Nature Park 11**, einem 1214 ha großen Naturschutzgebiet mit einem besonderen Bereich, in dem man an die 30 Tierarten Neufundlands und Labradors aus der Nähe beobachten kann. Darunter sind Elch, Biber, Karibu, Otter und Luchs zu sehen.

Von hier ist man in circa 1 Std. zurück in St. John's. Möchte man die Rundfahrt um die Avalon Peninsula auf dem Cape Shore Loop fortsetzen, geht es auf den Routen 91 und 92 weiter.

Cape St. Mary's ▶ Y 5

Karte: S. 458

Die Routen 91 und 92 führen nach **St. Bride's,** wo eine 13 km lange, schmale Schotterstraße abzweigt. Der befestigte Weg durchquert ein Feuchtwiesengebiet und endet am südwestlichsten Zipfel der Halbinsel. Hier liegt die **Cape St. Mary's Ecological Reserve 12**. Das 64 km² große, Anfang der 1980er-Jahre gegründete Naturschutzgebiet beherbergt während der Brutzeit (April–Okt.) etliche hunderttausend Vögel. Schon die Fahrt dorthin ist faszinierend (s. Aktiv unterwegs S. 460). Zwischen den Halmen des Sumpfgrases leuchten dunkelrot die Blütenkelche der *pitcher plant*, der Nationalblume der Provinz. Wie unser heimischer Sonnentau ist diese Kannenpflanze eine lebende Insektenfalle. Am Ende der Straße befindet sich ein Interpretive Centre.

Infos

Cape St. Mary's Ecological Reserve Interpretive Center: Tel. 709-277-1666, www.env.gov.nl.ca/env/parks/wer/r_csme, Mai, Okt. 9–17, Juni–Sept. 8–19 Uhr. Infomaterial über Aktivitäten, Wanderwege und die hier nistenden Vögel.

Übernachten
… in St. Bride's:
In der Ortsmitte – **The Capeway Motel:** Route 100, Tel. 709-377-2163, 1-866-337-2163, www.thecapeway.ca. Modern, hell und freundlich eingerichtete Zimmer, auch mit Kochnische, in einem früheren Kloster. 119–169 $ inkl. Frühstücksbuffet.

Placentia und Trinity Bay ▶ Y 4/5

Karte: S. 458

Placentia ▶ Y 5

Bereits im 16. Jh. siedelten baskische Fischer in der Region um **Placentia 13**. Mitte des 17. Jh. besetzten französische Truppen die Gegend und gründeten ihre Inselhauptstadt Plaisance. 1692 errichteten sie auf einer Anhöhe über der Bucht die erste Festung Le Gaillardin und ein Jahr darauf Fort Royal. Mehrmals griffen sie von hier aus St. John's an, jedoch ohne größeren Erfolg, und schon 1713 nahmen die Engländer Plaisance ein und nannten die Stadt in der Folge Placentia. Die französischen und englischen Festungsruinen aus dem 17. und 18. Jh sind heute in der **Castle Hill National Historic Site** zu besichtigen.

Die ›Life at Plaisance‹-Ausstellung im Interpretation Centre informiert über das harte Leben in dieser abenteuerlichen Zeit. Von Mitte Juli bis August wird auch ein Historienspiel, »Faces of Fort Royal«, aufgeführt. Bemerkenswerter als das kleine Museum ist jedoch der schöne Blick über den Hafen und die Placentia Bay. Es gibt auch gute Picknickgelegenheiten im Park (Route 100, Tel. 709-227-2401, www.pc.gc.ca/eng/lhn-nhs/nl/castlehill/visit.aspx, Interpretation Centre Juni–Sept. 10–18 Uhr, Erw. 4,25 $, Kinder bis 16 Jahre frei).

8 km nördlich in **Argentia 14** befindet sich der Atlantic Marine Ferry Terminal. Während des Zweiten Weltkriegs war hier eine amerikanische Marinebasis (www.portofargentia.ca).

Aktiv

WANDERUNG ZUR CAPE ST. MARY'S ECOLOGICAL RESERVE

Tour-Infos
Anfahrt: 13 km südlich von St. Bride's
Start: Besucherzentrum des Schutzgebiets
Länge: etwa 1–2 km (eine Strecke)
Zeit: 1–2 Std.

Infos und vogelkundliche Führungen: Cape St. Mary's Ecological Reserve Interpretive Center, Tel. 709-277-1666, 709-635-4520, www.flr.gov.nl.a/natural-areas/wer/r_csme/index.html, s. auch S. 459

Am südwestlichsten Zipfel der Avalon Peninsula liegt eines der am besten zugänglichen und auch spektakulärsten **Seevogelschutzgebiete** Nordamerikas. Vor Beginn der Tour sollte man sich bei der Parkstation telefonisch nach dem Wetter am Kap erkundigen, denn oft lohnt sich ein Besuch wegen dichten Nebels nicht. Durchschnittlich zählt man 200 Nebeltage im Jahr und die Durchschnittstemperatur im Juli beträgt 14 °C.
Eine wind- und regenfeste Jacke sollte man dabeihaben und auch besondere Vorsicht auf den Wanderwegen walten lassen, da die Trails oft dicht an den steil abfallenden Felsen vorbeiführen und bei Regen oder Nebel rutschig sind.
Vom Leuchtturm und dem **Interpretive Centre**, wo man Informationsmaterial erhält und sich einen Film über die geologischen und klimatischen Besonderheiten der Region sowie die im

Park brütenden Vogelarten ansehen kann, führt der Weg durch hügelige Wiesen entlang der Steilküste. Bis zum dicht bevölkerten **Vogelfelsen**, der wie eine mächtige Basaltsäule aus dem Meer ragt, läuft man etwa 1 km. Er ist vom Festland so weit entfernt, dass die Vögel unerreichbar von Landräubern ihre Brut aufziehen können.

Schon von Weitem ist das Gekreische der Seevögel zu hören, man sieht sie wie eine Wolke über dem Horizont schweben, dann steht man plötzlich vor dem wohl 100 m tiefen Abbruch, an dessen Klippen sich die Wogen des Atlantiks brechen. Aus dem Meer ragen Felstürme, über und über bedeckt mit Vögeln, deren Gefieder in der Sonne glänzt wie Schnee.

Verschiedene Vogelarten nisten hier mehr oder weniger einträchtig – **Sturmvögel, Lummen, Tölpel, Tordalken** und **Möwen.** Gegen natürliche Feinde hilft ihnen ihre ›biologische Uhr‹. Fast alle Jungen schlüpfen zur gleichen Zeit und werden zur gleichen Zeit flügge – so wird das Risiko des Gefressenwerdens gemindert.

Die Felsen von St. Mary's beherbergen die zweitgrößte Tölpelkolonie Nordamerikas, über 50 000 Pärchen nisten hier. Vor der Küste sind häufig Wale, Delfine und Seehunde zu beobachten.

Man kann auch weiter die Küste entlang wandern. Der Pfad führt über freie Grasflächen und dann durch ein Wäldchen mit Unterholz und kleinen Krüppelfichten. Dann gelangt man zu einer Landzunge, von der sich eine schöne Aussicht bietet. Es gibt keine Absperrungen und man sollte darauf achten, dem Klippenrand nicht zu nahe zu kommen.

Übernachten, Essen

... in Placentia:

10 Minuten zur Fähre – **The Bridgeway Hotel:** 15–19 Prince William Dr., Tel. 709-227-1700, 709-227-9703, www.bridgewayhotel.net. Kleines freundliches Hotel in der Nähe der Bucht, inkl. Frühstück, Kitchenette und Wireless Internet. DZ 95–110 $.

Camping – **Fitzgerald's Pond Park:** Route 100 North (Argentia Access Rd.), Tel. 709-227-4488. 24 Stellplätze mit Anschlüssen im Wald, Picknickmöglichkeiten am See. Bootsverleih am eigenen Anleger. 25 $.

Verkehr

... in Argentia:

Fähre: Marine Atlantic Ferry Terminal, Tel. 1-800-341-7981, www.marineatlantic.ca. In den Sommermonaten (Juni–Sept.) fahren von hier mehrmals täglich die großen Autofähren nach Sydney auf Cape Breton Island in Nova Scotia ab.

Dildo ▶ Y 5

Von der Route 100 geht es weiter zur Route 80, dem **Baccalieu Trail,** der um den Nordzipfel der Avalon-Halbinsel herumführt. Man fährt durch malerische kleine Fischerorte mit so hübschen Namen wie Heart's Delight, Heart's Desire und Heart's Content bis nach Bay de Verde.

Bei Anderson's Cove in der Nähe des historischen Fischerdorfes **Dildo** 15 hat man 1994 die Reste einer zwischen 4000 und 5000 Jahre alten Siedlung der Maritimen Archaischen Ureinwohner ausgegraben.

Sehenswert ist auch **Dildo Island,** eine kleine, der Küste vorgelagerte Insel, wo John Guy und seine Siedler 1612 mehrere Beothuk-Dörfer sahen.

Übernachten, Essen

Stilvolles Bed & Breakfast – **Inn by the Bay:** 80 Front Rd., Tel. 709-582-3170, 1-888-339-7829, www.dildoinns.com. Stilvoll mit antiken Möbeln eingerichtetes B & B Inn, direkt am Wasser mit schönem Blick über die Trinity Bay, große verglaste Veranda, Bibliothekszimmer, Internetzugang, Frühstück. DZ 139 $.

Heart's Delight und Heart's Content ▶ Y 4

In **Heart's Delight** ist in der St. Matthew's Anglican Church das Fragment eines alten

St. John's und Avalon Peninsula

Grabsteins mit den Zahlen ›154_‹ zu sehen. Man nimmt an, dass es ein Teil des vielleicht ältesten Grabsteins Nordamerikas ist. In der Umgebung lässt es sich auch gut wandern, auf dem reizvollen Witch Hazel Hiking Trail hat man einen großartigen Panoramablick über die Trinity Bay.

In **Heart's Content** 16 liegt die Relaisstation, von der 1866 die ersten telegrafischen Botschaften über das Transatlantikkabel gesendet wurden. Heute ist die **Cable Station Provincial Site** ein Museum mit detailgetreu nachgebautem Übertragungsraum samt Geräten und einer Ausstellung über die Anfänge der Telegrafie (Highway 80, Tel. 709-583-2160, www.seethesites.ca, Mitte Mai–Anfang Okt. 9.30–17 Uhr, Erw. 6 $, bis 16 Jahre frei). Sehr fotogen ist auch der wie eine große rot-weiße Zuckerstange aussehende Leuchtturm von Heart's Content.

Bay de Verde ▶ Y 4

Bei **Bay de Verde** 17 kann man Wale beobachten, und von einem Aussichtspunkt in der Nähe bietet sich eine schöne Aussicht auf das Küstenpanorama. Die 3 km vor der Küste liegende Insel **Baccalieu Island** ist vielen Seefahrern zum Verhängnis geworden: Zahlreiche Schiffswracks in den Gewässern ringsherum zeugen davon.

Die Insel ist das größte Vogelschutzgebiet in Newfoundland und Labrador. Zwischen April und Oktober nisten hier Papageientaucher, Sturmvögel, Sturmschwalben, Basstölpel, Tordalken, Dickschnabellummen und Dreizehenmöwen. Mit über 3 Mio. nistenden Sturmschwalbenpaaren ist Baccalieu Island Ecological Reserve die größte Sturmschwalbenkolonie der Welt.

Das Vogelschutzgebiet der Insel darf von Besuchern nicht betreten werden, aber in den **Bay de Verde Heritage Premises** gibt es in einem schön restaurierten Kaufmannshaus aus dem späten 19. Jh. neben anderen Ausstellungen auch ein informatives Display über die artenreiche Vogelwelt der Insel zu sehen (7 Blundon's Point, Tel. 709-587-2766, 709-587-2260, www.baydeverde.com/heritage_premises.php, Anfang Juni–Mitte Sept., 5 $).

Conception Bay ▶ Y 4

Karte: S. 458

Auf der Fahrt rund um die Conception Bay zurück nach St. John's reihen sich am zerklüfteten Westufer der Bucht die kleinen Fischerdörfer wie Perlen an einer Schnur. Vor den bunten Holzhäusern flattert Wäsche in der frischen Seebrise, und auf wettergebleichten Gerüsten liegt gesalzener Stockfisch in langen Reihen zum Trocknen aus.

Caplin Cove hat seinen Namen von den riesigen Kapelan-Schwärmen (der Kapelan ist ein bis zu 20 cm großer olivfarbener Fisch aus der Familie der Stinte), die sich im Juni oder Juli von den Wellen ins flache Brandungswasser treiben lassen, um abzulaichen. Danach sterben sie und werden an den Strand gespült. Abends gehen die Neufundländer dann mit Eimern und Keschern zum Strand, um die ›Ernte‹ einzusammeln.

Der Name sagt es schon: Der **Northern Bay Sands Provincial Park** 18 besitzt einen wunderschönen Sandstrand und ist deshalb als Ausflugsziel äußerst beliebt. Außerdem ist er hervorragend zum Campen geeignet (Tel. 709-584-3465, Auto 7 $, Camping 28 $).

Harbour Grace ▶ Y 4

Harbour Grace 19 geht auf die französische Siedlung Havre de Grace von 1550 zurück. Um 1610 hatte der berüchtigte Pirat Peter Easton in Harbour Grace sein Hauptquartier. Mit seiner Flotte plünderte er sich über die Jahre ein immenses Vermögen zusammen. An der Stelle des alten Piratenforts wurde später das Customs House gebaut, heute das **Conception Bay Museum.** Hier werden Ausstellungen zur Geschichte des Ortes und zu seiner Bedeutung in den Anfängen des Flugwesens gezeigt. Besonders liebevoll widmet sich das Museum jedoch der Piratenvergangenheit (1 Water Street, Tel. 709-596-5465, 709-596-3631, www.conceptionbaymuseum.com, Juli–Anfang Sept. 10–17 Uhr, 2 $).

In den Jahren nach 1919 war Harbour Grace Ausgangspunkt für zahlreiche

Transatlantikflüge, und 1927 wurde hier der erste zivile Flugplatz in Nordamerika eröffnet. 1932 flog Amelia Earhart als erste Frau alleine von Harbour Grace über den Atlantik. Heute ist die Graspiste des **Harbour Grace Airfield** eine National Historic Site. Im **Harbour Grace District** sind viele der alten Häuser des Ortes restauriert.

Infos
Harbour Grace Tourism: Tel. 709-596-3631, www.hrgrace.ca.

Übernachten, Essen
Ansprechend – **Hotel Harbour Grace:** Water St., Tel. 709-596-5156, 1-877-333-5156. www.hotelharbourgrace.ca. Leicht angejahrte, aber mit Air-Condition ausgestattete, freundlich geführte Unterkunft mit gemütlichen Hotel- und Motelzimmern nahe dem Historic District, Restaurant mit guter neufundländischer Küche, Bar mit Großbild-TV. DZ 96–130 $.

Termine
Harbour Grace Regatta: Ende Juli. Auf dem Lady Lake, Regatta und Volksfest mit jahrhundertealter Tradition.

Cupids ▶ Y 4
Auch in **Cupids** 20, wo der aus dem englischen Bristol stammende Handelsherr und Plantagenbesitzer John Guy 1610 die erste Siedlung gründete, warten historische Sehenswürdigkeiten auf den Besucher. In der **Cupids Cove Plantation Provincial Historic Site** werden seit 1995 Reste dieser Siedlung ausgegraben, die zu den zehn wichtigsten aktiven Ausgrabungsstätten in Kanada gehört. Freigelegt wurden Fundamente und gemauerte Feuerstellen, verzierte Töpferwaren, Geschirr und Silbermünzen. Auf einer halbstündigen geführten Tour kann man mit etwas Glück den Archäologen bei der Arbeit zusehen. In der Nähe zeigt das **Cupids Legacy Centre** neben Ausstellungen zur Geschichte der Region auch archäologische Fundstücke (Seaforest Drive, Tel. 709-528-1610, www.cupidslegacycentre.ca, Anfang Juni–Anfang Okt. tgl. 9.30–17 Uhr, 7,50 $ Plantation Site und Legacy Centre).

Auch für Kletterfreudige eine Herausforderung ist der **Spectacle Head Trail** auf der Landspitze gegenüber dem Hafen von Cupids. Nach einem 400 m langen, steilen Aufstieg ist der Gipfel erreicht, den mehrere Meter hohe *cairns* – aus Steinbrocken gebaute Türme – krönen, etwas groß geratene ›Steinmännchen‹. Von oben hat man einen großartigen Blick auf die Conception Bay sowie weit übers Meer und die Küste.

Brigus ▶ Y 5
Der Fischerort **Brigus** 21 mit seinen alten Häusern, Steinmauern und Gärten erinnert ein wenig an ein englisches Küstenstädtchen. Hier war Captain Robert Bartlett (1875–1946) zu Hause, der zu einem der besten Kenner der arktischen Gewässer gehörte. 50 Jahre lang war er als Polarforscher unterwegs und begleitete unter anderem Robert Peary im Jahr 1908 auf dessen Expedition zum Nordpol. In dem ehemaligen Wohnhaus von Bartlett, der heutigen **Hawthorne Cottage National Historic Site,** werden Ausstellungen und Filme gezeigt und geführte Touren angeboten. Im dazugehörigen Heritage Shop kann man Bücher, Kunsthandwerk und antiquarische Literatur kaufen. Das historische Holzhaus mit Giebeln und einer umlaufenden Balustrade gilt als eines der schönsten Beispiele für die dekorative Cottage-Architektur in Kanada. Es wurde im Jahr 1834 auf hölzernen Rollen über eine Strecke von 10 km an seinen jetzigen Standort gebracht und ist mehr als 170 Jahre alt (South St., Tel. 709-772-5367, www.pc.gc.ca/hawthornecottage, Juni–Aug. tgl. 10–18 Uhr, 4,50 $).

Infos
Im Internet: www.brigus.net

Termine
Blueberry Festival: Mitte August. Drei Tage lang Musik, Tanz und Feuerwerk und natürlich Unmengen an Blaubeeren, die zu allerhand Leckereien verarbeitet die Besucher erfreuen.

Auf dem Trans-Canada durch Neufundland

Von St. John's City Hall, wo der Trans-Canada Highway beginnt, bis nach Channel-Port aux Basques im Südwesten der Insel sind es ca. 900 km. Man könnte die Strecke zwar in zwei Tagen fahren, aber die schönsten Ecken Neufundlands liegen abseits vom Highway – auf der Bonavista und der Burin Peninsula, an der Notre Dame Bay oder bei Twillingate und Trinity, wo Wale und Eisberge mit majestätischer Gelassenheit an der Küste vorbeiziehen.

Bull Arm ▶ X 4

Karte: S. 466
Auf dem schmalen Isthmus zwischen Trinity Bay und Placentia Bay fährt man bei **Sunnyside** 1 an einem Meeresarm vorbei, der für Neufundlands Ölindustrie von großer Bedeutung ist. Hier bei **Bull Arm** wurde 1991 eines der imposantesten Bauprojekte Nordamerikas in Angriff genommen, das vielen einheimischen Bauarbeitern und Ingenieuren bis heute Arbeit bietet.

Die Bull Arm Site wurde geschaffen, um die **Hibernia-Ölförderplattform,** eine Weiterentwicklung der Nordsee-Bohrinseln, zu bauen. Die Hibernia-Plattform kann auch den größten Eisbergen widerstehen, ist 224 m hoch, hat einen Durchmesser von 106 m und ist 1,2 Mio. t schwer. 1997 wurde das Monstrum aufs offene Meer hinausgeschleppt und etwa 315 km östlich von St. John's über den Ölfeldern der Grand Banks auf dem Meeresboden verankert. Seitdem fördert die Plattform bis zu 150 000 Barrel Öl pro Tag. Sie verfügt über Tanks, die bis zu 1,3 Mio. Barrel fassen.

Unmittelbar nach Hibernia folgte das nächste Projekt, die **Terra-Nova-Ölförderplattform.** Sie produziert seit 2001 etwa 115 000 Barrel Öl pro Tag. In einem gigantischen Trockendock mit einem Durchmesser von über 200 m werden die Bohrinseln gewartet.

Es folgte das **White-Rose-Ölfeld** auf den Grand Banks. Das neueste Projekt startete 2012 und zielt auf die Ausbeutung des 350 km südöstlich von St. John's gelegenen **Hebron-Ölfelds** ab. Geschätzte 700 Mio. Barrel lagern hier. Im Jahr 2017 wurde die Plattform schließlich aufs Meer geschleppt und das erste Öl gefördert (www.hebronproject.com).

Burin Peninsula
▶ W/X 5/6

Karte: S. 466
Noch vor Clarenville kann man sich entscheiden, ob man auf der Route 210 einen Abstecher zur **Burin Peninsula** machen möchte. Dort bietet sich ein ungewöhnlicher Ausflug an: ein Kurzurlaub auf den Inseln St. Pierre und Miquelon, einem winzigen Stückchen Frankreich auf dem amerikanischen Kontinent. Es handelt sich um den letzten Rest der ehemals riesigen französischen Besitzungen.

Jahrhundertelang war die Burin-Halbinsel ein Zentrum der europäischen Fischerei, als Portugiesen, Franzosen und Engländer in den Sommermonaten die reichen Fischgründe der Grand Banks auf Neufundlands Festlandsockel ausbeuteten. In **Marys-**

Burin Peninsula

town 2 kann man sich im Besucherzentrum mit Informationsmaterial über die Burin Peninsula versorgen.

Sehenswert sind **Burin** 3 und die kleinen Dörfer der Umgebung. James Cook schlug hier sein Quartier auf, als er um 1760 Neufundlands Küstengewässer kartografierte. Der Cook's Lookout in Burin erinnert daran. Ein steiler Pfad führt hinauf zu einem Aussichtspunkt, wo der Entdecker nach feindlichen französischen Seglern Ausschau hielt. Einen Besuch lohnt in Burin auch das **Heritage House Museum** mit Ausstellungen über Fischerei und Naturgeschichte (33 Seaview Dr., Tel. 709-891-2355, 3. Juli–1. Sept. 10.30–18 Uhr, Eintritt frei, Spende erbeten).

An der Ostküste der Burin Peninsula ist im **Frenchman's Cove Provincial Park** Picknick, Camping und Schwimmen möglich. Das malerische Fischerstädtchen **Grand Bank** 4 wurde Mitte des 17. Jh. von den Franzosen gegründet und Anfang des 18. Jh. von den Briten eingenommen. Das **Provincial Seamen's Museum,** dessen Architektur an die Segel eines Schiffes erinnert, widmet sich der faszinierenden Seefahrtgeschichte der Provinz (54 Marine Dr., Tel. 709-832-1484, www.therooms.ca/exhibits/regional-museums, Anfang Mai–Anfang Okt. Mo-Sa 9–16.30, So 12–16.30 Uhr, 2,50 $).

Auch das schön restaurierte **George C. Harris House** an der Water Street lohnt einen Besuch. In dem über 100 Jahre alten Kaufmannshaus ist das kleine Museum des Ortes untergebracht (16 Water St., Tel. 709-832-1568, tgl. 10–18 Uhr, 3 $).

Wanderwege bieten tolle Ausblicke auf die Stadt und die Küste, darunter der **Grand Bank Nature Trail** (5–6 km). Ein **Heritage Walk** führt zu den historischen Gebäuden des Ortes, von denen einige sogenannte ›Witwengänge‹ haben. Von diesen offenen Galerien auf dem Dach der Häuser hielten die Frauen nach den Schiffen mit ihren Männern Ausschau, die jedoch oft genug nicht mehr von See zurückkamen (www.townofgrandbank.com).

Infos

... in Marystown:
The Heritage Run Tourism Association: Tel. 709-279-1887, www.theheritagerun.com.

Übernachten, Essen

... in Grand Bank:
Freundlich geführt – **Abbie's Garden B & B:** Highway 210, Tel. 709-832-4473. Anheimelndes B & B mit schönem Garten und netten Gastgebern; 4 helle, geräumige Zimmer mit separatem Eingang, reichhaltiges Frühstück. DZ ab 103 $.

Termine

... in Burin:
Festival of Folk Song and Dance: Anfang Juli. Irisches Volksfest mit Musik, Folklore und kulinarischen Events, Ausstellung und Verkauf von regionalem Kunsthandwerk.

Abstecher nach St. Pierre und Miquelon ▶ W 6

Vom kleinen Ort Fortune, ein paar Kilometer südwestlich von Grand Bank, gelangt man nach einer 90-minütigen Überfahrt mit der Passagier- und Frachtfähre zu den 25 km vor der Küste liegenden Inseln **St. Pierre** und **Miquelon** 5. Auch mit dem Flugzeug von St. John's, Halifax oder Sydney, Nova Scotia, ist St. Pierre zu erreichen. Möchte man auf der Insel übernachten, ist ein Pauschalangebot von Überfahrt inklusive Übernachtung am preiswertesten.

Mit den felsigen Inseln ist Frankreich hier ein 242 km^2 kleines Fleckchen Land verblieben – es ist der letzte Rest eines riesigen Empires in Nordamerika, das die Franzosen 1763 im Friedensvertrag von Paris an England abtreten mussten. Bretonische Fischer hatten hier schon im 16. Jh. ihren Standort, und Fischfang bildet neben dem Tourismus immer noch die Lebensgrundlage der rund 7000 Inselbewohner. Während der Prohibition in den USA, von 1920 bis 1933, erlebten die beiden Inseln eine ›Blütezeit‹ als Zentrum des Rumschmuggels, und auch

Auf dem Trans-Canada durch Neufundland

Burin Peninsula

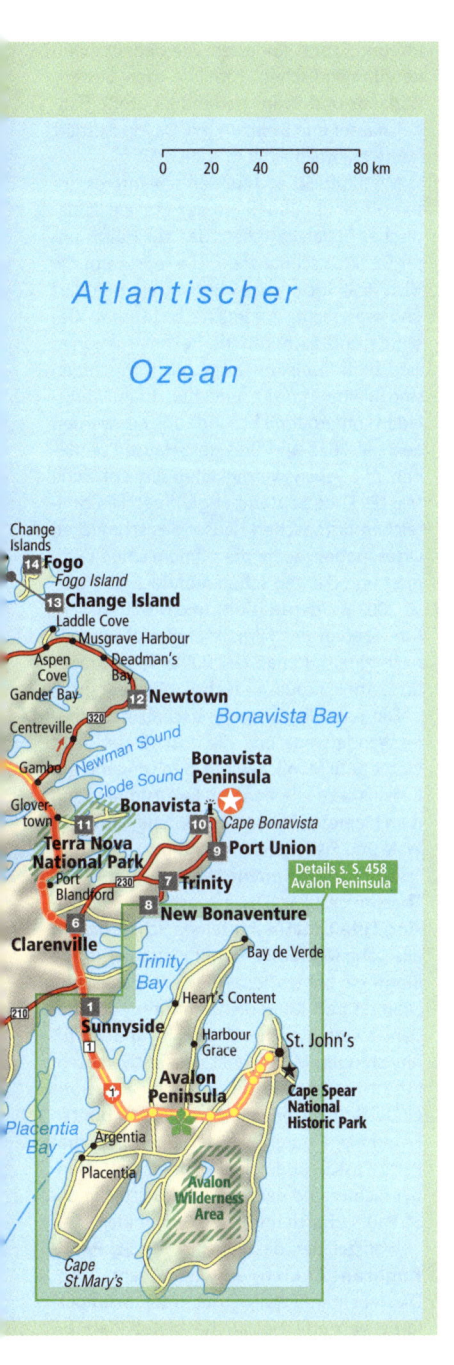

so bekannte Gangstergrößen wie Al Capone und Bill McCoy hatten vor Ort ihre ›Niederlassungen‹.

St. Pierre hat 6500 Einwohner und ist die bedeutendere der beiden Inseln. Im gleichnamigen Ort verbreiten französische Flics, wunderhübsche Häuser mit schmiedeeisernen Balkonen, gemütliche Bistros, Cafés und Bars, frische Baguettes und französische Weine gallisches Flair. Mit dem Auto darf man zwar nicht auf diese Insel, man kann allerdings Mopeds und Fahrräder mieten. Von St. Pierre aus lassen sich auch Ausflüge nach Miquelon arrangieren. Informationen zum Inselbesuch erhält man sowohl vom französischen als auch vom neufundländischen Tourismusbüro.

Infos
… in St. Pierre:
Tourism Office: Place du Général de Gaulle, Tel. 011-508-410200, www.lepharespm.com, www.tourisme-saint-pierre-et-miquelon.com/en. Hotelreservierungen, Infos über Schiffsverbindungen etc.

Übernachten, Essen
… in St. Pierre:
Nicht weit vom Fähranleger – **L'Hôtel Robert:** 2 rue du 11 Novembre, Tel. 011-508-412419, 1-800-563-2006, www.hotelrobert.com. Das während der Prohibition in den 1920er-Jahren erbaute Hotel/Motel bietet seinen Gästen 43 schlichte Zimmer, Frühstück ab 8 $. DZ 118–165 $.

Verkehr
… in Fortune:
Fähre: St. Pierre Tours, 5 Bayview Pl., 709-832-355, 1-855-832-2355, www.saintpierreferry.ca. Ab Fortune: Juli–Aug. zweimal tgl. Ab St. Pierre: Mo 8, Mi–Fr 9, Sa 14.30, So 12 Uhr. Hin- und Rückfahrt Erw. 73 $, Kinder 49 $.

… in St. Pierre:
Fähre: Von St. Pierre verkehrt die »Le Cabestan« zwischen den Inseln St. Pierre und Miquelon sowie Fortune, Newfoundland, Tel. 709-832-3455, 1-855-832-3455.

⭐ Bonavista Peninsula
▶ X 3/4

Karte: S. 466

Wieder zurück auf dem Trans-Canada Highway kann man sich im Besucherzentrum von **Clarenville** 6 mit Informationsmaterial über den **Terra Nova National Park** versorgen (379 Trans-Canada Highway, Glovertown, Tel. 709-533-2801). Aber bevor man den Nationalpark erkundet, sollte man unbedingt noch zur landschaftlich äußerst beeindruckenden **Bonavista Peninsula** fahren.

Die Halbinsel hat eines der reizvollsten historischen Fischerdörfer der Provinz und einen sehr fotogenen Leuchtturm zu bieten. Man kann Wale und Seevogelkolonien mit Papageientauchern beobachten und im Frühsommer auch turmhohe Eisberge vorbeitreiben sehen.

Die Peninsula ist eine geschichtsträchtige Region: Hier an der nördlichen Spitze von Bonavista landete der Italiener Giovanni Caboto 1497 mit seinem Schiff »Matthew« und entdeckte das ›New-Founde-Land‹. Da Caboto im Auftrag der englischen Krone segelte, wurde er auch John Cabot genannt. Am Dreifaltigkeitssonntag des Jahres 1501 segelte der Portugiese Gaspar Corte-Real auf der Suche nach der Passage nach China in die Trinity Bay.

Die ersten Entdecker sahen riesige Kabeljau-Schwärme und berichteten von einem Meer, in dem es von Fischen nur so wimmelte. Diese enthusiastischen Schilderungen waren Anlass für den Beginn einer 500-jährigen Ausbeutung der Fischgründe um Neufundland. Im Jahr 1558 wurde die erste Sommerbasis englischer Fischer an der Trinity Bay eingerichtet. Im 17. Jh. errichteten englische Siedler Dutzende kleine *outposts*.

Trinity ▶ X 4

Trinity 7 ist das wohl attraktivste Fischerdorf der Peninsula. Nur etwa 150 Menschen leben in dem ruhigen Ort. Viel lebhafter ging es im 18. Jh. zu. Trinity war eine geschäftige Hafenstadt, in der Fischerei, Schiffsbau, Im- und Export florierten. Die bedeutenden neufundländischen Familien der Lesters, Garlands und Ryans hatten hier große Handelshäuser und Besitzungen. Davon existiert heute nur noch eines in Trinity.

Mit über 50 architektonisch interessanten alten Gebäuden ist der Ort ein kanadisches Schatzkästchen, das zur Hälfte unter Denkmalschutz steht. Hier bestimmt die Historical Society, was gebaut werden darf und was nicht. Zahlreiche historische Gebäude und authentische Rekonstruktionen sind dem Publikum zugänglich. In einigen sind kleine Museen und Kunsthandwerksläden untergebracht und etliche werden auch als Bed-and-Breakfast-Häuser betrieben. Alle Sehenswürdigkeiten sind von Ende Mai bis Ende September geöffnet. Die zahlreichen historischen Häuser des schmucken Ortes haben auch die Filmemacher fasziniert und dienten schon mehrfach als Kulisse. 2001 wurden in Trinity und New Bonaventure Szenen des Films »Schiffsmeldungen« nach einem Roman der Pulitzer-Preisträgerin E. Annie Proulx (s. auch S. 490) gedreht.

Die reizvolle Küstenlandschaft hat schöne Wanderwege und die geschützte Bucht bietet gute Möglichkeiten, den Umgang mit Seekajaks zu erlernen. Auf Exkursionen kann man Meereshöhlen erkunden und Seevögel, Wale und Eisberge beobachten.

Den ganzen Sommer über wird in Trinity Theater gespielt. Dann präsentiert das **Rising Tide Theatre** mit seinen Schauspielern aus ganz Neufundland mit »Summer in the Bight« ein buntes Repertoire von klassischen Dramen und Komödien. Aufführungen finden an verschiedenen Plätzen in und um Trinity statt. Im Mittelpunkt des Festivals steht »The New Founde Lande Trinity Pageant«, ein Freiluft-Historienspiel mit einem bunten Ensemble, Figuren wie der legendäre Pirat Peter Easton und seine Männer, ein reisender Richter und der tröstende Geistliche der St. Paul's Church und seine Gemeinde.

Wahrzeichen des Ortes ist die **St. Paul's Anglican Church** aus dem Jahr 1892. Die leuchtend weiße, mit roter Schmuckfarbe verzierte Holzkirche bietet Platz für

Bonavista Peninsula

mehr als 500 Besucher. Sie ist die dritte Kirche an dieser Stelle. Die erste wurde schon 1729 gebaut. Mit Einträgen, die bis auf das Jahr 1753 zurückgehen, gehört das Kirchenregister zu den ältesten Kanadas.

Im **Trinity Interpretation Centre** im restaurierten Tibbs House sind Ausstellungen über das historische Trinity zu sehen. Man erhält dort Broschüren und Kartenmaterial sowie einen Besucherpass (s. Tipp rechts).

Die **Lester Garland Premises Provincial Historic Site** (Ryan's Shop) besteht aus einem Gebäude von 1820. Die Familien dreier Handelsherren nutzten es über 150 Jahre. Das Kontor und der General Store sind wie zu Gründerzeiten eingerichtet und Personal in historischen Kostümen erklärt die Geschichte des Hauses.

Einen Besuch lohnt auch das schön restaurierte gelbgrüne **Hiscock House,** in dem Emma Hiscock und ihre beiden Töchter ein Telegrafenbüro und einen General Store betrieben. Heute ist es ebenfalls eine Provincial Historic Site; kostümiertes Personal vermittelt anschaulich das Leben im ländlichen Neufundland um 1900. Im **Trinity Museum** an der Church Road werden unter anderem Nordamerikas älteste Feuerlöschspritze, historisches Handwerksgerät und Ausstellungen zum Thema Seefahrt und Fischfang gezeigt.

An der Church Road liegt auch die **Green Family Forge,** eine historische Schmiede aus der Zeit zwischen 1895 und 1900, in der noch heute Werkstücke wie Ziergitter, Kamingerät, Wappen, Namenszüge, Gefäße und Kerzenhalter hergestellt werden. Gleichzeitig ist die alte Schmiede ein Museum mit rund 1500 Ausstellungsstücken aus der Region.

Das **Lester Garland House** an der West Street ist ein originalgetreu rekonstruiertes Kaufmannshaus im georgianischen Stil. Das ursprüngliche Backsteingebäude wurde 1819 errichtet. Heute ist das Garland House ein Museum mit Ausstellungen über Fischfang und Handel in Trinitys Blütezeit.

Bei **The Cooperage,** ebenfalls an der West Street, handelt es sich um ein ›lebendes Museum‹, in dem ein Böttcher in seiner re-

Tipp

BESUCHERPASS FÜR TRINITY

Für die sieben historischen Sehenswürdigkeiten Trinity Interpretation Centre, Lester-Garland House, Lester-Garland Premises (Ryan's Shop), Cooperage, Green Family Forge, Hiscock House und Trinity Museum kann man einen **Besucherpass** erwerben. Er ist auch in jeder der aufgeführten Attraktionen erhältlich (20 $, Kinder unter 6 Jahren frei). Bis auf Lester Garland Premises und Hiscock House gehören die historischen Sehenswürdigkeiten der **Trinity Historical Society** (Tel. 709-464-3599, 709-729-0592, 1-800-563-6353, www.trinityhistoricalsociety.com, Mitte Juni–Mitte Okt. tgl. 9.30–17 Uhr).

konstruierten Fassbinderwerkstatt arbeitet und auch zeigt, wie früher die großen Fässer für die eingepökelten Heringe und Kabeljaue hergestellt wurden.

Das **Court House, Gaol & General Building** an der Dock Road ist typisch für ein neufundländisches Verwaltungsgebäude auf der Bonavista Peninsula vor rund 100 Jahren. In dem Gebäude befand sich damals neben der Verwaltung auch der Zoll, die Post mit dem Telegrafenbüro sowie das Gericht mit dem Gefängnis. Auch der Polizeiwachtmeister mit seiner Familie war hier untergebracht.

Infos
Trinity Interpretation Centre: Rte. 239, Tel. 709-464-2042, www.townoftrinity.com/provincialhistoricsites.asp. Infomaterial zum Ort und zur Region, attraktive Ausstellung zur Geschichte von Trinity.

Auf dem Trans-Canada durch Neufundland

Friedhof der St. Paul's Anglican Church in Trinity – die alten Grabsteine erzählen tragische wie tröstliche Geschichten vom neuen Leben in der Fremde

Übernachten

Persönliche Atmosphäre – **Artisan Inn & Twine Loft Restaurant:** High Street, Tel. 709-464-3377, 1-877-464-7700, www.trinityvacations.com. Schön gelegenes, historisches B & B mit Meerblick, stilvolle Zimmer unterschiedlicher Größe und ein Cottage. Herzhaftes Frühstück, ausgezeichnete Küche. Lunch, Dinner 3-Gänge-Menü 60 $, DZ ab 175 $ mit Frühstück.

Schön restauriertes Kaufmannshaus – **The Eriksen Premises:** West Street, Tel. 709-464-3698, 1-877-464-3698, www.mytrinityexperience.com. Bed & Breakfast im schön restaurierten Wohnhaus eines Kaufmanns aus dem 19. Jh., stilvoll eingerichtet, gutes Restaurant. DZ 140–220 $.

Komfortable Suiten – **Rosewood Suites:** 4 Taverner's Path, Tel. 709-436-2088, https://rosewoodtrinity.com. Aufwendig restauriertes früheres Eisenbahnhotel mit freundlich eingerichteten Suiten verschiedener Größen, zentral gelegen. Ab 160 $.

Essen & Trinken

In historischem Ambiente – **The Dock Marina Restaurant:** Trinity Waterfront, Tel. 709-464-2133, www.atlanticadventures.com. Meeresfrüchte aus heimischem Fang, Steaks, Rippchen, Hähnchen und Burger in einem restaurierten Fischereigebäude. 10–24 $.

Aktiv

Walbeobachtung, Bootstouren – **Atlantic Adventures, Charters & Tours,** Dock Road, Sommer Tel. 709-464-2133, Winter Tel. 709-464-2596, www.atlanticadventures.com. Walbeobachtung, Exkursionen zu verlassenen Fischerdörfern mit der Segel-/ Motorjacht »Atlantic Adventurer«, im Restaurant neufundländische Fischspezialitäten, Kunsthandwerk in Art Gallery und Craft Shop; **Sea of Whales Adventures;** 1 Ash's Lane, Tel. 709-464-2200, 709-427-1217, www.seaofwhales.com, 3-stündige Touren um 9, 13 und 17 Uhr, Erw. 100 $, Kinder unter 12 Jahren 70 $.

Kayaking – **Trinity Eco-Tours:** 1 Stoneman's Lane, Tel. 709-464-3712, 709-427-6788 (Mobil), www.trinityeco-tours.com. Geführte Kajaktouren in der Trinity Bay, 109 $ für 3 Std. (Tandem 2 Pers., 129 $ pro Pers.); Anfang Juni–Anfang Sept. tgl. 13 Uhr; die Ausrüstung wird gestellt. Angeboten werden bei Trinity Eco-Tours auch Exkursionen zur Beobachtung von Walen um 9, 13 und 17 Uhr (Erw. 90 $, Kinder unter 12 Jahren 60 $).

Termine

Rising Tide Theatre: in umgebautem Fischerschuppen am Green's Point, Tel. 709-464-3232, 1-888-464-3377, www.risingtidetheatre.com, 2–3 x wöchentl. Vorstellungen. »Summer in the Bight«: sehenswerte Aufführungen neufundländischer Autoren (s. S. 468). Karten 30 $, Dinner Theatre 46 $.

New Bonaventure/ Random Passage ▶ Y 4

14 km südlich von Trinity gelangt man auf der Route 239 nach **New Bonaventure** 8 , einem hübschen kleinen Fischerort, wo man im Jahr 2000 den Filmset für die CBC-TV-Serie »**Random Passage**« errichtete, eine nachgebaute Fischersiedlung irischer Einwanderer, die um 1800 nach Neufundland kamen: mit grassodengedeckten Hütten, Kirche und Schulgebäude, Gestellen zum Trocknen von Kabeljau und einem kleinen, den Felsen abgerungenen Gemüsegarten. Einschließlich weidender Schafe entspricht alles dem historischen Vorbild, sodass man sich während der Führung das harte Leben in einem typischen *outport* gut vorstellen kann. Eintritt bezahlt man im Old School House and Tea Room von New Bonaventure, und von dort wandert man 1,5 km bis zum Filmset (Tel. 709 464-2233, www.randompassagesite.com, Ende Juni–Sept. tgl. 9.30–17.30 Uhr, Erw. 10 $, Jugendliche bis 17 Jahre 3,50 $).

Port Union ▶ Y 3

Auf der Route 230 nach Bonavista kommt man durch den kleinen Ort **Port Union** 9 , der einzige Ort Kanadas, der von einer Gewerkschaft gegründet wurde. Der alte Teil des Ortes mit der restaurierten **Factory,** einer noch in Betrieb befindlichen Fabrik mit der Gewerkschaftszeitung »The Fisherman's Advocate«, ist heute ein National Historic District.

Im **Port Union Historical Museum** in der alten Reid Railway Station von 1917 an der Main Street erfährt man mehr über die Geschichte des Ortes und die Bedeutung der 1908 gegründeten Fisherman's Protective Union für das wirtschaftliche und kulturelle Leben Neufundlands (Tel. 709-469-2207, Mitte Juni–Anfang Sept. Di–So 9.30–17.30 Uhr, 2 $). Auch der **Bungalow,** einst Wohnsitz des legendären Sir William F. Coaker, Gründer und langjähriger Führer der Fisherman's Union, in Port Rexton/Port Union South kann im Rahmen einer geführten Tour besichtigt werden (Tel. 709-469-2728, Mitte Juni–Anfang Sept. Mi–So 11–17 Uhr, 5 $).

Cape Bonavista ▶ Y 3

Bonavista 10 ist mit rund 3600 Einwohnern der größte Ort der Halbinsel. Hauptattraktion ist die **Ryan Premises National Historic Site** am Hafen, ein restaurierter Komplex alter Lagerhäuser, in denen seit Mitte des 19. Jh. Handel getrieben und Fisch verarbeitet wurde, sowie das im Stil der Zeit eingerichtete Wohnhaus des Besitzers. Guides in historischen Kostümen erklären die damaligen Lebensverhältnisse. Bei Ausstellungen und Veranstaltungen sowie im dazugehörigen **Bonavista Museum** erfährt man Interessantes über die Geschichte der Halbinsel und über die große Zeit der Kabeljaufischerei (Ryan's Hill & Old Catalina Rd., Tel. 709-468-2920, www.pc.gc.ca/eng/lhn-nhs/nl/ryan/index.aspx, Juni–Sept. 10–18 Uhr, 4 $).

Die Ryan Premises wurden im Jahr 1869 zum Hauptquartier der James Ryan Ltd., die noch bis 1952 mit einer großen Schonerflotte gesalzenen Fisch nach Portugal und Spanien, Italien und Westindien exportierte. Das Ende der Salzfischära kam schließlich rasch, bedingt durch die Einführung neuer Gefriertechniken, die nun den Versand von frischem Fisch ermöglichten und das bisher zur Konservierung übliche Einsalzen überflüssig machten. Die Firma Ryan bestand noch bis zum Jahr 1978 als Handelshaus für alle möglichen Produkte, die Palette des Angebots reichte von Gemüse bis hin zu Möbeln. Um an die Bedeutung der Ostküstenfischerei zu erinnern, übernahm und restaurierte die Nationalparkbehörde die Firmengebäude und machte sie 1997 dem Publikum zugänglich.

Sehenswert ist auch die **Mockbeggar Plantation** mit dem 1870 erbauten Herrenhaus, das zuletzt von F. Gordon Bradley, Neufundlands erstem Bundesminister nach der kanadischen Konföderation, bewohnt wurde. Die anderen Gebäude der Provincial Historic Site waren Teil einer Handelsstation für Salzfisch. Der ›Big Store‹, ein Lagerhaus zum Einsalzen und Verpacken von Kabeljau, stammt vermutlich aus den Anfängen des 18. Jh. (Tel. 709-468-7300, 709-729-0592, 1-800-563-6353, www.seethesites.ca, Ende Mai–Ende Sept. 9.30–17 Uhr, 6 $ inkl. Besuch des Lighthouse).

Seit ein paar Jahren ist die im Hafen von Bonavista dümpelnde Replik von John Cabots Schiff **»Matthew«** eine Besucherattraktion. Bei einem Rundgang durch das kleine hölzerne Schiff bekommt man ein Gefühl für die historische Leistung von Cabots Reise von Bristol in die Neue Welt. Das eigens für die »Matthew« gebaute mehrstöckige Bootshaus dient auch als Interpretation Centre, wo eine Ausstellung über die »Matthew« und die Seefahrt im 15. Jh. gezeigt wird (The Matthew Legacy, 15 Roper St., Tel. 709-468-1493, 1-877-468-1497, www.matthewlegacy.com, Juni–Sept. 9.30–17 Uhr, Erw. 7,50 $, Kinder bis 16 Jahre 3 $).

Cape Bonavista (deutsch: Kap zur guten Aussicht) führt seinen Namen zu Recht: Die Aussicht auf die Bonavista Bay ist wirklich beeindruckend. Am besten genießt man das Panorama von der Aussichtsplattform des 1843 erbauten, rot-weiß gestreiften Leuchtturms. Im **Cape Bonavista Lighthouse,** heute eine Provincial Historic Site, sind Turm und Wohnhaus im Stil des 19. Jh. restauriert, und Besucher erhalten durch kostümierte *guides* Einblicke in das Leben der Leuchtturmwärterfamilien. 1962 wurde das Leuchtfeuer automatisiert und in einer externen Turmkonstruktion untergebracht (Tel. 709-468-7444, 709-729-0592, www.seethesites.ca, 19. Mai–5. Okt. 9.30–17 Uhr, im Winter Öffnungszeiten erfragen, Erw. 6 $, Kinder bis 16 Jahre frei). Direkt hinter dem

Bonavista Peninsula

Leuchtturm kann man auf den Felsen eine Papageientaucher-Kolonie beobachten und auch Wale erspäht man hier am Kap recht häufig.

Übernachten, Essen

Beste Adresse in Bonavista – **The Harbour Quarters:** 42 Campbell St., Tel. 709-468-7982, 1-866-468-7982, www.harbourquarters.com. Historisches Inn in den Räumen eines früheren General Store, mit schönem Ausblick über den Hafen von Bonavista, Internetanschluss, Pub und Restaurant mit Meeresfrüchte-Spezialitäten. tgl. 16–21 Uhr, Dinner ab 16 $, DZ 159–259 $.

Schlicht und preiswert – **Bonavista Hostel:** 40–42 Cabot Dr., Tel. 709-687-4751, 709-468-7741, 1-877-468-7741, www.hihostels.ca, 1. Mai–1. Okt. Das gemütliche renovierte Hostel befindet sich ganz in der Nähe von den historischen Ryan Premises und der Besucherattraktion »Matthew«, vier Einzelzimmer mit Küchenbenutzung. 69 $, Schlafsaal 31 $.

Random Passage: Zwischen den als Filmkulisse erbauten armseligen Hütten ahnt man, wie hart und entbehrungsreich das Leben der ersten Siedler gewesen sein muss. Der gefangene Kabeljau wurde durch Einsalzen und Trocknen an der Luft konserviert

Terra Nova National Park ▶ X 4

Karte: S. 466

Hinter Port Blandford verläuft der Trans-Canada Highway auf den nächsten 50 km durch den 404 km² großen **Terra Nova National Park** 11 . Wer nur durchfahren will, braucht die Parkgebühr nicht zu bezahlen, aber selbst bei einem Picknickstopp muss man ggf. den Park-Pass vorweisen können. Der Terra Nova National Park hat schöne Picknickmöglichkeiten, zeigt seine besten Seiten jedoch dem Wanderer und Kanusportler. Die Trails führen durch dichte Wälder, vorbei an fischreichen Seen und Sumpfgebieten, über Hügelketten zur zerklüfteten Küste, die im Norden vom Newman Sound und im Süden vom Clode Sound tief eingeschnitten wird. In den Wildwasserflüssen springen im Frühjahr Lachse auf ihrer Wanderung zu den Laichplätzen über die Stromschnellen, und mit etwas Glück bekommt man Elche, Rentiere, Karibus, Füchse, Luchse, Otter oder Biber zu sehen.

Im **Marine Interpretation Centre** am Newman Sound gibt es außer Informationen auch ein Aquarium mit Becken zum Anfassen von Meerestieren (Tel. 709-533-2942, Mitte Mai–Ende Juni und Sept.–Anf. Okt. Do–Mo 10–16, Juli/Aug. tgl. 10–18 Uhr, 5,80 $, Eintritt ist in der Parkgebühr enthalten). Der Park ist aber nicht nur etwas für Wanderer – es gibt in direkter Nachbarschaft in Port Blandford auch einen anspruchsvollen 18-Loch-Golfplatz mit herrlichem Blick auf den Clode Sound, wo gelegentlich Wale auftauchen (Terra Nova Golf Resort s. Übernachten). Neben Wandern und Golfen kann man Rad und Kanu fahren oder Bootsausflüge und Angeltouren unternehmen.

Infos

… in Glovertown:
Terra Nova National Park: Tel. 709-533-2801, www.pc.gc.ca/eng/pn-np/nl/terranova/index.aspx. Am Parkeingang, Infomaterial über den Park, Mitte Mai–letzte Juniwoche und Sept.–Anf. Okt. Do–Mo 10–16, Juli/Aug. tgl. 9–17 Uhr, 6,25 $, Jugendliche frei.

Übernachten, Essen

… in Port Blandford:
Luxus rund ums Jahr – **Terra Nova Cottages:** RV Park and Conference Centre, Tel. 709-543-2060, 1-888-267-2333, https://terranovahospitalityhome.com. Großzügige Anlage. Auch Basis fürs Winterwandern, Ski- und Snowmobile-Fahren. Voll ausgestattete geräumige Cottages ab 185 $, komfortable B & B-Suiten mit Kamin (telefonisch nach Preisen anfragen), RV-Stellplätze 35 $.

… am Clode Sound:
Mit beheiztem Pool – **Clode Sound Motel:** Charlottetown, Tel. 709-664-3146, www.clodesound.com. Schön gelegenes Motel in großzügiger Anlage, direkt am Nationalpark, Pool, Tennisplatz, die meisten Zimmer sind mit Kitchenette ausgestattet, auch B-&-B-Package möglich, preiswertes Restaurant mit Bäckerei, leckere Desserts. DZ 130–190 $.

… in Glovertown:
Camping – **Newman Sound Campground:** 387 Plätze im Nationalpark, teils mit allen Anschlüssen, Campfire-Programme, Juni–Sept., Reservierungen über Parks Canada Tel. 709-533-2801, 1-877-737-3783, www.pc.gc.ca/eng/pn-np/nl/terranova/index.aspx, www.pccamping.ca (Reservierung). 20–34 $.

Essen & Trinken

… im Terra Nova National Park:
Chicken only – **Mary Brown's:** am Highway 1, Eastport Junction, Tel. 709-533-2541, www.marybrowns.com/newfoundland. Typisches Hühnchen-Kettenlokal. Ab 6 $.

Aktiv

… im Terra Nova National Park:
Bootstouren und Kayaking – **Ocean Quest Adventures:** Visitor Centre, Salton's Brook, Kontakt: Ocean Quest Adventure Resort, 17 Stanley's Lane, Conception Bay South, Tel. 709-834-7234, 1-866-623-2664, www.oceanquestadventures.com. Boots- und Kajaktouren im Terra Nova Park, auch Kajakvermietung, Mai–Aug., Touren ab 85 $.

Gander Loop und Twillingate

Karte: S. 466

Bei Gambo führt der Highway 320 als **Gander Loop** entlang der Küste bis zum Hamilton Sound, dem mehrere Inselgruppen vorgelagert sind.

Newtown ▶ X 3

Ein erster Stopp lohnt in **Newtown** 12, dessen über mehrere kleine Inseln verstreute Ortsteile durch Brücken miteinander verbunden sind. Die Gegend ist wegen der häufigen Nebel bei Seeleuten gefürchtet. Hinter Deadman's Bay fährt man an langen Sandstränden vorbei nach Musgrave Harbour. Eine Nebenstraße führt zu den malerischen Fischerdörfern **Laddle Cove** und **Aspen Cove.**

In Gander Bay muss man sich entscheiden, ob man auf den Straßen 331, 335 und 340 weiter an der Küste entlang oder auf dem Trans-Canada Highway über Gander (s. S. 477) durchs Landesinnere fahren möchte. Wählt man die maritime Strecke, empfiehlt sich ein Ausflug zu den beiden vorgelagerten Inseln im Hamilton Sound. Bei **Farewell** (Route 335) verlassen die Fährschiffe das Festland Richtung Change Islands und Fogo Island.

Verkehr

Provincial Ferry Services: Ferry Dock Farewell, Tel. 1-888-683-5454, www.tw.gov.nl.ca/FerryServices. Autofähren ganzjährig, täglich mehrere Abfahrten nach Change Island (ca. 25 Min.) und Fogo Island (ca. 75 Min.).

Change Island ▶ X 3

Change Island 13, der Hauptort der Insel, vermittelt mit hübschen, bunt gestrichenen Häusern und Lagerschuppen den Eindruck einer heilen Welt. Das idyllische Bild täuscht darüber hinweg, dass die wirtschaftliche Realität anders aussieht. Hier wie auf anderen abgelegenen Inseln und Landstrichen leiden die Dörfer unter der Abwanderung der jungen Leute, und nur dank hoher Subventionen der kanadischen Bundesregierung existieren sie weiter. Der Fischfang, der über Jahrhunderte hinweg die neufundländische Kultur geprägt hat, bietet kaum mehr eine ausreichende ökonomische Grundlage für die Existenz der einheimischen Bevölkerung.

Fogo Island ▶ X 2/3

Auf Fogo Island kann man gut wandern, Bootstouren unternehmen und einige nette Heimatmuseen besichtigen. Auch Übernachtungsmöglichkeiten gibt es auf der Insel. Der malerische Ort **Fogo** 14 erstreckt sich rund um eine geschützte Bucht. Hier gibt es einige gut unterhaltene Wanderwege. Wenn man auf den **Brimstone Head** wandert, wird man mit einer schönen Panoramaaussicht belohnt. Reizvoll ist auch der Boardwalk Trail zum **Fogo Head.** Über die Geschichte des Ortes informiert das **Bleak House Museum** in einem schön restaurierten Haus von 1816 (32–36 North Shore Rd., Tel. 709-266-1320, 709-266-7083, Juni–Sept.).

Wie alle *outports* hat auch Fogo Island sehr unter dem Kabeljaufang-Moratorium gelitten, aber in den letzten Jahren begann eine Revitalisierung mit Modellcharakter. So entwickelte man eine neue ökologische Kabeljau-Fangmethode. Von der Multimillionen-Stiftung Shorefast Foundation (https://shorefast.org) wurde neben einer Bibliothek mit landeskundlicher Literatur und einer Kunstgalerie auch der Grundstein für eine Künstlerkolonie gelegt, in der Künstler aus aller Welt mit örtlichen Kunsthandwerkern kooperieren.

Infos

… in Fogo:
Town of Fogo: Tel. 709-266-1320, www.townoffogoisland.ca, Fähren Tel. 709-627-3492, 1-855-621-3150.

Übernachten

… in Fogo:
Exklusiv in jeder Hinsicht – **Fogo Island Inn:** Joe Batt's Arm, Tel. 709-658-3444, 855-268-9277, www.fogoislandinn.ca. Ein architektonisch herausragendes Weltklassehotel, das wie ein Schiff auf Stelzen in einer archaischen Landschaft steht. Die 29 Studios mit raumho-

Tipp

ICEBERG ALLEY

Die spektakulären **Eisriesen,** von denen die größten bis zu 80 m hoch und einige hundert Millionen Tonnen schwer sind, brechen von Südwestgrönlands Eiskappe ab und treiben dann von März bis Juli mit der Meeresströmung an den Küsten Labradors und Neufundlands entlang durch die **Iceberg Alley.** In manchen Jahren sind es über 10 000, von denen rund 1000 sogar die mehrjährige Reise bis in die warmen Gewässer des Golfstroms schaffen, bevor sie sich auflösen. Eine Internetseite mit Wissenswertem über Eisberge, die auch über die aktuelle Position der weißen Riesen informiert, ist www.icebergfinder.com.

---

hen Fenstern sind liebevoll mit auf der Insel gefertigten Möbeln und Kunsthandwerk ausgestattet. Eine kreative Küche und ein herzlicher Service durch das Inselpersonal sorgen für Wohlbefinden. Das Hotel wird von der Shorefast-Stiftung unterhalten, die hier ein einzigartiges sozial-ökologisches Konzept umgesetzt hat. Der Gewinn aus dem Hotelbetrieb finanziert Projekte, die den Fischerdörfern auf der Insel wirtschaftlich helfen sollen. Mindestaufenthalt 3 Nächte für 2 Pers., mit Verpflegung ab 2575 $.

Gemütlich und mit schönem Blick – **Peg's Bed and Breakfast:** 60 Main St., am Hafen, Tel. 709-266-2392, 709-266-7130, www.pegsplace.ca. Freundliches B & B mit schönem Blick. DZ ab 130 $.

Essen & Trinken
... in Fogo:
Solide Kost – **The Cod Jigger Diner**: 3 Central Main St., Tel. 709-266-2100, tgl. 9–21 Uhr. Freundliches Lokal, Fisch- und Fleischgerichte, Burger. 9–24 $.

Aktiv
... in Stag Harbour:
Bootstouren – **Fogo Island & Change Islands Adventure Boat Tours:** am Fähranleger, Tel. 709-627-3219, 709-266-7197, www.changeislands.ca/popups/pop_adventure.htm. Bootstouren auf Fogo und Change Island, Wale, Eisberge, Papageientaucher beobachten, Vermietung von Ruderbooten. Touren 15–25 $.

Boyd's Cove ▶ W 3
Um die New World Island Area zu erreichen, muss man keine Fähre besteigen. Die Route 340 führt über einige Dämme zu dem kleinen Archipel, auf dem mehrere pittoreske Fischerdörfer liegen. Doch zuvor lohnt in **Boyd's Cove** 15 das **Beothuk Interpretation Centre** einen Besuch. Hier befand sich vor rund 300 Jahren eine Beothuk-Siedlung. Ein Modell des Dorfes und die Artefakte dieser wichtigen archäologischen Fundstätte sind im Interpretation Centre ausgestellt. Sie geben einen Eindruck davon, wie Neufundlands Ureinwohner vor 300 Jahren gelebt haben. Ein Wanderweg führt zu den Fundstellen der Ausgrabungsstätte (Route 340, Tel. 709-729-0592, 1-800-563-6353, www.seethesites.ca/the-sites/beothuk-interpretation-centre.aspx, Mitte Mai–Anf. Okt. tgl. 9.30–17 Uhr, Erw. 6 $, Kinder bis 16 Jahre 3 $).

Twillingate ▶ W 3
Twillingate 16, dessen Ursprünge auf die Mitte des 18. Jh. zurückgehen, ist der größte und interessanteste Ort des Archipels. Die Fischerei verhalf damals den Bewohnern zu Wohlstand. Den Namen erhielt Twillingate von französischen Fischern, die die felsige Küstenlandschaft an ihren Heimatort Touilinguet in der Nähe von Brest erinnerte. Heute hat der Ort rund 2300 Einwohner, die noch immer mehr schlecht als recht vom Fischfang leben. Der Tourismus ist ein wesentlicher Wirtschaftsfaktor, denn bei Twillingate lassen sich gut Wale und vor allem

Eisberge beobachten. Twillingate liegt besonders nahe an der sogenannten Iceberg Alley (s. Tipp S. 476).

Im Ort sollte man sich das **Twillingate Museum** ansehen. In dem weißen Holzgebäude werden Ausstellungen zur Fischerei sowie Artefakte der Beothuk und der Dorset-Inuit gezeigt. Im gleichen Gebäude befindet sich auch ein Andenkenladen, wo man u. a. handgestrickte Wollsachen kaufen kann (Tel. 709-884-2825, www.tmacs.ca, Mitte Mai–Anfang Okt. Fr–Di 9–17 Uhr, Eintritt frei, Spende erbeten).

Auch der Abstecher zum 1876 erbauten **Long Point Lighthouse** lohnt. Vom Leuchtturm lassen sich die im Frühsommer vorbeitreibenden Eisberge sehr gut beobachten.

Übernachten

Schön restauriertes Zollhaus – **Harbour Lights Inn:** 189 Main St., Tel. 709-884-2763, 1-877-884-2763, www.harbourlightsinn.ca. Wunderschönes B & B Inn in einem ehemaligen Zollhaus aus dem 19. Jh., nett eingerichtete Zimmer mit Blick über den Hafen. DZ 120–160 $.

Aktiv

Tiere und Eisberge beobachten – **Twillingate Island Boat Tours:** 50 Main St., Tel. 709-884-2242, 1-800-611-2374, www.icebergtours.ca. Seevögel, Wale und vorbeitreibende Eisberge beobachten, Craft Shop nebenan, Mai–Sept. 9.30, 13 und 16 Uhr, Erw. 60 $, Kinder 30 $; **Twillingate Adventure Tours,** Tel. 709-884-1306, 1-888-447-8687, www.twillingateadventuretours.com. 2-stündige Bootstouren zum Beobachten von Walen und Eisbergen, Mai–Sept. 10, 13 und 15.30 Uhr, Erw. 75 $, Kinder unter 16 Jahren 40 $.

Gander und Notre Dame Junction ▶ X/W 3

Gander **17**, am Trans-Canada Highway und einem 123 km langen See gelegen, ist das wirtschaftliche Zentrum der Region. Die Stadt ist vielen Transatlantikfliegern der Nachkriegszeit vermutlich noch als Zwischenstopp in Erinnerung. In der **Atlantic Wings Exhibit** im Flughafengebäude sieht man, wie die Luftfahrt die Geschichte des Ortes geprägt hat. Von Gander starteten im Zweiten Weltkrieg amerikanische und kanadische Bomber über England nach Deutschland, um dort ihre tödliche Fracht abzuladen.

Mehr über Neufundlands Rolle im transatlantischen Luftverkehr erfährt man im **North Atlantic Aviation Museum** am Highway 1. Hier sind auch einige historische Flugzeuge zu sehen (135 Trans-Canada Hwy., Tel. 709-256-2923, www.northatlanticaviationmuseum.com, tgl. 9–17 Uhr, 8 $).

Bei **Notre Dame Junction** **18** gibt es einen Campingplatz und ein Informationszentrum der Provinzregierung.

Nach Corner Brook

Karte: S. 466

Grand Falls-Windsor ▶ W 4

Grand Falls-Windsor **19** ist Zentrum der holzverarbeitenden Industrie. Früher noch per Bahn, heute per Lastwagen werden die Papierrollen in das nahe gelegene Botwood gefahren. Das beschauliche Städtchen träumt von vergangenen Tagen. Im Dockside Restaurant direkt am Hafen kommt man schnell mit Einwohnern ins Gespräch, die einem die eine oder andere Anekdote aus der Geschichte des Ortes erzählen.

Im **Demasduit Regional Museum** (Mary March Museum) erfährt man Näheres über 4000 Jahre Besiedelung und das tragische Schicksal der Beothuk. Die Ureinwohner Neufundlands konnten den seit dem frühen 17. Jh. rücksichtslos vordringenden europäischen Pionieren, Holzfällern, Pelzjägern und Siedlern nicht standhalten – sie wurden verdrängt, gejagt und oft brutal niedergemacht. Die eingeschleppten Krankheiten der Weißen taten ein Übriges. Die Eigenart der Beothuks, sich die Haut rot zu färben, ließ die europäischen Entdecker nach ersten Begegnungen die Kunde von den ›Rothäuten‹ nach Europa bringen.

Auf dem Trans-Canada durch Neufundland

Das Museum ist Demasduit (die Weißen nannten sie Mary March) und ihrem Volk gewidmet. Sie gehörte dem Stamm der Beothuk an und wurde 1819 bei Red Indian Lake von weißen Pelzjägern gefangen. Als sie an Tuberkulose erkrankte, wollten Regierungsbeamte sie ein Jahr später wieder zu ihrem Stamm zurückbringen. Aber Demasduit erlag der Krankheit in der Nähe des heutigen Botwood, ohne ihre Familie wiederzusehen.

1829 starb in St. John's Shanawdithit – als letztes Mitglied des Volkes der Beothuk. Man hatte sie 1823 zusammen mit ihrer Mutter und Schwester gefangengenommen. Vieles von dem, was man heute über die Kultur der Beothuk weiß, verdankt man ihren Überlieferungen. Die Ausstellungen des Museums (24 Catherine St., Tel. 709-292-4522, www.therooms.ca/museums, Mai-Anf. Okt. Mo–Sa 9–16.30, So 12–16.30 Uhr, 2,50 $) präsentieren aber nicht nur Artefakte der Beothuk, sondern auch Exponate anderer Kulturen, z. B. der Paläo-Eskimos.

Infos

Adventure Central Newfoundland: 32 Queensway, Grand Falls-Windsor, Tel. 1-877-361-4859, www.facebook.com (Stichwort ›adventurecentralnewfoundland‹).

Übernachten, Essen

Größtes Hotel der Stadt – **Mount Peyton Hotel:** 214 Lincoln Rd., Tel. 709-489-2251, 1-800-563-4894, www.mountpeyton.ca. 150 Zimmer. Restaurant, Steakhouse. Ab 211 $.

Schön gelegen – **Carriage House Inn:** 181 Grenfell Heights, Tel. 709-489-7912, 1-800-563-7133, www.carriagehouseinngetaway.com. Attraktives B & B Country Inn an einem Forellenfluss im Exploits Valley, 9 nett eingerichtete Zimmer, üppiges Frühstück im Übernachtungspreis inbegriffen. DZ ab 174 $.

Abstecher zur Baie Verte Peninsula ▶ V/W 2/3

Die touristische Attraktion der **Baie Verte Peninsula** [20] sind Eisberge. In **Seal Cove** am Ende der Route 412 kann man sie im Frühsommer gut vorbeidriften sehen. Um die vielen Küstenorte an der landschaftlich äußerst reizvollen Notre Dame Bay mit ihren zerklüfteten Ufern und einem Gewirr von Inseln und Meeresarmen zu erschließen, muss man Zeit mitbringen. Alle haben eine Geschichte zu erzählen, von rauen klimatischen Bedingungen und wirtschaftlichen Schwierigkeiten.

Deer Lake ▶ V 4

Das Städtchen **Deer Lake** [21] (5000 Einw.) ist ein wichtiger Verkehrsknotenpunkt. Der Trans-Canada Highway setzt hier seinen Bo-

Nach Corner Brook

Mit Delfinen schwimmen, mit Walhaien tauchen – alles kalter Kaffee. Vom Massensport hingegen noch weit entfernt ist das Paddeln mit Eisbergen

gen nach Süden fort und führt über Corner Brook nach Channel-Port aux Basques (s. S. 481). Außerdem zweigt die Route 430 vom Trans-Canada Highway zur 450 km entfernten Nordspitze Neufundlands mit der Wikingersiedlung L'Anse aux Meadows (s. S. 490) ab. Erstes Highlight an der Route 430 und eine Hauptattraktion der Provinz überhaupt ist der 70 km entfernte Gros Morne National Park (s. S. 484), seit 1988 UNESCO-Weltnaturerbe. Im Besucherzentrum von Deer Lake gibt es Material über den Nationalpark und die Sehenswürdigkeiten des Viking Trail (Hwy. 1, Tel. 709-458-2417, www.pc.gc.ca/eng/pn-np/nl/grosmorne/index.aspx, Mitte Mai–Mitte Okt. 9–17 Uhr, Erw. 10,50 \$, Kinder bis 16 Jahre frei).

Corner Brook ▶ U 4

Durch den Humber Arm mit dem St.-Lorenz-Golf verbunden, ist **Corner Brook** 22 mit etwa 20 000 Einwohnern die zweitgrößte Stadt Neufundlands und die einzige größere im Westen der Provinz. Seit dem 19. Jh. lebt der Ort von der holzverarbeitenden Industrie. Am Hafen befindet sich die Kruger Paper Mill, eine der größten Papiermühlen des nordamerikanischen Kontinents.

Die Stadt ist stolz darauf, dass Captain James Cook im Jahre 1767 die Bay of Islands erkundete und als ideales Siedlungsgebiet bezeichnete. Das **Captain Cook Monument** auf einer Anhöhe an der Crow Hill Road erinnert an den großen englischen Seefahrer und Entdecker. Schon während der Fahrt zum Monument bieten sich schöne Ausblicke auf Stadt und Meerenge bis zur Bay of Islands.

Das **Corner Brook Museum & Archives** ist in einem historischen Gebäude untergebracht, das schon als Gerichtssitz, Telegrafenstation und Zollamt gedient hat. Es zeigt neben vielen nostalgischen Alltagsgegenständen auch Ausstellungen zur Geschichte der Region, von den Ureinwohnern bis zur Holz- und Papierindustrie (2 West St., Tel. 709-634-2518, www.cornerbrookmuseum.ca, Ende Juni–Ende Aug. Mo–Fr 9–17 Uhr, sonst Öffnungszeiten erfragen, 5 $).

Ein beliebtes Ausflugsziel in der Umgebung von Corner Brook ist das Fischerdorf **Lark Harbour** an der Spitze einer Landzunge, die in die Bay of Islands ragt. Auf dem 488 m hohen **Marble Mountain,** 10 km nördlich von Corner Brook, gibt es gute Wandermöglichkeiten mit schönem Panorama- blick. Im Winter ist hier das Skizentrum der Provinz, vergleichsweise preiswert, schneesicher und mit hervorragenden Abfahrten und Loipen. Ein zehntägiger Winterkarneval zieht jedes Jahr Tausende Besucher in die Universitätsstadt.

Infos

Corner Brook Tourist Chalet: West Valley Rd./15 Confederation Dr., Tel. 709-639-9792, 709-637-1500, www.cornerbrook.com.

Übernachten, Essen

Komfort und Freizeitangebot – **Marble Inn Resort:** 51 Dogwood Dr., Steady Brook, Tel. 709-634-2237, 1-877-497-5673, https://explorenewfoundland.com. Schön gelegenes Resort am Humber River, gemütliche Cottages, Zimmer im Inn und luxuriöse Suiten am Fluss, gut geeignet für Familien; breites Aktivangebot: Fahrten auf dem Humber River mit Kajak, Floß und Kanu, Angeln, Trekking und Höhlenexkursionen (auch für Nichtgäste buchbar). Madison's Restaurant, Di–So 16.30–20.30 Uhr, leckere wechselnde Menüs, ab 26 $, freundliche Atmosphäre, Reservierung empfohlen, The Cove Bistro, Fr–Mo 16–21 Uhr, kleine Gerichte und leckere Pizzas, ab 10 $. DZ und Cottages 139–159 $, Luxus-Suiten ab 189 $, Touren ab 120 $.

Stilvoll altenglisch – **Glynmill Inn:** Cobb Lane, Tel. 709-634-5181, 1-800-563-4400, www.steelehotels.com. Gemütliches Hotel nahe Glynmill-Teich und Margaret Bowater Park, mit Steakhouse und Pub, Gratis-WLAN auf allen Zimmern. 120–200 $.

Essen & Trinken

Guter Kaffee – **Harbour Grounds Cafe:** 9 Humber Rd., Tel. 709-639-1677, Mo–Sa 7.30–17 Uhr. Leckeres Gebäck, Sandwiches, Suppen und Salate, Patio mit schönem Blick aufs Wasser, kostenfreie Internetbenutzung. 8–12 $.

Einkaufen

Fundgrube – **Newfoundland Emporium:** 11 Broadway Rd., Tel. 709-634-9376, 709-638-0933, www.newfoundland-emporium.ca, Sommer Mo–Fr 9–17, So 12–17 Uhr. Interessanter Laden zum Stöbern; Kunsthandwerk, alte Bücher, Antiquitäten, Souvenirs, Galerie.

Nach Channel-Port aux Basques

Karte: S. 466

Port au Port Peninsula ▶ U 4/5

Die **Port au Port Peninsula** 23 gehört zu den schönsten Landstrichen im Südwesten Neufundlands, nicht zuletzt wegen der herrlichen Aussicht aufs Meer. Von Stephenville fährt man auf der Route 460 entlang der Nordküste der St. George's Bay durch mehrere fotogene Fischerdörfer wie Abrahams Cove, Jerry's Nose und Ship Cove. Bei Sheaves Cove ist ein Wasserfall zu bewundern.

Nach Channel-Port aux Basques

Im **Piccadilly Head Provincial Park** an der Route 463 gibt es einen geschützten Campingplatz. Auf der Route 460 geht es dann weiter entlang der French Coast mit ihren steilen Klippen zum einzigen französischen Siedlungsgebiet auf Neufundland. Früher befand sich hier das bedeutendste Fischereizentrum Frankreichs auf dem amerikanischen Kontinent.

Nachfahren der französischen Fischer und Seeleute, die sich hier niederließen, leben noch heute auf Port au Port. Selbst einen Ort namens Lourdes, mit der größten Holzkirche Neufundlands, gibt es im Norden der Halbinsel, wo die langen Sandstrände zur Inselspitze Long Point führen. Man fühlt sich auf Port au Port selbst für neufundländische Verhältnisse um 50 Jahre zurückversetzt, auch sprachlich gesehen. Die Menschen sprechen in Marches Point, De Grau, Petit Jardin und den anderen Ortschaften noch ein altertümliches Französisch. Bei **Point au Mal** am Ende der Route 462 hat man einen schönen Blick über die Port au Port Bay.

Übernachten, Essen
... in Cape St. George:
Schön gelegenes B & B – **Inn at the Cape:** 1250 Oceanview Drive, Tel. 709-644-2273, 1-888-484-4740, www.innatthecape.com. Gemütliches B & B Inn in schöner Lage mit Blick aufs Meer, neun Zimmer, üppiges Frühstück und Dinner-Buffet inklusive. EZ 119 $, DZ 129 $.

Barachois Pond Provincial Park
▶ U 4
Tel. 709-649-0048, www.env.gov.nl.ca/env/ parks/parks/p_bp/index.html, Parkgebühr 5 $, Camping 20–31 $, Reservierung zusätzlich 7 $
Entlang des Trans-Canada Highway folgen bis Channel-Port aux Basques mehrere schöne Provinzparks mit guten Camping- und Freizeitmöglichkeiten. Der **Barachois Pond Provincial Park** 24 am Fuß der Long Range Mountains ist mit 3500 ha Neufundlands größter Provinzpark.

Es gibt 150 Plätze direkt am See (mit und ohne elektrische Anschlüsse). Man kann wandern, schwimmen und Kanu fahren. Darüber hinaus werden auch Campfire-Programme sowie naturkundliche Führungen angeboten.

Channel-Port aux Basques
▶ U 6
Channel-Port aux Basques 25 ist Neufundlands wichtigster Fährhafen. Die Verbindung nach North Sydney in Nova Scotia ist offiziell Teil des Trans-Canada Highway. Die kleine Stadt verdankt ihren Namen den baskischen, französischen und portugiesischen Fischern, die im frühen 16. Jh. an den neufundländischen Küsten die reichen Fischbestände ausbeuteten. Die einfachen, in Pastelltönen gestrichenen Holzhäuser sind auf Stelzen am Wasser gebaut und müssten eigentlich unter Denkmalschutz gestellt werden.

Im **Railway Heritage Centre** an der alten Eisenbahnstation wird die Bedeutung von Fischfang, Eisenbahn und Fährverkehr für Neufundlands Wirtschaft und Kultur dargestellt. Unter den Exponaten ragen ein aus Schiffswracks vor der Küste geborgenes Astrolabium von 1628 und eine alte Taucherausrüstung hervor. Auch Artefakte einer prähistorischen Eskimosiedlung gehören zu den Ausstellungsstücken (1 Trans-Canada Hwy., Tel. 709-695-3688, 709-695-4862, Juli/Aug. Mo–Fr 9–20, Sa, So 10–18 Uhr, Erw. 5 $, Kinder bis 12 Jahre frei).

Infos
Visitor Information Centre: Trans-Canada Highway, in der Nähe des Fähranlegers, Tel. 709-695-2262, 1-800-563-6353, www.newfoundlandlabrador.com, Mai–Mitte Okt. tgl. geöffnet.

Übernachten, Essen
Nett und preiswert mit Hafenblick – **St. Christopher's Hotel:** 146 Caribou Rd., Tel. 709-695-3500, 1-800-563-4779, www.stchrishotel.com. Das schön gelegene Motel befindet sich in der Nähe des Fährterminals und besitzt ein Fischrestaurant. Dinner 16–30 $, DZ ab 145 $.

Auf dem Trans-Canada durch Neufundland

Aktiv

MIT DER FÄHRE ENTLANG DER SÜDKÜSTE NEUFUNDLANDS

Tour-Infos
Karte: S. 466
Start: Rose Blanche oder Burgeo
Dauer: 1–2 Tage
Infos und Fahrpläne: Provincial Ferry Services, www.tw.gov.nl.ca/ferryservices, Ramea–Grey River–Burgeo 1-888-638-5454. Auskunft über Schiffsverbindungen an der Südküste.
Übernachten: Burgeo Haven Inn on the Sea, Dorim Keeping & Martine Dickens, 111 Beach Rd., Burgeo (ca. 60 km westl. von Corner Brook und 200 km östl. von Port aux Basques), Tel. 709-886-2544, 1-888-603-0273, www.burgeohaven.com. Die gemütliche Pension ist in einem großen, historischen Haus untergebracht, den Hausgästen steht ein Salon mit Kamin zur Verfügung; EZ 110 $, DZ 120 $, auch ein Aktiv-Paket kann gebucht werden: zwei Übernachtungen mit Frühstück plus zwei Einer- oder ein Zweier-Seekajak für 270 $.

Um die Südküste Neufundlands zu erkunden, muss man aufs Schiff umsteigen. Ein knappes Dutzend malerischer kleiner Fischerorte zwischen **Rose Blanche** und dem 250 Seemeilen entfernten **Bay L'Argent** auf der Burin Peninsula sind durch Passagier- und Frachtfähren miteinander verbunden. Die meisten sind abgeschiedene *outports*, die nur von See aus erreichbar sind. Wer

Nach Channel-Port aux Basques

genügend Zeit mitbringt, kann für wenig Geld mit der Fähre einmalige Exkursionen unternehmen und dabei auch Humor und Gastfreundschaft der Neufundländer kennenlernen. Übernachten kann man in B-&-B-Pensionen oder auch bei gastfreundlichen Dorfbewohnern.

Seit einigen Jahren fährt die Küstenfähre allerdings nicht mehr durchgehend von Rose Blanche bis Bay L'Argent. Das macht die Planung schwieriger, aber es bieten sich noch genug Alternativen, die einsame Südküste zu erleben. Für eine kürzere Erkundungstour lässt man das Auto in Rose Blanche stehen und nimmt von dort die Küstenfähre nach **La Poile**. Die Fahrt dauert etwa 90 Min. bis La Poile, einem kleinen Fischerdorf mit weniger als 100 Einwohnern.

Hat man mehr Zeit, lohnt als Ausgangspunkt **Burgeo** 27, mit dem Auto über die Route 480 zu erreichen. Dort kann man im Burgeo Haven Bed & Breakfast übernachten und mit der Fähre auch die pittoresken *outports* **Grey River** und **François** entdecken. Der gastfreundliche Pensionsbesitzer zeigt gerne die Gegend, veranstaltet Bootstouren und arrangiert Übernachtungsmöglichkeiten in François. Der Küstenstrich um Burgeo ist außerordentlich reizvoll. Felsige Inseln heben sich vor sandigen Buchten und einer grünen Hügellandschaft ab. Die umliegenden Wälder und Tundragebiete sind für ihren Wildreichtum bekannt. Hier stehen die Chancen gut, Karibus – davon soll es hier über 60 000 geben – oder Elche zu sehen.

Von Burgeo zur **Insel Ramea**, auf der mehrere Hundert Menschen leben, fährt mehrmals am Tag eine Autofähre. Im 19. Jh. hatten amerikanische Fischer hier Fangrechte. Werften und Schiffsausstatter machten zur damaligen Zeit gute Geschäfte. Die örtliche Handelsgesellschaft unterhielt Geschäftsbeziehungen mit Europa, Südamerika und der Karibik.

Verkehr

Marine Atlantic: Port-aux Basques Terminal, Tel. 1-800-341-7981, www.marine-atlantic.ca. Auskunft über Fährverbindung nach Sydney, Nova Scotia.

Rose Blanche und die Südküste
▶ U 5

Ein kleiner Abstecher entlang der Südküste nach **Rose Blanche** 26 (eine Verballhornung des französischen Namens Roche blanche, der auf die quarzithaltigen Felsen bei Diamond Cove anspielt) lohnt sich auf jeden Fall für jene, die sich für Leuchttürme begeistern und einen Sinn für die Tragik von Schiffsunglücken haben. Mehrere Dutzend Schiffe liegen hier vor der Küste auf dem Grund der Cabot Strait. Weltabgeschiedene Fischerdörfer, raue Küstenformationen, an denen pausenlos die Brecher zerstäuben, und ein herrlicher Blick vom 1873 erbauten Leuchtturm machen die Fahrt zu einem Erlebnis. Das aus Granitblöcken gebaute **Rose Blanche Lighthouse** aus dem 19. Jh., eine der letzten erhaltenen Anlagen dieser Art an der Atlantikküste, wurde im Jahr 1999 originalgetreu restauriert (Tel. 709-956-2052, 709-956-2903, www.roseblanchelighthouse.ca, Juni–Mitte Sept. 8–20 Uhr, 7 $).

Übernachten

Schlafen im Fischerhaus – **Lightkeeper's Inn:** Tel. 709-956-2052, 709-956-2141, www.roseblanchelighthouse.ca/lightkeeper.asp, Mai–Okt. 4 Zimmer in einem renovierten Fischerhaus, alle mit eigenem Bad, schöner Blick auf die Küste, der Gastgeber wohnt nicht im Haus, man bereitet sich das Frühstück selbst. DZ 100 $.

Essen & Trinken

Seafood im passenden Ambiente – **Friendly Fisherman Cafe:** am Hafen, Tel. 709-956-2022. Nettes Fischrestaurant mit Blick auf Boote und Fischerhäuser, Meeresfrüchte in üppige Portionen. Ab 8 $.

Verkehr

Fähre: Provincial Ferry Services, Rose Blanche–LaPoile, www.tw.gov.nl.ca/ferryservices, Tel. 1-888-638-5454. Auskunft über Schiffsverbindungen an der Südküste.

Gros Morne National Park und Viking Trail

Der größte Teil der auch als Viking Trail bezeichneten Route 430 führt direkt an der Küste entlang. Sie verbindet zwei Sehenswürdigkeiten von Weltrang, das UNESCO-Welterbe Gros Morne National Park mit Urgestein aus der Frühzeit der Erde und die Wikingersiedlung L'Anse aux Meadows. Immer wieder reizt der Ausblick auf den St.-Lorenz-Golf zu Zwischenstopps.

❋ Gros Morne National Park

Karte: S. 491

Der 4662 km² große **Gros Morne National Park** wurde 1988 von der UNESCO auf die Liste der Weltnaturdenkmäler gesetzt. Dicht bewaldete Berge, glasklare Seen, tiefblaues Wasser, schroffe Felsformationen und hier und da ein kleines Fischerdorf – eine Szenerie von beeindruckender Vielfalt. Wandern, Trekking, Bootfahren, aber auch Trailritte gehören zu den Freizeitmöglichkeiten des Parks. Mit seetüchtigen Kajaks durch die herrlichen Fjordlandschaften zu paddeln ist ein ganz besonderes Erlebnis, zum Beispiel in den weit ins Land reichenden Armen des Bonne Bay Fjord.

Durch den Nationalpark zieht sich die Bergkette der **Long Range Mountains.** Sie stellen die Fortsetzung der Appalachen dar und gelten als das älteste Gebirge der Erde. Hier befindet sich das Mekka der Geologen, ›**The Galapagos of Plate Tectonics**‹, wie die Einheimischen sagen. Durch Gletscheraktivitäten während der letzten Eiszeit wurde das Urgestein der Erde bloßgelegt. Bemerkenswert sind die Unterschiede zwischen der bewaldeten Küstenregion und dem kargen Bewuchs auf dem rauen, windverwehten Bergplateau.

Im Park leben viele Schwarzbären, Elche, Karibus, Füchse, Schneehasen, Otter, Biber und über 230 Vogelarten, darunter auch Weißkopfseeadler. Am St. Paul's Inlet sonnen sich Seehunde am felsigen Ufer. Übernachten kann man in Rocky Harbour, Norris Point, Trout River und Woody Point oder auf komfortablen, preiswerten Campingplätzen.

Trails im National Park

Für diejenigen, die etwas über die Geologie des Parks erfahren möchten, ist eine Wanderung auf dem **Tablelands Trail** ein absolutes Muss. Vom Parkplatz an der Route 431 zwischen Woody Point und Trout River aus führt ein 2 km langer Wanderweg durch die bizarre Mondlandschaft der Tablelands. Der hohe Magnesiumgehalt des Gesteins bewirkt, dass hier praktisch keine Vegetation gedeihen kann. Die aus dem Erdmantel stammenden, 570 Mio. Jahre alten Gesteinsformationen weisen seltene, an der Oberfläche liegende Aufschlüsse auf, die Wissenschaftlern neue Erkenntnisse über das Entstehen der Kontinentalplatten vermitteln. Der Trail gilt als leicht bis moderat, und für die insgesamt 4 km lange Wanderung sollte man 1,5 Std. veranschlagen.

Der 16 km lange **James Callaghan Trail** ist moderat bis schwierig und hat einige steile Abschnitte. Der Rundweg führt auf den Gipfel des Gros Morne durch Buschland mit Weidenröschen und durch üppig grüne Balsamfichtenbestände, die allmählich zwergwüchsiger werden, um schließlich Krumm-

Gros Morne National Park

holz, alpinen Azaleen und Bergheide Platz zu machen. In der flachen, unwirtlichen Gipfelregion halten dann überwiegend Flechten die Stellung. Mit 806 m ist der **Gros Morne** der höchste Berg der Insel. Auf dem Gipfelplateau bietet sich ein beeindruckender Panoramablick über die weite, tundraähnliche Hochebene und den St.-Lorenz-Golf. Von einem Aussichtspunkt blickt man hinunter in den Ten Mile Pond.

Infos
Gros Morne National Park Visitor Centre: Route 430 zwischen Rocky Harbour und Norris Point, Tel. 709-458-2417, www.parkscanada.gc.ca/grosmorne, Anfang Mai–22. Juni und Anf. Sept.–Ende Okt. tgl. 9–17, 23. Juni–Anf. Sept. 8–20 Uhr. Ausstellungen über Geologie, Flora und Fauna des Parks, Bücher und gutes Kartenmaterial. Tagespass Erw. 10,50 $, Kinder frei.

Übernachten
Fünf Campingplätze im Nationalpark (u. a. Trout River Ponds, s. S. 489, Shallow Bay, s. u., Green Point und Berry Hill, s. rechts). Reservierung über Gros Morne National Park Campgrounds, Tel. 1-877-737-3783, www.pccamping.ca. 25–32 $ plus Reservierungsgebühr 11 $.

Camping – **Shallow Bay Campground:** am Nordrand des Parks bei Shallow Bay, Reservierung unter Tel. 1-877-737-3783, Anf. Juni–Mitte Sept. Waschräume, keine Anschlüsse. 27,75 $. Reservierungsgebühr 11,50 $.

Rocky Harbour ▶ U 3
Rocky Harbour 1 ist die größte Gemeinde im Gros Morne National Park und bietet eine gute touristische Infrastruktur. Im **Lobster Cove Head Lighthouse** nördlich des Orts informiert eine Ausstellung über die Ökologie des Parks (Mitte Mai–Anf. Okt. 10–17.30 Uhr). Allein die herrliche Aussicht über Bonne Bay und St. Lorenz-Golf lohnen den Besuch.

Übernachten, Essen
Populärstes Hotel im Park – **The Ocean View Hotel:** Main St., Tel. 709-200-1650, 1-800-563-9887, www.theoceanview.ca. Zentral gelegen, geräumige Zimmer, Bar und Restaurant, Vermittlung von Bootstouren und anderen Aktivitäten. DZ 199–289 $.

Familienfreundlich – **Mountain Range Cottages:** 32 Parsons Lane, Tel. 709-458-2199, www.mountainrangecottages.com. Nett eingerichtete, geräumige Cottages mit voll ausgestatteter Küche und Patio mit Grillmöglichkeit. DZ 100–150 $.

Camping – **Green Point Campground:** Route 430, 12 km nördlich von Rocky Harbour, ganzjährig geöffnet. Der schönste, direkt am Meer gelegene Campingplatz, mit oder ohne Anschlüsse 27–34 $. **Berry Hill Campground:** Route 430, Reservierung unter Tel. 1-877-737-3783, 10. Juni–10. Sept. Wegen der zentralen Lage der populärste Platz, alle Einrichtungen und Anschlüsse 34,50 $. Reservierungsgebühr 11,50 $.

Essen & Trinken
Schlicht, aber gut – **Fisherman's Landing:** Main Street, Tel. 709-458-2711, 1-866-458-2711, http://fishermanslandinginn.com, tgl. 6–23 Uhr. Schlichte Einrichtung, aber gutes Essen, bodenständige neufundländische Küche, Fischspezialitäten. Frühstück ab 5 $, Dinner 8–20 $.

Norris Point ▶ U 3
Malerisch an der Bonne Bay liegt **Norris Point** 2 mit kleinem Fischereihafen. **Bonne Bay Marine Station,** ein Forschungszentrum der Memorial University of Newfoundland, informiert Besucher auf einer geführten Aquariumstour über die neuesten Forschungsergebnisse. Es gibt ein Seewasserbecken mit regionaler Meeresfauna zum Anfassen, auch Bootstouren auf der Bonne Bay werden angeboten (1 Clarkes Lane, Tel. 709-458-2550, www.bonnebay.ca, Mitte Mai–Mitte Sept. Do–Mo 10–16 Uhr, Eintritt frei, Spende erbeten).

Beim **Burnt Hill Hiking Trail** an der Küste bei Norris Point handelt es sich um eine kleine Wanderung auf den Berg über dem Ort. Oben angekommen, hat man einen fantastischen Blick über Norris Point, den Bonne-Bay-Meeresarm und die Tablelands.

Aktiv

WANDERUNG UND BOOTSTOUR AUF DEM WESTERN BROOK POND

Tour-Infos
Start: Trailhead des Western Brook Trail am Parkplatz an der Route 430, 27 km nördl. von Rocky Harbour
Länge: 3 km (ein Weg)
Dauer: Wanderung 45 Min. ein Weg, Bootstour 2,5 Std.
Schwierigkeitsgrad: leichte bis moderate Wanderung

Infos: Gros Morne Visitor Centre s. S. 485.
Veranstalter: Bon-Tours, Norris Point, Tel. 709-458-2016, 1-888-458-2016, www.bontours.ca. Abfahrt Western Brook Pond Dock Juni, Sept. 12.30 Uhr, Juli/Aug. 10, 11, 12.30, 13.30, 15, 15 Uhr, Erw. 66 $, Kinder 35 $; der Gros Morne-National-Park-Pass muss zusätzlich vorgewiesen werden. Reservierung empfohlen, evtl. veränderte Abfahrtszeiten.

Auch wenn man im Gros Morne National Park keine ausgedehnten Trekkingtouren plant, beispielsweise auf dem James Callaghan Trail (s. S. 484), sollte man einen Bootsausflug auf dem **Western Brook Pond** unternehmen; dazu gehört auch eine kleine Wanderung.
Zum Anleger des Tourbootes gelangt man auf dem **Western Brook Trail.** Der gut ausgebaute, teilweise als Boardwalk mit Holzplanken befestigte, 3 km lange Wanderweg durchquert weite Moorflächen und führt über mit urwüchsigen Fichten- und Tannenwäldern bewachsene Hügel – während der Eiszeit entstandene Moränenschuttwälle. Tafeln erklären die Fauna und Flora dieses faszinierenden Ökosystems. Dazu gehört neben verschiedenen Orchideenarten auch die Nationalpflanze Neufundlands, die ›Pitcher Plant‹, eine insektenfressende Kannenpflanze mit dunkel-

Gros Morne National Park

rot leuchtenden Blüten. Viele Wasservögel können beobachtet werden und gar nicht selten sind in den feuchten Niederungen auch Elche zu sehen.

Nach ca. 45 Minuten ist man am **Anleger** angelangt und die 2-stündige Tour auf dem **Western Brook Pond** 5 kann beginnen. Sie findet vor einer spektakulären Kulisse statt. In dem 16 km langen und 165 m tiefen fjordartigen See, der durch ein Flüsschen mit dem Meer verbunden ist, leben Lachse, Forellen und Saiblinge. Steil aufragende, über 600 m hohe Felswände umschließen den schmalen, von Gletschern gefrästen Fjord und zahlreiche Wasserfälle, die von Teichen auf dem Plateau gespeist werden, stürzen schäumend und tosend in die Tiefe, wobei die kleineren Kaskaden die Wasseroberfläche nur noch als Sprühnebel erreichen. Über 1 Mrd. Jahre alt sind die mächtigen Felsen aus Gneis und Granitgestein. Noch vor 10 000 Jahren lag der Western Brook Pond direkt am Meer, heute befindet er sich 3 km landeinwärts und 30 m über dem Meeresspiegel.

Auf dem Western Brook Pond werden zwei Tourboote eingesetzt, auf denen jeweils 70 und 90 Passagiere mitfahren können. Erklärungen whrend der Fahrt erfolgen in englischer und französischer Sprache.

Übernachten, Essen

Luxus im Herzen des Nationalparks – **Sugar Hill Inn:** 115–129 Main St., Tel. 709-458-2147, 1-888-299-2147, www.sugarhillinn.ca. Freundliches, familiäres Ambiente, schöne große Zimmer mit Bad und separaten Eingängen, Gourmetküche. Dinner 32–52 $, DZ 225–310 $.

Aktiv

Multisport-Touren – **Gros Morne Adventures,** Tel. 709-458-2722, 1-800-685-4624, www.grosmorneadventures.com. Alle Touren beginnen in Norris Point: eintägige Wandertouren auf dem Gros Morne Mountain und in den Tablelands 150 $, 2- bis 4,5-stündige Touren mit dem Seekajak 59–149 $, 6-tägige Trekkingtour mit Übernachtung in Zelten 2395 $, Kajakverleih ab 39 $.

Bootstouren – **Bon Tours:** Norris Point Dock, Tel. 1-888-458-2016, Juni–Sept. 14 Uhr. Mit dem Boot durch die Bonne Bay. Erw. 50 $, Kinder 35 $.

Verkehr

Wassertaxi: Zwischen Norris Point und Woody Point verkehrt viermal täglich ein Wassertaxi (Mitte Juni–Anfang Sept.); ab Norris Point Dock 9, 12.30, 15 und 17 Uhr, ab Woody Point Dock 9.30, 13.15, 15.30 und 17.30 Uhr, einfache Fahrt 10 $, hin und zurück 16 $.

Woody Point ▶ U 3

Eine sehr informative Ausstellung zur Naturgeschichte des Gros Morne National Park zeigt das moderne **Discovery Centre** an der Route 431 bei **Woody Point** 3 . Der Eintritt ist in der Tageskarte für den Park enthalten (Tel. 709-458-2417, www.pc.gc.ca/pn-np/nl/grosmorne/index_E.asp, Mitte Mai–Anfang Okt. 9–17, Mitte Juni–Anfang Sept. 9–18 Uhr).

Infos

Roberts House Information Centre: gegenüber dem Fähranleger, Tel. 709-453-2273, https://heritage.nf.ca, Juli–Sept. 9–17 Uhr. Infozentrum in einem 100 Jahre alten Haus.

Essen & Trinken

Frische Meeresfrüchte – **The Old Loft Restaurant:** Water St., Tel. 709-453-2294. Rustikales Ambiente in historischem Speicher; bei schönem Wetter kann man im Freien sitzen und das Panorama von Woody Point bewundern; leckere Fischplatten, Salate, selbstgebackenes Brot, lokale Biere. 20–40 $.

Trout River ▶ U 3

Der erste Einwohner von **Trout River** 4 war George Crocker aus Dorsetshire, England, der sich 1815 zum Fischfang niederließ. Das **Crocker House, Fishermen's Museum and Interpretive Centre** zeigt Ausstellungen über das Leben der Fischer

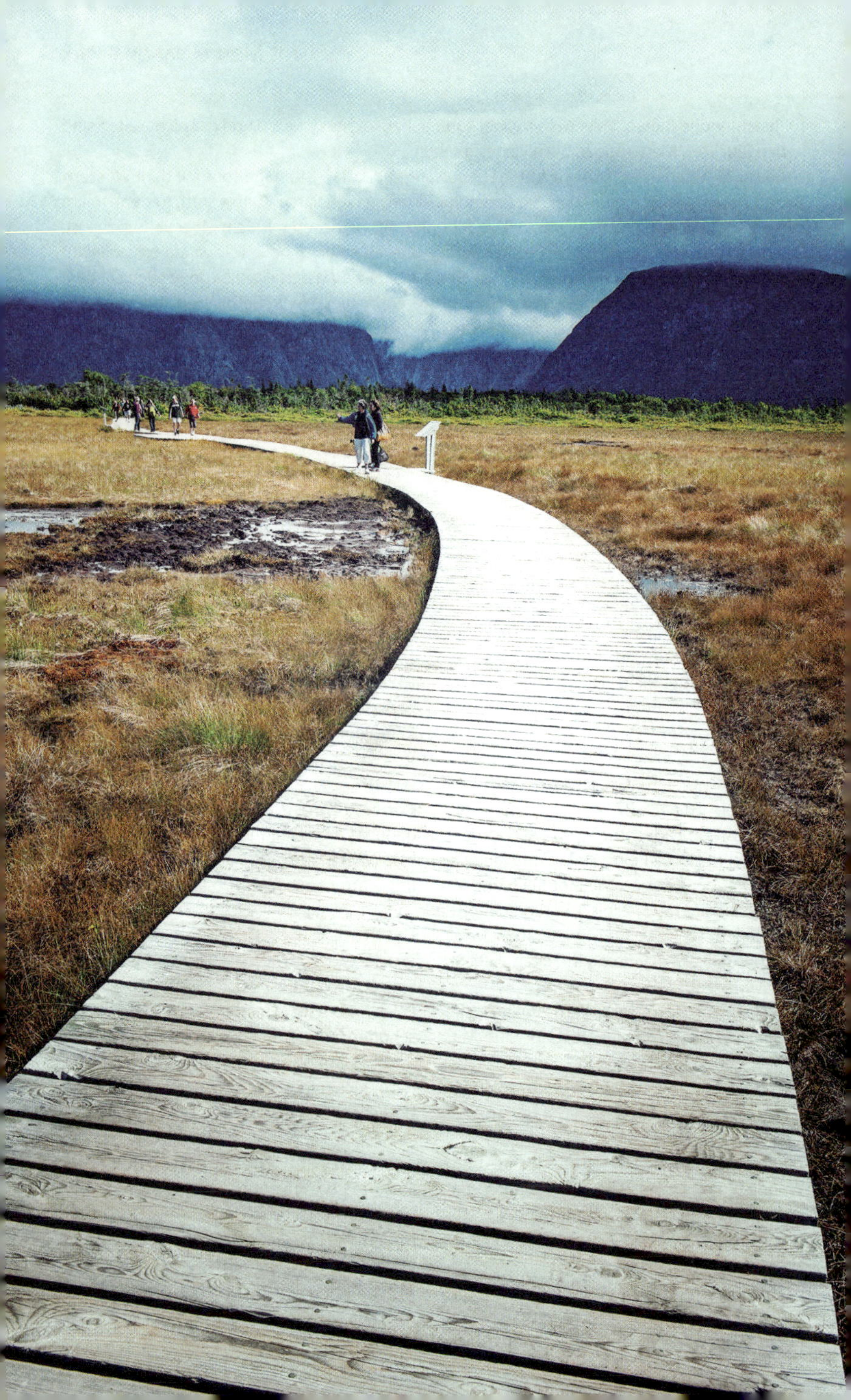

in der Bonne-Bay-Region und ist in einem traditionellen neufundländischen Fischerhaus von 1898 untergebracht (Tel. 709-451-5376, www.townoftroutriver.com, Juli–Sept. 8–17 Uhr, Spende erbeten).

Bei einer Bootstour auf dem **Trout River Pond** 6 unternimmt man eine Zeitreise in die Frühgeschichte der Erde. Während der Fahrt werden die geologischen Besonderheiten der urzeitlichen Felsformationen erklärt. Wer will, kann sich auch mit dem Boot zum Overfalls Trail bringen lassen, einem Wanderweg mit schönen Ausblicken am Südostende des rund 15 km langen Sees (5 km, 5–6 Std.). Zur Zeit gibt es keinen Veranstalter mit einem regelmäßigen Tourservice auf dem See. Dennoch können solche Touren für ca. 25-40 $ vermittelt werden (s. u. Sheppard's B & B).

Übernachten

Freundliches Zuhause mit Aussicht – **Sheppard's Bed & Breakfast:** 1 Sheppard's Lane, Tel. 709-451-7590, www.sheppardsbandb.com, April–Okt. Das Haus liegt auf einem Hügel mit Panoramablick über den Trout River und das Meer. Die 4 großen, gemütlichen Gästezimmer verfügen alle über ein eigenes Bad; das Frühstück ist lecker und reichlich. Die engagierten und sehr freundlichen Gastgeber sind gern bei der Planung von Aktivitäten in der Region behilflich; auch Kanus können gemietet werden. DZ 130 $.

Camping – **Trout River Pond:** am Ende der Route 431, im Südwesten des Nationalparks bei Trout River, hübsch auf einem Plateau über dem See gelegen, Reservierung unter Tel. 1-877-737-3783, Mitte Juni–Anfang Okt. 40 Plätze, ohne Anschlüsse, 25,50 $. Reservierungsgebühr 11 $.

Essen & Trinken

Top-Meeresfrüchte – **Seaside Restaurant:** Tel. 709-451-3461. Beliebtes, schlichtes Fischrestaurant mit vielseitigem Menü und schönem Blick auf die Bucht. 10–20 $.

Jerry's Pond im Gros Morne National Park: Nur an wenigen Stellen zeigt das Wildnisgebiet sich so aufgeschlossen und zugänglich

Viking Trail nach L'Anse aux Meadows

Karte: S. 491

Arches Provincial Park und River of Ponds Provincial Park ▶ U 3

Zwischen Parson's Pond und Daniel's Harbour liegt der **Arches Provincial Park** 7, wo die Wellen zwei große Felsenbögen aus dem Gestein gewaschen haben. Ein schöner Platz fürs Picknick und zum Wandern am Strand, aber Camping ist nicht erlaubt. Der **River of Ponds Provincial Park** 8 60 km weiter nördlich bietet neben Camping- und Picknick- auch hervorragende Angelmöglichkeiten.

Port au Choix ▶ U 2

Im kleinen Fischerort **Port au Choix** 9 sind im Besucherzentrum der **Port au Choix National Historic Site** archäologische Funde der Maritimen Archaischen Ureinwohner zu sehen, die vor 4000 Jahren als Jäger und Sammler an den Atlantikküsten von Labrador bis Maine lebten. 1967/68 wurden hier in drei Begräbnisstätten Artefakte und Knochen von etwa 100 Menschen gefunden, weiterhin Relikte einer späteren Dorset-Eskimosiedlung. Nach den daraus gewonnenen Erkenntnissen hat man eine historische Behausung rekonstruiert. Die Ausgrabungen sind über die ganze Peninsula verteilt. Auf geführten Wanderungen kann man sie besuchen und im Sommer auch den Archäologen bei der Arbeit zusehen. Die Ausgrabungsstätte ›Philip's Garden‹ erreicht man auf einer 20-minütigen Wanderung (Sommer Tel. 709-861-3522, Winter Tel. 709-458-2417, www.pc.gc.ca/eng/lhn-nhs/nl/portauchoix/index.aspx, Mitte Juni–Anf. Sept. 9–17 Uhr, sonst auf Anfrage, Erw. 8,50 $, Kinder frei).

Gleich am Ortseingang sollte man sich **Ben's Studio** ansehen. Der Künstler Ben Ploughman zeigt hier seine dreidimensionalen Bilder aus Holz, faszinierende Collagen neufundländischer Motive. Sein Museum of Whales & Things mit einem Sammelsurium von Kunsthandwerk, Fotografien und Schrift-

Gros Morne National Park und Viking Trail

stücken zeigt als Hauptattraktion das Skelett eines 14 m langen Pottwals (Rte. 430–28, 26 Fisher St., Tel. 709-861-3280, www.bensstudio.ca, Anfang Juni–Ende Sept.).

Über die örtliche Geschichte erfährt man mehr im **Port au Choix Heritage Shop** mit Antiquitäten und Artefakten aus dem letzten Jahrhundert. Auch hier ist dem Museum ein kleiner Laden angeschlossen, der Andenken sowie in der Region hergestellte Handarbeiten verkauft (Pointe Riche Road, Tel. 709-861-4100, Mitte Juni–Anf. Sept. tgl. 9–17 Uhr).

Übernachten

Freundliches B & B – **Jeannie's Sunrise Bed and Breakfast:** 79 Fisher St., Tel. 709-861-2254, 1-877-639-2789, www.jeanniessunrisebb.com. Liebevoll eingerichtetes B & B mit 6 geräumigen Zimmern, gemütlicher Aufenthalts- und Frühstücksraum. DZ 99–150 $.

Essen & Trinken

Maritimes Flair – **Anchor Café:** 10 Fisher St., Tel. 709-861-3665, Anf. Juni–Ende Sept. Nicht zu verfehlen, der Eingang gleicht einem Schiffsbug, auch innen verbreiten Hummerfallen und Fischernetze maritimes Flair. Viel Fisch, besonders lecker: Kabeljau nach Südstaatenart gegrillt *(blackened cod).* Dinner ab 13 $.

Quoyle-Küste ▶ U/V 1/2

Weiter auf der Route 430 folgen dann Fischerdörfer und idyllische Lachs- und Forellenflüsschen. Hier führt die Straße durch eine der abgeschiedensten Regionen Neufundlands. An der ›Quoyle-Küste‹, wie die Neufundländer den Küstenstrich zwischen **Blue Cove, St. Barbe, Deadman's Cove, Flower's Cove** und **Eddie's Cove** neuerdings nennen, spielt der mit dem Pulitzerpreis ausgezeichnete Roman »Schiffsmeldungen«, mit dem E. Annie Proulx 1994 die literarische Aufmerksamkeit auf Neufundland lenkte. Ihre Erzählung über das neue Leben des etwas ungeschickten und anfangs vom Pech verfolgten Quoyle zeigt eindrucksvoll, wie der Fischfang über Jahrhunderte hinweg die neufundländische Kultur geprägt hat. Ihr Roman hat Neufundland durchaus im positiven Sinne bekannt gemacht und den Tourismus angekurbelt. Dennoch gefällt ihre etwas drastische Schilderung der Charaktere nicht allen Neufundländern und über das Buch wird in der Provinz auch vielfach kontrovers diskutiert.

Bei **St. Barbe** 10 lässt sich ein Abstecher per Fähre über die 17 km breite Strait of Belle Isle nach Blanc-Sablon (s. S. 494) machen, um dort ein kleines Stück mit dem Auto befahrbares Labrador zu erkunden, eine interessante und preiswerte Schiffsreise inbegriffen.

Übernachten, Essen

... in St. Barbe:

Am Fähranleger – **Dockside Motel:** Main Road, Tel. 709-877-2444, 1-877-677-2444, www.docksidemotel.ca. Schlichtes Motel mit 20 Zimmern und 10 Cabins, Restaurant. DZ 99–149 $.

Verkehr

Fähre: MV Qajaq Ferry, Tel. 709-535-0811, www.gov.nl.ca/ti/ferryservices, April–Ende Jan. 1–2 x tgl. Einfache Fahrt von St. Barbe nach Blanc-Sablon Erw. 11,75 $, Kinder 5–12 Jahre 9,50 $, Auto und Fahrer 32,25 $, Camper ab 43,25 $.

Flower's Cove ▶ V 1

Etwa 14 km weiter nördlich, bei **Flower's Cove** 11, zweigt von der Route 430 die Burns Road ab. Hinter der Marjorie Bridge führt ein Steg zum Wasser hinab. Hier sind äußerst seltene **Thromboliten** zu sehen. Die flachen kreisförmigen Felsformationen sind aus Algen- und Bakterienablagerungen entstandene Fossilien, über 650 Mio. Jahre alt, und zeugen damit von einer der ältesten Lebensformen auf der Erde.

✪ L'Anse aux Meadows
▶ V 1

Karte: rechts
Highway 436, Sommer Tel. 709-623-2608, Winter Tel. 709-453-2493, www.pc.gc.ca/eng/lhn-nhs/nl/meadows/visit/ac.aspx, Besucherzentrum Anfang Juni–Anfang Okt. 9–17 Uhr, 12,50 $

Gros Morne National Park und Viking Trail

Gros Morne National Park und Viking Trail

Hinter Eddie's Cove führt die Straße durchs Landesinnere zur **L'Anse aux Meadows National Historic Site** an der Nordspitze der Great Northern Peninsula. Hier wurden 1960 bis 1967 von einem internationalen Archäologenteam unter Leitung des Norwegers Helge Ingstad die Reste einer Wikingersiedlung ausgegraben. Es ist die erste bekannte europäische Niederlassung auf dem amerikanischen Kontinent. Wahrscheinlich handelt es sich bei der ›Bucht bei den Wiesen‹ – wie eine Übersetzung von L'Anse aux Meadows lautet – um das legendäre Vinland.

Die Landnahme des heutigen Neufundland durch die Wikinger erfolgte gegen Ende des 10. Jh. und ist, wenn man isländischen Heldensagen glauben darf, eine Entdeckung von Leif dem Glücklichen. Glücklich wurden die Wikinger auf Neufundland allerdings nicht. Wahrscheinlich verunsichert durch die Angriffe der Skraelinger, wie sie die Ureinwohner nannten, mussten sie nach nur wenigen Jahren den Rückzug antreten.

Folglich kann man im **L'Anse aux Meadows Visitor Centre,** das in unmittelbarer Nähe zur ursprünglichen Siedlung errichtet wurde, nur wenige Relikte aus dieser Zeit betrachten: Knochen, Artefakte aus Eisen, geschmiedete Bronzespangen. Die rekonstruierten Häuser, die mit einer Art Rollrasen – dem Grassoden – bedeckt sind, wurden nach alten Überlieferungen eingerichtet, und Parkpersonal in Wikingerkleidung veranschaulicht die Lebensbedingungen vor gut 1000 Jahren.

Übernachten

Insel-Abgeschiedenheit – **Quirpon Lighthouse Inn:** Route 436, Quirpon Island, 7 km südöstl. von L'Anse aux Meadows, Tel. 709-634-2285, 1-877-254-6586, www.linkumtours.com/quirpon-lighthouse-inn, geöffnet Mai–Okt. Elf Zimmer in einem malerisch gelegenen, historischen Leuchtturmwärterhaus; die Überfahrt zur Insel erfolgt mit einem Fährboot. Auf Quirpon Island gibt es Wanderwege, man kann auch an geführten Kajaktouren teilnehmen, Eisberge und Wale beobachten. DZ 435–470 $, alle Mahlzeiten und Überfahrten inklusive.

Nettes und gemütliches B & B – **Valhalla Lodge:** Route 436, in Gunner's Cove, 5 km südlich von L'Anse aux Meadows, Tel. 709-754-3105, 1-877-623-2018, Winter 709-896-5476, www.valhalla-lodge.com, Mai–Okt. Attraktives Bed & Breakfast mit kleinen, aber gemütlich eingerichteten Zimmern, auf einer Anhöhe über dem Meer; man kann von hier den Walen und vorbeitreibenden Eisbergen zuschauen. DZ 125–240 $, Cottage 270 $.

Camping – **Viking R. V. Park:** Route 436, in Quirpon, 7 km südöstl. von L'Anse aux Meadows, Tel. 709-623-2046, Juni–Sept. 110 Plätze mit Anschlüssen, Internet. 22–30 $.

Essen & Trinken

Gourmetrestaurant im Wikingerland – **The Norseman Restaurant & Gallery:** L'Anse aux Meadows Harbourfront, Tel. 709-754-3105, 1-877-623-2018, www.valhalla-lodge.com/restaurant, Juni–Sept. 9–21 Uhr. Gehört zu Neufundlands besten Restaurants, mit schönem Blick auf Hafen und Meer und bei entsprechendem Wetter auch einem herrlichen Sonnenuntergang; zur stilvollen Ausstattung gehören Kunstwerke an den Wänden; das Menü ist vielseitig, die Weinkarte umfangreich, besonders lecker und zart sind Lamm und das gegrillte marinierte Karibu-Steak; natürlich gibt es eine große Auswahl an Fischspezialitäten wie Hummer, Lachs- und Kabeljau-Chowder sowie *scallops* in Petersiliensauce. 19–38 $.

Norstead Port of Trade ▶ V 1

Route 436, gleich hinter dem Abzweig zur Anse aux Meadows National Historic Site, Tel. 709-623-2828, 1-877-620-2828, www.norstead.com, Anfang Juni–Mitte Sept. 9.30–17.30 Uhr, Erw. 10 $, Kinder 6,50 $

Das Gegenstück zum historischen Nationalpark von L'Anse aux Meadows ist das **Norstead Viking Port of Trade,** das eine blühende Handelsniederlassung der Wikinger in Europa darstellen soll. In Norstead erfüllt kostümiertes Personal die rekonstruierte Siedlung mit Leben. Frauen bereiten Essen zu, spinnen, färben Wolle und fertigen Kleidungsstücke an, man kann dem

L'Anse aux Meadows

Schmied bei der Arbeit zusehen und das im Ofen frisch gebackene Brot probieren. Sehenswert ist vor allem der schöne Nachbau eines großen Wikingerschiffs, mit dem 1998 eine neunköpfige Mannschaft von Grönland nach L'Anse aux Meadows segelte. Alles in allem wirkt die künstliche Wikingersiedlung an der sturmverwehten Küste mit weidenden Schafen, arbeitenden Menschen und Gebäuden, die aufgrund des rauen Klimas schon Patina angesetzt haben, doch recht überzeugend.

Abstecher nach St. Anthony
▶ V 1

Im Anschluss an den Besuch von L'Anse aux Meadows empfiehlt sich auch ein Abstecher nach **St. Anthony** 12. Der größte Ort der Northern Peninsula ist Sitz der Grenfell Mission, einer Stiftung, die sich die medizinische Versorgung der isoliert lebenden Bewohner im Norden Neufundlands und in Labrador zur Aufgabe gemacht hat. Gegründet wurde sie von Dr. Wilfred Thomason Grenfell (später zum Sir erhoben), der ab 1892 jahrzehntelang die Einwohner der weit verstreuten, entlegenen Orte an der Labrador-Küste in seinem ›schwimmenden‹ Hospital behandelte. Im Alter widmete er sich dem Sammeln von Geldern für Pflegestationen, Kranken- und Waisenhäuser.

Mehr über das Leben und die Arbeit von Sir Wilfred Grenfell erfährt man im **Grenfell Interpretation Centre.** Dem Zentrum sind eine Cafeteria und ein kleiner Laden angeschlossen, in dem die Handarbeiten der Grenfell Stiftung verkauft werden (4 Maraval Rd., Tel. 709-454-4010, www.newfoundlandlabrador.com, im Sommer tgl. 8–17, im Winter Mo–Fr 8–17 Uhr, Erw. 10 $, Jugendliche bis 18 Jahre 3 $, die Eintrittskarte gilt auch für das Museum).

Hinter dem Hospital steht auf einem Hang das stattliche Haus, das Grenfell mit seiner Familie viele Jahre bewohnte. Als **Grenfell House Museum** vermittelt es einen Eindruck davon, wie der legendäre Arzt und Missionar gelebt hat (im Sommer tgl. 8–17, im Winter Mo–Fr 8–17 Uhr, Erw. 10 $, Jugendliche bis 18 Jahre 3 $).

Übernachten, Essen
Mit Blick auf St. Anthony – **Haven Inn:** 14 Goose Cove Rd., Tel. 709-454-9100, 1-877-428-3646, www.haveninn.ca. Hübsch eingerichtete Zimmer mit Blick über St. Anthony, Lounge und Restaurant mit neufundländischen Spezialitäten. DZ 107–149 $.

Essen & Trinken
Mit Seeblick – **The Lightkeeper's Restaurant:** West St., Tel. 709-454-4900, 1-877-454-4900, www.lightkeepervikingfeast.com, tgl. 11–20 Uhr. Restaurant in ehemaligem Leuchtturmwärterhaus im Park, leckere Fischspezialitäten. Mehrmals pro Woche findet in einem grassodengedeckten Haus das Great Viking Feast statt. Entertainment und Essen auf Wikinger-Art. Dinner 23–30 $.

Einkaufen
Gediegene Souvenirs – **Grenfell Handicrafts:** im Grenfell Interpretation Centre, im Sommer Tel. 709-454-3576, im Winter Tel. 709-454-4010. Reiseandenken, bestickte Parkas, Kunsthandwerk.

Aktiv
Wale und Eisberge beobachten – **Northland Discovery Boat Tours:** hinter dem Grenfell Interpretation Centre, Tel. 709-454-3092, 1-877-632-3747, www.discovernorthland.com, Ende Juni-Anf. Aug. 9, 13 und 16 Uhr, Nebensaison 1 bis 2 Abfahrten. 2,5-stündige Exkursionen mit einem bequemen 48-Passagier-Schiff; der Kapitän ist Meeresbiologe und kann entsprechende Fragen beantworten. Erw. 70 $, Jugendliche 10–17 Jahre 40 $, Kinder 3–9 Jahre 35 $.

Main Brook ▶ V 1
Die Rückreise zum Trans-Canada Highway erfolgt wieder auf der Route 430. Möchte man jedoch noch ein paar Tage unbeschwerten Urlaub in der Wildnis verbringen, mit einer wohldosierten Portion Abenteuer und doch gewissem Komfort, dann sollte man bei Brig Bay etwa 80 km auf der Route 432 durchs Landesinnere nach **Main Brook** 13 an der Hare Bay fahren.

Sie werden gern als sanfte Riesen bezeichnet, aber dennoch: Angesichts einer solchen Schwanzflosse wird klar, warum respektvoller Abstand beim Whalewatching eine gute Idee ist

Ein paar Kilometer südlich vom Ort liegt an einem See die **Tuckamore Lodge** mit ihren gemütlichen Blockhütten. In der Umgebung gibt es Gelegenheit zum Wandern, Kanufahren und Angeln auf Lachs und Forelle. Von der Lodge werden verschiedene Exkursionen veranstaltet, auf denen häufig Bären, Elche oder Karibuherden zu beobachten sind. Auch Fahrten zu den Grey Islands oder nach Labrador können arrangiert werden, dabei sieht man nicht selten Wale und vorbeitreibende Eisberge.

Übernachten, Essen

Exklusiv und rustikal – **Tuckamore Lodge:** Main Brook, Tel. Sommer 709-865-6361, 1-888-865-6361, Tel. Winter 865-4371, www.tuckamorelodge.com. Komfortable Wildnislodge mit hervorragender Küche und großem Angebot an Outdooraktivitäten. Lunch 20 $, Dinner 40 $ (Reservierung empfohlen), DZ 155–180 $ (inkl. Frühstück).

Abstecher nach Labrador

Karte: S. 491

Blanc-Sablon ▶ U 1

An klaren Tagen sieht man den Küstenstreifen auf der anderen Seite der Strait of Belle Isle, einer 17 km breiten Meeresstraße, die Neufundland von Labrador trennt und in der sich das eiskalte Wasser des Labradorstroms mit dem St. Lorenz mischt.

Die Überfahrt mit dem Fährschiff »Qajaq« von St. Barbe nach **Blanc-Sablon 14** auf der Québec-Seite der Provinzgrenze dauert knapp 2 Std. Im Frühsommer kommt manchmal ein nach Süden driftender Eisberg in Sicht oder man kann spielende Wale beobachten. Besonders im Herbst ist manchmal auch das farbenprächtige Schauspiel der Aurea Borealis (Nordpolarlicht) zu sehen.

Abstecher nach Labrador

Der Fährdienst zwischen Blanc-Sablon und St. Barbe wird im Frühjahr aufgenommen, wenn das Packeis aufbricht, und im Winter, bevor die Straße von Belle Isle zufriert, eingestellt. Blanc-Sablon wird auch von den Québec-Fähren angelaufen, die das Nordufer des St. Lorenz bedienen. Von Blanc-Sablon führt die 85 km lange Route 510 nach Red Bay. Hier endet die geteerte Straße. Auf einer schmalen Schotterstraße geht es dann weiter nach Battle Harbour. Labrador Straits wird dieser Küstenstrich genannt, in dem weniger als 2500 Menschen leben.

Infos
Labrador Coastal Drive: Internet-Informationen über Sehenswürdigkeiten, Unterkünfte, Veranstaltungen und Fähren unter www.labradorcoastaldrive.com.

Verkehr
Fähre: MV Qajaq Ferry, Tel. 709-535-0810, 1-866-535-2567, www.tw.gov.nl.ca/ti/ferryservices, April–Anfang Jan. 1–2 x täglich. Einfache Fahrt St. Barbe–Blanc-Sablon Erw. 11,75 $, Kinder 5-12 Jahre 9,50 $, Auto und Fahrer 35,25 $, Camper ab 43,25 $, eine rechtzeitige Reservierung wird im Juli/Aug. empfohlen.

L'Anse-au-Clair ▶ U 1
Gleich am Anfang von **L'Anse-au-Clair** 15 , dem nächsten Ort, kommt man zum **Gateway to Labrador Visitor Centre,** das in einer sorgsam restaurierten, ehemaligen Holzkirche untergebracht ist. Gezeigt werden Displays, Fotografien und Ausstellungen zur Fischerei und Seefahrertradition Labradors (Tel. 709-931-2013, www.labradorcoastaldrive.com, Mitte Juni–Sept. 9–18 Uhr).

Übernachten, Essen
Bestes Haus der Gegend – **Northern Light Inn:** 58 Main St., Tel. 709-931-2332, 1-800-563-3188, www.northernlightinn.com. 59 geräumige, komfortabel eingerichtete Zimmer und Suiten, einige davon auch mit komplett eingerichteter Kitchenette, angeschlossenes Restaurant. Dinner ab 12 $, DZ ab 132 $, Campingstellplätze 25–35 $.

L'Anse Amour ▶ U 1
Bei **L'Anse Amour** 16 hat man die über 7500 Jahre alte Grabstätte eines 12-jährigen Jungen der Maritimen Archaischen Ureinwohner gefunden, die älteste dieser Art in Nordamerika. Der Körper des Jungen war mit Tierhäuten und Birkenrinde umwickelt und lag mit dem Gesicht nach unten. Als Grabbeigabe fand man Werkzeuge und Waffen. Man nimmt an, dass hier bereits vor über 9000 Jahren Menschen gelebt haben. Alles, was von diesen frühen Verwandten der paläo-indianischen Karibu-Jäger zurückgeblieben ist, sind Spuren von Lager- und Grabstätten (**Maritime Archaic Burial Mound National Historic Site,** L'Anse Amour Road, Tel. 709-927-5825).

Etwas außerhalb, am Amour Point, kann man die 132 Stufen auf den mit 33 m höchsten Leuchtturm Atlantik-Kanadas klettern. Als **Point Amour Lighthouse Provincial Historic Site** ist das restaurierte Steinhaus des Leuchtturmwärters heute ein Museum mit Ausstellungen zur Seefahrtsgeschichte Labradors (L'Anse Amour Road, Tel. 709-927-5825, www.pointamourlighthouse.ca, Mitte Mai–Ende Sept. 9.30–17 Uhr, Führungen Erw. 6 $, Jugendliche frei).

Übernachten, Essen
Preiswert und freundlich – **Lighthouse Cove B & B:** Tel. 709-927-5690, http://lighthousecovebb.labradorstraits.net. 3 Zimmer (inkl. Frühstück), auf Wunsch gibt es auch ein traditionelles neufundländisches Dinner. DZ 60 $, Dinner extra.

Labrador Straits Museum ▶ U 1
Zwischen **Forteau** und L'Anse-au-Loup liegt das **Labrador Straits Museum** 17 . Hier wird gezeigt, wie sich das Leben in Labrador in den letzten 150 Jahren verändert hat. Das Museum wurde vom Southern Labrador Women's Institute gegründet und wird bis heute von ihm geleitet. Displays und Ausstellungen beschäftigen sich daher auch besonders mit dem häuslichen Leben der Fischerfamilien und der Rolle der Frau in den Gemeinden. Zum Museum gehört ein Laden, in dem lokale Handarbei-

Gros Morne National Park und Viking Trail

ten verkauft werden (Tel. 709-927-5077, www.labradorstraitsmuseum.ca, Juli–Sept. Mo–Sa 9.30–17.30, So 13–17.30 Uhr, Erw. 5 $; vorübergehend geschl.).

Termine

... in Forteau:
Southern Labrador Bake Apple Festival: August. Dreitägiges Festival, benannt nach den in Neufundland und Labrador häufigen lachsfarbenen Beeren, Beerenernte, Wettbacken, Volksmusik und Tanz.

Red Bay ▶ V 1

In **Red Bay** 18 haben Archäologen Reste einer baskischen Walfängerstation aus der zweiten Hälfte des 16. Jh. sowie mehrere Schiffswracks aus verschiedenen Zeitperioden entdeckt, einschließlich der 300-Tonnen-Galeone »San Juan«, die im Jahr 1565 vor der Küste mit einer Ladung Waltran versank. Bis zu zwei Dutzend baskische Walfangschiffe kamen jedes Jahr, um hier Grönlandwale und vor allem Glattwale auf ihrer Wanderung durch die Straße von Belle Isle zu jagen. Schon vor mehreren hundert Jahren beschäftigte die Walfangstation einige hundert Menschen und war damit wohl einer der ersten industriellen Komplexe in der Neuen Welt.

Die archäologischen Unterwasserarbeiten begannen 1978. Innerhalb von sechs Jahren entwickelten sie sich zu einem der größten Projekte dieser Art in Kanada. Eine erstaunliche Zahl von Fundstücken, Werkzeugen, Geräten und persönlichen Gegenständen wurde geborgen. Sie sind im **Red Bay National Historic Site Interpretation Centre** zu sehen. Eine Ausstellung und eine Dokumentation der verschiedenen Wracks erklären die Bedeutung dieser Funde für das Verständnis von Schiffsdesign und Konstruktion im 16. und 17. Jh. Das Highlight der Ausstellung ist ein restauriertes Walfangboot, eine 430 Jahre alte baskische *chalupa*, die vom Grund der Red Bay geborgen wurde (Tel. 709-920-2051, 709-920-2142, www.pc.gc.ca/lhn-nhs/nl/redbay/index.aspx, Anf. Juni–Sept. tgl. 9–17 Uhr, Erw. 12,50 $, Jugendliche frei).

Übernachten, Essen

Preiswert und gut – **Whaler's Station Restaurant and Cabins:** Tel. 709-920-2156, 709-920-2060 (Winter), www.redbaywhalers.ca, Mai–Sept. In einem restaurierten Gebäude aus der Fischereizeit, gegenüber der Red Bay National Historic Site am Wasser gelegen. Cabins 105–145 $, einziges Restaurant im Ort, preiswerte, leckere Fischgerichte, 11–20 $.

Aktiv

Wale und Eisberge beobachten – **Gull Island Charters:** 18 East Harbour Dr., Tel. 709-920-2058, www.labradorcoastaldrive.com/home/195. Mitte Juni–Mitte Sept. Bootstouren, Eisberge und Wale beobachten. Fährservice zur Red Bay National Historic Site.

Battle Harbour

Selbst wenn man nicht vorhat, weiter auf der unbefestigten Straße Hunderte von Kilometer durch die Wildnis Labradors nach Goose Bay zu fahren, ein Ausflug nach dem auf einer Insel gelegenen Fischerdorf **Battle Harbour** 19 lohnt sich. Zuerst fährt man auf der Route 510, einer rund 85 km langen Schotterstraße, nach Mary's Harbour. Von dort setzt man mit der Fähre (»MV Iceberg Hunter«) nach Battle Island über (ca. 75 Min., Abfahrt 11 Uhr, zurück von Battle Harbour 9 und 16 Uhr, 60 $ hin und zurück).

Battle Harbour war eine der ersten europäischen Niederlassungen und seit den 1750er-Jahren ein wichtiger Fischereihafen. Um 1848 ankerten im Hafen oft über 100 Schiffe, sodass Seeleute von der ›Hauptstadt von Labrador‹ sprachen. 1893 gründete Dr. Wilfred Grenfell hier sein erstes Labrador-Hospital und 1904 wurde sogar eine Marconi Wireless Station errichtet. Mit dem Rückgang der Küstenfischerei im 20. Jh. verlor auch Battle Harbour an wirtschaftlicher Bedeutung und in den 1960er-Jahren siedelten seine Einwohner nach Mary's Harbour auf dem Festland um. Einige Familien blieben zwar im Sommer auf der Insel, aber im Grunde wurde Battle Harbour zur Geisterstadt. Viele der Fischerhäuser und Lagerhäuser, in denen der Kabeljau verarbeitet wurde, blieben jedoch erhalten. In den 1990er-Jahren nahm sich der Battle Har-

Abstecher nach Labrador

bour Historic Trust der langsam verfallenden Gebäude an und restaurierte den Ort sorgfältig. Er gilt heute als der am besten erhaltene *outport* der Provinz und steht als **Battle Harbour National Historic District** unter Denkmalschutz. Ein **Interpretation Centre** organisiert geführte Touren (Tel. 709-921-6216, 709-330-6325, www.battleharbour.com, Mitte Juni–Mitte Sept., 60- bis 90-minütige Touren, Preise erfragen).

Übernachten, Essen

Liebevoll restauriert – **Battle Harbour Inn:** Tel. 709-330-6325, www.battleharbour.com. Schön auf einer Anhöhe gelegenes Inn, Zimmer im Haupthaus und in historischen Cottages. Pauschalangebote inkl. Mahlzeiten und Überfahrt ab 550 $.

Nördliche Labrador-Küste

Im **nördlichen Labrador** gibt es keine Straßen. Wer die spektakuläre Felsenküste mit tiefeingeschnittenen Fjorden und den über 1800 m aus dem Meer aufragenden Torngat Mountains erleben möchte, muss mit dem Schiff reisen. Die wild zerklüfteten **Torngats** zählen mit fast 4 Mrd. Jahren zu den ältesten Gesteinsformationen der Welt. Die Region ist uraltes Stammland der Inuit, deren Vorfahren vor mehreren tausend Jahren hier lebten.

Der **Torngat Mountains National Park** ist ein 9700 km² großes Wildnisgebiet, das sich vom Saglek Fjord im Süden bis zur nördlichsten Spitze Labradors erstreckt. In dieser grandiosen Landschaft mit steil aufragenden Bergmassiven und weiten Tundren sind große Populationen von Eisbären, Schwarzbären und Karibus zu Hause. Der Nationalpark ist nur mit dem Expeditionsschiff oder per Charter von **Nain,** 200 km südlich, zu erreichen, wo sich auch das Park Office befindet (Tel. 709-922-1290, 1-888-922-1290, www.pc.gc.ca/eng/pn-np/nl/torngats/index.aspx, Mo–Fr 8–16.30 Uhr).

Aber schon die Fahrt mit der Fähre entlang der spektakulären Küste lohnt sich. Sie ist auch ein relativ preiswertes Abenteuer. Von Mitte Juni bis Mitte November gibt es eine wöchentliche Verbindung mit der Küstenfähre **»M/V Kamutik«** von Goose Bay und Cartwright durch den Lake Melville zur Groswater Bay und weiter entlang der Küste über die kleinen Inuit-Orte Rigolet, Makkovik, Postville, Hopedale, Natuashish nach Nain. Die Hin- und Rückfahrt dauert 5 bis 6 Tage und kostet inklusive Kabine rund 650 $ (einfache Schlafkoje 300 $).

Der Ort **Cartwright** (▶ H 1, rund 420 Einw.) ist Service- und Verkehrszentrum für Fähren und Küstenschiffe. Benannt wurde er nach George Cartwright, der in den 1770er-Jahren als einer der ersten europäischen Siedler an diese Küste kam. Seit 2010 führt eine Schotterstraße nach Happy Valley-Goose Bay.

In **Hopedale** kann die ehemalige Missionsstation der Herrnhuter Brüder aus dem Jahr 1782, heute eine National Historic Site, besichtigt werden. Dazu gehören eine Kirche, das Wohnhaus der Missionare und die Handelsstation mit dem Lagerhaus.

Endpunkt der Küstenfähre ist **Nain** (▶ G 1, rund 1200 Einw.). Der nördlichste Ort Labradors ist zugleich das Verwaltungszentrum der autonomen Region Nunatsiavut, die den Inuit 2002 zugesprochen wurde. Haupterwerb ist Fischfang, auch traditionelle Jagd wird noch ausgeübt und einheimische Kunsthandwerker sind berühmt für ihre Specksteinskulpturen. Bereits 1771 gründeten die Herrnhuter Brüder hier eine erste Missionsstation.

Aktiv

Wildnistouren – **Cruise North Expeditions:** 55 Woodlawn Ave. S., Mississauga, Ontario, Canada L5G 3K7, Tel. 905-271-4000, 1-800-363-7566, www.adventurecanada.com. Exkursionen unter der Führung von Ureinwohnern entlang der Labradorküste und zum Torngat Mountains Nationalpark, dabei gibt es gute Gelegenheit zur Wildbeobachtung und man erfährt viel über die Geschichte und Traditionen der eingeborenen Bevölkerung.

Verkehr

Fähre: »MV Kamutik«, Nunatsiavut Marine, Tel. 709-896-2262, 1-855-896-2262, www.tw.gov.nl.ca/ferryservices/schedules/index.html, www.labradorferry.ca.

Nunavut

Am 1. April 1999 erhielten die Inuit ihr eigenes Territorium. Nunavut, der Ostteil der alten Northwest Territories, besteht aus über 2 Mio. km² arktischer Tundra, Feldern ewigen Eises und einer Straße. Dazu befragt, wie sie das Lebensgefühl in ihrer Heimat erklären, pflegen Inuit zu antworten, dass es leichter für sie wäre, einen 30 Pfund schweren Saibling aus dem Wasser zu ziehen als einen Hamburger zu kaufen.

Kanadas neues Territorium

Gut 40 000 Menschen – und 6-mal so viele Karibus – leben in Kanadas neuem Territorium. 85% der Bewohner sind Inuit, die Amtssprachen sind Inuktitut, Englisch und Französisch. Ein Vergleich hilft, um sich eine Vorstellung von der Ausdehnung und Leere des größten Landesteils Kanadas zu machen. Fast siebenmal so groß wie Deutschland, beläuft sich seine Einwohnerdichte auf die für mitteleuropäische Verhältnisse geradezu lächerliche Zahl von 0,02 Einwohnern pro km². Wäre **Nunavut** ein unabhängiger Staat, es wäre der am dünnsten besiedelte der Welt.

Den Lebensraum der Inuit bilden die Küsten und Inseln des nördlichen Eismeeres. Sie kamen relativ spät – erst vor etwa 5000 Jahren – über die Beringstraße. Die heutigen Inuit sind Nachkommen eines als Thule bezeichneten Volkes. Früher – und häufig auch heute noch – als Eskimo (in der Sprache der Cree ›Rohfleischesser‹) bezeichnet, nennen sie sich selbst **Inuit,** was ganz einfach ›Mensch‹ bedeutet. Sie jagen Wale, Seehunde und auch Karibus.

Erst in den letzten Jahrzehnten des 18. Jh. kamen die Inuvialuit in das Mackenzie River-Delta. Sie lebten ursprünglich in Alaska und verdrängten die Mackenzie-Inuit, die durch die von weißen Walfängern eingeschleppten Krankheiten bereits erheblich dezimiert waren.

Nunavut besteht zum größten Teil aus Tundra – Bäume wachsen nur in der unzugänglichen Südwestecke des Territoriums. Einmal mehr ist es der Kanadische Schild, der auch diesem meist über dem Polarkreis liegenden Landesteil seinen Stempel aufgedrückt hat. Tiefe Fjorde und gewaltige Klippen aus grauem Granit charakterisieren vor allem die Küsten der arktischen Inseln, die mit weniger als 200 mm Niederschlag im Jahr technisch gesehen Wüsten sind. Abgesehen von der überraschend urban wirkenden Hauptstadt **Iqaluit** gibt es nur ein paar Straßen mit einer Gesamtlänge von insgesamt weniger als 100 km. Die längste Straße ist die Verbindung zwischen Arctic Bay und Nanisivik. Kein Wunder, dass die Inuit fünfmal häufiger fliegen als die Kanadier im Süden des Landes!

Die drei Hauptstandbeine von Nunavuts Wirtschaft sind **Bergbau, Fischerei** und **Tourismus.** Letzterer ist der am schnellsten wachsende Wirtschaftszweig. Das Spektrum der angebotenen Wildnisabenteuer reicht von Wandertouren durch **Baffin Island** über Eisbären-, Wal- und Karibubeobachtung bis zur Kanuexpedition auf **Ellesmere Island.** Schier überwältigende Naturschauspiele sind garantiert, sowohl während des kurzen, von Juni bis Anfang September reichenden Sommers als auch im Winter, der mit bis zu –40°C nicht nur bitter kalt ist, sondern mit seinen sternenklaren Nächten kaum weniger beeindruckt. Und *last but not least* wäre da auch noch die reiche Kultur der Gastgeber. Inuit-Schnitzereien sind weltberühmt. In vielen der 28 Gemeinden Nunavuts werden schöne handgearbeitete Gegenstände hergestellt. Ein Zentrum des **Kunsthandwerks** ist Iqaluit mit diversen Galerien und dem Nunatta Sunakkutaanngit Museum.

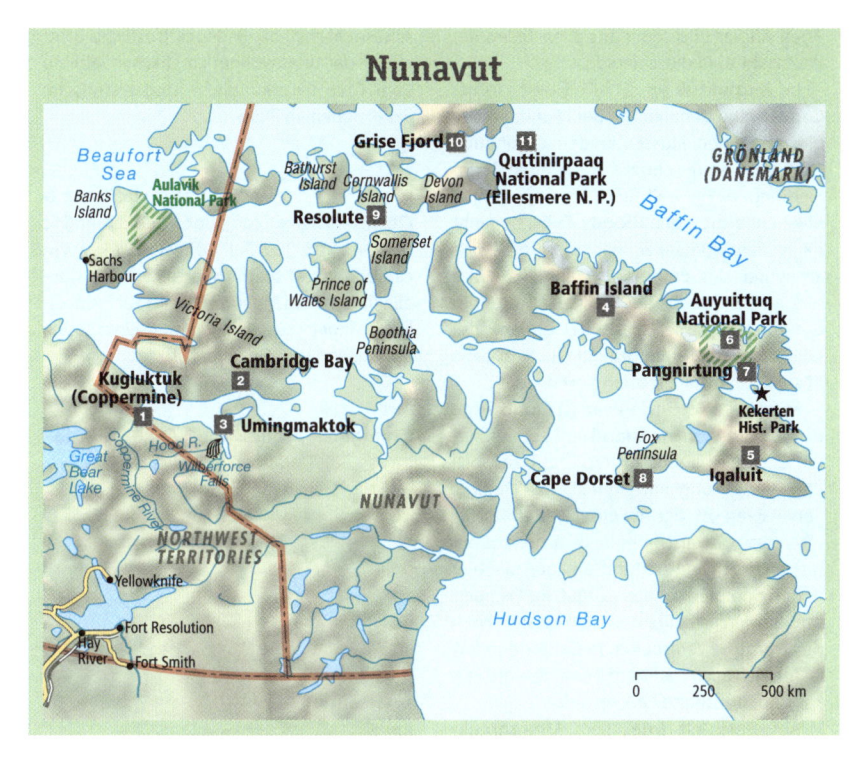

Am 1. April 1999 wurden die Northwest Territories in eine westliche (unter dem alten Namen NWT) und eine östliche Hälfte (unter dem neuen Namen Nunavut) geteilt. Im Rahmen des **Nunavut Land Claims Agreement** wurden den Inuit von der kanadischen Bundesregierung außer der politischen Selbstverwaltung auch Landrechte über fast 360 000 km², Beteiligung an den Bodenschätzen sowie 1,2 Mrd. $ als Finanztransfer zugestanden. Hohe Arbeitslosigkeit und die immensen Kosten für die Infrastruktur machen den Start in die politische Selbstständigkeit nicht eben leicht. Man ist aber optimistisch: Die Bundesregierung Kanadas wird weiterhin helfen; der Tourismus hat noch Wachstumspotenzial und die Bevölkerung ist jung, 60% der in Nunavut lebenden Menschen sind unter 25 Jahre alt.

Mittlere Arktis-Küste

Karte: oben

Ein weites Tundragebiet mit Seen, die bis Mitte Juli vom Eis bedeckt sind, und unzählige Inseln werden unter diesem Begriff zusammengefasst. Im Sommer färbt ein unendlicher Teppich von winzigen Blüten die Tundra bunt. Hier ist die Heimat der mehrere tausend Tiere umfassenden Karibu-Herden, die auf der Suche nach Nahrung Tausende von Kilometern über das Land ziehen. Weit verstreut liegen die wenigen kleinen Inuit-Siedlungen, fast immer dort, wo gute Möglichkeiten für Jagd und Fischfang bestehen.

Nunavut

Auch Angler und Jäger aus allen Teilen der Welt zieht es in diese Region.

In **Kugluktuk** 1 (1500 Einw.), früher Coppermine genannt, an der Mündung des gleichnamigen Flusses in den Coronation Gulf, existieren schon seit Urzeiten Inuit-Siedlungen. Ein Trail führt am Coppermine River entlang zu den **Bloody Falls,** benannt nach dem Massaker, das die Chipewayan-Führer des Entdeckers Samuel Hearne hier an den friedlichen Inuit verübten. Touren zu den Wasserfällen oder entlang der landschaftlich außerordentlich reizvollen Küste können im Ort arrangiert werden.

Mit rund 1700 Einwohnern ist **Cambridge Bay** 2 auf **Victoria Island** einer der größeren Orte des hohen Nordens und Transport- und Verwaltungsmittelpunkt der Region. Sehenswert ist die malerische Steinkirche. Interessant ist auch ein Besuch der kooperativen Fischverarbeitungsanlage, die hier in den Sommermonaten 50 000 kg Eismeersaibling *(arctic char),* den delikatesten Fisch des Nordens, verarbeitet. In Cambridge Bay lassen sich auch traditionell angefertigte Parkas und Kunsthandwerk erwerben.

Am **Bathurst Inlet** liegt **Umingmaktok** 3, auf Inuktitut der ›Ort der vielen Moschusochsen‹, eine ehemalige Inuit-Siedlung, in der heute niemand mehr lebt. Ein Dorado für Naturfotografen, denn außer Moschusochsen kann man Karibus, Grizzlies, Seehunde und über 80 Vogelarten fotografieren. Umingmaktok ist nur mit dem Charterflugzeug von Yellowknife oder Cambridge Bay aus zu erreichen.

Infos

Arctic Coast Visitor Centre: P. O. Box 1198, Cambridge Bay, NU X0E 0C0, Tel. 867-983-2842, www.nunavutparks.com.

Übernachten

… in Cambridge Bay:

Naturnah – **Arctic Islands Lodge/Inns North:** P.O. Box 1031, NU X0B 0C0, Tel. 867-983-2345, https://innsnorth.com. An der Nordwestpassage gelegen, 25 Zimmer; Restaurant mit traditionellem Menü, u. a. Moschusochsensteak, Bannock (rustikale Brotspeise der Ureinwohner), arktischer Saibling vom Grill; naturkundliche und historische Exkursionen ab 299 $.

Aktiv

Naturexkursionen – **Central Arctic Tours & Outfitters:** Luke Coady, Box 1199, Cambridge Bay, NU X0B 0C0, Tel. 867-983-2024, www.cambridgebayhotel.innsnorth.com. Individuelle Touren zum Mount Pelly und zur Eismeerküste, Angeln; auch Unterkunft in einer Lodge am Queen Maud Gulf möglich.

Termine

Omingmak Frolics: Ende April–Mai, Cambridge Bay. Traditionelle Spiele, Hundeschlitten- und Schneemobilrennen.

Verkehr

Adlair Aviation Ltd.: P. O. Box 111, Cambridge Bay, NU X0B 0C0, Tel. 867-983-2569, https://adlair.ca. Charterflüge in der Zentral-Arktis.

Baffin Island und der äußerste Norden

Karte: S. 499

Eisberge und riesige Eisschollen, Gletscher, die sich zum Meer winden, Eisbären, Wale und Walrosse und die Kultur der Inuit – wohl kaum eine andere Region kommt unseren Vorstellungen von der ›wirklichen‹ Arktis so nah. **Baffin Island** 4 ist eine der bekanntesten Regionen des hohen Nordens. Das Angebot für Aktivurlauber ist breit: Im Frühjahr Fahrten mit dem traditionellen Hundeschlittengespann, Ausflüge mit Motorschlitten oder Skiwanderungen in die Fjorde bis an den Rand des schwimmenden Eises; im Sommer Trekking, Kanutouren auf den Flüssen, Exkursionen mit Booten entlang der Küste. Hauptattraktion ist natürlich der Trek zum Akshayuk Pass im Auyuittuq National Park, der zu Fuß nur von Mitte Juli bis Ende August unternommen werden kann.

Iqaluit 5

Iqaluit, früher Frobisher Bay genannt, an der Südostküste von Baffin Island, ist mit einer Bevölkerung von rund 7500 Einwohnern der größte Ort Nunavuts, Hauptstadt

Jugendliche haben in Nunavut nicht allzu rosige Perspektiven. Eine Möglichkeit immerhin: Jordin Tootoo nacheifern, dem ersten Inuit-Eishockeyprofi

Die Nordwestpassage

Die Suche nach der Nordwestpassage ist eines der faszinierendsten Kapitel der kanadischen Geschichte. Für Hunderte mutiger Seefahrer endete sie im ewigen Eis, nur wenige kehrten zurück. Die Erderwärmung rückt sie nun wieder verstärkt in den Blickpunkt: Länger eisfrei als je zuvor, verspricht sie eine Verkürzung des Seewegs von Europa nach Asien um 4000 km.

Auch vor nunmehr fast 500 Jahren war die Motivation keine andere als heute: Die seefahrenden Nationen Europas träumten von einer Route, die den Weg zu den Reichtümern Asiens verkürzte. Einer der ersten namentlich verbürgten Kapitäne in dem polaren Insellabyrinth war der Engländer Martin Frobisher. Gleich dreimal versuchte er es (1576–1578), doch er schaffte es nur bis zu der nach ihm benannten Frobisher Bay. Sein Landsmann Henry Hudson entdeckte 1610 die später nach ihm benannte Hudson Bay, kehrte aber nicht zurück.

In den nächsten 200 Jahren wurden keine bahnbrechenden Erkenntnisse über die Nordwestpassage gesammelt. Erst zu Beginn des 19. Jh. stachen wieder Expeditionen in See, dieses Mal besser ausgerüstet als je zuvor. Doch auch die Reisen von John Ross, William Edward Parry, James Clark Ross und anderen fügten dem Puzzle nur einzelne Steinchen hinzu. Zu Lande war einer bereits weiter gekommen: 1789 hatte der Engländer Samuel Hearne von Fort Churchill aus beim Mackenzie-Delta das Eismeer erreicht – allerdings irrtümlich, war sein Auftrag doch das Erreichen des Pazifiks gewesen. 1845 gingen zwei Schiffe unter dem Kommando von John Franklin vor Baffin Island vor Anker und nahmen von dort aus Kurs auf die Beaufort-See. Sie kamen nie zurück. Jahrzehntelang wurde nach der verschollenen Expedition gesucht. Die Entdeckung der »HMS Erebus« und der »HMS Terror« in den Jahren 2014 und 2016 verspricht neue Erkenntnisse über ihr Schicksal.

Die ›Eroberung‹ des nördlichsten Wasserwegs der Welt blieb einem Norweger vorbehalten. Von 1903 bis 1906 durchfuhr der Polarforscher Roald Amundsen auf der »Gjöa« die Nordwestpassage vom Atlantik bis zum Pazifik. Die kommerzielle Ausbeutung seiner Tat ließ jedoch zunächst noch auf sich warten: Die von ihm gefundene Route schien für große Schiffe zu flach, die eisfreie Zeit zu kurz. In der Folgezeit schafften es weitere Expeditionen, die Nordwestpassage in beiden Richtungen zu bezwingen. 1944 gelang der »St. Roch« von der kanadischen Royal Canadian Mounted Police als erstem Schiff die Durchquerung der Passage in einem einzigen Sommer.

1969 sah die Nordwestpassage den ersten Supertanker, doch es sollte noch einmal 30 Jahre dauern, bis die Route etwas erlebte, das die Bezeichnung ›Schiffsverkehr‹ verdiente. Heute nutzen Dutzende von Frachtern und Tankern die von der Erderwärmung verursachte Verlängerung der eisfreien Zeit – sehr zur Verärgerung der kanadischen Regierung, die die Nordwestpassage, im Gegensatz zur EU und den USA, als kanadisches Gewässer ansieht. Zur Unterstreichung ihres Souveränitätsanspruchs bezeichnet die Regierung in Ottawa die Region der Nordwestpassage daher seit April 2006 als ›Canadian internal waters‹.

Baffin Island und der äußerste Norden

und Verkehrsdrehscheibe. In der Stadt gibt es ein modernes Krankenhaus, Banken, ein Kino, mehrere Hotels und Restaurants. Ausführliche Infos erhält man im **Unikkaarvik Visitor Centre,** wo auch die Region in Ausstellungen und Displays vorgestellt wird. Hervorragende arktische Kunst und kunsthandwerkliche Exponate sind im **Nunatta Sunakkutaanngit Museum** – in einem renovierten historischen Lagerhaus der Hudson's Bay Company – zu sehen.

Eine 20-minütige Bootsfahrt führt zu einer historischen Siedlungsstätte der Thule, die hier vor 2600 Jahren lebten. Iqaluit ist im Linienverkehr von Montréal, Ottawa, Edmonton und Yellowknife zu erreichen. Von hier gibt es auch regelmäßige Flugverbindungen zu den anderen Orten auf Baffin – erst 2017 wurde der Flughafen umfassend ausgebaut und erneuert.

Infos
Nunavut Tourism: P. O. Box 1450, Iqaluit, NU X0A 0H0, Tel. 867-979-6551, 1-866-686-2888, www.nunavuttourism.com.
Unikkaarvik Visitors Centre: Tel. 867-979-4636, 1-866-686-2888.
Nunavut Parks and Special Places: P. O. Box 1000, Station 1300, Iqaluit, Nunavut, X0A 0H0, Tel. 867-975-7700, www.nunavutparks.ca.

Übernachten
Bestes Haus am Platz – **Frobisher Inn,** P. O. Box 4209, Iqaluit, NU X0A 0H0, Tel. 867-979-22 22, 1-877-422-9422, www.frobisherinn.com. Großes modernes Haus mit Pool, Laden und Restaurant. Ab 277 $.
Freundlich und modern – **The Discovery:** P. O. Box 387, Iqaluit, NU X0A 0H0, Tel. 867-979-4433. Mit gutem Restaurant. Ab 249 $.

Einkaufen
Inuit-Kunst – **Nunatta Sunakkutaangit Museum:** 212 Sinaa, Iqaluit, Tel. 867-979-5537. Erstklassige Souvenirs und Kunsthandwerk der Inuit im Museumsladen. Im Juni/Aug. tgl., sonst Di–So 13–17 Uhr. **Rannva Inc.:** 661 Pitsi Lane, Tel. 867-979-3183, www.rannva.com. Erstklassige arktische Mode für Frauen und Männer, Handtaschen, einzigartige, originelle Mitbringsel. Mo–Sa 11–18 Uhr. **Northern Collectables:** P. O. Box 1342, Iqaluit, NU X0A 0H0, Building 1324, The Recycling Centre, Tel. 867-979-6495, http://northerncollectables.com. Inuit-Skulpturen, Wandbehänge, traditionelle Kleidung, Gemälde und Drucke.

Aktiv
Abenteuertouren – **Inukpak Outfitting:** 3310 Niaqunngusiariaq St., Iqaluit, P. O. Box 11392, Iqaluit, Nunavut, X0A 1H0, Tel. 867-222-6489, www.inukpakoutfitting.ca. Cultural Tours of Iqaluit (50 $), Trekking in den Auyuittuq National Park, Touren mit Kanu und Kayak (ab 240 $), Exkursionen mit Hundeschlitten und Snowmobiles im Winter (ab ca. 200 $).

Termine
Toonik Tyme: Anfang April. 7-tägiges Frühlingsfest mit Spielen und Hundeschlittenrennen (www.tooniktyme.ca).

Verkehr
Kenn Borek Air Ltd.: Box 1741, Iqaluit, NU X0A 0H0, Tel. 867-979-0040, www.borekair.com. Flüge in der Baffin-Region.

Auyuittuq National Park
Der 21500 km² große **Auyuittuq National Park** [6] ist urzeitliche Wildnis: mächtige Berge, Gletscher und himmelhohe senkrechte Felswände, riesige Geröllhalden und Wiesen voller arktischer Blumen. Das passende Inuit-Wort bedeutet ›das Land, das niemals auftaut‹. Die Gletscher der Penny Ice Cap, über 2000 m hoch, bedecken über 5100 km² des Parks. Häufig besucht ist das Tal des Weasel River, welches hinaufführt zum **Akshayuk Pass** (früher Pangnirtung Pass), von dem sich ein überwältigendes Panorama bietet. Gelegentlich lassen sich Eisbären, Walrosse, Belugawale und Narwale mit ihrem bis zu 3 m langen Horn beobachten. Von Mai bis Juni hat man hier 24 Stunden Tageslicht. Die Anreise erfolgt mit dem Flugzeug über Iqaluit nach Pangnirtung. Hier ist auch das Park Office, wo der Weitertransport zum Park

Nunavut

vermittelt wird. Die beste Zeit für den Besuch ist Ende Juni bis Anfang August.

In **Pangnirtung** 7 leben rund 1400 Inuit vom Fischfang, von der Jagd auf Karibu, Walross und Seehund und auch vom Verkauf ihrer begehrten kunsthandwerklichen Arbeiten. In einer dreistündigen Exkursion mit dem Boot lässt sich der 50 km entfernte **Kekerten Territorial Park** erreichen. Hier findet man ein Freilichtmuseum und Steinfundamente einer alten Walfangstation aus der Mitte des 19. Jh. sowie Überreste von Erdhäusern der Inuit.

Infos

Angmarlik Visitor Centre: P. O. Box 271, Pangnirtung, NU X0A 0R0, Tel. 867-473-8737, www.pangnirtung.ca/angmarlik. Arrangiert Touren und Transport in den Nationalpark.

Auyuittuq National Park: P. O. Box 353, Pangnirtung, NU X0A 0R0, Tel. 867-473-2500, www.pc.gc.ca/eng/pn-np/nu/auyuittuq/contact.aspx. Auskunft und Material über den Park. 13 $.

Übernachten

Toller Blick auf den Fjord – **Auyuittuq Lodge:** Pangnirtung, P. O. Box 53, NU X0A 0R0, Tel. 867-473-8955, 1-888-866-6784, www.pangnirtunghotel.com. Komfortables Hotel und Fishing Camp; gute Küche, Waschsalon. 10. Juli–20. Aug. Ab 245 $ pro Person.

Aktiv

Naturexkursionen – **Alivaktuk Outfitting,** Box 3, Pangnirtung, NU X0A 0R0, Tel. 473-8721, www.alivaktukoutfitting.ca. Ein- und mehrtägige Exkursionen mit Boot, Hunde-

Wer Outdoor für Einsteiger sucht, ist in Nunavut fehl am Platz – das arktische Terrain stellt Besucher vor ganz neue Herausforderungen

Baffin Island und der äußerste Norden

schlitten und Schneemobil. Walbeobachtung und Angeln.

Termine
Pangnirtung Music Festival: 3 Tage im Juli oder August. Beim ›Pang Fest‹ treten Musiker aus Nunavut und Grönland auf.

Cape Dorset
Cape Dorset 8 **,** eine Inuit-Siedlung mit 1500 Einwohnern am Südwestzipfel von Baffin Island, ist international als ›Künstlerdorf in der Arktis‹ berühmt für die dort angefertigten, wunderschön geschnitzten Specksteinfiguren und die künstlerisch hochwertigen Lithografien und Drucke. Die Inuit-Künstler haben sich in der West Baffin Eskimo Co-Operative zusammengeschlossen, die den Verkauf der Kunstwerke übernommen hat und der größte Arbeitgeber des Ortes ist. Bei Cape Dorset fanden Archäologen Überreste einer prähistorischen Zivilisation, welche sie ›**Dorset-Kultur**‹ nannten. Die Grabungsstätten sind per Hundeschlitten oder Boot erreichbar.

Für die besonders Unternehmungslustigen unter den Nordlandreisenden bietet sich **Resolute** 9 auf Cornwallis Island an. Von hier aus arrangiert ein Outfitter verschiedene Touren zum Magnetischen Nordpol in der Nähe von Bathurst Island, zum Ellesmere National Park oder sogar zum Nordpol. Das nötige Tageslicht für ein volles Programm steht zur Verfügung: Hier oben im hohen Norden geht die Sonne von Anfang Mai bis Mitte August gar nicht unter (Resolute heißt auf Inuktitut übrigens ›Qausuittuq‹, ›Ort ohne Dämmerung‹).

Als Zwischenstation eignet sich **Grise Fjord** 10 **,** der nördlichste Ort Amerikas. Die Inuit-Siedlung mit nur 140 Seelen, landschaftlich außerordentlich schön zwischen Meer und mächtigen Bergen gelegen, gilt als einer der faszinierendsten Orte des hohen Nordens. Auf der anderen Seite des Fjords findet man uralte Steinhütten, Zeltringe und Fischwehre, und noch heute leben die Dorfbewohner von der traditionellen Jagd. Einheimische Führer bringen den Gast auf die riesigen Eisflöße, um Eisbären oder Vögel zu beobachten.

Übernachten
Inuit-geführt – **Qausuittuq Inns North:** P. O. Box 270, Resolute, NU X0A 0V0, Tel. 867-252-3900, 1-888-866-6784, www.innsnorth.com, www.resolutebay.com. Komfortables Hotel mit schönem Blick auf die Nordwest-Passage, angeschlossen sind ein Restaurant und ein Souvenirladen. Ab 250 $ pro Person.

Mit Tourangebot – **Dorset Suites:** Huit Huit Tours, Box 4, Cape Dorset, NU X0A 0C0, Tel. 867-897-8806, www.capedorsettours.com, www.dorsetsuites.com. Komfortable, mit Vollpension oder Küchenbenutzung buchbare Zimmer. Zudem besteht die Möglichkeit, Touren und Exkursionen in der Cape Dorset-Region zu unternehmen. Ab 370 $.

Aktiv
Naturexkursionen – **Nanuk Outfitting:** Box 98, Resolute, NU X0A 0V0, Tel. 867-252-3694. Ein- und mehrtägige Touren mit dem Schneemobil oder Hundeschlitten auf dem Eis, im Sommer mit dem Allradfahrzeug; Übernachtung im Zelt oder Iglu bzw. Unterbringung in Resolute möglich.

Quttinirpaaq National Park (Ellesmere National Park) 11
Der **Quttinirpaaq National Park** (Ellesmere National Park) mit seinen 40000 km^2 unerschlossener Wildnis liegt hoch im Norden der arktischen Insel Ellesmere, nur etwa 800 km vom Nordpol entfernt. Der Besuch ist ein beeindruckendes Erlebnis: blendend weiße Gletscher zwischen Geröllhügeln und Felsen in den verschiedensten Schattierungen von Gelb, Braun und Schwarz, Eisberge in den Fjorden und ein großer Binnensee, der **Lake Hazen.** Das Gebiet um den See ist eine polare Wüste, windig und trocken. Hier gibt es große Kolonien von Schneehasen. Außerdem kann man Peary-Karibus, Moschusochsen und Wölfe beobachten.

Infos
Quttinirpaaq National Park of Canada, P. O. Box 278, Iqaluit, Nunavut, Canada X0A 0H0, Tel. 867-975-4673, Infos unter www.parkscanada.ca/quttinirpaaq.

Register

Abbaye de St-Benoît-du-Lac 268
Adolphustown 190
Advocate Harbour 413
Agawa Canyon 219
Aguasabon Falls 221
Ahornsirup 176, **266**
Akadier 44, 321, 348, 363, 410, 422
Algonquin Provincial Park **180**, 182
Alkohol 88
Alt-Mennoniten 164, **166**
Amherst 416
Amherstburg 157
Angeln 79
Annapolis Royal 406
Anreise 70
Antigonish 418
Appalachen 26, 29
Arches Provincial Park 489
Architektur 63
Argentia 459
Arichat 439
Atwood, Margaret 61
Auskunft 88, 94
Ausrüstung 93
Auyuittuq National Park 503
Avalon Wilderness Reserve 455

Baddeck 426
Baffin Island 501
Baffin, William 41
Baie-Comeau 301
Baie des Chaleurs 321
Baie-Johan-Beetz 303
Baie-Sainte-Cathérine 299
Baie-Saint-Paul 297
Baie Verte Peninsula 478
Barachois Pond Provincial Park 481
Basin Head 368
Bas-Saint-Laurent 309
Batiscan 294
Battle Harbour 496

Bay Bulls 454
Bay de Verde 462
Bay Fortune 367
Bay of Fundy 30, 343
Bay St. Lawrence 431
Beachburg 212
Beauport 289
Beecher-Stowe, Harriet 159
Behinderte 89
Belleville 189
Bevölkerung 27, 55
Bic 310
Blanc-Sablon 494
Blockhaus de Lacolle 268
Boldt Castle 193
Bonaventure 321
Bonavista 471
Bonavista Peninsula 468
Borduas, Paul-Émile 63
Botschaften 89
Bouctouche 350
Boyd's Cove 476
Bras d'Or 434
Brault, Jacques 62
Bridal Veil Falls 173
Brigus 463
Bruce Peninsula 168
Bruce Pensinsula National Park 169
Bull Arm 464
Burgeo 483
Burin 465
Burin Peninsula 464

Cabot Beach Provincial Park 361
Cabot, John 26, **40**, 50, 422, 430, 444, 468, 472
Cabot's Landing Provincial Park 431
Cabot Trail 425
Cambridge Bay 500
Camping 74
Campobello Island 340
Canadian Transportation Museum & Heritage Village 156

Canso Causeway 422
Cantons de l'Est 267
Cap-de-la-Madeleine 294
Cape Bonavista 471
Cape Breton Highlands National Park 429
Cape Chignecto Provincial Park 413
Cape Dorset 505
Cape George 417
Cape North 430
Cape Race 457
Cape Sable Island 402
Cape Smokey 427
Cape Smokey Plateau 428
Cape Smokey Provincial Park 428
Cape Spear 453
Cape St. Mary's 459
Cape St. Mary's Ecological Reserve 459, 460
Caplin Cove 462
Cap-Santé 295
Capstick 431
Caraquet 352
Cardinal, Douglas 65, 66, 209
Carleton 321
Carr, Emily 207
Cartier, George-Étienne 202
Cartier, Jacques 26, **41**, 50, 234, 290
Cartwright 497
Cavendish 361
Cedar Dunes Provincial Park 364
Ceilidh Trail 423
Champlain, Samuel de 26, 41, 42, 185, 191, 200, 207, 214, 274, 279, 407
Change Island 475
Channel-Port aux Basques 481
Chapel Island Reserve 438
Charlevoix 296
Charlottetown 355
Chase, Don 67
Chaudière-Appalaches 306

Der Haupteintrag ist **fett** hervorgehoben.

Chemin du Roy 292
Chester 389
Chéticamp 432
Chûtes Montmorency 289
Clarenville 468
Clark's Harbour 402
Clementsport 406
Cobourg 188
Cochrane 225, 226
Conception Bay 462
Cook, James 465
Corner Brook 479
Côte-de-Beaupré 288
Côte-Nord 301
Coureurs des bois 43, 280
Cullen, Maurice 62
Cupids 463

Dalvay-by-the-Sea 359
Davies, Robertson 60
Deer Island 340
Deer Lake 478
Deschambault 294
Digby 403
Digby Neck 404
Dildo 461
Diplomatische Vertretungen 89
Dorion 221
Dorset-Kultur 40
Dresden 159
Drogen 90
Dulongpré, Louis 62

East Coast Trail 450, 454, 455
East Point Lighthouse 368
Economy 412
Edmundston 330
Einkaufen 90
Elektrizität 90
Elora 165
Essen 76
Essex 158
Evangeline Trail 403

Fathom Five National Marine Park 169
Fauna 32
Feiertage 90
Fergus 165
Ferryland 456

Findley, Timothy 61
Five Islands Provincial Park 412
Fleur-de-lis Trail 438
Flora 30
Flower's Cove 490
Fogo Island 475
Fort Chambly 267
Fort Erie 154
Fort Lennox 268
Fort Malden National Historic Site 157
Fort William Historical Park 223
Fotografieren 91
Fox, Terry 53, 222
Franklin, John 41, 502
Franquelin 302
Fredericton 331
Frenchman's Cove Provincial Park 465
French River 177
Frobisher, Martin 41, 502
Fundy-Inseln 339
Fundy-Küste 339
Fundy National Park 344

Gagetown 334
Gananoque 194
Gander 477
Gaspé 319
Gaspé-Halbinsel 306
Gaspé, Philippe-Ignace François Aubert du 62
Gatineau 209
Geld 91
Geografie 26
Georgian Bay Islands National Park 184
Geschichte 26, 40
Gesundheit 91
Glace Bay 435
Glooscap Trail 410
Godbout 302
Gore Bay 173
Grand Bank 465
Grand Bend 161
Grand Canyon des Chûtes Sainte-Anne 289
Grande-Anse 353
Grandes-Bergeronnes 301
Grandes-Piles 293

Grand Falls 330
Grand Falls-Windsor 477
Grand Manan Island 340
Grand-Métis 314
Grand Pré National Historic Site 410
Green Park Provincial Park 364
Greenwich Prince Edward Island National Park 368
Grise Fjord 505
Gros Morne National Park 484
Grosse-Île 306
Group of Seven 62, 129, 207

Halifax 44, 50, **374**
Hamel, Théophile 62
Harbour Grace 462
Harris, Lawren S. 63
Hartland 330
Hausbootferien 84
Havre-Saint-Pierre 302
Hearst 224
Heart's Content 462
Heart's Delight 461
Hébert, Anne 62
Hémon, Louis 62
Herring Cove Provincial Park 340
Hopedale 497
Hopewell Rocks 346
Hostels 75
Hotels 74
Houston, James Archibald 67
Hudson, Henry 26, 41, 42, 50, 502
Hudson's Bay Company 42, 50, 226, 229

Île d'Orléans 290
Îles-de-la-Madeleine 319, **323**
Indian River 361
Indian Summer 30, 94, 180
Infos 94
Ingonish Beach 429
Internetzugang 92
Inuit 40, 49, 56, **59**, 66, 67, 498
Inverness 425
Iona 435
Iqaluit 501
Isle Madame 439

Register

Jack Miner's Bird Sanctuary 156
Jagen 79
Jeddore Oyster Pond 418
Joggins 414
Jugendherbergen 75

Kagawong 173
Kajak 80
Kakabeka Falls 224
Kamouraska 309
Kane, Paul 62, 207
Kanu 80
Karten 92
Kejimkujik Nat. Park 396, 398
Kejimkujik National Park Seaside 399
Kenora 224
Killarney 217
Killarney Provincial Park 217
Kinder 93
King's Landing Historical Settlement 330
Kingston 191
Kirkland Lake 229
Kitchener-Waterloo 164
Kleidung 93
Klima 30, 94
Kouchibouguac National Park 350, 351
Krieghoff, Cornelius 62, 207
Kugluktuk 500

Labrador Straits Museum 495
Lac Memphrémagog 269
Lake Huron 29
Lake of the Woods 224
Lake Ontario 29
Lake Superior 29
Lake Superior Provincial Park 220
La Malbaie 297
La Manche Provincial Park 455
La Martre 316
Lambton Heritage Museum 161
L'Anse Amour 495
L'Anse-au-Clair 495
L'Anse-au-Griffon 316
L'Anse aux Meadows 490
Laurentides 263
Lawrencetown 418

Leacock, Stephen 60
Lemelins, Roger 62
Lennox Island 364
Lévesque, René 37, 48
LGBTQ+ 94
Lighthouse Route 388
Liscomb Game Sanctuary 419
Liscomb Mills 420
L'Islet-sur-Mer 307
Literatur 60, 96
Little Current 176
Liverpool 397
Lockeport 397
Logy Bay 453
Lord Selkirk Provincial Park 366
Louisbourg 43, 44, 50, **436**, 437
Louisbourg National Historic Site 437
Loyalisten **45**, 50, 53, 142, 154, 188, 321, 330, 331, 335, 342, 399
Lunenburg 44, 392

Mabou 423
Macdonald, John Alexander 47, 191, 202
Mactaquac Provincial Park 331
Magog 269
Mahone Bay 391
Maillet, Antonine 62, 350
Main Brook 493
Maisonneuve, Sieur de 43
Malerei 62
Manic-5 301
Manitoulin Island 171
Manitowaning 173
Mansonville 268
Margaree Harbour 433
Margaree Valley 433
Marine Drive 418
Mariner's Park Museum 189
Martel, Yann 61
Martinique Beach 418
Marystown 464
Maße 97
Matane 314
Mattawa 215
McDonald, Joseph E. H. 63
M'Chigeeng 172
Meat Cove 431

Medien 97
Merrickville 199
Meteghan 403
Midland 185
Mietwagen 72
Miquelon 465
Miramichi 352
Miron, Gaston 62
Miscouche 363
Mississagi Lighthouse 173
Mistaken Point Ecological Reserve 457
Moncton 348
Mont-Carmel 363
Montérégie 267
Montmagny 307
Montréal 234
– 1000 de la Gauchetière 245
– Bank of Montréal 237
– Basilique Notre-Dame 236
– Boulevard St-Laurent 250
– Cathédrale Christ Church 246
– Cathédrale Marie-Reine-du-Monde 245
– Centre Canadien d'Architecture (CCA) 245
– Centre d'Histoire de Montréal 235
– Centre Eaton 246
– Chapelle Notre-Dame-de-Bon-Secours 239
– Château Ramezay 238
– Cimetière Mont-Royal 254
– Cimetière Notre-Dame-des-Neiges 254
– Édifice Sun Life 245
– Hôtel de Ville 238
– Île Notre-Dame 239, 243
– Île Sainte-Hélène 239, 242
– Jardin Botanique de Montréal 253
– Les Cours Mont-Royal 246
– Marché Bonsecours 239
– Marché Jean-Talon 251
– Mile End 251
– Mont-Royal 254, 261
– Musée d'Archéologie et d'Histoire Pointe-à-Callière 235
– Musée d'Art Contemporain 246

Der Haupteintrag ist **fett** hervorgehoben.

- Musée des Beaux-Arts 250
- Musée McCord Stewart 250
- Oratoire St-Joseph 254
- Outremont 251
- Parc des Îles 239
- Parc du Mont-Royal 254
- Parc Olympique de Montréal 253
- Petite Italie 251
- Place d'Armes 235
- Place Jacques-Cartier 238
- Place Royale 235
- Place Ville-Marie 244
- Quartier Chinois 251
- Quartier Juif 251
- Quartier Portugais 251
- Rue Crescent 246
- Rue Sherbrooke 246
- Rue St-Denis 253
- Rue Ste-Cathérine 246
- Rue St-Jacques 237
- Square Dorchester 244
- Square Westmount 250
- Université du Québec à Montréal (UQAM) 253
- Université McGill 250
- Vieux-Port 239
- Vieux Séminaire de Saint-Sulpice 237
- Ville Souterraine 244, 247
- Westmount 251

Mont-Saint-Pierre 316
Moose Factory 226, 228
Moosonee 226, 228
Morrisburg 197
Morrisseau, Norval Copper Thunderbird 67
Mount Uniacke 410
Munro, Alice 61
Murray Harbour 367
Muskokas 178
Musquodoboit Harbour 418

Nachhaltig reisen 98
Nachtleben 98
Nain 497
Nationalparks 34, 98
Neils Harbour 430
New Bonaventure 471
New Richmond 321

Newtown 475
Niagara Falls 148
Niagara Glen Nature Area 148
Niagara-on-the-Lake 142
Niagara Parks Botanical Gardens 148
Nordwestpassage 41, **502**
Norris Point 485
Norstead Port of Trade 492
North Bay 216
North Buxton 158
North Cape 365
North East Margaree 434
Northern Bay Sands Provincial Park 462
North Lake 368
Northumberland Provincial Park 367
Notfälle 99
Notre Dame Junction 477
Nova Scotia Highland Village Museum 434
Nunavut 498

Oak Island 390
Öffnungszeiten 99
Oil Springs 161
O'Leary 364
Ondaatje, Michael 61
Orwell 365
Ottawa **200**
- 24 Sussex Drive 208
- Bank of Canada Building 204
- Bytown Museum 204
- Byward Market 205
- Canada Aviation and Space Museum 208
- Canadian Museum of History 209
- Canadian Museum of Nature 208
- Canadian War Museum 208
- Château Laurier Hotel 204
- Confederation Square 201
- Gatineau Park 209
- National Arts Centre 201
- National Gallery of Canada 207
- National War Memorial 201
- Nepean Point 207

- Notre Dame Basilica 207
- Ottawa Locks 204
- Parliament Hill 201
- Rideau Canal 204
- Rideau Centre 205
- Sparks Street Mall 203

Ouimet Canyon 221

Painters Eleven 63
Pangnirtung 504
Parc national de Forillon 316
Parc national de la Gaspésie 315
Parc national de la Mauricie 293
Parc national de l'Île-Bonaventure-et-du-Rocher-Percé 320
Parc national de Miguasha 321
Parc national des Grands-Jardins 297
Parc national des Hautes Gorges-de-la-Rivière-Malbaie 298
Parc national du Bic 310, 311
Parc national du Mont-Orford 269
Parc national du Mont-Tremblant 264
Parc national du Saguenay 298, 299
Parlee Beach Provincial Park 349
Parrsboro 412
Parry Sound 177
Paspébiac 321
Peggy's Cove 388
Pellan, Alfred 63
Pembroke 212, 214
Penetanguishene 184
Percé 319
Petty Harbour 453
Phare de Pointe-des-Monts 302
Piccadilly Head Provincial Park 481
Picton 189
Pictou 416
Pinery Provincial Park 161
Pitseolak 67
Placentia 459
Pleasant Bay 432
Pointe-à-la-Croix 322
Pointe-aux-Anglais 302
Pointe de l'Eglise (Church Point) 403

Register

Point Pelee Nat. Park 155, 156
Point Prim 366
Polar Bear Express **226**, 228
Politik 27, 35
Port au Choix 489
Port-au-Persil 298
Port au Port Peninsula 480
Port Carling 179
Port Colborne 154
Port Hastings 422
Port Hope 188
Port Royal 41, 43, **407**
Port Royal National Historic Site 408
Portugal Cove 457
Port Union 471
Post 99
Pouch Cove 456
Pow Wow 172, **174**, 176
Prince Edward Island National Park 359
Privatzimmer 74
Providence Bay 172
Pubnico Harbour 402
Pubnicos 402
Pukaskwa National Park 220

Québec 274
– Basilique-Cathédrale Notre-Dame-de-Québec 279
– Cathedral de la Sainte-Trinité 282
– Centre d'Interprétation de Québec 284
– Château Frontenac 279
– Église Notre-Dame-des-Victoires 284
– Funiculaire 284
– Hôtel du Parlement 283
– La Citadelle 275
– Les Remparts 282
– Maison Jacquet 282
– Musée de la Civilisation 284
– Musée des Ursulines 282
– Musée du Fort 279
– Musée National des Beaux Arts du Québec 278
– Parc d'Artillerie 282
– Parc des Champs-de-Bataille 278
– Place d'Armes 279
– Promenade Samuel de Champlain 285
– Rue du Petit-Champlain 284
– Séminaire de Québec/ Musée de l'Amérique francophone 279
– Terrasse Dufferin 279
Québec-Frage 35, 36
Queenston 147
Quetico Provincial Park 224
Quinte's Isle 189
Quttinirpaaq National Park (Ellesmere National Park) 505

Radfahren 80
Rafting 83
Rauchen 99
Red Bay 496
Red Point Provincial Park 368
Reisekasse 99
Reisezeit 94
Religion 27
Réserve de parc national de l'Archipel-de-Mingan 302
Réserve nationale de Faune du Cap-Tourmente 289
Resolute 505
Restigouche 322
Rideau Canal 198, 200, 204
Rimouski 310
Riopelle, Jean-Paul 63
River of Ponds Provincial Park 489
Rivière-au-Tonnerre 302
Rivière-du-Loup 309
Rocky Harbour 485
Rose Blanche 482, **483**
Ross Farm Living Heritage Museum 390
Rossport 221
Roy, Gabrielle 62
Rustico Bay 359

Safdie, Moshe 65, 207, 242, 250, 284
Sainte-Adèle 263
Sainte-Agathe-des-Monts 264
Sainte-Anne-de-Beaupré 289
Sainte-Anne-des-Monts 315
Sainte-Flavie 314
Sainte-Marie among the Hurons 186
Saint-Jean-Port-Joli 307
Saint John 334
Saint-Joseph-de-la-Rive 297
Saint-Sauveur-des-Monts 263
Salmonier Nature Park 459
Sandbanks Provincial Park 189
Sauble Beach 168
Sault Ste. Marie 218
Seekajak 81
Segeln 84
Sept-Îles 302
Severn Sound 184
Shediac 349
Sheguiandah 176
Shelburne 399
Sherbrooke 420
Ship Harbour 419
Shippagan 352
Shubenacadie 410
Sicherheit 100
Sleeping Giant Provincial Park 221
Smith Falls 199
Smith's Cove 405
Souris 367
Souvenirs 90
Sport 79
Spry Bay 419
Spry Harbour 419
Stanbridge East 268
St. Andrews By-the-Sea 342
St. Ann's 426
St. Anthony 493
St. Barbe 490
St. Bride's 459
Steuern 90
St. Jacobs 164
St. John's 41, 444
St. Lawrence Islands National Park 197
St.-Lorenz-Strom 29, 41, 292
St. Peter's 438
St. Pierre 465
Stratford 162
Summerside 363
Sunnyside 464
Sunrise Trail 415

Der Haupteintrag ist **fett** hervorgehoben.

Sydney 435

Tadoussac 41, 57, **301**
Tailor Head Provincial Park 419
Tangier 419
Tatamagouche 416
Tauchen 84
Telefonieren 100
Terra Nova National Park 474
Thomson, Tom 62
Thousand Islands 193
Thousand Islands National Park 196
Thule-Kultur 40, 498
Thunder Bay 222
Timmins 229
Tobermory 169
Torngat Mountains National Park 497
Toronto **108**
- Art Gallery of Ontario (AGO) 125
- Bank of Montréal 118
- Bank of Montréal Building 118
- Bank of Nova Scotia Tower 118
- Bata Shoe Museum 126
- Black Creek Pioneer Village 129
- Brookfield Place 118
- Canada's Wonderland 129
- Casa Loma 127
- CF Toronto Eaton Centre 121
- Chinatown 123
- CN Tower 113
- Commerce Court 118
- Distillery Historic District 119
- Dominion Bank Building 118
- Dundas Square 120
- Ed Mirvish Theatre 122
- Elgin and Winter Garden Theatres 122
- Fairmont Royal York Hotel 117
- Fleck Dance Theatre 112
- Four Seasons Centre for the Performing Arts 117
- Gardiner Museum 125
- Gooderham Building 118
- Greektown 129
- Historic Fort York 112
- Hockey Hall of Fame 118
- Kensington Market 123
- King Edward Hotel 118
- Little Italy 128
- Mackenzie House 122
- Maple Leaf Square 115
- McMichael Canadian Art Collection 129
- Meridian Hall 119
- MZTV Museum 117
- New City Hall 121
- Old City Hall 121
- Ontario Parliament 125
- Ontario Place 112
- Osgoode Hall 121
- Portugal Village 128
- Power Plant Gallery 112
- Princess of Wales Theatre 115, 116
- Queen's Park 125
- Queen's Quay Terminal 112
- Queen Street Village 116
- Ripley's Aquarium of Canada 113
- Roger's Centre 113
- Royal Alexandra Theatre 115, 116
- Royal Bank Building 118
- Royal Bank Plaza 117
- Royal Ontario Museum (ROM) 125
- Roy Thomson Hall 115
- Scotiabank Arena 115
- Spadina Museum 128
- St. James Cathedral 118
- St. Lawrence Hall 119
- St. Lawrence Market 119
- The Annex 127
- TIFF Bell Lightbox 115
- Toronto Dominion Centre 118
- Toronto Islands 114
- Toronto Police Museum and Discovery Centre 122
- Toronto Public Library 126
- Toronto's First Post Office 119
- Toronto Stock Exchange 118
- Trader's Bank 118
- Union Station 117
- West Queen West 116
- York Quay Centre 112
- Yorkville 126

Trenton 189
Trepassey 457
Trinity 468
Trinkgeld 101
Trois-Pistoles 310
Trois-Rivières 292
Trout River 487
Trudeau, Pierre Elliott 48, 51
Truro 412
Tubman, Harriet 160
Twillingate 476

Umweltschutz 31
Unterkünfte 74
Upper Canada Village 197
Ureinwohner 49, 56, 174

Valcourt 269
Val-David 263
Vallières, Pierre 62
Verkehrsmittel 71
Viking Trail 489
Village Historique Acadien 353

Wagmatcook Culture & Heritage Centre 434
Wale 34
Wandern 80
Wasaga Beach 187
Wawa 220
Websites 94
Wellness 101
West Point 364
Whycocomagh 422
Wikinger **40**, 50, 492
Wikwemikong 176
Wildnisexkursionen 85
Windsor 157, 410
Wintersport 85
Wirtschaft 27, 35
Witless Bay Ecological Reserve 454
Wolfville 409
Wood Islands 366
Woody Point 487

Yarmouth 402

Zeit 101
Zoll 70

Abbildungsnachweis/Impressum

DuMont Bildarchiv, Ostfildern: S. 155, 162/163, 238, 375 (Christian Heeb)
fotolia, New York (USA): S. 291 (olivierj)
Getty Images, München: Titel (Christin Guy); Umschlagrückseite o. (Jim Cumming)
Glow Images, München: S. 341 (All Canada Photos/Barrett & MacKay); 136/137 (All Canada Photos/Henry Georgi); 216/217 (All Canada Photos/Sylvester)
Huber-Images, Garmisch-Partenkirchen: S. 241 (Guido Cozzi); 87 u., 233, 258 (Matteo Carassale); Umschlagklappe vorn (Pietro Canali); 28/29, 45, 107, 123, 132/133, 390/391, 394/395, 408, 448, 454/455 (Reinhard Schmid); 69 M., 245 (Susanne Kremer)
iStock.com, Calgary (CA): S. 346/347 (franckreporter); 103 (GeorgePeters); 186 (Orchidpoet); 124 (Roberto A Sanchez); 427 (Vladone)
Kurt J. Ohlhoff, Isernhagen: S. 11 li., 64/65, 175, 185, 262/263, 382/383, 438/439, 460, 472/473
laif, Köln: S. 58, 504 (Arcticphoto); 494 (Arcticphoto/Bryan Cherry Alexander); 31, 49, 69 o., 440 (Christian Heeb); 72, 82 u., 273, 298/299, 304 (Frank Tophoven); 75, 281, 318/319 (hemis.fr); 69 u. (hemis.fr/Denis Palanque); 93, 312/313 (hemis.fr/Patrick Frilet); 54/55, 82 o. li., 252, 278 (hemis.fr/Philippe Renault); 81, 138, Umschlagrückseite u. (Henry Georgi); 293 (HOAQUI/Patrick ESCUDERO); 77 u. (Le Figaro Magazine/Eric Martin); 120/121 (Paul Hahn); 222 (Redux/Christopher J. Morris); 270 (robertharding/Donald Nausbaum); 488 (robertharding/Michael Runkel); 104, 206, Umschlagrückseite M. (Tobias Gerber)
Lookphotos, München: S. 500/501 (age fotostock); 220/221, 325, 360/361, 405 (Design Pics); 348/349 (franckreporter); 178/179 (Glasshouse Images); 87 o. (robertharding); 167 (Thomas Peter Widmann); 235, 358, 386/387 (Travel Collection)
Mato, Hamburg: S. 286 (Alberto Biscaro); 247, 257, 283 (Guido Cozzi); 77 o. re. (Irek); 230 (Matteo Carassale); 25, 82 o. re., 204/205, 370 (Pietro Canali); 417, 436 (Reinhard Schmid); 77 o. li., 275 (Susanne Kremer)
Mauritius-Images, Mittenwald: S. 152 (Alamy); 32/33, 329, 366/367, 414/415, 482 (Alamy/All Canada Photos); 146/147 (Alamy/Bert Hoferichter); 326 (Alamy/Bill Gozansky); 502 (Alamy/FALKENSTEINFOTO); 61 (Alamy/jeremy sutton-hibbert); 36 (Alamy/Pierre Rochon Photography); 398, 407 (Alamy/Rolf Hicker Photography); 127 (Alamy/Torontonian); 225 (Alamy/Yvette Cardozo); 170 (Firstlight); 39 (nature picture library/Cheryl-Samantha Owen); 478/479 (Rolf Hicker); 42 (SuperStock/Stock Montage); 149 (United Archives)
Ole Helmhausen, Montréal (CA): S. 11 re.
picture alliance, Frankfurt a. M.: S. 160 (Glasshouse Images); 420/421 (Rolf Hicker)
Shutterstock.com, Amsterdam (NL): S. 337 (Darryl Brooks); 470 (Danita Delimont); 430/431; 198/199 (hw22); (David P. Lewis); 46 (DayOwl); 266 (DGPICTURE); 228 (Gordon Pusnik);194/195 (Loma Wu 2); 423 (Paul McKinnon), 170 (Reimar); 303 (VladG); 227 (ymimagas)
Wilderness Tours, Beachburg (CA): S. 213

Zitat
S. 24 Eric Weiner, Can Canada teach the rest of us to be nicer?, BBC Travel, http://www.bbc.com/travel/story/20150311-can-canada-teach-the-rest-of-us-to-be-nicer, 19. März 2015

Kartografie
© DuMont Reiseverlag, Ostfildern

Umschlagfotos: Titelbild: an der Whale Route, Québec; Umschlagklappe vorn: Skyline von Montréal mit dem St.-Lorenz-Strom; Umschlagrückseite oben: Elch im Algonquin Provincial Park

Hinweis: Autoren und Verlag haben alle Informationen mit größtmöglicher Sorgfalt geprüft. Gleichwohl sind Fehler nicht vollständig auszuschließen. Alle Angaben erfolgen ohne Gewähr. Bitte schreiben Sie uns! Über Ihre Rückmeldung zum Buch und über Verbesserungsvorschläge freuen sich Autoren und Verlag:
DuMont Reiseverlag, Postfach 3151, 73751 Ostfildern, E-Mail: info@dumontreise.de

6., aktualisierte Auflage 2023
© DuMont Reiseverlag, Ostfildern
Alle Rechte vorbehalten
Autoren: Kurt J. Ohlhoff, Ole Helmhausen
Lektorat: Anja Lehner, Petra Juling; Bildredaktion: Susanne Troll
Grafisches Konzept: Groschwitz/Tempel, Hamburg
Printed in Poland